Deutsche im Ausland –
Fremde in Deutschland

Deutsche im Ausland – Fremde in Deutschland

Migration in Geschichte und Gegenwart

Herausgegeben von
Klaus J. Bade

Verlag C. H. Beck München

Mit 84 Abbildungen und 11 Karten

Die Deutsche Bibliothek – CIP-Einheitsaufnahme

Deutsche im Ausland – Fremde in Deutschland : Migration in
Geschichte und Gegenwart / hrsg. von Klaus J. Bade. –
München: Beck, 1992
   ISBN 3 406 35961 2
NF.: Bade, Klaus J. [Hrsg.]

ISBN 3 406 35961 2

© C. H. Beck'sche Verlagsbuchhandlung (Oscar Beck) München 1992
Satz: Fotosatz Otto Gutfreund, Darmstadt
Druck und Bindearbeiten: Ebner, Ulm
Gedruckt auf alterungsbeständigem (säurefreiem) Papier
gemäß der ANSI-Norm für Bibliotheken
Printed in Germany

Inhalt

Erster Teil:
Deutsche im Ausland

Zweiter Teil:
Fremde in Deutschland

Vorwort

Von Klaus J. Bade

Deutschland als Wanderungsziel weckt Hoffnungen und Ängste: Träume derer, die draußen sind und vielleicht kämen, wenn sie könnten, wecken drinnen Alpträume derer, die fürchten, daß die Fremden tatsächlich kommen und Teilhabe fordern könnten am vermeintlichen Glück in jener Mitte des Kontinents, die, wie man sagt, in Deutschland liegt. Apokalyptische Bedrohungsvisionen gingen 1990/91 um vom ‚Sturm auf Europa', vom ‚Frontstaat Deutschland' oder von der ‚Festung Europa', umbrandet von einer neuen ‚Völkerwanderung'. Improvisierte Krisenstäbe tagten, eine Fachkonferenz jagte die andere. Publizistische Wanderungsbeobachter sorgten für nervöse Spannung und hielten, demographischen Kriegsberichterstattern gleich, Ausschau nach den Vorboten des alles verzehrenden Ungeheuers Homo migrans, das aus Süd-Nord- und Ost-West-Richtung erwartet wurde. Ergebnis der Schreckbilder war und ist vielfach eine Abwehr- und Scheuklappenmentalität, die Stillstand hinter Grenzen als Ruhelage versteht und Bewegung über Grenzen als Gefahr.

Als bedrohliche Ausnahmesituation aber erlebt die Gegenwart nur, wer die Geschichte nicht kennt, in der die Bewegung von Menschen über Grenzen und die Begegnung ihrer Kulturen nicht Ausnahme, sondern Regel waren. Räumliche Bewegung und kulturelle Begegnung standen dabei, soweit dies in friedlicher Absicht geschah, meist für Ergänzung und Bereicherung, Ab- und Ausgrenzung hingegen oft für Verarmung und Gefahr. Immer wieder gefragt nach wissenschaftlich fundierten und trotzdem verständlichen Orientierungshilfen über Geschichte und Gegenwart von Wanderungen aus und nach Deutschland, habe ich dieses Buch konzipiert und mich auf die Suche nach Autoren gemacht, die zweierlei mitbringen sollten: wissenschaftliche Sachkenntnis und menschenfreundliche Prosa.

Vor dem Hintergrund der öffentlichen Auseinandersetzungen um aktuelle Wanderungsfragen und Integrationsprobleme bietet das Buch exemplarisch vertiefte Einblicke in die Vielfalt der Grenzerfahrungen von Deutschen im Ausland und ‚Fremden' in Deutschland als Ergebnis der Wanderung von Menschen über Grenzen, der Verschiebung von Grenzen über Menschen und der Ausgrenzung von ‚Fremden' innerhalb der Grenzen selbst. Ziel der gemeinsamen Bemühungen war kein enzyklopädisches Nachschlagewerk mit Anspruch auf Vollständigkeit: im ersten Teil („Deutsche im Ausland') sollten ebensowenig alle Einwanderungsländer der Deutschen erfaßt werden wie im zweiten Teil („Fremde in Deutschland') alle in Deutschland zugewanderten Gruppen.

Für die Beiträge wurde bewußt nicht die Zwangsjacke eines handbuchartigen Darstellungsschemas vorgegeben, sondern die Möglichkeit zu besonderen Schwerpunktsetzungen geboten. Die Anmerkungen wurden auf das Notwendigste an Hinweisen beschränkt. Illustrationen, Diagramme und Karten sollen den Einblick vertiefen und den Überblick erleichtern helfen. Der Aufbau des Buches folgt räumlichen, sachlichen und zeitlichen Gesichtspunkten, die in dem Überblick am Ende der Einführung erläutert werden. Dennoch steht jedes Kapitel als selbständige Einheit auch für sich.

Die wissenschaftliche Verantwortung für ihre Beiträge tragen die Autorinnen und Autoren allein. In die Leitungsverantwortung des Herausgebers fallen die Erarbeitung des Gesamtkonzepts, Autorenauswahl und die redaktionelle Betreuung des Buches, bei der mir mein Mitarbeiter Jochen Oltmer entscheidend geholfen hat. Den Autoren danke ich für die gute Kooperation und ihre Geduld mit einem unnachgiebigen Herausgeber. Dank für Anregungen, Kritik und weiterführende Hinweise schulde ich Prof. Dr. Helmut Altrichter, Prof. Dr. Dan Diner, Dr. Alfred Eisfeld, Prof. Dr. Dirk Hoerder, Prof. Dr. Walter D. Kamphoefner, Prof. Dr. Andreas Kappeler, Pfarrer Herbert Leuninger, Dr. Susanne Meyer, Prof. Dr. Günter Moltmann, Prof. Dr. Gerd Noetzel, Prof. Dr. Anton Schindling, Dr. Johannes-Dieter Steinert, Stefan Telöken (UNHCR) und Dr. Beate Winkler.

Für Illustrationsvorschläge und Hilfestellungen bei der Ermittlung geeigneter Druckvorlagen danke ich neben den Autoren dem Archiv des Instituts Nordostdeutsches Kulturwerk, Lüneburg, dem Bildarchiv des Bundesarchivs, Koblenz, dem Bildarchiv Preußischer Kulturbesitz, Berlin, dem Förderverein Deutsches Auswanderermuseum, Bremerhaven, dem Institut für Auslandsbeziehungen, Stuttgart, dem Kulturzentrum Ostpreußen, Ellingen, der Landsmannschaft der Deutschen aus Rußland, Stuttgart, der Niedersächsischen Landesbibliothek, Hannover, der State Historical Society of Wisconsin, Madison, USA, dem Ullstein-Bilderdienst, Berlin, der Universitätsbibliothek Osnabrück und ihrer Photostelle, der Universitätsbibliothek Münster sowie Ute Richter-Eberl, Prof. Dr. Kai Detlev Sievers, Dr. Valentina Maria Stefanski, Ulrich Steppat und Rudolf Thurner. Ulrike Hindersmann danke ich für die abschließende Betreuung dieses Arbeitsbereichs. Für die Reinzeichnungen von Karten und Schaubildern danke ich unserem Osnabrücker Kartographen Manfred Dloczik, für Textverarbeitung und Druckvorbereitung am PC Claudia Negwer in Zusammenarbeit mit Lydia Mersch und Stefan Fangmeier. Der Freudenberg Stiftung danke ich für die Förderung von Hilfestellungen bei der Druckvorbereitung, der Volkswagen-Stiftung für ein Akademie-Stipendium, das den zügigen Abschluß der Editionsarbeiten ermöglichte.

Osnabrück, im Mai 1991   Klaus J. Bade

„Es ist hier also der Fremde nicht [. . .] der Wandernde, der heute kommt und morgen geht, sondern [. . .] der, der heute kommt und morgen bleibt – sozusagen der potenziell Wandernde, der, obgleich er nicht weitergezogen ist, die Gelöstheit des Kommens und Gehens nicht ganz überwunden hat. [. . .] Die Einheit von Nähe und Entferntheit, die jegliches Verhältnis zwischen Menschen enthält, ist hier zu einer, am kürzesten so zu formulierenden Konstellation gelangt: die Distanz innerhalb des Verhältnisses bedeutet, daß der Nahe fern ist, das Fremdsein aber, daß der Ferne nah ist. Denn das Fremdsein ist natürlich eine ganz positive Beziehung, eine besondere Wechselwirkungsform; die Bewohner des Sirius sind uns nicht eigentlich fremd [. . .], sondern sie existieren überhaupt nicht für uns, sie stehen jenseits von Fern und Nah. Der Fremde ist ein Element der Gruppe selbst, nicht anders als die Armen und die mannigfachen ‚inneren Feinde‘ – ein Element, dessen immanente und Gliedstellung zugleich ein Außerhalb und Gegenüber einschließt."

> Georg Simmel, Exkurs über den Fremden, in: ders.,
> Soziologie. Untersuchungen über die Formen der
> Vergesellschaftung, Leipzig 1908, S. 684–691, hier 685 f.

„Da ein neues gemeinschaftsstiftendes Band fehlt [. . .] sind wir das erste Mal in der Geschichte dazu gezwungen, mit anderen, von uns gänzlich Verschiedenen zu leben, und dabei auf unsere persönlichen Moralgesetze zu setzen, ohne daß irgendein unsere Besonderheiten umschließendes Ganzes diese transzendieren könnte. Eine paradoxe Gemeinschaft ist im Entstehen, eine Gemeinschaft von Fremden, die einander in dem Maße akzeptieren, wie sie sich selbst als Fremde erkennen."

> Julia Kristeva, Fremde sind wir uns selbst (‚Etrangers à
> nous-mêmes‘, 1988) Frankfurt a. M. 1990, S. 213.

„Unsere Kultur umfaßt nicht alles. Sie ist begrenzt, und jenseits der Grenzen befindet sich das, was wir nicht kennen. [. . .] Das Fremde ist [. . .] ein Konzept für all das, was zwar nicht zu uns gehört, uns aber doch auf eine spezifische Art und Weise betrifft. Nie läßt das Fremde uns gleichgültig. Wir verhalten uns gegenüber diesem Fremden ambivalent: Es erweckt Angst und treibt uns in unsere Welt zurück, zugleich aber vermag es zu faszinieren und uns aus unserer Welt hinauszulocken. Lassen wir uns auf das Fremde ein, so kommt es zu Grenzverschiebungen, und wir müssen uns ändern. Gehorchen wir der Angst, so werden wir die Grenzen verstärken und befestigen. Das Fremde wird zum Feind, der mit Gewalt abgewehrt werden muß, und dessen Gegenwart uns ängstlicher und starrer macht."

> Mario Erdheim, Die gesellschaftliche Produktion von
> Unbewußtheit als Quelle interkultureller Konflikte,
> Ms. Köln 1991, S. 8.

Einführung: Das Eigene und das Fremde – Grenzerfahrungen in Geschichte und Gegenwart

Von Klaus J. Bade

Die Geschichte von Wanderungsbewegungen und Grenzerfahrungen hat vielfachen und oft bedrückenden Anlaß gegeben, über die Spannungen zwischen dem ‚Eigenen' und dem ‚Fremden' nachzudenken. Die Literatur dazu füllt Bibliotheksregale. Und doch hat sich um die Wende zum letzten Jahrzehnt des 20. Jahrhunderts etwas verändert: Es ‚fremdelt' allenthalben – in Europa allgemein und in Deutschland besonders.

Erfahrung der Fremde und Einwanderungssituation

Nichts geht mehr zum Thema ‚Fremdheit und Migration'[1], was in den letzten Jahren nicht schon dagewesen wäre: Titeleien bieten, um nur einige Beispiele herauszugreifen, für die historische Dimension den ‚Aufbruch in die Fremde' und die ‚Erfahrung der Fremde' durch deutsche Minderheiten im Ausland ebenso wie umgekehrt das ‚Fremdsein' als Erfahrung von Minderheiten in Deutschland. In der aktuellen Diskussion gibt es in allen denkbaren Variationen neben ausländischen ‚fremden Mitbürgern' bzw. ‚Mitbürgern aus der Fremde' auch ‚fremde Deutsche'. Es gibt die ‚Fremde' als Einwandererfahrung in der ‚fremden Heimat Deutschland' ebenso wie als Remigrationserfahrung bei der ‚Rückkehr in die Fremde'. Neben den ‚Fremden' in der Theologie stehen ‚Der Fremde im Mythos' in der Kultursoziologie, die ‚Erfahrung des Fremden' oder das ‚Fremde im Eigenen' in Kulturanthropologie, Ethnologie und Volkskunde, aber etwa auch der ‚gläserne Fremde' und die ‚Fremden unter den Eingeborenen' als Themen von Ausländerpädagogik und interkultureller Erziehung. Und es gibt das ‚Leiden in der Fremde' bzw. den ‚psychischen Seilakt in der Fremde' über den Spannungsfeldern von ‚Entwurzelung, Entfremdung, Identität' als Thema von Sozialpsychologie, Psychoanalyse und Sozialer Psychiatrie[2]. Multi- bzw. interdisziplinäres Engagement ist in der Migrationsforschung freilich nicht ungewöhnlich: Wanderungen gehören, in Geschichte und Gegenwart, zu den existentiellen Grunderfahrungen, die, wie der Demograph und Sozialhistoriker Arthur E. Imhof einmal gesagt hat, letztlich „alle ‚Wissenschaften vom Menschen' angehen"[3].

Bewegung ist im Deutschland der späten 1980er Jahre auch in das Begriffspaar ‚Einheimische'/‚Fremde' gekommen. Davon zeugten zur Zeit des Massenzustroms von Übersiedlern aus der DDR und von Aussiedlern aus dem östlichen Ausland 1989/90 gängige Einwandererwitze, deren wohl bekanntester etwa in dieser Form umlief: In der Warteschlange von Arbeitslosen auf dem Korridor eines Arbeitsamtes stehen hintereinander ein Übersiedler aus der DDR, ein Aussiedler aus Rußland und ein seit langem in Deutschland lebender Türke. Die beiden ‚Neubürger' aus dem Osten sind enttäuscht über die Arbeitslosigkeit im Westen: Der Übersiedler: „Schlange stehen kennen wir von Zuhause..." Der Rußlanddeutsche: „...aber wenigstens nicht für Arbeit!" Der Türke: „Wir Euch nix gerufen!" – In der verschlüsselten Botschaft der Pointe zur Disposition gestellt wurde die Unterscheidung von ‚Einheimischen' und ‚Fremden' nach Maßgabe der Staatsangehörigkeit (‚Deutsche'/‚Ausländer'): Das ‚wir' umschloß die ‚Einheimischen' (Deutsche und seit langem in Deutschland lebende Ausländer), das ‚euch' die neuangekommenen ‚Fremden' (deutsche Übersiedler und Aussiedler).

Der Witz beleuchtete Ausschnitte aus dem komplexen Szenario der *neuen Einwanderungssituation,* deren dramatis personae fünf Gruppen umschließen: 1. die aus der ehemaligen ‚*Gastarbeiterbevölkerung*' stammenden ‚*einheimischen Ausländer*'; 2. die früher als *DDR-Flüchtlinge* und später als *Übersiedler* aus den fünf ‚neuen' Bundesländern zugewanderten und 3. die als *Aussiedler* aus Ost-, Ostmittel- und Südosteuropa gekommenen ‚*fremden Deutschen*'; 4. die ebenfalls stark angewachsene Gruppe *ausländischer Flüchtlinge* und 5. viele *Menschen in Ostdeutschland,* die durch die nicht nur als Befreiung, sondern auch als Entmündigung und Überfremdung durch den Westen erlebte ‚Wende' *Fremde im eigenen Land* geworden sind[4].

Der Querschnitt durch die neue Einwanderungssituation zeigt nur den jüngsten Stand einer durch gewaltige Wanderungen bestimmten Bevölkerungsentwicklung: Alles in allem kamen vom Ende des Zweiten Weltkriegs bis zur deutschen Vereinigung im Herbst 1990 rd. 15 Mio. Vertriebene, Flüchtlinge, Übersiedler und Aussiedler nach Westdeutschland. Das entsprach rd. einem Viertel der deutschen Wohnbevölkerung in den ‚alten' Bundesländern. Nimmt man die zu dieser Zeit ca. 4,8 Mio. Menschen zählende ausländische Minderheit hinzu, dann machte diese Zuwanderung seit 1945 rund ein Drittel der Gesamtbevölkerung Westdeutschlands aus. Das sind in der Geschichte der entwickelten Industriestaaten in der zweiten Hälfte des 20. Jahrhunderts einzigartige Dimensionen.

Die Deutschen hatten mithin seit dem Zweiten Weltkrieg in ungewöhnlichem Umfang mit der Eingliederung von Fremden zu tun. Dabei gab es nicht nur Zuwanderungen ins westliche und Abwanderungen aus dem östlichen Deutschland, sondern auch im Osten selbst gewaltige Probleme bei der Eingliederung von Flüchtlingen und Vertriebenen, die in SBZ und DDR ,Umsiedler' genannt wurden. Ihre Geschichte ist noch gar nicht zureichend erschlossen, weil das mißtrauische SED-Regime lange die zeitgeschichtliche Forschung blockierte.

Die Dynamik des Wanderungsgeschehens wirkt fort: Wenn unvorhersehbare Ereignisse nicht alles anders kommen lassen, müssen sich die Deutschen – von den Ost-West-Binnenwanderungen ganz abgesehen – gefaßt machen auf ein Anhalten des Aussiedlerzustroms und auf steigende Mobilität im Europäischen Binnenmarkt. Vor allem aber haben sie zu rechnen mit wachsendem Zuwanderungsdruck in Ost-West- und Süd-Nord-Richtung: als Ergebnis des wirtschaftlichen Entwicklungsgefälles und der politischen Strukturkrise im zerfallenden ,Ostblock' sowie vor dem Hintergrund der sich dramatisch zuspitzenden ökonomischen, ökologischen und politischen Krisenentwicklung in der ,Dritten Welt'.

All das weckt bei vielen Bundesbürgern diffuse ,Einwanderungsangst'[5] und Vorstellungen von Migration als allenthalben faßbarer Bedrohung. Das reicht von der Angst vor einer Invasion der ,fernen Fremden' aus den Elends- und Todeszonen der ,Dritten Welt' und aus der Misere im Osten Europas bis zur neuen Skepsis gegenüber dem ,nahen Fremden' im Alltag der Einwanderungssituation. Die heiseren Schreie von Katastrophenpropheten, Menetekel-Lesern und Panikmachern sind dabei ebenso verhängnisvoll wie die orgelnden Platitüden professioneller Besänftiger, alles werde so schlimm schon nicht werden. Nötig ist statt dessen, ohne lähmende Schreckbilder und tabuisierende Scheuklappen, die gemeinsame Suche nach Antworten auf die Herausforderungen durch das Wanderungsgeschehen.

Es geht dabei nicht nur um Politik, Gesetze und Institutionen oder um fremdenfreundliche Sympathiewerbung (,Come together!') und gefällige Aufklärung über die sozialen Verkehrsregeln der Einwanderungssituation. Es geht auch um eine kollektive Sensibilisierung vor dem Hintergrund ,eigener' Erfahrungen mit ,Fremden' jenseits und diesseits der Grenzen im Rückblick auf die langen Entwicklungslinien, an deren Ende die Gegenwart steht. Dabei können die Deutschen am besten aus ihrer eigenen Geschichte lernen, in der Deutsche in der Fremde und Fremde in Deutschland nachgerade alle denkbaren Formen und Folgen der Wanderungen von Menschen über Grenzen, von Grenzen über Menschen und der Ausgrenzung von ,Fremden' innerhalb der Grenzen erlebt, erzwungen oder erlitten haben[6]. Dazu soll dieses Buch einen Beitrag leisten.

Fremde Nähe – nahe Fremde: Grenzabwägungen

Die Begriffspaare ‚Deutschland'/‚Ausland' und ‚Deutsche'/‚Fremde' sind im Titel eines Jahrhunderte überspannenden Sammelwerks nur als schlichte, gegebenenfalls im jeweiligen Kontext zu spezifizierende Orientierungshilfen zu verstehen. In übergreifender Erklärungsfunktion für die Ein- und Abgrenzung von Räumen, Zeiten und Gruppen leisten sie wenig, besonders in der Geschichte der Wanderungen. Das sei hier nur mit einigen Stichworten angedeutet.

‚Deutschland'/‚Ausland': Vor der Gründung des Nationalstaats, der seit 1871 den Nationsbegriff der Deutschen prägte, war selbst der – meist durch zahlreiche Zollschranken unterbrochene – Weg von einem ‚deutschen' Territorium ins andere nicht Binnenwanderung, sondern grenzüberschreitende Aus- bzw. Einwanderung. In den Vereinigten Staaten hingegen, wo Einwanderer noch lange nach Sprachzugehörigkeit bzw. Sprachraum registriert wurden, galt zur gleichen Zeit als ‚German immigrant' schlicht, wer ‚Deutsch' als ‚mother tongue' angab. Mehr noch: Die Geschichte der in diesem Buch überblickten grenzüberschreitenden Wanderungen aus und nach Deutschland umschließt eine große historische Zeitspanne, in der, je früher, desto mehr, von einer ‚deutschen Geschichte' zu sprechen, ein Wagnis ist[7]. Die frühesten in diesem Buch behandelten Wanderungen bewegen sich im weit über den deutschsprachigen Kulturraum hinausreichenden Heiligen Römischen Reich mit seiner großen und wechselnden territorialen Vielfalt. Von dort führt der Weg über den pränationalen Flickenteppich des Deutschen Bundes mit ‚groß-' und ‚kleindeutschen' Einheitsbestrebungen bis zur ‚kleindeutsch-großpreußischen' Reichsgründung von 1871 und von hier aus weiter über das in Versailles noch verkleinerte Deutschland zum ‚großdeutschen', dutzendjährigen ‚Dritten Reich'. Auf seinen Untergang folgten die bis 1990 getrennten Wege der beiden deutschen Nachkriegsrepubliken, die sich gegenseitig mit verordneten Abkürzungen bzw. Gänsefüßchen umschrieben und von denen die Westrepublik Bürger der Ostrepublik als deutsche Staatsangehörige, die östliche hingegen Bürger der westlichen als ‚Besucher aus dem kapitalistischen Ausland' behandelte.

‚Deutsche': Nach amtlichen Angaben gab es 1976 weltweit insgesamt rd. 100 Mio. *‚Deutschsprachige'*. Zu ihnen zählten nicht nur die Deutschen mit bis zum Herbst 1990 verschiedener Staatsangehörigkeit. Einbezogen waren als Deutsche auch *deutsche Volkszugehörige* nichtdeutscher Staatsangehörigkeit. Zu ihnen kann sich im Sinne des Bundesvertriebenengesetzes (§ 6) zählen, „wer sich in seiner Heimat zum deutschen Volkstum bekannt hat, sofern dieses Bekenntnis durch bestimmte Merkmale wie Abstammung, Sprache, Erziehung, Kultur be-

stätigt wird". Daneben stehen die *,Deutschstämmigen'* fremder Staatsangehörigkeit und nicht selten auch fremder Muttersprache. Von ihnen
wiederum haben diejenigen aus den im Bundesvertriebenengesetz (§ 1,
2) festgelegten ,Vertreibungsgebieten' im Osten Europas Anspruch auf
die *deutsche Staatsangehörigkeit,* auch wenn ihre Vorfahren zum Teil schon
vor Jahrhunderten ausgewandert sind, als es einen deutschen Nationalstaat noch gar nicht gab. Das gilt nicht für die von den vielen anderen
Auswanderermillionen abstammenden, vorwiegend überseeischen
,Bindestrich-Deutschen', von denen z. B. in Lateinamerika viele nur zu
gern nach Deutschland ,rückwandern' würden. Ihre Eingaben an deutsche Botschaften, aber auch an die Ausländerbeauftragte in Bonn,
sprechen vom Selbstverständnis als ,Deutsche im Ausland', von ,Volks-
tum', ,Deutschtum', ,deutscher Kultur' und vom Befremden darüber,
daß für sie nicht gelten kann, was, im Sinne des Kriegsfolgerechts, für
die Aussiedler aus dem Osten gilt.

Das führt zu der Frage, was Menschen fremder Staatsangehörigkeit,
die sich zum Teil nach Generationen noch als *,Deutsche im Ausland'*
verstehen, meinen, wenn sie von ihrem *,Deutschtum'* bzw. ihrer *,deut-
schen Kultur'* sprechen. Dabei begegnen sich von Land zu Land die
verschiedensten historisch-politischen Bewußtseinslagen und Deutschlandbilder – je nachdem, wann und warum die alte Welt verlassen
wurde und wie weit die oft Generationen dauernde Eingliederung in
der neuen fortgeschritten ist. In der Regel bleibt in der Erinnerung,
einem langsam auf einige wesentliche Szenen schrumpfenden Film
gleich, das Deutschlandbild aus der Zeit der Auswanderung erhalten.
Nicht selten ist in der intergenerativ fortlebenden, kollektiven Erinnerung sogar das Deutschlandbild der Vorfahren konserviert. Der Kulturschock der Aussiedler bei der Konfrontation des mitgebrachten
Deutschlandbilds mit der bundesdeutschen Realität ist ein alltäglicher
Beleg dafür. Er hat die im Ausland als Leitmotiv im ,German way of
thinking' ironisch bis mißtrauisch beobachtete, immer wieder anfallartig
auftretende Suche nach der ,deutschen Identität' um eine für die ,Neu-
bürger' aus Osteuropa sehr schmerzhafte Nuance bereichert.

,Fremde': So vielgestaltig wie die Deutschlandbilder waren, je nach
Raum und Zeit, Schicht und Gruppe, die ,deutschen' Bilder von ,Frem-
den' außerhalb und innerhalb der Grenzen. Das zeigt z. B. ein Blick auf
den Wandel in den Stereotypen des ,Polenbildes' im Deutschland des
19. und 20. Jahrhunderts: Von der Polenbegeisterung im Vormärz führt
der Weg über das Bild vom preußisch-polnischen ,Ruhrpolen' als ,dum-
mem Polacken' in der Montanindustrie und vom ,billigen und willigen'
auslandspolnischen ,Wanderarbeiter' in der Landwirtschaft von Kaiserreich und Weimarer Republik bis zum den ,Arbeitsvölkern' zugerechne-
ten ,slawischen Untermenschen' in der NS-Ideologie. Am Ende der

1980er Jahre gab es im Westen das Bild vom heroischen Solidarność-Polen, aber auch vom fliegenden Händler auf den ‚Polenmärkten', im Osten hingegen nach wie vor das aus einer langen Aggressionstradition stammende Bild von der sprichwörtlichen ‚polnischen Wirtschaft' im Nachbarland. ‚Fremde' auf Zeit waren die vielen Zuwanderergruppen in Deutschland, bis im intergenerativ fortschreitenden Eingliederungsprozeß nurmehr der – bei Nachfahren zugewanderter Hugenotten und italienischer Kaufleute oft stolze Familientraditionen signalisierende – Name an die Herkunft aus einem anderen Sprachraum erinnerte. Auf Dauer ausgegrenzte ‚Fremde' blieben die Zugehörigen der nichtseßhaften Minderheit der Sinti und Roma. Die im NS-Deutschland zur Staatsdoktrin erhobene Ausgrenzung von ‚Artfremden' und insbesondere von Juden hingegen hatte, von der vorwiegend im Kaiserreich und in der Weimarer Republik zugewanderten ostjüdischen Minorität abgesehen, mit räumlicher Bewegung als Hintergrund von Fremdheitserfahrung gar nichts zu tun: Juden gab es an Rhein und Donau schon, bevor dort ‚deutsche Geschichte' begann.

‚Nähe'/‚Ferne'/‚Fremde': In der Gegenwart des globalen Massentourismus hat die ‚Fremde' ihren Ort verloren. In der Geschichte waren räumliche Bewegung, kulturelle Begegnung und damit auch die Vorstellungen von ‚Nähe', ‚Ferne' und ‚Fremde' sozial sehr verschieden ausgeprägt. Die Welt der kleinen Leute z. B. war in der Frühen Neuzeit kulturräumlich gegliedert durch besondere, von der Mentalitätsforschung erst ansatzweise erschlossene Regionalbezüge mit größerer ‚Grenznähe' zur alles umschließenden ‚Fremde', innerhalb derer das überschaubare ‚Eigene' eine Insel blieb. Nach außen und unten ständisch abgeschlossen, aber grenzüberschreitend und vielgestaltig im Innern war zur gleichen Zeit in Alteuropa die aristokratische Kultur der großen Höfe, in der ‚man' als Diplomat wie als Offizier, als Künstler wie als reisender Kavalier von Paris bis St. Petersburg und von Lissabon bis Stockholm ebenso zu Hause war wie in den vielen Miniaturausgaben von Versailles, in denen kleine höfische Gesellschaften am Rande der großen Welt über ihre Verhältnisse lebten. Das schärfste Gegenbild zu der auf Rom und Paris blickenden, zunächst italienisch, dann französisch parlierenden Glanzwelt der großen und kleinen Hofkulturen bot im deutschen Sprachraum der Frühen Neuzeit die ebenfalls grenzüberschreitende Schattenwelt der Nichtseßhaften und Gauner, deren Verständigungsmittel das Rotwelsch war, jene synonymenreiche Mischung aus dem Jiddischen, der Zigeunersprache und spanischen Elementen, die als Geheimsprache Tarnung nach außen ebenso bot wie Identifikation nach innen. Dazwischen lag, am unteren Rand des Zunfthandwerks siedelnd, die durch geschützte Bräuche und geheime Zeichen über Grenzen hinweg verbundene Lebenswelt der wandernden Handwerksgesellen, die im späten 18. und frühen 19. Jahrhundert nicht ohne Grund auch als grenzüberschreitende Boten der Revolution beargwöhnt wurden.

Grenzüberschreitend waren auch die verschiedenen alteuropäischen ‚Wanderungs-Systeme‘, die sich im Verlauf der Jahrhunderte verlagerten und – wie das noch im 19. Jahrhundert existierende deutsch-niederländische ‚Nordsee-System‘ – auf bestimmte Zentren der Arbeitswanderung hin ausgerichtet blieben. Schließlich gab es auch in der Arbeitswelt die Lebensbereiche derer, die im Grunde nirgends zu Hause, überall fremd, oder, vice versa, im Rahmen des Möglichen überall zu Hause waren – z. B. die oft ortlosen Wanderarbeiter auf den Festungs-, Straßen- und Kanal-Großbaustellen des 19. Jahrhunderts, auf denen später zunehmend ‚ausländische Wanderarbeiter‘ eingesetzt wurden. Und es gab und gibt endlich die beiden Extreme nationalstaatlicher Zuordnung: einerseits die ‚Mehrstaater‘ mit ererbter (‚ius sanguinis‘) und zum Teil sogar mehrfach zusätzlich erworbener Staatsbürgerschaft (‚ius soli‘) und andererseits die Gruppe der Opfer nationalstaatlicher Ausgrenzung – die ‚Staatenlosen‘, für die die Überschreitung einer Staatsgrenze zum Staatsakt werden kann.

‚Ferne‘ und ‚Fremde‘ waren im Wanderungsgeschehen nicht immer Kehrseiten der gleichen Medaille. Im 19. Jahrhundert z. B. konnte überseeische Auswanderung sogar weniger mit Fremdheitserfahrung verbunden sein als Binnenwanderung: Wer aus dem ländlichen Melle südöstlich von Osnabrück ins ländliche New Melle im St. Charles County, Missouri, USA, auswanderte, wo Verwandte und Bekannte schon warteten, war im ‚deutschen‘ Mittelwesten weniger ‚entwurzelt‘ als ‚verpflanzt‘[8]. Erheblich größerer Fremdheitserfahrung ausgesetzt war zeitgleich sicher ein Landarbeiter aus dem preußischen Osten bei der Eingliederung im großstädtisch-schwerindustriellen Ruhrgebiet. Das galt besonders dann, wenn es sich um einen katholischen ‚Ruhrpolen‘ handelte, für den das Polnische Muttersprache und das Deutsche Fremdsprache blieb.

Geschichte und Gegenwart: der Band und seine Beiträge

Grenzerfahrungen nach Räumen, Zeiten und Gruppen wären nach alledem durchaus Gliederungsmöglichkeiten für dieses Sammelwerk gewesen und wurden auch kurzfristig als solche erwogen. Ähnliches galt für eine typologische Gliederung nach Wanderungsformen – zumal es an größeren Bewegungen des grenzüberschreitenden Wanderungsgeschehens und an grenzinternen Fremdheitserfahrungen buchstäblich nichts gibt, was in der Geschichte der Deutschen nicht verzeichnet wäre: Im Bereich der grenzüberschreitenden Wanderungsbewegungen gab es kontinentale und transatlantische Aus- und Rückwanderungen, Transitströme, Flucht- und Zwangswanderungen, temporäre oder saisonale Arbeitswanderungen aus und nach Deutschland und im Bereich der grenzinternen Fremdheitserfahrungen die Ausgrenzung von Minderheiten als ‚Fremden' bis hin zu jener todbringenden Steigerung des ‚Fremden' über das ‚Fremdartige' zum ‚Artfremden', an deren Ende der ‚Zivilisationsbruch' (Dan Diner) des Holocaust stand. – Statt alledem habe ich, der größeren Gestaltungsfreiheit für die Autoren und der besseren Übersichtlichkeit für den Leser halber, im ersten Teil eine epochenübergreifende räumliche und im zweiten Teil eine gruppenbezogene und zugleich grob zeitlich orientierte Gliederung gewählt. Die Darstellung in den einzelnen Beiträgen beginnt, der Schwerpunktsetzung nach, in der Frühen Neuzeit, führt herauf bis in die Gegenwart und endet mit Fragen an die Zukunft. Der folgende Überblick gibt thematische Stichworte zur Abfolge der Beiträge.

Erster Teil: Deutsche im Ausland

Der erste Teil des Bandes ist nach Zielländern geordnet. Im Vordergrund stehen dabei weniger die Auswanderungen[9] als die Wege der Einwanderer in den Zielländern selbst. Die Beiträge verfolgen die Entwicklung von den Anfängen bis ins 20. Jahrhundert. Der historischen Abfolge im Wanderungsgeschehen entsprechend stehen nicht die bekannten überseeischen, sondern die weniger bekannten kontinentalen Bewegungen voran, die zum Teil erst durch den Aussiedlerzustrom ins Geschichtsbewußtsein einer weiteren Öffentlichkeit zurückgekehrt sind.

1. Ostströme – kontinentale Auswanderung: Das Schwergewicht des Buches liegt zwar auf der Entwicklung von der Frühen Neuzeit bis zur Gegenwart, aber die kontinentalen Ostströme sind zum Teil wesentlich älter. Der einleitende historische Überblick *(Volker Press)* reicht deshalb zurück bis zu den ersten Spuren der Ostsiedlung und verfolgt dann räumlich übergreifend die verschiedenen Formen und Wellen dieser Bewegung. Sie war eine prägende Kraft in der ethnischen Entwicklung der Länder östlich von Böhmerwald und Enns, auch für die nationalen Wege von Deutschen, Polen, Tschechen, bis der ethnische Nationalismus des 19. und 20. Jahrhunderts die historischen Formen kultureller Koexistenz zerfraß. Exemplarische Vertiefung folgt in ausgewählten Länderstudien über die Deutschen in Rumänien und Jugoslawien *(Holm Sundhaussen)*, in Ungarn *(Günter Schödl)* sowie in Rußland und der Sowjetunion *(Detlef Brandes)*. Sie berichten über die Vielfalt der Kulturbegegnungen von den Anfängen bis an die Schwelle zur Gegenwart, die weithin im Zeichen der Krise steht. Dabei wurde der Studie zur Geschichte der Deutschen in Rußland und in der Sowjetunion der größte, annähernd dem Umfang der Nordamerika-Beiträge entsprechende Raum beigemessen.

2. *Westströme – überseeische Auswanderung*: Das Bild von den Deutschen im überseeischen Ausland ist meist geprägt durch den Massenexodus des 19. Jahrhunderts, der zu rund 90% USA-Einwanderung war. Aber die Geschichte der deutschen Nordamerika-Einwanderung ist älter als die Geschichte der Vereinigten Staaten. Die Darstellung beginnt deshalb mit den ersten Deutschen im kolonialen Nordamerika *(Agnes Bretting)* und erschließt dann die Neue Welt des 19. Jahrhunderts *(Horst Rößler)* mit dem Aufstieg von ‚Deutsch-Amerika‘ *(Christiane Harzig)* und seinem Untergang *(Monika Blaschke)* bis zu den Spuren der transatlantischen Rückwanderung nach Deutschland *(Karen Schniedewind)*. An zweiter Stelle als Aufnahmeland der deutschen überseeischen Einwanderung stand Kanada *(Udo Sautter)*, mit großem Abstand gefolgt von lateinamerikanischen Ländern *(Walther L. Bernecker, Thomas Fischer)*, Australien und Neuseeland *(Johannes H. Voigt)*. Die Beiträge zeigen die Vielfalt der oft Generationen übergreifenden Eingliederungsprozesse auf dem Weg von der Einwanderungssituation bis zum Erlöschen der vielgestaltigen auslanddeutschen ‚Bindestrich-Kulturen‘, die auf jeweils eigene Weise Zwischen- und Übergangsformen waren zwischen alter und neuer Welt.

3. *Gegenbilder – zu Gast im europäischen Ausland*: Schwieriger zu fassen als die großen Ströme der kontinentalen und vor allem der überseeischen Bewegungen sind die vielgestaltigen kleineren, teils dauerhaften, teils temporären Wanderungen von Deutschen ins europäische Ausland, die hier in einigen westeuropäischen Beispielen ausgeleuchtet werden. Sie bieten Ausschnitte aus dem Alltag der grenzüberschreitenden Begegnungen in allen Schichten im Europa der Frühen Neuzeit und zur Zeit der kontinentalen und transatlantischen Massenbewegungen: von den Gesellenwanderungen, den Begegnungen in Großbürgertum und höfischem Leben und der Flucht politisch Verfolgter *(Hans-Ulrich Thamer)* bis zu den deutschen Arbeitswanderern im Europa des 19. Jahrhunderts – den deutschen Söldnern im niederländischen Kolonialdienst *(Martin Bossenbroek)*, den deutschen Saison- und Wanderarbeitern im ‚Nordsee-System‘ *(Franz Bölsker-Schlicht)* und den deutschen Gassenkehrern von Paris *(Wilfried Pabst)*.

Zweiter Teil: Fremde in Deutschland

Der zweite Teil ist, in annähernd zeitlicher Folge, nach Gruppen von Fremden in Deutschland gegliedert. ‚Fremde‘ waren dabei nicht nur Zugewanderte. Es waren auch seit langem ansässige Minderheiten, denen ‚Fremdsein‘ zugeordnet wurde, eine Distanz, die den ‚Eigenen‘

Angriffe erleichterte oder doch ‚fremdes' Leid entrückte und – mit
Georg Simmels ‚Exkurs über den Fremden' zu reden – gesellschaftlich
‚nahe' in ‚ferne Fremde' verwandelte. Zuweilen waren dabei von außen
Zugewanderte ‚näher' als im Innern ausgegrenzte ‚Fremde'.

4. *Wege nach Deutschland – Entwicklungslinien und Beispiele*: Inkarnation
der ausgegrenzten, unerwünschten ‚Fremden' wurden und blieben bis
heute in Deutschland die ‚Zigeuner' (*Rainer Hehemann*). Das schiere
Gegenbild als erwünschte ‚Fremde' boten Glaubensflüchtlinge der Frühen Neuzeit, die als ‚Entwicklungshelfer' Wirtschafts- und Kulturleben
des Aufnahmelandes bereicherten (*Heinz Duchhardt*). Alltäglich nicht
nur außerhalb, sondern auch innerhalb der deutschen Grenzen war,
hier am Beispiel der Italiener gezeigt, die Begegnung mit den ‚Fremden'
auf den verschiedensten Sozialebenen – von höfischem Milieu und
großbürgerlichem Wirtschaftsleben bis herab zum Straßenhändler (*Anton Schindling*).

5. *Zwischen Auswanderungsland und ‚Arbeitseinfuhrland': das Reich im
späten 19. und frühen 20. Jahrhundert*: Dem Nationalökonomen Werner
Sombart erschien das kaiserliche Deutschland schon seiner gewaltigen
Binnenwanderungen wegen wie ein „Ameisenhaufen, in den der Wanderer seinen Stock gestoßen hat"[10]. Im späten 19. und frühen 20. Jahrhundert wurde das Kaiserreich zudem Transitland für die durch-
strömende ost- und südosteuropäische Amerika-Auswanderung
(‚Durchwanderung'), die in den Seehäfen an die Stelle der deutschen
überseeischen Massenauswanderung trat (*Michael Just*). Zeitgleich gab
es bei der aus dem preußischen Osten in den preußischen Westen
abgewanderten Minderheit der ‚Ruhrpolen' echte Einwanderungsprobleme im Auswanderungsland (*Christoph Kleßmann*). Ebenfalls im späten
19. Jahrhundert begann mit der Massenzuwanderung ‚ausländischer
Wanderarbeiter' die Geschichte der ‚modernen' Ausländerbeschäftigung in Deutschland (*Klaus J. Bade*). Als begleitendes Rinnsal der ost-
und südosteuropäischen Transitwanderung kam zugleich die kleine,
schon in Kaiserreich und Weimarer Republik ausgegrenzte Minderheit
der Ostjuden hinzu, die im nationalsozialistischen Deutschland zum
rassistischen Feindbild schlechthin werden sollte (*Inge Blank*).

6. *Massen in Bewegung – Nationalsozialismus, Weltkrieg, Nachkriegszeit*:
Die Steigerung des ‚Fremden' zum ‚Artfremden' im Nationalsozialismus
stand am Ende einer langen geistigen Kontinuitätslinie und traf besonders die Minderheiten der Juden und ‚Zigeuner' (*Michael Zimmermann*).
Die Flucht der aus rassischen, weltanschaulichen und politischen Gründen Verfolgten des NS-Regimes führte zeitgleich weltweit in rund 80
Emigrationsländer (*Werner Röder*). Die Beschäftigung von ‚Fremdarbeitern' im NS-Deutschland mündete im ‚Ausländer-Einsatz' der nationalsozialistischen Kriegswirtschaft in mörderische Arbeitssklaverei (*Ulrich*

Herbert). Am Ende des Grauens waren Millionen von befreiten ‚Fremdarbeitern' als ‚Displaced Persons' für die alliierten Behörden vorwiegend ein Verwaltungsproblem *(Wolfgang Jacobmeyer)*. Das nicht vom Hintergrund seiner Vorgeschichte zu lösende Drama von Flucht und Vertreibung *(Wolfgang Benz)* war in seinem letzten Akt, der Integration von Millionen Vertriebenen und Flüchtlingen im westlichen Nachkriegsdeutschland und in der Bundesrepublik, noch längst nicht ‚abgeschlossen', als im Gesamtspektrum der Wanderungspolitik auf der ‚Drehscheibe Westdeutschland' im Nachkriegsjahrzehnt schon Entscheidungen fielen *(Johannes-Dieter Steinert)*, zu deren Folgen in der Bundesrepublik später echte Einwanderungsprobleme zählten.

7. *Paradoxon Bundesrepublik – Einwanderungssituation ohne Einwanderungsland*: Die Ausländerbeschäftigung in der Bundesrepublik seit Mitte der 1950er Jahre knüpfte im Kern an Weimarer Traditionen an, mündete aber über die ‚Gastarbeiterfrage' der 1960er Jahre seit den 1970er Jahren mit fließenden Grenzen in eine echte Einwanderungssituation *(Klaus J. Bade)*. Das Gesicht der ‚neuen Einwanderungssituation' seit den späten 1980er Jahren hingegen wurde wesentlich geprägt durch das Hinzutreten des Massenzustroms von DDR-Flüchtlingen, Übersiedlern und Aussiedlern *(Klaus J. Bade)* sowie durch den starken Andrang asylsuchender Flüchtlinge aus Europa und der ‚Dritten Welt' *(Klaus J. Bade)*. Unübersichtlichkeit der Gruppenbegegnungen im Innern, anhaltender Zuwanderungsdruck von außen und Mangel an geeigneten politischen Konzeptionen schürten die ‚neue Angst vor den Fremden' *(Claus Leggewie)*.

Um so dringlicher ist die Suche nach Antworten auf die Herausforderung durch das Wanderungsgeschehen der Gegenwart und der in Grenzen absehbaren Zukunft. Zwei Perspektiven werden dazu angeboten: zum einen Multikulturalismus, Zivilgesellschaft und daraus abgeleitete Gestaltungsentwürfe *(Micha Brumlik, Claus Leggewie)*, zum anderen Umrisse einer am Einwanderungsprozeß orientierten Konzeption für Migration, Integration und Minderheiten in einem ‚Einwanderungsland neuen Typs' *(Klaus J. Bade)*. Eine ganzheitliche Konzeption könnte zentrale Elemente beider Vorstellungskreise aufnehmen. Am Ende steht die Frage nach der Zukunft: Datengesättigte Modellrechnungen beleuchten Konturen möglicher Szenarien von Arbeitswelt, Bevölkerung und Wanderung zwischen kultureller Koexistenz in sozialem Frieden und ethnosozialem Konflikt bis zum Jahr 2030 *(Wolfgang Klauder)*. Sie bieten prospektive Materialgrundlagen und zugleich mahnende Erinnerung an jene seit mehr als einem Jahrzehnt überfälligen, ganzheitlichen Konzepte einer Migrations-, Integrations- und Minderheitenpolitik als gesellschaftspolitische Aufgabe ersten Ranges.

Erster Teil:
Deutsche im Ausland

1. Ostströme: kontinentale Auswanderung

1.1. Von der mittelalterlichen zur frühneuzeitlichen Ostsiedlungsbewegung – ein Rückblick

Von Volker Press

Die deutsche Ostsiedlungsbewegung[1] wurde durch den Nationalismus des 19. und 20. Jahrhunderts bei den Deutschen und ihren östlichen Nachbarn zum Gegenstand heftiger Auseinandersetzungen, die überschattet waren von einseitigen und anachronistischen Deutungen[2]. In der Tat bestimmte sie maßgeblich das ethnische Gesicht der Länder östlich von Elbe, Böhmerwald und Enns. Sie stellte damit entscheidende Weichen für die Nationbildung von Deutschen, Polen, Tschechen und Slowaken sowie Ungarn. Wesentliche Ergebnisse wurden jedoch durch die Katastrophe des nationalsozialistischen Deutschland, durch Grenzkorrekturen und gewaltsame Bevölkerungsverschiebungen nach 1945 weitgehend rückgängig gemacht.

In ihren Anfängen knüpft die deutsche Ostsiedlungsbewegung an die Völkerwanderung an, in deren Folge slawische Stämme in die Gebiete östlich der Elbe, in Böhmen und im heutigen Österreich vorgedrungen waren. Da sie vielfach an die Stelle abgezogener Germanenstämme traten, wurde die Ostsiedlungsbewegung öfter vereinfachend als ‚Wiederkolonisation‘ bezeichnet. Sie setzte schon in karolingischer Zeit ein und begann mit bayerischen Siedlungsbewegungen im 6. Jahrhundert bis an die Raab, im 8. bis ins Pustertal und in die Tauern. Diese Bewegungen fanden einen kräftigen Rückhalt am Erzbistum Salzburg und am Bistum Passau – die beiden Bistümer haben jeweils in den Alpen und an der Donau entlang eine bedeutende Rolle gespielt. Schwächer waren, ebenfalls unter dem Druck des fränkischen Reiches, zunächst die Vorstöße von Thüringern und (Nieder-)Sachsen.

Die herrschaftliche Konsolidierung des fränkischen Reiches durch Karl den Großen brachte neuerliche Impulse, abgestützt durch die Organisation der Grenzbereiche als ‚Marken‘. Zunächst blieb der Schwerpunkt im Alpen-Donau-Raum. Die Bildung eines Ostfränkischen Reiches hingegen hat die östliche Expansion begünstigt, zumal als Otto der Große 955 bei Augsburg die Vorstöße der von Osten vordringenden

Ungarn endgültig abwehrte, deren Siedlungsgebiet einen Keil zwischen West- und Südslawen trieb. Die Ablösung der Ostmark von Bayern unter den Babenbergern (976) bildete einen bedeutenden Rückhalt für neuerliche Siedlungsbewegungen. Diese setzten nun auch im Norden unter den Sachsenherzögen aus dem Hause Billung und dem Markgrafen Gero an. Das führte zu einer gewissen Kontrolle der slawischen Stämme zwischen Elbe und Oder, die sich zunächst diesem Zugriff immer wieder widersetzten. Zugleich wurde Böhmen dem Reich stärker verbunden. Das Vordringen Deutscher in diesen Raum hielt sich jedoch in Grenzen. Allerdings schuf die Ausformung einer vom Reich geprägten Kirchenorganisation mit dem Erzbistum Magdeburg (968), den Bistümern Brandenburg, Havelberg (jeweils 948), Merseburg, Zeitz, Meißen bis nach Posen (jeweils 968) ein wichtiges Instrument religiöser und kultureller Ausbreitung. Dabei waren kirchliche und herrschaftspolitische, keineswegs aber ,nationale' Gründe für die Ottonen maßgeblich. Ihr Hauptziel war die Christianisierung und nicht die ,Germanisierung' der noch ,heidnischen' slawischen Völker östlich der Elbe.

Gegen den Druck aus dem deutschen Reichsverband lehnte sich der Freiheitswille der Slawen in den großen Aufständen von 983 und 1066 auf. Der Aufstand von 983 ließ die kirchlichen Vorstöße über Magdeburg hinaus zusammenbrechen; die Erhebung von 1066 vereitelte das Missionswerk des Erzbischofs Adalbert von Bremen, der in Verfolgung seiner Pläne eines nordischen Patriarchats die Bistümer Ratzeburg und Mecklenburg gegründet und den slawischen Obotritenfürsten Gottschalk für das Christentum gewonnen hatte. Dagegen blieb das 1007 von Kaiser Heinrich II. gegründete Bistum Bamberg stabil, während sich in Österreich ein rascher Konsolidierungsprozeß vollzog, der mit der Erhebung des Landes zum Herzogtum 1156 auch äußerlich gekrönt wurde. Um 1100 kam es zu Vorstößen im Pleißenland, an der Unterweser und zu ersten Aufrufen zur Siedlung im Slawenland.

Für die zweite, intensivere Welle der deutschen Ostsiedlungsbewegung bedurfte es allerdings im Reich der herrschaftlichen Konsolidierung, der Territorienbildung und noch mehr eines verstärkten Bevölkerungsdrucks: Er führte nun zu bewußt geförderten Wanderungsbewegungen in die slawisch besiedelten Gebiete. Es war kein Zufall, daß im 12. Jahrhundert nicht das stark in Italien engagierte Königtum, sondern mächtige Territorialfürsten, wie Herzog Heinrich der Löwe von Sachsen oder Markgraf Albrecht der Bär von Brandenburg, Initiatoren der ausgreifenden deutschen Ostsiedlungsbewegung wurden. Nur als Landesherren engagierten sich auch die Staufer im Vogtland und im Egerland. Einerseits förderten auch christlich gewordene Slawenfürsten die Ansiedlung Deutscher, von denen sie sich wirtschaftliche und kulturelle Modernisierungen versprachen. Das galt bald auch für die Herrscher

Polens, Böhmen und Ungarns. Andererseits fehlte die gewaltsame Bekehrung der in ihrer Religion verharrenden Slawen nicht, wie der aus ganz Europa beschickte blutige ‚Wendenkreuzzug' 1147 bezeugt. Sowohl bei den ausgreifenden deutschen Landesfürsten wie bei den christlich gewordenen Slawenherrschern spielte das Streben, sich dem Territorialisierungsprozeß anzuschließen, eine wesentliche Rolle – dies führte zu einer kulturellen Überformung des slawischen durch das deutsche Element, das aus einer sozial überlegenen Position heraus zum Erfolg kam.

Obgleich der demographische Druck zu einer beträchtlichen Binnenkolonisation (vor allem durch Rodung) führte und zugleich die Welle der Städtegründungen förderte, reichte das Altsiedelland im Reich nicht mehr aus. Hinzu kam, daß unter diesen Bedingungen auch der herrschaftliche Druck auf die abhängige Landbevölkerung zunahm und viele Bauernsöhne im Osten bessere Lebensmöglichkeiten sahen. Aber neben den Bauern zogen auch Stadtbürger und Adelige nach Osten, wo sich Kriegern, Kaufleuten und Handwerkern vielfältige Chancen zu bieten schienen. Die kirchliche Organisation wurde weiter ausgedehnt; die Zisterzienser hatten wesentlichen Anteil an der Erschließung des Landes durch die Gründung von Klöstern wie Leubus in Schlesien (1163), Oliva bei Danzig (1170), Lehnin (1180) und Chorin (1260/73), Zinna (1170/71) und Dobrilugk (ca. 1165). In den Städten wirkten die Bettelorden, während der Deutsche Orden eine Sonderrolle spielen sollte. Die Kirche hat in ihrem Bereich zwar zum Abbau der Spannungen zwischen Deutschen und Slawen beigetragen; sie hat, weil im wesentlichen Deutsche ihre Träger waren, aber auch der ‚Germanisierung' den Weg bereitet. Die gleichzeitige Gründung der Erzbistümer Gnesen und Gran (um 1000) stützte die Autonomie Polens und Ungarns.

Die Siedlungsbewegungen wurden durch adelige oder bürgerliche Unternehmer vermittelt, die in den Quellen ‚Lokatoren' heißen. Sie organisierten die Ansiedlungen und wurden dafür mit besonderen Positionen oder Rechten belohnt (Schulzen, Gerichtsbarkeit). Die Annahme, daß die Ansiedler am Anfang längerfristig wesentlich bessere Bedingungen erhielten als im Mutterland (zeitweilige Abgabenfreiheit), ist durch neuere Forschungsergebnisse wieder in Frage gestellt worden[3]. Manche Siedlungen lehnten sich an ältere slawische an; bei den neugegründeten Dörfern überwogen typische Siedlungsformen, vor allem die ‚Hufe', welche auf die den Slawen noch unbekannte Dreifelderwirtschaft ausgerichtet war. Hier zeigte sich erneut die größere wirtschaftliche, rechtliche und organisatorische ‚Modernität' der Zuwanderer gegenüber der eingesessenen Bevölkerung, unterstrichen durch das ihnen gewährte ‚Jus Teutonicum'.

Für die territoriale Konsolidierung des Raumes östlich der Elbe hatten die Städtegründungen eine hohe Bedeutung, selbst wenn sie an ältere Anlagen, wie slawische Burg-, Fischer- und Marktsiedlungen, angelehnt waren. Dabei setzte sich ein typisches Anlageschema durch, bei dem auf Befestigungen durch Mauer oder Wall auch hier nicht verzichtet wurde. Wie im Altsiedelland haben die Städte unterschiedliche Entwicklungen genommen – von ‚Ackerbürgerstädten' bis zu Handelsmetropolen und Fürsten- oder Bischofsresidenzen. Dabei bediente man sich der deutschen Stadtrechte, die jene Voraussetzungen schaffen sollten, die im Westen zum Aufstieg der Städte geführt hatten. An der Ostseeküste diente vor allem Lübecker Recht, südlich davon Magdeburger Recht als Vorbild; aber auch einzelne Neugründungsstädte wie Breslau oder Neumarkt in Schlesien gewannen Vorbildcharakter. Bedeutende Stadtgründungen waren 1232 Cölln, um 1240 Berlin, 1243 Stettin, 1253 Frankfurt an der Oder, 1257 Landsberg an der Warthe, in Schlesien 1217 Oppeln, 1242 Breslau, 1250 Brieg, im Deutschordensland neben dem älteren Danzig 1232 Thorn, 1233 Kulm und 1255 Königsberg.

In Österreich war die Siedlungsbewegung relativ früh zum Stehen gekommen; ihre Ausläufer reichten bis ins Königreich Ungarn in die Gegend um den Neusiedler See. Im Südosten erreichte sie weite Teile Kärntens, der Steiermark und stieß gegen Friaul und Krain vor; dort kam es zu einer Gemengelage mit den südslawischen Slowenen. In Böhmen überschritt die deutsche Siedlungsbewegung die Grenzgebirge; aber auch im Landesinneren bildeten sich deutsche Sprachinseln aus; deutsche Kaufleute und Bergleute spielten hier eine beträchtliche Rolle – es kam zu vielfältigen Formen des Zusammenlebens und zu wechselseitiger Beeinflussung der deutschen und der tschechischen Bevölkerung, die im Land die Mehrheit bildete[4]. Die Zweisprachigkeit der böhmischen Länder sollte ihr kulturelles Profil bis an die Schwelle der Gegenwart bestimmen.

Nördlich des Königreichs Böhmen wurden zunächst das Vogtland, das Pleissener Land, die Mark Meißen und die Lausitzen erreicht. In der Oberlausitz und im Spreewald behauptete sich mit den Sorben die ursprüngliche slawische Bevölkerung, wenngleich sie unter einem stetigen Assimilationsdruck stand. Die askanischen Fürsten bauten das Territorium der Mark Brandenburg aus und schoben seine Grenzen bis zum oberen Unterlauf der Oder vor. Die slawischen Fürsten von Mecklenburg, Pommern und Rügen förderten Christianisierung und deutsche Bevölkerung, nachdem Heinrich der Löwe von Sachsen erste wichtige Anstöße gegeben hatte. Diese Siedlungsbewegung stieß über Pomerellen gegen Danzig vor. Sie fand ihren besonderen Chronisten in Helmold von Bosau, der die Slawenmission im ostelbischen Wagrien geschildert hat[5].

Die Siedlungsbewegung an der Ostsee verband sich mit dem Eroberungswerk des Deutschen Ordens. Er faßte mit Rückendeckung des polnischen Herzogs Konrad von Masowien im Preußenland Fuß und setzte seine Herrschaft gegen die einheimischen Prussen, ethnisch ein baltisches Volk, mit mehreren Kreuzzügen und in blutigen Kämpfen durch – die Preußen wehrten sich erbittert. 1230 leitete der Landmeister Hermann Balk diese Vorstöße ein – 1283 erreichte der Orden Memel. 1307 erwarb er Pomerellen und Danzig. Schon 1237 hatte er sich mit dem Schwertbrüderorden verbunden, der die deutsche Besiedlung in Livland und Estland betrieb. Dort allerdings blieb es bei einer dünnen deutschen Oberschicht auf dem Lande und einem starken Anteil am Bürgertum der Städte gegenüber einer lettischen und estnischen Mehrheit. Dagegen überlagerten deutsche Sprache und Kultur diejenige der Prussen in Preußen so stark, daß sie im Laufe der Jahrhunderte völlig verschwand[6]. Neben dem Deutschen Orden wurde die Ostsiedlungsbewegung vor allem durch die Hanse gefördert: Unter Führung Lübecks griff dieser weit ins Binnenland hineinreichende Städtebund großräumig nach Osten aus. Sein Schwerpunkt lag an den Ufern der Ostsee – auch auf den Handelswegen der Hanse kamen Deutsche nach Osten.

Der deutsche Zuzug nach Schlesien wurde durch eine Nebenlinie der polnischen Piasten, die sich als Herzöge von Breslau und Oberschlesien vom polnischen Kernland gelöst hatten, protegiert. In der Folge lehnte sich Schlesien stark an das Reich an; die Piastenherzöge Heinrich I. († 1238) und Heinrich II. (1238–1241) verbanden sich mit deutschen Fürstenhäusern. Bauern, Bergleute und Kaufleute kamen ins Land, begünstigt von den Zisterziensern in Leubus und Liegnitz. 1209 erhielt Löwenberg deutsches Stadtrecht, 1211 Goldberg. Der Mongolensturm von 1241, bei dessen Abwehr Heinrich II. bei Liegnitz fiel, zerstörte diese Besiedlung nicht – sie erhielt sogar in der zweiten Hälfte des 13. Jahrhunderts neuen Auftrieb: Die Stadtrechtsbücher von Löwenberg, Neumarkt und Liegnitz dokumentieren diese Entwicklung, die weder durch den Zerfall des piastischen Schlesien in eine größere Zahl von Kleinterritorien noch durch die zunehmende Anlehnung an die Krone Böhmens unterbrochen wurde.

So hatten sich bis zur Mitte des 14. Jahrhunderts deutsche Siedlungen weit über die Elbe ausgedehnt, verbunden mit einem komplizierten Prozeß von Eroberung, Besiedlung und kultureller Überformung, der begünstigt wurde durch die überlegenen Produktionstechniken und die bessere Rechtsstellung der deutschen Ansiedler. Nicht nur der Anpassungsprozeß des slawischen Adels wurde eine wichtige Voraussetzung der ‚Germanisierung'; auch für die Slawen in Städten und Dörfern war das bessere deutsche Recht ein wichtiges Motiv zur Anpassung. Daneben fehlte aber auch der soziale Druck nicht: Seit dem 14. Jahrhundert haben die städtischen Zünfte häufig die slawischen Mitbürger diskriminiert. Die slawische Position wurde aussichtslos, ihre Sprache schließlich beschränkt auf die Unterschichten, wo sie unterging. So war die ,Germanisierung' wohl schon im 14. Jahrhundert vielfach vollendet. Nicht allzu häufig hielten sich slawische Worte in der deutschen Sprache, die sich gerade in dieser Zeit im Neusiedelland zum Hochdeutschen entwickelte[7]. Allein die Sorben der Lausitz behaupten innerhalb des deutschen Sprachraums bis heute ihre Identität[8].

Die Geschichte der deutschen Ostsiedlungsbewegung führte über den sich zunehmend schließenden deutschen Siedlungsraum hinaus: In Polen gab es seit dem 11. Jahrhundert Eheverbindungen des Adels ins Reich; lange zuvor hatten deutsche und polnische Fürsten ihre Aktionen gegen die Westslawen koordiniert. Seit dem 12. Jahrhundert setzten vermehrt deutsche Siedlungsbewegungen nach Polen ein; insbesondere gab es in der Bürgerschaft der größeren Städte ein ausgeprägtes deutsches Element – deutsche Stadtrechte wirkten auch nach Polen hinein. Doch in Polen stießen die deutschen Siedler auf eine konsolidierte ständische Gesellschaft, in der sich Adel und Kirche frühzeitig gegen allzu starken deutschen Einfluß wandten. Der Konflikt Polens mit dem Deutschen Orden im 15. Jahrhundert drängte das deutsche Element in die Defensive. Als 1466 Westpreußen mit Danzig und Thorn, der reichere und bedeutendere Teil des Ordenslandes, an Polen fiel, behauptete zwar eine Reihe von Städten ihre Deutschsprachigkeit; andernorts aber begünstigte der politische Umsturz das Vordringen der polnischen Sprache.

Auch nach Ungarn setzte frühzeitig eine deutsche Siedlungsbewegung ein: In Siebenbürgen erlangten deutsche Einwanderer – Moselfranken, aber auch Luxemburger, ,Flanderer', Niedersachsen – seit dem 12. Jahrhundert eine besonders privilegierte Stellung. Die königlichen Freiheiten von 1224 führten schließlich zur Anerkennung als ,Sächsische Nation' in Ungarn (1486), nachdem ein früher Versuch des Deutschen Ordens gescheitert war, sich dort niederzulassen[9]. Die ,Siebenbürger Sachsen' gründeten eine Reihe von Städten, vor allem Bistritz, Hermannstadt, Schaeßburg, Klausenburg und Kronstadt inmitten der vom Adel repräsentierten Magyaren, der freien Szekler und der minderprivilegierten Rumänen. Auch die Zipser Sachsen, die aus dem Rhein- und Moselland in die (heute slowakische) Oberzips um Leutschau und Käsmark am Fuß der Hohen Tatra und aus Bayern in das Bergbaugebiet der Unterzips gekommen waren, erlangten unter der ungarischen Krone eine besondere Selbstverwaltung (1271). Die Verpfändung von 13 Oberzipser Städten an Polen 1412 konservierte ihre deutsche Eigenart, während in der Unterzips die Einwirkung der ungarischen und slowakischen Umgebung stärker war[10]. Siebenbürger und Zipser Sachsen haben stets wirtschaftliche und kulturelle Kontakte mit dem Reich behauptet und sich im 16. Jahrhundert der Reformation angeschlossen. Auch die Baltendeutschen in Kurland, Livland und Estland bildeten im Adel und im Bürgertum der Städte eine exponierte und privilegierte Gruppe, die sich ebenfalls der Reformation anschloß[11].

Wie der demographische Druck des Hochmittelalters im ‚Mutterland‘ entscheidende Schubkraft für die deutsche Ostsiedlungsbewegung entfaltet hatte, so brachte die nachfolgende Bevölkerungskatastrophe – die Pest von 1348/49 mit dem Verlust von ca. einem Drittel der Bevölkerung – den Zusammenbruch der Ostsiedlungsbewegung. Die Menschenverluste lockerten im Westen den Druck der Grundherrschaft, während diese sich im Osten immer mehr zur Gutswirtschaft erweiterte. Der Adel konnte seine Position in den Ständen zur Ausdehnung seiner Rechte gegenüber den Untertanen nutzen, die er in dem relativ menschenleeren Land an die Scholle zu binden trachtete: Er konnte Abgaben und Frondienste steigern und damit zugleich die bäuerliche Gemeinde in die Bedeutungslosigkeit zurückdrängen. Gleichzeitig verstärkte sich der wirtschaftliche Druck des Adels auf die Städte. Das führte bei den kleineren häufig zur Stagnation; andere blieben wichtige Mittelpunkte wie Magdeburg, Leipzig, Berlin-Cölln, Danzig, Thorn, Königsberg oder Breslau. Gleichwohl war um die Mitte des 14. Jahrhunderts die deutsche Ostsiedlungsbewegung an ihr einstweiliges Ende gelangt.

Ihr Ergebnis hat den Charakter Mitteleuropas entscheidend geprägt. Die deutsche Sprache, aus der sich nun die übergreifenden Formen des Nieder- und des Hochdeutschen herauszubilden begannen, war weit nach Osten vorgedrungen; auf dem ‚Kolonialboden‘ erwuchsen vor allem mit Österreich, Kursachsen und Kurbrandenburg mächtige Territorialfürstentümer. Es konsolidierten sich aber auch die Nachbarn – die Königreiche Polen, Böhmen und Ungarn. Polen und Böhmen ragten wie Keile in das deutsche Sprachgebiet hinein und behaupteten ihre Selbständigkeit; vor allem in Böhmen gab es Anfang des 15. Jahrhunderts mit den Hussitenkämpfen spektakuläre Auseinandersetzungen zwischen Tschechen und Deutschen. Beträchtliche Bedeutung erlangten die Deutschen als Vermittler im ostmitteleuropäischen Grenzsaum. Sie traten mit den slawischen Nachbarn in engen Austausch – auch in der Neuzeit blieben die ethnischen Grenzen nicht konstant. Nach den Türkenkriegen des 17. Jahrhunderts gab es noch einmal eine starke Ansiedlung Deutscher im Südosten, eine Bewegung, die bis ins 19. Jahrhundert anhielt. Im Nordosten, wo es in Preußen zur Ansiedlung von Litauern und Polen (Masuren) gekommen war, folgte im 18. Jahrhundert eine ausgeprägte preußische Peuplierungspolitik. Einen Sonderfall stellte die im 18. Jahrhundert einsetzende Auswanderung nach Rußland dar[12]. Erhalten blieben deutsch-slawische Nachbarschaftssituationen mit komplizierter Identitätsfindung wie in Westpreußen, Posen und in Oberschlesien.

Das 20. Jahrhundert sah die Auslöschung wesentlicher Ergebnisse der deutschen Ostsiedlungsbewegung durch die Bevölkerungsverschiebungen im und nach dem Zweiten Weltkrieg[13]. Die deutsche Sprachgrenze wurde an die Linie von Oder und Neiße sowie auf die Höhe des böhmischen Grenzgebirges zurückgenommen. Hitlers Parole ‚Heim ins Reich' hatte zur Auflösung weiter Teile der deutschen Minderheiten in Ostmitteleuropa geführt, von denen eine der letzten verbliebenen, die siebenbürgische, im Begriff ist, sich durch Auswanderung nach Deutschland aufzulösen[14]. All diese Entwicklungen haben zu einer nüchterneren und kritischeren Betrachtung der Geschichte der deutschen Ostsiedlungsbewegung geführt. Trotz mancher Überakzentuierungen hat es besonders die historische Forschung in der ehemaligen DDR verstanden, verstärktes Interesse für das Schicksal der Slawen zu wecken. Als ein aktuelles Erbe der mittelalterlichen deutschen Ostsiedlungsbewegung bleibt die Notwendigkeit zur Fortsetzung, z. T. auch Neuaufnahme des durch den ethnischen Nationalismus des 19. und 20. Jahrhunderts verzerrten engen kulturellen Austauschs mit den östlichen Nachbarn Polen, Tschechoslowakei, Ungarn, Rumänien und Jugoslawien.

1.2. Deutsche in Rumänien

Von Holm Sundhaussen

Im Zuge der staatlichen Neuordnung Südosteuropas nach dem Ersten Weltkrieg entstand ein großrumänischer Staat, der von Österreich das ehemalige Kronland Bukowina, von Ungarn das heutige Siebenbürgen (einschließlich des Sathmar-Gebietes)[1] und das östliche Banat sowie von Bulgarien die Dobrudscha erhielt. Rumänische Truppen besetzten darüber hinaus das vormals russische Bessarabien im Nordosten. Fläche und Bevölkerung des neuen Staats nahmen auf diese Weise um mehr als das Doppelte zu. War der aus den Donaufürstentümern Moldau und Walachei hervorgegangene altrumänische Staat ethnisch weitgehend homogen gewesen, so wiesen die neuerworbenen Gebiete eine stark gemischte Bevölkerung auf. In diesen Landesteilen lebten nach der ersten amtlichen Volkszählung von 1930 insgesamt 9,25 Mio. Menschen, von denen nur etwas mehr als die Hälfte Rumänen waren. Der Anteil der Nationalitäten an der Einwohnerschaft des neuen Gesamtstaats schnellte nun auf 28% hoch. Mit 760 000 Personen repräsentierte die deutschsprachige Bevölkerung – mit großem Abstand nach den Ungarn/ Madjaren – die zweitstärkste nicht-rumänische Gruppe, die sich ihrerseits in mehrere Untergruppen gliederte. Siebenbürger Sachsen, Banater Schwaben, Bukowina-, Bessarabien- und Dobrudscha-Deutsche wiesen hinsichtlich Herkunft, geschichtlicher Entwicklung, sozialer Struktur, Konfessionszugehörigkeit und Kopfzahl große Unterschiede auf. 1930 bekannten sich im historischen Siebenbürgen 237 000 Personen zur deutschen Nationalität, im rumänischen Teil des Banats waren es 275 000 Menschen, in der Bukowina und in Bessarabien jeweils rd. 80 000, im Sathmar-Gebiet 31 000, in der Dobrudscha 13 000 und in Alt-Rumänien (Walachei und Moldau) 32 000 Personen (von denen fast die Hälfte in der Hauptstadt Bukarest lebte)[2].

Kontinuität seit dem Mittelalter: Ansiedlung und Geschichte der ,Sachsen'

Siebenbürgen, jenes vom Karpatenbogen fest umschlossene Plateau, das auch als ,Land jenseits der Wälder' (Transsilvanien) bezeichnet wird, wurde im 9. Jahrhundert von madjarischen Reiternomaden erobert. Die neuen Herren setzten zur Sicherung ihres Reiches Hilfsvölker als Grenzwächter an. Das bekannteste dieser Hilfsvölker waren die Szekler, ein den Madjaren verwandter Volksstamm, der noch heute in Siebenbürgen lebt. Bei einer Vorverlegung der Grenzsäume siedelte man diese Wächter an die neuen Verteidigungslinien um, während das Hinterland als Königsboden zur Besiedlung freigegeben wurde. Mitte des 12. Jahrhunderts, als sich die ungarische Ostgrenze an den Alt-Fluß in Südsiebenbürgen vorschob, rief König Géza II. die ersten deutschen Einwanderer ins Land[3] und siedelte sie in der Umgebung des späteren Hermannstadt an. Bald wurden Tochtersiedlungen auf Königsboden gegründet, wahrscheinlich verstärkt durch weitere Zuwanderungen. Im Zuge der letzten Verlegung des Grenzschutzes von der Alt-Linie auf die Karpatenkämme berief König Andreas II. 1211 den Deutschen Orden ins Burzenland (in die Umgebung des späteren Kronstadt), wo die Ordensritter die erste Marienburg errichteten und neue Siedler anwarben. Auf die Selbständigkeitsbestrebungen des Ordens antwortete Andreas wenige Jahre später mit dessen Vertreibung. Die 14 Gemeinden des Burzenlandes erhielten bald darauf den Status von Königsfreien.

Über die Herkunft der ersten Einwanderer ist wenig bekannt. In den päpstlichen Urkunden tauchen sie als ,Flandrer' auf; sie selbst verstanden sich als ,Deutsche' (Teutonen), und im Schriftwechsel der ungarischen Hofkanzlei wurden sie bald unter der Bezeichnung ,Sachsen' geführt, einem damals weitverbreiteten Sammelnamen für Siedler aus dem mitteleuropäischen Raum. Mit dem sächsischen oder niedersächsischen Stamm hatte die Erschließung Siebenbürgens jedenfalls nichts zu tun. Der Großteil der Siedler dürfte vielmehr aus dem moselfränkischen Gebiet gekommen sein. Spätere deutschsprachige Zuwanderergruppen nach Siebenbürgen, etwa in den nordöstlichen Nösnergau (mit der Hauptstadt Bistritz), setzten sich hauptsächlich aus Franken und Bayern zusammen.

Mit Blick auf die historische ‚Legitimierung' nationaler Rechte und Ansprüche in der Neuzeit verdienen drei Aspekte besondere Beachtung: 1. Als die Vorfahren der ‚Sachsen' nach Siebenbürgen kamen, war das Land zwar dünn besiedelt, aber keineswegs menschenleer. Über ethnische Zusammensetzung und Zahl der damaligen Landesbewohner liegen allerdings kaum gesicherte Erkenntnisse vor. Zwar werden die Rumänen (Walachen) in Siebenbürgen urkundlich erstmals im 13. Jahrhundert erwähnt, doch bedeutet dies keineswegs, daß sie erst zu diesem Zeitpunkt dort ansässig geworden wären. Ob sie allerdings in bruchloser Kontinuität zu den Ureinwohnern standen, läßt sich bislang weder beweisen noch widerlegen. Darüber hinaus lebten im mittelalterlichen Transsilvanien auch Angehörige anderer ethnischer Gruppen (namentlich verschiedener Reiternomaden-Völker), die in der Folgezeit z. T. wieder verschwanden oder in anderen Gruppen aufgingen. Auf Dauer konnten sich jedenfalls neben den Rumänen nur die oben erwähnten Szekler und Ungarn sowie die Siebenbürger Sachsen behaupten. Aber nur die letzten drei besaßen einen privilegierten Rechtsstatus.

2. Weitaus wichtiger als die ethnische Zusammensetzung der damaligen Bevölkerung war ihre Einteilung nach gesellschaftlichen Funktionen. Erst infolge von Endogamie und sonstigen sozialen Abwehrmaßnahmen konnten funktionale und ethnische Gruppen so weit zusammenfallen, daß sie schließlich festgefügte Einheiten bildeten. Die Szekler leiteten ihren Status aus der ursprünglichen Grenzsicherungs-Funktion ab. Die ungarischen Adligen verstanden sich als Repräsentanten der ‚politischen Nation'. Die Sachsen verdankten ihre Stellung den Ansiedlungsprivilegien, die sie von den ungarischen Königen erhalten hatten. Die Rumänen schließlich waren Hirten, deren Nachfahren im Übergang vom Mittelalter zur Neuzeit unter den zunehmenden Druck der adligen Grundbesitzer gerieten und ihre Umwandlung in eine nahezu rechtlose, erbuntertänige Schicht nicht verhindern konnten. Mit ‚nationalen' Gesichtspunkten hatte die Herausbildung dieser extremen gesellschaftlichen Ungleichheiten zunächst nichts zu tun.

3. Der in den mittelalterlichen Urkunden für die Sachsen verwendete Begriff ‚hospites' (Gäste) hat immer wieder zu Fehlinterpretationen Anlaß gegeben. Der Terminus ‚Gast' ist im mittelalterlichen Fremdenrecht nicht mit der Vorstellung eines vorübergehenden Aufenthalts und

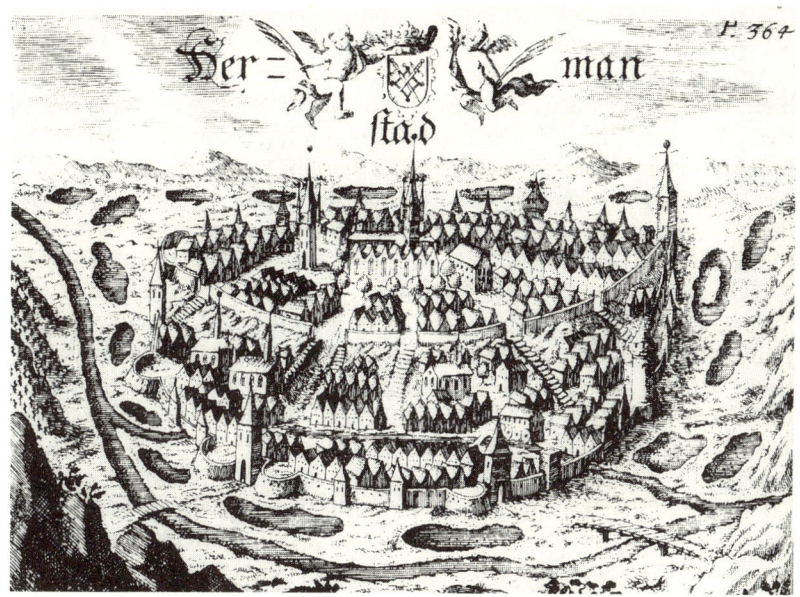

Hermannstadt in Siebenbürgen (Kupferstich von 1666).

einem daraus abgeleiteten Minderrecht der ‚Gäste' gegenüber den Alteingesessenen verbunden. Ganz im Gegenteil! Im Unterschied zu modernen ‚Gastarbeitern' wurden die mittelalterlichen und frühneuzeitlichen ‚hospites' zur ständigen Niederlassung ins Land gerufen und als
Anreiz mit besonderen Freiheiten ausgestattet[4].

Im Jahre 1224 bekräftigte König Andreas II. die Anwerbeversprechen
seines Großvaters Géza und verlieh seinen „getreuen Gastsiedlern, den
Deutschen jenseits des Waldes" das große Privileg ihrer Freiheiten, das
sog. Andreanum. Gemäß dieser Urkunde bildete die sächsische Bevölkerung in Südsiebenbürgen „ein Volk unter einem Richter", der seinen
Sitz in Hermannstadt hatte. Die rechtlich-politische Gemeinschaft der
freien Siedler war keinem Grundherrn unterstellt, sondern nur dem
König Rechenschaft schuldig. Sie wählte sich ihre Pfarrer und Richter
selbst; nur der Hermannstädter Graf wurde vom König ernannt. Die
Rechtsprechung sollte gemäß dem Gewohnheitsrecht der Siedler erfol-
gen[5]. So bildete sich die Hermannstädter Grafschaft, das Kernland der
Siebenbürger Sachsen, als einheitliches Rechts- und Verwaltungsgebiet
heraus. Dem obersten Gericht in Hermannstadt unterstanden sieben
weitere Gerichtsbezirke (‚Gerichtsstühle'), und die Bezeichnung der
‚Sieben Stühle' wurde bald der rechtliche Terminus für das deutsche
Siedlerland in Südsiebenbürgen.

Die Bestimmungen des Andreanums wurden von späteren Herrschern nicht nur immer wieder bestätigt, sondern auch inhaltlich und territorial ausgeweitet, und zwar auf alle königsfreien sächsischen Gebiete in Transsilvanien. So entwickelte sich zu Beginn der Neuzeit aus den ‚Sieben Stühlen‘ des Königsbodens um Hermannstadt, den ‚Zwei Stühlen‘ von Mediasch und Schelk, dem Burzenland um Kronstadt sowie dem Nösnergau die Gesamtheit (universitas) der Sachsen bzw. die ‚Sächsische Nationsuniversität‘, der auch die deutschen Streusiedlungen in anderen Teilen Siebenbürgens angeschlossen wurden[6]. Die ‚universitas Saxonum‘ stellte somit eine Art Körperschaft des öffentlichen Rechts dar: sie verdankte ihre Entstehung einem hoheitlichen Akt und nahm ihrerseits hoheitliche Aufgaben wahr. Ihr korporativ verfaßtes Recht, das sie gegen die Begehrlichkeiten des Adels schützte, auf der einen und die Trägheit gesellschaftlicher Veränderungen in früheren Jahrhunderten auf der anderen Seite sicherten den Sachsen über rund ein halbes Jahrtausend, von der Mitte des 12. bis zum Ende des 17. Jahrhunderts, die Position einer Art ‚Staat im Staate‘. Die Motive der ungarischen Könige (von Géza II. bis Matthias Corvinus) für die Vergabe so weitreichender Privilegien liegen auf der Hand: Nicht nur in Siebenbürgen, sondern auch in anderen Teilen Ungarns und darüber hinaus in vielen Territorien des östlichen Europa versuchten die mittelalterlichen Landesherren, durch Anwerbung fremder Siedler und Gründung von Städten nach deutschem Recht ihre wirtschaftliche und politische Stellung im Kampf mit dem rivalisierenden Adel zu festigen. Doch nur selten war diesen Bestrebungen ein dauerhafter Erfolg beschieden. Im Übergang vom Mittelalter zur Neuzeit unterlagen fast sämtliche Städte mit Sonderrecht im östlichen Europa der Offensive des Adels und büßten ihre privilegierte Stellung ein. Daß der ‚sächsischen Nationsuniversität‘ dieses Schicksal erspart blieb, hat sicher vielfältige (politische wie ökonomische) Gründe. Einer davon dürfte in der Tatsache zu suchen sein, daß sich die Sachsen relativ früh mit den anderen Ständen Siebenbürgens arrangierten.

Gleich den Szeklern waren die Sachsen kein adliger Stand, sondern setzten sich aus Bürgern und Bauern zusammen. Zwar gab es auch unter ihnen hierarchische Abstufungen und Bestrebungen zur Bildung eines Erbadels und eines städtischen Patriziats. Doch konnten diese ständischen Polarisierungstendenzen erfolgreich abgewehrt werden, so daß die korporative Geschlossenheit der Gruppe erhalten blieb. Gegen die Zuwanderung von Adligen schirmten sich die Städte und Dörfer des Königsbodens energisch ab, indem sie nur Personen akzeptierten, die auf ihre adligen Vorrechte, vor allem die Steuerbefreiung, verzichteten.

Ungeachtet dieser klaren Abgrenzung kam es seit dem zweiten Drittel des 15. Jahrhunderts zu ersten Formen einer Zusammenarbeit mit dem

Adel. Als Reaktion auf die Türkengefahr von außen und einen Bauernaufstand im Innern verbündeten sich 1437 die Sachsen mit den ‚Nobiles'
(d. h. dem grundbesitzenden ungarischen Adel) und den Szeklern zu
wechselseitiger Unterstützung[7]. Dies war der Beginn der ‚brüderlichen
Einigung' (Union) zwischen den drei bevorrechtigten ‚Nationen' Siebenbürgens. Diese grenzten im Laufe der Zeit ihre Territorien scharf
voneinander ab und unterteilten das Land in Komitate (Adelsboden),
das Szeklerland (terra Siculorum) und den Königsboden (fundus re-
gius). Der Begriff der ‚Nation' erhielt damit einen sozial-juristischen und
territorial-ethnischen Gehalt. Ausgeklammert aus den drei ‚Nationen'
blieb das niedere Landvolk, das sich in erster Linie aus Walachen
(Rumänen) rekrutierte. Und wie überall in Osteuropa war die wirt-
schaftlich-soziale Lage der Bauern auf den Ländereien des Adels (also
auf Komitatsboden) besonders drückend. 1514 kam es zu einem großen
Bauernaufstand im Königreich Ungarn, der blutig niedergeschlagen
wurde und eine weitere Verschlechterung der bäuerlichen Rechtslage
zur Folge hatte. Faktisch wurden sie nunmehr zu Leibeigenen, waren
arm an Besitz und mußten neben drückenden Abgaben auch unentgelt-
liche Arbeit für den Grundherrn leisten. Die Abgrenzung zwischen
Königs- und Komitatsboden entwickelte sich damit mehr und mehr von
einer juristischen zu einer wirtschaftlich-sozialen Scheidelinie, die nicht
nur die Landbevölkerung, sondern auch die Städte betraf. Außerhalb
des Königsbodens unterlagen die Stadtgemeinden mehr und mehr dem
Ansturm des Adels, während sie auf Königsboden ihre Eigenständigkeit
behaupteten und sich zu wichtigen wirtschaftlichen und kulturellen
Zentren entfalteten. Politisch und militärisch bildeten sie eine starke
Stütze des Königtums, „nicht zuletzt auch gegen die oligarchischen
Bestrebungen des Adels"[8].

Nach verschiedenen Türkeneinfällen, gegen die sich die Sachsen
durch Anlage zahlreicher, oft bis heute erhaltener Burgen und Wehrkir-
chen zu schützen suchten, kam es 1526 zum entscheidenden osmanischen Sieg in der Schlacht bei Mohács (im heutigen Südungarn), die den
Zerfall des mittelalterlichen ungarischen Reiches einleitete. Während die
Habsburger ihre Erbansprüche zunächst nur in den westlichen Provinzen Ungarns durchsetzen konnten, wurde der mittlere Teil ab 1541 für
anderthalb Jahrhunderte osmanische Provinz, und Siebenbürgen im
Osten entwickelte sich zu einem Wahlfürstentum unter Oberhoheit des
Sultans. Unter Mißachtung des habsburgischen Erbanspruches wählten
sich die im ständischen Landtag vertretenen drei ‚Nationen' Siebenbür-
gens ihren eigenen Fürsten. Doch die Lage im Innern blieb instabil. Die
Türkenkriege des 16. und 17. Jahrhunderts und die sie begleitenden
Wirren verschonten auch Siebenbürgen nicht und führten zu schweren
Verwüstungen. In den davon betroffenen Dörfern siedelten die Sachsen

in zunehmendem Maße auch rumänische Bauern an, um die steuerlichen Lasten breiter verteilen zu können. Die Ansiedler blieben zwar von der politischen Partizipation ausgeschlossen, ihre wirtschaftliche und soziale Lage verbesserte sich jedoch deutlich im Vergleich zu der ihrer Landsleute auf Komitatsboden oder in den rumänischen Fürstentümern Moldau und Walachei. Die ethnische Zusammensetzung der Bevölkerung im sächsischen Siedlungsgebiet verschob sich damit langfristig zugunsten des rumänischen Elements[9].

Schon vor Mitte des 16. Jahrhunderts erreichte die Reformation auch Siebenbürgen. 1550 trat die sächsische Nationsuniversität geschlossen zur lutherischen Lehre über[10]. Auf dem Thordenburger Landtag wurde sieben Jahre später erstmals in Europa der Grundsatz der gegenseitigen religiösen Duldung (Toleranz) formuliert. Zur funktionalen und ethnischen Gliederung der Bevölkerung Siebenbürgens trat nun die konfessionelle Differenzierung: Die Rumänen blieben bis zum Ende des 18. Jahrhunderts ausschließlich orthodox, die Sachsen hielten an der lutherischen Lehre fest, und die Ungarn und Szekler waren entweder reformiert oder katholisch.

Neben den ‚Sachsengrafen‘ als weltliches trat seit der zweiten Hälfte des 16. Jahrhunderts der evangelische Sachsenbischof in Hermannstadt als geistliches Oberhaupt. Die ethnischen, rechtlichen und territorialen Merkmale der Sachsen wurden somit um ein konfessionelles Element erweitert.

Als sich Ende des 17. Jahrhunderts im militärischen Ringen zwischen Habsburgern und Osmanen die Gewichte zugunsten des Hauses Habsburg verlagerten, nahm Kaiser Leopold I. 1691 auch den Titel eines Fürsten von Siebenbürgen an. Im sog. Leopoldinischen Diplom bestätigte er die alten Landesrechte. Und obwohl dieses Diplom bis zur Revolution von 1848 das Staatsrecht Siebenbürgens blieb, nahm die politische Bedeutung der drei ständischen Nationen im Zeitalter des Absolutismus zugunsten der kaiserlichen Organe, des Gouverneurs in Hermannstadt und der siebenbürgischen Hofkanzlei in Wien, mehr und mehr ab. Als Reaktion auf die vermeintlichen Germanisierungsbestrebungen des Wiener Hofes breitete sich seit Ende des 18. Jahrhunderts – ungewollt gefördert durch die stürmischen Reformen Kaiser Josephs II. – der moderne Nationalgedanke vor allem unter den Ungarn unaufhaltsam aus.

Nach Beginn der 1848er Unruhen setzten die ungarischen Revolutionäre unter Berufung auf das historische ‚Recht‘ die Union Siebenbürgens mit Ungarn durch. Getragen von der französischen Idee der ‚einen und unteilbaren Nation‘ betrachteten sie alle Bürger des ungarischen Staates als Angehörige der ungarischen Nation. Damit blieb kein Platz für die Konstituierung weiterer – etwa auf Sprache, Kultur, Konfession

oder Abstammung begründeter – Nationen im Reich der Stephans-
krone. Und dieses Ausschließlichkeitsprinzip rief bei den Vertretern
anderer ethnischer Gruppen geradezu zwangsläufig Opposition und
Widerstand hervor. Die Sachsen und Rumänen Siebenbürgens verweigerten sich daher den ungarischen Vereinnahmungstendenzen und
stellten sich im einsetzenden Bürgerkrieg auf die Seite des Kaisers[11].

Nach dem durch Revolution und Konterrevolution verursachten Aus-
nahmezustand wurde im Herbst 1860 die konstitutionelle Regierungs-
form in der Habsburger Monarchie wiederhergestellt. In den anschließenden politischen Auseinandersetzungen stellten sich Ungarn und
Szekler – die sich nunmehr gemeinsam als Madjaren verstanden – auf
den Standpunkt, daß die Union Siebenbürgens mit Ungarn von 1848
rechtmäßig gewesen sei. Demgegenüber forderten die Sachsen die
Wiederherstellung des Großfürstentums innerhalb der Monarchie und
sprachen sich für die Anerkennung und Gleichberechtigung der rumänischen Nation aus, die schon seit langem die absolute Bevölkerungs-
mehrheit in Siebenbürgen stellte. Der Hermannstädter Landtag von
1863 wurde daraufhin von den Madjaren boykottiert.

Der vier Jahre später zwischen Österreich und Ungarn vereinbarte
Ausgleich, die Umwandlung der Habsburger Monarchie in die Doppelmonarchie Österreich-Ungarn, schuf eine völlig neue Situation[12]. Siebenbürgen wurde an Ungarn angeschlossen, der siebenbürgische Landtag mußte sich auflösen, und mit ihm verschwanden auch die historischen Selbstverwaltungsgebiete der Ungarn, Szekler und Sachsen. Die
sächsische Nationsuniversität wurde 1876 – rd. 650 Jahre nach Erlaß des
Andreanums – aufgehoben und in eine privatrechtliche Stiftung umge-
wandelt, die aus den Erträgen ihres beträchtlichen Grundbesitzes kulturelle, wirtschaftliche und soziale Aufgaben wahrnehmen sollte. Der
evangelischen ‚Kirche sächsischer Nation' fielen damit neue Aufgaben
zu. Ihre Pfarrer waren fortan nicht nur geistliche, sondern auch politische Führer und nahmen darüber hinaus entscheidende Positionen in
den seit Mitte des 19. Jahrhunderts entstehenden Sparvereinen, Raiffei-
senkassen und Konsumgenossenschaften ein. Die Kirche war zugleich
Trägerin des voll ausgebauten Volksschulwesens sowie der weiterführenden Bildungseinrichtungen. Mehr als alle anderen Institutionen trug
sie damit zur schrittweisen Festigung des kulturellen Selbstverständnisses der Sachsen bei.

Der nach 1867 massiv einsetzende Madjarisierungsdruck in der ungarischen Reichshälfte beschleunigte die nationale Identitätsfindung derjenigen Bevölkerungsgruppen, die sich nicht als Madjaren verstehen
wollten oder konnten. Die Sachsen lernten, sich nicht mehr als ständische ‚Nation', sondern als ‚Volk' oder ‚Volksstamm' deutscher Nationalität zu begreifen. Die Abwehr der Madjarisierungsbestrebungen blieb

bis zum Ersten Weltkrieg das beherrschende Thema für Sachsen und Rumänen. Während die Mehrheit der sächsischen Politiker, die sog. ,Schwarzen', einen Kompromiß mit der Budapester Regierung anstrebte, um zu retten, was zu retten war, sprach sich die Opposition der sog. ,Grünen' für eine stärkere Zusammenarbeit mit den Vertretern anderer Minderheiten aus. Die ,Grünen' engagierten sich insbesondere auch für die von der Madjarisierung stark gefährdeten Schwaben im Banat und anderen Teilen Ungarns, doch vermochten sie sich nicht gegenüber den ,Schwarzen' durchzusetzen. Trotz aller politischen und sozialen Gegensätze bewahrten sich die Sachsen dank ihrer Kirche, ihres hohen wirtschaftlichen und kulturellen Entwicklungsniveaus und ihres Traditionsbewußtseins ihre Geschlossenheit als Gruppe über den Zusammenbruch Österreich-Ungarns hinaus.

Die ,Schwabenzüge' in der Neuzeit

Wie die Sachsen im Mittelalter, so wurden auch die Schwaben im 18. Jahrhundert gerufen, um dünn besiedelte oder gänzlich verwüstete Gebiete wieder zu bevölkern, die Wirtschaftskraft des Staates und damit auch sein Verteidigungspotential zu stärken[13]. Im Zeitalter des fürstlichen Absolutismus erhielt die ,Peuplierungspolitik' einen festgefügten Platz in der merkantilistischen Staatswirtschaftslehre[14]. Nach dem Motto ,ubi populus, ibi obolus' (wo Volk ist, da sind auch Abgaben) setzte im Verlauf des 18. Jahrhunderts unter den Fürsten der traditionellen Abwanderungs- und Zuwanderungsgebiete in Mittel- bzw. Osteuropa ein regelrechter Wettstreit um Sicherung oder Vermehrung der Untertanen ein.

    Kaum hatte Prinz Eugen im Herbst 1716 Temeschwar und das Banat von den Türken zurückerobert, da begannen auch schon die ersten Vorbereitungen für das unter Oberaufsicht der Wiener Hofkammer von General Graf Claudius Mercy geleitete Banater ,Einrichtungswerk'[15]. Kaiser Karl VI. forderte die Fürsten im Deutschen Reich auf, die Auswanderung emigrationswilliger Untertanen in den mittleren Donauraum nicht zu behindern. Dennoch versuchten einige Reichsfürsten, der um sich greifenden „Wanderungs-Sucht" in das „neue Land" dadurch zu begegnen, daß sie die Mitnahme sämtlicher Vermögenswerte – mit Ausnahme „eines Rockes oder Kleides" – verboten. Sie betrachteten die Werbeaktionen, die auf eine „Depopulation" ihrer Territorien abzielten, als „Landesverrätherey" und drohten den Werbeagenten mit schweren Strafen (bis zum Tod durch den Strang). Doch allzu viel genutzt hat dies nicht. Und als 1762 auch Agenten des Russischen Reiches mit der Anwerbung von Siedlern in Mitteleuropa begannen, setzte ein scharfer, oft skrupelloser Konkurrenzkampf unter den Kolonistenwerbern ein, die sich gegenseitig zu überbieten suchten. Maria Theresia erließ deshalb noch im selben Jahr ein generelles Auswanderungsverbot in alle Länder, die nicht ihrer Krone unterstanden[16].

Trotz gelegentlicher Hindernisse schritt die Wiederbesiedlung des Banats mit Kolonisten aus den politisch zersplitterten west- und südwestdeutschen Landschaften zügig voran. Die ersten Deutschen, die ins Banat kamen, waren Handwerker, Soldaten und Beamte, denen bald auch einige unternehmungslustige Landwirte folgten. 1721 begann die systematische Ansiedlung von Bauern, denen von der kaiserlichen Regierung persönliche Freiheit („ohne leibeigenschaftliches Obligo und private Subjektion"), dreijährige Steuerbefreiung sowie Unterstützung bei der Anlage planmäßiger Siedlungen und Ackerfluren versprochen wurde. Die Ansiedler waren in der Regel durchaus keine armen Leute. Sie kauften sich von ihren Grundherren in Südwestdeutschland los und nahmen Bargeld, Werkzeug, Saatgut sowie Geräte mit auf ihren Weg in den Donauraum. Sie wollten den Kriegen und den Rheinüberschwemmungen, dem Druck der Grundherrschaften und der Bodenknappheit in der Heimat entgehen. Und obwohl die Neuankömmlinge in der ersten Generation mit ungewohnten klimatischen Bedingungen und daraus resultierenden Krankheitsherden schwer zu kämpfen hatten, entwickelte sich das Banat schon bald – und ganz im Sinne der merkantilistischen Erwartungen – zu einem Exportgebiet für agrarische Produkte. Auch die Montanproduktion und das Gewerbe blühten auf. Der ‚Banater Kommerz' wurde zu einem bedeutenden Aktivposten im habsburgischen Wirtschaftsraum.

Die ‚Impopulationspolitik' der absolutistischen Fürsten folgte der Nutzen- und Kostenrechnung des Merkantilismus und nicht nationalen Kriterien. Neben Deutschen wurden auch Angehörige zahlreicher anderer ethnischer Gruppen ins Banat geholt. Entscheidend für die Anwerbung und Ansiedlung war der jeweilige Fehlbedarf und die Frage, wie er gedeckt werden könne, nicht mehr und nicht weniger.

Anders als die Siebenbürger Sachsen erhielten die Banater Schwaben bei der Anwerbung zwar individuelle bzw. auf die jeweilige Siedlergemeinschaft bezogene Freiheiten, aber keine korporativ verfaßten Rechte, die sich auf alle deutschsprachigen Siedler erstreckt hätten. Besonders schwierig war die Situation jener Kolonisten, die nach der Vereinigung des Banats mit Ungarn (1779) nicht mehr auf staatlichem Boden (auf dem Kamerale), sondern auf grundherrlichen Ländereien angesiedelt wurden. Und anders als die Sachsen besaßen die Banater Schwaben auch keine eigene Kirchenorganisation, die sich ihrer spezifischen Gruppeninteressen angenommen hätte. Ganz im Gegenteil: Als der ungarische Staat in der zweiten Hälfte des 19. Jahrhunderts mit der systematischen Madjarisierungspolitik begann, wurde er von der rö-

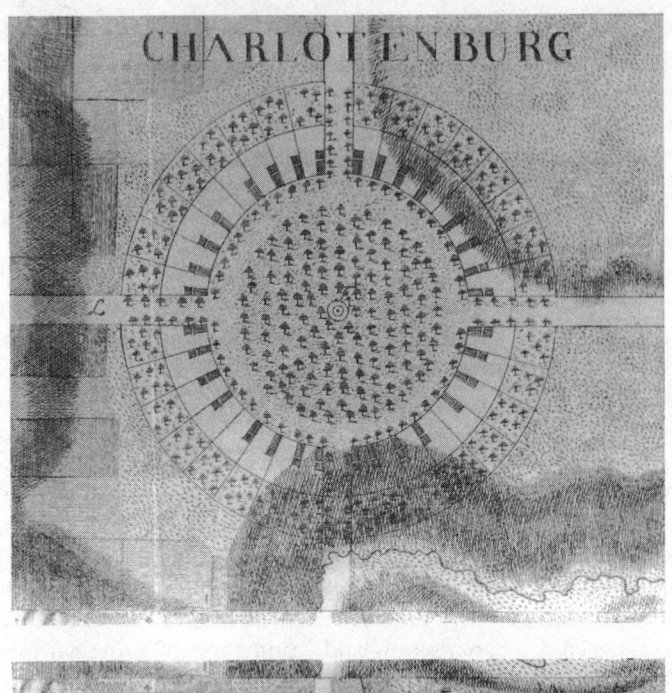

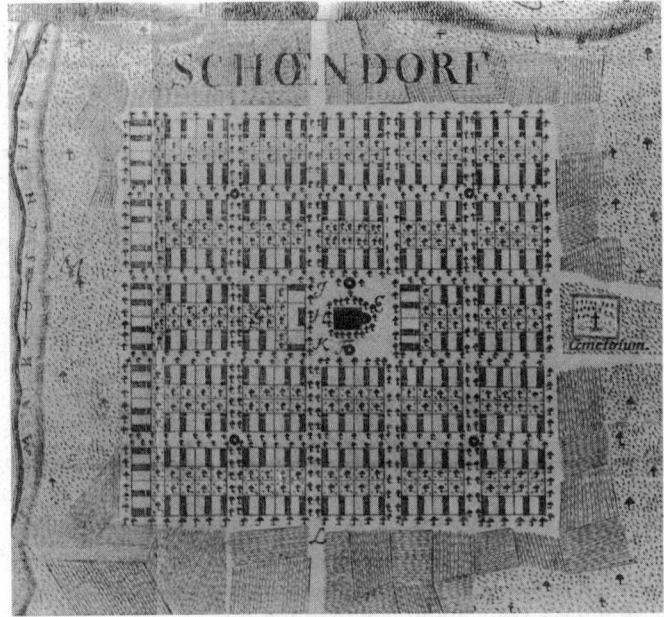

*,Peuplierung' nach Plan: die Mustersiedlungen des Herrn von Neumann
im Temeschwarer Banat (Schöndorf 1766, Charlottenburg 1770/71).*

misch-katholischen Geistlichkeit im Banat unterstützt. Und eine Zeitlang war offen, ob, wann und in welchem Ausmaß sich ein namhafter
Teil der Banater Schwaben zur madjarischen Nation bekennen würde.

Zu den Donauschwaben zählen auch die deutschstämmigen Bewohner des Sathmar-Gebiets, das, jenseits des Siebenbürgischen Hochlandes im äußersten Nordwesten des heutigen Rumänien gelegen, geogra-
phisch schon zur ungarischen Tiefebene gehört. Hier waren, ebenfalls
im 18. Jahrhundert, eine Reihe z. T. rein schwäbischer Bauerndörfer
entstanden. Doch war diese relativ kleine deutsche Gruppe weit stärker
als die Banater Schwaben oder die bis 1867 politisch selbständigen
Siebenbürger Sachsen den im 19. Jahrhundert einsetzenden Madjarisierungsbestrebungen des ungarischen Staates ausgeliefert. Ihre Zugehörigen empfanden sich am Ende des Ersten Weltkrieges eher als Madjaren
denn als Deutsche[17].

Bleibt noch ein Blick zu werfen auf die übrigen Teilgruppen der
späteren Rumäniendeutschen. Die Bukowina, das ,Buchenland' an der
südöstlichen Abdachung der Waldkarpaten und des Siebenbürgischen
Hochlandes, war bis 1775 Bestandteil des unter osmanischer Oberhoheit
stehenden rumänischen Fürstentums Moldau gewesen und wurde
dann von den Österreichern militärisch besetzt. Von da an stand die
Bukowina 143 Jahre lang unter direkter österreichischer Verwaltung und
erhielt 1840 den Status eines Kronlandes. Während im Südteil dieses
traditionellen Grenz- und Durchzugsgebietes das rumänische Bevölke-
rungselement vorherrschte, gehörte der Nordteil mit der Hauptstadt
Czernowitz zu den Ausläufern des ukrainischen Siedlungsraumes. Kurz
nach der Inbesitznahme des Gebietes durch die Österreicher kamen die
ersten deutschen Einwanderer, neben Bauern vor allem Beamte und
andere Stadtbewohner. Um 1800 gab es etwa 47 000 Deutschsprachige in
der Bukowina. Bei der Volkszählung von 1910 hatte sich ihre Zahl auf
73 000 Personen erhöht. Nach Ruthenen (Ukrainern), Rumänen und
Juden stellten die Deutschen mit gut 9 % der Gesamtbevölkerung in der
Bukowina die viertstärkste Gruppe. Nicht zuletzt dem Vorherrschen der
deutschen Amtssprache und der herausgehobenen Position der österreichischen Beamten war es zu danken, daß sich die Kultur der Buchen-
landdeutschen bis 1918 – ungeachtet der ethnischen Mehrheitsverhält-
nisse – gut behaupten konnte[18].

Der Kranz deutscher Ansiedlungsgebiete, der sich um Siebenbürgen
und das rumänische Altreich lagert, umfaßt außer dem Banat im Südwe-
sten, dem Sathmar-Gebiet im Nordwesten und dem Buchenland im
Norden noch zwei weitere Regionen im Nordosten und Südosten:
Bessarabien und die Dobrudscha. Ähnlich der Bukowina war auch
Bessarabien ein Grenzland gewesen, das Jahrhunderte zum Fürstentum
Moldau gehört hatte. 1812 wurde es von Rußland erobert und anschlie-

ßend in das von Katharina II. begonnene südrussische Kolonisationswerk einbezogen. In der ersten Hälfte des 19. Jahrhunderts entstanden
daher in der fruchtbaren, aber dünn besiedelten Steppe Südwestbessa-
rabiens eine Reihe deutscher Bauerndörfer in einem vorwiegend von
Rumänen bewohnten Umland[19]. Von hier und anderen deutschen Siedlungsgebieten aus wanderten gegen Ende des 19. Jahrhunderts deutschstämmige Kolonisten in die Dobrudscha weiter, die über Jahrhunderte
zum Osmanischen Reich gehört hatte und erst auf dem Berliner Kongreß 1878 dem jungen rumänischen Staat zugesprochen worden war[20].

Die Rumäniendeutschen zwischen den Weltkriegen

Nach dem Zusammenbruch der Doppelmonarchie traten Repräsentanten der ungarländischen Rumänen im siebenbürgischen Karlsburg (Alba
Iulia) zu einer ‚Nationalversammlung' zusammen und beschlossen am
1. Dezember 1918 die Vereinigung ihrer Siedlungsgebiete mit Rumänien. Zugleich versprachen sie „volle nationale Freiheit für alle mitwoh-
nenden Völker": „Jedes Volk wird den Unterricht, die Verwaltung und
die Rechtspflege in seiner eigenen Sprache durch Personen aus seiner
Mitte erhalten, und jedes Volk wird das Recht der Vertretung in den
gesetzgebenden Körperschaften und in der Regierung im Verhältnis zur
Zahl seiner Volksangehörigen haben"[21]. Aufgrund dieses Versprechens
folgte am 8. Januar 1919 die ‚Mediascher Anschlußerklärung' der Siebenbürger Sachsen, die sich fortan als Bürger des Königreichs Rumänien verstanden[22]. Der 4. Sachsentag, der Anfang November 1919 in
Schäßburg stattfand, bekräftigte den Beschluß von Mediasch und forderte, daß allen Deutschen Großrumäniens durch Schaffung eines
Staatsgrundgesetzes das Recht gewährt werde, „sich zur Erfüllung ihrer
besonderen kulturellen, nationalen und wirtschaftlichen Aufgaben politisch als einheitliche Nation frei zu organisieren"[23]. Damit wurde ein
erster Versuch unternommen, den Zusammenschluß der heterogenen
deutschen Gruppen durch eine künftige Verfassungsregelung abzusi-
chern. Und da die Sachsen als einzige dieser Gruppen über eine selbständige politische Tradition verfügten, fiel ihnen automatisch die Füh-
rungsrolle unter den Rumäniendeutschen zu.

Im Unterschied zu den Banater Schwaben, die sich nur widerstrebend
von Ungarn lösten, hatten die Sachsen also eine klare Option für den
rumänischen Staat abgegeben. Diese Option sowie die über Jahrzehnte
geübte sächsisch-rumänische Solidarität gegen die Madjarisierungspolitik in Siebenbürgen schienen eine tragfähige Basis für das Zusammenleben in der Zukunft abzugeben. Hinzu kam, daß die Rumäniendeutschen – anders als etwa die Madjaren in Siebenbürgen oder die Ukrainer
in Bessarabien und anders auch als die Deutschen im Sudetenland, in

Posen oder im äußersten Nordwesten Jugoslawiens – keine Grenzminorität darstellten und deshalb frei von irredentistischen Bestrebungen waren.

Wenn sich dennoch die Geschichte der Deutschen in Großrumänien von Anfang an spannungsreicher gestaltete als erwartet, so muß zum Verständnis zunächst daran erinnert werden, daß die Deutschen nicht die einzige und aus Bukarester Sicht auch bei weitem nicht die wichtigste Minderheit im Staate bildeten und daß die Politik der Regierung gegenüber den Deutschen hier – wie im Falle Jugoslawiens – maßgeblich durch die Komplexität der gesamten nationalen Problematik mitgeprägt wurde. Erschwerend kam hinzu, daß die Siebenbürger Rumänen ihre politischen Konzepte in Bukarest nur sehr bedingt zur Geltung bringen konnten und daß ihre Karlsburger Beschlüsse keine politisch verbindliche Kraft besaßen.

Den von den Großmächten vorgelegten Minderheitenschutzvertrag unterzeichnete die rumänische Regierung am 9. Dezember 1919 nur mit heftigem Widerstreben. Der Vertrag enthielt nicht nur allgemeine Bestimmungen zur Rechtslage der Minoritäten, sondern sicherte namentlich den Szeklern und Sachsen in Siebenbürgen volle Autonomie in Religions- und Schulfragen zu[24]. Diese Regelungen standen jedoch von Anbeginn an in einem latenten Spannungsverhältnis zu der von Bukarest verfolgten zentralistischen Politik, die wenig Raum zur Respektierung historischer und regionaler Besonderheiten ließ, was auch die Rumänen außerhalb des Altreichs zu spüren bekamen. Dieser forcierte Zentralismus wurde ein mächtiges Instrument der – je nach Opportunität – mehr oder minder offen betriebenen Romanisierungsbestrebungen. Wo Zugeständnisse an die Minderheiten gemacht wurden (etwa an die von der Madjarisierung bedrohten Deutschen im Sathmar-Gebiet oder im Banat), standen sie fast immer im Dienste einer Politik des ‚divide et impera' oder erwiesen sich als Resultat außenpolitischen Kalküls.

Bald wurde planmäßig versucht, Angehörige der Minderheiten aus wichtigen Stellen in der staatlichen Verwaltung, in der Kulturpolitik oder im Wirtschaftsleben zu verdrängen und durch Personen aus dem rumänischen Altreich zu ersetzen. Höhepunkt dieser nationalistischen Bestrebungen, die nicht nur Deutsche, sondern auch – und z. T. stärker – Madjaren, Juden und andere betrafen, war der Entwurf eines Gesetzes zum Schutz der nationalen Arbeit, der für industrielle und gewerbliche Betriebe einen ‚numerus valachicus', d. h. einen bestimmten Mindestanteil von leitenden Angestellten und Arbeitern rumänischer Volkszugehörigkeit, vorsah. Der Entwurf wurde erst auf Intervention des Völkerbunds zurückgenommen[25].

Ein Problem besonderer Art war die schon in den Karlsburger Be-

schlüssen proklamierte Agrarreform von 1921. Im Gegensatz zum rumänischen Altreich lagen ihr in den ehemals ungarischen Landesteilen
nicht nur soziale, sondern auch nationale Zielsetzungen zugrunde,
ähnlich wie bei der Agrarreform in Jugoslawien[26]. Zwar stellte der
Großgrundbesitz unter den Siebenbürger Sachsen eine Seltenheit dar,
so daß die Umverteilung des Bodens nur wenige Privatpersonen in
Mitleidenschaft zog. Dagegen wurden die Körperschaften, insbesondere die Stiftung Nationsuniversität und die sächsischen Kirchengemeinden auf ehemaligem Königsboden, in der Substanz getroffen[27].
Dort machte die ‚Gemeinerde' – vor allem Wald und Weide – im
Durchschnitt mehr als ein Viertel der Gemarkungsfläche aus und bildete
eine wichtige Betriebsgrundlage für die Kleinlandwirte. Infolge der
Enteignungen gingen die Einkünfte der Nationsuniversität radikal zurück. 1937 wurde die Stiftung Nationsuniversität gänzlich aufgelöst.

Die Zwischenkriegszeit brachte eine Vielzahl wirtschaftlicher Rückschläge – vom Verlust alter Märkte bis zur großen Absatzkrise Anfang
der 1930er Jahre; aber nicht immer handelte es sich um minderheiten-
spezifische Probleme, sondern um Schwierigkeiten, die alle Bürger
Rumäniens und darüber hinaus ganz Südosteuropas betrafen. Die Deutschen kamen vergleichsweise noch glimpflich davon. Die Erträge ihrer
Landwirtschaft lagen dank eines gut ausgebauten Genossenschaftswe-
sens und des verhältnismäßig hohen Kenntnis- und Bildungsniveaus
der Landwirte deutlich über den Durchschnittserträgen des Landes[28].
Etwa ein gutes Viertel der Rumäniendeutschen lebte in Städten. Der
deutsche Anteil an der Produktion des Handwerks und Kleingewerbes
im neuen Gesamtstaat war mit rd. 25% überproportional hoch. Und
auch in der rumänischen Industrie sowie in Handel und Geldwirtschaft
waren Deutsche stark vertreten[29].

Unter Berufung auf die Karlsburger Beschlüsse forderte der Verband
der Deutschen in Rumänien nicht nur Kirchen- und Schulautonomie,
sondern auch Anerkennung als juristische Person mit dem Recht auf
Selbstbesteuerung. Die rumänische Verfassung aus dem Jahre 1923 trug
diesen Forderungen keinerlei Rechnung, und auch ein Minderheitenstatut kam nicht zustande. Dennoch versuchten die deutschen Parlamenta-
rier, ihre Ziele in der Regel durch Zusammenarbeit mit der Regierung
durchzusetzen. Größere Erfolge blieben allerdings aus. Wie in Jugoslawien so entstand daher auch in Rumänien eine ‚Erneuerungsbewegung', die die nachgiebige Haltung der führenden Männer scharf kritisierte und auf dem 5. Sachsentag Anfang Oktober 1933 – nicht zuletzt
unter dem Eindruck des nationalsozialistischen Sieges in Deutschland –
die Mehrheit der Stimmen errang. Knapp zwei Jahre später übernahm
der Führer des gemäßigten Flügels in der ‚Erneuerungsbewegung', Fritz
Fabritius, den Vorsitz des Verbandes der Deutschen in Rumänien.

Deutsche Bauernfamilie aus dem Banat (um 1920).

„Zu dieser Entwicklung haben die fast permanente Krisensituation des groß-rumänischen Staates in den Jahrzehnten nach dem ersten Weltkrieg und das Versagen der demokratischen Parteien besonders in der Wirtschaftspolitik [...] einiges beigetragen. Entscheidend für den politischen Aufstieg der ‚Erneuerer‘ war aber zweifellos der Erfolg der NSDAP in Deutschland. Trotz aller ideologischen und zum Teil persönlichen Berührungen mit dieser suchte der rumäniendeutsche Nationalsozialismus jedoch teilweise andere Wege einzuschlagen: Schon die nationalpolitische Bedeutung der Kirchen [...] machte besondere Rücksichten notwendig. Auch den Juden gegenüber sah man sich zu einer gewissen minderheitlichen Solidarität verpflichtet"[30].

Erst 1938 schaltete sich die ‚Volksdeutsche Mittelstelle‘ in Berlin unter SS-Obergruppenführer Lorenz in die inneren Angelegenheiten der Rumäniendeutschen ein. Der gemäßigte Fabritius wurde abgelöst und nach einer Übergangsphase durch den 28jährigen Andreas Schmidt ersetzt, der sich als verlängerter Arm der Reichsführung-SS verstand und die völlige ‚Gleichschaltung‘ der deutschen Volksgruppe betrieb. Bald darauf begannen sich die Ereignisse zu überstürzen[31]:

Im Juni 1940 mußte die rumänische Regierung einem sowjetischen Diktat nachgeben und Bessarabien sowie die Nordbukowina an die

UdSSR abtreten[32]. Wenige Wochen später wurde Siebenbürgen aufgrund des zweiten Wiener Schiedsspruchs geteilt: Ungarn erhielt die nördliche Landeshälfte (mit dem Sathmar-Gebiet, dem Nösnergau und dem sog. Szeklerzipfel), während Mittel- und Südsiebenbürgen bei Rumänien verblieben[33]. Kurz nach dem Schiedsspruch erließ die Bukarester Regierung auf Druck des ‚Dritten Reiches' ein Volksgruppengesetz, das den in Rumänien verbliebenen Deutschen den Status einer Körperschaft des öffentlichen Rechts einräumte und die „NSDAP der Deutschen Volksgruppe in Rumänien" zum „nationalen Willensträger" der Rumäniendeutschen proklamierte[34]. Der ‚Preis' für das durch die Reichsregierung erpreßte Minderheitenstatut und weitere Zugeständnisse des Bukarester Regimes war hoch: Die deutsche Volksgruppe mußte sich ganz und gar in den Dienst der nationalsozialistischen Hegemonial- und Kriegspolitik stellen und wurde nach dem Wechsel Rumäniens in das Lager der Anti-Hitler-Koalition am 23. August 1944 in den Untergang des Nationalsozialismus hineingerissen[35].

Agonie nach 1945

Die deutsche Bevölkerung Siebenbürgens, das durch die Pariser Friedensverträge von 1947 in den alten Grenzen wiederhergestellt wurde, setzte sich bei Kriegsende fast ausschließlich aus Kindern und alten Menschen zusammen. Die zu den deutschen Heeresverbänden eingezogenen Männer waren gefallen, vermißt oder befanden sich in Gefangenschaft. Der Großteil der Frauen zwischen 18 und 35 Jahren sowie die in der Heimat verbliebenen Männer zwischen 17 und 45 Jahren wurden zur Zwangsarbeit in die Sowjetunion verschleppt. Einigen gelang die Flucht nach Westen; andere – so die deutschen Bewohner Nordsiebenbürgens – wurden bereits vor Kriegsende evakuiert. Insgesamt verminderte sich die Zahl der Siebenbürger Sachsen zwischen 1940 und 1950 um mehr als 90000 Personen. In den übrigen Teilen des Landes war die Situation nicht besser. Bei der ersten Nachkriegszählung Ende Januar 1948 wurden nur noch rd. 345000 Deutsche (1930: 760000) in Rumänien registriert.

Ihre Lage war katastrophal. Das bereits Anfang Februar 1945 erlassene Minderheitenstatut fand auf deutsche Volksangehörige keine Anwendung. Ihre Staatsbürgerschaft blieb in der Schwebe, und ihr Vermögen wurde nahezu restlos enteignet. Doch zur letzten Konsequenz – zur Ausweisung aller Deutschen aus Rumänien – kam es entgegen allen Erwartungen nicht. Nach langer Unsicherheit wurden den Deutschen im Übergang zu den 1950er Jahren die ersten politischen Rechte zurückgegeben, freilich in den engen Grenzen des nunmehr stalinistischen Systems. Ein unveröffentlichtes Gesetz von 1956 signalisierte eine wei-

tere Wende: Die früheren Besitzer von Familienhäusern und Bauernhö-
fen erhielten ihre Gebäude (ohne die Anbauflächen) zurück. Seither
wurden auch die Bestimmungen des Minderheitenstatuts auf die Deutschen angewandt, die damit den anderen Minoritäten gleichgestellt
waren[36].

Bis zur Mitte der 1960er Jahre gestaltete sich die rechtliche Situation
der Deutschen im Blick auf Konfessionsfreiheit und Schulunterricht in
der Muttersprache keineswegs ungünstig und z. T. besser als in anderen
osteuropäischen Staaten. Doch der zunehmend nationalrumänische
Kurs der Kommunisten unter Nicolae Ceauşescu führte in der Folgezeit
zu einem schrittweisen Abbau kollektiver Minderheitenrechte, wovon
der ungarische Bevölkerungsteil in Siebenbürgen am härtesten betroffen
wurde. Im Mai 1966 erklärte Ceauşescu, daß Rumänien aufgehört habe,
ein ‚Vielvölkerstaat‘ zu sein. Die Politik wurde nunmehr auf allen
Ebenen in den Dienst einer Glorifizierung des ‚einheitlichen rumänischen Nationalstaats‘ gestellt. Die Megalomanie Ceauşescus in politischer, kultureller und wirtschaftlicher Hinsicht verwandelte Rumänien
seit Mitte der 1970er Jahre allmählich in ein Armenhaus, dessen Bewohner – egal ob Rumänen oder Angehörige von Minderheiten – allgegen-
wärtiger Überwachung und persönlicher Erniedrigung unterschiedlichster Art ausgesetzt waren[37].

In der beruflichen Struktur der Rumäniendeutschen vollzog sich nach
1945 ein radikaler Wandel. Gegen Kriegsende waren noch rd. drei
Viertel der Siebenbürger Sachsen und Banater Schwaben in der Landwirtschaft tätig; Industriearbeiter gab es in nennenswerter Zahl nur in
und um Kronstadt, Hermannstadt, Mediasch und einigen anderen
Orten. Nach den Daten der Volkszählung von 1956 betrug der Anteil der
im (privaten oder kollektivierten Sektor tätigen) Landwirte dagegen nur
noch 22 %, während 71 % der deutschen Erwerbstätigen Arbeiter oder
Angestellte waren. Die Veränderung der Erwerbsstruktur hatte weitreichende Auswirkungen auf das Leben in den Dörfern. Die Ortschaften
‚vergreisten‘, die überlieferten Gewohnheiten und Bräuche verloren
ihre Bedeutung, das traditionelle Gemeinschaftsleben verarmte und
erstarb. Die ehemals siebenbürgisch-sächsischen Ortschaften erhielten
durch die Ansiedlung von Rumänen und Roma aus dem Altreich eine
neue ethnische Struktur, wodurch sich die Auflösung der gewachsenen
Nachbarschaften weiter beschleunigte[38].

Die Zerstörung der traditionellen Lebenswelt und der damit verbun-
dene Konformitätsdruck waren gewiß keine auf Rumänien beschränk-
ten Phänomene, aber sie wirkten hier besonders drückend, weil an die
Stelle der alten nur trostlose neue Strukturen traten. Unter diesen
Umständen verwundert es nicht, daß viele Deutsche die erstbeste
Gelegenheit nutzten, um ihre angestammte Heimat für immer zu verlas-

sen. Seit Mitte der 1950er Jahre kam mit Unterstützung des Roten Kreuzes die Familienzusammenführung in Gang. In den 1970er und 1980er Jahren beschleunigte sich der Exodus der Deutschen von Jahr zu Jahr. Viele kauften sich selber frei oder wurden von der Bundesregierung freigekauft. Die Zahl der Rumäniendeutschen schrumpfte bis zur Schwelle der 1990er Jahre auf schätzungsweise 200000 Personen. Die dadurch ausgelöste Eigendynamik des Abwanderungsprozesses läßt das nahe Ende einer Minderheit erahnen, deren traditionsreichster Teil auf eine fast achthundertjährige Geschichte zurückblicken kann.

1.3. Die Deutschen in Jugoslawien

Von Holm Sundhaussen

Grundprobleme und statistische Übersicht

Am Ende des Ersten Weltkrieges erfuhr die politische Landkarte Südosteuropas eine grundlegende Neugestaltung. Die Formierung von Nationalstaaten in einem Raum, der über Jahrhunderte hinaus keine klaren ethnischen Abgrenzungen gekannt und zu dessen auffallenden Merkmalen die Vielfalt interethnischer Beziehungen gehört hatte, glich vielerorts der Quadratur des Kreises: Gruppen, die vormals zur Mehrheit zählten, wurden über Nacht zu Minderheiten – und umgekehrt. Die Irredenta wechselte nur die Seiten. Und die führenden Schichten in den neuen Staaten taten alles, um die Bevölkerung national zu ‚homogenisieren', denn darauf beruhte die ‚Legitimität' der neuen Grenzen und der veränderten Machtverhältnisse. Im Gegensatz zu den untergegangenen multi-ethnischen Imperien, deren Herrschaftsanspruch aus dem ‚Gottesgnadentum', aus Erbverträgen oder aus dem ‚Recht des Eroberers' abgeleitet worden war, beriefen sich die modernen Führungseliten auf das ‚zivilisierte' Recht der nationalen Selbstbestimmung. Die daraus resultierende ‚Beweislast' ließ Minderheiten als potentielle Bedrohung der neuen Souveränität erscheinen. Damit begann ein Teufelskreis: Die Mehrheitsnationen versuchten, die Minderheiten zu assimilieren oder in die politische Marginalität abzudrängen. Nach dem Gesetz von Aktion und Reaktion erreichten sie aber genau das Gegenteil: Die Minderheiten festigten ihren inneren Zusammenhalt und suchten – wo immer dies möglich war – Unterstützung bei der ‚Mutternation'. Auf diese Weise bestätigten sie wiederum die schlimmsten Befürchtungen der ‚Staatsvölker' und ‚rechtfertigten' nicht nur deren Mißtrauen, sondern auch allfällige Sanktionen gegen ‚illoyale' Minderheiten.

Unterschiede zwischen größeren und kleineren Gruppen oder zwischen ganzen Zivilisationen hatte es stets gegeben und auch die daraus resultierenden Konflikte. Aber mit der ‚Erfindung‘ der Nation gewannen die Unterschiede eine neue Qualität. Abstammung und Muttersprache erhielten ein ideologisches Gewicht, das früheren Epochen fremd gewesen war. Sprache war jetzt nicht mehr bloßes Verständigungsmittel, sondern wurde zum ‚Ausweis‘ nationaler Identität. Die Vorkämpfer des Nationalismus propagierten die ‚Zurückgewinnung‘ derjenigen Personen und Gruppen, die die Sprache (oder vermutete Sprache) ihrer Vorfahren ‚verloren‘ hatten. Das Ergebnis war ein Sprachen- und Kulturkampf, der häufig eine modernere, aber deshalb nicht zwangsläufig zivilisiertere Form der Proselytenmacherei darstellte.

Namentlich in Jugoslawien und Rumänien entwickelte sich die ‚nationale Frage‘ zum beherrschenden Thema der Innenpolitik im 20. Jahrhundert. Das am 1. Dezember 1918 proklamierte ‚Königreich der Serben, Kroaten und Slowenen‘ (1929 umbenannt in ‚Königreich Jugoslawien‘) setzte sich aus einer Vielzahl historischer Länder zusammen, die jahrhundertelang mit wechselnden Grenzen unter habsburgischer oder osmanisch-türkischer Herrschaft gestanden hatten[1]. Vergleichbar der 1918 auseinandergebrochenen österreichisch-ungarischen Monarchie war auch der neue jugo-slawische Staat ein Vielvölkergebilde mit zahlreichen ethnischen Mischregionen und unterschiedlich gewachsenen historischen Strukturen. Die damals knapp 12 Mio. Einwohner des Landes gliederten sich (nach heutigem Verständnis) in über 15 Nationen und Volksgruppen, deren nationales Bewußtsein unterschiedlich stark ausgeprägt war. Die Ergebnisse der Volkszählungen aus der Zeit vor und nach dem Ersten Weltkrieg lassen keine genauen Angaben über die Kopfzahl der einzelnen Nationen und nationalen Minderheiten zu. Das liegt nicht allein an Fehlern bei der Datenerhebung, an eventuellem Druck auf die Befragten oder an möglichen Manipulationen mit den Ergebnissen, sondern es liegt auch und vor allem daran, daß es keine allgemein akzeptierte Definition dessen gibt, was eine Nation (oder Nationalität) ist und was sie konstituiert. Nationen sind historische Gebilde oder ‚Konstrukte‘, die nach unterschiedlichen Merkmalen oder Merkmalskombinationen (Sprache, Abstammung, individuelles Bekenntnis, Konfession, Staatsbürgerschaft etc.) definiert werden. Die Bevölkerungsstärke einer Nation hängt also davon ab, welches Merkmal als konstitutiv und von den Angehörigen der Gruppe als hinreichend betrachtet wird.

Die Behörden im jugoslawischen Staat der Zwischenkriegszeit maßen dem Sprachkriterium eine herausragende Bedeutung für die nationale Gliederung der Bevölkerung zu. Bei der ersten Volkszählung Ende Januar 1921 gaben über eine halbe Mio. Menschen (4,3% der Gesamtbevölkerung) Deutsch als Muttersprache an, darunter auch mehrere tausend Juden. Zehn Jahre später, Ende März 1931, war die Zahl der Deutschsprechenden leicht, auf knapp eine halbe Mio., gesunken, während die Gesamtbevölkerung auf rd. 14 Mio. Menschen angewachsen war. Im Vergleich zur österreichisch-ungarischen Volkszählung von 1910, die für dieselben Siedlungsgebiete eine Zahl von knapp 600000 ,Deutschen' ergeben hatte, war somit innerhalb von zwei Jahrzehnten ein Rückgang um 15% festzustellen. Inwieweit dieser absolute und prozentuale ,Verlust' allein auf Abwanderung und Geburtenrückgang zurückzuführen ist, läßt sich verläßlich nicht entscheiden. Von Vertretern der deutschen Minderheit sind die statistischen Angaben von 1921 und 1931 nachdrücklich in Zweifel gezogen worden. Nach ihrer Auffassung war die Zahl der Deutschen – sofern neben Muttersprache auch die Abstammung berücksichtigt wurde – um 100000 bis 200000 Personen höher[2].

Doch wenn es keine allgemeinverbindliche Antwort auf die Frage gibt, wer und was ein ,Deutscher' ist, dann lassen sich auch keine widerspruchsfreien Zahlen ermitteln. Und wenn mit Blick auf die komplizierten ethnischen Verhältnisse in weiten Teilen Jugoslawiens (wie in Südosteuropa insgesamt) immer wieder von einem ,schwebenden Volkstum' und ,nationalem Opportunismus' gesprochen wird, dann besteht kein überzeugender Grund, die deutsche Minderheit und ihr Umfeld dabei auszuklammern. Nicht alle Personen, deren Vorfahren möglicherweise aus dem deutschsprachigen Raum gekommen waren, verstanden sich in der Zwischenkriegszeit noch als Deutsche; nicht alle, die sich zur deutschen Muttersprache bekannten, besaßen auch eine deutsche Abstammung. Wählt man die Selbstidentifikation einer Person zur Grundlage ihrer nationalen Zuordnung, so wird man die Zahl der Jugoslawiendeutschen vor dem Zweiten Weltkrieg – ausgehend von den Zensusergebnissen des Jahres 1931 – auf reichlich eine halbe Mio. ansetzen dürfen[3].

Die ganz überwiegende Mehrheit der Deutschen, von denen gut drei Viertel Katholiken, der Rest Protestanten waren, lebte in Gebieten, die bis 1918 zu Österreich-Ungarn gehört hatten[4]. Siedlungsschwerpunkte bildeten die alten südungarischen Kolonisationsgebiete der Batschka und des Banats. Allein in der Batschka (im südlichen Teil des Donau-Theiß-Zwischenstromlandes, das heute zur Autonomen Provinz Wojwodina gehört) gaben bei der Volkszählung von 1931 über 170000 Personen (rd. 20% der Bevölkerung) Deutsch als Muttersprache an. In demjenigen Teil des Banats, der nach dem Ersten Weltkrieg an Jugoslawien fiel und die östliche Hälfte der heutigen Wojwodina bildet, wurden mehr als 120000 Deutsche gezählt (wiederum 20% der Gesamtbevölkerung). Ebenfalls zur Wojwodina gehört seit dem Zweiten Weltkrieg auch

Deutsche Bauern aus Neu Pasua im Komitat Syrmien.

der größere Teil des rechts der Donau gelegenen Syrmien, wo 1931 knapp 50 000 Deutsche (14 % der dortigen Gesamteinwohnerschaft) beheimatet waren. Weitere 16 000 Deutsche siedelten im jugoslawischen Teil der Baranja, jener vormals südungarischen Provinz im Dreieck zwischen Drau und Donau, die heute einen Teil der Republik Kroatien bildet. Die Deutschen stellten in diesem Gebiet etwa 30 % der Gesamtbevölkerung. Diese vier historischen Landschaften – Batschka, Banat, Syrmien und Baranja – wiesen die dichteste deutsche Besiedlung auf dem Territorium Jugoslawiens auf.

Im alten Königreich Kroatien-Slawonien, das seit dem Mittelalter in Personal- oder Realunion mit dem Königreich Ungarn verbunden war, sich aber einen gewissen Sonderstatus bewahren konnte, blieb der Anteil der deutschen Bevölkerung mit etwas mehr als 80 000 Personen vergleichsweise gering und erreichte nur noch 3 % der Gesamtpopulation. Sieht man von der Hauptstadt Zagreb ab, so lebten die Deutschen fast ausschließlich in Slawonien, der Landschaft zwischen unterer Drau und Save. Noch etwas niedriger (2,5 %) war der Anteil der Deutschen an der Bevölkerung Sloweniens im Nordwesten Jugoslawiens. Kompakte deutsche Gruppen lebten nur in der Gottschee, einem verkarsteten Hochland ungefähr 70 km südöstlich der slowenischen Hauptstadt

Ljubljana, in Ljubljana selbst sowie in einer Reihe weiterer Städte. Insgesamt handelte es sich um 29000 Deutschsprachige, die ungeachtet der staatlichen Neuordnung nach dem Ersten Weltkrieg, des heftigen Nationalitätenkampfes im österreichisch-jugoslawischen Grenzraum und der dadurch bedingten Abwanderung an ihren alten Heimatorten verblieben waren. Die restlichen 31000 Jugoslawiendeutschen verteilten sich hauptsächlich auf Bosnien-Herzegowina und die jugoslawische Hauptstadt Belgrad.

Sieht man von der letzten Gruppe ab, so lebten alle übrigen Deutschen im Raum nördlich von Save und Donau und damit in jenem Teil Jugoslawiens, in dem Wirtschaft, Urbanisierung und Alphabetisierung deutlich weiter entwickelt waren als südlich beider Flußläufe, in den vormals osmanischen Gebieten. Die Jugoslawiendeutschen hatten zur Entstehung dieser vorteilhafteren Bedingungen ihren Beitrag geleistet. Zwar waren sie in der Mehrheit Bauern geblieben, doch praktizierten sie seit jeher eine intensivere und effektivere Landwirtschaft als ihre Nachbarn. In Relation zum gesamtjugoslawischen Durchschnitt war auch der Anteil der im gewerblich-industriellen Sektor sowie im Handel tätigen Bevölkerung unter den Deutschen überproportional hoch[5].

Das wirtschaftliche und soziale Erscheinungsbild der Jugoslawiendeutschen unterschied sich somit deutlich vom Erscheinungsbild der Bevölkerung südlich von Save und Donau und paßte sich in das allgemeine Entwicklungsgefälle von Nordwesten nach Südosten ein. Dieses Entwicklungsgefälle wurde zu einem herausragenden Faktor bei den nationalen Auseinandersetzungen im neuen jugoslawischen Staat. Die Tatsache, daß die Bevölkerung Sloweniens, der Wojwodina und Kroatiens im Durchschnitt wohlhabender war als die Bevölkerung südlich von Save und Donau, hat die nationale Problematik in Jugoslawien erheblich verschärft, denn der politische Kampf zwischen den Führungsschichten der Nationen und Nationalitäten war zugleich auch ein wirtschaftlicher Verteilungskampf und stand in engster Wechselbeziehung zum bestehenden Wohlstandsgefälle.

Die deutschen Einwanderer bis zur Gründung des jugoslawischen Staats

Die deutsche Minderheit in Jugoslawien stellte keine historisch gewachsene, homogene Gruppe dar. Während der in Slowenien lebende Teil der Grenzlandminorität zuzurechnen war, gehörte die überwiegende Mehrheit der deutschsprachigen Bevölkerung im übrigen Jugoslawien zu jener Gruppe von Siedlern auf beiden Seiten der mittleren Donau (in Ungarn, Jugoslawien und Rumänien), die unter der Bezeichnung ‚Donauschwaben' zusammengefaßt werden. Die Ansiedlung der einzelnen

Teilgruppen hatte sich mit großen zeitlichen Unterbrechungen über fast ein Jahrtausend erstreckt.

Das aus den historischen Regionen Südkärnten, Krain und Untersteiermark zusammengesetzte Slowenien grenzte seit dem Mittelalter an das geschlossene deutsche Sprach- und Siedlungsgebiet im Norden. Die Vorfahren der Slowenen hatten sich schon im Zuge der südslawischen Landnahme (vom 6.–9. Jahrhundert) in den Ostalpen niedergelassen, waren bereits Ende des 8. Jahrhunderts unter fränkische Herrschaft geraten und blieben bis zur Gegenwart in einem Verhältnis von Anlehnung und Abwehr mit dem Schicksal der deutschsprachigen Nachbarn aufs engste verbunden. Klare ethnische Trennungslinien konnten sich in diesem deutsch-slawischen Grenzland nicht herausbilden. Die Ahnen der deutschen Siedler im heutigen Slowenien waren seit Ende des 10. Jahrhunderts von Grundherren und kirchlichen Würdenträgern zur Aufsiedlung des Landes bzw. zur Missionierung seiner Bewohner herbeigerufen worden. Einen Sonderfall stellte die deutsche Sprachinsel Gottschee dar. Bis zum 14. Jahrhundert war das Gottscheer Hochland unbewohntes Urwaldgebiet gewesen. Erst danach holten Kärntner Grafen aus den Alpentälern Osttirols und Oberkärntens Siedler in das menschenleere Waldland. Trotz gelegentlicher Rückschläge in den Türkenkriegen und wirtschaftlicher Bedrückung durch die Grundherren konnte sich die Sprachinsel behaupten und erreichte in der 2. Hälfte des 19. Jahrhunderts ihren Bevölkerungshöchststand mit 26 000 Deutschen. Die daraus resultierende Bodenknappheit löste jedoch in der Folgezeit eine starke Abwanderung nach Übersee, vor allem in die Vereinigten Staaten, aus[6].

Die Ansiedlung der deutschen Bevölkerungsgruppen in den ehemals südungarischen Gebieten Baranja, Batschka und Banat geht dagegen auf die Zeit nach den österreichisch-türkischen Friedensschlüssen von 1699 und 1718 zurück und bildete einen Teil des großen donauschwäbischen Siedlungsvorgangs im 18. und 19. Jahrhundert[7]. Die durch die Habsburger eroberten Gebiete waren weitgehend verödet. Die eingesessene Bevölkerung war entweder weitergewandert oder infolge der Kriege stark dezimiert. In die fast menschenleeren Landschaften nördlich von Save und Donau zogen schon Ende des 17. Jahrhunderts serbische Flüchtlinge aus dem Osmanischen Reich nach. Die planmäßige Wiederbesiedlung von Batschka und Banat setzte aber erst im Verlauf des folgenden Jahrhunderts ein. Sie war „eine der großen staatlich und grundherrschaftlich geleiteten systematischen Bevölkerungsaktionen des absolutistischen Zeitalters, die einer Bevölkerungsverdichtung und einer intensiveren wirtschaftlichen Erschließung unentwickelter Landschaften dienen sollte. Im Bereich der habsburgischen Monarchie steht sie daher in einer Linie mit den Impopulationen und

Kolonisationen im ungarischen Transdanubien, im Banat, in Innerungarn, Kroatien, Galizien, im Wiener Becken und im Küstenland"[8].
Während das Kolonisationswerk in der Batschka unter Aufsicht der
Ungarischen Hofkammer in Preßburg stand, wurde die Neubesiedlung
des Banats unmittelbar von den kaiserlichen Behörden gesteuert. Die
mit der Durchführung der Ansiedlung beauftragten Behörden riefen
Kolonisten aus allen Teilen der Habsburger Monarchie und des Deutschen Reiches und förderten die Einwanderung durch großzügige materielle Unterstützung. Entsprechend ihrer gesamtstaatlichen Zielsetzung
verfuhren die kaiserlichen Behörden dabei großzügiger als die Ungarische Hofkammer oder die rein privatwirtschaftlich interessierten
Grundherren. Unter Kaiserin Maria Theresia und ihrem Sohn Joseph II.
erreichte das Siedlungswerk zwischen 1765 und 1787 seinen Höhepunkt. Außer deutschen Bauern und Handwerkern wurden auch Serben, Ungarn (Madjaren) und Rumänen, kleinere Gruppen von Kroaten,
Ruthenen (Ukrainern) und Tschechen sowie eine geringe Anzahl von
Italienern, Spaniern, Elsässern und Lothringern angesiedelt. Ungeachtet großer Umstellungs- und Eingewöhnungsprobleme erlebten die
deutschen Kolonisten einen verhältnismäßig raschen Aufstieg, und ihre
Dörfer wurden bald zum Ausgangspunkt für weitere Tochtersiedlungen. Als der Boden im Verlauf des 19. Jahrhunderts knapp wurde,
versuchten die Nachkommen der deutschen Kolonisten auch in den
Siedlungen anderer Nationalitäten Land durch Zukauf zu erwerben,
oder sie wanderten in dünner besiedelte Provinzen der Monarchie
ab.

In Kroatien-Slawonien hatte die Zuwanderung von Deutschen zwar
bereits im Mittelalter eingesetzt, doch kam der weitaus größere Teil der
Siedler erst nach 1848[9]. Der mittelalterliche Zustrom war fast ausschließlich in die städtischen Siedlungen, nach Varazdin, Zagreb, Vukovar
u. a., geflossen und hatte sich vor allem aus Handwerkern und Händlern zusammengesetzt, die aus allen Teilen des deutschsprachigen
Raums stammten. Dank zahlreicher Privilegien und Freiheiten, die
ihnen von den ungarischen Königen gewährt wurden, waren die Neuankömmlinge maßgeblich an der Gründung und Entfaltung der kroa-
tisch-slawonischen Städte beteiligt. In den Orten, die später von den
Osmanen erobert wurden, verschwand allerdings die ursprüngliche
deutsche Bevölkerung, während sie in den übrigen Städten ihre Kontinuität mitunter bis ins 20. Jahrhundert behaupten konnte. Im Unterschied zur mittelalterlichen Zuwanderung wurde der deutsche Siedler-
strom in der Neuzeit überwiegend von Bauern getragen. Nachdem die
habsburgischen Truppen Slawonien und Syrmien von den Osmanen
zurückerobert hatten (Friedensschluß von Karlowitz 1699), befanden
sich auch diese Gebiete in einem desolaten Zustand. Syrmien war fast

menschenleer, Slawonien wies nur noch eine äußerst dünne Besiedlung auf, große Teile des Landes lagen wüst, und die Städte waren weitgehend entvölkert. Anders als in den südungarischen Gebieten Baranja, Batschka und Banat verlief die Besiedlung Slawoniens und Syrmiens aber weniger planmäßig und erheblich stockender als nördlich von Donau und Drau. Dies lag vor allem an der mangelnden Bereitschaft der adligen Grundherren, die Unterdrückung ihrer Bauern spürbar zu mildern. Abgesehen von einzelnen Beamten- und Handwerkerfamilien, die sich in den Städten niederließen, kam daher die Masse der deutschen Siedler erst nach der Bauernbefreiung von 1848 und der Aufhebung weiterer Beschränkungen. Die Neuankömmlinge stammten zum überwiegenden Teil aus den Kolonisationsgebieten Südungarns, wo der Boden infolge des wirtschaftlichen Aufschwungs knapp und teuer geworden war.

Die jüngste jugoslawiendeutsche Gruppe siedelte in Bosnien-Herzegowina. Die Provinz, die 1463 von den Osmanen erobert worden war, wurde auf dem Berliner Kongreß 1878 österreichisch-ungarischer Verwaltung unterstellt und 1908 gegen den heftigen Protest der Serben von der Doppelmonarchie annektiert. Um die Wirtschaft des Landes zu beleben, förderte die Wiener Regierung die Ansiedlung von Handwerkern und Bauern. Bis 1905 wurden von der Verwaltung 54 staatliche Siedlungen angelegt, in denen sich neben Polen und Ukrainern auch deutschsprachige Siedler (überwiegend aus Galizien) niederließen. Die weitaus größte Zahl deutscher Einwanderer kam jedoch aus eigenem Antrieb und rekrutierte sich aus Landhungrigen in den ‚übervölkerten‘ südungarischen Siedlungsgebieten[10].

Über Jahrhunderte hinweg war das Zusammenleben der deutschsprachigen Bewohner mit den Angehörigen anderer Sprach- und Kulturgruppen im jugoslawischen Raum zwar keineswegs reibungslos, aber doch im großen und ganzen friedfertig gewesen. Erst der im 19. Jahrhundert aufbrechende Nationalismus hat die interethnischen Beziehungen – namentlich in den zahlreichen Mischgebieten – nachhaltig belastet und unüberbrückbar erscheinende Gräben aufgerissen. Angesichts der seither vorgenommenen nationalistischen Umdeutung der Siedlungsprozesse an der mittleren Donau sei noch einmal betont, daß die Werbung und Ansiedlung von Handwerkern, Kaufleuten, Bauern oder Wehrbauern mit nationalen Erwägungen in der Regel nichts zu tun hatten – weder im Mittelalter noch in der Neuzeit. Die jeweiligen Landesherren und Grundbesitzer suchten Arbeitskräfte (nach Möglichkeit qualifizierte Arbeitskräfte) oder Soldaten, und die ethnischen Merkmale der Angeworbenen interessierten sie nicht oder allenfalls in zweiter Linie. In einem Handschreiben von 1786 untersagte z. B. Kaiser Joseph II. noch einmal ausdrücklich jede Benachteiligung nicht-deutscher Bewohner in den Kolonisationsgebieten Batschka und Banat: „So nützlich auch die Ansiedlung der Deutschen an sich selbst in dem Batscher und Temeswarer District sein mag [...], so schädlich würde sie dennoch ausfallen, wenn man sie zum Nachteil der älteren Kolonisten, nämlich der Rayzen und Illyrier [Serben und katholischen Südslawen] begünstigen wollte"[11].

Die Regionen östlich des geschlossenen deutschen Sprachgebietes waren seit jeher sehr viel dünner besiedelt gewesen als Mittel- und Westeuropa (was sich sowohl in der durchschnittlichen Bevölkerungsdichte auf dem Lande als auch in der Dichte des Städtenetzes ausdrückte). Kriege, Epidemien und andere Katastrophen hatten den endemischen Menschen- und Arbeitskräftemangel immer wieder verschärft, bis die Bevölkerungsexplosion in der zweiten Hälfte des vorigen Jahrhunderts zu einer radikalen Umkehrung des Mensch/Boden-Verhältnisses führte. Das jahrhundertelange Gefälle in der Bevölkerungsdichte von Westen nach Osten und Südosten hatte vielfältige Konsequenzen[12]: 1. Der Zwang zur Modernisierung der Landwirtschaft war im relativ ‚übervölkerten' Mitteleuropa schon im Mittelalter deutlich stärker als im vergleichsweise dünn besiedelten Südosteuropa, wo sich extensive Wirtschaftsmethoden in Form von Transhumanz (Wanderweidewirtschaft) oder Feldgraswirtschaft bis in die jüngste Vergangenheit hinein behaupten konnten. Ähnliches gilt für die Intensität der Arbeitsteilung zwischen Stadt und Land und damit für die Entfaltungsmöglichkeiten der städtischen Gewerbe. 2. Infolge der hohen Bevölkerungsdichte und des Bodenmangels in Mitteleuropa gab es in Zeiten ‚normaler' Bevölkerungsentwicklung ‚überschüssige' Arbeitskräfte, die auf der Suche nach besseren Lebenschancen bereit waren, sich eine neue Heimat zu suchen. 3. Die ‚Übervölkerung' in Teilen Mitteleuropas auf der einen und der ‚Bodenüberfluß' in den dünn besiedelten oder durch die Türkenkriege verödeten Regionen des mittleren Donauraums auf der anderen Seite sowie das Bestreben der Landesherren und Grundbesitzer nach Besiedlung (‚Peuplierung') der von den Osmanen zurückeroberten Gebiete ergänzten sich in idealer Weise und lösten die Wanderungsbewegung der ‚Donauschwaben' im 18. Jahrhundert aus.

Die Landesherren und Grundbesitzer warben nicht nur Siedler mitteleuropäischer Herkunft an, sondern auch Menschen aus anderen Teilen des Kontinents; sie nahmen, wen sie bekommen konnten. Daß ihnen Kolonisten mit ‚modernen' Fertigkeiten lieber waren als Kolonisten ohne derartige Kenntnisse, entsprach ihrer ökonomischen ‚ratio'. Und die Ansiedler aus Mitteleuropa brachten eine höher entwickelte Technologie des Landbaus mit als die Ansiedler aus dem Balkanraum. Während die ersteren seit Generationen an den Ackerbau in Form der Dreifelderwirtschaft gewöhnt waren, betrieben die letzteren noch eine extensive

Vieh- und Feldgraswirtschaft. Wo beide Gruppen aufeinanderstießen, kam es oft genug zu Konflikten, da die Herden der Viehzüchter die Gemarkungen der Ackerbauern bedrohten[13]. Aus diesem Zusammenstoß unterschiedlicher Wirtschaftssysteme auf eine frühe Form nationaler Konfrontation zu schließen, wäre jedoch abwegig. Hinzu kam ein weiterer Unterschied, der ökonomisch relevant werden sollte: Die Kolonisten aus Mitteleuropa praktizierten in der Regel das Anerbenrecht, nach dem nur der älteste (oder jüngste) Sohn den Hof erbte. Das bedeutete für die nicht erbberechtigten Kinder, daß sie sich eine neue Siedlerstelle oder einen Beruf außerhalb der Landwirtschaft suchen mußten, bevor sie eine Familie gründen konnten. Der auf diese Weise ausgeübte Motivationsdruck auf die Nachkommen der deutschen Kolonisten war den südslawischen Familienverbänden mit ihrem andersartigen Gewohnheitsrecht völlig fremd. Diese Großfamilien, die traditionell als ‚Haus‘, von den Südslawen seit dem 19. Jahrhundert als ‚zadruga‘ bezeichnet werden, kannten – von persönlichen Habseligkeiten abgesehen – kein individuelles Eigentum und dementsprechend auch kein individuelles Erbrecht. Das Eigentum der Hauskommunion blieb ungeteilt, solange die Zadruga sich nicht in kleinere Verbände untergliederte, gänzlich auflöste oder ausstarb. Die wirtschaftlichen Implikationen dieser unterschiedlichen gewohnheitsrechtlichen Regelungen liegen auf der Hand und erklären – wenigstens zum Teil – die längerfristigen Unterschiede in der ökonomischen Motivation. Die oft beobachtete ‚materialistische‘ Wertorientierung der Donauschwaben dürfte damit in einem Zusammenhang stehen. Erst mit der Rezeption des modernen bürgerlichen Rechts im 19. Jahrhundert setzte sich bei den Donauschwaben die Realerbteilung durch, was dann u. a. zu einer Reduzierung der Kinderzahlen führte. Schließlich sei noch auf die Tatsache verwiesen, daß die Angehörigen der Orthodoxie weit mehr als doppelt so viele kirchliche oder gewohnheitsrechtliche Feiertage praktizierten wie die Mitglieder der Westkirchen.

Bis ins 19. und mitunter bis ins 20. Jahrhundert hinein war der gesellschaftliche Bezugspunkt der Landbevölkerung nicht die Nation, sondern jene überschaubare Gruppe von Personen, die bestimmte Merkmale miteinander teilten und die den personalen Rahmen der bäuerlichen Lebenswelt bildeten. Es bedurfte eines beträchtlichen Mobilisierungsaufwandes, um die abstrakte Idee der Nation in den ländlichen Gemeinschaften zu verankern. Die Vorkämpfer der Nationsbildung in Südosteuropa wählten die Sprache als prägendes Merkmal der Nation und kombinierten es von Fall zu Fall mit anderen Merkmalen (Konfession, gemeinsame Geschichte u. a.). Die Ausbreitung des Nationalgedankens führte in gemischt besiedelten Gebieten zu verschärften Abgrenzungen und Konfrontationen und löste fast zwangsläufig eine

Spirale wechselseitiger Eskalationen aus. Es ist müßig, darüber zu streiten, welche Seite in dem einsetzenden Nationalitätenkampf mehr ‚Recht' oder ‚Unrecht' auf sich geladen hat. Die Muster der Auseinandersetzung waren nahezu immer ähnlich. Politisch, kulturell oder wirtschaftlich motivierte Opposition gegen die Maßnahmen einer ‚staatstragenden Nation' stärkte den Zusammenhalt der nationalen Minderheit, die dann – sobald sie unter veränderten staatsrechtlichen Bedingungen zur Mehrheit geworden war – ihrerseits gegenüber anderen Minderheiten faktisch dieselben Maßnahmen einsetzte, gegen die sie sich einst aufgelehnt hatte. Und alle glaubten, dabei im ‚Recht' zu sein und einer ‚großen Idee' zu dienen. Dies gilt z. B. für das Verhältnis der Madjaren gegenüber den Germanisierungsbestrebungen in der Habsburger Monarchie vor dem österreichisch-ungarischen Ausgleich von 1867 ebenso wie für das Verhältnis der Kroaten gegenüber den Madjarisierungsbestrebungen in der ungarischen Reichshälfte nach 1867 oder für das Verhältnis der Deutschen gegenüber den Kroatisierungsbestrebungen im Königreich Kroatien-Slawonien bzw. im jugoslawischen Staat seit Ende des 19. Jahrhunderts und in der Zwischenkriegszeit. Daß die Slawoniendeutschen in diesem Beispiel am Ende der Kette stehen, bedeutet nicht zwangsläufig, daß sie gegen den eben skizzierten Mechanismus immun gewesen wären, wie die Ereignisse im Zweiten Weltkrieg belegen sollten. Assimilation war immer dann gut, wenn damit die zahlenmäßige Stärke der eigenen Nation oder nationalen Gruppe gefördert wurde; und sie war immer dann verwerflich, wenn sie einer anderen Nation oder Gruppe zugute kam. Die historische Literatur ist voll von derartigen Wertungen.

Die Deutschen in Jugoslawien vom Ende des Ersten bis zum Ende des Zweiten Weltkrieges

Die Donauschwaben in den südungarischen Gebieten fühlten sich bis zum Ende des Ersten Weltkrieges loyal der ungarischen Reichshälfte verbunden (z. T. bekannten sie sich auch zum madjarischen ‚Volkstum') und bedauerten die Auflösung der Doppelmonarchie. Dem Beispiel anderer Nationalitäten in der Umbruchphase folgend, bildeten sie einen eigenen ‚Nationalrat', der sich in einem Manifest vom 8. Dezember 1918 für die Vereinigung von Batschka und Banat zu einer Autonomen Provinz mit voller Gleichberechtigung der dort lebenden Nationalitäten aussprach[14]. Eine realistische Chance zur Durchsetzung dieser Forderung bestand freilich nicht; und die deutschsprachigen Gruppen in den übrigen Teilen des entstehenden jugoslawischen Staates hatten infolge ihres geringen prozentualen Anteils an der jeweiligen Gesamtbevölkerung noch weniger Chancen, an der Gestaltung ihrer Zukunft mitzuwirken. Die Donauschwaben konnten nicht einmal verhindern, daß ihre Siedlungsgebiete – allen voran das Banat – zwischen den Nachfolgestaaten der habsburgischen Doppelmonarchie Ungarn, Jugoslawien und Rumänien aufgeteilt wurden.

Mit Rücksicht auf die vielen ethnischen Mischzonen im Donauraum entschlossen sich allerdings die alliierten Hauptmächte auf der Pariser Friedenskonferenz, die Rechte der jeweiligen Minderheiten durch besondere Schutzverträge zu sichern[15]. Diese Forderung der Großmächte löste eine schwere Krise in der jugoslawischen Verhandlungsdelegation und den Rücktritt der Regierung in Belgrad aus[16]. Die jugoslawischen Politiker erblickten im Minderheitenschutzvertrag nicht nur eine Beeinträchtigung der Souveränität ihres Landes, sondern ihre serbischen Vertreter befürchteten darüber hinaus und vor allem, daß auch die Mazedonier und Kosovo-Albaner in den Genuß des Minderheitenschutzes gelangen könnten. Bereits hier wurde deutlich, daß die künftige Situation der Jugoslawiendeutschen nicht isoliert, sondern nur im Kontext der komplizierten nationalen Frage in Jugoslawien und der großserbischen Tendenzen in Belgrad gesehen werden mußte. Von einer dezidiert ‚antideutschen Stoßrichtung‘ in der jugoslawischen Politik nach dem Ersten Weltkrieg kann allenfalls dort gesprochen werden, wo die deutsche Minderheit in unmittelbarer Nachbarschaft zum geschlossenen deutschen Siedlungsraum lebte (wie in Slowenien).

Erst auf massiven alliierten Druck hin unterzeichnete die Delegation des ‚Königreichs der Serben, Kroaten und Slowenen‘ am 5. Dezember 1919 die Konvention zum Schutz der Minderheiten[17]. Die Umsetzung dieser völkerrechtlichen Verpflichtung blieb jedoch weit hinter den Erwartungen der Betroffenen zurück, worunter wiederum nicht nur die Deutschen, sondern auch andere Nationalitäten in Jugoslawien, von den Mazedoniern und Albanern bis zu den Ungarn, zu leiden hatten. Jahrelang hatten serbische Politiker und Intellektuelle die österreichisch-ungarische Monarchie als ‚Völkerkerker‘ gebrandmarkt; doch kaum hatte sich das ‚Blatt‘ zu ihren Gunsten gewendet, fanden sie unter dem Eindruck der nationalen Psychose in Europa nichts Eiligeres zu tun, als den ‚jugoslawischen‘ Nachfolgestaat in einen neuen ‚Völkerkerker‘ zu verwandeln. Selbst Slowenen und Kroaten, die nach der amtlichen Diktion zur staatstragenden ‚dreinamigen Nation‘ zählten, blieben von dieser Politik nicht verschont[18].

Infolge der neuen Grenzen waren die gewachsenen kulturellen und politischen Bindungen zwischen den Deutschen in den einzelnen historischen Provinzen an vielen Stellen zerrissen, so daß sich ein neues Zusammengehörigkeitsbewußtsein erst mühsam entwickeln mußte. Dies war schon deshalb schwierig, weil sich die Lage der deutschsprachigen Bevölkerung sehr unterschiedlich gestaltete, je nachdem, ob es sich um Deutsche im österreichisch-jugoslawischen Grenzraum oder um Donauschwaben, um kompakt oder verstreut siedelnde Gruppen handelte. Es waren nicht zuletzt die minderheitenfeindlichen Maßnahmen der Belgrader Regierung, die das Eigen- und Zusammengehörigkeitsbewußtsein der über das ganze Land verstreuten Jugoslawiendeutschen allmählich weckten und festigten – vor allem die Zerschlagung organisatorischer und kultureller Einrichtungen der Grenzlandminorität, die tatsächliche oder vermeintliche Vernachlässigung der Donauschwaben bei der Agrarreform, die ausschließlich von nationalen Erwägungen geleitete ‚Kolonisationspolitik' in der Wojwodina sowie die intolerante Schul- und Bildungspolitik[19].

Im Dezember 1922 wurde die ‚Partei der Deutschen des Königreichs der Serben, Kroaten und Slowenen' (PdD) gegründet. Sie knüpfte an die Tradition der 1905 ins Leben gerufenen ‚Ungarländischen Deutschen Volkspartei' an und fand vor allem bei den Landsleuten in der Wojwodina starke Unterstützung. Die von Ludwig Kremlin und Stefan Kraft geführte Partei verlangte für die Jugoslawiendeutschen das Recht, sich als ‚einheitliches Volkstum' zu organisieren sowie Schulen und Bildungsanstalten aller Art auf eigene Kosten errichten und verwalten zu können. Sie forderte das Recht der Eltern auf freie Schulwahl für ihre Kinder und setzte sich ein für den ungehinderten Gebrauch der deutschen Sprache im schriftlichen und mündlichen Verkehr mit den Behörden, für die Beendigung der nationalen Diskriminierung bei der Durchführung der Agrarreform, für die Einführung der kommunalen Selbstverwaltung und für die Beachtung der bürgerlichen Grundrechte sowie des Prinzips der nationalen Gleichberechtigung. In der Regel arbeitete die PdD auf der Grundlage von Wahlversprechen mit dem jeweiligen Regierungsblock zusammen. Doch die Versprechen wurden selten eingelöst. Erst nach wiederholten Interventionen der deutschen Parlamentsabgeordneten wurden 1927 in der Wojwodina Kommunalwahlen abgehalten, wodurch die deutsche Bevölkerung einen stärkeren Anteil an der Verwaltung auf der untersten Ebene erhielt[20].

Mit Einführung der Königsdiktatur Anfang 1929 wurde die PdD, wie alle anderen Parteien und Vereine auf ‚stammlicher' (d. h. nationaler) oder konfessioneller Grundlage, verboten. An diesem Verbot änderte auch die 1931 oktroyierte Verfassung grundsätzlich nichts. Die deutschen Abgeordneten kandidierten daraufhin auf der Liste der Regierung und schlossen sich Anfang 1936 der ‚Jugoslawischen Radikalen Union' (JRU) an, einer vom amtierenden Ministerpräsidenten Milan Stojadinovic begründeten Regimepartei. Die weitgehenden Versprechungen, die der deutschen Minderheit anläßlich des Beitritts ihrer Abgeordneten zur JRU gemacht worden waren, wurden zwar wiederum nur zu einem Teil erfüllt, doch besserte sich die Situation im Vergleich zu den 1920er

Jahren erheblich. Stojadinovic war ebenso wie die Reichsregierung in Berlin an ungetrübten deutsch-jugoslawischen Beziehungen interessiert. Er war deshalb zu Konzessionen an die deutsche Minorität bereit, während sich die Berliner Regierung Zurückhaltung bei der Einmischung in innerjugoslawische Angelegenheiten auferlegte.

Als Interessenvertreter einer kleinen Minderheit haben die jugoslawiendeutschen Politiker während der Zwischenkriegszeit fast immer das Bündnis mit den Herrschenden gesucht. Und realistischerweise hatten sie kaum eine andere Wahl. Denn die jeweiligen Regierungen zögerten nicht, mißliebige kleinere Gruppierungen durch rücksichtslose Gewaltanwendung und massive Wahlmanipulation zu zerschlagen oder ihre Formierung von vorneherein zu verhindern. Diese Erfahrung mußte z. B. die Partei der türkischen und albanischen Bevölkerung (,Dzemijet') machen, als sie 1925 versuchte, in Opposition zur Regierung zu gehen. Die Mazedonier erhielten nie die Chance zur Bildung einer eigenen politischen Vertretung; und selbst die ,Kroatische Bauernpartei', die die Mehrheit der kroatischen Wähler auf sich vereinte, war gegen Verfolgung und Manipulationen nicht geschützt.

Die andere wichtige Organisation der Jugoslawiendeutschen war der im Sommer 1920 in Neusatz/Novi Sad gegründete ,Schwäbisch-Deutsche Kulturbund', der sich um die Pflege der ,Volkstumsüberlieferung' sowie um die kulturellen und wirtschaftlichen Belange der Minderheit bemühte. Bereits 1924 wurde der Kulturbund verboten, nachdem es die PdD gewagt hatte, Kritik an der Nationalitätenpolitik der Regierung zu üben. Erst drei Jahre später begann eine neue Aufbauphase, die mit Einführung der Diktatur ein zweites Mal unterbrochen wurde und erst 1931 fortgesetzt werden konnte[21].

Die ältere konservative Führung der Jugoslawiendeutschen bekam die Unzufriedenheit der jungen Generation mit dem bisher Erreichten in den folgenden Jahren deutlich zu spüren. Unter dem Einfluß der nationalsozialistischen Erfolge in Deutschland formierte sich in der Wojwodina eine ,Erneuerungsbewegung', die sich zunehmend nationalistisch und aggressiv gebärdete[22]. Zwar gelang es der alten Kulturbundführung zunächst, einzelne, sich offen zum Nationalsozialismus bekennende Organisationen aufzulösen, doch konnte sie die anhaltenden Aktivitäten der ,Erneuerer' nicht unterbinden. 1938 kam es zum offenen Machtkampf, der im Frühjahr des folgenden Jahres unter Einschaltung der ,Volksdeutschen Mittelstelle' in Berlin, d. h. Himmlers SS-Organisation, zugunsten der ,Erneuerer' um Sepp Janko entschieden wurde. Die neue Führung übernahm die Grundsätze des nationalsozialistischen ,Volksgruppenrechts' und leitete die ,Gleichschaltung' der jugoslawiendeutschen Organisationen gemäß den Weisungen aus dem ,Dritten Reich' ein, wozu u. a. auch die mehr oder minder offene Aufstellung paramilitärischer Verbände gehörte. Die in der jugoslawischen Öffentlichkeit geäußerten Befürchtungen über eine deutsche ‚Fünfte Kolonne' waren durchaus begründet, denn im Herbst 1940 ergingen aus Berlin vertrauliche Weisungen, in denen die wehrpflichtigen Jugoslawiendeutschen im Falle ihrer Einberufung zur Fahnenflucht aufgefordert wurden[23]. Tatsächlich kam es dann im deutschen Aprilfeldzug gegen Jugoslawien 1941 zu Desertionen und zu Aktivitäten volksdeutscher Verbände gegen die jugoslawische Wehrmacht, aber ihre Bedeutung ist maßlos übertrieben worden. Die ‚Fünfte Kolonne' hat allenfalls eine marginale Rolle gespielt, und die Tatsache, daß auch slowenische und kroatische Rekruten massenweise desertierten oder dem Mobilisierungsbefehl gar nicht erst Folge leisteten, belegt – mehr als alles andere – die stark gesunkene Akzeptanz des jugoslawischen Staates bei einem Großteil seiner Bürger.

Nach der Kapitulation Jugoslawiens (17.4.1941) teilte Deutschland mit seinen Verbündeten (Italien, Ungarn und Bulgarien) das Land in ein buntes Mosaik annektierter, besetzter und scheinsouveräner Gebilde auf. Auch für die Jugoslawiendeutschen entstand damit – zum zweiten Mal innerhalb einer Generation – eine gänzlich neue Situation. Ihre in der Batschka und Baranja lebenden Landsleute kamen an Ungarn und unterstanden künftig der dortigen Volksgruppenführung. Die Deutschen im Banat, das ebenso wie Serbien vom ‚Dritten Reich' besetzt wurde, erhielten eine ‚selbständige' Volksgruppenorganisation unter Führung Sepp Jankos. Die deutschsprachige Minderheit im ‚Unabhängigen Staat Kroatien', der außer Kroatien-Slawonien und Ost-Syrmien auch ganz Bosnien und die Herzegowina umfaßte, wurde zu einer eigenen Volksgruppe unter Leitung Branimir Altgayers zusammengefaßt[24]. Der Nordteil Sloweniens fiel an das Deutsche Reich. Die Gottscheer, deren Heimat Italien zugesprochen worden war, sowie die verstreut siedelnden deutschen Gruppen aus Bosnien und Serbien (insgesamt rd. 32000 Menschen) wurden 1941/42 von reichsdeutschen Behörden zwecks Festigung ‚volkspolitisch gefährdeter Grenzgebiete' in die Untersteiermark und das besetzte Polen umgesiedelt[25].

Die im Banat und im kroatischen Satellitenstaat beheimateten Deutschen bzw. ihre Organisationen erlangten während des Krieges eine überaus privilegierte Stellung und bildeten eine Art ‚Staat im Staate'. Die Führungsorgane beider Volksgruppen erwiesen sich im Gegenzug als willfährige Instrumente nationalsozialistischer Hegemonialpolitik. Durch den mehr oder minder freiwilligen Eintritt der tauglichen Männer in die Waffen-SS (allen voran in die SS-Division ‚Prinz Eugen')[26], den Einsatz volksdeutscher Verbände zur Partisanenbekämpfung und die bedingungslose Mitwirkung der Volksgruppenorganisationen bei der Sicherung der nationalsozialistischen Herrschaft und Kriegswirtschaft entwickelte sich die deutsche Minorität – gewollt oder ungewollt – zu einem Rad in der Unterdrückungsmaschinerie des Hitler-Regimes und seiner Kollaborateure. Und zwangsläufig zog sie damit auch den Haß der Verfolgten auf sich.

Während die Deutschen in Syrmien und Slawonien zum Großteil noch im Herbst 1944 aus ihrer Heimat evakuiert werden konnten[27], setzte in den anderen Teilen des Landes mit der schrittweisen Übernahme der Macht durch die jugoslawische Volksbefreiungsbewegung unter Titos Führung die erste Welle von Verhaftungen ein. Sie erfaßte Mitglieder der ‚Deutschen Mannschaft‘, der Waffen-SS, Vertreter deutscher Organisationen sowie Männer im wehr- und arbeitsfähigen Alter, die in improvisierte Lager getrieben oder mitunter an Ort und Stelle exekutiert wurden[28]. An der Jahreswende 1944/45 wurden zwischen 27 000 und 30 000 Jugoslawiendeutsche zur Zwangsarbeit in die Sowjetunion deportiert, wo ein großer Teil von ihnen den Tod fand. Die Überlebenden wurden Ende 1949 entlassen.

Ein formaler Beschluß zur Vertreibung der im wiederhergestellten Jugoslawien verbliebenen Deutschen ist – soweit bisher bekannt – nie gefaßt worden. Der ‚Antifaschistische Rat der Volksbefreiung Jugoslawiens‘ (AVNOJ) – das oberste (provisorische) Staatsorgan – hatte am 21. November 1944 die Aberkennung der Bürgerrechte und die Enteignung der Deutschen beschlossen. Zu einer direkten Vertreibung kam es anschließend aber nur in Slowenien. Die Deutschen in den anderen Teilen Jugoslawiens wurden in Lagern zusammengetrieben und zur Zwangsarbeit eingesetzt. Viele Tausend ließen dabei ihr Leben, anderen gelang die Flucht, die immer größere Ausmaße annahm und schließlich von den Behörden bewußt geduldet oder gar gefördert wurde. Der Rest der Deutschen konnte aufgrund von Ausreiseanträgen seit Ende der 1940er Jahre das Land legal verlassen.

Hitlers Balkanfeldzug vom April 1941 und die anschließenden Ereignisse ließen die Jugoslawiendeutschen infolge von Umsiedlung, Flucht, Vertreibung und Vernichtung zu einer unbedeutenden Minderheit zusammenschmelzen. Bei der ersten Nachkriegszählung von 1948 wurden lediglich 55 000 Deutsche in Jugoslawien registriert, eine Zahl, die mit Sicherheit zu niedrig war. Nach einem vorübergehenden statistischen Anstieg bei der nächsten Volkszählung nahm die tatsächliche Zahl der Deutschen durch Auswanderung seit Mitte der 1950er Jahre kontinuierlich ab und belief sich 1981 auf weniger als 9 000 Personen[29]. Schätzungsweise 30 000 Männer waren im Verlauf des Zweiten Weltkrieges gefallen, und weitere 70 000 Zivilpersonen – Frauen, Männer und Kinder – kamen in Internierungslagern, auf der Flucht oder infolge von Gewaltakten bei Kriegsende ums Leben[30].

Hitlers Überfall auf Jugoslawien und seine katastrophalen Folgen haben somit dem jahrhundertelangen Zusammenleben der Deutschen mit Angehörigen anderer ethnischer Gruppen im jugoslawischen Raum ein jähes und schmerzliches Ende bereitet.

1.4. Die Deutschen in Ungarn

Von Günter Schödl

Deutsche im Südosten, Ungarn als deutsches Einwanderungsland – die deutsche Südostwanderung als geschichtliche Konstante des Donau-Karpaten-Raums ist zeitlich und räumlich nicht scharf einzugrenzen. Die großen Ansiedlungen des 18. Jahrhunderts markieren die wichtigste Teilphase in einem Jahrtausend von Zu- und Abwanderung, Eingliederung und Absonderung. Die Konturen der Anfänge verschwimmen im Dunkel frühmittelalterlicher ‚Nations-‘ und Staatsbildung. Offen ist auch die zukünftige Entwicklung: Die wachsende Anziehungskraft EG-Europas und ein neuer Nationalismus im Osten könnten das ohnehin drohende Ende der deutschen Minderheit beschleunigen. Die deutsche Ungarn- bzw. Südostwanderung war kein zielgerichteter Prozeß, dessen Phasen eine innere Einheit aufwiesen. Deutsche Zuwanderung und deutsche Minderheiten waren in der Geschichte des Südostens ebenso selbstverständlich wie die Spannungen zwischen Ungarns staatlicher und ethnischer Struktur[1].

Deutsche Südost- und Ungarnwanderung können nicht immer scharf getrennt werden: Die deutsche Südostwanderung weist trotz aller Uneinheitlichkeit einen gewissen inneren Zusammenhang auf. Schon deshalb kann nicht durchgehend zwischen Ungarn-, Rumänien- und Jugoslawienwanderung unterschieden werden[2]. Außerdem haben sich staatliche und nationale Grenzen im Laufe der Jahrhunderte immer wieder verschoben. Oft wird also vom Südosten überhaupt oder dem Donau-Karpaten-Raum die Rede sein. Das gleiche gilt für deutsche Siedlungsgebiete, die – wie etwa Batschka, Banat, der slowakische und rumänische Bereich – zwar nicht mehr im Sinne heutiger Staatsgrenzen, aber doch in der historischen Entwicklung auch Teil der Ungarn-Thematik sind.

Deutsche Zuwanderung und Ungarns
‚Europäisierung' im Mittelalter

Schon in der Anfangsphase ungarischer politisch-staatlicher Organisation und vornationaler Identitätsbildung zwischen Jahrtausendwende und ‚Landesausbau' im 12. Jahrhundert war deutsche Zuwanderung allgegenwärtig. Sie hatte eine lange Vorgeschichte: Im heutigen burgenländisch-westungarischen Gebiet begann sie als Folge der Missionstätigkeit bayerischer Mönche schon im 6. Jahrhundert. Zu bäuerlicher Siedlung in den karolingischen Grenzmarken Pannonien und Karantanien kam es Ende des 8. Jahrhunderts. Frühe Formen von Wanderung, Siedlung und Kulturkontakt entwickelten sich nach den Weichenstellungen durch die Schlacht auf dem Lechfeld (955) und die Christianisierung unter Vajk-Stephan (967/77–1038) seit dem Jahr 1000 im Sinne von Seßhaftwerdung und abendländisch-europäischer Integration der Magyaren. Der dauerhafte Zusammenhalt der magyarischen Stämme und die Expansion des christlichen Königreichs Ungarn (im Norden bis zur Zips, im Osten bis an den Karpatenbogen und im Süden nach Kroatien-Dalmatien) schufen die Voraussetzungen für den Landesausbau im Hinterland der neuen Reichsteile, die es militärisch und wirtschaftlich zu sichern galt.

Der Landesausbau und die schrittweise Ausformung eines Städtenetzes wären ohne Beteiligung deutscher, wallonischer und polnischer Einwanderer nicht möglich gewesen. Das Städtewesen wiederum war unentbehrlich für die frühe ‚Verwestlichung'. Seine Entfaltung zog Ungarns Integration in das westeuropäische Wirtschaftsleben und das gesamteuropäische Wanderungsgeschehen[3] nach sich.

An diese erste Phase deutscher Zuwanderung schloß sich von der Mitte des 12. bis zum Ende des 14. Jahrhunderts eine zweite an: Zunächst gelangten in der Regierungszeit König Geisas II. (1141–1161) besonders Siedler moselfränkischer, mittel- und niederrheinischer Herkunft in zusammenhängende Kolonisationsdistrikte auf königlichem Land. Das galt z. B. für Siebenbürgen und Städte wie Hermannstadt, Kronstadt, Klausenburg und Bistritz, aber auch für die Ansiedlung in der Zips und für den vom bayerisch-ostmitteldeutschen Raum aus besiedelten niederungarischen Montanbereich u. a. mit Schemnitz. Noch wichtiger war die weitere Entwicklung nach dem Mongolensturm von 1241/42, in dem Ungarn fast die Hälfte seiner Bevölkerung verlor. Sie fand ihren Abschluß erst im späten 15. Jahrhundert: Im Zusammenhang mit dem Landesausbau nach dem Mongolensturm gewannen in den Städten deutsche Zuwanderer das Übergewicht gegenüber Magyaren und Slawen. Diese zweite Einwanderungswelle war mithin nicht mehr bäuerlich, sondern überwiegend bürgerlich-städtisch bestimmt.

Sie führte, anders als die vorherigen Zuwanderungen, nicht zu territorial zusammenhängenden Ansiedlungen. Für den Aufstieg Ofens in Konkurrenz mit den älteren Zentren Gran und Stuhlweißenburg war sie ähnlich wichtig wie für den Aufschwung der niederungarischen Bergstädte während des 13. und 14. Jahrhunderts. Die deutschen ‚Gastsiedler' (‚Hospites') waren noch keine nationale Minderheit im modernen Sinne. Der Begriff ‚Hospes' meinte dabei in erster Linie den privilegierten Rechtsstatus der Gastsiedler, deren Selbstverständnis weniger durch ihre Herkunft geprägt war als durch ihre Rolle in der ungarischen Gesellschaft, in der sie die fehlende städtische Bürgerschicht ersetzten.

Als Beispiel für eine Stadt mit weitgehend deutscher Bevölkerung sei das unmittelbar nach dem Mongolensturm gegründete Ofen[4] genannt. Die zum Teil vorher in der Nachbarstadt Pest ansässige Bevölkerung war in erster Linie österreichischer und oberdeutscher Herkunft. Nur zum geringeren Teil war sie aus den Marktflecken und Dörfern des Landesinneren zugewandert. Hinzu kamen Magyaren und Slawen. Die Dominanz der deutschen Bevölkerung Ofens blieb – von einer bald wieder ausgeglichenen Verringerung in der Mitte des 15. Jahrhunderts abgesehen – bis zur Verdrängung durch die Osmanen am Beginn des 16. Jahrhunderts erhalten. Das läßt sich nur durch Zuwanderung von außen und durch ständige deutsche Binnenwanderung innerhalb Ungarns selbst erklären. Seit der zweiten Hälfte des 13. Jahrhunderts entwickelte sich das Stadtrecht aus ungarischen Hospites- bzw. Stadtprivilegien, ungarischem Gewohnheitsrecht und oberdeutsch-österreichischen Vorbildern. Zwischen 1403 und 1439 stellte man das Ofener Rechtsbuch zusammen – in deutscher Sprache. Seine Bestimmungen zu Handel und Handwerk verschafften ihm Einfluß auf das ungarische Städtewesen überhaupt. Ofen konnte zum ‚Oberhof', zum Zentrum der königsunmittelbaren ‚Freistädte' avancieren. Seit dem frühen 15. Jahrhundert bildete es zusammen mit den königlichen Freistädten den wichtigsten Städtebund. Mit diesen Partnern war es durch eine größtenteils deutsche Führungsschicht, mit den oberdeutschen Handelszentren wiederum durch enge wirtschaftliche Zusammenarbeit verbunden. Die deutsche Führungsschicht willigte nach gewalttätigen Unruhen schließlich 1439 in die Gleichberechtigung der ungarischen Patrizier beim Stadtregiment ein.

Schon im späten 14. Jahrhundert setzte die schrittweise Ablösung der mit dem Adel eng verbundenen Grundherren-Patrizier durch ein neues, großenteils deutsches Händler-Patriziat ein. Deutschungarische Handelspatrizier, Handelsrepräsentanten oberdeutscher Unternehmen oder Kaufherren deutscher Herkunft formten die charakteristisch enge Wechselbeziehung zwischen dem Ausbau der Augsburger Kapitalmacht und der Rolle Nürnbergs als oberdeutschem Zentrum der Metallverarbeitung auf der einen und der Entfaltung des ungarischen Bergbaus auf der anderen Seite. Die weitere Entwicklung von Städtewesen, Bürgertum und ungarischem Wirtschaftsleben überhaupt wurde von diesem deutschungarischen Handelspatriziat aber auch nachteilig beeinflußt, etwa dadurch, daß die angesammelten Vermögenswerte zum größten Teil nicht weiter als Handelskapital eingesetzt wurden: Die betreffenden Familien kauften sich nach jeweils zwei oder drei Generationen in den Adel ein oder wanderten in ihre oberdeutschen Herkunftsorte und nach Wien zurück.

Bei einem Blick auf das mittelalterliche Ungarn insgesamt kann von einem Funktionswandel des deutschen (d. h. deutschungarischen und oberdeutschen) Einflusses gesprochen werden. Mindestens bis zur Mitte des 15. Jahrhunderts zählten die Deutschen in Ungarn zusammen mit Italienern, Wallonen u. a. zu den wichtigsten Antriebskräften von Landesausbau, Stadtwirtschaft und Europäisierung. Das Ergebnis war geradezu eine ,oberdeutsche Hegemonie' (Jenő Szűcs) in Ungarns spätmittelalterlichem Wirtschaftsleben. Sie war teilweise verantwortlich für jene Entwicklungs- bzw. Modernisierungskrise, die sich während des späten 15. Jahrhunderts in der städtischen Wirtschaft bemerkbar machte. Strukturelle Krisenursache war die Wechselbeziehung zwischen einem rückständigen, aber rohstoffreichen Land und der oberdeutschen, führenden Region des europäischen Handels. Je länger, desto mehr geriet Ungarn in die Rolle eines abhängigen und passiven Lieferanten ,industrieller' Rohstoffe und Agrarprodukte. Erst der Nationalismus des 19./20. Jahrhunderts sah darin einen Kampf der Nationen, eine Frühform des deutschen Imperialismus.

Für das Selbstverständnis der Zeitgenossen waren aber Herkunft und Sprache nicht in erster Linie entscheidend. Schon die heterogene Zusammensetzung der deutschsprachigen Bevölkerung stand dem entgegen: Sie stammte aus mittel- und moselfränkischen Teilen des Reiches, aus Flandern oder vom Niederrhein, aus Oberdeutschland und den österreichischen Gebieten. Soziale Konflikte wie in Ofen Anfang des 15. Jahrhunderts waren noch nicht ethnisch oder ,national' geprägt: Die magyarischen Patrizier wurden von einem Teil der deutschen Handwerkerschaft unterstützt, dem es ebenfalls um die Beseitigung der oligarchieähnlichen Stellung deutscher Handelspatrizier ging. Vornationale Konstellationen dieser Art wirkten noch zu Zeiten des ,nationalen' Königtums im frühen 16. Jahrhundert nach: Während das Königtum mit osmanischer Unterstützung den größten Teil der Ofener Deutschen verdrängte, blieben die Deutschen in einigen wichtigen Orten wie Pest und Fünfkirchen von dieser Art Vertreibung verschont.

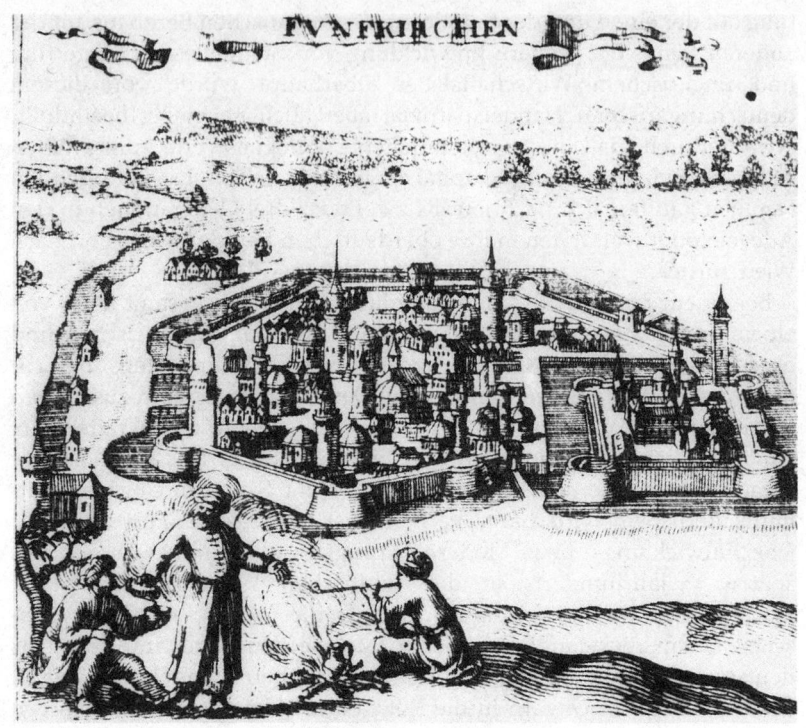

Fünfkirchen in Südungarn in türkischer Zeit.

Das Zeitalter der ‚Schwabenzüge'

Die Länder der ungarischen Krone, in die Ende des 17. Jahrhunderts die
neue Zuwanderung aus dem Reich strebte, blickten auf eine durchaus
unterschiedliche Entwicklung zurück: Kroatien, auch Gebiete in West-
ungarn, Slowakei und Zips hatten im habsburgischen Einzugsbereich
an der wirtschaftlichen und kulturellen Entwicklung des Reichs teilge-
habt. Dagegen waren Innerungarn und Siebenbürgen – unter direkter
bzw. indirekter türkischer Herrschaft – davon abgekoppelt. Politische
Ordnung und wirtschaftliche Entfaltung des teilsouveränen Fürstentums Siebenbürgen litten im 17. Jahrhundert immer mehr unter dem
Druck des Osmanischen Reiches. Im Innern und im Süden des einstigen
ungarischen Königreichs wurden nun die mittelalterlichen Ansätze von
Europäisierung, von politischer, kultureller und wirtschaftlicher Verflechtung zerstört. Das galt auch für die Reste deutscher Siedlung. Nach
der militärischen Verdrängung der Türken standen vor allem die – hier
nicht näher zu erörternden – Gebiete von Batschka und Banat[5] sowie

bestimmte Regionen Innerungarns der Zuwanderung und Ansiedlung offen – neues Land, dessen Grenzen zunächst in den habsburgisch-osmanischen Friedensschlüssen von Karlowitz (1699) und Passarowitz (1718) abgesteckt wurden. Österreich dehnte sich im Südosten bis vor die Tore Belgrads und an den Karpatenbogen aus. Lediglich den Griff nach Siebenbürgen und der Walachei mußte es wieder zurücknehmen (1739 Friede von Belgrad). Die Erschließung dieser teilweise entvölkerten, insgesamt unterentwickelten Gebiete war schwieriger als ihre eigentliche Eroberung. Trotz aller Interessengegensätze machten Krone bzw. königliche Kammer und private Grundherren die gleiche Erfahrung: Ohne Zuwanderer aus dem Westen war die Erschließung des Südostens nicht zu bewerkstelligen[6].

Die Übereinstimmung zwischen Krone und ungarischen Ständen ermöglichte nach der Abwehr der Türken vor Wien 1683 sehr schnell erste grundsätzliche Schritte zur Förderung der Neubesiedlung: Ein erstes habsburgisches Impopulationspatent von 1689 zum ,Hungarischen Einrichtungs-Werck' trug dazu ebenso bei wie später die Tätigkeit besonderer Kommissionen des ungarischen Landtags in Preßburg, die Landeskonskriptionen von 1715 und 1720 sowie der Gesetzartikel 103 zur ,Wiederbesiedlung des Königreichs' (1723), der als eine Art ,Grundgesetz der donauschwäbischen Kolonisation' gelten darf[7].

Der Wanderung des 18. Jahrhunderts waren, seit den späten 1680er Jahren und vor allem zwischen 1692 und 1711 durch Kuruzzenaufstände verzögert, erste Ansiedlungen vorausgegangen. Abgesehen von der ,Militärgrenze', einem Siedlungsgürtel auch deutscher Wehrbauern von Nordsiebenbürgen bis an die kroatische Adriaküste, konzentrierte sich die Ansiedlung vor allem auf das Temeschwarer Banat zwischen den Unterläufen von Theiß und Donau und westlich anschließend auf die Batschka. Sie zielte neben dem nordostungarischen Sathmargebiet und im Süden dem slawonisch-syrmischen Vorfeld Belgrads auf einige Regionen Innerungarns: das südwestliche Mittelgebirge; zwischen Donauknie und Plattensee das Ofner Bergland, Schildgebirge und Bakonywald sowie die Zentren Ofen und Pest, Gran und Waitzen, Stuhlweißenburg und Veszprém; außerdem die ,Schwäbische Türkei' einschließlich der Baranya, dem südwestlichen Gebiet zwischen Drau und Donau mit Orten wie Fünfkirchen und Bonyhád. Ausschließlich deutsche Siedlungen in Innerungarn hielten sich auf lange Sicht vor allem im Bergland westlich Ofens, ferner in Tolna und Baranya. Ansonsten wurde die Siedlungskultur der Deutschen vor allem im Süden, wo auch Franzosen, Spanier und Italiener lebten, durch das Zusammenleben mit den Völkern des Südostens bestimmt – mit Magyaren und Slowaken, Kroaten und Serben, Rumänen, Ukrainern u. a. Man fand zu einer vornationalstaatlichen Form multiethnischer Koexistenz, deren Weiterwirken in der

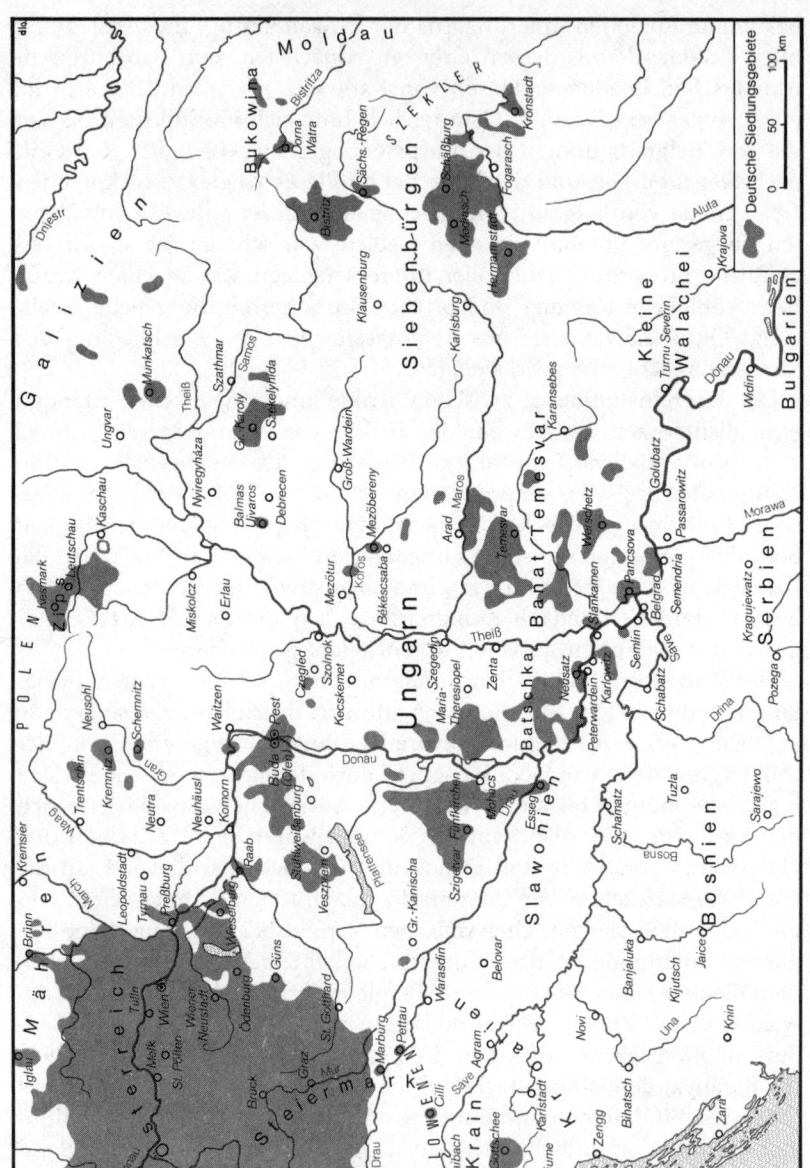

Deutsche Siedlungsgebiete im Südosten des Habsburgerreiches nach den Türkenkriegen.

politischen Kultur der Deutschen in Südosteuropa noch heute spürbar ist.

Im Laufe des 18. Jahrhunderts wanderten zahlreiche Siedler weiter u. a. in die Bukowina und vor allem in das russische Kaiserreich. Zur Ansiedlung von Nichtkatholiken und sozialen Randgruppen aus den österreichischen Erblanden und aus Südwestdeutschland kam es in Siebenbürgen seit der Mitte des 18. Jahrhunderts. Als weitere Wanderungs- und Siedlungsvariante erwies sich, vor allem seit dem späten 19. Jahrhundert, im südungarisch-syrmischen Bereich eine Art sekundäre Siedlungstätigkeit in Gestalt der Expansion wohlhabender Bauern.

Die deutsche Ungarn- bzw. Südostwanderung seit dem ausgehenden 17. Jahrhundert – für die Siedler kam erst nach dem Ersten Weltkrieg die Sammelbezeichnung ‚Donauschwaben' auf – war nach Zielgebieten und Herkunftsregionen außerordentlich uneinheitlich. Die Siedler kamen aus nahezu allen süd- und mitteldeutschen Landschaften. Obwohl zunächst wohl schwäbische Siedler überwogen, machte sich im Verlaufe des 18. Jahrhunderts auch eine Zuwanderung aus anderen Gebieten bemerkbar, aus Franken und Hessen ebenso wie aus dem Bayerischen, dem Pfälzischen und aus Lothringen. Die ethnisch-kulturelle Koexistenz mit Magyaren und Serben, mit Slowaken, Tschechen und anderen Bevölkerungsgruppen erhielt eine weitere Dimension, als Joseph II. (1765–1790) ausdrücklich die Zuwanderung nichtkatholischer Kolonisten erlaubte.

Wanderungsgeschehen und Wanderungsmotive sind erst ansatzweise geklärt. Auszugehen ist zwar von einem wachsenden Bevölkerungsdruck in den Herkunftsregionen. Er allein kann die Abwanderung freilich nicht erklären: ein Teil der Siedler verfügte über beträchtliche Mittel, so daß es sich nicht nur um Rettung aus sozialer Krise gehandelt haben kann. Viele Auswanderer trieb wohl etwas anderes – eine Aufbruchstimmung, die von der Eroberung des Südostens ausging, getragen von Hoffnungen, Träumen und dem Vertrauen in die eigene Kraft zum Aufbau einer neuen Existenz. Die Abwanderung sollte deshalb nicht ausschließlich als Krisenphänomen betrachtet oder nur auf Initiative ‚von oben', auf Anwerbung durch Staat oder private Grundherren, zurückgeführt werden.

Noch unzureichend erforscht ist der Umfang der Ungarnwanderung. Eine durchaus begründete, aber sehr vorläufige Schätzung spricht für die gesamte Südostwanderung von den 1680er Jahren bis zum Abschluß der staatlichen Ansiedlung großen Stils 1787 von ungefähr 150 000 Einwanderern aus dem Reich. Andere Schätzungen gehen nur von etwa 100 000 Personen aus. Allein die drei ‚Schwabenzüge' dürften 1723–1726 etwa 10 000 bis 15 000, 1763–1768/73 insgesamt 45 000 und 1782–1787 ca. 23 000 Personen in die Länder der ungarischen Krone geführt haben[8].

Im ungarischen Mittelgebirge als einem der beiden innerungarischen Hauptsiedlungsgebiete entstanden, nach frühen Zuwanderungen seit der Mitte der 1680er Jahre, vor allem in der ersten Hälfte des 18. Jahrhunderts ungefähr 130 mehrheitlich deutsche Gemeinden. Ein Teil der Zuwanderer sah sich durch die Grundherren übervorteilt und zog weiter. Die Einwohnerzahl Ofens stieg vor allem dank der seit etwa 1710/20 stärkeren deutschen Zuwanderung: Die möglicherweise zur Hälfte deutsche Bevölkerung, die 1688 erst ca. 500 und 1715 schon ca. 6000 Menschen umfaßte, wuchs bis 1820 auf ca. 27500 an. Bis ins 19. Jahrhundert blieb die Stadt überwiegend deutsch geprägt.

Ähnlich vage ist unser Wissen über die Zuwanderung in die ‚Schwäbische Türkei‘, die im zweiten Jahrzehnt des 18. Jahrhunderts voll einsetzte. Während ein Teil der Ansiedler weiterzog, zielte der zweite und dritte ‚Schwabenzug‘ bereits vorrangig auf Batschka und Banat. Schon 1712 sind angeblich ca. 14000 Deutsche zugewandert. In Fünfkirchen sollen die Deutschen – 70 Familien – bereits 1715 fast 20% der Einwohnerschaft gestellt haben. 1767 lebten in den Teilgebieten der Komitate Tolna und Baranya angeblich 13200 deutsche Familien mit insgesamt ca. 70000 Personen[9].

Das große Jahrhundert der ‚schwäbischen‘ Ansiedlung war zwar eine Zeit ständiger Südostwanderung. Aber vor diesem Hintergrund heben sich einige Teilphasen, die ‚Schwabenzüge‘, deutlicher ab. Auch wenn sie sich in erster Linie auf Batschka und Banat richteten, wurden sie für die deutsche Präsenz im Südosten überhaupt entscheidend. Sie entfalteten sich in drei großen Wanderungs- und Ansiedlungsschüben unter Karl VI., Maria Theresia und Joseph II. in den Jahren 1723–1726, 1763–1768/73 und 1782–1787. Verbunden damit waren Entstehung oder Vergrößerung deutscher Siedlungsgebiete in Siebenbürgen, im Sathmargebiet und Slawonien-Syrmien, in der Bukowina und Galizien, in Bessarabien, der Dobrudscha und, bis weit in das 19. Jahrhundert hinein, im russischen Kaiserreich.

Deutsche Zuwanderung und Ansiedlung im engeren Ungarn sind – wenn man von der eingesessenen deutschen Bevölkerung am Westrand des Königreichs und von den zur Zeit des Kuruzzenaufstandes (1703–1711) vielfach wieder zerstörten Siedlungsanfängen absieht – überwiegend in der ersten Hälfte des 18. Jahrhunderts voll in Gang gekommen. Das gilt vor allem für den Bereich des südwestlichen Mittelgebirges. Hier wie in der ‚Schwäbischen Türkei‘ entfaltete sich die Ansiedlungstätigkeit privater Grundherren schon in den 1720er Jahren. Die Ansiedlungsvereinbarungen unterschieden sich u. a. bei Abgabenfreiheit und konfessioneller Gleichberechtigung ganz erheblich. Deswegen wanderten die Kolonisten oft weiter, viele bis in das russische Kaiserreich. Sie ließen sich weithin in bereits bestehenden Orten als

geschlossene Gruppe mit eigenem Richter nieder. Gemeinsame Orts-
vorsteher für die gesamte Bevölkerung waren in der Regel erst sehr viel
später möglich.

Die ungarische Gemeinde, deren rechtlicher und politischer Status
erst im Zuge der Revolution von 1848 aufgewertet werden sollte, kannte
kaum Möglichkeiten echter Selbstverwaltung: In allen Dörfern, ob sie
der Hofkammer oder privaten Grundherren unterstanden, übte die
Herrschaft vor allem durch die Einsetzung des Richters Einfluß aus. Die
Selbstverwaltungsrechte der persönlich weithin freien Bauern waren
äußerst eng bemessen.

In erster Linie wanderten Bauern und Handwerker zu, in Teilen des
Banats auch Bergleute. Klarer als die Motive der Siedler selbst erscheinen die Beweggründe der staatlichen Ansiedlungsförderung, die im
Bereich des engeren Ungarn schwächer ausgebildet war als diejenige
adliger und geistlicher Grundherren. Mit der planvollen Ansiedlungstätigkeit waren zeitweise Bemühungen um eine systematische und zentrale Wirtschaftsförderung verbunden. Beides galt auch als Voraussetzung für die militärische Sicherung dieser Gebiete. Im inneren Ungarn,
wo teils alter magyarischer Adel, teils verdiente Gefolgsleute der Krone
oder kirchliche Grundherren aktiv waren, gab es beträchtliche Unterschiede bei der Grundausstattung mit Wohnraum, Gerätschaft, Vieh und
Saatgut sowie bei den Möglichkeiten mehrjähriger Befreiung von Fronlei-
stungen, Zehnten und Steuern. Das Ansiedlungspatent Josephs II. von
1781 warb zudem mit der Gewährung von Gewissens- und Glaubensfrei-
heit.

Allerdings stellten sich den Auswanderungswilligen bereits in ihrer
Heimat vielerlei Hindernisse in den Weg. Sie waren oftmals einer
regelrechten Anti-Auswanderungs-Propaganda ausgesetzt. Eine ganze
Reihe bürokratischer Hürden galt es zu überspringen – von der Entlas-
sung aus der Leibeigenschaft über eine Art Auswanderungsgeld in
Höhe von 10% ihres Vermögens bis zum Paß der kaiserlichen Hofkanzlei für Ungarn. Schließlich waren es die strapaziösen Umstände der
Ungarnwanderung auf dem Wasser- wie auf dem Landweg und in
vielen Fällen das Kolonistendasein selbst, die Illusionen schnell ein
Ende bereiteten. Die Arbeit derer, die überhaupt aushielten, kam oft
erst der nächsten oder übernächsten Generation zugute. Anstrengungen, Not und Seuchen lasteten auf den Kolonisten.

Umstritten ist nach wie vor der tatsächliche Anteil der Kolonisten an
der Entwicklung Innerungarns bzw. an der Erschließung der herunter-
gekommenen südlichen Gebiete. Das gilt auch für die Frage der finanziellen Ausstattung der Zuwanderer, für Teilaspekte des ‚Landesausbaus' und die Einführung der Dreifelderwirtschaft. Überwunden ist
allerdings in solchen Kontroversen die alte Konfrontation von magyari-

schem Nationalismus und deutschem Anspruch, eine Art wirtschaft-
lich-kultureller ‚Mission' erfüllt zu haben. Die Kontroversen über ‚Ungarn als Einwanderungsland', über die Folgen der deutschen Dauerprä-
senz in Wirtschaft und Gesellschaft für die magyarische Identität und
Ungarns gesamte Entwicklung, kamen erst im späten 19. Jahrhundert
zu voller Entfaltung, als ethnisch-kulturelles Zusammengehörigkeitsbewußtsein und kollektive Interessengegensätze politisch und emotional
aufgeladen wurden. In der Perspektive konkurrierender Nationalismen
war Ansiedlung nicht mehr als bloße Ansiedlung vorstellbar, sondern
nur noch als nationale Expansion.

Die Nachfahren der Ansiedler gerieten seit dem frühen 20. Jahrhundert allmählich in eine ausweglose Konfliktsituation. Sie waren einem
unauflöslichen Gegensatz zwischen den absoluten Loyalitätsansprü-
chen des deutschen und des magyarischen Nationalismus ausgesetzt.
Diese Konstellation, mit ihr ‚Volkstumskampf' und schließlich Vertreibung, war sehr viel weniger Folge von Selbstverständnis und tatsäch-
lichem politischem Verhalten der deutschen Minderheit als von Vorgän-
gen auf den übergeordneten Ebenen von Großmachtinteressen und
nationalstaatlichem Egoismus.

Deutschungarische ‚Gemeinbürgschaft' oder ungarndeutsche Minderheit?

Das 19. Jahrhundert ließ nach dem Abschluß der eigentlichen Ansiedlungsperiode neue Tendenzen hervortreten. Es gab nun eine Binnenwanderung deutscher Bauern, deren nachgeborene Söhne erneut in ethnisch
fremder Umgebung siedelten. Daneben stand eine Tendenz zu fortschrei-
tender Akkulturation – ohne direkten Anpassungsdruck, aber auch nicht
nur als Ergebnis freier Entscheidung: Die letztlich unausweichliche
Einordnung in Wirtschaft, Gesellschaft und Lebensformen der magyarischen Umwelt war ein Erfordernis individueller Selbstbehauptung. Das
Programm einer „deutschungarischen Gemeinbürgschaft" (Edmund
Steinacker) galt dabei am Ausgang des 19. Jahrhunderts dem Versuch,
der deutschsprachigen Bevölkerung eine Verbindung von ungarischem
Staatspatriotismus und deutscher kultureller Identität zu ermöglichen.

Die deutschen Bevölkerungsgruppen Ungarns wurden im Verlaufe
des 19. Jahrhunderts nicht vom Sog der deutschen Nationalbewegung
erfaßt, auch nicht von deren deutschösterreichischer Variante. Sie blieben politisch bis zum Ausgang des Jahrhunderts weitgehend passiv,
verharrten gewissermaßen am Rande der deutschen Nation. Zwar verfügten sie, besonders die ‚Siebenbürger Sachsen', über kulturelle Beziehungen zum deutschen Sprachraum. Aber die politische und wirtschaftliche Einbindung in den Donau-Karpaten-Raum, in die transleithanisch-

Deutsche und ungarische Elemente in Budapest: der Elisabethring (1894).

ungarische Lebenswelt, war zu stark, als daß sie nationalpolitisch hätte ‚übersprungen' werden können. Konfessionelle Gegensätze und geographische Zersplitterung erschwerten ohnehin die Herausbildung einer gemeinsamen politischen Elite aller deutschen Gruppen in den Ländern der ungarischen Krone. Das deutsche Stadtbürgertum konnte diese Aufgabe nicht übernehmen. Wer sich als Unternehmer oder Beamter, als Kaufmann oder Handwerker behaupten wollte, wer aus der ‚schwäbischen' Landbevölkerung, aus der Dorfgemeinschaft heraus sozialen Aufstieg suchte, mußte den Erwartungen der magyarischen Umwelt gerecht werden.

Von vornherein selbstverständlich war dies für die zahlreichen Deutschen, die seit der Jahrhundertmitte vor allem aus der österreichischen Reichshälfte nach Ungarn kamen. Es war eine Art von Industrialisierungswanderung, die Unternehmer, Ingenieure sowie Handels- und Verwaltungsfachleute ins Land zog[10].

Anders als gemeinhin in slawischer oder rumänischer Nachbarschaft konnten sich die Deutschen Innerungarns, auch diejenigen der Zips, nicht der Anziehungskraft ihrer ethnischen Umgebung entziehen. Von Lebensstil und Selbstbewußtsein der magyarischen Aristokratie, von reichspolitischer Geltung und Modernisierungsdynamik der magyarischen Nation ging ein übermächtiger Integrationssog aus. So erklärt sich eine ‚zwischennationale' Wanderung, die allein im Zeitraum von 1880 bis 1910 zur Akkulturation etwa einer halben Million Deutscher führte[11].

Seit dem Ende des Jahrhunderts wirkte dem zeitlich befristeten Nebeneinander von Loyalität zu ungarischem Staat und gleichermaßen zu deutscher Kultur allmählich eine Minderheitsbewegung entgegen, die sich – wie die Mehrheitsströmung der damaligen deutschen Politik in Österreich – als ‚deutschnational' verstand. Sie hatte sich nicht nur mit den Nationalismen der anderen Völker auseinanderzusetzen. Sie wurde auch behindert durch gewisse Vorbehalte der – im ungarischen Zentralparlament ebenfalls vertretenen – ‚Siebenbürger Sachsen' sowie dynastisch-kirchliche Bindungen der donauschwäbischen Landbevölkerung.

Zwar kam es vor dem Ersten Weltkrieg nicht mehr zur Umformung der politisch zusammenhanglosen deutschen Minderheitsgruppen zu einer geschlossenen ungarndeutschen Minderheit. Aber die Tage unreflektiert-patriotischer Solidarität mit ungarischem Staat und magyarischer Elite waren gezählt. Vor allem in der mittelbäuerlichen Schicht kam es, zeitgleich mit der Auflösung der Dorfgemeinschaft, zu einer gewissen Politisierung. Die Deutschen in dieser ‚transleithanischen' Hälfte der Habsburgermonarchie begannen allmählich, der Existenz einer größeren, deutsch-mitteleuropäischen Gemeinschaft mehr Beachtung zu schenken. Zunächst war es nur ein kleiner Teil der etwa 2 Mio. Deutschen, der dem wachsenden administrativen und politischen Druck Widerstand entgegensetzte. Immerhin kristallisierte sich seit der Jahrhundertwende ein entschieden minderheitspolitisches Programm heraus. Die Forderung nach ungarndeutscher Minderheitspolitik und nationaler Geschlossenheit läutete das Ende der deutschungarischen ‚Gemeinbürgschaft' ein, jenes überkommenen, eher unpolitischen Bekenntnisses zu habsburgischer Dynastie und ungarischem Staat.

Während sich dörfliche Führungsschicht, Kleinbauern und Landproletarier den entsprechenden magyarischen Schichten zuwandten, wurde die mittelbäuerliche Schicht im engeren Ungarn zur sozialen Basis der 1906 gegründeten ‚Ungarländisch-Deutschen Volkspartei' (UDVP)[12]. Die UDVP spielte zwar keine bedeutende parlamentarische Rolle und konnte vor 1914 auch die deutsche Bevölkerung nicht insgesamt mobilisieren. Dennoch verschaffte sie unter der Führung von Edmund Steinacker einigen ihrer Programmforderungen eine gewisse Resonanz – so insbesondere der Auffassung, alle deutschsprachigen Bewohner der transleithanischen Reichshälfte müßten als politische Einheit auftreten. Und nur so sei die Umwandlung Ungarns zu einem magyarischen Nationalstaat zu verhindern. Zu diesem Zweck propagierte man die Zusammenarbeit mit den nichtmagyarischen Bevölkerungsgruppen, besonders mit Serben, Rumänen und Slowaken – nicht hingegen mit den

‚Siebenbürger Sachsen': Deren Führung hatte sich der parlamentarischen Zusammenarbeit mit den ‚Nationalitäten' gegen ‚Budapest' und das Staatsvolk verweigert. Steinacker, der zum Beraterkreis des Thronfolgers Franz Ferdinand gehörte, verklammerte die UDVP-Programmatik mit dessen Reichsreformplänen.

Das Reichsreformprojekt in seiner letzten Fassung war ‚groß-österreichisch' geprägt. ‚Budapest' sollte als konkurrierendes Machtzentrum neben Wien ausgeschaltet, Wien als Zentrum des Gesamtreiches gestärkt und, vor allem in wirtschaftlich-kulturellen Belangen, der dualistische Reichsaufbau beseitigt werden. An seine Stelle sollte eine föderalistische Aufwertung der ‚Nationalitäten' durch personale, nicht aber territoriale Autonomie treten. Da die UDVP auf organisatorische und finanzielle Unterstützung von reichsdeutscher Seite, vor allem durch den ‚Alldeutschen Verband', angewiesen war, machten sich allmählich antihabsburgische, ‚völkische' Einflüsse bemerkbar.

Das Attentat auf Franz Ferdinand 1914, schließlich Österreich-Ungarns Auflösung durch die Siegermächte des Ersten Weltkrieges zerstörten die groß-österreichische Zukunftsperspektive der UDVP. Was blieb, war die durch Kriegserlebnis und ‚Waffenbrüderschaft' der beiden Monarchien zur konkreten Erfahrung gewordene ‚deutschnationale' Orientierung. Sie war zuvor in den Augen der etatistisch-patriotisch erzogenen ungarndeutschen Jugend eine eher nur theoretische Vorstellung gewesen.

Dennoch erwiesen sich die Deutschen im engeren Ungarn nach Kriegsende ohne Zweifel als ungarische Patrioten: weder bei den Auseinandersetzungen um die burgenländisch-westungarische Grenze mit der jungen Republik Österreich noch bei der Konstituierung einer ‚jugoslawischen' Wojwodina im vorherigen Südungarn oder bei den Auseinandersetzungen mit Rumänien nahmen sie für die Gegner Ungarns Partei. Darin unterschieden sie sich von den ‚Siebenbürger Sachsen', deren Führung für Rumänien votierte. Zwar gab es anfänglich – zumal Jakob Bleyer, später Führungsgestalt des ‚Ungarländisch-Deutschen Volksbildungsvereins' (UDV), für kurze Zeit Nationalitätenminister wurde – Illusionen über die Möglichkeit, Loyalität zum ungarischen Staat und ungarndeutsche Minderheitsidentität zu verbinden. Aber am Ende der 1920er Jahre war die Notwendigkeit einer konsequenten Politik der Minderheit unübersehbar geworden[13]. Der magyarische Nationalismus hatte sich im Wechselspiel mit den Nationalismen der Nachbarvölker radikalisiert. Die ungarischen Kabinette dieser Zeit konnten aufgrund ihrer guten Beziehungen zu ‚Berlin' durchaus überzeugt sein, gegenüber der deutschen Minderheit weitgehend freie Hand zu haben. Etwa 1932 begann sich daher in der Minderheitsführung die Auffassung durchzusetzen, dem Assimilationsdruck könne ohne reichsdeutsche Rückendekkung kein dauerhafter Widerstand entgegengesetzt werden. Zwar scheute ‚Berlin' bis etwa 1938 eine offene Einmischung. Im UDV selbst kam zeitweise die kompromißbereite Richtung des früheren ungarischen Außenministers Gustav Gratz, der konsequente Minderheitspolitik angesichts des magyarischen Nationalismus für selbstzerstörerisch hielt, stärker zur Geltung. Aber 1938/39 übernahm eine völkisch-nationalsozialistische Gruppe jüngerer Politiker um Franz Basch (‚Volksbund der Deutschen in Ungarn') die Führung der Minderheit.

Die Radikalisierung besonders der jungen Generation, die im Zusammenhang mit der zeitgenössischen Deformierung politischer Kultur in ganz Mittel- und Südosteuropa zu sehen ist, konnte sich gegen die überlieferte katholisch-konservative Haltung der bäuerlichen Bevölkerung nicht voll durchsetzen. Anders als vielerorts an der deutsch-slawischen Sprachgrenze kam, auch als Fernwirkung der Art und Weise deutscher Zuwanderung und Ansiedlung, eine durchgehende Abgrenzung zwischen den Deutschen und den ‚Anderen' nicht zustande. Die seit jeher dynastisch und staatsbezogen-patriotisch geprägte Haltung der Deutschen blieb selbst während des Zweiten Weltkrieges ein unüberwindbares Hindernis für alle Versuche umfassender NS-Steuerung[14]. Die ‚Volksgruppen'-Führung um Franz Basch hat ihr anfängliches Ziel, die deutsche Minderheit gänzlich ‚gleichzuschalten' und in die bloße Objektrolle einer ‚fünften Kolonne' des ‚Dritten Reiches' zu drängen, nicht voll verwirklichen können. Späte Einsichten in die Grenzen der Übereinstimmung reichsdeutscher und ungarndeutscher Interessen kamen nicht mehr zum Tragen. Die Katastrophe der ‚Volksgruppe' bei Kriegsende, Vertreibung und Diskriminierung lassen – bei einem Vergleich mit der Vertreibung aus Schlesien, Sudetenland und Wojwodina – die mildernde Wirkung des historisch gewachsenen, stärker symbiotischen Verhältnisses von Magyaren und Deutschen erkennen: Im Jahrhunderte übergreifenden Wechsel von Zu- und Abwanderung kommen Beweggründe von Großgruppenwanderung und Bedingungen dauerhafter Ansiedlung, Möglichkeiten multikultureller Symbiose und Ursachen für die ‚lange Dauer' kollektiver Konfliktlagen zum Ausdruck, die über die jeweilige Epochenbindung und den bilateralen deutsch-ungarischen Kontext hinausweisen.

1.5. Die Deutschen in Rußland und der Sowjetunion

Von Detlef Brandes

Zum Zeitpunkt der ersten russischen Volkszählung im Jahre 1897 lebten im Russischen Reich 1790489 Personen, die ‚Deutsch' als ihre Muttersprache angaben. Das waren 1,4% der Bevölkerung. Rechnet man die deutschen Bewohner Finnlands, der baltischen Provinzen und Russisch-Polens ab, die in diesem Beitrag nicht behandelt werden sollen, verringert sich ihre Zahl auf rd. 1198000 Personen. Von diesen stellten die Wolgadeutschen mit 33% und die Schwarzmeerdeutschen mit 31,5% die beiden größten Gruppen. Von den 190100 Deutschen der rechtsufrigen, d. h. westlich des Dnepr gelegenen Ukraine lebten allein 171300 im Gouvernement Wolhynien. Die 70300 Deutschen des nordrussischen Seengebiets konzentrierten sich im Gouvernement St. Petersburg mit seinen 62100 deutschsprachigen Einwohnern. In Transkaukasien wohnten 7300, im Nordkaukasus hatten sich bis 1897 schon 38800 und im asiatischen Teil Rußlands weitere 109900 Deutsche niedergelassen[1].

Aber auch in den übrigen Provinzen des Reiches konnte der Reisende Deutsche antreffen, die sich ihren Lebensunterhalt häufig als Ärzte, Apotheker, Förster, Gärtner und Hauslehrer verdienten und sich in vielen Fällen, soweit sie der zweiten Generation angehörten, sprachlich und konfessionell schon weitgehend an die russisch-orthodoxe Mehrheitsbevölkerung angeglichen hatten. Dagegen bewahrten die Deutschen der Großstädte St. Petersburg, Moskau, Odessa und Kiew aufgrund von Zahl und konfessioneller Sonderstellung ihre ethnisch-religiöse Identität. Sie wurde unter den ‚Kolonisten' der bäuerlichen Siedlungsgebiete noch durch ihre langwährende rechtliche Privilegierung verstärkt.

Wegen der großen Entfernungen zwischen den einzelnen Siedlungsgebieten, der unterschiedlichen wirtschaftlichen und sozialen Entwicklung der deutschen Kolonien und der konfessionellen Grenzen zwischen Lutheranern, Katholiken, Mennoniten und einigen kleineren Sekten sollen die verschiedenen deutschen Siedlergruppen als eigenständige Einheiten behandelt werden. Erst die soziale und rechtliche Nivellierung in der Sowjetunion und Stalins Politik der Unterdrückung und Deportation schufen ein Gefühl der Zusammengehörigkeit und ein ‚nationales' Bewußtsein, das auch aus dem Namen der 1989 gegründeten Unionsgesellschaft der Sowjetdeutschen, ‚Wiedergeburt', spricht.

1.5.1. In den Großstädten des Reiches

Die Moskauer Vorstadt

In der zweiten Hälfte des 16. Jahrhunderts wurden deutsche Söldner und Livländer in Moskau angesiedelt. Die militärischen Fachkräfte aus dem Deutschen Reich hatten den Zaren Ivan IV. (1547–1584) bei der Eroberung des tatarischen Chanats Kasan (1552) unterstützt, die Livländer waren nach der Einnahme von Dorpat und Narwa (1558) verschleppt worden. Die Ausländer-Vorstadt, die damals schon eine lutherische Kirche und Gemeindeschulen besaß, ging in der ‚Zeit der Wirren' an der Wende zum 17. Jahrhundert unter, als der Kampf um die Nachfolge der ausgestorbenen Dynastie, der Einfall polnischer Truppen und Bauernaufstände das Moskauer Reich erschütterten. Nachdem die neue Herrscherdynastie der Romanows ihre Macht gefestigt hatte, luden die Zaren Ausländer ein, sich in Rußland und besonders in Moskau niederzulassen. Soweit diese nicht bereit waren, zur Orthodoxie überzutreten, mußten sie im Jahre 1652 auf Verlangen des Patriarchen ihre Häuser im Zentrum der Stadt verlassen und in die ‚Deutsche Vorstadt' an der Jausa umsiedeln. Unter den 304 männlichen Einwohnern dieser Vorstadt befanden sich 1665 noch 150 hohe Offiziere. Fremde spielten auch als Ärzte, Apotheker und Dolmetscher eine große Rolle. Die Zaren gewannen im Ausland Fachleute für die Erzsuche und -gewinnung und die Herstellung von Waffen sowie Baumeister und -handwerker, Gold- und Silberschmiede. Zu Wohlstand kamen Ausländer, die sich dem Außenhandel widmeten und Manufakturen errichteten, für die sie in ihrer Heimat Meister anwarben[2]. In der deutschen Vorstadt lernte Peter der Große (1682/89–1725) westlichen Lebensstil und Ausländer kennen, die ihn in der Kriegskunst unterrichteten und bei der Modernisierung des Landes unterstützten.

St. Petersburg

Wenngleich Deutsche auch weiterhin nach Moskau zogen, wo sie schließlich je eine Knaben- und Mädchenschule, mehrere Vereine und eine Zeitung besaßen[3], gaben doch die meisten der neuen Hauptstadt St. Petersburg den Vorzug. Peter I. war vor allem an Fachleuten für Heer, Marine, Herstellung von Rüstungsgütern, Bergbau und Baugewerbe interessiert und verteilte diese auf die Hafen- und Garnisonsstädte sowie die Standorte der Bergwerke und Rüstungsbetriebe[4]. Während seiner Regierungszeit siedelten sich in St. Petersburg vor allem solche Handwerker an, die den steigenden Bedarf an europäischen Kleidern, Geräten und Möbeln befriedigen konnten und über Fertigkei-

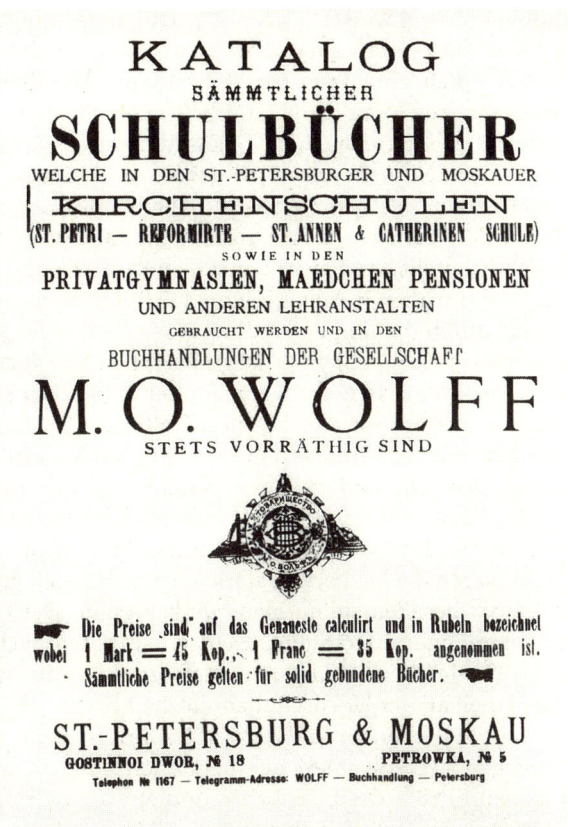

Buchhandelskatalog St. Petersburg/Moskau (1890).

ten verfügten, die es im damaligen Zarenreich nicht gab, wie z. B. Uhrmacher, Drucker und Setzer[5]. Auch Peters Nachfolger, besonders Katharina II. (1762–1796) und Alexander I. (1801–1825), warben Techniker, Künstler und Kunsthandwerker an, unter ihnen viele Deutsche, die neue Kenntnisse mitbrachten, während Rußland in manchen Bereichen schon nicht mehr auf Ausländer angewiesen war[6]. An der Petersburger Akademie der Wissenschaften, den Universitäten, Gymnasien und Fachschulen forschten und unterrichteten schweizerische und deutsche Gelehrte und bildeten den russischen wissenschaftlichen Nachwuchs heran. Deutsche Hauslehrer und Privatschulen bereiteten die Söhne des Adels auf das Studium und den Staatsdienst vor[7].

In der Zeit von 1869 bis 1910 wurden in St. Petersburg mehrere Volkszählungen durchgeführt, die zwischen 45 600 und 50 300 deutschsprachige Einwohner ergaben. Die Zahl der deutschsprachigen Ausländer unter ihnen stieg von 14100 (1869) auf 18000 (1881) und sank seitdem kontinuierlich auf 13600 (1910) Personen. Die überwiegende Mehrheit stammte aus nord- und süddeutschen Staaten bzw. dem Deutschen Reich. Deutschsprachige Staatsangehörige Österreich-Ungarns stellten niemals mehr als 1300 (1900) und deutschsprachige Schweizer nicht mehr als 900 (1890–1910) Bewohner der Stadt. Der Anteil der aus den baltischen Provinzen zugewanderten Deutschen verringerte sich ebenfalls, und zwar von rd. 10000 (1869) auf etwa 6000 (1910). Die Zahl der früheren Angehörigen des Kolonistenstandes in St. Petersburg stieg durch die Eingemeindung ihrer Siedlungen und durch Landflucht von 1230 (1869) auf 7236 (1897) Personen an. Noch 1869 war die Mehrheit der Deutschen in wenigen Berufen konzentriert. Die deutschen Bäcker verloren in der zweiten Hälfte des 19. Jahrhunderts ihr bisheriges Monopol an Großbetriebe, die von Moskauern gegründet worden waren. Deutsche Unternehmer besaßen vier der neun Brauereien der Stadt. Auch unter den Wurstmachern, Uhrmachern, Feinmechanikern, Gold- und Silberschmieden, Schlossern, Schneidern und Schuhmachern waren die Deutschen stark vertreten. Einen gesellschaftlichen Mittelpunkt besaßen sie im Handwerkerverein ,Die Palme', der auch Neuankömmlinge unterstützte. Deutsch sprachen auch 23% der Besitzer und 38% des Verwaltungspersonals großer Industriebetriebe. Der deutsche Anteil an der Hochschullehrerschaft betrug 1869 nur noch 9%, doch kamen zwischen 23 und 39% aller übrigen Lehrer, 39% der Ärzte (überwiegend Absolventen der baltischen Universität Dorpat), 33% der Ingenieure, 28% des Eisenbahn- und 27% des mittleren medizinischen Personals aus ihren Reihen. Im Staatsdienst waren sie ebenfalls die größte nicht-russische Gruppe (8,4%). Von allen ethnischen Minderheiten stellten sie 1869 mit Abstand die meisten Mitglieder des Adels sowie der Stände der ,Ehrenbürger', Kaufleute und auch der ,Kleinbürger' (meščane), in dem Katharina II. die Masse der eigentlichen Stadtbürger zusammengefaßt hatte[8].

Die Angehörigen der Oberschicht assimilierten sich schneller als die Handwerker. 1869 lebten in St. Petersburg 3100 Deutsche, die Russisch als Muttersprache angaben. Soweit es sich bei ihnen um Protestanten handelte, wurden sie schon seit einigen Jahren von einem Prediger betreut, der Russisch beherrschte[9]. Die meisten Deutschen gingen jedoch zum Gottesdienst in deutsche Kirchen, schickten ihre Kinder auf deutsche Gemeinde- oder Privatschulen, trafen sich in deutschen Vereinen und Bierstuben, zu Hausmusik und in Gesangvereinen, sahen sich deutsche Theaterstücke an, kauften in eigenen Buchhandlungen ein, konnten seit 1727 deutschsprachige Zeitungen lesen und eigene medizinische und pharmazeutische Fachblätter abonnieren. Seit 1859 besaßen sie, wie später auch die Deutschen in Moskau und Odessa, ein eigenes Evangelisches Hospital[10].

Kiew und Odessa

Seit dem Ende des 18. Jahrhunderts zogen Deutsche auch nach Kiew, wo 1852 eine steinerne Kirche für die rund 800 Lutheraner erbaut wurde. Für das Jahr 1914 wird die Zahl der Kiewer Deutschen auf 6000 Personen geschätzt. Wie in anderen Städten des Reiches auch, waren sie unter den Offizieren, Ärzten, Apothekern, Lehrern und Professoren der Universität überdurchschnittlich stark vertreten[11]. Mit den großen Einwandererwellen, die Werber Katharinas II. und Alexanders I. ausgelöst hatten, erhielt auch Odessa[12] einen Grundstock deutscher Handwerker und Kaufleute, der sich im Laufe der folgenden Jahrzehnte durch Zuzug aus den Kolonien der Umgebung vergrößerte.

1.5.2. Das Wolgagebiet

Vom Rhein an die Wolga

Nach der Beendigung des Siebenjährigen Krieges (1763) ergriff die neue Zarin Katharina II. die Initiative zu einer groß angelegten Siedlungspolitik. Sie förderte die Umsiedlung von Staatsbauern in bisher menschenarme und neu erworbene Gebiete. Um deren wirtschaftliche Erschließung zu beschleunigen, wurden die örtlichen Behörden angewiesen, auch die Ansiedlung entflohener leibeigener Gutsbauern zu dulden. Die Zarin umwarb auch die ‚Altgläubigen', die sich aus Protest gegen die liturgischen Reformen des 17. Jahrhunderts von der orthodoxen Staatskirche getrennt hatten. Unter der Herrschaft intoleranter Zaren hatte ein Teil der ‚Altgläubigen' Zuflucht im benachbarten Polen gefunden. Katharina lud diese ebenso wie nicht-orthodoxe Ausländer ein, sich in Rußland anzusiedeln. Die Zarin griff die Argumente der zeitgenössischen populationistischen Literatur auf und versuchte, aus den Erfahrungen Preußens, Österreichs und auch Dänemarks zu lernen: Ebenso wie England, Holland und Preußen wirtschaftlichen Nutzen aus der Aufnahme der Hugenotten[13] gezogen hatten, sollte nun auch Rußland jede Gelegenheit ergreifen, Ausländer aus wirtschaftlich fortgeschrittenen Ländern ins Land zu ziehen, wie dies auch der russische Resident in Hamburg empfohlen hatte[14].

In ihrem Manifest vom 4. Dezember 1762 lud Katharina II. alle Ausländer – mit Ausnahme von Juden – ein, sich in den Grenzen ihres Reiches niederzulassen[15]. Die russischen Residenten im Ausland konnten mit den allgemein gehaltenen Formulierungen des Manifests die Fragen der Interessierten nach den Hilfen und Bedingungen der Ansiedlung nicht beantworten. Deshalb entschloß sich die Zarin, den Einwanderern eine Reihe von Privilegien anzubieten und eine eigene Behörde zu ihrer Betreuung einzurichten, die ,Vormundschaftskanzlei für Ausländer' (,Kanceljarija opekunstva inostrannych'), an deren Spitze sie ihren damaligen Favoriten, Graf Grigorij G. Orlov, stellte[16].

„Wenn Wir die Ausdehnung der Länder Unseres Kaisertums in Betracht ziehen", schrieb sie in ihrem zweiten Manifest vom 22. Juli 1763, „so finden Wir unter anderem die vorteilhaftesten, nützlichsten Gegenden zur Besiedlung und Bewohnung durch das menschliche Geschlecht, welche bis jetzt noch brach bleiben, darunter keine geringe Zahl, die in ihrem Innern einen unerschöpflichen Reichtum verschiedener Metalle bergen; und weil der Wälder, Flüsse, Seen und zum Handel geeigneter Meere genug vorhanden sind, so ist auch genügende Gelegenheit geboten zur Vermehrung vieler Manufakturen, Fabriken und anderer Gewerbeanstalten." Sie erlaubte sämtlichen Ausländern, wobei sie nun Juden nicht mehr ausschloß, sich in allen Gouvernements als Kaufleute, ,Kleinbürger' oder Bauern niederzulassen. Wer nicht das nötige Vermögen besitze, werde von den russischen Vertretern im Ausland Geld für die Reise und nach seiner Ankunft finanzielle Unterstützung bis zur Ansiedlung im Inneren Rußlands erhalten. Den Einwanderern sagte sie „freie Ausübung der Religion nach ihren Satzungen und Gebräuchen", den bäuerlichen Siedlern auch das Recht zum Bau von Kirchen und zur Anstellung von Pastoren zu. Wer sich auf unbebautem Land niederlasse, werde für 30 Jahre, wer nach St. Petersburg, Moskau und in die Provinzen an der Ostsee komme, für 5 und wer sich in den übrigen Städten ansiedle, für 10 Jahre von allen Steuern, Diensten und der Last von Einquartierungen befreit. Danach müsse er die landesüblichen Steuern und Dienste (Befestigungs-, Brücken- und Wegebau, Unterhaltung der Post- und Reisedienste) leisten. Allen Einwanderern sollte „ein genügendes Quantum tauglicher und vorteilhafter Ländereien" und ein Kredit für den Hausbau, die Anschaffung des nötigen Viehs, der Geräte und Materialien angewiesen werden, den die Kolonisten nach 10 Jahren in drei Jahresraten zurückzuzahlen hätten. Den Kolonien werde die innere Jurisdiktion überlassen. Die Ausländer würden „für die ganze Zeit ihres Aufenthalts" vom Militärdienst freigestellt. Wer Fabriken, Manufakturen oder Werkstätten errichte und Waren produziere, die es in Rußland noch nicht gebe, könne diese 10 Jahre lang im In- und Ausland verkaufen, ohne Binnen- oder Außenzölle zu entrichten[17].

In den nächsten Monaten entschieden die Zarin und ihre Berater, das Gros der Kolonisten an der unteren Wolga anzusiedeln. Im Ansied-

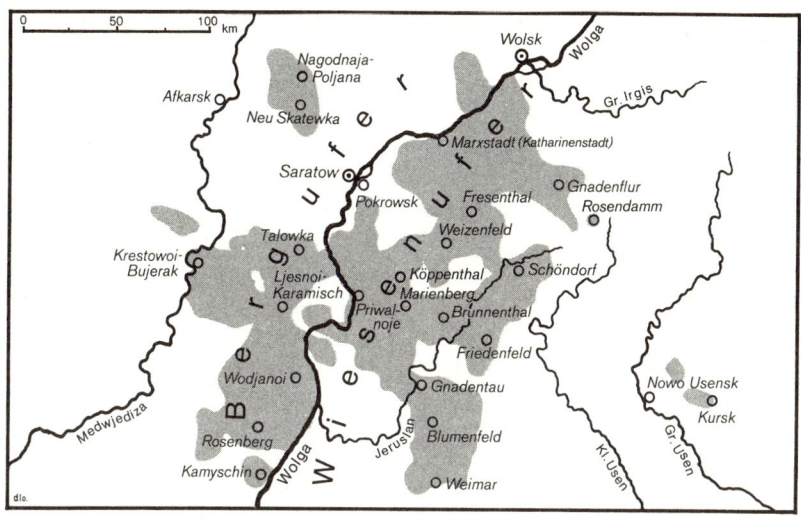

Deutsche Siedlungsgebiete an der Wolga.

lungsplan für das Wolgagebiet vom März 1764 wurden jeder Familie unabhängig von ihrer Größe 30 Desjatinen (1 Desj. = 1,09 ha) Land zu dauerndem und erblichem Besitz, aber unter dem Obereigentum der Gemeinde, zugesagt. Die Kolonistendörfer zwischen der Wolga und dem Don sollten zunächst neben bereits bestehenden Ortschaften angelegt und in konfessionell homogenen Bezirken zusammengefaßt werden. Die Verwaltung der Wolgakolonien wurde 1766 einer Unterbehörde, dem ‚Vormundschaftskontor‘ (‚Opekunstvennaja kontora‘) in Saratow, übertragen[18].

Nicht nur Rußland, sondern auch Frankreich, England und Spanien sowie besonders Österreich waren an Kolonisten für ihre überseeischen Gebiete bzw. dünnbesiedelten Landstriche interessiert. Einen Abzug eigener Untertanen ließen sie daher ebensowenig zu wie Bayern, Sachsen, die Pfalz oder die Erzbistümer Mainz und Trier. Sie verschärften die gesetzlichen und polizeilichen Maßnahmen gegen die Auswanderung: Das Strafmaß für Werber, ertappte Auswanderungswillige und ihre Helfer reichte bis zur Todesstrafe; Denunzianten wurden hohe Belohnungen versprochen. Da Rußland zudem einem Konflikt mit der Türkei vorläufig aus dem Wege gehen wollte und damit der osmanische Teil des Balkanraums als Anwerbungsgebiet ausfiel, konnten die russischen Agenten mit Aussicht auf Erfolg nur in den Kleinstaaten West- und Südwestdeutschlands werben[19]. Mit Anzeigen in Zeitungen und Handzetteln erreichten die russischen Diplomaten eher Städter als Bauern.

Als die Regierung die Weisung gab, vorläufig nur Landwirte anzunehmen, und als deren Zahl dennoch gering blieb, entschied sich Katharina, die Erlaubnis zum Einsatz privater Agenten zu geben[20]. Neben den
'Kron'-Kommissären unter der Leitung des russischen Gesandten in
Regensburg traten nun Privatunternehmer auf, denen die Krone für
jede angeworbene Familie eine Prämie zusagte. Für die Beschaffung von
je 100 Familien ließen sie sich 3 Siedlerparzellen und außerdem von den
Auswanderern vertraglich den Zehnten und Sonderrechte in der künftigen Heimat zusichern. Die Zahl, nicht die Eignung für bäuerliche
Siedlung interessierte diese skrupellosen 'Lokatoren' ('vyzyvateli')[21], die
die Fruchtbarkeit des Bodens im vorgesehenen Siedlungsgebiet bei
Saratow, dessen südliches Klima, niedrige Preise und günstige Verkehrsverbindungen in den höchsten Tönen priesen[22]. Sie erzeugten eine
Art Auswanderungsfieber, so daß die Sammelstellen in Ulm, Freiburg
im Breisgau, vor allem aber Rosslau in Anhalt-Zerbst und Büdingen bei
Frankfurt, die Absendehäfen Lübeck und Hamburg sowie schließlich
das Aufnahmelager in Oranienbaum bei St. Petersburg bald so überla-
stet waren, daß die Kron-Kommissäre am 18. Mai 1766 nach Rückspra-
che mit St. Petersburg die Anwerbung neuer Kolonisten zunächst nur
vorläufig, aber, wie sich erweisen sollte, de facto endgültig einstellten[23].

Bis zum Jahre 1774 folgten 30623 Personen der Einladung Katharinas,
vier Fünftel von ihnen in den Jahren 1763–1766. Ein großer Teil der
Einwanderer kam aus Hessen, wo ihre Grundstücke klein, die Abgabe-
lasten jedoch groß waren. Zwar wurden auch kleine Dörfer bei St.
Petersburg, in Livland und der Ukraine angelegt; die große Mehrheit
der Siedler (26509 Personen) aber wurde nach Saratow geschickt, wo
freilich nur noch 23216 ankamen. Die übrigen waren gestorben oder
geflohen[24]. Die Schiffskapitäne und Leiter der Begleitkommandos hatten
ein Interesse daran, die Reise in die Länge zu ziehen, um den Kolonisten möglichst viel Geld für Lebensmittel abnehmen zu können. In
Saratow erhielten die Kolonisten einen Vorschuß von 150 Rubeln, den
sie für die Anschaffung von Pferden, Wagen und Geräten verwenden
sollten. Im folgenden Frühjahr wurden sie mitten in der Steppe ausgesetzt, wo sie die versprochenen Häuser nicht vorfanden und sich von
russischen Bauern Erdhütten ('zemljanki') bauen ließen[25].

Die Not der ersten Jahrzehnte

Bis 1773 entstanden 63 Lokatoren- und 41 Kronsiedlungen auf beiden
Seiten der Wolga nördlich und südlich von Saratow mit insgesamt 25781
Einwohnern. Als die Lokatoren den Zehnten von der Getreideernte und
vom Geflügel einzuziehen begannen, baten ihre Bauern die Regierung,
von dieser Last befreit zu werden. Das Vormundschaftskontor entmach-

tete die Lokatoren zwar schon 1768 durch ‚Kreiskommissare', doch dauerte es weitere zehn Jahre, bis die Lokatoren durch die Vormundschaftskanzlei entschädigt und alle Kolonisten gleichgestellt wurden[26]. In den ersten beiden Jahrzehnten blieb ein großer Teil der Kolonisten auf staatliche Unterstützung angewiesen. Dies lag zum Teil an den Einwanderern selbst, denen sich auch viele „sittenlose Menschen" und „Abentheurer" angeschlossen hatten, wie einer der Teilnehmer des Auszugs berichtete[27].

Bei einer Revision im Jahre 1767 stellte das Saratower Vormundschaftskontor fest, daß 62% der Siedler in der alten Heimat landwirtschaftlich und 35% handwerklich tätig gewesen seien, doch kam die Vormundschaftskanzlei in St. Petersburg sieben Jahre später zu dem Schluß, daß nicht wenige Einwanderer in Deutschland weder eine eigene Wirtschaft noch Werkstatt besessen hätten. Viele seien wohl durch den Siebenjährigen Krieg entwurzelt worden[28]. Für einen Teil der Schwierigkeiten waren die Kolonisten nicht verantwortlich. Die örtlichen Behörden zeigten sich dem plötzlichen Ansturm nicht gewachsen. Statt der versprochenen Häuser fanden die Siedler Pfählchen vor, die die künftigen Dorfplätze markierten. Es fehlte an Holz und Zimmerleuten, an Geräten, Saatgut und Vieh, an geistlicher und medizinischer Betreuung. „Das hitzige [typhöse] Fieber und das Wechselfieber war noch das ganze erste Viertel unseres Jahrhunderts hindurch gleichsam heimisch unter uns, und der Tod hielt stets reiche Ernte"[29]. Da sich die russischen Pioniere auf der Bergseite der Wolga das beste Acker- und Weideland angeeignet hatten und von Einzelhöfen aus bewirtschafteten, wurden die Deutschen in Dörfern und oft auf harten, sandigen und salzigen Böden angesiedelt. Viele Gemeinden verfügten nur über ungesundes Wasser und nicht über die vorgesehenen Anteile an Wald, Heuschlag und Weideland bzw. nur in großer Entfernung oder gar auf der anderen Seite der Wolga, wo ihnen russische Bauern wiederholt die Nutzung verwehrten. Wenn die unerfahrenen und nur mit einfachen Geräten ausgerüsteten Siedler nicht tief und rechtzeitig pflügten und aussäten, erhielt ihr Getreide nicht genügend Feuchtigkeit und vertrocknete in der Sommerhitze. Ausbleibende Schneedecken, Überschwemmungen, Sommerfröste, Hagel und Mäuse vernichteten in manchen Jahren einen Großteil der Ernte, Seuchen rafften das Vieh hinweg. Auch verloren viele Kolonisten durch Diebstahl ihre Pferde[30]. „Alles war so wild und so fremd, daß sich geraume Zeit nur Männer und zwar niemals allein, sondern stets zu fünf bis zehn an der Zahl und dabei immer bewaffnet von ihrem Orte entfernten"[31].

Die Dörfer östlich der Wolga, auf der ‚Wiesenseite', wurden wiederholt von muslimischen Kirgisen und buddhistischen Kalmücken geplündert. Kirgisen raubten nicht nur Vieh und Güter, sondern ver-

schleppten allein bei einem der beiden Überfälle des Jahres 1774 aus
sechs Kolonien 1573 Siedler, von denen nur wenig mehr als die Hälfte
befreit oder freigekauft werden konnte. Einem zweiten Überfall fielen
vier Kolonien zum Opfer. Noch 20 Jahre später erhielten sowohl ihre
Verwandten als auch die Regierung Kassiber, in denen die Unglück-
lichen um Befreiung aus der Sklaverei baten[32]. Nach diesen Überfällen
entschlossen sich die Bewohner einiger Kolonien auf der ‚Wiesenseite',
ihre Dörfer an das Ufer der schützenden Wolga zu verlegen. Seitdem
erstreckte sich ihr Gemeindeland handtuchförmig bis zu 50 km nach
Osten ins Land hinein. Westlich der Wolga, auf der ‚Bergseite', fehlten
zwar die gefährlichen Nomadenstämme, doch machten hier christliche
Banditen und besonders Flußpiraten die Gegend unsicher. Auch die
Heerscharen des angeblichen Zaren Pugačev erlebten die Kolonisten als
Räuber ihrer Pferde und Vorräte. In den ersten 10 Jahren verloren die
Siedler durch Krankheit, Flucht und Gefangenschaft 7387 Personen[33].

Nach den Katastrophen des Jahres 1774 entschloß sich die Regierung
wie schon im Jahre 1769, den als Bauern ungeeigneten Siedlern die Höfe
abzunehmen, und gestattete ihnen, Arbeit außerhalb der Kolonien zu
suchen; von dieser Maßnahme waren 7% der Siedler betroffen. Zum
größten Teil blieben sie als Handwerker und Tagelöhner in den Kolonien, rd. 300 zogen nach Moskau und St. Petersburg. Den Landwirten,
die geeignet erschienen und bleiben durften, räumte die Zarin neue
Kredite ein, um ihre Verluste an Saatgut, Vieh und Geräten zu ersetzen.
Die Kronschulden wurden für weitere fünf Jahre gestundet[34].

Übergang zur ‚Umteilungsgemeinde'

Rechtlich gehörten die Kolonisten zu den Staatsbauern, da der Staat das
Obereigentum am Land behielt, sie keine Leibeigenen besitzen durften
und an die Gemeinde und den Boden gebunden waren. Ihre Erbord-
nung, Besteuerung und Selbstverwaltung unterschied sie aber von den
russischen Staatsbauern. Die Kolonisten sollten ihren Anteil am Gemeindeland ungeteilt an den jüngsten Sohn vererben und durften ihr
Land weder verkaufen und versetzen noch teilen. Die russischen Bauern nahmen dagegen periodische Umteilungen des Landes nach der
Zahl der männlichen ‚Seelen' vor. Jene zahlten neben dem ‚Seelengeld'
einen Grundzins pro Desjatine, diese das ‚Seelengeld' und einen einheitlichen Geldzins pro Person. Die Kolonisten besaßen eine Selbstverwaltung mit Landwirtsversammlung sowie gewählten Schulzen und
Beisitzern auf der Dorf- und Bezirksebene[35].

Die Wolga-Kolonisten wichen schon 1785 von der gesetzlichen Erb-
ordnung ab, nachdem im Zuge der Gouvernementsreform die Vormundschaftskanzlei in St. Petersburg und ihr Kontor in Saratow 1782

aufgelöst und die Aufsicht über die Kolonien dem Ökonomiedirektor und dem Kameralhof der Statthalterschaft Saratow übertragen worden waren[36]. Auf deren Empfehlung wurde beschlossen, die restliche Zeit der Steuerfreiheit zu nutzen, um von den Kolonien die Ansiedlungskosten einzutreiben. In den ersten Jahren sollte jede männliche Arbeitskraft 3 Rubel an die Staatskasse zurückzahlen. Zugleich wies der Ökonomiedirektor, anscheinend ohne Ermächtigung der Regierung, die Kolonisten an, die Äcker und Wiesen neu und gleichmäßig entsprechend der Zahl der männlichen Arbeitskräfte zu verteilen, und glich mit dieser Maßnahme die Agrarverfassung der Kolonisten derjenigen der russischen Bauern an.

Bei den deutschen Siedlern stieß diese Änderung anscheinend nicht auf Widerstand. Denn einerseits hatte sich der Familienbesitz in den unruhigen Anfangsjahren ohnehin nicht festigen können. Andererseits stand das vom Gesetz vorgeschriebene Erbrecht des jüngsten Sohnes (‚Minorat') im Gegensatz zu den Traditionen der Kolonisten. Die älteren Söhne hätten nach dem Ansiedlungsplan ein Handwerk lernen und ihren Lebensunterhalt außerhalb der Landwirtschaft verdienen sollen. Da es damals im Wolgagebiet aber keine größeren Städte und Manufakturen gab, die den zahlreichen Nachwuchs der Kolonisten hätten aufnehmen können, mußten auch die nicht erbberechtigten Söhne in der Landwirtschaft untergebracht werden[37]. Als nach dem Steuerzensus von 1858 die nächste – tatsächlich niemals durchgeführte – Revision auf sich warten ließ und 1874 die allgemeine Wehrpflicht eingeführt wurde, entschieden sich die Wolgadeutschen, die Rechte den Pflichten anzupassen und das Gemeindeland nicht mehr entsprechend der Zahl der ‚Revisionsseelen', sondern der jeweils tatsächlich im Dorf eingeschriebenen männlichen ‚Seelen' umzuteilen. Die Abstände zwischen den Umteilungen sanken auf 2 bis 12 Jahre[38].

Wachstum der Bevölkerung und Landzuteilungen

Als Katharinas Sohn und Nachfolger Paul I. (1796–1801) nach seinem Regierungsantritt feststellte, daß sich die Auflösung der Ausländerbehörden nicht bewährt hatte, übertrug er die Verwaltung der Kolonien einer neuen Behörde, nämlich der ‚Expedition für Staatswirtschaft, Ausländerfürsorge und dörfliche Haushaltsführung' (‚Ėkspedicija gosudarstvennogo chozjastva, opekunstva inostrannych i sel'skogo domovodstva'). Die Kolonien an der Wolga erhielten ihr Vormundschaftskontor zurück. Der Zar ließ den Wolgadeutschen zusätzliches Land zumessen und ihre Abgaben bei 3 Rubeln einfrieren, wobei 2 als Steuer und 1 Rubel als Tilgung der Ansiedlungsdarlehen gerechnet wurden[39]. Paul I. ermächtigte die ‚Expedition', die einlaufenden Tilgungssummen wieder

als Darlehen an die alten und an die erhofften neuen Siedler zu vergeben. Allerdings war ein Teil der deutschen Bauern nach eigenen Angaben immer noch nicht in der Lage, die Landsteuer zu entrichten oder
mit der Tilgung zu beginnen[40].

Erst 1808 glich die Regierung die Abgaben der deutschen Wolga-
Kolonisten denjenigen der russischen Bauern im Gouvernement Saratow an. Ihre Steuern wurden zwar nach der ,Seelenzahl' berechnet, aber
entsprechend der Größe des Grundbesitzes der einzelnen Gemeinden
auf die Kolonien umgelegt. Deren gewählter Rat verteilte sie dann nach
eigenem Ermessen auf die Gemeindemitglieder. Nach der Revision von
1815 stellte die Regierung fest, daß die Kolonien mit inzwischen 60746
,Seelen' nicht über die festgelegten 15 Desjatinen pro erwachsenen
Mann verfügten, und verdoppelte ihren Landbesitz, um ihn schließlich
durch eine weitere Zuweisung auf das Dreifache der ursprünglichen
Zuteilung zu erhöhen[41].

Anbau von Weizen und Tabak

Die in Rußland aufgewachsenen Söhne der deutschen Kolonisten brachten die vielfach baufälligen Häuser ihrer Väter in Ordnung und erweiterten die Saatflächen. Gegen Ende des 18. Jahrhunderts hatten die Kolonien auf der ,Bergseite' sich von der Not der Ansiedlungsperiode erholt
und die Dörfer auf der ,Wiesenseite' einen bescheidenen Wohlstand
erreicht, der auf dem Verkauf ihrer Überschüsse an Getreide und Tabak
beruhte[42]. Die Erträge stiegen in den nächsten Jahrzehnten und gipfelten in den reichen Ernten der 1850er Jahre. Während des Krimkrieges
(1853–1856) konnte ein großer Teil des Kolonistenweizens an die Quar-
tiermeister der russischen Truppen verkauft werden. Da die Wolgadeutschen über kleinere Landanteile und deshalb auch weniger Wiesen als
die Kolonisten in Neurußland verfügten und die langen, kalten Winter
eine sechsmonatige Stallfütterung nötig machten, hielten sie nur soviel
Vieh, wie sie für die Feldbestellung und ihren eigenen Bedarf an Milch
und Fleisch brauchten[43]. In den 1850er Jahren wurden einige Einrichtungen, die sich bei den Schwarzmeer-Deutschen bewährt hatten, auch im
Wolgagebiet eingeführt, z. B. Feuerversicherung und Waisenkassen. In
den Moločnaer Mennonitenkolonien[44] hatte ein ,Landwirtschaftlicher
Verein' Ackerbau und Viehzucht, aber auch die Schulen reformiert. Alle
Versuche der Regierung, solche Vereine auch bei den Kolonisten an der
Wolga heimisch zu machen, scheiterten jedoch[45]. Zwischen 1853 und
1874 wurden südöstlich von Saratow (,Am Trakt') und nördlich von
Samara (,Alt-Samara') Mennoniten angesiedelt, deren Wirtschaftsweise
den übrigen Deutschen als Vorbild dienen sollte. Schon in den 1880er
Jahren erzielten diese Mennoniten doppelt so hohe Erträge wie die

Kamele vor dem Pflug: Landarbeit an der Wolga.

übrigen Kolonisten an der Wolga. Einem Reisenden erschienen ihre Dörfer als „Oasen in der Wüste" der „wenig anziehenden und beeindruckenden russischen Siedlungen und deutschen Kolonien"[46].

Wenig unterschied die Wirtschaftsweise der wolgadeutschen von derjenigen der benachbarten russischen Bauern. Beide ethnischen Gruppen benutzten herkömmliche einheimische Geräte, pflügten ihre Äcker nur oberflächlich und verzichteten auf jegliche Düngung. Beide bepflanzten ein Feld bis zur Erschöpfung mit ein und derselben Frucht, um dem Boden anschließend einige Jahre Erholung zu gönnen[47]. Da in beiden Gruppen die Landanteile der einzelnen Bauern von einer Umteilung zur anderen immer kleiner wurden, konnte man immer weniger Felder brachliegen lassen. In den 1880er Jahren war der Boden so ausgelaugt, daß die besten Weizensorten nicht mehr angebaut werden konnten und die Desjatinen-Erträge sanken. Einer rationellen Bewirtschaftung stand auch die Zersplitterung der Landanteile entgegen. Jede männliche ‚Revisionsseele' hatte nämlich Anspruch auf einen Streifen in jeder der einzelnen nach Bodengüte und Lage gegliederten Anbauflächen der Gemeinde, so daß die Kolonisten von 7 bis zu 31 verschiedene Felder bearbeiteten und während der Saat- und der Erntezeit nur zum Wochenende vom Feld ins Dorf zurückkehren konnten. Die Kolonisten führten allerdings einige technische Neuerungen ein, die ihnen halfen, ihre Arbeit schneller zu erledigen bzw. reineres Getreide auf den Markt zu bringen als die russischen Bauern: Eisenpflug, Sense und Putzmühle[48].

Die schlechten Ernten der Jahre 1862–1867 zehrten die Ersparnisse des vorausgegangenen guten Erntejahrzehnts auf und stürzten einen Teil der Bauern in Not. In den 1870er Jahren erholten sich die Kolonien wieder, doch brachten die Mißernten der Jahre 1879/80 erneut einen Rückschlag und der völlige Ernteausfall des Jahres 1891 eine Hungersnot. Die Kolonisten mußten Kredite aufnehmen, um die nötigen Lebensmittel und das Saatgut für das nächste Jahr zu kaufen. Viele mußten ihr Vieh schlachten oder zu Schleuderpreisen verkaufen. Dieses Drama wiederholte sich in den Jahren 1897/98 und 1905/06. Die deutschen Kolonien auf der ‚Bergseite' konnten eine schlechte Weizenernte leichter überstehen als die Dörfer auf der ‚Wiesenseite', da sie neben Weizen auch Roggen und Sonnenblumen anbauten und selten alle Kulturen von einer völligen Mißernte getroffen wurden. Die Kolonien der ‚Wiesenseite' widmeten dagegen mehr als zwei Drittel ihrer Felder dem Weizenanbau. Fiel die Weizenernte aus, konnten sie die Verluste zuweilen durch eine reiche Tabakernte ausgleichen. Infolge der Wirtschaftskrise in Europa und der amerikanischen Konkurrenz erzielten die Bauern Rußlands in den Jahren 1877–1896 für ihren Weizen bis zur Hälfte geringere Preise als noch Anfang der 1870er Jahre. Erst nach den Mißernten von 1879 und 1880 entschlossen sich die Wolga-Kolonisten, den bisherigen Raubbau durch ein Mehrfeldersystem mit regelmäßigem Fruchtwechsel zu ersetzen. Bis zum Ersten Weltkrieg hatte sich das neue System in allen Altkolonien, aber erst in der Hälfte der auf dem neu zugeteilten Land angelegten Tochterkolonien durchgesetzt[49].

Zwar konnten sich rund 60% (1908) der Wolgadeutschen von der Landwirtschaft ernähren, genug Land (40–100 Desjatinen) aber besaßen nur 7% von ihnen. Zwischen einem Fünftel und einem Drittel der Wolgadeutschen hatte nicht genügend Vieh, um das Land selbst zu bestellen, und verdiente seinen Lebensunterhalt als Land- oder, vor allem auf der ‚Bergseite', als Heimarbeiter. Eine ständig wachsende Zahl von Wolgadeutschen folgte dem Beispiel der russischen Nachbarn und zog alljährlich auf Arbeitssuche in benachbarte Provinzen[50].

Getreidehändler, Mühlenbesitzer, Heimarbeiter

Zu Zentren des Getreidehandels entwickelten sich die Kolonien Katharinenstadt und Seelmann. In Katharinenstadt hatten Kolonisten, in Seelmann russische Kaufleute den Handel mit Getreide in der Hand. Katharinenstadt konnte sich auch einer Tabakfabrik rühmen. Sofort nach der Einwanderung hatten sich einige Deutsche in Saratow niedergelassen und in den folgenden Jahrzehnten weiteren Zuzug aus den Kolonien der Umgebung erhalten. In der aufstrebenden Provinzhauptstadt errichtete eine wolgadeutsche Familie die erste mit Dampf betriebene Mühle.

Zu Beginn des Ersten Weltkrieges besaßen ehemalige Kolonisten in Saratow vier moderne Mühlen, die zwei Drittel der Mehlproduktion der Stadt auf sich vereinigten und 900 Arbeiter beschäftigten. Auch in den deutschen Dörfern des Gouvernements Saratow standen Mühlen, die die hier reichlich vorhandene Wasserkraft nutzten und auch einen großen Teil des Getreides russischer Bauern verarbeiteten[51].

Als Musterkolonie galt Sarepta südlich von Caricyn. Vertreter der Herrnhuter Brüdergemeine hatten Sonderbedingungen ausgehandelt, bevor sie 1765 die ersten Brüder nach Rußland schickten. Der kleinen Gemeinde kam zugute, daß sie nach Katastrophen wie den Verheerungen Pugačevs und einem Großbrand im Jahre 1823 von den Brüdergemeinen im Ausland große Kredite erhielt. Sie betrieb eigene Läden in Sarepta selbst, in St. Petersburg, Moskau und Caricyn, in denen ihre Produkte, vor allem das ,Sarpinka'-Tuch, Schnupf-, Rauchtabak und Konditoreiwaren verkauft wurden. Im 19. Jahrhundert errangen ihre beiden Senffabriken eine Monopolstellung im Zarenreich. Als die Nachfrage nach Produkten aus Sarepta stieg, ließen die Brüder ihre Tücher in den deutschen Wolga-Kolonien weben, verkauften deren Tabak und bildeten deren Kinder als Lehrlinge aus, bis sie der billigen Konkurrenz der Kolonien nicht mehr gewachsen waren[52]. Die Webstühle der Heimarbeiter, zusammen mit den Verlagskontoren, die Färbereien und Gerbereien der Kolonisten befanden sich meist auf der ,Bergseite'. In Werkstätten und Fabriken hergestellte Pflüge, Eggen und Putzmaschinen fanden Absatz auch unter russischen Bauern der Umgebung und wurden sogar bis nach Sibirien verkauft[53].

Verlust der Privilegien

Nach der Aufhebung der Leibeigenschaft (1861), der Einführung der ,Zemstva' (Selbstverwaltungsorgane in den Kreisen und Gouvernements) und der Justizreform schien eine Angleichung des rechtlichen Status der Kolonisten und der übrigen Bauern überfällig zu sein. Um aber die Masse der Kolonisten nicht gegen die Reformen aufzubringen, ging das zuständige Ministerium für Staatsdomänen behutsam vor: Erst wurden die kleineren Kolonistengruppen, wie jene bei St. Petersburg und im Kaukasus, und durch das Gesetz vom 4. Juni 1871 schließlich auch die Schwarzmeer- und Wolgakolonien der allgemeinen Verwaltung unterstellt. Die Regierung kam den ehemaligen Kolonisten, die in ,Siedler-Eigentümer' umgetauft wurden, so weit entgegen, daß sie ihre Siedlungen zu deutschen Gemeindeverbänden (,volosti') zusammenfaßte und nur kleine Einzeldörfer nicht-deutschen ,volosti' anschloß. Außerdem achtete sie darauf, die bewährten kommunalen Einrichtungen der Kolonisten zu erhalten. Ihre Akten und Korrespondenzen

Deutscher Bauer beim Sarpinkaweben (Sarepta, Wolgagebiet, ca. 1920).

mußten die deutschen Gemeinden allerdings seit der Reform in russischer Sprache abfassen[54]. Von 1874 an wurden die ‚Siedler-Eigentümer‘ zum Militärdienst eingezogen. Wenn die Soldaten zurückkehrten, hatten sie Russisch gelernt und traten oft als Anwälte des Russisch-Unterrichts in den Dorfschulen auf. Die Auflösung des Kontors in Saratow empfanden die Wolgadeutschen vor allem deshalb als Verlust, weil die neuen dreiköpfigen ‚Bauernkomitees‘ mit der Verwaltung aller Dörfer eines Bezirks überfordert waren und die 1889 ernannten ‚Landhauptleute‘ sich in die Einzelheiten des kommunalen Lebens einmischten und jede Gelegenheit nutzten, ihre eigenen Taschen zu füllen[55].

Das Gesetz von 1871 räumte den Bauern das Recht ein, sich mit Zwei-Drittel-Mehrheit für den Übergang zum Einzelbesitz zu entscheiden. Als nur wenige Gemeinden von dieser Möglichkeit Gebrauch machten, verwandelte die Regierung im Jahre 1886 die Bodensteuer (‚obrok‘) in Ablösungszahlungen. Erst nach der Entrichtung von 44 Jahresraten sollte das Kronland endgültig in das Eigentum der Siedler übergehen. Da diese Raten um 45 % höher lagen als der ‚obrok‘, sahen die wolgadeutschen Kolonisten in der Umwandlung nur wenig mehr als eine Steuererhöhung. Damit reagierten sie wie die russischen Staatsbauern und anders als die südrussischen Kolonisten, die in den Ablösungszahlungen die Möglichkeit erkannten, ebenso zu Eigentum zu kommen wie die Käufer von Privatland[56].

Einzelsiedlungen bei St. Petersburg, in Livland und Kleinrußland

Mit einem kleinen Teil der Einwanderer der 1760er Jahre wollte Katharina II. die Wirtschaft des Gouvernements St. Petersburg stärken. Je drei Kolonien wurden in der Nähe der Hauptstadt und Jamburgs angesiedelt. Auch aus den großen Einwandererströmen der Zeit Alexanders I. wurden einige Gruppen für die Umgebung der Hauptstadt abgezweigt und vorwiegend auf Apanageland angesiedelt. Als die ‚neuen' Kolonisten nach Ablauf ihrer Freijahre die Abgaben zu zahlen und die Kronschulden zu tilgen begannen, bestand die Regierung darauf, daß auch die ‚alten' Kolonisten endlich ihren finanziellen Verpflichtungen nachkamen, denen sie sich bis 1820 entzogen hatten. Schon 1827 begannen die Kolonisten, eigenes Land zu kaufen und kleine Tochtersiedlungen zu gründen. 1850 lebten in diesem Gouvernement 4000 deutsche Kolonisten, die Hälfte von ihnen im Kreis Oranienbaum. Einige Kolonisten waren auch in die Nachbarprovinz Nowgorod gewandert, wo sie zwei Dörfer anlegten[57]. Kleine Einwanderergruppen der 1760er Jahre wurden für Siedlungen in Livland (Hirschenhof und Helfreichsdorf) und in den Gouvernements Voronež (Riebensdorf) und Černigov (6 Siedlungen von Belovež) abgezweigt[58].

1.5.3. Das Schwarzmeergebiet

Das Auf und Ab der Einwanderungswellen

Als Katharinas Erster Türkenkrieg (1768–1774) und die Annexion des Chanats der Krim (1783) die russische Position am Schwarzen Meer gestärkt hatten, schien das nördliche Schwarzmeergebiet befriedet genug, um ausländische Kolonisten aufzunehmen. Nach ‚Neurußland', 1803 in die Gouvernements Cherson, Ekaterinoslav und Taurien gegliedert, wurden Rumänen, Bulgaren und Griechen aus dem Osmanischen Reich, russische Rückkehrer aus der Polnischen Republik und eine Gruppe Schweden von der Insel Dagö (Estland) dirigiert. Die zarische Regierung nutzte auch die schwierige wirtschaftliche Situation, in der sich Danzig nach der Annexion des polnischen Hinterlandes durch Preußen 1772 befand. In den Jahren 1787–1796 folgten Einwanderer aus der Stadt selbst und dem Danziger Werder der Einladung der Zarin, sich in Neurußland niederzulassen. Die Mennoniten unter ihnen gründeten mehrere Kolonien am Dnepr südlich von Ekaterinoslav und in der Nähe des späteren Aleksandrovsk, im ‚Bezirk Chortica'. Die Danziger Lutheraner und einige Katholiken der ersten Einwanderungswelle wurden in der Nähe von Elisavetgrad und Ekaterinoslav angesiedelt. Die Mennoniten erhielten doppelt so viel Land und eine doppelt so hohe Starthilfe wie die Lutheraner. Das Geld wurde jedoch in so kleinen Beträgen ausbezahlt, daß die Neusiedler weder das zum Aufbau ihrer Wirtschaft nötige Arbeitsvieh noch ein Minimum an landwirtschaftlichen Geräten kaufen konnten[59]. Im Jahre 1800 fand Hofrat Contenius, den Paul I. mit einer Inspektion betraut hatte, die neurussischen Kolonien in einem beklagenswerten Zustand vor. Auf seine Empfehlung hin wurden die Kolonisten der Sonderverwaltung eines Ausländerkontors unterstellt. Paul I. gewährte allen Kolonisten für weitere 5 Jahre Steuerfreiheit und verzichtete im Rahmen der Ansiedlungskosten auf die Forderung nach Rückzahlung der ursprünglich auf der Reise nach Rußland angefallenen Verpflegungskosten. Den Mennoniten verlieh der Zar im Jahre 1800 die ‚Gnadenurkunde', die die ihnen im Jahre 1787 versprochenen Privilegien bekräftigte. Mit diesen Maßnahmen wollte der Zar weitere Mennoniten zur Einwanderung bewegen[60]. Bevor er die Früchte seiner Bemühungen ernten konnte, wurde er jedoch ermordet.

In der Regierungszeit Alexanders I. (1801–1825) strömten große Gruppen von Bulgaren und Deutschen nach Neurußland und Bessarabien. Mennoniten wanderten besonders in den Jahren 1803–1806 ein. In den nächsten drei Jahrzehnten folgten immer wieder kleine und größere Gruppen nach. Die meisten von ihnen wurden nach Taurien geleitet, wo sie eine Reihe von Kolonien östlich des Flusses Moločna anlegten. In den Jahren 1803/4 und 1808/9 lösten russische Werber mehrere Einwanderungswellen aus dem Südwesten und Westen Deutschlands aus. Die Auswanderer schifften sich in Ulm ein, fuhren die Donau hinunter bis in die Donau-Fürstentümer oder verließen die Schiffe bei Budapest und nahmen den Landweg über Galizien. Sie gründeten Kolonien im Hinterland von Odessa, am Westufer der Moločna und auf der Krim[61]. 1813 traf Alexander I. im ehemaligen Herzogtum Warschau deutsche Bauern, die der preußische König dort angesiedelt hatte, in einem verzweifelten Zustand und schickte sie nach Neurußland. Diese ‚Warschauer' Kolonisten bauten ihre Dörfer im Süden der neu gewonnenen Provinz Bessarabien auf[62].

1817 hatten sich im pietistischen Milieu Württembergs chiliastische Gruppen entwickelt. Unter dem Einfluß der Baronin von Krüdener, die in Napoleon den Antichrist und in dem frommen Alexander den Retter sah, der die Gläubigen an einen ‚Bergungsort' im Osten führen werde, machte sich ein Teil der Chiliasten auf den Weg zum Berg Ararat in Transkaukasien. In Georgien legten sie sechs Kolonien in der Umgebung von Tiflis und zwei in der Nähe von Elisabethpol an. Tiflis erhielt eine Kolonie deutscher Handwerker. In der ersten Hälfte des 19. Jahrhunderts wurden diese Kolonien durch tatarische Überfälle, Epidemien

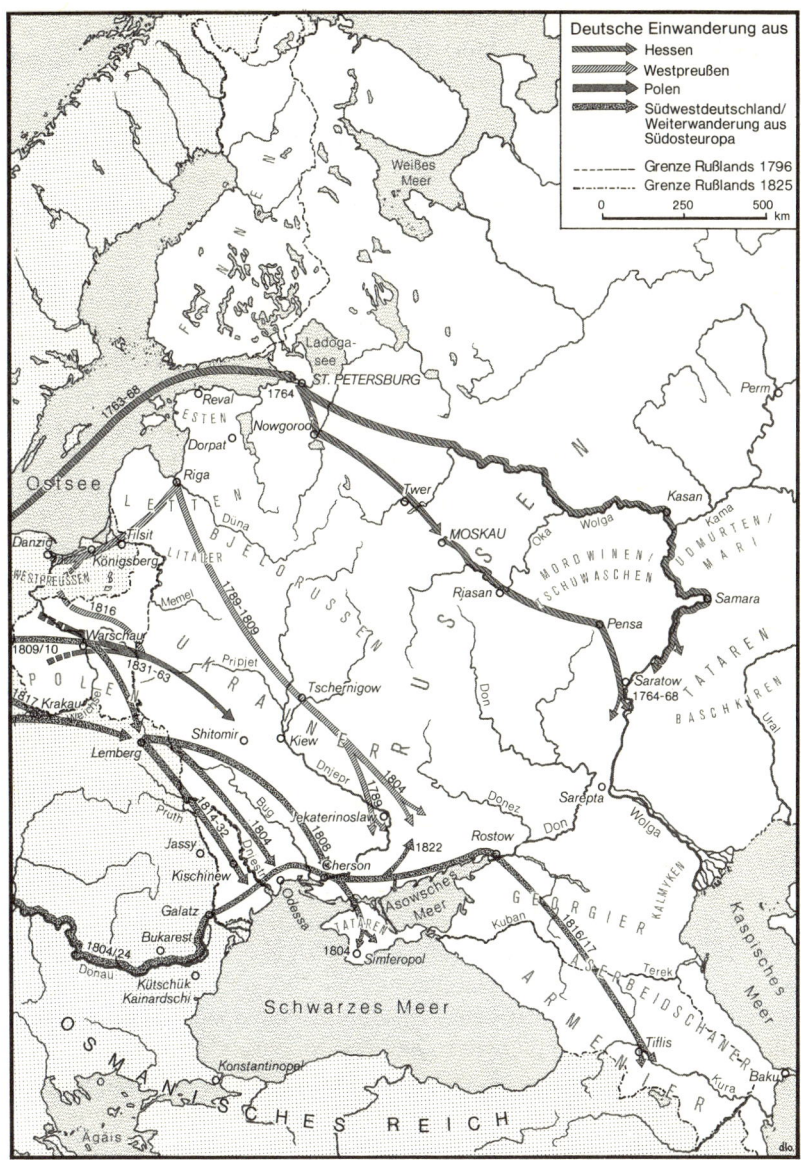

Deutsche Einwanderungsströme in das Zarenreich im 18. und 19. Jahrhundert.

und Viehseuchen wirtschaftlich zurückgeworfen. Die Kolonisten belieferten Tiflis mit Kartoffeln, Milch, Butter und Schweizerkäse. Quelle des Reichtums mehrerer Kolonien wurde der Weinbau[63].

Ein Teil der Chiliasten hatte sich auf Wunsch der Regierung in Neurußland bzw. Bessarabien niedergelassen[64]. Wenige Jahre später gründeten die Anhänger des katholischen und zugleich chiliastischen Priesters Ignaz Lindl die Kolonie Sarata in Bessarabien[65]. In den Jahren 1823–1842 erhielten Einwanderer aus Westpreußen und Hessen Land auf dem ‚Preußenplan' nördlich von Mariupol'[66].

Die russische Regierung machte sich die wirtschaftliche Not im deutschen Südwesten zunutze, die durch Überbevölkerung, Kriegsschäden, Steuererhöhungen und mehrere Mißernten in der zweiten Dekade des 19. Jahrhunderts entstanden war. Trotz wiederholter Mahnungen Alexanders I., die Fehler zu vermeiden, unter denen die Ansiedlung der Wolgadeutschen gelitten hatte, mußten die Einwanderer zahlreiche Verluste an Menschenleben beklagen. Vor allem die Quarantäne-Stationen an der Grenze waren dem Ansturm nicht gewachsen. Kranke und Gesunde wurden entweder in wenigen Lehmhütten zusammengepfercht oder mußten mehrere Wochen in Zelten verbringen. Ein Sechstel der Einwanderer der Jahre 1803/4 starb schon während der Quarantäne.

Als sich zeigte, daß die meisten Neuankömmlinge von 1803 entgegen den Behauptungen der Werber weder Eigenmittel noch Erfahrung in der Landwirtschaft besaßen, verlangte Alexander I. in einem Erlaß von den russischen Diplomaten, in Zukunft nur noch tüchtige Bauern, Spezialisten für Weinbau, Seidengewinnung und Vieh-, besonders Merino-Schafzucht oder Dorfhandwerker zu schicken, die einen Mindestbesitz vorweisen könnten und Frau und Kinder hätten. Den Kolonisten wurden auf der Krim 20, in allen übrigen Gebieten 60 Desjatinen Land zugewiesen. Die russischen diplomatischen Vertreter sollten pro Jahr nur noch 200 Pässe ausstellen, doch wurden Mennoniten und Bulgaren von den Beschränkungen ausgenommen[67]. Diese Richtlinien wurden jedoch außer Kraft gesetzt, wann immer die Gelegenheit günstig schien, eine größere Anzahl nützlicher Siedler ins Land zu holen. Um die Einwanderungswelle von 1817 zu bewältigen, die als Vorbote einer noch größeren galt, wurde ein ‚Fürsorgekomitee für die Kolonisten Südrußlands' in Kišinev mit je einem Kontor in Ekaterinoslav, Odessa und Kišinev geschaffen. 15 Jahre später glaubte das Innenministerium, daß die Verwaltung vereinfacht werden könne, da die Kolonien wirtschaftlich gefestigt, die Verbindlichkeiten der Siedler festgestellt und alle Anwerbungen beendet seien. Wegen des blühenden Zustands eines großen Teils der Kolonien sei es vertretbar, sich mit einem Kontor in Odessa zu begnügen und die Kosten für die Sonderverwaltung den Kolonien aufzubürden[68].

Die mennonitischen Musterwirte

Als der Revisor Loškarev 1844 die mennonitischen Dörfer an der Moločna erblickte, kam es ihm so vor, als sei er in ein anderes Land oder ins
nächste Jahrhundert versetzt worden[69]. Und der Forstwirt A. Bode faßte
seinen Eindruck des Jahres 1854 in diesen Worten zusammen: „Statt der
[...] grau verbrannten Steppe, statt der erbärmlichen weißbetünchten
Hütten mit den nachlässig aufgeworfenen Strohdächern, erblickte ich:
hohe Giebelhäuser von Flechtwerk, sorgfältig gearbeitete Strohdächer,
deren Horst ein Storchennest trug, Holzwerk mit bunter Ölfarbe ange-
strichen, reinlich gewaschene Fenster, nach norddeutscher Sitte zur
Hälfte geteilte Quertüren; auf den Bänken am Hause standen reihen-
weise die blank gescheuerten Milchgefäße; jedes Haus umgab ein sorgfältig gehaltener Obstgarten, unter dessen Schatten ein Blumenflur
prangte. In gleicher Sauberkeit und Ordnung schlossen sich dem Wohn-
gebäude die Wirtschaftsgebäude an, und das Ganze umgab ein leichter
Zaun, während den Hintergrund der Gehöfte kleine Baumschulen,
Pflanzungen oder Hecken bildeten, und eine Allee von Akazien und
Korkulmen den Weg zur nächsten Colonie einfaßte. Mitten in den
Steppen, die nach der diesjährigen Dürre, [...] bisher auf jedem Schritt
das Bild des Jammers und des herannahenden Elends boten, erwachte
ich in einer von Fruchtbarkeit und Wohlhabenheit strotzenden Au, wo
aufgespeicherte Ernten und schönes grünes Gebüsch jeden Gedanken
an Hunger und Not verdrängten." Die Mennoniten fuhren nach „deutscher Art gebaute und angespannte Wagen" und hielten an der Woh-
nungseinrichtung und Kleidung der Vorväter fest, und zwar auch die
Frauen, „obgleich die Garderobe nicht gerade zu derjenigen gehört, die
das Schöne verschönern hilft"[70].

Aufgrund ihres größeren Startkapitals und ihrer besseren landwirtschaftlichen Kenntnisse machten die Mennoniten am Ostufer der Moločna schnellere Fortschritte als ihre Chorticaer Glaubensbrüder und die
Lutheraner und Katholiken auf der anderen Seite des Flusses, von
denen rund die Hälfte in ihrer alten Heimat ein Handwerk ausgeübt
und die letzten Ersparnisse auf der Fahrt nach Rußland verbraucht
hatte[71]. Mit ihren Pferden und deutschen Geräten konnten die Mennoniten eine Desjatine Land in zwei Tagen pflügen, säen und eggen,
während ihre Nachbarn mit Ochsen und russischem Gerät für die
gleiche Arbeit vier Tage brauchten. Die Mennoniten sparten zusätzlich
Zeit, indem sie Sensen statt Sicheln benutzten und die Garben auf ihren
großen deutschen Leiterwagen in die Scheuer fuhren[72]. 1830 wurde im
Moločnaer Mennonitenbezirk ein landwirtschaftlicher Verein gegründet
und der Gutsbesitzer Johann Cornies auf Lebenszeit zu seinem Vorsitzenden ernannt. Der Verein verpflichtete jedermann zur Einführung der

Haus von Johann Cornies in Ohrloff, Schwarzmeergebiet.

Vierfelderwirtschaft mit Fruchtwechsel und Schwarzbrache. Durch das
wiederholte Unterpflügen des Unkrauts im Sommer und Herbst blieben
dem Boden Nährstoffe erhalten. Die Brache konnte im Frühjahr mehr
Feuchtigkeit aufnehmen. Der Verein bemühte sich auch um die Verbesserung der Viehzucht, die Modernisierung der kommunalen Bauten,
besonders der Schulen. Er zwang die Bauern, an Straßen und Feldrän-
dern Bäume und Hecken zu pflanzen, ihre Gebäude und Zäune in
Ordnung zu halten. 1843 ließ Cornies in jeder Gemeinde Herden mit
den jeweils besten Schafen zusammenstellen, um die Qualität der Wolle
zu verbessern[73]. Bald darauf übernahmen auch die Kolonisten auf der
anderen Seite der Moločna und die Chiliastengemeinden des Kreises die
Vierfelderwirtschaft mit Schwarzbrache. In den 1860er Jahren erkannten
weitere Kolonien den Nutzen der neuen Wirtschaftsweise, während
andere an der althergebrachten Dreifelderwirtschaft festhielten[74].

Im ersten Drittel des 19. Jahrhunderts widmeten sich die Mennoniten
ebenso wie die übrigen Bewohner Neurußlands vor allem der Viehwirtschaft. Sie hatten ostfriesische Rinder mitgebracht und frischten ihre
Bestände immer wieder durch Zukäufe auf. Unter der Anleitung des
Ausländerkontors begannen sie mit der Zucht feinwolliger Schafe. Seit
der Gründung der Hafenstadt Berdjansk am Azowschen Meer 1831
konnten die Kolonien beiderseits der Moločna ihr Getreide mit größerem Gewinn absetzen. 1838 machte der Frühjahrsweizen schon 43,5%
der gesamten Getreide-Aussaat der Moločnaer Mennoniten aus, die
schon weitgehend für den Markt produzierten[75]. 1851 bestanden ihre
Einnahmen zur Hälfte aus dem Erlös beim Verkauf von Weizen und zu
15% von Wolle. Wegen der größeren Entfernung zu den Seehäfen
konzentrierten sich die Chorticaer Mennoniten weiterhin auf die Vieh-

zucht. Sie verkauften Schafe, Rinder, Pferde und Wolle an Händler und benachbarte Gutsbesitzer[76], bauten aber nur soviel Roggen, Gerste und Hafer an, wie sie für die eigene Ernährung und als Viehfutter benötigten. Die Umstellung von der Viehzucht auf den Weizenanbau stagnierte, als der Krimkrieg den Export unterbrach und der amerikanische Bürgerkrieg die Nachfrage nach Wolle erhöhte, beschleunigte sich aber jeweils nach dem Ende der Kriege. 1875 widmeten die Mennoniten durchschnittlich die Hälfte ihres Landanteils dem Ackerbau. Ihre großen Schafherden gehörten der Vergangenheit an[77].

Früher als alle anderen Bauern Neurußlands einschließlich der lutherischen und katholischen Kolonisten benutzten die Mennoniten drei- oder mehrscharige Pflüge und bald auch Sä-, Mäh- und Dreschmaschinen. 1886 besaß schon jeder zweite mennonitische, aber erst jeder siebte bulgarische und nur jeder zwanzigste russische Bauer im Kreis Berdjansk eine Mähmaschine[78]. Bei Ausbruch des Ersten Weltkrieges verfügte der mennonitische Bauer an der Moločna durchschnittlich über 6 Pferde, 5 Kühe, 2 Wagen, 2 meist mehrscharige Pflüge und 1,5 Sämaschinen. Rund die Hälfte der Mennoniten besaß auch Mäh- und Dreschmaschinen, ein Viertel von ihnen Selbstbinder[79].

Die lutherischen und katholischen Bauern

Mangel an Nahrung und gutem Wasser und das Leben in schäbigen Hütten kosteten in den ersten Jahren vielen lutherischen und katholischen Kolonisten Gesundheit oder Leben. Die Bauern behalfen sich mit hölzernen Pflügen und Eggen, vor die sie bei der Bearbeitung von Neuland 6 Ochsen spannen mußten. Die Kolonisten bearbeiteten das Getreide mit Dreschflegeln oder jagten ihre Pferde bzw. Ochsen mit oder ohne Wagen über das auf dem Dreschplatz aufgeschichtete Getreide, wobei viel Korn verlorenging. Sie besaßen so wenig Vieh, daß meist 2–4 Bauern ihre Arbeitstiere zum Pflügen zusammenspannen mußten[80]. Der Aufseher der Kolonien bei Odessa beschuldigte die deutschen Siedler, daß sie zwar von der Landwirtschaft keine Ahnung hätten, aber hochmütig zurückwiesen, bei anderen Bauern ihren Lebensunterhalt zu verdienen[81]. Mehr als die Hälfte der deutschen Siedler war in ihrer Heimat Winzer, Handwerker, Tagelöhner oder auch Soldaten gewesen. Nur jene Deutschen, die rund 25 Jahre lang in Ungarn gelebt hatten, bevor sie sich den durchreisenden Kolonistenzügen anschlossen, paßten sich schnell der neuen Umgebung an[82].

Mit Ausnahme der unmittelbar auf die Napoleonischen Kriege folgenden Jahre war der Weizenpreis in den 1810er und 1820er Jahren niedrig. Außerdem wurde die südrussische Steppe in den 1820er Jahren von gewaltigen Heuschreckenschwärmen heimgesucht, die einen Teil der

Ernte vernichteten. Während des russisch-türkischen Krieges von 1829–30 wurden in den bessarabischen Kolonien Truppen einquartiert. Die Soldaten schleppten die Pest ein, der viele Kolonisten zum Opfer fielen. 1833 erlebte Neurußland eine totale Mißernte, der eine weitere schlechte Ernte folgte. Die guten Ernten der folgenden Jahre verhalfen den Kolonien von Bessarabien bis Mariupol' zu wirtschaftlichem Aufschwung, zumal der russische Weizen inzwischen einen stabilen Absatzmarkt in Westeuropa gefunden hatte. Deshalb verwandelten die deutschen Bauern in Rußland immer mehr Wiesen in Äcker. In den Kolonien des Bezirks Liebental bei Odessa wurden 1848 z. B. 30% und ein Jahrzehnt später schon 38% der Landanteile für den Anbau von Getreide genutzt. Die Ausweitung wurde möglich, da inzwischen verbesserte Pflüge und Eggen zur Verfügung standen[83]. In den 1880er Jahren nutzten die deutschen Kolonisten an der Moločna schon zwei Drittel ihrer Anteile für den Ackerbau und nur noch ein Drittel als Wiesen und Weiden[84]. Allerdings schwankten die Ernteergebnisse auch in der zweiten Hälfte des 19. Jahrhunderts extrem. Über die Mißernte des Jahres 1899 schrieb die ‚Odessaer Zeitung': „Es ist alles am Halm verdorrt, ja auch dieser selbst verdorrt. [...] Die Felder waren grau, leer und öde wie die Wüste. Staubwolken, die sich mehrere Faden hoch erhoben und das Sonnenlicht trübten, jagten über die Flächen, und das Geschmeiß der Käfer, Fliegen und Würmer summte durch die trockene, heiße Luft, so daß auch beherzten Männern angst und bange wurde. [...] Die Viehherden liefen brüllend über die Felder, suchten Futter und fanden keins"[85].

Schon Anfang des 19. Jahrhunderts verteilte die Verwaltung kostenlos Merinoschafe unter den Kolonisten, um die Herstellung feiner Wolle zu fördern. In den 1820er und 1830er Jahren besaßen die Kolonien, besonders jene, die weit von den nächsten Seehäfen entfernt lagen, große Schafherden verbesserter Rasse. Die Schafzucht wurde betrieben, bis das Weideland für den rentableren Weizenanbau umgebrochen bzw. für die Ernährung der wachsenden Zahl von Zugtieren und Milchkühen benötigt wurde[86]. Als Ende der 1860er Jahre viele Schafe einer Seuche zum Opfer fielen, entschlossen sich die Kolonisten, sich ihrer Herden fast völlig zu entledigen[87]. 1911 erzielten die deutschen Bauern des Gouvernements Ekaterinoslav zwei Drittel ihrer Einnahmen aus der Viehzucht durch den Verkauf von Fleisch und nur noch 1,3% durch den Verkauf von Wolle[88].

Handwerk und Industrie: Wagen, Mühlen, Landmaschinen

Weber, Schneider, Färber und Schuster gab es unter den deutschen Einwanderern im Überfluß, aber nur wenige Schmiede, Zimmerleute und Tischler. Deren Zahl nahm aber zu, als die deutschen Bauern nach modernen landwirtschaftlichen Geräten und Wagen verlangten. Seit den 1850er Jahren verkauften die deutschen Handwerker ihre Geräte und Maschinen nicht nur an ihre Landsleute, sondern auch an Landwirte anderer ethnischer Gruppen. Russen, Tataren und Bulgaren interessierten sich besonders für die großen und soliden Wagen mit Eisenachsen und für die besseren Pflüge, die die Deutschen und vor allem die Mennoniten herstellten und benutzten[89]. Die Kolonisten errichteten Fabriken, in denen sie Baumwollstoffe, Bier, Essig und Ziegel produzierten. Einige Jahre lang war die Stärkefabrik der Moločnaer Mennoniten der größte Betrieb seiner Art im Russischen Reich. Den wichtigsten Beitrag der Kolonisten zur Industrialisierung des Reiches bildeten jedoch ihre Dampfmühlen und ihre Fabriken für landwirtschaftliche Geräte und Maschinen. Im und nach dem Krimkrieg errichteten sie Dampfmühlen in den Kolonien, den Hauptstädten der neurussischen Provinzen und in den Zentren der Kreise. In der Stadt Ekaterinoslav gehörte 1895 mehr als die Hälfte der Mühlen Mennoniten[90].

1879 lag der Anteil des Gouvernements Ekaterinoslav an der Gesamtherstellung landwirtschaftlicher Geräte und Maschinen in Rußland noch bei 10,5%. Drei Viertel der Produktion des Gouvernements entfiel damals auf die kleine Kolonie Chortica. Als die Regierung den Import von Eisenwaren mit Zöllen belegte, stieg die heimische Produktion. Neurußland übernahm die Führung vor den westlichen und den baltischen Provinzen und erhöhte seinen Anteil bis 1911 auf fast 50%. Die Werkstatt des ehemaligen Schmiedes Höhn in Odessa entwickelte sich zum größten Pflughersteller des Landes mit 1200 Arbeitern[91]. Die meisten anderen Fabriken standen in deutschen Kolonien oder nahe gelegenen Städten wie Aleksandrovsk und Ekaterinoslav und gehörten mennonitischen oder lutherischen Unternehmern. Ein mennonitischer Uhrmacher baute die erste Landmaschinen-Fabrik auf, zwei seiner Gesellen errichteten die nächsten in Chortica, Einlage und anderen Kolonien des Gebiets. Auch Halbstadt und Hoffental an der Moločna entwickelten sich zu Industriedörfern mit einer russisch-ukrainischen Arbeiterschaft[92]. Die Unternehmer Chorticas bauten eine Kirche, eine Schule und ein Krankenhaus für ihre orthodoxen Arbeiter und unterstützten sie mit Krediten beim Hausbau. 1914 stellten Mennoniten nur noch 25% der stark angewachsenen Bevölkerung Halbstadts und nur noch 10% der Einwohner Chorticas[93].

1.5.4. Die Landfrage

Landwirte und Landlose in Neurußland und Bessarabien

Die südrussischen Kolonisten hatten nur ihre Hof- und Gartenstücke in dauerndem Besitz. Ackerland und Heuschlag waren in Flurstücke verschiedener Güteklassen und Entfernungen vom Dorf eingeteilt, von denen jeder Landwirt einen Streifen erhielt. Diese wurden in regelmäßigen Abständen verlost. Dadurch erreichte man zwar eine gerechte Verteilung, nahm jedoch auch eine starke Zersplitterung des Bodens in Kauf. Die Weide wurde gemeinsam genutzt. Da eine Realteilung des Landanteils durch Gesetz ausgeschlossen war[94], wuchs die Zahl der Kolonisten, die kein Land geerbt hatten: 1857 gab es in Neurußland und Bessarabien 9273 Familien mit und 6281 Familien ohne Land. In den Bezirken Malojaroslavec und Klöstitz in Bessarabien, im Liebentaler Bezirk in der Nähe Odessas, in den deutschen Kolonien auf der Krim und bei den Chorticaer Mennoniten übertraf die Zahl der Landlosen die der Landbesitzer, obwohl letzteren in den 1830er Jahren nochmals Staatsland für die Ansiedlung der überschüssigen Bevölkerung zugewiesen worden war. Die Kolonistenbezirke beiderseits der Moločna hatten das Glück, daß sie bei der Ansiedlung umfangreiche Reserveländereien erhalten hatten, auf denen sie bis 1863 eine große Zahl von Tochterkolonien gründen konnten[95]. Ein Teil der Landlosen behalf sich damit, bei den glücklicheren Brüdern ein Stück Land zu pachten und bei der Ernte mitzuhelfen. Andere erlernten ein Handwerk und übten es entweder im Heimatdorf oder in einer der Städte Neurußlands aus, ohne auf den Kolonisten-Status zu verzichten. Eine wachsende Zahl von Kolonisten pachtete Land außerhalb ihrer Dörfer. Von 260 Mennoniten, denen die Gebietsämter 1852/53 die Genehmigung erteilt hatten, sich außerhalb ihrer Dörfer aufzuhalten, lebten 25% als Müller und 9% als Handwerker in Städten und Dörfern der Umgebung. 44% waren als Pächter und 3% als Gutsbesitzer weiterhin in der Landwirtschaft tätig. Pachtland zu günstigen Bedingungen erhielten die Kolonisten der Festlandkreise Tauriens von ihren islamischen Nachbarn, den Nogajern. Da diese nach dem Krimkrieg auswanderten und durch Bulgaren und Ukrainer ersetzt wurden, versiegte diese Quelle preiswerten Pachtlandes.

Als das Gebietsamt der Moločnaer Mennoniten die letzte freie Fläche für die Anlage weiterer Kolonien verbrauchen wollte, in denen nur ein kleiner Teil der Landlosen hätte untergebracht werden können, während die übrigen sich ihren Lebensunterhalt als Knechte verdienen sollten, protestierten die Landlosen und verlangten eine gleichmäßige

Aufteilung des restlichen Reservelandes. Während der benachbarte Kolonistenbezirk für seine Landlosen ein Grundstück im Kreis Ekaterinoslav kaufte, zeigten sich die mennonitischen Großbauern unter Berufung auf ihre Rolle als Musterwirte unbeweglich. Daraufhin griff die Regierung zugunsten der Landlosen ein. Erstmals erhielten sie Stimmrecht in den Gemeindeversammlungen. Das restliche Staatsland wie auch das Land der ehemaligen Gebietsschäferei wurden in Parzellen zu 12 Desjatinen an die Hausbesitzer ohne Land verteilt[96]. Zwei Kolonistenbezirke folgten der Empfehlung des Domänenministeriums, ihre Landlosen mit 12-Desjatinen-Grundstücken aus dem Land der ehemaligen Gemeindeschäfereien zu versorgen. Der Moločnaer Kolonistenbezirk wählte dagegen eine Lösung, die sich auch in anderen Bezirken durchsetzte. Hier verpachtete man das Schäfereiland in Parzellen von 4–5 Desjatinen an die Meistbietenden und nutzte die Einnahmen zum Kauf von Grundstücken, auf denen Tochterkolonien für die Landlosen angelegt wurden[97]. Als die durch Mennonitengebiet führenden Trassen, auf denen das Salz von der Krim nach Norden gebracht wurde, verengt und die freigewordenen Streifen dem Moločnaer Mennonitenbezirk zugewiesen wurden, folgten die Mennoniten dem Beispiel ihrer Nachbarn und schufen sich ebenfalls einen Pachtartikel, aus dessen Einnahmen sie Landkäufe bestreiten konnten[98].

Für Landkäufe standen den Kolonisten außerdem Kredite der Waisenkassen zur Verfügung. Wenn ein Kolonist starb und minderjährige Waisen zurückließ, wurden sein Landanteil verpachtet und sein bewegliches Eigentum versteigert. Das so entstandene ‚Waisenkapital‘ wurde von gewählten Waisenältesten verwaltet, mit einem Jahreszins von 5% ausgeliehen und den Waisen, wenn sie volljährig wurden, mit den eingegangenen Zinsen zurückerstattet. Der Bezirk Liebental übertrug die Verwaltung des Waisenkapitals schon 1830 einer ‚Waisen- und Sparkasse‘. 1869 stimmte der Domänenminister dem Vorschlag eines südrussischen Kolonistenkongresses zu, entsprechende ‚Waisen-, Leih- und Sparkassen‘ in jedem Bezirk einzurichten. Mit ihren Krediten sollten Gemeinden, Siedlergenossenschaften und einzelne Kolonisten einen Teil der Summe für Landkäufe finanzieren können[99]. Die sieben Waisenkassen des Gouvernements Cherson verfügten 1890 über 1 Mio., die entsprechenden Banken Tauriens und Bessarabiens über je 0,5 Mio. Rubel. Da die Mennoniten auch den Landanteil von Verstorbenen versteigerten, wurden in ihren beiden Kassen größere Beträge deponiert, so daß die Chorticaer Kasse im gleichen Jahr über 1,2 Mio. und die Moločnaer über 0,8 Mio. Rubel verfügen konnte[100].

Die Gründung von Tochterkolonien in Neurußland und im Wolgagebiet

Die ‚Mutterkolonien' versuchten ihre finanzielle Belastung zu verringern, indem sie von den Umsiedlern einen Eigenbeitrag verlangten und das Land der Tochterkolonien bei den Provinzialbanken versetzten, wofür diese meist bereit waren, einen Kredit in Höhe von zwei Dritteln der Kaufsumme zu gewähren. Die Tochterkolonien mußten die Kredite der Banken und der Waisen- oder Schäfereikassen in jährlichen Raten tilgen. Manche Tochterkolonien konnten ihren Zahlungsverpflichtungen nicht nachkommen. Die mennonitische ‚volost' Nikolajfeld hingegen tilgte ihre Schuld innerhalb von 18 Jahren, so daß das Kapital für weitere Landkäufe zur Verfügung stand. Die russischen, ukrainischen und rumänischen Gemeinden Südrußlands besaßen keine vergleichbare Einnahmequelle. Deutsche Bauern waren bereit, gegenüber den Banken füreinander zu bürgen. Solche Bürgschaften waren bei den orthodoxen Nachbarn der Kolonisten unbekannt, zumal die Banken nur Hypotheken auf die Wohn- und Wirtschaftsgebäude gaben, die in den ukrainischen und russischen Dörfern meist nur einen geringen Wert besaßen. Außerdem konnten Kolonisten von wohlhabenden Landsleuten Kredite zu einem Zinssatz von 10–12 % erhalten, während Außenstehende das Doppelte verlangten[101]. Ukrainische Bauern konnten sich in der Regel nicht an reichere Dorfgenossen wenden, da diese meist danach strebten, die Umteilungsgemeinde zu verlassen.

1812 bzw. 1813 verpachtete das Kontor erstmals große Grundstücke aus seinem Bodenvorrat zu niedrigen Preisen an die Mennoniten Johann Cornies und Claas Wiens, die die Schafzucht in großem Maßstab und damit rationell betreiben konnten. Cornies erzielte mit seiner Schäferei nach eigenen Angaben in den ersten 20 Jahren einen Reinertrag von über 422000 Rubel. 1868 befand sich die Viehzucht auf den Vorwerken der Großgrundbesitzer und Großpächter unter den Kolonisten in blühendem Zustand, während die übrigen deutschen Siedler nur noch 8,5 % ihrer Einnahmen aus der Viehzucht bezogen[102]. Nach dem Krimkrieg wanderten viele Tataren und Nogajer nach Anatolien aus. Bulgarische Kolonisten zogen nach der Befreiung Bulgariens von türkischer Herrschaft in ihre frühere Heimat zurück. Einzelne deutsche Kolonisten, Siedlergenossenschaften und Gemeinden nutzten die Gelegenheit, das Land der verlassenen Siedlungen billig zu kaufen. In den meisten Fällen erwarben sie ihren Grundbesitz jedoch von adligen Gutsbesitzern, die mit der Aufhebung der Leibeigenschaft ihre billigen Arbeitskräfte verloren hatten und sich nicht selbst um die Gutswirtschaft kümmerten.

Eine Karte der deutschen Kolonien Südrußlands von 1848 müßte 220

Dörfer verzeichnen und würde Ansammlungen deutscher Kolonien im südlichen Bessarabien, im Hinterland von Odessa, am Dnepr, auf beiden Seiten der Moločna, nördlich von Mariupol' sowie verstreute Dörfer auf der Krim zeigen. Eine Karte des Jahres 1914 hätte dagegen die Ausbreitung der Kolonien über alle Kreise der neurussischen Gouvernements und die Entstehung neuer Koloniebezirke besonders auf der Krim darzustellen. Bis 1890 gründeten deutsche Kolonisten 362 Dörfer auf eigenem und 237 Weiler auf Pachtland. Sie hatten 656000 Desjatinen Kronland erhalten und inzwischen Tochterkolonien auf ungefähr ebensoviel eigenem Land gegründet. Der Landbesitz der deutschen Kolonisten hatte sich im Gouvernement Ekaterinoslav verdreifacht, in den Gouvernements Cherson und Taurien verdoppelt, in Bessarabien hingegen nur um ein Drittel zugenommen. Im Gouvernement Ekaterinoslav entfielen auf eine deutsche männliche ‚Seele' im Durchschnitt 15, auf jede russische oder ukrainische dagegen nur 4 Desjatinen. Das Land war jedoch sehr ungleichmäßig verteilt. Trotz der großen Abwanderungsbewegung von Mutter- in Tochterkolonien in den letzten beiden Jahrzehnten verfügten 1890 zwei Drittel der deutschen Kolonistenfamilien des Gouvernements Cherson weder über Kron- noch Privatland. Auch machte es einen großen Unterschied für die Bauern, ob sie auf Staats-, Eigen- oder Pachtland wirtschafteten. Um Staatsland verkaufen oder versetzen zu können, mußten sie ihren Anteil erst mit der zwanzigfachen Grundsteuer ablösen. Pächter konnten ihr Land an zahlungskräftigere Pächter oder Käufer verlieren.

Mehr als 1 Mio. Desjatinen befanden sich im Jahre 1890 im Privatbesitz von Deutschen. Bei 89% der deutschen Eigentümer handelte es sich um ehemalige Kolonisten. Einzelpersonen, Siedlergenossenschaften und Kolonien hatten 1890 außerdem von Gutsbesitzern 0,5 Mio. Desjatinen gepachtet. Die meisten Güter lagen in der Nachbarschaft der Mutterkolonien und in Gebieten, die die Tataren und Nogajer verlassen hatten. Da der Boden im Gouvernement Taurien stets billiger gewesen war als im Gouvernement Ekaterinoslav, hatten die Kolonisten in Taurien auch größere Güter kaufen können. Unter den Gutsbesitzern beider Provinzen waren die Mennoniten mit 1218 Gütern überdurchschnittlich stark vertreten. Da in diesen Gouvernements auf fünf Mennoniten rd. acht deutsche Lutheraner und drei deutsche Katholiken entfielen (1897), entsprach selbst die Zahl von 258 Gütern im Besitz von Lutheranern nicht deren Anteil an der deutschen Bevölkerung. Nur 38 Katholiken hatten bis 1890 private Güter erworben[103]. In den 1890er Jahren verlangsamte sich die Zunahme des deutschen Grundbesitzes in Neurußland, weil die Kolonisten begannen, billigeres Land in anderen Provinzen des Reiches zu kaufen.

Da die Wolgadeutschen das russische Umteilungssystem übernommen hatten, erhielten zwar alle Söhne einen Landanteil, doch verringerte sich dieser von Generation zu Generation. Auf der ‚Bergseite' der Wolga entfielen schon 1834 nur noch 5,6 Desjatinen auf die ‚Revisionsseele'. Deshalb wies die Regierung den deutschen Kolonisten im Jahre 1840 große Flächen der ‚Kirgisensteppe' zu. Erst als sich die Altkolonien bereit erklärten, die Umsiedlung durch Geld- und Sachleistungen zu unterstützen, entschlossen sich junge und ärmere Familien zum Auszug und gründeten bis 1860 insgesamt 66 und bis 1902 weitere 15 Tochterkolonien. Das fruchtbare Neuland belohnte ihre Mühen in kurzer Zeit mit reichen Ernten. Andere Wolgadeutsche zogen in den Nordkaukasus und später nach Sibirien und Zentralasien[104].

Tochterkolonien im Nordkaukasus, in Mittelasien und Sibirien

Die südrussischen Kolonisten wanderten seit den 1860er Jahren nach Osten und legten Dörfer im Land der Donkosaken, im Gouvernement Stavropol' und im Terek-Gebiet an. In den 1890er Jahren entstanden in den Gouvernements Samara und Orenburg die ersten mennonitischen Tochterkolonien (‚Neu-Samara' und ‚Deevka'). In den asiatischen Teil des Reiches zogen Mennoniten unter der Führung von zwei chiliastisch gesinnten Predigern. Ihnen wurden Siedlungsplätze im Talas-Tal rd. 350 km von Taškent und 70 km von Aulieata zugewiesen, wo sie anfangs vier Kolonien anlegten. Ihnen folgten nach der Hungersnot, die in den Jahren 1891/92 das Wolgagebiet ergriffen hatte, die ersten Deutschen aus den dortigen Kolonien. Sie ließen sich in der ‚Kirgisensteppe' nördlich von Taškent nieder. Nach der Jahrhundertwende gründeten größere Gruppen von Umsiedlern sowohl aus den südrussischen und nordkaukasischen als auch den wolgadeutschen Siedlungsgebieten Dörfer in der Steppe zwischen Omsk und Tomsk. Das Land in der Nähe von Omsk mußten die Siedlergenossenschaften und einzelne Kolonisten kaufen. In der Kulundasteppe zwischen Ob und Irtyš erhielten die Landsucher von der Regierung kostenlos 15 Desjatinen Staatsland pro männliche ‚Seele' und einen Einrichtungskredit von 165 Rubel pro Familie. In den ersten fünf Jahren sollten sie keine und in den folgenden fünf Jahren nur die Hälfte der üblichen Steuern zahlen. In der Steppe bauten sich die Umsiedler ‚Wiesenhütten' aus Rasenstücken. Der Anfang war schwer, da sie wenig Vieh und Geräte besaßen. Manche Siedler hatten auch nur geringe Kenntnisse in der Landwirtschaft. Im kurzen sibirischen Sommer bauten sie Weizen an und brachten Milch, Butter und Käse auf die örtlichen Märkte[105]. 1914 gab es in Westsibirien allein 93 mennonitische Kolonien. Im Kreis Slavgorod, d. h. in der Kulundasteppe zwischen den Flüssen Irtyš und Ob, lebten im Jahre 1914 bereits 17500 Deutsche, darunter 45,5% Mennoniten, 40,5% Lutheraner und 14% Katholiken[106].

Auswanderung nach Amerika

Als die russische Regierung 1871 die Privilegien der Kolonisten aufhob, suchten Kanada und die Vereinigten Staaten Siedler für die neu erschlossenen Provinzen des Westens. Besonders die angekündigte allgemeine Wehrpflicht beunruhigte die deutschen Kolonisten, vor allem die Mennoniten. Sie lehnten auch das Angebot der Regierung ab, ihre Wehrpflicht als Sanitäter abzuleisten, falls deren Dienst militärisch organisiert würde. Als ein Teil der Mennoniten seinen Besitz verkaufte und sich auf die Auswanderung nach Nordamerika vorbereitete, lenkte die Regierung ein und bot ihren Vertretern im April 1874 einen vierjährigen Ersatzdienst in Forstkommandos unter der Aufsicht gewählter Vorsteher an. Dennoch wanderten in den Jahren 1874–1880 ungefähr 15000 Mennoniten in die USA und nach Kanada aus. Zur gleichen Zeit verließen auch lutherische Schwarzmeer-Deutsche, besonders solche aus den überfüllten Kolonien Bessarabiens, das Russische Reich. Nach der Einführung der Wehrpflicht (1874) zogen wenige, nach Mißernten und nach der Mobilisierung der Reservisten für den Krieg gegen Japan 1904/05 jedoch viele Wolgadeutsche nach Nordamerika und ließen sich besonders in Nord- und Süd-Dakota, Nebraska, Oregon und Washington nieder. Viele von ihnen schlugen sich dort zunächst als Farm- und Straßenarbeiter durch. Eine größere Gruppe von Katholiken wanderte nach Brasilien aus. Andere entschlossen sich zur Rückwanderung nach Deutschland[107].

1.5.5. Kirche, Schule und Presse

Die Verwaltung der Kolonien verpflichtete Geistliche und Schulzen, die Kolonisten „zur Frömmigkeit, zum Kirchenbesuch an Sonn- und Feiertagen, zum Beten und zum Empfang des Abendmahls zu ermahnen". Gebiets- und Dorfschulzen sollten darauf achten, daß die Kolonisten „ein nüchternes, ruhiges und arbeitsames Leben führen, wie es ihrem Stand zukommt". „Üppigkeit und Verschwendung sind unter den Kolonisten von den Schulzen zu unterdrücken und die Schuldigen durch schwere Aufgaben und Gemeindearbeiten zur Vernunft zu bringen, damit sie sich nicht daran gewöhnen"[108].

Das Innenministerium wies die Gemeinden an, nach Ablauf der Freijahre den Geistlichen die Gehälter selbst zu zahlen, und zwar den protestantischen 600, den katholischen 500 Rubel jährlich. Jeder Landwirt sollte pro Jahr einen Tag mit, jeder Familienvater ohne Wirtschaft einen Tag ohne Arbeitsvieh für den Geistlichen arbeiten. Außerdem legte das Ministerium fest, wieviel die Gemeindemitglieder für geistli-

Evangelische Kirche in Odessa.

che Dienste wie Taufe, Trauung, Konfirmierung und Begräbnis an den Pfarrer entrichten mußten. In einigen Siedlungsgebieten erhielten die Geistlichen einen Landanteil und ein bestimmtes Deputat an Nahrungs- mitteln und Brennholz[109]. Die lutherischen Pastoren besaßen einen „ungeheuren Einfluß" und lenkten zusammen mit den wohlhabenden Landwirten das Leben der Gemeinde[110]. In manchen Kolonien verbiete eine „falsche Frömmigkeit" der Jugend „jeden Scherz, jeden Zeitver- treib, jedes unschuldige Jugendspiel", schrieb der lutherische Pastor Stach[111]. Die geistliche Versorgung der deutschen Gemeinden ließ viel zu wünschen übrig. Die meisten deutschen Dörfer erhielten nur einige Male im Jahr Besuch von ihrem Pastor, der in der Regel mehrere, oft weit voneinander entfernt liegende Dörfer zu betreuen hatte. Bibeln und Gesangbücher waren Mangelware[112].

Sowohl die lutherische und die reformierte als auch die katholische

Kirche Rußlands waren multi-ethnische Institutionen. Die Amtssprache der lutherischen Kirche war aber deutsch, denn die meisten Pastoren hatten in Dorpat studiert. Durch das Kirchengesetz von 1832 wurden je ein evangelisch-lutherischer Konsistorialbezirk in St. Petersburg und in Moskau geschaffen. Dem ersten unterstanden die Schwarzmeer-, dem zweiten die Wolgakolonisten. Dem St. Petersburger Konsistorium wurde bald darauf eine ‚Reformierte Sitzung' zur Betreuung der wenigen reformierten Gemeinden angegliedert. In vielen protestantischen Gemeinden bildeten sich pietistische Gemeinschaften, die sich zu ‚Stunden' trafen. In der ersten Hälfte des 19. Jahrhunderts entsandte die Basler Missionsgesellschaft eine Reihe von Pastoren, denen es gelang, die ‚Stunden' im Rahmen der Kirche zu halten. Seit der Mitte des Jahrhunderts hingegen wurden die meisten Pastoren an der Theologischen Fakultät der Universität Dorpat ausgebildet. Diese streng orthodox orientierten Pastoren kamen mit ihren oft pietistisch gesinnten Gemeinden nur schwer zurecht. Nur mit Mühe konnten sie den Einfluß von Sektierern zurückdrängen, die an den chiliastischen Vorstellungen festhielten, die sie und ihre Väter bewogen hatten, Württemberg zu verlassen. Die Chiliasten Neuhoffnungs in Taurien und der deutschen Gemeinden Georgiens hatten die Unterstellung unter das Konsistorium ohnehin abgelehnt[113].

Die katholischen Kolonien wurden seit der Ausweisung der Jesuiten 1820 überwiegend von polnischen und litauischen Geistlichen betreut, die ihnen das zuständige Erzbistum Mogilev schickte, dessen Sitz später nach St. Petersburg verlegt wurde. Mangelhafte Sprachkenntnisse begrenzten ihren Einfluß in der Gemeinde. Erst 1857 wurde ein geistliches Seminar in Saratow gegründet, das deutsche Priester für die Kolonien ausbildete[114].

In den protestantischen Gemeinden übten die Schulmeister zugleich das Amt des Küsters oder Kantors aus. Bei Abwesenheit des Pastors lasen sie aus den Predigtbüchern vor und vertraten ihn bei Begräbnissen und Taufen. Solange die Vormundschaftskontore ihre Gehälter zahlten, unterstanden die Küster-Lehrer dem Pfarrer des zuständigen Kirchspiels. Den Gemeinden wurde freigestellt, wieviel Gehalt sie den Schulmeistern zahlen und wieviel Lebensmittel sie ihnen liefern wollten. Die Lehrer sollten auch freie Wohnung und Heizung in den Schulhäusern erhalten. Da die Bauern oft schlechten, aber billigen den Vorzug vor guten und teuren Schulmeistern gaben, wurde die Auswahl den Gemeinden wieder entzogen und dem zuständigen Pfarrer übertragen. Noch 1830 hielt ein führender Koloniebeamter 108 von 116 Lehrern der Ekaterinoslaver Niederlassung für gänzlich ungeeignet: Sie könnten selbst nur mit Mühe lesen und kaum ihren Namen schreiben[115]. Der Unterricht in der Dorfschule bereitete die Jugendlichen in erster Linie

auf Konfirmation bzw. Firmung vor. Deshalb gingen die katholischen
Kinder zwei Jahre weniger zur Schule als die protestantischen. Die
Klassen waren so groß, daß viele Lehrer sich damit behalfen, den
Buchstabierkursus durch fortgeschrittene Schüler geben zu lassen. Danach setzte man die Kinder an die Fibel und das Einmaleins. In den
nächsten Jahren wurde das Neue Testament „bald [...] bankweise, bald
chorweise in singendem Tone nach Silben gelesen". Wenn die Jugendlichen die Schule verließen, konnten die wenigsten schreiben und rechnen. Klassen mit bis zu 300–400 Schülern hinderten die Lehrer, sich dem
Einzelnen zu widmen. Nur in den Kolonien der Mennoniten sah es bei
einem Durchschnitt von 46 Schülern pro Klasse (1837) besser aus[116]. Das
Schuljahr dauerte nur vom 1. Oktober bis zum 31. März. Außerdem
schickten viele Eltern ihre Kinder so unregelmäßig zur Schule, daß im
1. Propstbezirk (um Odessa) „jedes Kind während der vorgeschriebenen
sechs Schulmonate von je 15 Tagen 9 versäumt"[117].

Die Mennoniten wollten eine Gemeinschaft bewußter Christen sein.
Aus diesem Selbstverständnis heraus leiteten sie die Taufe bekehrter
Erwachsener, das allgemeine Priestertum mit der freien Wahl der geistlichen ‚Lehrer' und ‚Ältesten', die Autonomie jeder Gemeinde, die gegenseitige Fürsorge und den Bann ab. Sie verweigerten Eidesleistung
und Waffendienst. Ihre Tradition, die ‚Welt' zu meiden und die Übernahme weltlicher Ämter abzulehnen, konnten sie in den geschlossenen
Gemeinden Südrußlands nicht aufrechterhalten. Mennoniten wurden
hier auch zu Schulzen gewählt. Die Regierung verlieh den Amtsinha-
bern Herrschafts- und Strafgewalt über ihre Glaubensbrüder. Die staatliche Verwaltung der Kolonien unterstützte diejenigen, die sich für Neuerungen auf landwirtschaftlichem und schulischem Gebiet einsetzten,
gegen die Opposition von stärker der Tradition verhafteten Mennoniten. ‚Erweckt' von einem Prediger der benachbarten Gemeinde Neu-
hoffnung und baptistischen Missionaren, protestierte eine Gruppe von
Mennoniten gegen das Gewohnheitschristentum ihrer Glaubensbrüder
und die soziale Vorherrschaft der Bauern und bildete 1859 die ‚Mennoni-
ten-Brüdergemeinde'[118].

1822 gründeten einige Führer der Mennoniten einen ‚Schulverein'
und die erste weiterführende Schule. Auf Initiative der Regierung
wurden seit 1834 sowohl an der Wolga als auch am Schwarzen Meer
‚Zentralschulen' errichtet, die Kolonisten-Kinder zu Schulmeistern und
Gemeindeschreibern heranbilden und die Kenntnis der russischen Sprache verbreiten sollten[119]. In den 1860er Jahren begannen viele Lehrer,
meist vergeblich, sich gegen die zusätzliche Belastung durch das Schrei-
beramt zu wehren. Sie forderten eine Teilung der großen Klassen[120] und
die Verbesserung des Russisch-Unterrichts, „umso mehr als viele gezwungen sind, ihr Brot außer der Gemeinde zu suchen". Der Russisch-

Zentralschule in Halbstadt, Schwarzmeergebiet.

Unterricht solle von Russen erteilt werden. In größeren Gemeinden wurden neben weiteren Zentralschulen später auch Gymnasien errichtet und in einigen Gemeinden mit Zuschüssen der 1863 geschaffenen Selbstverwaltungsorgane der Gouvernements und Kreise ‚Zemstvo'-(Landschafts-)Schulen gegründet. Das Interesse der Kolonisten an der Ausbildung ihrer Kinder an staatlich anerkannten weiterführenden Schulen stieg nach der Einführung der Wehrpflicht, da Absolventen solcher Lehranstalten eine Reduktion der Dienstzeit eingeräumt wurde. Die Zentralschulen wurden in den 1880er Jahren, die Kirchenschulen zu Beginn der 1890er Jahre russifiziert. Nur noch Deutsch und Religion sollten in der Muttersprache unterrichtet werden. Nach der Revolution von 1905 erlaubte die Regierung, die Kinder in den ersten beiden Schuljahren in allen Fächern wieder in der Muttersprache zu unterrichten. Von der 3. Klasse an erhielten sie wöchentlich insgesamt 10 Stunden russischsprachigen Unterricht, und zwar nicht nur zum Spracherwerb, sondern auch in Geschichte und Geographie[121]. Wer in einem Marktflecken oder in einer von russischen Dörfern umgebenen Tochterkolonie wohnte, wer eine weiterführende Schule besucht, in der Armee gedient, als Großbauer besonders in Südrußland russische Knechte oder als Handwerker, Fabrikant oder Händler russische Arbeiter und Kunden hatte, sprach besser Russisch als der Landwirt in einer traditionellen Kolonie. Für manche Dörfer war die Kenntnis des Ukrainischen,

Rumänischen oder Tatarischen wichtiger als die Beherrschung des Russischen.

Die meisten Kolonisten lasen kirchliche Blätter und Kalender. Das Fürsorgekomitee in Odessa verpflichtete die Schulzenämter, die seit 1863 erscheinende überkonfessionelle ,Odessaer Zeitung' zu abonnieren. Ein zeitgleicher Versuch, eine solche Zeitung auch in den Wolgakolonien heimisch zu machen, mußte nach zwei Jahren aufgegeben werden. Erst die Revolution von 1905 und die Spenden eines wolgadeutschen Industriellen schufen die Voraussetzungen für die Herausgabe einer wolgadeutschen Tageszeitung[122].

Gründe für den Erfolg der Kolonisten im Zarenreich

Die finanzielle Unterstützung und die Privilegien, die die Zaren den ausländischen Ansiedlern gewährten, halfen ihnen, die Anfangsschwierigkeiten zu überwinden: Bis 1874 mußte keine deutsche Familie einen Sohn an die Armee abgeben. Die Mennoniten genossen das zusätzliche Privileg, daß ihre Steuern bei 15 Kopeken pro Desjatine eingefroren wurden. So zahlte ein mennonitischer Steuerpflichtiger zwischen 1812 und 1840 nur ein Drittel, von 1841 bis 1869 sogar nur noch ein Elftel dessen, was ein lutherischer oder katholischer Kolonist oder auch russischer Staatsbauer entrichten mußte. Deshalb konnten die Gemeinden der Mennoniten mehr Kapital in private oder kommunale Wirtschaftsunternehmen, Schulen, Plantagen und Schäfereien investieren[123].

Aufgrund ihrer Agrarordnung gewannen die südrussischen Kolonien einen Vorsprung vor den wolgadeutschen und russischen Gemeinden. Da der Landanteil nicht unter den Erben aufgeteilt werden durfte, konnte der südrussische Kolonist die Arbeitskraft seiner Familie, seine Arbeitstiere, seine Geräte und Maschinen wirtschaftlicher einsetzen als der wolgadeutsche oder russische Bauer, dessen Landanteil durch die Umteilung ständig kleiner wurde. Wer 60 Desjatinen besaß, konnte mehr Land für die Marktproduktion nutzen, mehr Kapital in bessere Maschinen investieren und mehr Boden pachten oder kaufen als der Besitzer einer kleineren Parzelle[124].

Diese Agrarordnung beschleunigte die soziale und berufliche Differenzierung im deutschen Dorf Südrußlands. Wer keinen Landanteil erbte, mußte entweder Land pachten bzw., falls möglich, kaufen oder ein Handwerk ergreifen. Der wolgadeutsche und russische Bauer dagegen hatte einen rechtlichen Anspruch auf einen wenn auch noch so kleinen Anteil am Gemeindeland. Deshalb mußte er sich nicht zwischen bäuerlicher und handwerklicher Tätigkeit entscheiden. Alle deutschen Kolonisten besuchten Grundschulen, manche auch weiterführende

Schulen. In mennonitischen Dörfern achtete die Kirchengemeinde auf das sittliche Verhalten und damit auch auf die Arbeitsmoral jedes einzelnen Mitglieds. In lutherischen und reformierten Dörfern genoß der Pastor große Autorität. Protestanten wurden an weniger Feiertagen von der Arbeit ferngehalten als Katholiken oder gar Orthodoxe[125]. Ihre Fremdheit in der russischen Umgebung motivierte die Kolonisten, ihre ethnisch-religiöse Sonderstellung durch weitgehende Anpassung an die Wünsche der Kolonieverwaltung, durch besondere wirtschaftliche Leistungen, durch Zukauf von Land, Einführung neuer Techniken und Gewerbe langfristig zu sichern und Institutionen zur gegenseitigen Hilfeleistung aufzubauen.

Neue Siedlungen in Wolhynien

Als in den deutschen Dörfern Mittelpolens und Galiziens der zu Beginn des 19. Jahrhunderts gerodete Boden erschöpft war und die rasch gewachsene Bevölkerung nicht mehr ernähren konnte, zog seit den 1830er, besonders aber den 1860er Jahren ein Teil der deutschen Landwirte weiter nach Osten, in die Gouvernements Podolien und Kiew, vor allem aber nach Wolhynien, wo die polnischen Gutsbesitzer Ersatz für die 1861 befreiten ukrainischen Leibeigenen suchten. Die Gutsherren schlossen mit den Einwanderern, die nicht den Kolonisten-Status erhielten, in der Regel 12jährige, erneuerbare Pachtverträge und gewährten ihnen nur in Ausnahmefällen finanzielle Unterstützung oder zinsfreie Jahre. Die Siedler mußten die Wälder roden oder, soweit die Gutsarbeiter die Bäume gefällt hatten, zumindest die Baumstümpfe selbst entfernen und in den ersten Jahren in Erdhütten oder Strauchbuden leben. Die meisten deutschen Dörfer umfaßten bis zu 30 Betriebe mit durchschnittlich 7 Desjatinen Land. Ihre Einwohnerzahl wuchs kaum, da der Anerbenbrauch die überschüssige Bevölkerung zur Anlage von Tochterkolonien zwang. 62% dieser Rodungsdörfer zählten 1882 bis zu 100, nur 5% mehr als 200 Einwohner. In vielen Fällen bot der Gutsherr den Siedlern das Pachtland zum Kauf an, doch machten diese nur selten von dieser Möglichkeit Gebrauch[126]. Erst in den letzten zehn Jahren vor dem Ersten Weltkrieg nutzte eine Mehrheit der Pächter die Möglichkeit, ihr Land als Eigentum zu erwerben.

Im Bannkreis alldeutscher und panslavistischer Propaganda

Die Reformen Alexanders II. (1861–1865) und die Aufhebung der Privilegien zwangen auch die Kolonisten, aus der Enge des Dorfes herauszutreten. Die Modernisierung mit der Zunahme des Warenaustausches, dem Ausbau der Verkehrsverbindungen, der Verstädterung und der sozialen Differenzierung verstärkte auch ihre Kontakte zur Außenwelt. Als der Prozeß der sozialen Integration und in den Städten auch der kulturellen Assimilation bereits in vollem Gange war, stieß die nationalistische Presse die deutschen Bauern als angebliche Vorposten des mächtigen Deutschen Reiches und potentielle Vaterlandsverräter zurück. Denn die Beziehungen zum Deutschen Reich hatten sich seit dem Berliner Kongreß (1878) und der Erhöhung der russischen Zölle für Industriewaren (seit 1877) sowie der deutschen Zölle für Getreide (1879) verschlechtert. Besonders das schnelle Wachstum der deutschen Siedlungen in Wolhynien erregte Mißtrauen. Im März 1887 wurden allen Ausländern Kauf und Pacht von Land in diesem Gouvernement verboten. Daraufhin wanderte ein Teil der deutschen Bauern nach Nordamerika und Brasilien aus, aber auch nach Sibirien und Kurland, wo baltische Gutsbesitzer ihnen seit 1905 Land anboten[127].

Entgegen der alldeutschen auf der einen und der panslavistischen Propaganda auf der anderen Seite aber waren die Rußlanddeutschen zarentreu und interessierten sich kaum für das Bismarck-Reich. Die russischen Nachbarn wiederum sahen zwar in den ehemaligen Kolonisten ein ihnen in Sitten und Gebräuchen fremdes Element, hegten aber nur in Ausnahmefällen feindliche Gefühle gegenüber den deutschen Bauern und Handwerkern. Nicht die landarmen Wolgadeutschen, sondern nur die deutschen Großbauern und Großgrundbesitzer am Schwarzen Meer erregten ihren Neid. Nur diese wurden während der Revolutionen von 1905 und 1917 Opfer von Angriffen[128].

Nach der Schaffung der Zemstva in den 1860er Jahren beteiligten sich die Kolonisten auch am politischen Leben des Reiches. Einerseits konnten die Kolonien Vertreter in die ‚Kurie der Landgemeinden' wählen. Andererseits durfte sich die große Zahl der Kolonisten, die Privatland gekauft hatte, zusätzlich an den Wahlen zur ‚Kurie der Landbesitzer' beteiligen. Da ihre Wahlbeteiligung über derjenigen der übrigen Landbesitzer lag, entsandten sie überdurchschnittlich viele Abgeordnete in die Zemstva der Kreise. Deutsche wurden auch in die Zemstva der Gouvernements und die Zemstvo-Verwaltungen delegiert. Bei den ersten Wahlen zur Duma unterstützten die St. Petersburger, die Moskauer und die Schwarzmeer-Deutschen den ‚Verband vom 17. Oktober' (‚Oktobristen'), während die Wolgadeutschen mithalfen, die in der Landfrage radikaleren ‚Konstitutionellen Demokraten' zur stärksten Partei zu machen. Einige wolgadeutsche Lehrer und Arbeiter fanden damals sogar den Weg in sozialistische Parteien. Als die Regierung den Wahlzensus verschärfte, entsandten auch die Wolgadeutschen nur noch ‚Oktobristen' in die Duma. Mit Unterstützung dieser Partei konnten die deutschen Abgeordneten 1910 und 1912 Versuche der Regierung abwehren, deutschen Siedlern Kauf oder Pacht von Land zu verbieten[129].

1.5.6. Von Rußland- zu Sowjetdeutschen: Krieg, Revolution und Bürgerkrieg

Nach der russischen Niederlage in der Schlacht von Tannenberg im September 1914 wurden die deutschen Soldaten des russischen Heeres von der russischen Westfront abgezogen und an die Kaukasus-Front verlegt. Unter dem Eindruck der kriegsbedingten antideutschen Stimmung verbot die Regierung im Februar 1915 allen Siedlern deutscher Abstammung den Kauf von Grund und Boden. Die deutschen Bauern einer 100–150 Werst (1 Werst = 1,067 km) breiten Zone an der Westgrenze und am Meer sollten innerhalb von 10–16 Monaten ihr Land verkaufen. Die Wolhynien-Deutschen mußten Vieh und Inventar innerhalb von 10–14 Tagen verschleudern und wurden ins Landesinnere transportiert[130]. Die Bauernlandbank erhielt das Vorkaufsrecht für Kolonistenland und erwarb bis Mitte 1916 insgesamt 134 222 Desjatinen Land[131]. Am 27. Mai 1915 wurden in Moskau 759 deutsche Geschäfte und Wohnungen geplündert. Die Mennoniten erklärten sich zu ‚Holländern‘ und erreichten, daß sie von den im Dezember 1915 verschärften Enteignungsgesetzen ausgenommen wurden. Je rd. 6000 junge Mennoniten wurden als Forstwächter bzw. als Sanitäter eingesetzt[132].

Nach diesen Erfahrungen begrüßten die Rußland-Deutschen 1917 die Februar-Revolution. Sie bildeten Vereinigungen in Moskau, Saratow, Odessa, Tiflis und Omsk und forderten auf deren Kongressen die Rücknahme der Enteignungsgesetze von 1915 und die Zulassung des Deutschen als Amts- und Unterrichtssprache. Sie sprachen sich für die Verstaatlichung des Großgrundbesitzes und die Zuteilung von Staatsland an Landlose und Landarme aus. Ebenso wie in Staatsbauerndörfern wurden auch in mindestens zwei wolgadeutschen Gemeinden Bauern, die in der ‚Ära Stolypin‘ (1906–11) ihren Staatsanteil abgelöst und damit als Eigentum erworben hatten (‚otrubniki‘), von ihren Dorfgenossen in die Umteilungsgemeinde zurückgezwungen[133]. Bei den Wahlen vom November 1917 erhielten die liberale und die sozialistische wolgadeutsche Liste ungefähr gleich viele Stimmen, aber beide nicht genug, um einen Vertreter in die Konstituante zu entsenden. Da beide Parteien für die Fortführung des Krieges eintraten, dürfte ein Teil der Wolgadeutschen die Bolschewiken gewählt haben, die einen sofortigen Friedensschluß forderten[134]. Nach der Oktober-Revolution ergriffen diese auch im Wolgagebiet die Macht, requirierten Nahrungsmittel und Vieh und trieben von wohlhabenden Bauern und Unternehmern Kontributionen ein[135]. Als die Bolschewiken bewaffnete Verbände in den ‚Kampf gegen die Kulaken ums Brot‘ schickten, brachen auch in deutschen Dörfern Aufstände aus, die brutal niedergeschlagen wurden[136].

Ende Februar 1918 forderte eine Konferenz wolgadeutscher Zemstvo-Abgeordneter die Bildung einer „selbständigen deutschen Wolgarepublik im russischen Föderationsstaat"[137]. Sie schickte ebenso wie der ‚Bund der Sozialisten des deutschen Wolgagebietes' eine Delegation nach Moskau, die über die Autonomie des Wolgagebiets verhandeln sollte. Lenin antwortete mit der Beauftragung des in russische Kriegsgefangenschaft geratenen Ernst Reuter, der später Regierender Bürgermeister in Berlin werden sollte, „die neue Kommune auf seine Weise zu organisieren". Auf dem von Reuter inspirierten Sowjetkongreß im Juni bildeten die Vertreter der deutschen Dörfer eine ‚Föderation der Arbeiter- und Bauernräte' und wählten einen Vollzugsausschuß. Auf ihrem nächsten Kongreß im Oktober 1918 schlossen sie sich zur ‚Arbeitskommune des Gebietes der Wolgadeutschen' zusammen. Entsprechend dem Erlaß des Rates der Volkskommissare in Moskau sollte der Gebrauch der Muttersprache in Schulen und örtlicher Verwaltung, bei Gericht und im öffentlichen Leben sichergestellt werden. Reuter baute eine eigene Verwaltung auf und sorgte für die Getreideablieferung und die Zuteilung von Industriewaren. Nach dem Ausbruch der November-Revolution in Deutschland kehrte er in seine Heimat zurück[138].

Mitte Februar 1918 marschierten deutsche und österreichische Truppen in der Ukraine ein und wurden von den meisten dort lebenden Deutschen als Befreier begrüßt. Unter dem Eindruck ukrainischer Nationalisierungsgesetze legten ihre Repräsentanten den Besatzungsmächten Pläne für die Umwandlung ihrer Siedlungsgebiete um Odessa und in Taurien in reichsdeutsche Kolonien vor. Für den Fall, daß dies nicht möglich sei, baten sie um Zustimmung zur Emigration ins Deutsche Reich. Eine einflußreiche Minderheit verhandelte dagegen gleichzeitig mit der ukrainischen Regierung über die von ihr versprochene ‚nationale persönliche Autonomie'. Gemeint war damit das Recht auf Selbstverwaltung in nationalen Fragen mit einem ‚Sekretariat für deutsche Angelegenheiten' bei der ukrainischen Regierung. Zwar setzte die deutsche Delegation in den Friedensverhandlungen mit der Ukraine und Rußland das Recht der Deutschen beider Länder durch, innerhalb einer 10jährigen Frist „in ihr Stammland zurückzuwandern". An einer massenhaften ‚Rückwanderung' war die Reichsregierung jedoch nicht interessiert. Die Kolonisten sollten vielmehr überall in Rußland „als politische und wirtschaftliche Faktoren" für das Deutsche Reich wirken[139]. Die Zahl der rußlanddeutschen Emigranten in der Zeit der Revolution, der deutschen Besatzung und des Bürgerkriegs wird auf 120000 Personen geschätzt, von denen ein großer Teil nach Nord- und Südamerika weiterwanderte[140]. Nach dem Abzug der deutschen Truppen verteidigten Einheiten eines deutschen ‚Selbstschutzes' die Dörfer gegen die von Nestor Machno geführten bäuerlichen ukrainischen Partisanen und gegen Räuberbanden, konnten aber nicht verhindern, daß ihre Gemeinden im Frühjahr und im Herbst 1919 besetzt, ausgeplündert und verwüstet wurden. Den Gewalttaten der Banditen und den eingeschleppten Seuchen fiel eine große Zahl deutscher Bauern zum Opfer. Im Bürgerkrieg zwischen ‚Weiß‘ und ‚Rot‘ wechselten die deutschen Dörfer Südrußlands häufig die Besitzer. Die Kolonisten empfanden die Besetzung durch die ‚weißen‘ Armeen Denikins und Wrangels ebenso wie die durch die Rote Armee als Befreiung, da sie unter deren Herrschaft wenigstens nicht mehr ständig um ihr Leben fürchten mußten wie zu Zeiten der Machno-Banden. Erst nach der Vertreibung der Armee Wrangels von der Krim im November 1920 konnten die Bauern sich an den Wiederaufbau ihrer zerstörten Dörfer machen[141].

1.5.7. Autonomie und Repression: die Zwischenkriegszeit

1924 wurde die ‚Arbeitskommune‘ in eine ‚Autonome Sozialistische Sowjetrepublik der Wolgadeutschen‘ mit mehr als 25 000 km² Fläche verwandelt, in der die Deutschen rd. zwei Drittel der Bevölkerung stellten[142]. In den außerhalb der Wolgarepublik gelegenen deutschen Dörfern wurden nationale Sowjets mit deutscher Amts- und Schulsprache gebildet. Von diesen 550 deutschen Sowjets gehörten 1929 rd. die Hälfte zur ukrainischen Sowjetrepublik. Größere deutsche Siedlungsgebiete wurden zu nationalen Rayons innerhalb der einzelnen Republiken zusammengefaßt. Ihre Zahl stieg bis 1931 auf 15, von denen sieben in der Ukraine, sechs in der russischen Republik und je einer in Georgien und Azerbajdžan lagen[143]. Da nur wenige deutsche Siedler zur Mitarbeit in der KPdSU bereit waren, besetzte die Partei die Posten in den Orts- und Rayon-Sowjets häufig mit deutschen Industriearbeitern, ehemaligen Kriegsgefangenen und Emigranten oder auch Funktionären anderer Nationalitäten. Soweit diese nicht Deutsch sprachen, stand der vorgeschriebene Gebrauch der deutschen Amtssprache nur auf dem Papier[144].

Die traditionellen Kirchen- und Zentralschulen wurden durch vierjährige Grundschulen und sieben-, später auch zehnjährige Mittelschulen ersetzt. 1926 erhielten in der Ukraine 82,3%, drei Jahre später sogar 92,5% der deutschen Schüler muttersprachlichen Unterricht, allerdings nur 7,5 bzw. 9,2% an Mittelschulen. Als erste Fremdsprache wurde die russische bzw. die Sprache der jeweiligen Republik gelehrt. Anschließend konnten die Absolventen deutschsprachige Technika mit pädagogischen, medizinischen, landwirtschaftlichen und industriellen Fachrichtungen besuchen. Im Wolgagebiet gab es darüber hinaus eine Musikschule. Auch wurden deutsche Zweige an verschiedenen Hochschulen errichtet. Das sowjetdeutsche Presse- und Buchwesen nahm bis 1933 einen Aufschwung. Seit der Machtergreifung Hitlers sank die Zahl der veröffentlichten Titel, besonders stark seit 1936. Allerdings stammte nur ein Zehntel der Veröffentlichungen aus der Feder sowjetdeutscher Autoren. Deutsche Theater gab es in Pokrovsk (Engels), Dnepropetrovsk und Odessa. Sie unternahmen auch Gastspielreisen durch deutsche Dörfer[145].

Die Trockenheit des Jahres 1921 und die Requisitionen des Vorjahres verursachten an der Wolga und am Schwarzen Meer eine Hungerkatastrophe. Innerhalb eines Jahres rafften Hunger und Krankheiten trotz internationaler, besonders amerikanischer und reichsdeutscher Hilfe selbst nach den wohl beschönigenden sowjetischen Angaben allein im Wolgagebiet 48000 Personen hinweg, während 74000 das Gebiet verließen. Einige deutsche Dörfer beteiligten sich an Hungerrevolten gegen die Sowjetmacht. Die Rote Armee schlug die Unruhen nieder und erschoß allein in einem einzigen Dorf 234 Personen[146]. In den Jahren 1923–1928 gelang es den nordamerikanischen Mennoniten, 18300 ihrer Glaubensbrüder aus der Sowjetunion herauszuholen, während gleichzeitig rund 500 seit 1914 ausgewanderte oder geflüchtete Lutheraner in die Sowjetunion zurückkehrten[147]. Während der Phase der ,Neuen Ökonomischen Politik' (1921–1928) hatten sich nämlich die deutschen Bauernwirtschaften erholt. Mit einer Neuverteilung des Bodens und der Gründung von Kooperativen versuchten die Deutschen, ihre wirtschaftlichen Interessen und ihren nationalen bzw. konfessionellen Zusammenhalt zu fördern. Die beiden Verbände der Mennoniten in der russischen und der ukrainischen Republik unterhielten darüber hinaus Institutionen für Bildung, Kultur und Wohlfahrt und gaben Zeitungen heraus[148]. In den 1920er Jahren zogen Mennoniten des Kreises Slavgorod weiter nach Osten und gründeten 17 Tochterkolonien am linken Ufer des Amur[149].

Seit 1928 verschärfte die Partei den Kampf gegen die Religionsgemeinschaften. Geistliche wurden verhaftet, abgeurteilt und verbannt, Kirchen geschlossen und religiöse Zeitschriften verboten, Taufen, Trauungen und kirchliche Bestattungen untersagt[150]. Die 1929 einsetzende Zwangskollektivierung traf die an Privatbesitz gewöhnten deutschen Bauern des Schwarzmeergebiets und Sibiriens besonders hart. Ein Teil der enteigneten Großbauern wurde in entlegene Gebiete der Sowjetunion verbannt. Viele von ihnen fanden weder Unterkunft noch Arbeit und erfroren oder verhungerten[151]. „Die alte deutsche Kolonie, in welcher Kulak und Pfaffe die unbeschränkte Herrschaft innehatten, sie wurde vom Rad der Revolution zermalmt", heißt es in einer Propagandaschrift von 1932[152]. Verzweifelte Bauern verkauften ihr letztes Hab und Gut und machten sich auf den Weg nach Moskau, um die Ausreise

Auflösung traditioneller Dorfstrukturen: umgesetzte Häuser bei Radomyschl, Wolhynien (1943).

zu erzwingen. Mitte November 1929 befanden sich rd. 10000 Mennoniten und 3000 weitere deutsche Bauern in der Hauptstadt. Die sowjetische Regierung wollte die Deutschen abschieben, doch war die deutsche Regierung angesichts der Wirtschaftskrise im eigenen Land nicht an der Aufnahme einer großen Zahl von Sowjetdeutschen interessiert. Erst als die Geheimpolizei begann, die Deutschen in ihre Dörfer zurückzubringen, gab die Reichsregierung den übriggebliebenen 5583 Deutschen die Erlaubnis zur Einreise. Die ,Entkulakisierung' mündete in die Hungersnot der Jahre 1932–1934, die besonders die Wolgadeutschen traf[153]. Zwei Verhaftungswellen im Jahre 1930 beraubten auch die verbliebenen Leningrader Deutschen ihrer führenden Persönlichkeiten[154].

Die Loyalität der Sowjetdeutschen erschien zweifelhaft, zumal als sich die Nazi-Propaganda lautstark der ,Volks-' und ,Auslanddeutschen' annahm. Als verdächtig galt zudem jeder, der in den 1920er Jahren erlaubte Kontakte zu Institutionen im Deutschen Reich aufrechterhalten hatte[155]. Mitte der 1930er Jahre begannen die Behörden, zahlreiche Wolhynien-Deutsche aus einem Grenzgebiet von bis zu 100 km Breite auszusiedeln. In den Jahren 1936–1938 erreichte die Verhaftungs- und Vernichtungswelle auch die deutschen Vertreter in Partei und Verwaltung[156]. An den deutschen Schulen der Ukraine, Sibiriens und Mittelasiens, nicht jedoch in der Wolgarepublik, wurde im Herbst 1938 die

russische bzw. ukrainische Unterrichtssprache eingeführt[157]. Die nationalen Rayons wurden Ende März 1939 aufgelöst; die deutsche Presse
der Rayons stellte kurz darauf ihr Erscheinen ein[158].

1.5.8. Im Schatten des Zweiten Weltkriegs

In der Zeit des Hitler-Stalin-Paktes (1939–1941) wurden die ‚Volksdeutschen‘ aus den von der Sowjetunion annektierten Staaten und Gebieten
ins Reich bzw. in die von Deutschland einverleibten polnischen Territorien überführt. Unter ihnen befanden sich auch 65 600 Wolhynien- und
93 500 Bessarabien-Deutsche[159].

Nach dem deutschen Angriff wurden Sowjetdeutsche zur Roten
Armee einberufen, bei Befestigungsarbeiten und beim Abtransport von
Vieh und landwirtschaftlichen Geräten nach Osten eingesetzt. Danach
wurde die Deportation aller Männer im Alter von 16–60 Jahren und
schließlich der gesamten noch verbliebenen deutschen Bevölkerung
Südrußlands angeordnet. Die ‚Verschickung‘ aus den Gebieten westlich
des Dnepr hinter den Ural gelang wegen des schnellen deutschen
Vormarsches nur zu 5–15%, während die Deportationen aus dem Halbstädter Gebiet 41% und aus dem Grunauer Gebiet östlich des Dnepr
sogar 64% der Deutschen erfaßten. Die Deutschen der Krim und des
Gebiets Rostow am Don wurden vollständig aus ihren Dörfern vertrieben[160].

Die ‚Volksdeutschen‘ unter nationalsozialistischer Herrschaft

Den deutschen und rumänischen Truppen folgte die ‚SS-Einsatzgruppe
D‘, die im Rahmen ihrer Aufgabe „Freimachung bearbeiteter Gebiete
von Juden, Kommunisten und Partisanengruppen" bis zum Frühjahr
1942 an die 100 000 Menschen, unter ihnen auch ‚volksdeutsche‘ Kommunisten vernichtete. Zu ihrem Auftrag gehörten auch „Schutz und
Betreuung volksdeutscher Siedlungen"[161]. Nach dem Abzug der Einsatzgruppe wurden diese der Aufsicht der ‚Volksdeutschen Mittelstelle‘
und ihres ‚Sonderkommandos Rußland‘ unterstellt[162]. Die Besatzungsbehörden übergaben den ‚Volksdeutschen‘ konfiszierte Viehherden und
landwirtschaftliche Geräte, zogen von ihnen geringere Steuern als von
der übrigen Bevölkerung ein und gestanden ihnen höhere Lebensmittellieferungen zu. Die ‚Volksdeutschen‘ wurden aber auch in den Holocaust verstrickt. Zum einen erhielten sie Wohnungen und Textilien aus
dem Besitz ermordeter Juden, zum anderen wurden ihre ‚Selbstschutz‘-
Einheiten zu den Massenmorden herangezogen[163]. Die Besatzungsbehörden erfüllten jedoch nicht den Wunsch der ‚Volksdeutschen, die

Kolchosen aufzulösen[164]. Ende 1941 begannen die SS-Dienststellen, die Deutschen in ‚volksdeutsche Bereiche' umzusiedeln. Diese ‚Aufbauarbeit' dauerte jedoch nur so lange, bis den deutschen Siedlungsgebieten die Wiedereroberung durch die Rote Armee drohte. Die deutschen Bauern stellten ‚Trecks' zusammen, mit denen rd. 130 000 Personen ins ‚Altreich' und rd. 220 000 in den ‚Warthegau' und das ‚Generalgouvernement' gelangten, wo sie von den sowjetischen Armeen überrollt wurden. Nach Kriegsende wurden sie ebenso wie weitere rd. 50 000 Sowjetdeutsche aus allen Besatzungszonen Deutschlands in die Sowjetunion ‚repatriiert'. Ein Viertel dieser Zwangsrepatriierten dürfte die Deportation nicht überlebt haben[165].

Deportation und Verbannung nach Sibirien und Mittelasien

Die Wolgadeutschen wurden Mitte September 1941 entsprechend einem Dekret des Obersten Sowjets der UdSSR vom 28. August 1941 unter der Pauschalanklage, „Tausende, ja Zehntausende von Spionen und Diversanten" nicht angezeigt zu haben, auf Güterwagen verladen und ins Ural-Gebiet, nach Sibirien und Kasachstan befördert. Ihnen folgten die Deutschen aus dem Nordkaukasus, den transkaukasischen Republiken, Moskau und Leningrad. Einschließlich der Ukraine-Deutschen wurden rd. 900 000 Personen deportiert. In vielen Fällen wurden die Männer von ihren Frauen und Kindern getrennt. Obwohl alle Sowjetdeutschen im Krieg und in den folgenden Jahren unter der allgemeinen Situation im Lande und unter den speziellen Repressionen gegen Deutsche zu leiden hatten, lassen sich doch Unterschiede feststellen: Weniger Repressionen hatten die rd. 226 000 Siedler zu erdulden, die ihre schon vor dem Ersten Weltkrieg westlich des Urals bei Ufa, Orenburg, Aktjubinsk, in Sibirien, der Altajregion und in Mittelasien angelegten Kolonien nicht verlassen mußten. Wer in Kolchosen oder Sowchosen untergebracht war, erhielt wenigstens Unterkunft und Verpflegung. Die deutschen Soldaten der Roten Armee wurden entlassen und in ‚Arbeitsbataillone' eingereiht. In ‚Bau-Bataillone' bzw. ‚Arbeitskolonnen' zwang man auch rd. 120 000 Deportierte, Männer und Frauen. Eine große Zahl von Sowjetdeutschen wurde zu Lagerhaft verurteilt. Schwere physische Arbeit beim Holzfällen, in Kohlegruben und auf Baustellen unter den aus Solschenizyns Werken bekannten Lebensbedingungen im System des ‚Archipel GULAG' kosteten viele Gesundheit bzw. Leben. Die ‚Arbeitsarmee' wurde 1948 aufgelöst, doch wurden die Deutschen in Sondersiedlungen des Innenministeriums festgehalten. Von 1941–1955 hatten sie weder deutsche Zeitungen und Bücher noch Schulen. Sie konnten nur zu Hause deutsch sprechen und ihre Religion ausüben[166].

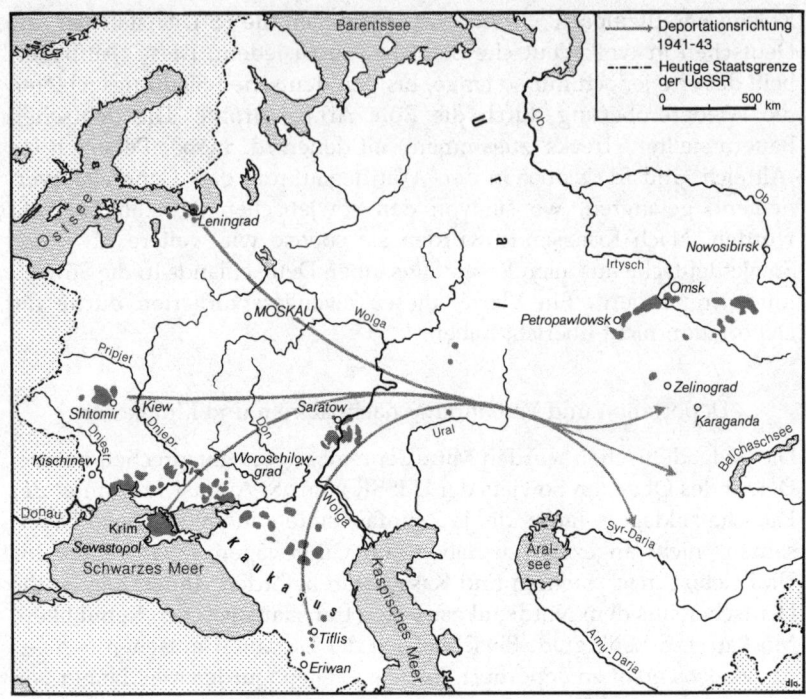

Deportation von Sowjetdeutschen 1941–1943.

1.5.9. Autonomiebestrebungen und Aussiedlerbewegung

Nach dem Besuch Bundeskanzler Adenauers im September 1955 durften die Deutschen zwar die ‚Sondersiedlungen' verlassen, nicht aber in
ihre früheren Dörfer zurückkehren. Das konfiszierte Eigentum wurde
ihnen nicht zurückerstattet. Ein Teil der Deutschen wanderte aus den
unwirtlichen nördlichen Regionen der Russischen Republik nach Süden, meist nach Kasachstan und Kirgisien[167]. Schon bald nach 1955
wurden Deutsche in lokale Sowjets gewählt. Später tauchten auch die
ersten deutschen Namen in den Obersten Sowjets der Republiken und
der Union auf, doch entsprach der Anteil der Deutschen auf diesen
Ebenen nicht ihrem jeweiligen Bevölkerungsanteil[168]. In Schulen mit
einer ‚beträchtlichen' Anzahl deutscher Kinder sollte, falls die Eltern es
wünschten, muttersprachlicher Deutsch-Unterricht eingeführt werden[169]. 1957 wurde dieses Fach in der Altaj-Region in 73 Schulen
unterrichtet. Wegen der Schwierigkeiten, kompetente Lehrer zu finden,
besonders solche, die auch die Mundarten der Schüler beherrschten,

Deutsche im sibirischen Straflager (1950).

wegen des Mangels an Lehrbüchern und anderen Unterrichtsmaterialien, wegen der Widerstände in der lokalen Verwaltung und des Wun-
sches vieler Eltern, der Assimilation ihrer Kinder nichts in den Weg zu
legen, besuchte nur ein Teil der deutschen Schüler den Unterricht in der
Muttersprache, der zumeist in wenig attraktiven Nachmittagsstunden
erteilt wurde[170]. Seit 1956/57 erscheinen deutschsprachige Zeitungen,
werden deutsche Rundfunksendungen ausgestrahlt[171]. 1955 wurde die
erste lutherische Gemeinde in Akmolinsk/Celinograd offiziell registriert.
Bis 1987 wuchs die Zahl der Gemeinden auf fast 500 an. Die deutschen
Katholiken werden meist von Priestern anderer Nationalität betreut[172].

Im August 1964 nahm der Oberste Sowjet die Spionage- und Diver-
sionsvorwürfe des Deportationserlasses von 1941 zurück. Nach Be-
kanntwerden des Rehabilitierungsdekrets bildeten sich unter den Sowjetdeutschen Initiativgruppen, die die Erlaubnis zur Rückkehr in die
früheren Wohnorte und die Wiederherstellung der Wolgarepublik forderten. Im Januar 1965 konnte eine erste, im Juli 1965 eine zweite
Delegation dem Staatspräsidenten entsprechende Petitionen übergeben,
für die sie inzwischen 4498 Unterschriften gesammelt hatten. Anastas
Mikojan erklärte jedoch, daß die ASSR der Wolgadeutschen nicht wie-

Evangelische ,Kirche' in Nowosibirsk (1958).

dererrichtet werden könne, da auf ihrem Gebiet inzwischen andere
Bevölkerungsgruppen lebten und die Landwirtschaft Kasachstans auf
die Deutschen nicht verzichten könne. Als auch eine dritte Delegation
im Juli 1967 nicht mehr erreichte, bemühten sich immer mehr Rußlanddeutsche um die Erlaubnis zur Ausreise in die Bundesrepublik Deutschland und in wenigen Fällen auch in die DDR. Einen vorläufigen Höhepunkt bildete das Jahr 1976 mit knapp 10000 Aussiedlern[173].

1989 lebten in der Sowjetunion 2035807 Deutsche, davon 46,9% in
Kasachstan und 41,4% in der Russischen Republik. In weitem Abstand
folgten Kirgisien mit 4,9%, Tadschikistan und die Ukraine mit je knapp
2%. Etwas mehr als die Hälfte aller Sowjetdeutschen wohnte auf dem
Land. In den 1980er Jahren hatten sie ihren durch Deportation und
Verbannung bedingten Rückstand in der Berufs- und Ausbildungsstruk-
tur gegenüber dem Durchschnitt der sowjetischen Bevölkerung aufge-
holt. Der Anteil der Sowjetdeutschen, die Deutsch als ihre Muttersprache angaben, sank von 95% im Jahre 1926 über 75% bei der Volkszählung von 1959 auf 49% beim Zensus von 1989[174].

Der Plan, im Gebiet von Celinograd einen ,deutschen Rayon' zu
bilden, wurde fallengelassen, als Mitte Juni 1979 kasachische Studenten
und Lehrer mit Transparenten ,Kasachstan ist unteilbar' gegen diese
Absicht demonstrierten. Nach dem Scheitern dieses ersten Versuchs
einer territorialen Autonomie kam die Zentralregierung in Moskau den

Deutschen durch eine Reihe von Erleichterungen auf kulturellem und religiösem Gebiet entgegen. Anthologien sowjetdeutscher Literatur wurden gedruckt und lutherische bzw. katholische Gemeinden staatlich registriert, d. h. offiziell zugelassen, so daß sie Kirchen und Gebetshäuser errichten konnten[175].

Gorbatschows Politik der ‚Glasnost' ermöglichte den deutschsprachigen Zeitungen der UdSSR, Artikel über die Frage der kulturellen und territorialen Autonomie zu veröffentlichen. Die inoffiziellen Zirkel der Autonomiebewegung bildeten eine Arbeitsgruppe, die am 14. April 1988 von einem Mitarbeiter des Zentralkomitees (ZK) der KPdSU für zwischennationale Beziehungen empfangen wurde, dort die Bitte um die Wiederherstellung der Wolgarepublik vortrug und Vorstellungen für die Verwirklichung der Umsiedlung und das wirtschaftliche, kulturelle und zwischennationale Leben in der autonomen Republik entwikkelte. Außerdem kritisierte die Arbeitsgruppe die schönfärbende Berichterstattung in der deutschsprachigen Zeitschrift ‚Neues Leben'. Zu ihren Wünschen gehörten auch eine russischsprachige Zeitung für die Sowjetdeutschen und regelmäßige Berichte über die Lage der Deutschen in der russischen zentralen und lokalen Presse, um deren Leser auf die Wiederherstellung der Autonomie vorzubereiten. Im Juli und August 1988 verhandelte das Koordinationskomitee mit weiteren Vertretern der zuständigen ZK-Abteilung und dem Vorsitzenden der Nationalitätenkammer des Obersten Sowjets der UdSSR. In den nächsten Monaten berichteten auch russische Zeitungen über die Situation und die Anliegen der Sowjetdeutschen. Klubs der Leser deutschsprachiger Zeitungen, vor allem aber die Aufführungen des deutschsprachigen Theaters Temirtau stärkten Gemeinschaftsgefühl und Selbstbewußtsein der Deutschen[176].

Ende März 1989 gründeten 105 Delegierte aus den größeren Wohngebieten der Deutschen die Unionsgesellschaft der Sowjetdeutschen ‚Wiedergeburt', die bis Anfang 1990 rd. 50000 Mitglieder gewann. Die Gesellschaft setzt sich die Bewahrung der Kultur, Traditionen und Sprache der Deutschen zum Ziel. In der territorialen Autonomie sieht sie das beste Mittel, der Auswanderung entgegenzuwirken[177]. In einem Appell an die Bevölkerung des Wolgagebiets versicherte die Gründungsversammlung, daß die Deutschen bei der Wiedererrichtung der Wolgarepublik das 1941 beschlagnahmte Eigentum nicht zurückfordern, auf ihre frühere Hauptstadt Engels verzichten und neue Ortschaften anlegen wollten. Im Juli 1989 setzte die Nationalitätenkammer des Obersten Sowjets eine Kommission ein, die bei ihrer Reise in das Gebiet Saratow im darauffolgenden Monat feststellte, daß das dortige Gebietskomitee der Partei und die Kreisbehörden den Widerstand der Bevölkerung gegen den Zuzug der Deutschen und die Wiederherstellung der

Wolgarepublik organisierten. Die Kommission schlug den Aufbau der Autonomie über die Zwischenstufen lokaler Sowjets und nationaler Rayons vor. Am 13. September 1989 einigten sich Vertreter der ‚Wiedergeburt' und des Obersten Sowjets auf eine Verlautbarung, nach der „den Sowjetdeutschen eine Staatlichkeit in Form einer Autonomie gewährt und eine Reihe von nationalen Rayons und Dorfsowjets geschaffen" werden sollen[178].

1987–1989 wanderten ca. 170000 und im Jahr 1990 allein 147950 Deutsche aus der Sowjetunion aus, besonders aus Kasachstan und den anderen mittelasiatischen Republiken[179]. Trotz der verstärkten Aussiedlung wuchs die Zahl der Deutschen in den Jahren zwischen den Volkszählungen von 1979 und 1989 um rd. 100000 auf 2038341 Personen. Die meisten vom Osteuropa-Institut München befragten Aussiedler haben geantwortet, daß sie auch ausgewandert wären, wenn es eine Autonomie gegeben hätte. Wahrscheinlich würden nur die Wolgadeutschen und ein Teil ihrer Nachkommen in das Siedlungsgebiet ihrer Vorväter zurückkehren, nicht jedoch die ehemaligen Ukraine- und Kaukasus-Deutschen und die Altsiedler Sibiriens in eine autonome Wolgarepublik streben[180]. Dennoch würden auch diejenigen Deutschen, die bereit wären, in ihren derzeitigen Wohnorten zu bleiben oder in ihre alte Heimat in der Ukraine zu ziehen, ein nationales Territorium begrüßen, das sich zu einem kulturellen Zentrum für alle Deutschen in der Sowjetunion entwickeln könnte.

2. WeststrÖme: überseeische Auswanderung

2.1. Deutsche in den USA

Von Agnes Bretting, Horst Rößler, Christiane Harzig,
Monika Blaschke und Karen Schniedewind

2.1.1. Mit Bibel, Pflug und Büchse:
deutsche Pioniere im kolonialen Amerika

Von Agnes Bretting

‚Fahren nach Amerika...' – Wege über den Atlantik

Vor der Unabhängigkeitserklärung der Vereinigten Staaten war Nordamerika nur ein Nebenschauplatz der deutschen Auswanderung. 65000–75000, vielleicht bis zu 100000 Deutsche – vor allem aus Baden, Württemberg und der Pfalz, aber auch aus Elsaß-Lothringen und der deutschsprachigen Schweiz – wagten im 17. und 18. Jahrhundert die Fahrt über den Atlantik[1]. In den südwestdeutschen Ländern wurden Auswanderungsanträge liberaler gehandhabt als in den übrigen deutschen Staaten. In Württemberg hatten Untertanen seit dem frühen 16. Jahrhundert sogar das verbriefte Recht auf ‚freien Abzug'. In den durch Kriegszüge verwüsteten Staaten nahm die Verarmung immer breiterer Bevölkerungsschichten seit dem späten 17. und im 18. Jahrhundert bedrohliche Ausmaße an, so daß den Regierenden ein kontrollierter Bevölkerungsabfluß von Zeit zu Zeit mehr Nutzen als Schaden für das Staatswesen zu bedeuten schien. Kolonistenwerber ausländischer Mächte, zu denen seit dem späten 17. Jahrhundert auch Werber der nordamerikanischen Kolonien zählten, fanden hier günstige Bedingungen vor.

Besitzer amerikanischer Ländereien oder von ihnen beauftragte Agenten warben mit obrigkeitlicher Erlaubnis, informierten sachlich über Siedlungsmöglichkeiten und organisierten die Reise aus der Alten in die Neue Welt. Bald jedoch zogen illegal arbeitende sog. ‚Neuländer' durch die Dörfer, die an jedem Auswanderer, den sie für die Reeder in Rotterdam oder London unter Kontrakt nahmen, eine Prämie verdienten. Sie versprachen das Schlaraffenland und malten das Bild von Amerika in leuchtenden Farben. Unwissenheit und naive Leichtgläubigkeit der Menschen, die einen Ausweg aus ihrer wirtschaftlich und sozial hoffnungslosen Lage suchten, machten den Agenten die Arbeit leicht. So hieß es z. B. in einer weitverbreiteten Werbeschrift, der Boden in Amerika sei so fruchtbar, daß mehrere Ernten im Jahr möglich seien. Es gebe überreichlich Wild, die „Bisons steckten die Köpfe in die Fenster der Blockhäuser und warteten nur darauf, geschossen zu werden, und selbst wilde Tiere wie Wölfe seien nicht so gefährlich wie in Europa"[2].

Verfolgung und hohe Strafen konnten die Erfolge dieser ‚Seelenverkäufer' ebensowenig beeinträchtigen wie zahlreiche an die Untertanen gerichtete behördliche Warnungen, zumal die Bevölkerung hinter solch ungewohnter obrigkeitlicher Fürsorge nur staatlichen Eigennutz vermutete. Die Reise in das gepriesene Land erschien Auswanderungswilligen nicht allzu schwierig: mit einem Frachtkahn den Rhein hinunter zu einem der Nordseehäfen, von dort mit einem Segelschiff über den Atlantik – und schon konnte das neue Leben beginnen. Doch der Weg ‚nach Amerika' war lang und beschwerlich, insbesondere die 6 bis 8 Wochen dauernde Atlantiküberquerung bedeutete eine ungeheure physische und psychische Strapaze.

Auswanderer wurden in den für Frachtzwecke gebauten Segelschiffen unter primitivsten Verhältnissen in einem provisorisch zwischen Oberdeck und Laderaum aufgeschlagenen Zwischendeck transportiert. Geschwächt durch Seekrankheit, unzureichende Ernährung, Mangel an Frischluft und Hygiene waren sie anfällig für Krankheiten, die sich an Bord rasch seuchenartig ausbreiten konnten. Viele Auswanderer – manchmal mehr als die Hälfte aller Passagiere – erreichten nie ihr Ziel[3]. Gottlieb Mittelberger, ein Württemberger, der 1750 die Fahrt von Rotterdam über England nach Philadelphia bewältigt hatte, schilderte die Verhältnisse im Zwischendeck eines Segelschiffes sehr anschaulich:

„Während der Seefahrt aber entstehet in denen Schiffen ein Jammervolles Elend, Gestank, Dampf, Grauen, Erbrechen, mancherley See-Krankheiten, Fieber, Ruhr, Kopfweh, Hitzen, Verstopfungen des Leibes, Geschwulsten, Scharbock, Krebs, Mundfäule, und dergleichen, welches alles von alten und sehr scharf gesalzenen Speisen und Fleisch, auch von dem sehr schlimmen und wüsten Wasser herrühret, wodurch viele elendiglich verderben und sterben [. . .]. Dieser Jammer steiget alsdann aufs höchste, wann man noch 2 bis 3 Tag und Nacht Sturm ausstehen muß [. . .], daß man glaubt samt Schiff zu versinken, wobei das Schiff von dem Sturm und Wellen all Augenblicke von einer Seite zur andern schlägt, daß niemand im Schiff weder gehen, sitzen noch liegen kann, und die so eng zusammen gepackte Leute in den Bettstatten dadurch übereinander geworfen werden, Kranke wie die Gesunde;

[...] manches seufzet und schreyet: Ach! wäre ich wieder zu Hause und läge in meinem Schweinestall"⁴.

Ein Anreiz, die gefährliche Reise dennoch zu wagen, lag in der Einführung des seit 1728 nachweisbaren ‚Redemptioner-Systems', das die Möglichkeit bot, die Kosten der Überfahrt durch Arbeitskontrakte abzugelten: Der ‚Redemptioner' verpflichtete sich nach der Ankunft einem amerikanischen Dienstherren für mehrere Jahre zu unfreier Arbeit. Als Gegenleistung zahlte dieser dem Kapitän nachträglich die Passage. Nach Ablauf der Zeit freiwilliger Unfreiheit – in der Regel etwa vier Jahre – erhielt der Redemptioner ein geringes Startkapital zum Aufbau einer eigenständigen Existenz⁵. Das Verfahren bot sehr vielen Auswanderungswilligen die einzige Chance überhaupt zum Aufbruch in die Neue Welt.

Andere wären ohne dieses Angebot der ‚freien' Überfahrt spätestens im Einschiffungshafen mittellos gestrandet. „Die Rhein-Schiffe [haben] von Heylbronn bis nach Holland an 36 Zollstationen vorbei zu passiren [...], bey welchen die Schiffe alle visitirt werden, welches mit gelegner Zeit derer Zoll-Herren geschiehet. Unterdessen werden die Schiffe mit den Leuten lange Zeit aufgehalten, daß man vieles verzehren muß, und bringt man demnach nur mit der Rheinfahrt 4, 5 bis 6 Wochen zu", warnte der Amerikafahrer Mittelberger⁶. Hinzu kam die Fahrt bis zum Rhein, für die Lohnkosten für Frachtkutscher anfielen und Übernachtungen in Wirtshäusern. Im Hafen selbst folgten nicht selten wochenlange Wartezeiten, in denen die Auswanderungswilligen von ihren Ersparnissen zehren mußten. Im 18. Jahrhundert erreichten 50–75% aller deutschen Auswanderer Amerika als Redemptioner.

Reeder und Kapitäne gingen beim Redemptioner-System keinerlei Risiko ein: In den nordamerikanischen Kolonien waren junge Mädchen und Männer als Mägde und Knechte willkommen, qualifizierte Handwerker überall gefragt. Zudem minderten die Beförderer ihr Risiko sogar dadurch, daß sie die Schulden von während der Überfahrt verstorbenen Passagieren auf die Überlebenden übertrugen. Die Aussicht auf große Gewinne bei diesem Verfahren führten auch zu Mißbrauch und Härten. Der Abschluß der Arbeitskontrakte erst nach der Ankunft ermöglichte überhöhte Forderungen an die Auswanderer. Mehr noch: da hohe Sterblichkeit während der Überfahrt den Profit nicht schmälerte, war der Überladung der Schiffe Tür und Tor geöffnet. 1764 gründeten in Philadelphia lebende Deutsche die erste ‚Deutsche Gesellschaft' in Amerika⁷. Der Verein leistete in Not geratenen Landsleuten direkte materielle und juristische Hilfe und trug entscheidend dazu bei, die Bedingungen der Einwanderung unter staatliche Kontrolle zu bringen.

Hauptankunftshafen und Zentrum des Redemptionerhandels, insbe-

*Der erste Abschnitt der langen Reise nach Amerika: Auswanderer auf dem Rhein
(Darstellung von H. Leutemann, Die Gartenlaube, 1864).*

sondere für die frühe deutsche Einwanderung, war Philadelphia. Die
Kolonie Pennsylvania wurde Siedlungsschwerpunkt der Deutschen, vor
allem auch für Gruppen religiöser Dissidenten, die hier ihre zum Teil
utopischen Vorstellungen von christlichem Zusammenleben zu verwirklichen suchten.

Religion und Utopie: religiös-weltanschauliche
Gruppensiedlungen

Mit dem Westfälischen Frieden von 1648 wurden allein die lutherische,
katholische oder reformierte Konfession als Staatsreligionen anerkannt.
Alle anderen christlichen Gruppierungen unterlagen in den deutschen
Territorien mehr oder minder starker Unterdrückung. Bei ihnen fand
1671 und 1677 der englische Quäker William Penn wohlwollende Aufnahme und Gehör, denn er wollte in Nordamerika religiösen Dissidenten einen Neubeginn ermöglichen. Die Quäker glaubten an eine Er-
leuchtung des einzelnen als Grundlage des Glaubens. Sie lehnten Eid
und Waffendienst ab, traten für ein einfaches Leben in urchristlicher
Gemeinschaft ein. Mit dieser Lehre fand Penn vor allem bei einem Kreis

von Pietisten Anklang, der sich in Frankfurt am Main um den Kaufmann Jacob Spener zusammengefunden hatte. Der Plan einer Freistatt für religiös Verfolgte nahm 1681 Gestalt an, als die englische Krone William Penn für eine ererbte Schuldforderung das Gebiet des heutigen, nach ihm benannten ,Pennsylvania' überschrieb.

Einige der Frankfurter Pietisten gründeten nun eine Gesellschaft, erwarben Bodenanteile in der neuen Kolonie und beauftragten den jungen Juristen Franz Daniel Pastorius aus dem fränkischen Sommerhausen, in Pennsylvania eine Ansiedlung vorzubereiten[8]. Pastorius nahm Kontakt zu einigen in Krefeld ansässigen Quäkern und Mennoniten auf, die bereits ihre Auswanderung nach Pennsylvania vorbereiteten. Die Sekte der Mennoniten – in den Glaubensgrundsätzen den Quäkern eng verwandt – war bis Ende des 16. Jahrhunderts grausam verfolgt worden. Die in Krefeld von den protestantischen Grafen von Moers geduldete Gemeinde bestand aus deutschen, holländischen und schweizerischen Flüchtlingen. Wanderung war diesen Menschen eine altbekannte, leidvolle Erfahrung.

Pastorius erreichte am 20. August 1683 Philadelphia, die ,Stadt der Bruderliebe'. Am 6. Oktober 1683 trafen an Bord der ,Concord' 13 Familien aus Krefeld ein. Gemeinsam gründeten sie ,Germantown', die erste geschlossene Ansiedlung von Deutschen in Nordamerika – damals etwa zwei Wegstunden von Philadelphia entfernt, heute ein Vorort der Stadt[9]. Nach einem ersten harten Winter entwickelte sich die Ansiedlung rasch, nicht zuletzt durch weiteren Zuzug von Glaubensgenossen aus Deutschland. Bereits 1688 formulierten die deutschen Siedler unter Federführung von Pastorius den ersten öffentlichen Protest gegen das System der Sklavenhaltung, das mit ihren religiösen Vorstellungen unvereinbar war. Der wirtschaftlichen Bedeutung der Sklavenhaltung wegen mochte sich die Jahresversammlung der Quäker dieser klaren Stellungnahme der Deutschen noch nicht anschließen[10].

Ein Jahr später erhielt Germantown Stadtrechte. Der Wohlstand der Siedlung gründete sich auf Manufakturen, besonders auf die Leineweberei, die einige Familien als Heimgewerbe aus der Alten Welt mitgebracht hatten. Die erste Papiermühle auf amerikanischem Boden wurde 1690 von William Rittenhouse ebenfalls in Germantown errichtet. Durch den Bau weiterer Mühlen blühte das Druckereiwesen in der Stadt auf. Eine der größten Druckereien in den Kolonien war die des Christoph Sauer. Hier wurden seit 1739 ein deutschsprachiger Kalender und die erste deutschsprachige Zeitung in den Kolonien, der ,Hoch Deutsche Pennsylvanische Geschichts-Schreiber', verlegt.

Die Einwanderung weiterer deutschsprachiger Mennonitengruppen prägte die Entwicklung der Kolonie Pennsylvania. Am Pequa Creek siedelten sich 1710/11 Schweizer Mennoniten an[11]. Auch eine besonders

*,Bilder aus Alt-Germantown' in der verklärenden Perspektive der ,Gartenlaube'
(1889) nach Originalzeichnungen von Rudolf Cronau: 1. Erste Blockhütte des
Franz Daniel Pastorius (um 1683); 2. Pastorius' späteres Wohnhaus (um 1715);
3.Christoph Sauers Wohnhaus und Druckerei (um 1735), erbaut 1731; 4. Der
Marktplatz von Germantown (um 1820).*

konservative Abspaltung dieser Sekte, nach ihrem Gründer Jacob Amman ‚Old Order Amish' genannt, fand um diese Zeit im Lancaster County Zuflucht. Bis heute sind die Amish eine prosperierende Gemeinschaft, die sich durch Eigentümlichkeiten in Kleidung und Lebensformen sichtbar von ihrer Umwelt abgrenzen[12].

Eine andere Gruppierung waren die Tunker, die, von der Taufzeremonie abgesehen, mit der mennonitischen Lehre übereinstimmten. Entstanden 1708 unter Leitung von Alexander Mack, wanderten sie bereits 1719 und 1729 in zwei großen Zügen nach Pennsylvanien aus und siedelten sich dort meist in bestehenden deutschen Gemeinden an[13]. Während sich die Sekte in Deutschland durch Auswanderung auflöste, konnte sie sich in Nordamerika ausbreiten und zählte dort zur Zeit des Unabhängigkeitskrieges etwa 100000 Anhänger. Von den Tunkern wiederum spaltete sich in Amerika eine neue Gruppierung ab, die ‚Sieben Tage Baptisten' oder auch ‚Siebentäger'. Ihr Führer Christoph Beissel gründete 1733 am Cocalico-Fluß das Kloster ‚Ephrata'. Es bestand aus einem Schwester- und einem Brüderhaus sowie umliegenden Wohngebäuden für Familien, die sich zur Sekte bekannten. Das Kloster wurde durch den Druck kalligraphisch kunstvoll verzierter religiöser Schriften und durch seinen Chor weithin bekannt. Da das Zölibat als Weg zum Heil zwar nicht vorgeschrieben, doch sehr empfohlen wurde, ging die Zahl aktiver ‚Siebentäger' rasch zurück; 1814 wurde der Klosterbetrieb eingestellt.

Andere kleinere Gruppierungen religiöser Dissidenten zerfielen rasch: Ein 1684 von etwa 100 ‚Labadisten' (Anhängern des Jesuitenpaters Jean de la Badie), darunter einigen Deutschen, in Maryland begründetes Kloster bestand nur bis 1724. 1694 traf in Philadelphia eine 40köpfige Gruppe von ‚Rosenkreuzern' ein, die in einem Kloster nahe Germantown das ihres Erachtens bevorstehende Ende der Welt erwarten wollten. Die Gruppe löste sich nach dem Tod ihres Anführers Johann Kelpius 1708 auf. Bestand hatte hingegen die kleine Gruppe der ‚Schwenkfelder' im Montgomery County, Pennsylvania: Die Gefolgsleute von Kaspar Schwenkfeld von Osing waren ihrer abweichenden Abendmahlslehre wegen aus Schlesien nach Sachsen vertrieben worden, wanderten 1734 nach Amerika aus und wurden dort erfolgreiche Farmer.

Ebenfalls aus Sachsen kamen die ‚Mährischen Brüder', die nach ihrem deutschen Stammsitz auch ‚Herrnhuter'[14] genannt wurden: in Sachsen hatten sie seit 1723 durch den Grafen von Zinzendorf Schutz vor Verfolgung in ihrer mährischen Heimat gefunden. Sie sahen ihre Aufgabe in der Mission und sandten 1735 zunächst Brüder in die Kolonie Georgia. Als der Krieg mit der spanischen Kolonie Florida ausbrach, wanderten die Brüder 1739 jedoch weiter nach Pennsylvania. Dorthin folgten ihnen in den nächsten 20 Jahren über 700 Glaubensgenossen. Von den Zentren Bethlehem (Pennsylvania) und Salem (North Carolina) aus drangen Herrnhuter Missionare in die entlegensten Gegenden der nordamerikanischen Kolonien vor.

Eine andere religiöse Gruppe, die nicht über das ‚Musterland religiöser Toleranz' Pennsylvania einwanderte, waren die Salzburger Protestanten. 1731 hatte die Ausweisung der Protestanten aus dem Bistum Salzburg mehr als 20000 Menschen heimatlos gemacht. Die meisten fanden in Preußen Aufnahme[15]. 50 Familien kamen mit Hilfe einer Londoner Missionsgesellschaft in die neugegründete Kolonie Georgia, die nach dem Willen ihres Eigentümers James E. Oglethorpe bevorzugt britische Schuldhäftlinge und verfolgte Protestanten aufnehmen sollte. Die Salzburger gründeten die Siedlung ‚Ebenezer', später ‚New-Ebenezer', die durch ihre Seidenraupenzucht bekannt wurde. Sie äußerten 1749 zunächst wirtschaftliche Bedenken gegen die Einführung der Sklavenhaltung in der Kolonie, übernahmen dann aber dieses Wirtschaftssystem. Auch im 19. Jahrhundert wanderten noch einige Gruppen religiöser Dissidenten ein: Rappisten (1805), Zoaristen (1817), Amaniten (1843) sowie sächsische und schlesische Altlutheraner (1838/39). Sektierer aber blieben unter den deutschen Einwanderern immer eine Minderheit.

„Wer redlich schafft, der hat sein Brot, er leid't kein Mangel und kein' Not"[16] – vom Bauern zum Farmer

Neben der geplanten und organisierten Gruppenwanderung und Gemeinschaftssiedlung gab es schon frühzeitig Wellen individueller Massenwanderung. Im 16. und 17. Jahrhundert bereits waren zusammen mit anderen Kolonisten auch einzelne Deutsche nach Nordamerika gekommen[17]. Deutsche Massenauswanderungen aber, die nach Ursachen, Zusammensetzung und Siedlungsmustern als Vorläufer der Massenbewegung des 19. Jahrhunderts anzusehen sind, gab es erstmals im 18. Jahrhundert: In den Jahren 1709, 1749–1752, 1757, 1759 und 1782 zogen insgesamt Hunderttausende über den Atlantik. Das Zusammenwirken verschiedener rechtlicher, wirtschaftlicher und sozialer Faktoren hatte in Süddeutschland zu Übervölkerung geführt. Hungerkrisen nach witterungsbedingten Ernteausfällen veranlaßten Tausende – oft überstürzt und ohne ausreichende Planung – zur Auswanderung. Dies galt insbesondere für die Pfalz, in der sich die Notlage der Bevölkerung durch die wiederholten Kriegszüge Ludwigs XIV. noch verschärfte.

1708 hatte sich der lutherische Pfarrer Josua von Kocherthal, Autor einer 1706 erschienenen, vielgelesenen Schrift über die Verhältnisse in Carolina, heimlich mit 10 Familien aus seiner Pfälzer Gemeinde nach London begeben, um von dort nach Nordamerika auszuwandern. Mit finanzieller Hilfe durch die englische Königin Anne wurde die etwa 50–60köpfige Gruppe nach New York verschifft, wo sie den Ort ‚Newburgh' gründeten. Die Nachricht von dieser unterstützten Auswanderung ließ daraufhin zahllose Deutsche, die der wirtschaftlichen Misere daheim entfliehen wollten, nach London strömen. Bis Oktober 1709 trafen etwa 15000 Menschen in den rasch errichteten Zeltlagern ein[18]. Die englische Regierung sah sich außerstande, die mittellosen Massen längere Zeit zu unterhalten. Etwa 4000 Menschen wurden in Irland angesiedelt, mehr als 7000 mußten in die Pfalz zurückkehren, sehr viele starben. 650 Pfälzer gingen nach North Carolina, und nur etwa 3000 Menschen konnten der Kocherthalschen Gruppe an den Hudson folgen. Dort sollte die durch Überfahrt und Strapazen der Ansiedlung stark dezimierte Gruppe – jeder siebte Pfälzer erreichte das Ziel nicht – zur Gewinnung von Pech und Teer für den englischen Schiffbau eingesetzt werden. Das Projekt erwies sich jedoch als wirtschaftlich unsinnig. Die meisten der enttäuschten Siedler zogen weiter in das Gebiet der Schoharie-Indianer und besiedelten das fruchtbare Mohawk-Tal, einige gingen nach Pennsylvania.

Das großzügige Ansiedlungssystem dieser Kolonie ließ die Bevölkerung rasch anwachsen[19]. William Penns Werbetätigkeit in Deutschland, das Vorbild der Mennonitenwanderung und ‚Kettenwanderungen' auf den Spuren vorausgegangener Verwandter und Bekannter machten Pennsylvania zum eindeutigen Zentrum der deutschen Einwanderung. Vom Beginn statistischer Aufzeichnungen für den Hafen Philadelphia im Jahr 1727 an bis 1740 wurden 80, in den nächsten fünfzehn Jahren 159 Schiffe mit deutschen Einwanderern registriert. Der Siebenjährige Krieg unterbrach die Bewegung. Zwischen 1763 und 1775 wurden erneut 88 Schiffe gemeldet. Der Höhepunkt deutscher Einwanderung aber lag um die Jahrhundertmitte. Allein im Jahr 1749 trafen auf 25 Schiffen 7049 deutsche Einwanderer ein. Solche Zahlen wären ohne das um diese Zeit in voller Blüte stehende Redemptioner-System nicht denkbar gewesen[20].

Pennsylvania-Deutsche zogen als Siedler auch ins westliche Maryland und nach North Carolina weiter. Andere Kolonien konnten durch ihre Werber in Süddeutschland größere Gruppen zur direkten Einwanderung in ihr Gebiet überreden. Aktiv um deutsche Siedler bemüht war z. B. der Gouverneur von Virginia, General Spotswood. Bereits 1714 nahmen einige Eisenfacharbeiter aus Westfalen sein Siedlungsangebot an. Ihre erfolgreiche Niederlassung zog weitere Menschen aus der Heimat nach. Auch einige der Pfälzer und Mennoniten, die 1710 in North Carolina den Ort ‚New Bern' gegründet hatten, zogen nach einem Indianerüberfall auf ihre Siedlung nach Virginia weiter. 1717, als eine neue Welle der Massenauswanderung die deutschen Obrigkeiten beunruhigte, waren auch Werber der französischen ‚Compagnie des Indes' für Louisiana erfolgreich tätig. Von mehreren tausend Angeworbenen wurden 1720/21 etwa 2600 Menschen nach New Orleans eingeschifft, auf die ein furchtbares Schicksal wartete: Am Anfang stand eine extrem hohe Sterblichkeit während der Überfahrt. Ein Schiff fiel sogar Piraten in die Hände. Seuchen und Hungersnot dezimierten die Zahl der Siedler nach der Ankunft weiter. Nur 250 von ihnen gelang nördlich von New Orleans der Start in den drei Siedlungen ‚Hoffen', ‚Augsburg' und ‚Marienthal'.

Die puritanischen Neu-England-Kolonien im Norden zogen nur wenige deutsche Siedler an. Eine Ausnahme war die erfolgreiche Ansiedlung von 40 Familien aus Braunschweig und Sachsen in der Kolonie Maine. Der Werbung des Kaufmanns und Grundbesitzers Samuel Waldo folgend, hatten sie 1740 den Ort ‚Waldoboro' gegründet. Auch diese Ansiedlung zog in den Folgejahren weitere Einwanderer aus Deutschland nach. In Maryland versuchte 1784 der Bremer Kaufmann Johann Amelung, eine Glasfabrik zu errichten. In Hannover und Braunschweig warb er auf mehreren Reisen Facharbeiter dafür an. Sein Experiment scheiterte nach wenigen Jahren. Die Glasarbeiter erwarben Land und wurden Farmer.

In den rasch wachsenden amerikanischen Städten – in Boston, Charleston oder Baltimore – trugen zwar zahlreiche deutsche Handwerker zum wirtschaftlichen Aufbau bei; die Mehrheit der Deutschen im kolonialen Amerika aber war bäuerlicher oder unterbäuerlicher Herkunft und zog aufs Land. Anders als bei der Gruppensiedlung religiöser Dissidenten gründeten viele dieser allgemein ‚Palatines' (Pfälzer) genannten Einwanderer ihre Heimstatt an der noch unerschlossenen ‚Grenze' (‚Frontier') der Kolonien. Als ‚Hinterwäldler' lebten die Grenzsiedler dort in den ersten Jahren unter primitivsten Bedingungen. Die Jagd war zunächst zum Überleben wichtiger als der Ackerbau. Allmählich aber verwandelten sie dichten Urwald in fruchtbares Acker- und Weideland. Ihre Methode der Landnahme war anders als die der Iro-Schotten, der zweitgrößten Einwanderergruppe im 18. Jahrhundert: Deutsche Bauern rodeten den Boden vollkommen, entfernten auch Stümpfe und Wurzeln. Sie düngten ihr Land, achteten auf Fruchtfolge im Anbau, hielten das Vieh in der Nähe und im Winter im Stall. Mit diesen Methoden wurden sie zu erfolgreichen Farmern und waren als solche schon im kolonialen Amerika anerkannt und gesucht[21].

Anschauliche Beschreibungen des Lebens dieser Pioniere sind in den Berichten deutscher Missionare und Prediger überliefert, die auf langen Reisen versuchten, die verstreut lebenden deutschen Siedler zu erreichen. Seit 1742 bemühte sich z. B. Pastor Heinrich Melchior Mühlenberg darum, die an ihrer Kirche oft desinteressierten deutschen Lutheraner zu einen. Das gleiche Ziel verfolgte der Prediger Michael Schlatter, der seit 1746 die reformierten Deutschen betreute. Ihre Anstrengungen führten zu einer Konsolidierung des deutschen Elementes in Nordamerika. Um 1775 lebten rd. 225000 Deutsche in den englischen Kolonien; das entsprach etwa 8,6% der Gesamtbevölkerung, wobei deutsche Einwanderer gut ein Drittel der Bevölkerung von Pennsylvania ausmachten, fast 12% in Maryland und in New Jersey und New York 9% bzw. 8%. Ins Reich der Legenden gehört allerdings die verbreitete Behauptung, zur Zeit der Verfassunggebung der USA 1787–1789 hätte es eine Abstimmung über die Sprache der neuen Nation gegeben: Mit nur einer Stimme Mehrheit wäre die Entscheidung für das Englische gefallen. Der Ursprung dieser frei erfundenen Konkurrenz beider Sprachen liegt in der Zeit des Kampfes um die deutsch-amerikanische Identität Ende des 19. und Anfang des 20. Jahrhunderts, ihr bescheidener Kern war die Zweisprachigkeit im Kongreß Pennsylvanias: Debatten konnten dort in Deutsch geführt werden, die Sitzungsprotokolle wurden teilweise zweisprachig gedruckt.

Als Grenzsiedler waren Deutsche in die verschiedenen Auseinandersetzungen mit französischen Nachbarkolonien und bei Indianerkriegen involviert. Bei Ausbruch des Unabhängigkeitskrieges stellten sich diese erfahrenen Schützen mit großer Mehrheit auf die Seite der Rebellen. Sie trafen im Kampf auf Landsleute, die als Soldaten vom Gegner ins Land gebracht worden waren.

Vom ‚Menschenschacher‘ zur Einwanderung: die verkauften Soldaten

1775 waren in den nordamerikanischen Kolonien rd. 15000 englische Soldaten stationiert. Zur Unterdrückung des Aufstandes, der zum Freiheitskrieg wurde, forderten die Militärs Verstärkung um mindestens 40000 Mann. König Georg III. ließ deshalb in anderen Staaten zusätzlich Söldner anwerben. Das Söldnerwesen war in der Kriegführung der damaligen Zeit keineswegs ungewöhnlich. Auch Offiziere sahen im Wechsel der Flagge nichts Ehrenrühriges, Krieg war ihr Handwerk. Der Soldatenhandel, das Vermieten von Truppen an ausländische Souveräne, war im 17. und 18. Jahrhundert verbreitet. Englands Vorgehen entsprach mithin durchaus gängiger Praxis.

Nach abschlägigen Bescheiden aus Rußland und den Niederlanden wandten sich die Werbeoffiziere Georgs III. an die Regenten der deutschen Klein- und Kleinststaaten. Einer der ersten Verträge konnte mit Braunschweig abgeschlossen werden: Herzog Karl I. und Prinz Ferdinand, verheiratet mit einer Schwester König Georgs III., hatten durch ihre üppige Hofhaltung den nur 150000 Einwohner zählenden Staat an den Rand des finanziellen Ruins geführt. Für 11 517 Pfund Sterling pro Jahr überließ der Herzog den Engländern 4 300 Soldaten. Nach ihrer Rückkehr sollte das Doppelte dieser Summe für weitere zwei Jahre gezahlt werden, außerdem erhielt jeder Soldat 30 Kronen Handgeld. Für jeden Gefallenen wurden noch einmal 30 Kronen fällig, wobei drei verwundete Soldaten wie ein Gefallener gezählt werden sollten. Entschädigung für Deserteure brauchte nicht geleistet zu werden[22].

Ähnlich wurde in weiteren deutschen Staaten verhandelt, wobei das Verhandlungsgeschick des jeweiligen Regenten den endgültigen Preis bestimmte. Landgraf Friedrich II. von Hessen-Kassel, der mit 12 000 Mann (aus einer Bevölkerung von nur 300 000 Menschen) das größte Kontingent an Söldnern stellte, erzielte einen weit höheren Gewinn aus dem Handel. Seine Soldaten und die der Landgrafen von Hessen-Hanau und Hessen-Darmstadt machten mit zusammen 16 992 Mann über die Hälfte des für die Engländer kämpfenden Söldnerheeres aus. Die deutschen Soldaten wurden daher in Nordamerika allgemein als ‚Hessians' – Hessen – bekannt. Weitere ansehnliche Kontingente kamen aus der Markgrafschaft Ansbach-Bayreuth und den Fürstentümern Anhalt-Zerbst und Waldeck. Insgesamt kämpften 29 875 deutsche Soldaten auf britischer Seite.

Das Söldnerheer umfaßte drei Gruppen von Soldaten: vermietete Berufssoldaten aus den stehenden Heeren, geworbene Freiwillige und, da bei der geringen Bevölkerungszahl der Staaten die zugesagten Kontingente so nicht zu füllen waren, gepreßte Soldaten. Der Schriftsteller Johann Gottfried Seume, 1784 als Student unterwegs nach Paris, fiel solchen Zwangswerbern in die Hände: „Den dritten Abend übernachtete ich in Vach", erinnerte er sich, „und hier übernahm trotz allem Protest der Landgraf von Kassel, der damalige große Menschenmäkler, durch seine Werber die Besorgung meiner ferneren Nachtquartiere [. . .]. Meine Kameraden waren noch ein verlaufener Musensohn aus Jena, ein banquerotter Kaufmann aus Wien, ein Posamentierer aus Hannover, ein abgesetzter Postschreiber aus Gotha, ein Mönch aus Würzburg, ein Oberamtmann aus Meiningen, ein Preußischer Husarenwachtmeister, ein kassierter Hessischer Major von der Festung und andere"[23].

An ein Entkommen war nicht zu denken. Öffentlich vollzogene, grausame Bestrafungen jedes Versuchs von Flucht oder Ungehorsam disziplinierten die Soldaten. „Der Prozeß ging an", berichtete wiederum Seume über einen solchen Fall, „zwei wurden zum Galgen verurtheilt [. . .], die übrigen mußten in großer Anzahl Gassen laufen [. . .], es war eine grelle Fleischerei"[24]. Die betroffene Bevölkerung war den Geschäften ihrer Landesherren ohnmächtig ausgesetzt. Doch kam diesmal Kritik auch aus bürgerlichen, selbst adeligen Kreisen. Bekannt ist Friedrich Schillers Anklage gegen den ‚Menschenschacher' der Fürsten in seinem Drama ‚Kabale und Liebe'. Auch Kant, Herder, Klopstock, Arndt, Lessing und Mirabeau verurteilten den Handel auf das Schärfste. Ihre Äußerungen sind nicht nur damit zu erklären, daß der Umfang der vermieteten Truppen in keinem Verhältnis zur Bevölkerungszahl der betroffenen Staaten stand und dort deshalb zu schwersten Belastungen führte. Auch Sympathie für das Nationalgefühl der rebellischen Amerikaner schwang bei diesen freiheitlich gesinnten Bürgern sicher mit. Sogar Friedrich II. von Preußen hielt das Vorgehen der deutschen Fürsten für verwerflich – wenn auch vorwiegend deshalb, weil er durch den Krieg Englands mit seinen Kolonien keine deutschen Interessen berührt sah. Im Siebenjährigen Krieg hatte auch Preußen ohne Bedenken Truppen an England vermietet. Als im Herbst 1777 Söldner für Amerika auf ihrem Weg zu den Einschiffungshäfen preußisches Staatsgebiet passieren wollten, verweigerte Friedrich II. ihnen die Durchreise und verzögerte so die Ankunft der dringend benötigten Hilfsverbände nicht unerheblich.

Bereits im August 1775 landeten englische Verbände mit den ersten deutschen Hilfstruppen in Long Island, New York. Auf den wechselvollen Verlauf der damit einsetzenden Kämpfe kann hier nicht eingegangen werden. Die Eindrücke und Erfahrungen, die die deutschen Soldaten über Land und Leute gewannen, waren jedoch für die Entwicklung der deutschen Überseewanderung von Bedeutung. Am Heiligabend des Jahres 1776 gelang General Washington ein Überraschungsangriff auf das Winterlager deutscher und englischer Truppen in Trenton, New Jersey. Rund 900 Deutsche wurden als Gefangene nach Philadelphia gebracht. Der Rat der Stadt erließ ein Rundschreiben, in dem die Bevölkerung um Verständnis für die Lage der deutschen Söldner gebeten wurde: „Diese armen Menschen erregen unser gerechtes Mitleid", hieß es dort. „Sie hegen keine Feindschaft gegen uns. Nach den willkürlichen Gebräuchen despotischer deutscher Fürsten wurden sie ihrem Vaterland entrissen und an einen fremden Monarchen verkauft, ohne daß ihre Neigungen berücksichtigt oder sie selbst in Kenntnis gesetzt worden wären"[25].

Diese Einstellung bestimmte das Verhalten der Amerikaner den hessischen Soldaten gegenüber auch im weiteren Verlauf des Krieges. Gefangene wurden bevorzugt in ‚deutschen Counties' Pennsylvaniens untergebracht, z.B. in Lancaster, Reading und Lebanon. Man ließ sie als Farmarbeiter oder Handwerksgehilfen nach Möglichkeit bei deutschen Einwanderern arbeiten. So erlebten die Söldner den Kontrast zwischen den Lebensbedingungen in ihrer Heimat und der Lage ihrer ausgewanderten Landsleute. Auch durch Einschmuggeln deutschsprachiger Flugschriften in das gegnerische Heer wurde zum Überlaufen aufgerufen.

Am 29. April 1778 sicherte eine Proklamation des amerikanischen Kongresses jedem Überläufer Landbesitz als Prämie zu; außerdem sollten Deserteure nicht dazu verpflichtet werden können, auf seiten der Amerikaner am Krieg teilzunehmen.

Diese Maßnahmen blieben nicht ohne Wirkung. Am Ende des Krieges 1783 kehrten rd. 17 300 deutsche Soldaten in ihre Heimat zurück. Etwa 1 200 Söldner waren in den Kämpfen gefallen, gut 6 300 an Verwundungen oder Krankheiten gestorben. 5 000 deutsche Deserteure und Gefangene aber entschieden sich für ein Verbleiben in Nordamerika[26]. Mancher dieser vom verkauften Soldaten zum Siedler gewordenen Deutschen hat seine Familie nachgezogen; andere sind mit dem Vorsatz zurückgekehrt, zusammen mit Verwandten oder Freunden endgültig in die nunmehr unabhängigen Vereinigten Staaten auszuwandern. Die Berichte der Rückkehrer bestätigten und verstärkten das positive Amerikabild der Menschen in Deutschland und trugen zum Anschwellen der Auswanderung zur Massenbewegung im 19. Jahrhundert bei.

2.1.2. Massenexodus: die Neue Welt des 19. Jahrhunderts

Von Horst Rößler

Von der Siedlungs- zur Arbeitswanderung

Die deutsche überseeische Massenauswanderung des 19. Jahrhunderts strebte zu ca. 90% in die Vereinigten Staaten. Zwischen 1820–1930 gingen etwa 5,9 Mio. Deutsche in die USA. Ihr Exodus begleitete als Massenbewegung des 19. Jahrhunderts den krisenhaften Übergang von der Agrar- zur Industriegesellschaft, der im Auswanderungsland verbunden war mit räumlich und zeitlich unterschiedlich ausgeprägten Erscheinungsformen relativer Überbevölkerung, d. h. mit einem „Mißverhältnis im Wachstum von Bevölkerung und Erwerbsangebot"[1]. Spitzenwerte mit jeweils mehr als 1 Mio. Auswanderern wurden 1846–1857 und 1864–1873 erreicht, während 1880–1893 sogar mehr als 1,8 Mio. Deutsche auswanderten.

Bis zur Mitte des 19. Jahrhunderts kam das Gros der Amerikawanderer weiterhin aus Südwestdeutschland[2], bei wachsender Beteiligung westlicher und nordwestlicher Auswanderungsregionen. Es ging überwiegend um Auswanderung im Familienverband mit dem Ziel, in den USA auf dem Lande zu siedeln. Die meisten Auswanderer waren Klein- und Armbauern, Kleingewerbetreibende und Handwerker. Dabei gab es deutliche regionale Unterschiede: Aus dem Südwesten kamen vor

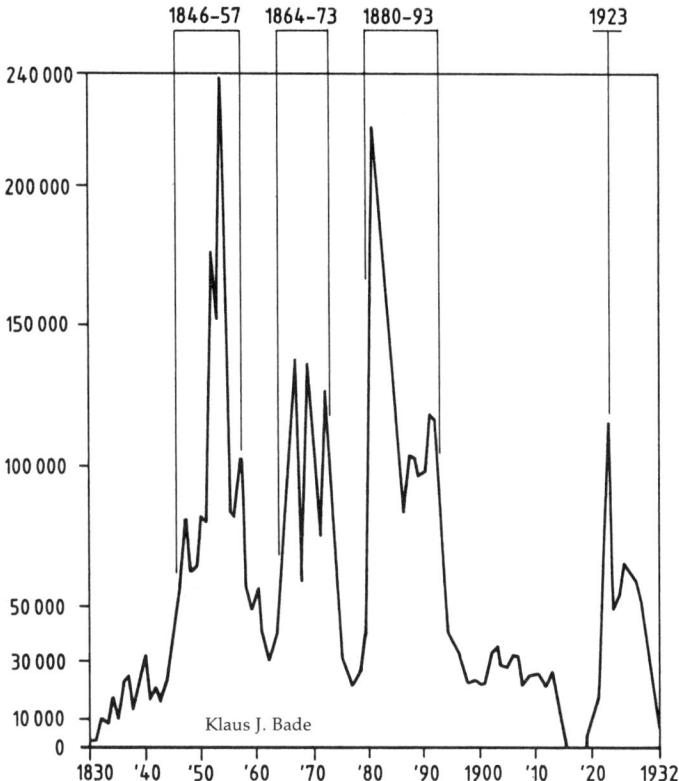

Phasen im Bewegungsablauf der deutschen Überseeauswanderung 1830–1932.

allem selbständige Klein- und Armbauern, aus dem Westen vorwiegend Angehörige unterbäuerlicher Schichten, Heimarbeiter und Handwerker. Aus Mecklenburg hingegen, das zusammen mit anderen Nordostgebieten seit der Jahrhundertmitte vom ‚Auswanderungsfieber‘ ergriffen wurde, wanderten vorwiegend Tagelöhner und Knechte aus. Zu Auslösern für den Massenexodus entwickelten sich vor dem Hintergrund des allgemeinen Bevölkerungsdrucks Mißernten, Ernährungs- und Teuerungskrisen, die zusammentrafen mit Unterbeschäftigung und Arbeitslosigkeit auf den frühindustriellen Arbeitsmärkten.

Die Weltwirtschaftskrise Ende der 1850er Jahre und der 1861 beginnende amerikanische Bürgerkrieg führten zu einem Stau der Auswanderungsbewegung. Erst 1864 setzte eine neue ‚Auswanderungswelle‘ ein. Sie endete 1873 mit dem Beginn der scharfen Wachstumskrise (1873–1879), die die deutsche und die amerikanische Wirtschaft gleichermaßen traf. Dabei veränderten sich Herkunft und Zusammensetzung

des Auswandererstroms weiter: In der letzten großen ‚Auswanderungswelle' (1880–1893) wurde das ostelbische Preußen zum wichtigsten
Auswanderungsgebiet. Nun traten ländliche Unterschichten zunehmend in den Vordergrund. Zugleich stiegen der Anteil von Auswanderern aus dem städtisch-industriellen Bereich und die Einzelwanderungen
neben den Familienwanderungen deutlich an. Insgesamt wandelte sich
die Auswanderungsbewegung von ländlicher Siedlungswanderung zur
Arbeitswanderung, d. h. zur Auswanderung von unqualifizierten ländlichen Arbeitskräften und Dienstmädchen, von städtischen Handwerkern
und Arbeitern. Was nicht selten zunächst nur als Arbeitswanderung auf
Zeit geplant war, mündete meist in definitive Auswanderung. Mit dem
rapide wachsenden Erwerbsangebot in der Hochindustrialisierungspe-
riode und insbesondere mit dem Beginn der über kurze Kriseneinbrüche
hinweg bis zum Vorabend des Ersten Weltkriegs anhaltenden wirtschaftlichen Wachstumsphase in Deutschland fand der Massenexodus in den
frühen 1890er Jahren sein Ende. Die Ströme der Binnenwanderungen auf
die expandierenden Arbeitsmärkte traten als Massenbewegungen an die
Stelle der überseeischen Auswanderung, die bis zum Weltkrieg niedrig
blieb. Der kurzfristige Wiederanstieg der transatlantischen Auswanderung in den frühen 1920er Jahren mit dem Höhepunkt im Inflationsjahr
1923 war wesentlich durch Kriegsfolgen bestimmt und ist deshalb
nur bedingt mit der Massenauswanderung des 19. Jahrhunderts zu
vergleichen[3].

Amerikabild und Amerikabriefe

Rar sind schriftliche Zeugnisse über die Erwartungen und Hoffnungen,
die Träume und Illusionen, kurzum über das Amerikabild der Auswan-
derer. Bekannt hingegen ist, wie Informationen über die Neue Welt die
Auswanderer erreichten: Es gab eine Flut von Werbebroschüren und
Auswandererratgebern, auch solche, die vor dem grassierenden ‚Auswanderungsfieber' warnten. Daneben kursierten spezielle Auswan-
dererzeitschriften, in der Presse veröffentlichte Reiseberichte und
Korrespondenzen, fiktive Zeugnisse in der Trivialliteratur und viele
Auswandererlieder[4]. Agenten von Schiffahrtslinien, amerikanischen
Landgesellschaften und staatlichen Einwanderungsbehörden suchten
direkten Kontakt zu ‚Auswanderungslustigen'. Rückwanderer[5] konnten
nach ihren Erfahrungen befragt werden.

Gedruckte Informationen aber erreichten Auswanderer aus den Unterschichten nur selten. Anders stand es mit Briefen von ausgewanderten Verwandten und Bekannten. Diese ‚Amerikabriefe' und ihre von
Mund zu Mund weitergetragenen Botschaften fanden große Verbreitung, genossen höchstes Vertrauen und prägten entscheidend das Ame-

Information oder Verführung? – Beratung beim Auswanderungsagenten
(Stich nach einem Gemälde von Hans Pöck, 1883).

rikabild der Masse der Auswanderungswilligen. Viele Auswandererbriefe spiegeln aber auch das Amerikabild der Ausgangskultur: Es blieb
zunächst noch bestimmend für die Neueinwanderer. Sie suchten nach
Bestätigung dieses Amerikabildes im Einwanderungsprozeß und berichteten dabei in ihren Briefen nicht selten auch, als Erfolgsnachweis, von
einem ‚Amerika‘, das sie selbst nicht oder doch noch nicht gefunden
hatten[6]. Im Grunde kann gar nicht von *einem* ‚Amerikabild‘, sondern
nur von vielen, sich wandelnden, ‚Amerikabildern‘ gesprochen werden, denen aber, je nach regionaler und beruflich-sozialer Herkunft der
Auswanderer, doch manches gemeinsam war.

(Stich von C. Geyer nach einer Zeichnung von A. Niedmann, in: Nieritz deutscher
Volkskalender für 1856).

Träume und Wirklichkeit

Auswanderungswilligen mochten die Vereinigten Staaten im Spiegel von Auswandererbriefen als Land ihrer Träume und Hoffnungen erscheinen. „Hier rinnt mehr Fett auf dem Spülwasser, als in Deutschland auf der Suppe", hieß es in einem Brief von 1879; in Amerika esse jedermann Weißbrot und dreimal täglich Fleisch. Für naive Auswanderungswillige im armen ‚Kartoffelland' Deutschland mochte das so ausgemalte Bild von der Neuen Welt geradezu paradiesische Züge annehmen. Angehörige unterbäuerlicher Schichten, ländliche Heimarbeiter, ländliche, zum Teil aber auch städtische Handwerker träumten bis weit in die zweite Hälfte des 19. Jahrhunderts hinein von einem transatlantischen Arkadien mit einem guten Leben auf dem Land; denn, so eine Briefschreiberin 1845, „wer hier Ackerland hat Ocksen, und Wagen, und die Gesundheit der ist reich genuch". Um Lohn und Brot besorgte Gesellen und Handwerker konnten 1841 aus der Neuen Welt erfahren: „Eine arbeitsame Hand ist ein Reichtum in Amerika. Alle Handwerker sind hier gut". Arbeiter aus industriellen Beschäftigungsbereichen, denen modernste Fabrikationstechniken ein Faszinosum waren, mußte ein Auswandererbrief beeindrucken, der 1888 berichtete: „das ganze Amerika ist ja fast nichts als eine große Maschinen-Werkstätte". Dienstbotinnen wiederum mochten die Einschätzung ausgewanderter Kolleginnen aus dem Jahr 1887 teilen, daß man sich in Amerika „ein schönes Geld verdienen und mit der Zeit gut verheirathen" könne. Im Spiegel vieler Auswandererbriefe erschien Amerika überdies als das Land der „Freiheit und Gleichheit", wo „einer so viel wie der andere" sei und „keiner vor dem anderen den Hut zu quetschen" brauche[7].

Die umlaufenden Botschaften aus Amerikabriefen fügten sich vielfach geradewegs zu einem Gegenbild zur Erfahrungswelt im Auswanderungsland, das in seinen Grundzügen etwa so umschrieben werden kann: Der Arbeitsame kannte keinen Hunger, konnte hinreichend verdienen und sparen, um billig fruchtbaren Boden zu kaufen und dort sein eigener Herr auf eigenem Land zu sein. Durch Übersetzung der Gewerbe und wachsende Fabrikproduktion in der Heimat bedrohte Gesellen und Handwerksmeister konnten als Unternehmer selbständig werden und bleiben. Seit den 1880er Jahren verstärkt auch aus städtischen Erwerbsbereichen auswandernde Arbeiter durften mit höheren Löhnen, sicheren Arbeitsplätzen und einem reichen Chancenangebot auf einem riesigen, stets expandierenden Arbeitsmarkt rechnen. Dienstmädchen hatten hohe Löhne, geregeltere Arbeitszeiten, mehr Freizeit und größere Unabhängigkeit. Frauen genossen generell größeren Respekt und besseren Schutz durch das Gesetz. Religiöse und politische Freiheiten waren garantiert, und das Volk konnte seine Beamten und

Repräsentanten wählen und wieder abwählen. Kein aufgeblähter Staatsapparat und keine Staatskirche plagten den Erfolgreichen mit hohen Steuern in einem Land, in dem Arm und Reich gleich geachtet wurden und äußerliche Zeichen sozialer Rangunterschiede weit weniger ausgeprägt waren als im heimatlichen Untertanenstaat.

Viele Briefe verschwiegen aber auch nicht die Schattenseiten des Lebens in der Neuen Welt. Sie wirkten zum Teil auch ganz absichtsvoll als Korrektiv gegen überzogene Erwartungen und Illusionen, um den Verfasser potentiellen Auswanderern gegenüber nicht in persönliche Verantwortung zu bringen für ein illusionäres Amerikabild und dessen Folgen im Einwanderungsprozeß. So mußten landhungrige Auswanderungswillige erfahren, daß auch im gelobten Land harte Arbeit keineswegs immer zu Landbesitz führe; daß Mißernten, schlechte Bodenverhältnisse und fallende Erzeugerpreise auch hier Erreichtes wieder zunichte machen könnten. Seit den 1870er Jahren war auch zu lesen, daß der Einsatz teurer Landmaschinen zwar die harte körperliche Arbeit erleichtere, gerade für ärmere Zuwanderer damit aber auch die Möglichkeiten mindere, rasch durch harte Arbeit die Mittel zum Aufbau einer selbständigen Existenz auf dem Land anzusparen. „So mancher hat sich von 3 bis 10 Jahren herumgeschunden", so ein ausgewanderter Bauer 1890, „und ist heute Tagelöhner". Auswanderungswillige mit handwerklichen Berufstraditionen mußten erfahren, daß die mit dem Einsatz neuer Technologien in den USA verbundene Arbeitsteilung auch Dequalifizierung, Statusverlust und Lohnsenkung bedeuten konnte. Auswanderungswillige Arbeiter mußten sich darauf hinweisen lassen, daß gerade in Amerika krisen- und saisonbedingte Arbeitslosigkeit an der Tagesordnung war, daß Arbeitskämpfe Lohnausfälle verursachten und die lohndrückende Konkurrenz von billigeren südosteuropäischen Einwanderern zunehme. Darüber hinaus fänden höhere Löhne ihre Kehrseite in dem extremen Arbeitstempo, das die Kräfte schnell erschöpfe. Amerika sei keineswegs „das Land wo Milch und Honig flist wie Manscher wohl glaubt", so ein Arbeiter 1882, „hier mus man schaffen wie Häll [like hell = wie verrückt]". Negativ vermerkt wurde gegen Ende des Jahrhunderts auch die zunehmende Konzentration wirtschaftlicher Macht in Trusts[8]. Erwerbstätige Frauen lasen in Briefen, daß auch sie in der Neuen Welt nur dank harter Arbeit ein Auskommen finden würden. Selbst das Bild von der ‚freien Republik Amerika' fand seine Kehrseite: Vom Volk gewählte Beamte und Repräsentanten wirtschafteten lieber in die eigene Tasche, statt sich um das Gemeinwohl zu kümmern, besonders seit der Jahrhundertwende schienen „Geldfürsten" die eigentliche Macht auszuüben, während, so ein sozialistischer Emigrant 1886, die vielgerühmte amerikanische Freiheit zur „Hure" verkomme[9].

Im Für und Wider der Botschaften aus den Auswandererbriefen überwog jedoch letztlich ein positives Bild der Neuen Welt, das besonders bestimmt wurde durch Nachrichten von einem, wenn auch mit mancherlei Risiken verbundenen, so doch im Auswanderungsland kaum vorstellbaren Maß an persönlicher Freiheit in der Lebensgestaltung: „America mit allen seinen Wiederwertigkeiten, hat eine Anziehungskraft wie kein anderes Land, weil man hier anfangen kann was man will", hieß es in einem Auswandererbrief 1868. Das bedeutete für den einen, „daß man eher selbständig werden kan", und für den anderen „daß man heute etwas ergreifen kann & wenn nicht glücklich oder zufrieden morgen wieder etwas anderes anfangen kann"[10]. Die Wurzel des Mythos bildeten mithin die Verhältnisse in der Heimat. Das Amerikabild vieler Auswanderungswilliger setzte sich zusammen aus auf die Neue Welt projizierten Hoffnungen und Wünschen als Gegenbild zur eigenen Lebenswirklichkeit und dem konkreten Informationsangebot der Amerikabriefe. Je stärker die Informationen über Briefe oder auch durch den Kontakt mit Rückwanderern sich verdichteten, je intensiver zusätzliche Informationsquellen genutzt werden konnten und je älter die Auswanderungstradition in der Region war, desto realitätsbezogener gestaltete sich auch das Amerikabild[11].

Amerikabriefe und Kettenwanderung

Amerikabild und Auswandererbriefe waren nicht nur wichtig für den Auswanderungsentschluß, sondern auch für die Entscheidung über das Auswanderungsziel. Die Mehrheit der Auswanderer kam keineswegs desorientiert und isoliert in einem unbekannten Amerika an, im Gegenteil: Die Auswanderer reisten oft in Gruppen und trafen am gewählten Siedlungsort in der Regel auf Deutsche. Die regionale Konzentration von Einwanderern in ländlichen Gebieten des Mittleren Westens, die aus dem gleichen Dorf oder seiner unmittelbaren Umgebung im Auswanderungsland stammten, der gleichen Konfession angehörten und den gleichen Dialekt sprachen, war Folge der durch Briefe in Gang gesetzten ‚Kettenwanderungen'. So entstanden relativ geschlossene ländliche Siedlungen, in die über Jahrzehnte hinweg Familienangehörige und Nachbarn nachwanderten – aus Melle in Westfalen nach ‚New Melle' in Missouri.

Bei Kettenwanderungen gab es für Auswanderungswillige sichere Informationen nicht nur über die Lebenswelt im Zielgebiet, sondern auch Hinweise auf die günstigsten Transportmöglichkeiten und Reiserouten zum Ziel, wo Unterkunft und Arbeit warteten. Sehr häufig auch wurde die Überfahrt von vorausgewanderten Verwandten und Bekannten durch ‚pre-paid tickets' vorfinanziert. Für die Mehrheit der länd-

Kritische Sachinformation erreichte nur wenige Auswanderungswillige.

lichen Siedlungswanderer führte der Weg aus der Alten in die Neue
Welt in ethnische Gemeinschaften. Sie boten den Neuankömmlingen
auf dem Lande noch lange aus der Heimat vertraute, wenn auch
zunehmend ‚amerikanisierte' Lebensformen, die sie nicht minder lange
von denen der amerikanischen Umwelt abgrenzten, bis schließlich aus
den Kindern oder doch spätestens Enkeln der Einwanderergeneration
‚Amerikaner' geworden waren[12].

Kettenwanderungen spielten aber auch bei der Einwanderung in die
städtische Lebenswelt eine Rolle. Die ‚Little Germanies' amerikanischer
Städte[13] erreichten freilich nie eine so hohe Konzentration von Einwanderern aus dem gleichen Herkunftsgebiet und damit auch keine solche
ethnische und kulturelle Homogenität wie viele ländliche Ansiedlungen. In den Städten dominierte dagegen eine vielgestaltige Übergangs-
kultur zwischen Alter und Neuer Welt, die der amerikanischen Umwelt
noch sehr ‚deutsch' und Neuankömmlingen zugleich schon sehr ‚ameri-
kanisch' erschien.

2.1.3. Lebensformen im Einwanderungsprozeß

Von Christiane Harzig

Siedlungsschwerpunkte und Wegbereiter der Auswanderung

Viele Ortsnamen in den USA weisen, weit über das Land verteilt, auf
ursprünglich deutsche Gründungen hin. Dennoch lassen sich Schwer-
punkte erkennen, vor allem in Wisconsin, Illinois und Missouri. Aber
auch Pennsylvania, Ohio, New York, Maryland und Texas verzeichneten einen hohen Anteil deutscher Einwanderer.

Während der Kolonialzeit siedelten die Deutschen weitgehend an der
Ostküste in Pennsylvania, Maryland und New York. In den 1830er
Jahren begannen sie, das Ohiotal und später die weiten Gebiete des
Mittleren Westens zu erschließen. Die großen Wasserwege, der Mississippi und Missouri im Süden, die Großen Seen oder der Ohio-Fluß im
Norden, dienten dabei als Transitwege. In der Zeit vor dem Bürgerkrieg
(1861–1865) konzentrierten sich die deutschen Siedler daher weitgehend
in einem 200 Meilen breiten Gürtel von New York nach Maryland bis
zum Mississippi sowie in der Gegend um St. Louis, am Missouri
entlang. Auch in den Südstaaten gab es bis in die 1860er Jahre deutsche
Siedler. Doch das ungewohnte Klima und die ausschließlich marktorien-
tierte Sklavenwirtschaft ließen den Süden, wohl mit Ausnahme von
Texas und dem Grenzstaat Missouri, für die Deutschen bald uninteres-

sant werden. Bei Ausbruch des Bürgerkrieges waren sie weitgehend
abgewandert.

Ob die deutschen Siedler Pioniere an der ‚Siedlungsgrenze' (‚frontier')
waren oder die Nachhut bildeten, gehört zu den offenen Fragen der
historischen Forschung. Ältere Arbeiten stellen heraus, daß die Deutschen selten zu den Trappern und Händlern gehörten, die als Vorboten
nachfolgender Siedlungen galten. Auch unter den Landspekulanten
und Herdenbesitzern, die weite Teile des Landes erschlossen, waren sie
kaum zu finden. Eher folgten sie diesen. Oft nahmen sie gerodetes Land
in Besitz und überführten es in dauerhafte intensive Farmwirtschaft.
Neuere Forschungen zeigen jedoch, daß die Deutschen, vor allem in
Texas, auch an der Erschließung des Landes aktiv beteiligt waren[1].

Nach dem Bürgerkrieg gewann die Besiedlung des Mittleren Westens
an Bedeutung, und die Einzelstaaten verstärkten ihre Anstrengungen,
Siedler in ihre Territorien zu locken. Immer mehr Agenten aus Wisconsin, Minnesota, Michigan und Iowa, aber auch aus den weiter westlich
gelegenen Staaten Nebraska, Kansas, Oregon und aus dem Dakota-
Territorium reisten nach Europa und priesen billiges, fruchtbares Sied-
lungsland an[2].

Auch die Städte mit ihrer ständig expandierenden Industrie, den
deutsch-amerikanischen ‚communities', d. h. den ethnischen Wohnvierteln, und einer oft vielfältigen deutsch-amerikanischen Kultur, wurden
starke Anziehungspunkte. New York City, Philadelphia und Baltimore
hatten schon seit dem frühen 19. Jahrhundert viele deutsch-amerikanische Bewohner. Cincinnati, St. Louis, Chicago und vor allem Milwaukee wurden im Prozeß der Westwärtsbewegung zu urbanen Zentren
deutsch-amerikanischen Lebens. Auch in Austin und in San Francisco
entstanden große deutsch-amerikanische ‚communities'.

Bei der Entscheidung über das Wanderungsziel hatten Informationen
von vorausgewanderten Verwandten und Bekannten weitaus größere
Bedeutung als Auswandererzeitungen und Agenten. Nicht unterschätzt
werden darf auch die Rolle der sog. Pioniere. Hatten sie sich erst einmal
angesiedelt – und ihre Wahl war häufig vom Zufall abhängig – so folgten
ihnen bald andere nach. Die meisten dieser Wegbereiter sind anonym
geblieben, das Wirken Gottfried Dudens bei der Besiedlung von Missouri hat jedoch deutliche Spuren hinterlassen.

Duden, ein preußischer Jurist aus Remscheid mit ansehnlichem Vermögen, war 1824 in Baltimore gelandet und in Richtung St. Louis
weitergezogen. Vom dortigen Vergabebüro bekam er Karten über verfügbares Land. Aufgrund des Rates eines erfahrenen deutschen Ansied-
lers kaufte er über 200 acres (ca. 81 ha) Land am Femme-Osage-Fluß im
heutigen Warren County. Während er seinen Boden urbar machen ließ,
schrieb er eine romantische Erzählung über seine Reise nach Amerika

Spuren der Einwanderung: deutsche Ortsnamen im amerikanischen Mittelwesten.

und die Vorz\u00fcge des primitiven Lebens in den W\u00e4ldern des weiten Westens. Das neue Land wurde hier zur utopischen Alternative gegen\u00fcber dem morbiden Europa[3]. Drei Jahre sp\u00e4ter kehrte Duden nach Deutschland zur\u00fcck. Sein Buch erschien in mehreren Auflagen. Der Bericht regte die Gr\u00fcndung verschiedener Auswanderergesellschaften an, denen h\u00e4ufig Intellektuelle und Mitglieder der gehobenen Mittelschicht angeh\u00f6rten. Sie wurden etwas sp\u00f6ttisch ‚Latin Farmers' genannt; denn sie verstanden von Latein oft mehr als von der Landwirtschaft. Ihre Siedlungsprogramme waren selten erfolgreich. Als ‚kultureller G\u00e4rungsstoff' f\u00fcr die Bauern, die ihnen nachfolgten, hatten sie jedoch ihre Bedeutung[4].

Ein weiterer Faktor bei der Kanalisierung der Auswanderungsz\u00fcge, vor allem w\u00e4hrend der fr\u00fchen Phase der Besiedlung, waren die Auswanderervereine. Neben sozialen standen hinter diesen Vereinsgr\u00fcndungen h\u00e4ufig auch nationale Zielvorstellungen. Durch die Gr\u00fcndung deutscher Ansiedlungen oder gar Kolonien auf nordamerikanischem Boden wollte man zugleich soziale ‚Sicherheitsventile' bieten gegen Massenarmut, soziales Elend und davon ausgehendes Unruhepotential. Gleichzeitig sollte der kulturelle Einflu\u00df Deutschlands in der Neuen Welt gest\u00e4rkt werden. Einige Auswanderer wollten auch die Ideale von Freiheit und Gleichheit, f\u00fcr die sie in der Revolution von 1848/49 erfolglos gek\u00e4mpft hatten, in der Neuen Welt f\u00fcr sich und ihre Anh\u00e4nger verwirklichen.

Das wohl bekannteste Unternehmen dieser Art war der ‚Verein zum Schutze deutscher Auswanderer', auch unter dem Namen ‚Mainzer Adelsverein' oder ‚Texasverein' bekannt. Der Verein war 1842 von vier F\u00fcrsten, zwei Prinzen und ca. 20 weiteren Adligen gegr\u00fcndet worden, um ein anspruchsvolles Siedlungsprogramm zu organisieren. Man wollte in dem zu dieser Zeit noch unabh\u00e4ngigen Territorium von Texas gr\u00f6\u00dfere L\u00e4ndereien kaufen und urbar machen. Schulen sollten gebaut, medizinische Versorgung gew\u00e4hrleistet werden. Interessenten konnten f\u00fcr $ 120 Anteile an diesem Unternehmen erwerben und damit zugleich Land und \u00dcberfahrt finanzieren. 1844 kamen die ersten 200 Familien in der texanischen Hafenstadt Galveston an. Als erkennbar wurde, da\u00df die in Aussicht genommenen L\u00e4ndereien nicht zug\u00e4nglich waren, wurde ein kleineres, n\u00e4her gelegenes St\u00fcck Land am Oberlauf des Guadeloupe-Flusses gekauft und die Siedlung Neu-Braunfels gegr\u00fcndet. Noch bevor die ersten Siedler fest untergebracht waren, kamen 1846 weitere Familien in Galveston an, denen weder Unterkunft noch Verpflegung zur Verf\u00fcgung gestellt werden konnten. Hunger und Typhus grassierten, 500 M\u00e4nner gingen als Soldaten in den Krieg gegen Mexiko, andere zogen weiter nach Neu-Braunfels. Allein in diesem Jahr starben 1200 Siedler. Die v\u00f6llig unf\u00e4higen und unwissenden Organisatoren hatten die geographischen und politischen Gegebenheiten sowie die finanziellen Notwendigkeiten grundlegend falsch eingeschätzt. Tausende von Siedlern wurden um Hoffnungen und Geld betrogen. Viele mußten den Leichtsinn der Organisatoren mit dem Leben bezahlen[5].

Andere Auswanderervereine, wie z. B. die Berliner, die Gießener oder die Solinger Gesellschaft waren ähnlich erfolglos in ihrem Bestreben, ein geschlossenes Siedlungsgebiet in den USA zu etablieren. Oft scheiterten die Koloniegründungen daran, daß sich die Siedler, darunter erfahrene Bauern, in der Neuen Welt selbständig machten. Manchmal jedoch bildeten sie, wie in Texas, den Ausgangspunkt für weitere Ansiedlungen.

Die ländliche Welt im ‚deutschen Mittelwesten'

Ein gutes Viertel aller Deutsch-Amerikaner (erste und zweite Generation) war 1870–1900 in der Landwirtschaft beschäftigt. Trotz dieser zahlenmäßigen Bedeutung der ländlichen Einwanderer aus Deutschland, gibt es bis heute nur wenige Untersuchungen über ihre Lebens- und Arbeitsbedingungen und über die Fortdauer der ländlichen Gemeinden[6]. Doch die Frage nach dem Verhältnis von Ethnizität und Landwirtschaft wurde immer wieder gestellt. Wie betrieben die Deutschen Landwirtschaft im Mittleren Westen? Wie unterschieden sie sich dabei von den ‚Yankees' oder den anderen Einwanderergruppen? Neben einer Reihe von Stereotypen konnten kulturspezifische Verhaltensmuster vor allem an den Familienstrukturen, an den Produktionsformen und den Siedlungsmustern belegt werden.

Seit der Kolonialzeit wurde den deutsch-amerikanischen Bauern Bodenständigkeit und Familiensinn nachgesagt: Der Hof sei ihnen weniger Spekulationsobjekt als Heim und Zukunft. Das Vieh werde gepflegt, die Äcker würden gedüngt, alle Geräte in bester Ordnung gehalten. Darüber hinaus sei die Arbeit auf dem Hof eine Familienangelegenheit, an der sich Männer und Frauen gleichermaßen beteiligten. Dieses Stereotyp gewann vor allem in Abgrenzung zum Yankee-Farmer an Schärfe: Dieser sei eher auf schnellen Gewinn und Spekulation aus als auf Erhalt und langfristige Investitionen. Er achte kaum auf den Zustand seines Viehs, jeglicher Ertrag werde in größere Bequemlichkeit investiert, und Frauen und Töchter sehe man selten bei der Arbeit auf dem Felde[7].

Wie in jedem Stereotyp sind auch hier einige Körnchen Wahrheit zu finden. Zwar wurde für die Ansiedlungen in Texas und Missouri die Gleichartigkeit der landwirtschaftlichen Praktiken von deutsch-amerikanischen Bauern und Yankee-Farmern aufgezeigt; dennoch war die Landwirtschaft in den deutschen Siedlungsgebieten gekennzeichnet durch größere Intensität, durch verstärkte Standortstabilität und einen höhe-

Farmhaus deutscher Siedler bei Fredericksburg, Texas (um 1880).

ren Anteil an Hofbesitzern. Dahinter steckte der Wunsch nach wirtschaftlicher und finanzieller Unabhängigkeit der Familie sowie das Bestreben, den Hof schuldenfrei an ein Kind zu vererben und für die anderen Kinder vergleichbaren Besitz zu erwerben. Die Frage, ob die Höfe auch produktiver arbeiteten, wird unterschiedlich beantwortet.

Auch in den Produktionsformen gab es ethnische Spezifika. Die deutschen Bauern, die im dichtbesiedelten Europa schon seit langem auf die Fruchtbarkeit ihres Bodens achten mußten, wußten um die Notwendigkeit des Düngens. Jürnjakob Swehn, der Amerikafahrer, berichtet davon seinen mecklenburgischen Landsleuten: „Mit dem Mist ist das hier so, daß er nicht so geehrt wird als bei euch [...]. Meinem Nachbarn lag seiner im Wege [...]. Ich sagte zu ihm: Ich will dir deinen Dung abfahren. Ganz umsonst [...]. Aus Nachbarschaft will ich das tun. So hat er ja gesagt, und ich fuhr ihn ab. Das waren über hundert Fuhren. Das ist meinem Acker gut bekommen. Aber das nächste Jahr gab er nichts mehr auf Nachbarschaft von wegen dem Meß. Da hat er ihn selbst abgefahren. Da war er klug geworden"[8].

Neben dem Mist wurden auch Fruchtwechsel und Brache zur Erhaltung der Fruchtbarkeit des Bodens eingesetzt. Im Getreideanbau hingegen griff man weniger auf alte Erfahrungen zurück. Auf Gerste und Roggen wurde weitgehend zugunsten von Weizen und Mais verzichtet. Für Weizen gab es bessere Marktbedingungen und die Vorteile des Maisanbaus wurden schnell erkannt. Er wuchs auf dem neu kultivierten

Boden, die Ernte war nicht so wetterabhängig, und die Stengel konnten verfüttert werden. Der Handelsfrucht Tabak oder dem auf Sklavenwirtschaft basierenden Baumwollanbau gegenüber zeigten die deutschen Bauern in Missouri wenig Neigung[9].

In den ersten Jahren hatten die Siedler alle Hände voll zu tun, das schiere Überleben zu sichern. Deshalb richteten sie sich nach den Erfahrungen ihrer Nachbarn und paßten sich den üblichen von den Marktbedingungen geprägten Produktionsformen weitgehend an. War die Ansiedlung aber erst einmal gelungen, entstand Spielraum für wirtschaftliche Experimente und die Wiederbelebung ethnischer Elemente. So schufen die Deutschen in Missouri z. B. die Grundlage für einen über Jahrzehnte hinweg recht erfolgreichen Weinanbau. Dabei brachten die ersten deutschen Winzer keineswegs Erfahrungen von Generationen im Weinbau mit, sondern kamen eher aus dem Bildungsbürgertum. Zugang zu Informationen, Fähigkeit und Bereitschaft, sich neues Wissen anzueignen, und vor allem Startkapital gehörten hier zu den wichtigen Ausgangsbedingungen[10].

Land war in den USA in der Regel nicht umsonst zu haben. Es gab zwar das ‚Heimstättengesetz‘ von 1862, das den Siedlern gegen eine geringe Gebühr 16 acres (ca. 6,5 ha) Regierungsland zuschrieb, mit der Verpflichtung, es fünf Jahre lang zu bearbeiten und zu bewohnen. Aber es trat in Kraft, als die erste große Auswanderungswelle aus Deutschland (1846–57) bereits verebbt war. Die meisten deutschen Einwanderer dieser Zeit hatten ihre Farmen also für gutes Geld erworben. Dennoch war der Preis – 1832 mußten für einen acre (ca. 0,4 ha) $ 1,25 gezahlt werden – für deutsche Verhältnisse gering. Für $ 50 konnte zwar schon ein existenzfähiges Anwesen erworben werden. Für den Einstieg in die Landwirtschaft aber mußte eine Summe von ca. $ 500 vorhanden sein[11]. Kaum ein Auswanderer hatte so viel Geld zur Verfügung. Das wollte häufig erst in der Neuen Welt verdient werden. Eine Arbeitsstelle als Handwerker, als Holzfäller, als Dienstmädchen war schnell zu finden. Blieb man gesund – eine der wichtigsten Voraussetzungen – dann hatte man vielleicht nach einigen Jahren das Geld für einen Hof beisammen. Nicht selten aber waren die Auswanderer jedoch auf Hilfe von zu Hause angewiesen. Briefe in die Heimat enthielten häufig lange und ausführliche Bitten um finanzielle Unterstützung und um die Auszahlung von Erbansprüchen.

Was aber bedeutete der Entschluß, auf neuem Land zu siedeln, für die Lebensbedingungen? Die Neuankömmlinge, die in einem Dorf mit Jahrhunderte altem Sozialgefüge aufgewachsen waren, konnten sich das Alltagsleben an der Siedlungsgrenze kaum vorstellen. Hier war nichts mehr selbstverständlich, alles mußte neu geschaffen und erarbeitet werden. Wald zu roden, Baumstämme zusammenzutragen, das erste

Immobilienreklame, Steele, Nord-Dakota.

Blockhaus zu bauen war häufig nur unter Mithilfe der oft mehrere Meilen entfernt wohnenden Nachbarn möglich. Im ersten Jahr mußte vieles angeschafft werden, das zehrte an den Ersparnissen. Knapp an Geld und Arbeitskräften, waren die Siedler auf ihre eigenen Fähigkeiten angewiesen. Handwerkliche Kenntnisse waren immer gefragt. Viehzucht und Schlachten, Konservierung von Lebensmitteln oder Kerzenziehen waren Tätigkeiten, die jede Pioniersfrau beherrschen mußte. Oft machten den Einwanderern Heimweh, Einsamkeit und die extremen Witterungsverhältnisse zu schaffen. War jedoch die Existenz auf das Notwendigste gesichert, ging man als erstes an den Bau von Kirche und Schule[12].

Die städtische Welt in ,Little Germany'

Das gängige Bild von der deutschen Einwanderung ist durch den Farmer im Mittleren Westen geprägt. In Wirklichkeit zog es die meisten Deutschen in die Städte. 1850 bereits stellten sie 23%, 1890 dann 33% (211000) der New Yorker Einwandererbevölkerung[13]. Im gleichen Jahr stammten in Chicago 36%, in Milwaukee sogar 69% der Einwanderer aus Deutschland[14].

,Ethnische Nachbarschaften' (,ethnic neighborhoods'), d.h. Wohnviertel, in denen eine Einwanderergruppe das Stadtbild prägte, bestimmten von Anfang an die amerikanische Stadtentwicklung. Neben dem konkret-materiellen Lebensraum, der sich häufig veränderte, gab es für die Einwanderer noch die übergeordnete Ebene der ‚community'. Mit diesem kaum übersetzbaren Begriff wird das Beziehungsgeflecht von ethnischen Organisationen und Institutionen (z. B. Kirchen, Vereine, Presse) sowie von ethnischer Identität, Solidarität und Selbstdarstellung bezeichnet. Die ‚communities' waren anfangs auf der Basis der Nachbarschaften entstanden, ihre Kontinuität hing jedoch nicht vom Bestand der jeweiligen Nachbarschaft ab[15].

Im über 300 Jahre andauernden Einwanderungsprozeß entwickelte sich in den deutsch-amerikanischen ‚communities' eine dem Heimatland vergleichbare und doch als Zwischenform zwischen alter und neuer Welt liegende regionale und soziale Vielgestaltigkeit. Neben der großen Arbeiterklasse gab es eine breite Mittelschicht und eine ethnische Elite. Unterschiede in den Konfessionen und in der regionalen Herkunft waren gleichermaßen von Bedeutung. Solche Differenzierungen prägten, begrenzten aber auch die ethnische Solidarität in den ‚communities'.

Für Chicago, das in seiner urbanen und industriellen Entwicklung als typisch gelten kann, gibt es bislang die detailliertesten Untersuchungen über die Sozialstruktur der deutsch-amerikanischen Bevölkerung: Während des ganzen 19. Jahrhunderts gehörte der weitaus größte Teil der Arbeiterklasse an. 1850 waren 84 %, 1900 immerhin noch 68 % der Haushaltsvorstände an- oder ungelernte Arbeiter bzw. Facharbeiter. Die meisten Erwerbstätigen waren in der Industrie beschäftigt, andere fanden im Bau- und Transportgewerbe, im Dienstleistungssektor und im Handel Arbeit. Viele deutsche Einwanderer traten als Handwerker und Facharbeiter auf den amerikanischen Arbeitsmarkt. Um die Jahrhundertmitte konnten sie noch davon ausgehen, daß ihnen ihre deutsche Ausbildung einen Lebensunterhalt sichern, vielleicht auch den Schritt in die Selbständigkeit ermöglichen würde. Doch veränderte sich gerade für diese Arbeiter im Zuge der rasanten industriellen Entwicklung in der zweiten Hälfte des 19. Jahrhunderts das Arbeitsleben ganz entscheidend. Wachsende Spezialisierung dequalifizierte ihre Arbeit. Um 1900 verließen sie zunehmend die traditionell von den Deutschen besetzten Berufe der Schuster, Küfer, Bäcker, Fleischer, Zigarrenmacher, Schreiner und Schneider, die in besonderem Maße in den Sog des industriellen Wandels geraten waren. Ihre Söhne und Töchter suchten vorwiegend in den zukunftsweisenden Industriezweigen der Metall- und Elektroindustrie oder im Handel Beschäftigung, wo eine Vielzahl von ‚white collar jobs' angeboten wurde[16].

Neben den Industriearbeitern waren die Kleingewerbetreibenden ein gewichtiges Element in den Nachbarschaften. Um 1900 stellten Selbständige und kleine Angestellte, die vorwiegend im Handel arbeiteten, etwa ein Viertel der deutsch-amerikanischen Haushaltsvorstände, in der zweiten Generation war es sogar über ein Drittel[17]. Viele dieser Händler bedienten vor allem die Kundschaft aus der Nachbarschaft und waren angewiesen auf ihre ethnische Klientel. Ihre vorwiegend kleinen bis mittleren Betriebe boten Arbeitsplätze für Mitglieder der ethnischen Gruppe, insbesondere auch für Neuankömmlinge und Familienangehörige.

Dieses Arbeitsplatzangebot kam vor allem deutsch-amerikanischen Frauen zugute. Dabei gab es in der öffentlichen Diskussion innerhalb der ‚community' sehr widersprüchliche Positionen zur Frauenerwerbstätigkeit. Während einige bürgerliche Deutsch-Amerikanerinnen durchaus die besseren beruflichen Entfaltungsmöglichkeiten für Frauen in den USA schätzten, äußerten sich andere Frauen oft negativ über außerhäusliche Frauenerwerbstätigkeit[18]. Deutsch-amerikanische Arbeiter kämpften für einen ausreichenden Familienlohn, mit der Begründung, daß sie die Frauenarbeit für gesellschaftlich schädlich hielten. Und doch war nur eine kleine Schicht tatsächlich in der Lage, mit dem Verdienst des männlichen Haushaltsvorstandes allein die Familie zu ernähren. Nicht selten war man auf den Lohn der erwachsenen Kinder angewiesen.

Um 1900 stellten die deutschen Einwanderinnen mit 12,4 % nach den Italienerinnen den geringsten Anteil an weiblichen Erwerbstätigen innerhalb der ethnischen Gruppen in den USA. In absoluten Zahlen freilich bildeten sie nach den Irinnen die zweitgrößte Gruppe unter den erwerbstätigen Einwanderinnen[19]. Sie waren vorwiegend im Alter zwischen 15 und 24 Jahren erwerbstätig, d. h. in der Zeit zwischen Schulabschluß und Heirat. Mit der Eheschließung traten sie zumeist aus dem Erwerbsleben aus. Als Witwen mußten einige wieder für Lohn arbeiten, allerdings nur, wenn keine erwachsenen Kinder das Familieneinkommen sicherten. Junge Frauen arbeiteten besonders als Verkäuferinnen, als Packerinnen in den kleineren Fabriken, als Maschinennäherinnen in den ‚Schwitzbuden' (‚Sweat-Shops'), aber auch als qualifizierte Damenschneiderinnen. Neu angekommene Frauen gingen oft als Dienstmädchen ‚in Stellung'.

Der Familie kam im Wanderungsprozeß große Bedeutung zu. Von ihrem stabilisierenden Einfluß und ihrer Vermittlungsfunktion zwischen Individuum und neuem gesellschaftlichen Umfeld hing häufig Erfolg oder Mißerfolg der anschließenden Akkulturation ab. Die deutsch-amerikanische Bevölkerung bildete, wie andere Einwanderergruppen auch, weitgehend ethnisch homogene Haushalte. Sie heiratete kaum außerhalb der eigenen Gruppe, und auch die Untermieter und Dienstboten waren Deutsche der ersten und zweiten Einwanderergeneration.

Frauenarbeit im Einwanderermilieu: deutsche Näherinnen in der Schneiderei von Annie Graumann, Manitowoc, Wisconsin (um 1898).

Die meisten lebten in Zwei-Generationen-Familien: Vater, Mutter, 2 bis 6 Kinder. Das durchschnittliche Heiratsalter lag zwischen 24 und 27 Jahren. Nach Daten um 1900 zu urteilen, gebaren Frauen der ersten Zuwanderergeneration im Laufe ihres Lebens durchschnittlich sechs Kinder, in der zweiten Generation ging die Geburtenzahl leicht zurück. Manchmal lebten auch nahe Verwandte, in der Regel Mütter oder Geschwister, in den deutsch-amerikanischen Haushalten. Der Bevölkerungszensus zeigt für die zweite Hälfte des 19. Jahrhunderts ein hohes Maß an Familienbindung in der Einwandererbevölkerung. ‚Singles‘ oder alleinstehende Elternteile mit Kindern gab es kaum. Daß dennoch viele verlassene deutsche Ehefrauen um Unterstützung nachsuchen mußten, belegen Quellen der Wohltätigkeitsorganisationen.

Die ‚community' im Einwanderungsprozeß

Nahezu jede größere amerikanische Stadt mit einer nennenswerten deutschen Einwandererbevölkerung hatte ihre deutsch-amerikanische ‚community'. Kirchengemeinden, Presse, Vereinswesen, Schulen, Theater und ein weit gefächertes Freizeitangebot waren konstitutive Bestandteile fast jeder ethnischen Stadtkultur.

Auch in der Stadt führte das Streben nach Gemeindegründung und Kirchenbau zu den ersten gemeinsamen Aktivitäten der Einwanderer. Die Deutschen waren darin keine Ausnahme, unterschieden sich aber von anderen Gruppen in ihrer religiösen Vielfalt. Die Protestanten bildeten zwar anfangs die größte Gruppe, aber die Katholiken standen ihnen kaum nach. Zu Beginn der deutschen Massenauswanderung waren auch Juden stark vertreten. In einer Zeit des Aufbruchs und des Neuanfangs bot die Kirche einen Ruhepunkt, in dem an Vertrautem festgehalten werden konnte. Die Protestanten hatten kaum Probleme, eine ihnen gemäße Gemeinde aufzubauen. Keine Obrigkeit konnte sie daran hindern. Glaubensvielfalt und innere Auseinandersetzungen freilich führten zu zahllosen Spaltungen. Die deutschen Katholiken hingegen mußten ihre ethnische Autonomie und Identität häufig gegen die irische Dominanz und den Zentralismus der kirchlichen Hierarchie behaupten.

Der Erhalt der Muttersprache war allen deutsch-amerikanischen Gemeinden wichtig; denn für viele waren Glaube und eigene Kultur eng miteinander verbunden. Den Privat- und Konfessionsschulen fiel dabei die wichtige Aufgabe zu, der heranwachsenden Generation Sprache und Kultur der Eltern zu vermitteln. Das war den Angehörigen der verschiedenen Konfessionen ebenso wichtig wie Freidenkern oder Sozialisten. Hier schien außerdem am ehesten die Möglichkeit geboten, der gefürchteten ‚Amerikanisierung' der Jugend – ein Thema, das in der deutsch-amerikanischen Presse aufgeregt diskutiert wurde – entgegenzuwirken.

Vielfältige Funktionen erfüllte das Vereinswesen in jeder ‚community'. Vor allem die Wohltätigkeitsvereine übernahmen viele der Aufgaben, die sich aus der Einwanderungssituation ergaben oder in den Bereich der allgemeinen sozialen Fürsorge fielen. Das galt z. B. für die Deutschen Gesellschaften, die in allen größeren Städten Neuankömmlingen erste Hilfestellungen und Informationen anboten oder Armenunterstützung gewährten. Daneben gab es Organisationen, die vor allem Vergnügungs- und Freizeitwert für ihre Mitglieder hatten, aber auch über ihren engeren Kreis nach außen wirken konnten. Dazu gehörten die Turn-, Schützen- und Sängervereine mit ihren Festen, die ihren Mitgliedern vielfältige Gelegenheiten zum geselligen Beisammensein und der ethnischen Gruppe insgesamt die Möglichkeit boten, sich stolz in Stadt und Region zu präsentieren.

Für Konstituierung, Stabilität und Dauerhaftigkeit von ‚community‘ und ethnischem Bewußtsein spielte das Pressewesen eine herausragende Rolle. Mit ca. 5000 Publikationen in ihrer rund dreihundertjährigen Geschichte war die deutschsprachige die größte und älteste ethnische Presse in den USA. Neben bürgerlichen Tageszeitungen gab es Arbeiterzeitungen, Vereinsorgane, religiöse, literarische, historische, satirische Schriften u. a. m. Da die ethnische Presse sehr von ihrer Käufer- und Leserschaft abhing, spiegelte sie unmittelbar Wachstum bzw. Rückgang der entsprechenden Einwanderergruppe. Ab 1900 begann daher, dem Ende der Masseneinwanderung seit 1893 folgend, ein Schrumpfungsprozeß im deutschsprachigen Pressewesen. In manchen Städten gab es aber noch in den 1920er Jahren deutsche Tageszeitungen, die – wie in Chicago – Auflagen von fast 50000 erreichen konnten[20].

Viele deutsche Arbeiter hatten Traditionen und Erfahrungen aus der deutschen Arbeiterbewegung im ‚kulturellen Gepäck‘ mit in die Neue Welt gebracht. Sie waren am Aufbau zahlreicher Gewerkschaften beteiligt und schufen sich mit der ‚Sozialistischen Arbeiter-Partei‘ ihre eigene politische Organisation. Nicht immer gelang es ihnen, mitgebrachte Erfahrungen zu modifizieren und den neuen Anforderungen anzupassen. Auch die anarchistische Bewegung wurde in den 1880er Jahren durch Deutsch-Amerikaner mitgeprägt, vor allem durch John Most in New York und August Spieß in Chicago. Die Bereitschaft zum Kampf für bessere Arbeitsbedingungen und höhere Löhne indes mußte nicht erst aus der Alten Welt mitgebracht werden; Lebens- und Arbeitsbedingungen, die die Einwanderer in den USA vorfanden, boten hinreichend Gründe für Organisation und Protest. Die Radikalisierung war häufig Produkt enttäuschter Hoffnungen auf bessere Lebensbedingungen und mehr soziale Gerechtigkeit.

Die Arbeiter schufen sich in der Arbeiterkultur im Einwanderungsprozeß eine eigene soziale Infrastruktur mit Arbeiterpresse und eigenen Vereinen, deren Aktivitäten sich freilich oft kaum von denen der bürgerlichen Vereine unterschieden. Nicht selten aber wurde ein Arbeiterpicknick ergänzt durch eine politische Rede oder durch einen Spendenaufruf für die Opfer politischer Verfolgung in Deutschland. Andere Ereignisse, wie z. B. das Gedenken an die Pariser Kommune von 1871, wurden in deutlicher Abgrenzung zum deutsch-amerikanischen Bürgertum begangen. Hinzu kamen spezielle Gedenktage der (deutsch-amerikanischen) Arbeiterbewegung: Alljährlich wurde der 11. November, der Tag an dem 1887 die ‚Haymarket-Märtyrer‘ gehenkt worden waren, mit Trauerzügen und Demonstrationen begangen[21].

Auch die Frauen aus Deutschland und ihre Töchter gestalteten in den

USA eine lebendige und selbstbewußte Frauenkultur[22]. Dazu gehörten
u. a. die Frauenvereine, die Wohltätigkeitsaufgaben übernahmen, aber
auch rein gesellige Zwecke oder intellektuelle Interessen verfolgten. Sie
wirkten häufig weit in die deutsch-amerikanische ‚community' hinein.
Nachgedacht wurde auch über die Stellung der Deutsch-Amerikanerinnen in der neuen Heimat. Die Frauen mit zwei kulturellen Bezugspunk-
ten sahen es als ihre Aufgabe an, zwischen amerikanischer und deutscher
Kultur zu vermitteln und bei den Amerikanerinnen Verständnis für das
deutsch(-amerikanische) ‚Modell Hausfrau' zu wecken. Forderungen
nach gleichen Rechten für beide Geschlechter oder dem Wahlrecht für
Frauen indes waren in den letzten Jahrzehnten des 19. Jahrhunderts
kaum zu finden. Anders als die Aktivitäten der deutsch-amerikanischen
Arbeiterbewegung, die oft die Grenzen der eigenen ethnischen Gruppe
überschritten, blieben diejenigen der Deutsch-Amerikanerinnen fast
ausschließlich auf die ‚community' beschränkt. Kontakte zur anglo-
amerikanischen Frauenbewegung gab es kaum.

Die ethnische ‚community' hatte im Einwandererleben vielfältige
Funktionen. Hier konnten Kulturtraditionen auf institutioneller Ebene
erhalten und weitergegeben werden, hier sicherte sich eine ethnische
Führungsschicht (‚ethnic leadership') aus Pfarrern, Lehrern, Politikern,
Redakteuren, Vereinsvorsitzenden u. a. Macht und Einfluß. Für politische Themen und ethnische Konflikte wurde die Presse mobilisiert. Die
Wohltätigkeitsorganisationen halfen, die sozialen Probleme in den Familien zu lindern. Die Vereine, in denen noch lange Deutsch gesprochen
wurde, banden die Heranwachsenden an die Kultur ihrer Eltern. Eine
entfaltete ethnische Kultur bot Identifikationsmöglichkeiten und
Schutzzonen und war damit zugleich Ausgangspunkt für eine selbstbewußte Auseinandersetzung mit der dominanten Kultur.

2.1.4. ‚Deutsch-Amerika' in Bedrängnis: Krise und Verfall einer ‚Bindestrichkultur'

Von Monika Blaschke

Deutsche waren in den USA nicht immer erwünscht, und ihre Eingliederung verlief nicht ohne Probleme. Benjamin Franklin hatte schon 1751
eine Begrenzung der deutschen Zuwanderung gefordert. Zu ernsthaf-
ten Reibungen und Konflikten zwischen Amerikanern und Deutschen
aber führte erst die Masseneinwanderung des 19. Jahrhunderts. Fremdenfeindlichkeit in Krisenzeiten traf auch deutsche Einwanderer. La-

tente Abwehrhaltungen traten an die Oberfläche, paarten sich mit religiösen oder kulturellen Motiven, ließen Befürchtungen und Projektionen als reale Bedrohungen erscheinen. Dabei rühmte sich die junge amerikanische Republik nicht nur ihrer Fähigkeit, Einwanderer zu integrieren. Sie brauchte sie auch dringend als Siedler und Arbeitskräfte und betrieb deshalb intensive Einwanderungspolitik. Doch gleichzeitig ging es um die nationale Identität und um Abgrenzung von allem, was sie zu bedrohen schien[1].

Abwehr ethnischer Vielfalt: amerikanische Nativisten und deutsche Einwanderer

Seit 1802 konnten alle weißen Einwanderer bereits 5 Jahre nach ihrer Ankunft amerikanische Staatsbürger werden. Sie mußten dazu ihre frühere Staatsbürgerschaft aufgeben, der amerikanischen Verfassung Treue geloben und zwei Jahre zuvor eine entsprechende Absichtserklärung abgegeben haben. In vielen Städten wurden diese Absichtserklärungen schon kurz nach der Landung angenommen, in manchen Bundesstaaten war bereits damit – für Männer – das Wahlrecht erworben[2]. Solche Bestimmungen der Einwanderergesetzgebung erschienen Teilen der amerikanischen Öffentlichkeit zu liberal. Den Neuankömmlingen wurde mangelnde Politikfähigkeit vorgeworfen, den Politikern der Kauf von Einwandererstimmen durch freizügige Ausgabe von Bier und Whisky. Die Ankunft von aus Europa abgeschobenen Verarmten und Strafgefangenen weckte zusätzliches Mißtrauen.

Von 1840 bis 1860 kamen mehr als 4 Mio. Einwanderer ins Land, davon fast 1,5 Mio. Deutsche. Deutsch-Amerikaner stellten 1860–1890 die größte Gruppe an Neuankömmlingen und waren überall deutlich präsent. Etwas später begann die irische Masseneinwanderung. Insbesondere gegen die hohe Zahl katholischer Zuwanderer und die Möglichkeit, schnell das Wahlrecht zu erlangen, formierte sich eine Anti-Einwandererbewegung[3].

Die hohe Zahl katholischer, überwiegend irischer, z.T. aber auch deutscher Einwanderer und ihre Institutionen wirkten besonders in jenen amerikanischen Kreisen beängstigend, die in den 1820er und 1830er Jahren vom religiösen Eifer einer protestantischen Erweckungsbewegung ('Second Great Awakening') erfaßt worden waren: 1830–1869 stieg die Zahl der Katholiken von 300000 auf 3,1 Mio. Die Folge waren heftige Abwehrreaktionen gegen die Katholiken, denen Abhängigkeit vom Papst und unrepublikanische Erziehungsideale unterstellt wurden. „Wessen Land ist dies eigentlich?" („Whose country is that anyway"), hieß Anfang der 1850er Jahre das Wahlmotto der American Party, die als 'Know-Nothing-Party' aus einer zur Geheimhaltung verpflichteten Loge

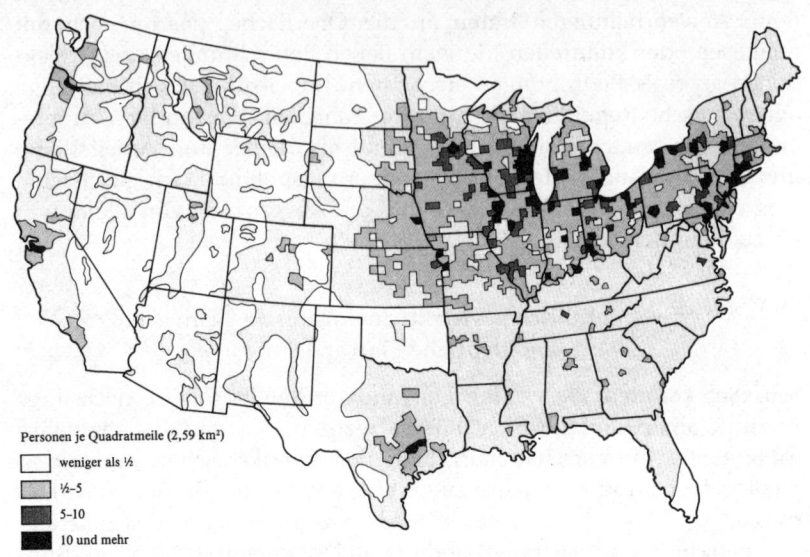

Siedlungsdichte von Einwanderern aus dem deutschen und niederländischen
Sprachraum (1890).

entstanden war. Mit ihren Forderungen, Einwanderern das passive
Wahlrecht zu versagen, Naturalisierung erst nach 21 Jahren zu gestatten
und öffentliche Gelder für katholische Schulen zu sperren, profitierte sie
von den Ängsten der Bürger. In den 1850er Jahren kontrollierte sie in
sechs Bundesstaaten die Legislative und stellte 75 Abgeordnete im
amerikanischen Kongreß.

Der Einfluß der ‚Know-Nothings' war nur von kurzer Dauer, und in
den folgenden Jahren blieben Vorurteile gegenüber neu zugewanderten
ethnischen Gruppen latent. Wiederholt führte der starke deutsche Anteil in einigen Berufssparten zu Konkurrenzängsten auf dem Arbeitsmarkt. Reibungen gab es auch um Lebensformen im Alltag. So blieben
den puritanischen Amerikanern die Freizeitaktivitäten der Deutschen
ein Dorn im Auge. Gesellige Runden bei Sängerfesten, bei Vereinstref-
fen und in Biergärten, noch dazu sonntags und mit der ganzen Familie,
widersprachen ihren Auffassungen gleich dreifach: Solche Festivitäten
verletzten das Gebot der Sonntagsruhe, erzürnten wegen des hohen
Alkoholkonsums prohibitionistische Gemüter und spiegelten außerdem
ein den Amerikanern fremdes Frauenbild. So prallten beispielsweise im
März 1855 in Chicago in den ‚beer riots' deutsche Einwanderer und
amerikanische Polizeikräfte aufeinander, als die Deutschen ihre Bräuche
gegen einheimische Maßregeln zu verteidigen suchten.

Hinzu kam, daß ethnisch geprägte Viertel (‚communities'), Schulen, Zeitungen und Kirchen, die den deutschen wie anderen Einwanderern lange die Eingliederung erleichterten, oft als Zeichen mangelnder Anpassungsbereitschaft und als Rückzug in eine vermeintlich homogene ethnische Kultur verstanden wurden. Die kulturelle und soziale Vielfalt der Deutsch-Amerikaner wurde dabei nicht erkannt. Es gab zwar Schwaben, Hessen, Mecklenburger; es gab Arbeiter, Handwerker, Intellektuelle; aber differenziert wurde kaum: Wer deutsch sprach, war ‚German', unabhängig von Herkunft, Soziallage, Glauben oder politischer Überzeugung[4].

Neben der Sprache fand die vielgestaltige Gruppe der Deutschen Gemeinsamkeit nur in einigen Bräuchen, vor allem in jener deutschen Geselligkeit und Gemütlichkeit, die sogar als deutsches Lehnwort (‚gemutlichkeit') Eingang ins Amerikanische gefunden hat. Wähnten sie hingegen ihre vehement verteidigten Wertvorstellungen und Lebensformen bedroht, z. B. durch die Einschränkung staatlicher Zuschüsse für deutschsprachige Privatschulen, durch Verbote von Sonntagsvergnügungen in den von vielen Familien besuchten Biergärten, durch Agitation für das Frauenwahlrecht oder prohibitionistische Kampagnen gegen Alkoholkonsum, dann gab es kurzfristig sogar politische Einigkeit – bei Unterstützung wechselnder Parteien[5].

Auch politische Aktivitäten außerhalb der beiden großen Parteien machten deutsche Einwanderer verdächtig: Die Flüchtlinge der Revolution von 1848/49 (‚Forty-Eighters'), die bald erkannten, daß auch die amerikanische Republik nicht ihren Idealen entsprach, wurden – ähnlich wie ungarische und tschechische ‚Achtundvierziger' – in Reformbewegungen aktiv. Seit den 1880er Jahren stellten Deutsche in vielen Städten, von New York bis Chicago und Milwaukee, nicht nur einen hohen Anteil an Facharbeitern; sie hatten auch nachhaltigen Einfluß auf die Entwicklung sozialistischer, zum Teil auch anarchistischer Gruppierungen und Parteien. Deutsche Sozialisten, die Bismarcks ‚Sozialistengesetz' (1878–1890) zur Auswanderung veranlaßt hatte, nutzten ihre politischen Erfahrungen im Einwanderungsland. Sie verfügten über die nötigen Organisationskenntnisse und über politische Lösungsmuster, die sie allerdings erst schrittweise an die Erfahrungswelt der amerikanischen Arbeiterbewegung anpassen mußten. Einem Teil der amerikanischen Öffentlichkeit und auch der Führung der ‚American Federation of Labor' jedoch schienen sozialistische Ideen unvereinbar mit den Grundwerten der amerikanischen Republik[6]. Um so mehr wurden die radikalen Forderungen eingewanderter deutscher Sozialisten verurteilt als subversives Geschrei von im Englischen radebrechenden Fremden. Gewannen Sozialisten bei Wahlen Sitze in Stadtverwaltungen, dann wurden von etablierten Politikern gelegentlich sogar Wahlergebnisse gefälscht.

Deutsch-amerikanische ‚Bier-Kultur' (Werbeplakat, um 1900).

Die Gegensätze erreichten einen dramatischen Höhepunkt 1886 in der sog. Haymarket-Affäre in Chicago: Während der großen Streikbewegung für den Achtstundentag, die am 1. Mai begann, wurden bei Zusammenstößen zwischen Arbeitern und Polizei zwei Streikende erschossen, viele verwundet. Deutsche und amerikanische Anarchisten veranstalteten daraufhin eine Protestversammlung am 4. Mai auf dem ‚Heumarkt' (‚Haymarket'). Als die Versammlung sich schon wieder auflöste, griff eine Polizeieinheit an. Bevor sie die Arbeiter erreichte, explodierte in ihren Reihen eine Bombe und tötete mehrere Polizisten. Wer die Bombe geworfen hatte, konnte nie geklärt werden. Dennoch wurde den Anarchisten, die während der Protestversammlung Reden gehalten hatten, der Prozeß gemacht. Sechs Einwanderer, darunter fünf Deutsche und ein Amerikaner, wurden zum Tode, ein weiterer Deutscher zu lebenslanger Haft verurteilt. Trotz internationaler Proteste gegen den Schauprozeß – dem später ähnliche gegen einen schwedischen und zwei italienische Einwanderer folgten – wurden die Urteile vollstreckt. Amerikanische Vorurteile gegen deutsche politische Aktivisten waren dabei geschürt worden. Daran änderte auch die posthume Begnadigung der ‚Haymarket-Märtyrer' nichts[7].

Überfremdungsängste – die Sorge um die amerikanische Identität

Ende des 19. Jahrhunderts weckte die Sturmflut der ‚Neuen Einwanderung' aus Süd-, Südost- und Osteuropa wachsendes Unbehagen in der amerikanischen Öffentlichkeit. Italiener, ‚Slawen' und Juden schienen die amerikanischen Städte zu überschwemmen. Sie unterschieden sich in Kleidung und Bildung, in Verhaltensmustern und Lebensgewohnheiten auffallend von alteingesessenen Amerikanern und früheren Einwanderergruppen. Bis 1885 noch war die Einreise von Arbeitskräften durch schon in den Auswanderungsländern geschlossene Arbeitskontrakte aktiv gefördert worden. Um die Jahrhundertwende bereits wurden die neuen Einwanderer für soziale Probleme der hektischen Industrialisierung und Urbanisierung verantwortlich gemacht. Massenunruhen, Streiks und ärmliche Arbeiterviertel wurden nicht als Begleiterscheinung dieses gesellschaftlichen Umbruchs erkannt, sondern als Folgen des Zustroms aus der Alten Welt verdammt.

Hilfestellung boten scheinwissenschaftliche Studien, die sogar biologische Gründe für eine angebliche Minderwertigkeit der Neuankömmlinge anboten. Für die Dillingham-Kommission, einen Untersuchungsausschuß des amerikanischen Kongresses, waren 1911 viele der neuen Einwanderergruppen verantwortlich für das Anwachsen von Gewalt, Krankheit und sozialen Problemen. Die nationale Identität schien in Frage gestellt, das Vertrauen in eine passive, sich schlicht von selbst ergebende Eingliederung der neuen Einwanderer schwand. Bestrebungen zur Reduzierung des Wanderungsstromes, von ‚Nativisten' wie Gewerkschaften gleichermaßen unterstützt, waren die eine, Programme zur aktiven Amerikanisierung die andere Antwort. Gefordert wurden uneingeschränkte Loyalität und Anpassung an amerikanische Lebensformen.

Vor diesem Problemhorizont hoben sich die früher gekommenen deutschen und skandinavischen Einwanderer nun positiv ab. Die amerikanische Oberschicht idealisierte deutsche Bildungstraditionen bis hin zum Universitätsseminar (‚seminary') und rief nach Kooperation auf kulturellem Gebiet. Breitere Schichten betonten jetzt Fleiß, Zuverlässigkeit und Ehrlichkeit der Deutsch-Amerikaner. Doch angesichts rapide wachsender Einwandererströme machte der kulturelle Chauvinismus der Mehrheit auch vor der deutsch-amerikanischen ‚Bindestrichkultur' nicht halt. Der steigende Anpassungsdruck erinnerte an die Eingliederungsprobleme der Jahrhundertmitte. Theodore Roosevelt erklärte 1894, die amerikanische Nation brauche keine ‚Bindestrich-Amerikaner', also auch keine Deutsch-Amerikaner, sondern allein Amerikaner[8].

„The thing won't melt!" – Uncle Sam und der deutsche Michel.

Roosevelts Warnung wurde bald von der Realität überholt: Um 1900 lebten ca. 8 Mio. Deutsch-Amerikaner in den USA, davon 2,5 Mio. Angehörige der ersten, d. h. der Einwanderergeneration. Das waren etwa 10 % der Gesamtbevölkerung. Doch trotz seiner quantitativen Stärke hatte Deutsch-Amerika zu diesem Zeitpunkt seinen Zenit schon überschritten. Dem ethnischen Gemeinschaftsleben fehlten neue Impulse. Die seit 1893 stark sinkende Einwanderung aus Deutschland, die Heterogenität der Gruppe, ökonomische Integration und weitgehende Akkulturation in der zweiten Generation führten zum Verfall der Strukturen, die ethnische Identität gesichert hatten: Deutschsprachige Publikationen verzeichneten schwere Umsatzeinbußen, neue Periodika wurden kaum noch auf den Markt gebracht. Die deutsche Sprache wurde in Gottesdiensten und in den Vereinen zunehmend von der englischen verdrängt, ethnische Viertel lösten sich auf. Bei nachlassendem Interesse drohte ethnischen Organisationen der Zerfall. Deutsche Sozialisten rückten von ihren eigenständigen Positionen ab und wurden integraler Bestandteil englischsprachiger Gewerkschaften und Parteien. Selbst die deutsch-amerikanischen Geburtenraten näherten sich den amerikanischen an. Ein Jahrzehnt nach dem Ende der säkularen Masseneinwanderung (1893) begann die Stagnation und im folgenden, letzten Jahrzehnt vor dem Ersten Weltkrieg immer deutlicher der Rückgang des ethnischen Lebens der Deutsch-Amerikaner.

Eine lautstarke Ausnahme bildeten selbsternannte Sprecher der ethnischen Gruppe. Sie flüchteten vor dem Verlust der realen in eine Art spirituelle Identität[9]. Ihr kultureller Chauvinismus stand dabei dem amerikanischen in keiner Weise nach. Galt es eigene, an die Existenz der ethnischen Käuferschichten geknüpfte ökonomische Interessen zu wahren oder die vermeintlich überlegene deutsche Kultur zu verteidigen – immer prägten Selbstüberschätzung und Arroganz ihr Handeln. Repräsentierten sie auch nicht die Masse ihrer Landsleute, so erbitterte ihr prononciertes Auftreten, besonders in Sachen Prohibition und Frauenwahlrecht, doch den Durchschnittsamerikaner. Die Weichen zum letzten Konflikt waren gestellt, als 1914 der Erste Weltkrieg ausbrach.

Der Weltkrieg und das Ende von ‚Deutsch-Amerika'

Der Kriegsbeginn gab ‚Deutsch-Amerika' zunächst neue Impulse und führte sogar zu einem letzten und kurzfristigen, künstlichen Hoch. Differenzen innerhalb der Gruppe wurden zwar nicht aufgehoben, aber doch vorübergehend verdeckt durch eine Welle der Solidarität mit der alten Heimat. Einigkeit herrschte in der Forderung nach strikter Neutralität der USA. Als sich dies bei zunehmender Unterstützung der Alliierten immer weniger aufrechterhalten ließ, schwand in Regierung und Öffentlichkeit auch die Bereitschaft zur Toleranz gegenüber Andersdenkenden. Bei drohendem Kriegseintritt schließlich wurde ein hundertprozentiges Bekenntnis zu Amerika gefordert.

Ab April 1917 beteiligten sich die Vereinigten Staaten aktiv am europäischen Kriegsgeschehen. Zur Rechtfertigung des Kriegseintritts suchte eine breitangelegte Propagandakampagne, die Nation zu patriotischen Leistungen zu motivieren und vermeintlich unpatriotische Bürger zu brandmarken[10]. Die Deutsch-Amerikaner wurden zu Objekten einer von nationaler Hysterie geprägten antideutschen Kampagne, in der das Deutsche schlechthin unter Anklage gestellt, jede Manifestation deutscher Lebensformen in Sprache, Presse, Theater, Schule oder Vereinswesen geächtet und verfolgt wurde. Bei deutschfeindlichen Ausschreitungen gab es Verletzte und ein Todesopfer. Demonstrative Anpassungsbereitschaft überformte endgültig die Spuren von Deutsch-Amerika. Viele suchten Zuflucht in Anonymität und privater Abgeschlossenheit, zogen sich ganz aus dem deutsch-amerikanischen Leben zurück, amerikanisierten ihre deutschen Namen, steuerten überpropor-

REMOVING THE HYPHEN
Now It Must Be Either One or the Other.

„Weg mit dem Bindestrich! Jetzt gibt es nur noch das eine oder das andere."
(Reaktion auf die Versenkung der ‚Lusitania' durch ein deutsches U-Boot 1915).

tional viel bei zu amerikanischen Spendenaufrufen und Kriegsanleihen. Bei der Volkszählung von 1920 leugneten sogar viele ihre deutsche Abstammung[11].

Im Ersten Weltkrieg aber brachen die ausgehöhlten Strukturen Deutsch-Amerikas nur vollends zusammen. Der Verfall hatte schon um die Jahrhundertwende begonnen: Deutsch-amerikanische Lebensformen verblaßten, „aus Deutsch-Amerikanern wurden endgültig Amerikaner deutscher Abstammung"[12]. Zur Zeit der neuerlichen deutsch-amerikanischen Konfrontation auf den Schlachtfeldern des Zweiten Weltkriegs gehörte die deutsch-amerikanische ‚Bindestrichkultur' längst der Geschichte an. ‚Nazi Germany', für dessen Verfolgte[13] die Vereinigten Staaten das wichtigste endgültige Emigrationsland wurden, war ein Feindbild auch für die Nachfahren deutscher Einwanderer.

In den ersten Nachkriegsjahren blieb die Auswanderung durch die Alliierten untersagt, und die ehemaligen Feindstaaten, die vordem die wichtigsten Auswanderungsziele gewesen waren, nahmen keine deutschen Einwanderer auf. Das galt auch für die Vereinigten Staaten, abgesehen von besonderen Gruppen, wie z. B. technischen Spezialisten und Angehörigen des Besatzungspersonals. Als die überseeische Auswanderung seit Ende der 1940er Jahre wieder in größerem Umfange einsetzte und 1952 mit ca. 90000 Auswanderern ihren letzten Höhepunkt überschritt, stand das klassische überseeische Haupteinwanderungsland der Deutschen abermals an der Spitze, gefolgt von Kanada, Australien und Brasilien. Aber Deutsch-Amerika erstand nicht mehr, abgesehen von nostalgischen Erinnerungen mit gehobenem Freizeitwert. Im transatlantischen Brückenschlag erkunden auf der Grundlage neuerer Forschungsergebnisse heute in wachsender Zahl Amerikaner in Deutschland und Deutsche in Amerika als Familienforscher die Wege ihrer Vorfahren und begegnen dabei aufs neue den Spuren der untergegangenen Alltagswelt von Deutsch-Amerika.

2.1.5. Fremde in der Alten Welt: die transatlantische Rückwanderung

Von Karen Schniedewind

Die deutschen ethnischen Gemeinschaften (‚communities') waren in den USA nicht immer Endpunkt des Wanderungsvorgangs. Hunderttausende von deutschen Einwanderern verließen Amerika wieder und kehrten in die alte Heimat zurück. Auf ihrem Lebensweg markierte der Aufenthalt in den USA nur eine Zwischenstation. Die transatlantische

Migration war während des ganzen 19. Jahrhunderts keine Einbahn-
straße.

Umfang der Rückwanderung

Die amerikanischen Einwanderungsbehörden nahmen den Strom der
Rückwanderung lange nicht zur Kenntnis. Erst ab 1908 wurden nicht
nur ankommende Passagiere, sondern auch diejenigen gezählt, die das
Land in Richtung Europa wieder verließen. Verspätet wandte sich auch
die Forschung diesem Problem zu. Besonders wenig bekannt ist nach
wie vor über Umfang und soziale Zusammensetzung der deutschen
Rückwanderung und über die Motive der Rückwanderer[1].

Für die Jahre 1899–1924 wird der Umfang der deutschen Rückwanderung von der amerikanischen Forschung auf 19,6% der Zuwanderung
geschätzt. In dieser Zeit, in der rund 1,3 Mio. Deutsche ins Land kamen,
wären demzufolge also 250000 wieder ausgereist. Damit erscheint die
deutsche Rückwanderung im Vergleich zu anderen europäischen Ländern sogar relativ niedrig: Die Rückwanderungsrate soll bei den Italienern ca. 50%, bei den Spaniern 45% erreicht haben. Nur die Iren
wanderten wohl in noch geringerem Umfang zurück (12,4%)[2]. Das aber
sind Schätzungen, die für alle Gruppen sicher zu hoch liegen; denn in
den Statistiken wird nicht unterschieden zwischen Rückwanderern, die
das Land für immer verlassen wollten, und Geschäfts- oder Besuchsrei-
senden. Mit der Verbreitung der Dampfschiffahrt in den 1870er Jahren
und der Reduzierung der Überfahrtsdauer auf 9–10 Tage nahmen Besuche in der alten Heimat aus privaten oder beruflichen Gründen in einem
Maße zu, daß die Schiffahrtsgesellschaften in deutsch-amerikanischen
Zeitungen sogar direkt für die Reise nach Europa warben.

Die Höhe der Rückwanderungsrate läßt sich für manche Jahre aus den
Unterlagen der ‚Hamburg-Amerikanischen Packetfahrt-Actien-Gesell-
schaft‘ (HAPAG) bestimmen, die neben dem ‚Norddeutschen Lloyd‘ in
Bremen die größte deutsche Schiffahrtslinie des 19. Jahrhunderts war.
Nach vorliegenden Berechnungen schwankte die deutsche Rückwanderungsrate zwischen 4,7% im Jahre 1859 und 49,4% im Jahre 1875. Die
Durchschnittswerte pro Jahrzehnt stiegen von 6,6% in den 1850er
Jahren auf 22,3% in den 1870er Jahren[3]. Andere Quellen wiederum
lassen auf eine weitaus niedrigere Rückwanderungsrate schließen. Statt
18,4% in den 1860er Jahren erreichen die Zahlen in diesen Statistiken
nur 2%[4]. Die Datenangaben liegen also relativ weit auseinander: Spitzenwerte von fast 50% dürften überhöht, Niedrigstangaben in Höhe
von nur 2% wohl zu gering angesetzt sein. Sicher aber ist, daß die
Rückwanderung erhebliche und lange weit unterschätzte Dimensionen
aufwies und gegen Ende des 19. Jahrhunderts zunahm.

Gründe für die Rückwanderung

Nicht haltbar ist die gängige These, zurückgekehrt seien nur Erfolglose, Gescheiterte, ‚verkrachte Existenzen‘, die es nirgends zu etwas brachten. Im Gegenteil: Für Württemberg zeigen z. B. Statistiken aus dem Jahr 1856, daß Rückwanderer im Vergleich zu Auswanderern über doppelt so hohe finanzielle Ressourcen verfügten[5]. Auch Bremer Rückwanderer[6] hatten oft beträchtliche Summen erspart. Viele Lebenswege waren in den USA also durchaus erfolgreich verlaufen. Natürlich gab es unter den Rückwanderern auch jene, die keinen befriedigenden Arbeitsplatz in den USA gefunden, die sich das Leben dort anders oder auch einfacher vorgestellt hatten. Nichts deutet jedoch darauf hin, daß der Entschluß zur Rückwanderung generell mit Desillusionierung, Enttäuschung oder Scheitern gleichgesetzt werden kann.

Durch die Rückwanderung konnten sich für die Betroffenen in der Alten Welt vielfältige Probleme ergeben: Hatten sie sich nach einigen Jahren in den USA gerade an die dortigen Lebensverhältnisse gewöhnt, mußten sie sich nun wieder in die deutsche Gesellschaft integrieren, die sich ihrerseits weiterentwickelt hatte. Diese Menschen, sozialisiert in der Alten und akkulturiert in der Neuen Welt, standen nach ihrer Rückkehr also vor einem dritten Eingliederungsprozeß. Die Probleme wurden unterschiedlich gelöst, je nach Alter, Beruf und Dauer des Aufenthalts ergaben sich verschiedene Strategien.

Wer waren diese Rückwanderer, und warum kehrten sie zurück? Mindestens vier Gründe und Arten von Rückwanderung können unterschieden werden: 1. Rückwanderung aus Erfolglosigkeit; 2. ‚konservative‘ Rückwanderung; 3. ‚innovative‘ Rückwanderung und 4. Rückwanderung, um den Lebensabend in der alten Heimat zu verbringen[7]. Diese Unterscheidung steht in engem Zusammenhang mit dem Verlauf der Akkulturation in den USA, besonders mit den beruflichen Möglichkeiten, die sich in der Anfangsphase boten.

1. Die meisten Auswanderer des 19. Jahrhunderts hatten aus wirtschaftlichen Gründen ihr Land verlassen und erwarteten in den USA ein besseres berufliches Fortkommen, bessere Arbeitsmöglichkeiten und höhere Löhne. Für viele erfüllten sich diese Hoffnungen nicht. Hinzu kamen die fremde Sprache und die neue Umgebung mit ihren unbekannten Lebensformen: „Jetzt bin ich schon ¾ Jahr in Amerika, aber immer noch keine Stelle, d. h. Stellen gibt es genug für Sattler, aber sie sind schlechter als in Deutschland. [...] Im Anfang ging es gut, ich sattlerte und tapezierte für zwei, denn wenn ich am Geschäft bin, so muß es vorwärts gehen, aber die ganze liebe lange Woche fortzueseln und nicht mal einen vergnügten Sonntag, noch viel weniger einen blauen Montag zu haben, das war mir zu bunt. Das Leben in Buffalo ist

*Nicht alle fanden ihr Eldorado in Amerika. Rückwanderer: „Ei Herr Kübel, wohin
so wohlgemut?" Auswanderer: „Nach Kalifornien. Aber um's Himmelswillen,
woher kommen Sie?" Rückwanderer: „Von Kalifornien" (Karikatur, um 1850).*

ein wahres Hundeleben; man findet keine Kneipen, wo man sich lustig
machen kann, nichts als langweilige, verdrießliche Gesichter." So
schrieb ein enttäuschter Sattler 1862 aus der Neuen Welt an einen
Freund in der alten Heimat. Bei fortwährendem Vergleichen der Lebens-
und Arbeitsbedingungen mit denen in Deutschland war es ihm nicht
gelungen, sich an die neuen Verhältnisse zu gewöhnen. Am Ende stand
ein Hilferuf: „Sei so gut und gehe zu meiner Mutter, sage ihr, ich
schieße mich todt, wenn sie mir nicht Geld schicke, daß ich zurückreisen
könne, denn in diesem Heidenlande sei es nicht zum Aushalten"[8].

2. War hingegen ein befriedigender Arbeitsplatz gefunden, dann hatten die Einwanderer die erste Hürde im Akkulturationsprozeß überwunden. Sparten sie nun ihren Verdienst, um sich in der Heimat ein Stück Land zu kaufen oder ein eigenes Geschäft zu eröffnen, schickten sie erspartes Geld an Verwandte, dann maßen sie ihren Erfolg in den USA weiter an heimatlichen Kriterien und Zwecken; denn der Aufenthalt sollte dazu dienen, in der Heimat bislang unerfüllbare Hoffnungen zu realisieren. Die meisten Rückwanderer arbeiteten nach ihrer Rückkehr wieder in ihren alten Berufen. Diese ökonomisch ‚konservativen‘ Rückwanderer bewahrten und sicherten also ihre alte Position, erweiterten ihren Landbesitz oder konnten mit ihren Ersparnissen Krisenzeiten im Handwerk überwinden.

3. Ganz anders stand es um die ‚innovativen‘ Rückwanderer: Sie nutzten in Amerika erworbene Fähigkeiten, um neue Formen in der Produktion einzuführen, erwarteten in der Alten Welt ein reicheres Betätigungsfeld für die Umsetzung des Erlernten als in den USA und sahen sich selbst oft in der Rolle von Erneuerern.

4. Der Wunsch, den Lebensabend in gesicherten finanziellen Verhältnissen in der alten Heimat zu verbringen, war ausschlaggebend für andere Rückwanderer, die oft Jahrzehnte in den USA verbracht und zuweilen ein ansehnliches Vermögen erworben hatten. Johann Albert Dierks, 1856 in der Nähe von Bremen geboren, war ein solcher Rückwanderer: Schon mit 16 Jahren wanderte er nach New York aus, ließ sich 1877 in Savannah nieder, arbeitete dort zunächst als Handlungsgehilfe, eröffnete 1882 einen Kolonialwarenladen, wenige Jahre später zusätzlich eine Bar. Als er Ende 1903, nach 31 Jahren, in seine Heimatstadt Bremen zurückkehrte, konnte er sich schon mit 47 Jahren zur Ruhe setzen und von seinen Kapitalzinsen und Mieteinnahmen in Savannah leben. Sein Ziel war es von vornherein gewesen, seinen Lebensabend in der alten Heimat zu verbringen, sobald seine finanziellen Verhältnisse dies zuließen[9].

Mit Hilfe dieser Typenbildung ist es zwar möglich, die Rückwanderung in einem gewissen Umfang systematisch zu erfassen. Da das Modell jedoch stark an den beruflichen Tätigkeiten ausgerichtet ist, lassen sich einige Gruppen von Rückwanderern und vor allem Rückwanderinnen damit nicht einordnen.

Neben denen, die aus wirtschaftlichen Motiven auswanderten, standen diejenigen, die aus politischen Gründen dazu gezwungen waren. Ihre Zahl war relativ klein, aber sie nahmen großen Einfluß auf die politische Entwicklung in beiden Gesellschaften. Im Gefolge der Revolution von 1848 flüchteten viele Verfolgte (‚Forty Eighters‘) in die USA, einige kehrten später zurück, um ihre politische und oft auch publizistische Arbeit fortzusetzen.

Friedrich Kapp aus Hamm z. B. hatte als radikaler Frühsozialist an der Revolution teilgenommen, war 1849 über Paris in die USA geflohen und lebte dort bis 1870 als Rechtsanwalt, zeitweise auch als ‚Immigration Commissioner' in New York. Er gab eine deutschsprachige Zeitung heraus und nahm als Mitglied der Republikanischen Partei regen Anteil am politischen Leben. 1870 kehrte er nach Deutschland zurück und setzte hier, in seinen Zielsetzungen gründlich gewandelt, seine politische Arbeit als nationalliberaler Reichstagsabgeordneter im kaiserlichen Deutschland fort[10].

Eine Reihe von Sozialisten verließ Deutschland während des ‚Sozialistengesetzes' (1878–1890). Einige kehrten früher oder später zurück, hatten in den USA ebenfalls politisch gearbeitet und konnten diese Erfahrungen nach ihrer Rückkehr nutzen. Das galt z. B. für den Zigarrensortierer Adolph von Elm, der sich in den USA in der Zigarrensortierergewerkschaft organisiert hatte und seine Kenntnisse später in die deutsche Gewerkschaftsbewegung einbrachte[11].

Für andere ‚Auswanderer' war der Aufenthalt in den USA ohnehin von vornherein zeitlich begrenzt und sollte nur der Berufsausbildung dienen. Bremen etwa hatte als bedeutende Hafen- und Handelsstadt im 19. Jahrhundert einen hohen Anteil an Kaufleuten mit engen Handelsbeziehungen zu den kommerziellen Zentren in der Neuen Welt. In alteingesessenen Bremer Kaufmannsfamilien gab es eine lange Tradition, die Söhne zur Vervollständigung ihrer kaufmännischen Ausbildung auf Zeit ins Ausland zu schicken und sie, auch in den USA, bei befreundeten Firmen arbeiten zu lassen[12]. Auch für Handlungsgehilfen konnte ein Aufenthalt in den USA die Chancen auf dem Arbeitsmarkt in der alten Heimat verbessern. Neben Sprachkenntnissen brachten sie Einblicke in Gepflogenheiten des amerikanischen Geschäftslebens, unter Umständen sogar Kontakte zu amerikanischen Firmen mit.

Frauen waren bei der Rückwanderung stark unterrepräsentiert – Ende der 1850er Jahre machten sie z. B. nur 23% der Rückwanderer nach Württemberg aus. Der Anteil alleinstehender Frauen lag sogar nur bei 5%[13]. Auch in Bremen waren die männlichen Rückwanderer meist unverheiratet, die wenigen weiblichen hingegen meist verheiratet oder verwitwet. Der Tod des Ehemannes in den USA scheint viele Frauen zur Rückwanderung veranlaßt zu haben. Viele kehrten dann mit ihren Kindern zu den Eltern in Deutschland zurück. Mehr als von beruflichen Erwägungen war ihre Rückwanderung von familiären Bindungen und ihrer Verantwortung für die Erziehung der Kinder geprägt.

Oft auch bleiben die spärlichen Quellen jede Auskunft über Rückwanderungsgründe schuldig – z. B. bei der Magd Rebecca Grobe: Sie wurde 1820 in Verden geboren und stand 10 Jahre lang im Gesindedienst. Mit 26 Jahren wanderte sie 1846 nach Texas aus und heiratete dort ein Jahr später den Küper Christoph Wilhelm Grobe aus Hannover. Zunächst ging es dem Paar in Texas sehr gut: Man bewirtschaftete eine eigene Farm, und der Mann arbeitete zudem als Küper (Warenkontrolleur im Hafen) bei gutem Verdienst. Rebeccas Situation hatte sich durch die Auswanderung also deutlich verbessert, denn in Deutschland hätte sie kaum Aussicht gehabt, einmal eigenes Land zu bewirtschaften. Selbst der Verlust des gesamten Besitzes im amerikanischen Bürgerkrieg war kein Grund, das Land zu verlassen. Nachdem ihr Mann 1873 gestorben war, lebte Rebecca Grobe vom Betrieb einer Speisewirtschaft. Erst 1878 verließ sie Texas und kehrte mit 58 Jahren ohne Vermögen nach Bremen zurück, wo sich ihre Spur verliert[14].

Die Gründe für die Rückwanderung der Rebecca Grobe nach mehr als 30 Jahren bleiben im dunkeln. Die Geschichte der Magd aus Verden kommt aus der Welt der namenlosen kleinen Leute, die das Gros der Auswanderung aus der Alten, aber auch der Rückwanderung aus der Neuen Welt stellten. Sie haben nur wenige Spuren hinterlassen, die erst in einer Zeit neu entdeckt werden, in der auch der Alltag der kleinen Leute Thema der Geschichte geworden ist.

2.2. Deutsche in Kanada

Von Udo Sautter

Deutsche hatten erheblichen Anteil an der Besiedlung Kanadas. Ihre Nachkommen stellten, wie die Volkszählung von 1981 zeigte, vor einem Jahrzehnt noch immer die drittstärkste Bevölkerungsgruppe im Dominion nach Kanadiern britischer und französischer Abstammung[1]. Die ersten Spuren deutscher Einwanderung weisen in die Zeit der britischen Besitzergreifung im 18. Jahrhundert zurück. Am Anfang stand auf britischer Seite eine Verbindung von Militärstrategie und Siedlungspolitik.

Während die französische Krone ihre französisch besiedelten Gebiete am St. Lorenzstrom bis 1760 sorgsam gegen Fremde abschirmte, war die Siedlungspolitik der in Nordamerika mit Frankreich rivalisierenden Briten aus strategischen Gründen anders ausgerichtet. Überzeugt, daß über kurz oder lang eine militärische Auseinandersetzung nicht zu vermeiden sein würde, suchte Großbritannien seine Präsenz zu stärken. Die südlicher liegenden Kolonien der britischen Krone waren nicht notwendig als verläßliche Partner in einem Kampf um den amerikanischen Kontinent zu betrachten. Um die für den französischen Gegner lebenswichtige Mündung des St. Lorenzstromes abriegeln zu können,

entschloß sich die britische Regierung Mitte des 18. Jahrhunderts, mit
dem Hafen Halifax einen starken Stützpunkt in Neuschottland zu
errichten.

Die Anfänge im 18. Jahrhundert

Der Bau dieser Seefestung brachte die ersten deutschen Einwanderer in
größerer Zahl in das Land, das heute Kanada heißt; denn mit dem
Festungsbau allein war es nicht getan. Die Anlage benötigte aus militärischen wie wirtschaftlichen Gründen ein bewohntes Umland. Gesucht
wurden arbeitsame, in der Landwirtschaft erfahrene Siedler. Es sollten
außerdem Protestanten sein, was nicht nur eine religiöse Minderheiten-
bildung verhindern sollte, sondern auch eine zusätzliche Sicherung
gegenüber dem katholischen Frankreich verhieß. Geeignete Siedler in
größerer Zahl zu finden, war schwierig, zumal Bevölkerung in der
Staatslehre Europas im 18. Jahrhundert ein kostbares, durch ,Peuplie-
rung' möglichst zu mehrendes Gut war. Immerhin ermöglichte die
deutsche staatliche Zersplitterung britischen Agenten einige Erfolge in
der Auswandererwerbung, besonders im Südwesten, wo es schon eine
gewisse Tradition der Auswanderung in andere Gebiete Nordamerikas
gab. Auswanderungswilligen wurden die Rechte und Privilegien britischer Untertanen und außerdem erhebliche Starthilfen zugesagt.

Schon 1750 trafen mehrere hundert ,Germans' in Halifax ein. Bis zum
Ende des Jahrzehnts war ihre Zahl auf fast 2000 angewachsen. Sie
stammten vornehmlich aus der Pfalz, aus Württemberg, der Schweiz
und dem Elsaß. Viele hatten die Überfahrt nicht bezahlen können und
mußten zunächst die Passagekosten beim Festungs- oder Straßenbau in
Halifax abarbeiten. 1753 schließlich wurden die meisten in einem 90 km
südwestlich von Halifax gelegenen, ,Lunenburg' genannten Ort angesiedelt. Der Name sollte an den hannoverschen Ursprung des britischen
Herrscherhauses erinnern und hatte nichts mit der europäischen Heimat der Kolonisten zu tun. Sie standen wirtschaftlich bald auf eigenen
Füßen, und ihre Siedlung breitete sich zügig entlang der Küste und ins
Landesinnere aus. Innerhalb eines Jahrhunderts wurden aus bäuerlichen Kolonisten erfolgreiche Hochseefischer.

Aber der Nachzug aus Deutschland blieb aus. Es fehlte an deutschsprachigen Geistlichen und Lehrern. Um so rascher schritt die Anpassung an die englischsprachige Umgebung voran, wenn sich auch noch
bis ins 20. Jahrhundert eine besondere Akzentfärbung im ersten deutschen Siedlungsgebiet erhielt. Sehr früh schon wurden viele deutsche
Namen anglisiert. Selbst die Architektur der Häuser imitierte weitgehend den auch in den anderen Kolonien am Atlantik dominierenden
britischen Stil der Zeit. Die lutherische Konfession hielt sich mit Mühe,

bald bedrängt von nachwachsenden anglikanischen, methodistischen, baptistischen und anderen Gemeinden[2].

Der nächste deutsche Einwandererschub kam im Gefolge der amerikanischen Revolution. Während des Unabhängigkeitskrieges kämpften auf Seiten der britischen Krone nicht wenige deutschstämmige Bewohner der dreizehn nordamerikanischen Kolonien, insbesondere ein starkes Kontingent aus dem ländlichen New York. Nach dem Sieg der Revolution schien es ihnen, wie vielen anderen Loyalisten, d. h. Amerikanern, die Großbritannien die Treue hielten, geraten, sich auf britischem Gebiet eine neue Heimat zu suchen. Die meisten von ihnen erhielten Landzuteilungen in verstreuten Siedlungen am Ontario- und Eriesee. Ihre genaue Zahl ist unbekannt, dürfte aber wohl übertroffen worden sein von der der deutschen Söldner, die nach dem Ende der Kämpfe nicht nach Europa zurückkehrten[3]. Es mögen insgesamt etwa 2500 deutsche Söldner gewesen sein, die sich von der britischen Regierung Land zuweisen ließen, teils ebenfalls im südlichen Ontario, teils an der Atlantikküste von Neuschottland oder in der neu entstehenden Provinz Neubraunschweig[4].

Die bei weitem größte Gruppe deutschsprachiger Neusiedler kam nach dem Revolutionskrieg aus Pennsylvania und hatte bewußt an den Kämpfen nicht teilgenommen. Es waren Nachkommen jener frühen Auswanderer, die William Penns Ruf in die Quäkerkolonie gefolgt waren und dort über Generationen hinweg als ethnische Gruppe ihre kulturelle und religiöse Identität gewahrt hatten[5]. Ihre amerikanischen Mitbürger verübelten ihnen, daß sie während des Unabhängigkeitskrieges abseits gestanden hatten. Um so mehr lockte sie jetzt das südliche Ontario mit billigem Land und der Aussicht auf freie Religionsausübung einschließlich des Rechts auf Kriegsdienstverweigerung. Die verschiedensten Gruppen – Mennoniten, Amische, Tunker und Quäker – fanden hier eine neue Heimat, in der allerdings nur die Mennoniten aufs neue geschlossene und weitgehend homogene Siedlungen gründeten. Die Wanderungsbewegung dieser ‚Pennsylvanien-Deutschen‘ erstreckte sich über fast ein halbes Jahrhundert, von der Mitte der 1780er Jahre bis etwa 1830. Die ersten von ihnen siedelten in der Gegend des westlichen Ontariosees. 1805 gelang unter großen finanziellen Opfern der Erwerb eines 60000 acres (240 km²) großen Areals am Grand River, etwa 50 km westlich des Sees. Dieses Gebiet und sein Umland entwickelten sich zu einer bedeutenden deutschsprachigen Siedlungsinsel inmitten der ansonsten englischen Umgebung. Der starke Ethnozentrismus der Mennoniten verzögerte dabei über Jahrzehnte hinweg den Eingliederungsprozeß in diesem Teil der heutigen Provinz Ontario.

Zu den frühen deutschen Pionieren hier gehörte auch eine von William Berczy (Johann Albrecht Ulrich Moll) geführte Gruppe von mehr als 100 Siedlern. Sie waren von Deutschland aus zunächst nach New York gegangen und trafen, britischer Einladung folgend, 1794 ebenfalls in Südkanada ein. Berczys Siedler bauten auf behördliche Veranlassung hin die heutige ‚Yonge Street' als Verbindungsstrecke vom Ontario- zum Simcoesee. Wo diese Straße am Ontariosee begann, entstand das spätere Toronto, dessen Hauptstraße heute nach wie vor die ‚Yonge Street' ist. Die unweit nördlich angelegte Ortschaft Markham der Berczy-Siedler blühte rasch auf, während Berczy selbst sich nun als Architekt und Ingenieur, aber auch als Landschafts- und Portraitmaler einen Namen machte[6].

Die weitere deutsche Einwanderung während des 19. Jahrhunderts war weniger von der Entwicklung in Nordamerika als von den europäischen Verhältnissen bestimmt. Im Grunde war sie ein Nebenarm des gewaltigen säkularen Wanderungsstromes in die Vereinigten Staaten mit seinen bekannten wirtschaftlichen und sozialen Bestimmungsfaktoren und Erscheinungsformen. Die meisten deutschen Einwanderer kamen in New York oder Philadelphia an und zogen von dort aus weiter in den Mittelwesten. Die Nachricht, daß in Südontario Land verfügbar sei und dort wohl auch Deutsch gesprochen werde, veranlaßte dann zunächst einige von ihnen, bei Buffalo über den Niagara-Fluß auf britisches Gebiet überzuwechseln und sich im Bereich der Mennonitensiedlungen niederzulassen. Andere schlossen sich in Pennsylvania den nach Norden ziehenden deutschsprachigen Gruppen an.

Insgesamt zeigen diese vielfältigen Bewegungen keine klare religiöse oder soziale Struktur. Immerhin scheinen unter den Zuzüglern in Südontario die Lutheraner am zahlreichsten gewesen zu sein, aber es kamen auch viele Katholiken. In den 1830er Jahren war jedenfalls das Gebiet am Grand River gerodet und besiedelt. Es gab mehrere Kirchengemeinden und eine deutsche Tageszeitung. Der zuvor als Ebytown bekannte Mennonitenhauptort wurde 1833 offiziell Berlin genannt – Zeichen der Bedeutung des deutschen Zuzugs und der demonstrativen Verbundenheit mit der alten Heimat, die den einen noch erfahrene Lebenswelt, den anderen nur mehr Land der Vorfahren war[7].

Während die große Mehrzahl der neu über den Atlantik Kommenden an der amerikanischen Ostküste an Land ging, trafen gelegentlich auch im Hafen von Quebec deutsche Einwanderertransporte ein. Der Mangel an verfügbarem Land und eine gewisse Abwehrhaltung in frankokanadischen Kreisen veranlaßten die Behörden, die von Bord gehenden Deutschen fast durchweg nach Ontario und in die deutschsprachigen Gemeinden um Berlin weiterzuleiten. Da vorerst dort noch landwirtschaftlich nutzbares Land zu haben war, entstanden weitere deutsche Siedlungen in den Grafschaften Grey, Bruce und Perth. Deutsche Ortsnamen wie Breslau, Petersburg, Baden oder New Hamburg erstreckten

Deutsche Siedlungsschwerpunkte in Südontario, Kanada, im 19. Jahrhundert.

sich östlich und westlich von Berlin an der seit den 1850er Jahren ausgebauten Grand-Trunk-Eisenbahnlinie. Anhaltende Einwanderung veränderte rasch die Wirtschaftsstruktur der anfangs rein landwirtschaftlich geprägten Region: 1853 zählte ‚Berlin' schon rd. 1000 Einwohner, darunter mehr als 100 Handwerker der verschiedensten Gewerbe. Konservative Sozialvorstellungen und Lebensformen, starker Lokalpatriotismus und wachsende religiöse Toleranz blieben jahrzehntelang kennzeichnend für die weitere Entwicklung.

Als sich 1867 die britisch-nordamerikanischen Provinzen zum Dominion Kanada zusammenschlossen, lebten fast drei Viertel der im Dominion ansässigen Deutschen (115000 von 158000) in Ontario, und hiervon wiederum vier Fünftel in und um die Grafschaft Waterloo mit ihrem Hauptort Berlin. Der Bezirk entsandte bald auch deutschstämmige

Abgeordnete in das Bundesparlament nach Ottawa, so den in den 1850er Jahren aus Deutschland in Berlin eingewanderten Hugo Kranz oder den Landmaschinenhersteller Samuel Merner.

Im 19. Jahrhundert gab es keine nennenswerten Spannungen zwischen den Kulturtraditionen und Lebensformen der Deutsch-Kanadier und britisch-imperialem Denken. Die führenden Kreise des Dominions waren im Gegenteil angetan von den ,Germans' und lobten nicht selten öffentlich ihre Tüchtigkeit und Anpassungsfähigkeit. Als der britische Vizekönig, der Marquis of Lorne, 1879 Berlin einen Besuch abstattete, pries er überschwenglich den deutschen Charakter und die deutsche Heimat der Bewohner, nicht ohne zugleich an die deutsche Abstammung des britischen Herrscherhauses zu erinnern. Noch 1911 wurde der Generalgouverneur, der Duke of Connaught, ein Sohn Königin Viktorias, mit seiner Gemahlin, Prinzessin Louise Margarete von Preußen, in ganz Kanada von deutschen Gruppen zugleich mit der britischen und der deutschen Flagge begrüßt[8]. In diesem entspannten Klima konnte sich ein bemerkenswertes Kulturleben entfalten. Regelmäßig strömten Tausende aus der Umgebung und sogar aus den benachbarten amerikanischen Bundesstaaten zu den deutschen Sängerfesten nach Berlin. Werke deutscher Komponisten wie Händel und Mendelssohn-Bartholdy bestimmten das Musikleben. Zahlreiche Turnvereine und andere Vereinigungen boten gesellige Unterhaltung, und das deutschsprachige Pressewesen gedieh.

Noch um die Jahrhundertwende besuchten zwar mehr als 80% der Einwohner in Berlin Gottesdienste in deutscher Sprache. Seit dem Rückgang der deutschen Ontario-Einwanderung nach der Öffnung des Westens in den 1870er Jahren aber wuchs langsam der Anteil derer, die zwar noch Deutsch sprachen, Deutschland selbst jedoch nie gesehen hatten. Englische Tageszeitungen begannen, die deutschen Wochenblätter zu ersetzen, und auch der Gebrauch des Deutschen als Unterrichtssprache ging zurück. Um die Jahrhundertwende mußten zwei reichsdeutsch ausgerichtete Zeitungen rasch hintereinander ihr Erscheinen einstellen. Nur das ,Berliner Journal', das bewußt alle nationalistischen Töne mied und sich vornehmlich den Belangen der Deutsch-Kanadier widmete, konnte sich halten[9].

Die Öffnung des Westens

Insgesamt verlagerte sich der Schwerpunkt des ,Deutschtums' in Kanada seit den 1870er Jahren langsam nach Westen. Während in Südontario verfügbares Land rar wurde, erlaubten der Bau der amerikanischen Transkontinentalbahnen seit dem Ende der 1860er Jahre und die Vollendung der ,Canadian Pacific' anderthalb Jahrzehnte später den relativ

OF THE CITY OF BERLIN   21

28 Ezra Trask
✚Mansion st comnes
32 Geo Harlock
34 John A Hagen
36 Frank M Vetter
40 Mrs John Heist
44 Jos L Miehm
50 C Bluhm
54 A H Siebert
58 JJ Forbes
60 Wm Cairns

ELLEN ST e, s side

11 Frank Siebert
15 Edward Weis
19 John Maxwell
23 George Hunt
27 Mrs Isaac Master
31 Chas Bezzo
35 Philip Reist
39 Vacant
43 Albert S Heller
47 Vacant
51 Edward Heller
55 Chas Miehm
59 John Reidel

**ELLEN ST w, north
side, from 128
Queen n to Victoria**

10 G C Franke
✚Hernie Place comns
14 Mrs C Quirmbach
18 George Bott
22 W G Bitschy
26 Mrs Jons Hallman
30 August May
34 Mrs Barbra Sattler
38 E Schierholtz
42 C S Smith
46 Arden Bott
48 W H Thiele

52 Mrs Eugene Strub
56 Mrs John Dingman

ELLEN ST w, s side

17 Joseph Kaiser
21 A B Krentel
25 Ferd Kuempel
29 Simon Dietrich
39 Vacant
41 Wm Dunn
43 A F May
45 Bert Erdman
47 Jacob Koy
55 Vacant

**FACTORY RD, from
Petersburg to Wilmot**

16 Albert Hett
48 H Rozinski
54 Christian Kroff
60 Herman Schuster
63 Wm C Schneider
107 Frank Rejewski
Hydro Station
New house
✚Campbell Place coms

**FAIRVIEW AV, from
King st east**

33 Wm Boehmer
37 John Yent

**FILBERT ST, from
Frederick**

90 Albert Brown
100 Horace Barnes
Philip Hentges

**FOREMAN PLACE,
from 38 Frederick**

7 C Boettger
9 Rollington Seigner
11 Wm J Rhodes
13 Wm Struck
15 Alois Diebold
17 Aaron Metz

**FOUNDRY ST north,
e side, from King to
Weber**

15 Ziegler Co, pntrs
17 H H Meyer, repr
21 Bert Meyer
23 Mary E Gauntley
49 John Hammer

Deutsche Namen im Adreßbuch von ‚Berlin', Ontario (1912).

mühelosen Transport in die Mitte des Kontinents und darüber hinaus. Der ‚Dominion Lands Act' von 1872 bot Siedlern großzügig Land zu günstigen Bedingungen. Deutsche waren jetzt auch im Westen wiederum gern gesehene Zuwanderer. Das hatte seinen Grund nicht nur in ihrem ausgezeichneten Ruf als Kolonisten. In diesem dem Sozialdarwinismus verhafteten Zeitalter war der regierenden britischen Elite auch der Gedanke nicht fremd, daß der Zuzug von ‚rassisch' verwandten Deutschen eine vergleichsweise willkommene Bevölkerungsergänzung bedeutete[10].

Zu den Maßnahmen der kanadischen Regierung zur Förderung der Westsiedlung gehörte die Ernennung eines Einwanderungsagenten. Der aus Gernsbach in Baden stammende William (Wilhelm) Hespeler, der 1850 eingewandert war, erhielt 1870 den Auftrag, die Möglichkeiten einer Anwerbung deutschsprachiger Auswanderer als Siedler zu erkunden. Mit Genehmigung der deutschen Reichsregierung warb er in dem noch unter den Kriegsfolgen leidenden Elsaß-Lothringen, von wo aus ja auch schon früher Auswanderer nach Kanada gegangen waren. 1872 reiste er in die Ukraine; dort hatten deutschsprachige Mennoniten, die die zaristische Wehrpflicht ablehnten, die britische Krone um Land in Kanada gebeten[11]. Hespeler besuchte außerdem Lutheraner und Hutterer in der südukrainischen Provinz Cherson, auf der Krim und in Bessarabien in der Hoffnung, sie zur Auswanderung bewegen zu können. Erfolg blieb ihm nicht versagt. Bei seiner Rückkehr nach Kanada begleitete ihn 1873 eine mennonitische Vorausgruppe. Ein Jahr später hatten sich bereits 284 Mennoniten in Manitoba niedergelassen, am Ende des Jahrzehnts waren es über 7000. Kaiser Wilhelm I. ernannte Hespeler 1883 offiziell zum deutschen Konsul für Manitoba, um die Vertretung der Interessen deutscher Staatsbürger dort zu sichern. Um die Jahrhundertwende wohnten etwa 25000 deutschsprachige Siedler im westlichen Kanada. Bei Ausbruch des Ersten Weltkrieges waren es schon über 150000, mehr als in der ganzen Provinz Ontario zusammen[12].

Für die Mennoniten bestand Kanadas Attraktivität zu einem guten Teil darin, daß die kanadische Regierung ihnen große Areale zuwies, auf denen sie sich gemeinschaftlich niederlassen konnten, ihre Religion und Sprache pflegen durften und vom Militärdienst befreit blieben. Außerdem wurde ihnen das Recht auf ein eigenes Schulwesen zugestanden. Für die Reise von Hamburg nach Fort Garry bei Winnipeg streckte die kanadische Regierung außerdem einen erheblichen Teil des Fahrpreises vor. Den ersten Siedlern wurde ein acht Gemeinden (townships) umfassendes Gebiet in Südmanitoba überlassen. Als sie 1874 um zusätzliche Landzuteilungen einkamen, erhielten sie weitere 17 townships. Mancherlei innerer Zwist vor allem in religiösen Fragen war eine Folge der anhaltenden Zuwanderung. Da die kanadische Regierung einen Exodus in die Vereinigten Staaten befürchtete, stellte sie ein weiteres großes Gebiet mit 42 townships nördlich von Saskatoon im späteren Saskatchewan zur Verfügung.

Die Volkszählung in Manitoba von 1886 enthüllte eine bemerkenswerte Vielfalt in der Herkunft der deutschen Siedler in Westkanada. Von den über 11 000 Deutschstämmigen in Manitoba gaben nur rund 500 Deutschland als Geburtsland an. Über 5 700 waren in Rußland oder Polen geboren, mehr als 2 300 gebürtige Amerikaner. Zu den aus Osteuropa Gekommenen[13] hatten sich Mennoniten aus den amerikanischen Bundesstaaten Nebraska, Kansas, Minnesota und aus den Dakotas gesellt. Aus Galizien eingewanderte Lutheraner siedelten am Südende des Manitobasees. Zu ihnen waren bald Glaubensgenossen von der Krim, aus Ostpreußen und Wolhynien gestoßen. Auch deutschsprachige Katholiken aus Südrußland hatten sich in der kanadischen Prärie niedergelassen. In vereintem Bemühen gelang es ihnen, der kanadischen Regierung einen Vertrag abzuhandeln, der ihnen ein 50 townships umfassendes Gebiet in Saskatchewan übereignete. Weitere 108 000 acres (432 km²) erwarben sie von der ,North Saskatchewan Land Company'. Deutschsprachige Katholiken kamen aber auch aus den Vereinigten Staaten, wo die kanadische Regierung aufwendig inserierte. Insgesamt wanderten wahrscheinlich weniger als 10 % der Katholiken in den deutschsprachigen Kolonien des kanadischen Westens direkt aus Deutschland ein. Von den Siedlern aller Konfessionen, die aus den Vereinigten Staaten kamen, hatten die meisten schon 20 Jahre und länger in den USA gelebt.

Nicht alle Deutschen ließen sich auf dem Lande nieder. Viele fanden ihre neue Heimat in den ,Germantowns' der aufstrebenden Städte, vor allem in Winnipeg, Regina und Calgary. In Winnipeg stellten 1911 knapp 9 000 Deutsche 6,5 % der Stadtbevölkerung. In Calgary bildeten sie mit rund 6 % die größte ethnische Gruppe nicht-britischer Abstammung. Freilich waren in den Städten die deutschen Viertel, und darin glichen sie denen anderer Nationalitäten, nicht immer Musterbeispiele von Ordnung und Wohlstand. Behelfsbauten, Schmutz, Krankheit und Elend zeugten auch hier vielfach von den Problemen beim Aufbau einer neuen Existenz[14].

Auch in der am Pazifik gelegenen Provinz British Columbia stellten die Deutschen die zweitgrößte nichtbritische Bevölkerungsgruppe. Die ersten Deutschen, Kaufleute und Handwerker aus Südwestdeutschland, waren dort bereits zu Beginn der Einwanderung Ende der 1850er Jahre angekommen. Andere Landsleute zogen nach und siedelten dann auch als Pioniere im Inneren der Provinz. Manche, die einen einträglichen Beruf erlernt hatten, bildeten in der Hauptstadt Victoria oder in

Vancouver bald einen Teil der städtischen Mittelschicht. Deutsche Vereine entstanden, unter ihnen der 1861 gegründete Singverein Germania
in Victoria, der nicht nur ein Mittelpunkt musikalischer Betätigung,
sondern, wie auch der 1911 in Vancouver entstandene Deutsche Klub,
rasch ein Zentrum gesellschaftlichen und kulturellen Lebens überhaupt
wurde. Vor dem Ersten Weltkrieg spielten Deutschstämmige in der noch
kleinen Führungsschicht Britisch-Kolumbiens eine bedeutende Rolle.
Einer von ihnen, John Sebastian Helmcken, zählte zu den führenden
Politikern, die 1870 den Anschluß an das Dominion betrieben. Andere
hatten als Geschäftsleute Erfolg oder traten sonst im öffentlichen Leben
hervor[15].

Um die Jahrhundertwende konnte man sich in Kanada kaum vorstellen, daß das Britische Empire und das Deutsche Reich je in einen
bewaffneten Konflikt geraten würden. In Ontarios Berlin wurden der
Geburtstag der britischen Königin und der des deutschen Kaisers jeweils offiziell begangen. Bei festlichen Anlässen spielte man ‚God Save
the Queen‘ und die ‚Wacht am Rhein‘. Im Victoria-Park der Stadt wurde
1897 ein Denkmal Kaiser Wilhelms I. errichtet. Im Februar 1914, als sich
die Kriegswolken schon zusammenballten, feierte man noch öffentlich
den Geburtstag Wilhelms II.

Der Erste Weltkrieg als Kulturkrise

Das gute Einvernehmen fand ein jähes Ende beim Ausbruch des Ersten
Weltkrieges. Die Gegner Deutschlands bekämpften nicht nur das Deutsche Reich, sondern das Deutsche schlechthin. Deutsch-Kanadier hielten es vielfach für sicherer, sich nicht mehr ihrer Muttersprache zu
bedienen. Deutschsprachige Gottesdienste wurden eingestellt, deutschsprachige Presse und deutsche Schulen verboten. Berlin wurde 1916 in
‚Kitchener‘ umbenannt, und in Westkanada erhielten Orte wie Koblenz,
Bremen oder Kaiser ebenfalls englische Namen. Die deutsche Einwanderung endete abrupt, etwa 8500 Kanadier deutscher oder österreichisch-ungarischer Herkunft wurden interniert.

Die Volkszählung von 1921 bestätigte die tiefgreifende Veränderung.
Viele Deutsch-Kanadier hielten es – ähnlich wie die Deutsch-Amerikaner nach dem Ersten Weltkrieg[16] – für ratsam, ihre Abstammung zu
verleugnen. Im Vergleich zur letzten Zählung im Jahr 1911 hatten die
Deutschstämmigen deshalb bis 1921 angeblich um fast 109000 abgenom-
men, während die Zahl der Kanadier holländischer Herkunft ebenso
überraschend von 56000 auf 118000, diejenige von Kanadiern österreichischer Herkunft von 44000 auf 108000 und diejenige von Kanadiern
russischer Herkunft von 44000 auf 100000 gestiegen war. Dabei gab es
freilich regionale Ungleichheiten. In Neuschottland und Ontario betrug

der statistische Rückgang der Deutschstämmigen mehr als 30% und in Manitoba sogar 44%, aber in den ländlichen Gebieten Saskatchewans und Albertas war er kaum bemerkbar. Unterschiedliche lokale Erfahrungen mögen hier eine Rolle gespielt haben[17].

Das Ende der kriegsbedingten Einwanderungsbeschränkungen 1923 öffnete erneut das Tor für die deutsche Einwanderung. Die Anziehungskraft Kanadas war um so größer, als die Vereinigten Staaten in den 1920er Jahren die Einwanderung nicht nur durch Quoten, sondern auch administrativ erschwerten. Unter den ersten, die kamen, waren wiederum Mennoniten aus Rußland, diesmal auf der Flucht vor dem bolschewistischen Regime. Viele erhielten in Deutschland amtliche Papiere und wurden auf deutsche Kosten nach Übersee weitergeschickt; fast 19 000 trafen zwischen 1923 und 1928 im Dominion ein. Aber auch andere Umstände förderten den deutschen Zuzug. Die Verkehrsverbindungen in den Westen wurden laufend ausgebaut. Die kanadische Regierung arbeitete außerdem, ebenso wie die Eisenbahngesellschaften, eng zusammen mit Hilfsorganisationen wie dem ‚Lutheran Immigration Board‘, der ‚Canadian Lutheran Immigration Aid Society‘ oder der ‚Association of German Canadian Catholics‘. Insgesamt trafen bis 1930 über 90 000 Deutsche ein. Der weitaus größte Teil ließ sich in den ländlichen Gebieten der Prärieprovinzen nieder. Das hatte zur Folge, daß 1931 fast 60% der Deutschen in Westkanada lebten. Von ihnen stammte knapp die Hälfte aus Rußland. 18% kamen jeweils aus Österreich-Ungarn und aus den Vereinigten Staaten, nur etwa 12% direkt aus Deutschland.

Die Deutschfeindlichkeit, die zu Kriegsbeginn ausgebrochen war, ebbte im Lauf der Jahre zwar wieder ab. Aber das deutsche Kulturleben erholte sich nicht mehr. Englischsprachige Zeitungen ersetzten zunehmend die deutschen. Vereine, die den Krieg überlebt hatten, vermieden alles, was auf transatlantische Einflüsse schließen lassen konnte. Sogar zu Hause gaben viele Deutschstämmige nun dem Englischen den Vorzug.

Die nationalsozialistische Machtergreifung erschwerte die Situation. Der ‚Deutsche Bund Canada‘, der Deutsch-Kanadier im nationalsozialistischen Sinn ausrichten und einen sollte, machte sich mit seiner nationalistischen Agitation rasch unbeliebt. Es half ihm auch nichts, daß sich der deutsche Konsul in Winnipeg zu seinem aktiven Förderer aufschwang. Der spärliche Anhang des Bundes rekrutierte sich vorwiegend aus jüngeren, wirtschaftlich noch ungesicherten Einwanderern, die Schwierigkeiten hatten, im neuen Land während der Wirtschaftsdepression seßhaft zu werden. Die überwältigende Mehrheit der Deutschstämmigen hingegen hatte mit der nationalsozialistischen Blut- und Boden-Ideologie nichts im Sinn[18].

Diese Zurückhaltung zahlte sich beim Ausbruch des Zweiten Weltkrieges aus. Zwar mußten sich alle nach 1922 gekommenen Deutsch-Kanadier als ‚feindliche Ausländer' registrieren lassen, selbst wenn sie inzwischen kanadische Staatsbürger geworden waren. Aber nur rd. 800 Deutsche wurden interniert, und im ganzen war die Feindseligkeit im Dominion geringer als im Ersten Weltkrieg. Viele Deutschstämmige verstanden sich überdies in erster Linie als Kanadier und nahmen mit Überzeugung am Kampf gegen Hitlers Deutschland teil. Eingebürgerte Deutsch-Kanadier konnten von 1943 an Wehrdienst leisten. Deutsche Vereine stellten nun vielfach von sich aus, ohne dazu gezwungen zu werden, ihre Aktivitäten ein.

Weil die Distanzierung nicht so tief ging wie im Ersten Weltkrieg, war nach Kriegsende auch das neuerliche Zusammenfinden nicht so schwierig. Kurz vor Weihnachten 1946 bereits entstand in Kitchener die ‚Canadian Society for German Relief'. Ein Jahr später trafen die ersten ‚volksdeutschen' Flüchtlingsfamilien ein, die in Europa als ‚Displaced Persons' eingestuft worden waren[19]. 1950 fielen die Einwanderungsschranken für Deutsche allgemein. Zwischen Kriegsende und 1955 wanderten insgesamt 145 000 Personen aus Deutschland in Kanada ein[20]. Sie stammten zum größeren Teil aus dem ehemaligen Reichsgebiet. Unter ihnen waren aber auch Zehntausende von ‚Volksdeutschen'. Fast ebenso viele kamen im nächsten Jahrzehnt. Ihr Bildungs- und Ausbildungsniveau lag generell höher als das der Masse anderer Einwanderer, die nun ins Dominion strömten, vielleicht mit Ausnahme der Briten. Damit mag zusammenhängen, daß unter den seit dem Krieg eingewanderten ethnischen Gruppen die Deutschen den höchsten Prozentsatz derer stellten, die über englische Sprachkenntnisse verfügten[21].

Manche der ‚Newcomers' ließen sich in den traditionellen deutschen Siedlungsgebieten um Kitchener nieder; aber die Mehrheit zog jetzt in die Städte, vor allem nach Montreal, Toronto und Vancouver. Die Prärieprovinzen waren nun weniger attraktiv. Das aber entsprach nur einer schon seit den 1930er Jahren beschleunigt zunehmenden Gewichtsverlagerung zwischen Land und Stadt in Siedlungsweise und Erwerbsstruktur der Deutsch-Kanadier. 1931 lebten von den Deutsch-Kanadiern der Prärieprovinzen nur 26% in Städten oder größeren Ortschaften, während es in Ontario schon über 60 und in Quebec sogar mehr als 80% waren. 50 Jahre später wohnte die große Mehrheit auch in Manitoba, Saskatchewan und Alberta in Städten. Ähnliches galt für die Erwerbsstruktur. 1931 lag der Anteil der in der Landwirtschaft beschäftigten Deutsch-Kanadier noch 21% über dem der Gesamtbevölkerung Kanadas. 1961 war diese Differenz auf 8,8% geschrumpft. Die anderen Deutsch-Kanadier verteilten sich mehr oder weniger dem Landesdurchschnitt entsprechend auf die übrigen Berufsbereiche, bei deutlicher

Unterrepräsentation freilich bei den ungelernten Beschäftigungen. Der relativ hohe Bildungsstand vor allem der neuen Einwanderer begünstigte nicht nur ihr wirtschaftliches Fortkommen, sondern auch ihre soziale Eingliederung. So lag der Anteil der Deutschstämmigen, die ausschließlich deutschsprachige Presseerzeugnisse lasen, in den 1960er Jahren nur noch bei 12%. Deutsch-kanadische Kirchengemeinden, ‚Oktoberfeste' und einige privat finanzierte deutschsprachige Radiosendungen können nicht darüber hinwegtäuschen, daß die Kanadier deutscher Abstammung heute eine der bestintegrierten und politisch am wenigsten profilierten ethnischen Gruppen im Dominion sind.

2.3. Deutsche in Lateinamerika

Von Walther L. Bernecker und Thomas Fischer

Die deutsche Auswanderung nach Lateinamerika war für das Auswanderungsland ein vergleichsweise kleiner Nebenarm in dem gewaltigen transatlantischen Exodus, der im 19. Jahrhundert zu rd. 90% in die Vereinigten Staaten strebte. Was quantitativ nur wenig bedeutsam erscheinen mochte, war in seiner qualitativen Wirkung für den Subkontinent jedoch erheblich.

Umfang und Verlauf der Auswanderung

Schon seit dem 17. Jahrhundert waren Deutsche in wachsender Zahl nach Lateinamerika gelangt, unter ihnen auch jene Offiziere und Soldaten, die zu Beginn des 19. Jahrhunderts als Legionäre in Bolívars Armee an der Befreiung Lateinamerikas von der spanischen Kolonialherrschaft teilhatten. Nach den Unabhängigkeitskriegen richtete der Subkontinent seine Einwanderungspolitik auf die neue politische Situation ein, wobei Spanien politisch und ökonomisch vorerst keine größere Rolle mehr spielte. Vereinfacht läßt sich die deutsche Auswanderung nach Lateinamerika seit dem frühen 19. Jahrhundert in insgesamt fünf Phasen gliedern.

Am Anfang stand ein erster größerer, von der europäischen Hungerkrise 1816/17 ausgelöster Einwanderungsschub vor allem nach Brasilien, der bis in die 1820er Jahre andauerte. Eine zweite Einwanderungswelle erfaßte Lateinamerika ab 1850, zunächst als Spätfolge der europäischen Agrarkrise von 1846/47. In der damit beginnenden zweiten Phase (1851–1859, Unterbrechung 1853) wanderten fast 23 000 Deutsche nach

Lateinamerika aus, während in den folgenden Boomjahren der deutschen Wirtschaft bis 1865 lediglich die Hälfte der vorangegangenen Auswandererzahlen erreicht wurde[1]. Eine dritte Phase setzte um 1866 ein und dauerte bis 1900. Die Spitzenwerte fielen in die Jahre 1885 und 1894, als 16214 bzw. 17051 deutsche Lateinamerika-Auswanderer registriert wurden. Zwischen 1900 und 1904 wurde mit lediglich 3687 Auswanderern ein Tiefstand erreicht, bevor die Auswandererzahlen am Vorabend des Ersten Weltkrieges nochmals anstiegen.

Die vierte, bisher wenig untersuchte, für Lateinamerika aber bedeutsame Auswanderungswelle ist im Zusammenhang der Krisenjahre der Nachkriegszeit zu sehen. Allein 1920–1924 wurden 86191 Auswanderer gezählt, die verarmt oder arbeitslos waren bzw. ihr Vermögen für einen Neubeginn in einem nicht vom Krieg heimgesuchten Land investieren wollten. Insgesamt wanderten während der kurzen Dauer der Weimarer Republik kaum weniger Personen nach Lateinamerika aus als von der Mitte des 19. Jahrhunderts bis zum Ersten Weltkrieg. Die Einwanderungsbeschränkungen der USA allein können diese starke Auswanderung nach Lateinamerika, vor allem nach Argentinien und Brasilien, nicht erklären. Zwei weitere Gründe dürften zumindest mitbestimmend dafür gewesen sein, daß – trotz der eher auf Verhinderung durch Beratung abstellenden Arbeit der öffentlichen Auswandererberatungsstellen[2] – Deutsche in großer Zahl ihrem Land zugunsten von Südamerika den Rücken kehrten: die vordergründig beeindruckenden Wachstumsziffern der Volkswirtschaften (Argentinien, Brasilien) und die Diskrepanz zwischen strengen Einwanderungsgesetzen und ihrer de facto flexiblen Anwendung.

Mit dem Beginn der Weltwirtschaftskrise ging in den 1930er Jahren die Auswanderung nach Lateinamerika zunächst zurück. Rassisch und politisch bedingte Verfolgung im ,Dritten Reich' verursachte in einer fünften Phase einen bis dahin in Lateinamerika nie erlebten Flüchtlingsstrom, der erst am Ende des Zweiten Weltkrieges versiegte. Die Gesamtzahl deutscher Emigranten nach Lateinamerika dürfte in den Jahren des ,Dritten Reichs' zwischen 75000 und 90000 Personen betragen haben. Dabei war in den ersten Jahren nach 1933 der Anteil politischer Gegner des Regimes (Sozialisten/Kommunisten, Liberale, Demokraten), von Wissenschaftlern und Künstlern höher als während des Krieges[3].

Obwohl die Reise in die USA billiger und besser organisiert war, das US-Wirtschaftswachstum bessere Aufstiegschancen zu bieten schien, das Klima für Europäer erträglicher und der Landerwerb spätestens seit dem ,Homestead Act' von 1862 vergleichsweise einfach war, strebten 1820–1930 immerhin rd. 5% der deutschen Auswanderer nach Lateinamerika. Die Auswanderungskurve nach Lateinamerika weicht jedoch in vielerlei Hinsicht vom Gesamtverlauf der Überseewanderung ab. Vor allem in den 1820er Jahren war die Auswanderung nach Lateinamerika erheblich größer als die in andere Überseegebiete. Sie betrug 1826 über 30%, 1827 und 1830 immerhin noch an die 20% der gesamten deutschen Auswanderung, um später allerdings immer mehr hinter die in die USA zurückzufallen. Die Lateinamerika-Auswanderung vermochte danach, mit Ausnahme der 1920er Jahre, die Tendenz der Gesamtauswanderung nie mehr wesentlich zu beeinflussen. Die 1846 einsetzende Welle hatte in Süd- und Mittelamerika eine verspätete ‚Resonanz', dauerte dafür aber etwas länger. In den Jahren 1846–1850 betrug sie 0,7% und 1856–1860 immerhin 4,6% der Gesamtauswanderung. Auch danach stiegen die Auswanderungsziffern nach Lateinamerika nicht steil an. Vom deutschen Auswanderungsfieber der Jahre 1880 bis 1884 war in Lateinamerika nichts zu spüren. Als hingegen vor dem Ersten Weltkrieg die Auswanderung aus Deutschland insgesamt abnahm, erhöhte sich die deutsche Einwanderung nach Lateinamerika geradezu ‚antizyklisch'. Nach dem abermaligen (kriegsbedingten) kurzfristigen Rückgang der Auswanderung nach Lateinamerika – die allerdings, gemessen an der Gesamtauswanderung, mit einem Anteil von rd. 75% sehr hoch war – absorbierte der Subkontinent in der Folgezeit höhere durchschnittliche Anteile an der Auswanderung als vor dem Krieg.

Die eben beschriebene Auswanderungskonjunktur nach Lateinamerika zeigt einen vom Gesamttrend der deutschen Überseeauswanderung stark abweichenden Verlauf, innerhalb dessen wiederum die Einwanderung in die einzelnen lateinamerikanischen Staaten ganz unterschiedlich ausgeprägt war.

Klassische Zielländer der deutschen Auswanderung nach Lateinamerika waren die ‚Cono Sur-Länder' Brasilien und Argentinien, in geringerem Maße auch Uruguay und Chile. Die Auswanderung nach Mexiko, Zentralamerika, in die Karibik und nach Kolumbien blieb unbedeutend. Im Verlauf des 19. Jahrhunderts verschoben sich die Anteile der einzelnen Einwanderungsländer am Wanderungsgeschehen ganz erheblich: Brasilien wies insgesamt die größte Einwandererzahl auf; die jährlichen Schwankungen waren jedoch beträchtlich. In den 1820er Jahren – der Höhepunkt lag 1825 bei 30% der Gesamtauswanderung – war Brasilien eines der wichtigsten Zielländer der deutschen Auswanderung. Danach blieb es bis in die 1840er Jahre nahezu bedeutungslos für die deutsche Auswanderung; auch später konnte es nie mehr den Stellenwert beanspruchen, den es in den 1820er Jahren für das deutsche Wanderungsgeschehen besessen hatte. Erst in der Zeit nach dem Ersten Weltkrieg wurde das Land von den deutschen Auswanderern ‚wiederentdeckt'. Allein 1921–1924 zog Brasilien 18% der deutschen Gesamtauswanderung an.

Seit den 1850er Jahren wurde mit einiger Verzögerung auch Argentinien als Einwanderungsland erschlossen; es nahm seit den 1880er Jahren einen steigenden Teil der deutschen Auswanderung auf. Die Hochphase deutscher Einwanderung nach Argentinien wurde 1921–1924 (Höhepunkt 1923: 9640) mit einem Anteil von 10,6% der Gesamtauswanderung erreicht. Auch Chile stand bei deutschen Auswanderern hoch im Kurs. Es wurde noch vor Argentinien als Einwanderungsland ‚entdeckt‘ und zog seit den 1840er Jahren bis 1900 stets Einwanderer an. Nach dem Ersten Weltkrieg büßte das Land allerdings an Attraktivität für deutsche Auswanderer ein.

Die ‚ABC-Länder‘ (Argentinien, Brasilien, Chile) nahmen auch die meisten Emigranten zwischen 1933 und 1945 auf. Allein Argentinien dürfte – berücksichtigt man die nachträglichen Wanderungen innerhalb von Lateinamerika – rd. 40000 Flüchtlinge beherbergt haben. Etwa 16000 hielten sich in Brasilien, 12000–13000 in Chile auf.

Obwohl die deutsche Einwanderung nach Lateinamerika 1854–1924 lediglich 2,7% der Gesamteinwanderung ausmachte[4], war ihre qualitative Wirkung beträchtlich. Zwei Formen der deutschen Auswanderung nach Lateinamerika haben besondere Spuren hinterlassen: Siedlungsbewegung und Elitenwanderung.

Deutsche Siedlungskolonien in Brasilien, Chile und Argentinien

Die frühe deutsche Auswanderung nach Lateinamerika war organisiert und erfolgte gruppenweise. Es ging um die Gründung von Agrarsiedlungen in den ‚Cono Sur-Ländern‘ Brasilien, Argentinien und Chile. Die ersten Siedlungskolonien entstanden in *Brasilien*. Ihre Gründung fiel in die Jahre 1824–1828: São Pedro de Alcantara in der Provinz Santa Catarina (ca. 80 Familien um 1850), São Leopoldo in der Provinz Rio Grande do Sul (ca. 5400 Einwohner um 1850), São Paulo am Rio Negro bei Paranaguá sowie eine an die Schweizer Kolonie Nova Friburgo angrenzende Siedlung in der Provinz Rio de Janeiro[5]. Brasilien förderte seit 1819 die planmäßige Einwanderung. Der Kolonie São Leopoldo z. B. stellte Kaiser Pedro I. (1822–1831) Land zur Verfügung; außerdem gewährte er ihr einige bürgerliche Rechte und Kultusfreiheit. Mit der Schaffung eines deutschen agrarisch-gewerblichen Mittelstandes verfolgte Brasiliens Regierung wirtschaftliche und soziale Ziele: Neben die traditionelle Großgrundbesitzeroligarchie, die auf Sklavenarbeit, extensivem Anbau und Export basierte, trat nun eine auf freie Arbeit gegründete intensive Landwirtschaft. Das Konfliktpotential zwischen den beiden Gruppen wurde dadurch vermindert, daß die Siedler in den bisher nicht kultivierten Urwald geschickt und damit auch räumlich von den traditionellen Großgrundbesitzern getrennt wurden. Von der Urbarmachung des Landes und der Kapitalisierung brachliegender Ressourcen

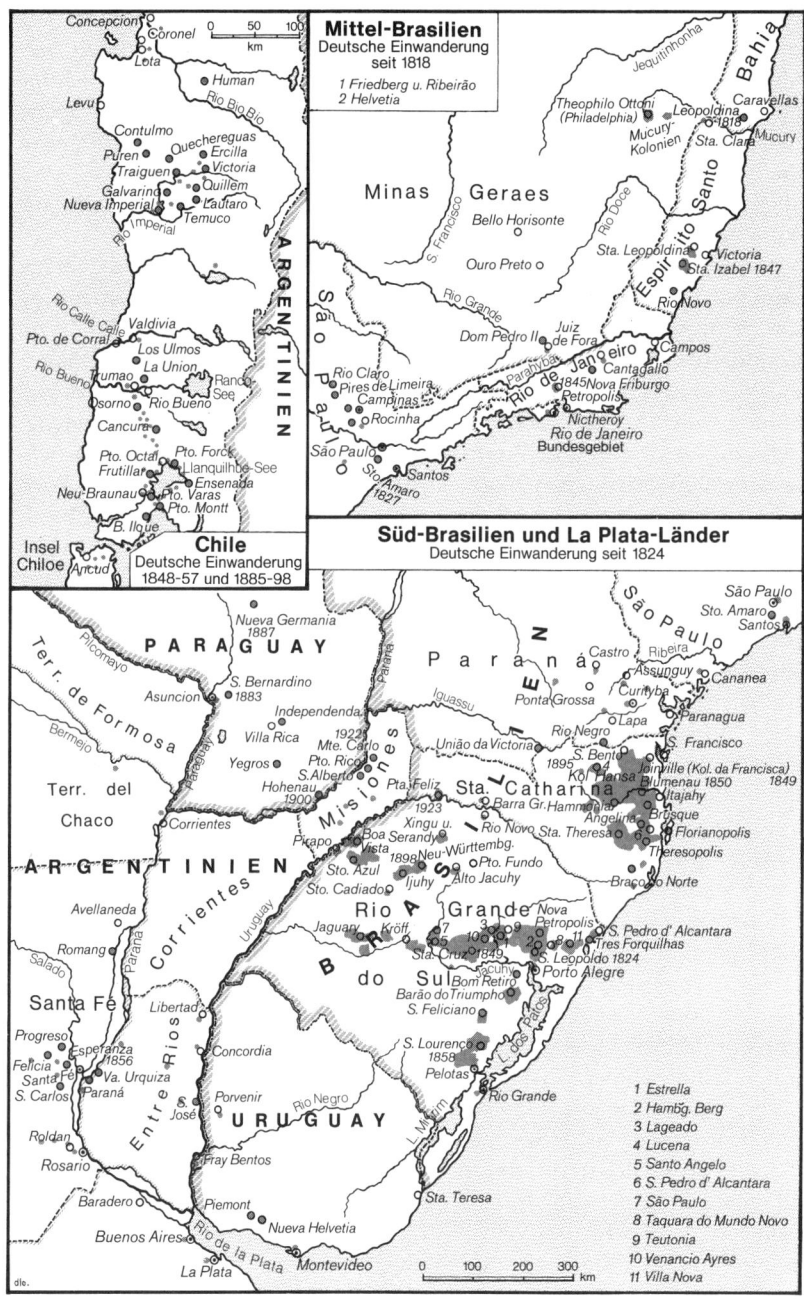

Mittel-Brasilien
Deutsche Einwanderung
seit 1818

1 Friedberg u. Ribeirão
2 Helvetia

Chile
Deutsche Einwanderung
1848-57 und 1885-98

Süd-Brasilien und La Plata-Länder
Deutsche Einwanderung seit 1824

1 Estrella
2 Hambg. Berg
3 Lageado
4 Lucena
5 Santo Angelo
6 S. Pedro d' Alcantara
7 São Paulo
8 Taquara do Mundo Novo
9 Teutonia
10 Venancio Ayres
11 Villa Nova

durch neue Anbaumethoden versprach sich die Zentralregierung eine Erhöhung der Wirtschaftskraft. Die Kleinbauernkolonien sollten darüber hinaus durch die Lieferung von Nahrungsmitteln eine wichtige Funktion bei der Versorgung der anwachsenden Dörfer und Städte haben. Außerdem wurden fremde Siedler auch als Puffermasse gegen die ‚wilden‘ Indianer eingesetzt. Schließlich wurden Deutsche, vor allem in den ersten Phasen der Einwanderung, noch zum Militärdienst eingezogen.

An der Spitze der Siedlungsverwaltung stand zumeist ein deutscher oder brasilianischer Offizier. Er legte Startplatz und Expansionsrichtung der Siedlung fest, übernahm die Landvermessung, die Zuteilung von Grundstücken an Neuankömmlinge, den Bau von Straßen, Trinkwasseranlagen und Verwaltungsgebäuden und überwachte die leihweise Verteilung von Saatgut, Vieh und Werkzeug. Zu den Kompetenzen der Siedlungsverwaltung gehörten auch militärische, polizeiliche und richterliche Befugnisse. Auf dieser Basis entstanden Siedlungs- und Wirtschaftsformen, die sich von denen des brasilianischen Großgrundbesitzes unterschieden. Die Siedler errichteten eigene Schulen und Kirchen sowie Handwerks- und Manufakturbetriebe. Sie wurden zu Lieferanten von Mais, Kartoffeln, Getreide, Maniok, Obst, Schweinen und Kühen für die Städte Rio de Janeiro, São Paulo, Florianópolis, Pôrto Alegre und für das Heer. Zur Verarbeitung der Rohstoffe entstanden außerdem Industriebetriebe. In São Leopoldo etwa gab es 1829 acht Weizenmühlen, eine Seifenfabrik, ein Marmorwerk, eine Pferdehaar- und Garnverarbeitung, eine Schmiede, eine Schusterei und eine Weberei. In späteren Jahren kamen Gerbereien, Alkoholbrennereien und weitere Gewerbebetriebe hinzu.

Allmählich expandierten die Siedlungen. Hohe Geburtenraten und fortgesetzte Zuwanderung, zufriedenstellende Erträge und zureichende Infrastruktur ermöglichten die Einrichtung weiterer, räumlich unabhängiger Siedlungen in der Urwaldumgebung. Der relative Wohlstand erlaubte Warenimport aus Deutschland, der meist durch zugewanderte oder nichtansässige deutsche Kaufleute vermittelt wurde. Auch die größeren Fabrikbetriebe wurden mehrheitlich von zugewanderten deutschen Unternehmern eröffnet.

Die Opfer, die die Einwanderer in Brasilien zu erbringen hatten, waren trotzdem beträchtlich. Das größte Problem für die Einwanderer bestand zweifellos darin, daß zu viele an ihnen verdienen wollten, ohne adäquate Gegenleistungen zu erbringen: Die Auswanderungsagenturen ließen sich zwar für die Vermittlung von Überfahrt und Siedlungsplätzen gerne satte Prämien bezahlen. Sie fühlten sich aber nicht unbedingt zuständig, wenn die Auswanderer auf Hindernisse stießen und die von der Propaganda geweckten Träume nicht in Erfüllung gingen. Die

Schiffahrtsgesellschaften handelten unter dem Druck der Konkurrenz nicht besser: Um Marktanteile zu halten, waren sie vor allem auf die Auslastung ihrer Schiffe bedacht. Die brasilianische Regierung wiederum konnte sich, kaum waren die Siedler angelangt, oft an die von ihren Werbeagenten abgegebenen Versprechungen nicht mehr erinnern. Die harten Lebensbedingungen in Brasilien, die geringe oder ausbleibende Starthilfe im Land, die zunächst fehlende Infrastruktur, die mangelnden Absatzmöglichkeiten für Waren, das Zusammenleben mit anderen Europäern, deren Sprache und Umgangsformen man nicht verstand, erschwerten den Siedlern den Aufbau einer neuen Existenz. Die schwierigen Umstände bewogen viele, weiterzuwandern und ihr Glück andernorts zu versuchen.

Erfolg und Kontinuität einer Siedlung hingen somit, außer vom mitgebrachten Kapital und ‚Know-how‘, auch von der Ausdauer, der Entbehrungsbereitschaft und dem Idealismus der Siedler ab. Da im Laufe der Zeit von seiten der Pflanzeraristokratie, die sich durch die Privilegien der deutschen Siedlungskolonien benachteiligt fühlte, eine wachsende Abneigung gegen Ausländer festzustellen war, kam die Auswanderung nach Brasilien in den 1830er und 1840er Jahren praktisch zum Erliegen. Briefe an Verwandte in Deutschland berichteten weniger von Bananenstauden und Papageien als vielmehr von konkreten Schwierigkeiten im Umgang mit Behörden und einheimischen Landbesitzern. Kritische Zeitungsberichte trugen dazu bei, daß in Deutschland kein ‚Brasilienfieber‘ aufkam und ein neuer Auswanderungsschub erst in der zweiten Hälfte der 1840er Jahre einsetzte. Auch für diese Einwanderer ging der Traum vom eigenen Stück Land oft nicht in Erfüllung. Viele wurden von den Sklavenhaltern des Staates São Paulo seit den 1840er Jahren wegen der weltweiten Ächtung der Sklavenarbeit als willkommene Hilfskräfte in einem Lohnarbeits- oder Halbpachtverhältnis (quasi als Sklavenersatz) auf ihren Kaffeeplantagen eingesetzt, statt auf den vom Staat zur Verfügung gestellten Ländereien tätig werden zu können. Das schädigte den Ruf von Brasilien als Einwanderungsland zusätzlich.

Konnten die deutschen Staaten die Auswanderer nach Lateinamerika schon nicht vor den dort lauernden Gefahren schützen, so war doch zumindest Preußen bestrebt, die Auswandererwerbung einzuschränken: 1859 wurde als Gegengewicht zur Schönfärberei von Auswanderungs- und Schiffahrtsgesellschaften und fanatischen Kolonisationspropagandisten das ‚von der Heydtsche Reskript‘ erlassen, das rechtlich für Brasilien und faktisch für ganz Lateinamerika die Anwerbung (nicht die Auswanderung) von Deutschen auf preußischem Territorium untersagte. Das Reskript, das nicht nur Ausdruck paternalistischer Fürsorge der preußischen Regierung, sondern auch ein Mittel gegen die Abwer-

Im brasilianischen Urwald: Deutsche Kolonisten (1930),
Deutsche Siedlerfamilie (1973).

bung von Arbeitskräften aus der Landwirtschaft' des preußischen
Ostens war, wurde nach der deutschen Einigung auf das Reich übertragen und erst 1896 aufgehoben. Die aus dem Reskript sprechende
amtliche Skepsis in Preußen und im Reich dürfte dazu beigetragen
haben, daß Brasilien als Einwanderungsland für Deutsche an Attraktivität verlor. Hinzu kam, daß der brasilianische Staat je nach politischer
und wirtschaftlicher Lage in seiner Einwanderungspolitik zwischen
aktiver Förderung (1859–1879; 1886–1889) und ‚laissez faire' (1879–1886)
lavierte.

Insgesamt wirkte die Kumulation verschiedener Faktoren dahin, Brasilien trotz seines reichen Ressourcenangebots nicht zu einem Massen-
einwanderungsland der Deutschen werden zu lassen. Dazu zählten
neben amtlichen Warnungen auf deutscher und schwankenden Einwan-
derungsbedingungen auf brasilianischer Seite: subtropisches Klima und
topographische Probleme, Inkompetenz der Planer, Berichte fehlgeleite-
ter Auswanderer, Nachrichten über harte Arbeit bei begrenzter wirtschaftlicher Freiheit, über Risiken der Pioniersiedlung, aber auch über
die Übervorteilung von Siedlern durch deutsche Kolonisationsgesell-
schaften[6] und schließlich die bei weitem überlegene Anziehungskraft
der Vereinigten Staaten. In der deutschen Auswanderungs- und Kolo-
nialdiskussion der 1880er und frühen 1890er Jahre umlaufende, in einer
langen Tradition stehende nationalistische Vorstellungen von einer Um-
lenkung der deutschen Massenauswanderung von Nord- nach Südamerika, von der ‚Teutonisierung' südamerikanischer Zielgebiete durch
‚organisierte' Einwanderung zur Begründung eines ‚Neu-Deutschland
in Südamerika' und insbesondere in Brasilien[7] unterschätzten bei weitem die Integrationskraft des brasilianischen Nationalstaats. Sie blieben
nicht nur illusionär, sondern wirkten sogar kontraproduktiv, weil sie
Anfang der 1890er Jahre nachhaltige Skepsis gegenüber der deutschen
Einwanderung weckten.

Auch für *Chile* war die deutsche Einwanderung bedeutsam[8]. Allein
1840–1914 wanderten rd. 20000 Deutsche in den ‚vergessenen' Süden
Chiles ein. Die deutsche Einwanderung nach Llanquihue, Valdivia und
Osorno ist im Zusammenhang der Grenzverschiebung nach Süden, der
Expansion des Staates in eine wenig besiedelte Zone, zu sehen. Die
Pionier- und Experimentierphase begann um 1846 und dauerte bis 1875.
In dieser Zeit kamen rd. 5500 Siedler nach Valdivia, Osorno und
Llanquihue. Während die Siedler bei Llanquihue in nahezu unbesiedelte
Gebiete vorstießen, kam es unter den Einwanderern bei Osorno und
Valdivia, unter denen sich viele Kleingewerbetreibende befanden, zur
Weiterwanderung in die schnell wachsenden Städte der Umgebung.
Eine zweite Phase umschließt die Jahre 1882 und 1890, als Deutsche aus
unterbürgerlichen und unterbäuerlichen Schichten, zusammen mit

Siedlern anderer Nationalitäten, bis an die Siedlungsgrenze ('Frontera') vordrangen. Später ankommende Einwanderer erweiterten vorwiegend schon bestehende Siedlungen. 1929 wurde die Siedlung Peñaflor, 1946 La Serena, 1961 die in den letzten Jahren heftig umstrittene Kolonie La Dignidad gegründet.

Im Unterschied zu Brasilien, wo der Staat zu Beginn die Einwanderung förderte und lenkte, wo auch die Integrationskräfte stärker waren, genossen die deutschen Siedler in Chile in ihrer Abgeschiedenheit eine Art Autonomie. Die ersten Impulse zur Siedlungsbewegung in Chile gingen von der in Stuttgart niedergelassenen privaten 'Gesellschaft für nationale Auswanderung und für Colonisation' aus, die 1845 in spekulativer Absicht riesige Ländereien, die sie von Indianern erworben hatte, zum Verkauf anbot. Erst danach griff der chilenische Staat durch Einsetzung eines eigenen und kompetenteren Werbeagenten lenkend ein, um so mehr als Chile in der Beliebtheitsskala der Einwanderer wegen der längeren und teureren Reise noch hinter der La Plata-Region zurückstand.

Teile der chilenischen Oberschicht versprachen sich von der Einwanderung – ähnlich wie die brasilianische Regierung – gewisse Modernisierungseffekte, da die Einwanderer über eine verhältnismäßig hohe Bildung, Genügsamkeit, Tatkraft und 'sittliche Haltung' verfügten. Außerdem sollten sie als 'Puffer' gegen die als kriegerisch geltenden Mapuche-Indianer in den bis dahin nicht erschlossenen Gebieten wirken. In den 1880er Jahren vollzog die chilenische Regierung einen Kurswechsel in ihrer Einwanderungspolitik: Unter dem Druck der katholischen Agraroligarchie, deren Argumente auch konfessionell begründet wurden, gingen die Behörden dazu über, die Einwanderung und Siedlung aus katholisch geprägten und romanischsprachigen Ländern zu fördern, um ein protestantisches Übergewicht unter den Siedlern zu verhindern.

Die Siedler im chilenischen Süden waren mehrheitlich Eigentümer des von ihnen kultivierten Bodens. Innerhalb von 30 Jahren entwickelte sich ein von den traditionellen Handelszentren Valparaiso und Santiago unabhängiger, autochthoner Kapitalismus, der für seine gewerblichen und industriellen Produkte neu erschlossene Märkte fand. Charakteristisch für die Siedlungsbewegung am Llanquihue-See war der ausgeprägte familiäre Zusammenhalt. Haushalte wurden zumeist durch Verwandte, Nachbarn und Dienstboten ergänzt. Insgesamt verfügten die deutschen Siedlungen in Chile über einen hohen Grad an Autonomie, der zum Auf- und Ausbau einer selbstverwalteten Vereins-, Kirchen-, Schul- und Dorfstruktur genutzt wurde.

Auch in *Argentinien* begann die Einwanderung später als in Brasilien. Zwar hatte die argentinische Regierung, ähnlich wie die brasilianische, bereits in den 1820er Jahren eine Kommission eingesetzt, die die Möglichkeit prüfen sollte, europäische Landwirte und Handwerker zur Kolonisierung des Landesinnern zu bewegen[9]. Doch auch hier wurden Versprechungen wie freie Überfahrt, kostenlose Landzuweisung und finanzielle Unterstützung in den ersten Jahren nicht eingelöst. Deutsche schlugen sich mit verschiedenen Tätigkeiten durch, nur nicht in der Landwirtschaft: Einige wurden in den wiederholten kriegerischen Auseinandersetzungen des Landes als Söldner eingesetzt. In vielen anderen Fällen führte die mangelnde Förderung der landwirtschaftlichen Kolonisation dazu, daß die Mehrheit der deutschen Einwanderer in Argentinien nicht als Viehzüchter und Ackerbauern tätig wurde, sondern vor allem im Distrikt Buenos Aires als Handwerker wie Schuhmacher, Tischler, Klempner und Schneider, als Drucker und Buchbinder, als Gastwirte und Konditoren, als Pferdevermieter oder Fuhrunternehmer arbeitete. Argentinien dürfte innerhalb Lateinamerikas das Einwanderungsland gewesen sein, in dem der größte Anteil deutscher Einwanderer sich nicht in der Landwirtschaft, sondern im handwerklichen Sektor und in den urbanen Zentren betätigte.

Auch als die europäische Massenauswanderung zwischen 1880 und 1887 ihren Höhepunkt erreichte, trafen in Argentinien jährlich nur 500–900 Einwanderer aus Deutschland ein. Erst seit Ende der 1880er Jahre erhöhten sich die Zahlen, auch weil Schiffahrtsgesellschaften subventioniert und Passagespesen für neue Siedler übernommen wurden. Argentinien schickte deutsche Siedler in den Süden Patagoniens, um geostrategischen Ambitionen gegen Chile Nachdruck zu verleihen. Nach dem Ersten Weltkrieg zog Argentinien mit seinem bis zur Weltwirtschaftskrise anhaltenden Wirtschaftswachstum viele deutsche Auswanderer an (1920–1931 ca. 47000). Die deutschen Einwanderer fanden vor allem in Buenos Aires Beschäftigung im Gewerbe, in der Industrie, im Dienstleistungsbereich und im Handel. Siedlungsprojekte wurden in Patagonien, dem Chaco, der Pampa und in Misiones realisiert, aber nicht in der fruchtbaren Zentralregion, wo der Großgrundbesitz vorherrschte.

Die Elitenwanderung

Eine andere Form von deutschen Siedlungskolonien, die quantitativ kaum ins Gewicht fiel und doch von großer Bedeutung war, bildete sich praktisch·in jedem Land des Subkontinents durch die Zeitwanderung deutscher Kaufleute, Bankiers, Unternehmer, teilweise auch Ingenieure, Geisteswissenschaftler und Offiziere.

Vor allem Kaufleute und Unternehmer sind in zahlreichen Studien untersucht worden[10]. Diese ‚Elitenwanderung' unterschied sich erheblich von der Siedlungsbewegung: Die Kaufleute ließen sich vorwiegend in städtischen Marktzentren nieder, die Import- und Exportgeschäfte im

Die Plaza von Esperanza, Provinz Santa Fé, Argentinien (um 1905). Esperanza
wurde 1856 von deutschsprachigen Kolonisten gegründet.

großen Maßstab erwarten ließen, also an Küstenplätzen mit Schiffahrtslinien und Transportverbindungen zu den Ballungszentren im Innern.
Ausländische Kaufleute, nicht einheimische Händler, vermittelten vorwiegend Agrarprodukte und mineralische Rohstoffe nach Europa und
Industriegüter nach Lateinamerika.

In *Mexiko* waren z. B. in den 1820er Jahren 30% aller anwesenden
Deutschen Händler und Handlungsgehilfen. Das Wachstum der deutschen Erwerbsbevölkerung ging hier in den folgenden Jahren vor allem
zurück auf den Zuwachs an Großkaufleuten und Händlern, deren
Gruppe 1910 rd. 2000 Personen umfaßte.

Lebensabend der Gründergeneration, Provinz Santa Fé, Argentinien (1910).

Im Gegensatz zu den Siedlungswanderern reisten Jungkaufleute nicht in Gruppen, sondern – unterstützt von ihren Eltern oder Kaufmannskorporationen – meist als Einzelpersonen. Sie stammten häufig aus den protestantischen Mittelschichten der Hafenstädte Bremen und Hamburg. Viele kamen in der Absicht, später in die Heimat zurückzukehren. Die meisten waren bei ihrer Ankunft noch unverheiratet; sie gingen mit einem deutschen Handelshaus oder in Vertretung englischer Interessen ein Vertragsverhältnis ein. Wer sich im Geschäft bewährte und bereit war zu bleiben, konnte durch den Erwerb der Prokura oder über ein Teilhaberverhältnis weiter aufsteigen. Viele gründeten ihr eigenes Geschäft.

Nur große Handelsgesellschaften engagierten sich zugleich im Produktionsbereich, etwa in Fabriken, im Bergbau oder in Plantagen. Solche Großfirmen hatten vorteilhafte Verbindungen nach Hamburg, Bremen und Frankfurt, aber auch nach London, Paris und New York. Im Vergleich zu den mexikanischen Wirtschaftseliten hatten sie auch leichteren Zugang zum Kapitalmarkt und zu moderner Technologie. Deshalb konnten Deutsche auch in das einheimische Gewerbe (Sombrerofabrikation, Cochenillefarben-Herstellung, Papierproduktion usw.) investieren. Durch Infrastrukturprojekte (Eisenbahnbau, Hafenanlagen, Elektrifizierung) ergaben sich seit den 1870er Jahren neue Investitionsgelegenheiten. Gefördert von deutschen Bankiers, Großkaufleuten und Großgrundbesitzern wurden neue Regionen erschlossen und die Marktfähigkeit der landwirtschaftlichen Exportprodukte verbessert.

In der zweiten Hälfte des 19. Jahrhunderts übernahmen die Deutschen auf Kosten der Franzosen und Engländer einen wachsenden Anteil am Außenhandel. Selbst während der mexikanischen Revolution (1911–1917) verloren sie wenig Besitz. Vor allem Großkonzerne wie H. Stinnes, IG-Farben, Zeiss, Mannesmann und AEG konnten ihre Positionen ausbauen. Es war ein Kennzeichen derartiger Unternehmen, daß sie fast ihr gesamtes kaufmännisches und technisches Personal mitbrachten. Auf Druck der USA wurde schließlich im Zweiten Weltkrieg ein Teil des deutschen Besitzes konfisziert oder einer scharfen Kontrolle unterworfen.

Fluchtziel Lateinamerika: NS-Deutschland und Nachkriegszeit

Der gewaltige Wanderungsstrom aus dem nationalsozialistischen Deutschland nach Lateinamerika war weitgehend durch die jüdische Fluchtwanderung bestimmt. Im Unterschied zur Haltung gegenüber der politischen Opposition, die das NS-Regime „lieber im Konzentrationslager als im Exil"[11] gesehen hätte, förderte das nationalsozialistische Deutschland zunächst die Emigration von Juden indirekt, indem es die Hilfsarbeit jüdischer Unterstützungs- und Selbsthilfeorganisationen bis 1941 tolerierte[12]. Lateinamerikanische Staaten waren für die wenigsten Ausreisenden Fluchtziele erster Wahl. Lateinamerika stand zunächst weit hinter Frankreich, den Niederlanden, der Tschechoslowakei und anderen europäischen Ländern sowie den USA zurück. Von insgesamt 250000–300000 emigrierten Juden aus dem Reich dürfte trotzdem ein Fünftel bis ein Viertel nach Lateinamerika gelangt sein.

Bereits im Jahr 1936 wanderten ca. 10000 Juden nach Lateinamerika aus. In den Haupteinwanderungsländern Brasilien, Argentinien und Chile verlief die Einwanderung der Flüchtlinge aus Deutschland bis 1937 parallel zu den übrigen Einwanderungsströmen in vergleichsweise geordneten Bahnen. Durch den gewaltigen Ansturm überfordert, gingen diese Länder dann aber immer mehr zu einer restriktiveren Einwanderungspolitik über, während andere Staaten wie Bolivien, Ecuador, Kolumbien, Mexiko, Kuba und die Dominikanische Republik erst jetzt ihre Grenzen öffneten. Allerdings handelten die Staaten Lateinamerikas – mit Ausnahme Mexikos, das 1940/41 auf dem Höhepunkt der Bedrohung eine vorwiegend humanitäre Flüchtlingspolitik betrieb – keineswegs ohne Hintergedanken. Die bürokratische Willkür der Beamten mußte mit hohen Bestechungsgeldern umgangen werden; viel Geld war nötig für falsche Pässe, Visa, Berufsbezeichnungen und für Einreisesteuern. Die lateinamerikanischen Staaten zogen Nutzen aus der Situation, indem sie durch Vorzugsbehandlung kapitalkräftige, gut ausgebildete oder in der Landwirtschaft einsetzbare Ausländer herausfilterten. Vor allem die Regime in Kuba und in der Dominikanischen Republik machten gute Geschäfte mit der Not der Betroffenen. Die beiden karibischen Staaten waren häufig Durchgangsstation für die Weiterreise in die USA.

In der Einwanderungspolitik der lateinamerikanischen Länder gab es in dieser Zeit große Unterschiede: Argentinien und Brasilien z. B. erteilten Einreisebewilligungen im Rahmen der Familienzusammenführung. Peru und Venezuela setzten Quoten fest; die Einwanderer wurden zudem nach Erfordernissen des Arbeitsmarktes ausgewählt. Chile wiederum betrachtete nach dem Erdbeben von 1939 Einreisewillige als Aufbauhelfer im Süden. Die Dominikanische Republik, Kolumbien, Ecuador und Bolivien erhofften sich Impulse für die landwirtschaftliche Kolonisierung.

Die Auswanderer kamen häufig schlecht vorbereitet an, weil sie nur über ungenügende Informationen verfügten. Für viele war Lateinamerika durch Zufall oder durch negative Auslese mangels anderer Alternativen zum Zielland geworden. Diese Ausgangslage erschwerte die Eingliederung sehr. Viele Emigranten waren zu ,deutsch', um sich der Kultur des Empfängerlandes anzupassen, sie vermißten die ihnen geläufige Disziplin, Pünktlichkeit und Sauberkeit. Die Barrieren zwischen jüdischen Ankömmlingen und bereits etablierten jüdischen Gemeinden waren oft groß. Hinzu kam, daß es unter den jüdischen Einwanderern aus NS-Deutschland wegen großer Unterschiede in sozialer Schichtung, regionaler Herkunft und politischer Überzeugungen kaum Gruppenbindungen gab[13].

Mit dem Ende des Zweiten Weltkrieges kam die starke deutsche Einwanderung nach Lateinamerika zunächst zum Stillstand. Auf die Flucht von NS-Opfern folgte nach dem Krieg die Flucht von NS-Tätern und solchen, die fürchteten, dafür gehalten zu werden. Eine schwer abschätzbare Zahl von Nationalsozialisten fand in lateinamerikanischen Ländern (vor allem in Argentinien) Unterschlupf, von der nationalen und internationalen Öffentlichkeit weitgehend unbeachtet und von den Behörden toleriert. Für Schlagzeilen sorgten nur Einzelfälle wie die Entdeckung der Kriegsverbrecher Adolf Eichmann, Josef Mengele und Klaus Barbie in Südamerika.

Nach der Unterbrechung durch den Zweiten Weltkrieg, in dem zeitweise auch deutsches Eigentum beschlagnahmt worden war, setzte sich die Elitenwanderung, aber auch die Siedlungswanderung nach Lateinamerika fort, während seit Ende der 1950er Jahre westdeutsche Unternehmen wieder verstärkt investierten. Die Errichtung von Zweigwerken und die Beteiligung an nationalen Unternehmungen zogen wiederum Personal aus der Bundesrepublik an.

Die nicht selten unverhohlene Sympathie deutscher Unternehmen gegenüber lateinamerikanischen Militärdiktaturen provozierte seit Mitte der 1960er Jahre in der Bundesrepublik öffentliche Kritik, besonders in der Studentenbewegung und in Entwicklungsorganisationen. Kritisiert wurde z. B. die Haltung deutscher Vereine beim Sturz der demokratisch gewählten Allende-Regierung in Chile durch Militärs und die CIA. Politische Flüchtlinge aus Lateinamerika fanden Aufnahme in Deutschland. Die nicaraguanische Revolution von 1979 weckte Träume von einer gerechteren Gesellschaft. Dutzende von Solidaritätskomitees schossen wie Pilze aus dem Boden. Hunderte von Internationalisten wanderten auf Zeit oder auf Dauer in den zentralamerikanischen Kleinstaat aus.

In den späten 1970er und frühen 1980er Jahren zeichnete sich in der Diskussion um die ‚neue Auswanderung‘ aus der Bundesrepublik ein neues Interesse, insbesondere jüngerer Menschen, an der Auswanderung in lateinamerikanische Länder ab. Und doch war die ‚neue Auswanderung‘ mehr Flucht in Träume als Wirklichkeit: Die Anfragen in den Auswandererberatungsstellen und bei lateinamerikanischen Konsulaten stiegen an, aber die Zahl der tatsächlichen Auswanderungen nahm nur mäßig zu.

Kulturdistanz und Akkulturation

Nachdem bislang einzelne Phasen der deutschen Lateinamerika-Auswanderung schlaglichtartig beleuchtet wurden, soll es abschließend anhand eines Länderbeispiels um Akkulturationsprobleme der deutschen Siedlergemeinschaften gehen. Für die deutschen Einwandererkolonien in Südchile ist dazu ein idealtypisches Fünfphasenschema[14] herausgearbeitet worden, das die Entwicklung der Beziehungen deutscher Einwanderer zu Staat und Gesellschaft in Chile sowie zum Auswanderungsland kennzeichnet:

In einer *ersten Phase,* die sich von der Ankunft der ersten Siedler (in den 1820er Jahren) über mehrere Jahrzehnte hin erstreckte, verwerteten

die Neuankömmlinge zwar die materiellen Ressourcen der Region geschickt und erfolgreich, schlossen sich jedoch fast hermetisch gegen
soziale und kulturelle Einflußnahme durch die chilenische Gesellschaft
ab. Sehr schnell entwickelten sich die Deutschen bei Valdivia, Osorno
und um den Llanquihue-See zu einer Art regionaler Wirtschaftselite, die
aber zugleich Mentalität und Lebensstil der Einheimischen ablehnte. Sie
versuchten vielmehr, die Gesellschaft, aus der sie stammten, so getreu
wie möglich in verkleinerter Form wieder aufzubauen. Hierzu gehörten
die Ausstattung der Häuser, Kleidungsstil und Alltagsgewohnheiten
ebenso wie die Untergliederung der Kolonien in Landsmannschaften
und Konfessionen oder die Einrichtung unzähliger deutscher Organisationen wie z. B. Schul- und Kirchengemeinschaften, Turn- und Schüt-
zenvereine und vieles mehr.

Dieser Aufbau einer neuen Gesellschaft nach dem Muster des Aus-
wanderungslandes leitet bereits in die *zweite Phase* über, in der – nach
der Überwindung der anfänglichen Subsistenzprobleme – die mehr oder
minder systematische Konstruktion der ,alten Heimat' stattfand. Sie war
das Vorbild, das die Siedler, die in ein gesellschaftliches Vakuum vorstießen, ihrem Versuch zugrunde legten, den neuen Raum wirtschaftlich zu
erschließen und sozial zu gliedern. Erleichtert wurde dies sicherlich
dadurch, daß die Auswanderer gruppenweise nach Chile kamen, was
nicht nur soziale Integration nach innen und Abgrenzung nach außen
ermöglichte, sondern auch die Stabilität von Traditionen, Werthaltungen
und Verhaltensweisen erklären hilft. Es fehlte – anders als etwa in
Südbrasilien – jeglicher Akkulturationsdruck. Auch die verstärkte Einbindung der deutschen Siedlergemeinschaften in den chilenischen Nationalstaat in der zweiten Hälfte des 19. Jahrhunderts bedeutete keineswegs eine entsprechende Annäherung an die chilenische Gesellschaft.
Nach wie vor blieben die Kulturen und Werthaltungen klar unterschieden – deutlich greifbar etwa in der praxisorientierten Arbeitsbereitschaft
der überwiegend protestantischen Deutschen, die darin eine religiös
verankerte Tugend sahen. Hinzu kam, daß die deutschen Einwanderer
sich zumeist aus den mittleren sozialen Schichten rekrutierten, für die es
im neuen Siedlungsgebiet kein gesellschaftliches ,Äquivalent' gab, so
daß es für sie ohnehin nahelag, sich an der eigenen Gruppe zu orientieren.

Für die ersten beiden Phasen der deutschen Einwanderung läßt sich
somit von Anpassung ohne Assimilation sprechen. Der Bezug zum
,Deutschtum' veränderte sich in der *dritten Phase*, da die Verhältnisse in
der ehemaligen Heimat sich weiterentwickelten, während sich das
Bekenntnis zum alten ,Vaterland' auf Verhältnisse zum Zeitpunkt der
Auswanderung bezog. Deshalb wurde das Gruppenidentität vermit-
telnde Deutschlandbild der Siedler stets realitätsfremder. Die Einbuße

an konkretem Wissen über Deutschland führte zu ersten Ablösungs-
und Entfremdungserscheinungen – bei gleichzeitig bekenntnishafter
Identifizierung mit dem Deutschen Reich. Die nach wie vor beobacht-
bare Ablehnung alles ‚Chilenischen‘ wurde in dieser Phase Ausdruck
einer spezifischen Bewußtseins- und Geisteshaltung. Eine Absorption
durch die chilenische Gesellschaft kam nicht in Frage, und die Bindungen an Deutschland wurden intensiviert, etwa durch den Bezug von
Zeitungen, die Pflege privater und wirtschaftlicher Kontakte, die Anstellung deutscher Lehrer und Pfarrer.

In einer *vierten Phase* schritt der reale Entfremdungsprozeß fort, die
Beziehungen zu Deutschland unterlagen einer qualitativen Veränderung. Die Berufung auf das ‚Deutschtum‘ war weniger emotional und
eher selektiv-instrumentell, da die Wirtschaftsbeziehungen zum Deutschen Reich materielle Vorteile mit sich brachten, was wiederum zur
Beibehaltung der ökonomischen und sozialen Sonderstellung in der
chilenischen Gesellschaft beitrug. In den 1930er Jahren fand auch der
Nationalsozialismus zum Teil begeisterte Aufnahme in den deutschsprachigen Kolonien Chiles[15].

In einer letzten, *fünften Phase* wuchs allmählich die Assimilationskraft
von Gesellschaft und Staat in Chile. Dieser lange, diskontinuierlich
verlaufende Prozeß gewann vor allem nach dem Zweiten Weltkrieg an
Bedeutung und ist bis heute nicht abgeschlossen. Sicher hat die Anpassung an die chilenische Gesellschaft in einzelnen Fällen schon früher
eingesetzt. Der innere Zusammenhalt der deutschstämmigen Kolonien
bröckelte ab, kulturelle Mischformen entstanden, Deutschland wurde
zum Ausland. Die Verbindung zum deutschen Kulturkreis büßte weitgehend ihre frühe identitätsstiftende Funktion ein. Die schließlich doch
erfolgte Assimilation ist, im Hinblick auf ‚Außenfaktoren‘, zurückzuführen auf die im 20. Jahrhundert deutlich gewachsene Penetrations- und
Integrationskraft des chilenischen Staates wie auf den Prestigeverlust
Deutschlands nach den verlorenen Weltkriegen. Unter den ‚Binnenfak-
toren‘, die zur Auflösung der lange Zeit geschlossenen deutschen
Siedlungen führten, wirkte sich besonders die zunehmende Binnendif-
ferenzierung nach ökonomischer Stellung und sozialer Lage aus. Das
verstärkte die zentrifugalen Kräfte und führte dazu, daß sich die verschiedenen Schichten der Einwandererbevölkerung zusehends an ihren
chilenischen ‚Pendants‘ orientierten.

2.4. Deutsche in Australien und Neuseeland

Von Johannes H. Voigt

Die Auswanderung der Deutschen nach Australien und Neuseeland und ihre Stellung in der dortigen Gesellschaft wurden durch die Gegebenheiten in den Herkunftsgebieten wie auch in den Zielländern beeinflußt. Die deutsche Einwanderung in die australasiatischen Kolonien Großbritanniens, zu denen bis zur Schaffung des australischen Bundesstaates im Jahre 1901 auch Neuseeland zählte, ist zeitlich und regional sehr unterschiedlich verlaufen. Weil die einzelnen Kolonien – seit 1901 ‚States‘ genannt – eine eigenständige Besiedlungs- und Einwanderungspolitik betrieben, bietet sich, neben einer allgemeinen chronologischen Dreiteilung, für die Zeit bis zum Beginn des Ersten Weltkrieges eine regionale Gliederung nach Einzelkolonien an[1].

Koloniale Attraktion, 1788–1914

Die deutsche Einwanderung war bis zum Ersten Weltkrieg in Australien wie in Neuseeland nach der britischen die umfangreichste. Die meisten Deutschen gab es dabei in den später besiedelten Kolonien.

New South Wales: Die erste Kolonie auf dem australischen Kontinent war New South Wales (NSW): vom Kommandeur der Ersten Flotte der britischen Marine, Kapitän Arthur Phillip, 1788 gegründet, sollte NSW der englischen Krone zur Abschiebung von Strafgefangenen dienen. Auf die Ureinwohner, die Aborigines, wurde dabei keinerlei Rücksicht genommen.

Deutsche waren von Anfang an dabei – als Beamte, als freie Einwanderer und auch als Sträflinge. Gouverneur Phillip bestellte Augustus Alt zum ersten Landvermesser. Im Jahre 1790 traf der aus Hessen stammende Philip Schaeffer in Sydney ein. Er erhielt als einer der ersten Einwanderer Land und bemühte sich, zu seinem Kummer vergeblich, um den Weinanbau. Ein anderer ‚freier‘ Deutscher in der Frühzeit der Kolonie war Christian Carl Ludwig Rümker. Er erforschte 1821–1829 als Astronom den südlichen Sternenhimmel von Parramatta aus und wurde 1827 zum ersten ‚Government Astronomer‘ ernannt. Der in Australien berühmteste Deutsche war der Forschungsreisende Ludwig Leichhardt. Er traf 1842 in Sydney ein, unternahm 1844–45 eine Überlandexpedition von Sydney aus nach Port Essington, scheiterte im Jahre 1848 jedoch bei dem Versuch, Australien von Ost nach West zu durchqueren: Die Spuren seiner Expedition verloren sich in den Weiten des Kontinents.

Nicht alle Deutschen, die in den ersten Jahrzehnten in Australien eintrafen, kamen freiwillig. Eine ganze Reihe wurde als ‚convicts' (Strafgefangene) von den britischen Inseln oder aus den Kolonien nach Australien befördert. Die Ungenauigkeit der ‚convicts'-Listen macht bisher jede Zahlenangabe problematisch; von 160000 ‚convicts' waren nach vorsichtigen Schätzungen 4230 ‚foreigners', zu denen mit Sicherheit viele Deutsche gehörten[2]. Ob und in welchem Umfang Strafgefangene auch aus Deutschland nach Australien oder nach Neuseeland ‚abgeschoben' wurden, läßt sich ebenfalls nicht klären[3].

Zwei kleine Gruppen wurden in Deutschland zur Auswanderung nach NSW angeworben: 6 Winzerfamilien aus Hattenheim, die in die Dienste der Gebrüder Macarthur treten sollten, und die Gossnerschen Brüder, die man für Missionsaufgaben unter den Aborigines im Moreton Bay Gebiet gewonnen hatte[4]. In NSW gab es in der ersten Hälfte des 19. Jahrhunderts wenig Bedarf an freien Arbeitskräften, sieht man einmal von den oben genannten ‚Spezialisten' ab; die wegen der ‚convicts' auf Sicherheit bedachte Regierung konnte sich für eine Masseneinwanderung Deutscher nicht erwärmen. Wenn auch eine größere deutsche Gruppenwanderung von Übersee her ausblieb, so kamen die Deutschen dennoch in Scharen über Land: Sie verließen gegen Ende der 1860er Jahre Südaustralien in Trecks, um sich im Südwesten von NSW im Raum Albury-Henty-Temora um das Zentrum Walla Walla herum anzusiedeln.

Sydney, die Hauptstadt von NSW, war in der zweiten Hälfte des 19. Jahrhunderts ein attraktiver Ort für Handeltreibende, aber auch für Handwerker und Industriearbeiter. Davon zeugt etwa die Einwanderung einer Gruppe von Zigarrenarbeitern um die Jahrhundertwende, die das durchaus revolutionäre Potential der dortigen ‚internationalen Sozialisten' weniger mit kämpferischen Ideen als mit ihrem Chorgesang bereicherte. Kurzlebig waren auch politisch orientierte Vereine, wie der Ortsverein des Alldeutschen Verbandes in Sydney. Die bedeutendste unter den deutschen Vereinigungen war die 1883 gegründete, heute noch bestehende ‚Concordia'.

In Sydney wurde 1883 eine evangelische Kirche gegründet. Sie ließ sich nicht von anderen Synoden der lutherischen Kirchen in Südaustralien und Victoria einbinden, sondern bewahrte ihre Zugehörigkeit zur evangelischen Kirche in Deutschland. Dadurch freilich wurde sie anfällig für Strömungen aus dem Reich und erschien zu Krisenzeiten in australischer Sicht verdächtig[5]. 1891 wurden in NSW 9565 aus Deutschland stammende Einwohner gezählt.

Südaustralien: Um den in NSW durch das Verschleudern von Land zu Weidezwecken entstandenen Problemen zu entgehen, sollte die 1836 gegründete Kolonie South Australia nach Vorstellungen von Edward

Titelbild zum Programm des 21. ,Deutschen Nationalfestes' in Sydney am
17.1.1914.

Gibbon Wakefield ,systematisch kolonisiert' werden: Man plante, das
Land über eine Gesellschaft, die South Australian Company, zu einem
,fairen Preis' an kapitalkräftige Einwanderer zu verkaufen, um mit dem
Erlös freie Landarbeiter in die Kolonie bringen zu können. Die Kolonie
stand, im Gegensatz zu NSW, einer Einwanderung von Deutschen
aufgeschlossen gegenüber[6].

Ein Zufall war es, daß George Fife Angas, einer der Direktoren der
South Australian Company, in London dem Pastor August Ludwig
Christian Kavel begegnete, der mit seiner altlutherischen Gemeinde im
südbrandenburgischen Klemzig der Vereinigung mit der Reformierten
Kirche durch Auswanderung zu entgehen suchte. Die Möglichkeit einer
Siedlung in Südaustralien versprach die erstrebte völlige religiöse Unab-
hängigkeit. Es steht außer Zweifel, daß bei den am 20. November 1838
mit der ,Prinz Georg' in Port Adelaide an Land gehenden deutschen
Auswanderern auch wirtschaftliche Motive eine Rolle spielten[7]. Die
Gemeinde siedelte in der Nähe von Adelaide und gab der Ortschaft den
Namen ihres verlassenen Heimatdorfes: ,Klemzig'.

Die Auswanderer des kurz darauf eintreffenden Seglers ,Zebra' fan-

den mit Unterstützung ihres Kapitäns Dirk Meinertz Hahn von der Insel
Sylt gutes Land in den Adelaide Hills; sie nannten ihren Ort aus
Dankbarkeit ‚Hahndorf‘. Weitere Auswandererschiffe folgten, so daß
hier die australische Landkarte mit deutschen Ortsnamen, wie ‚Langmeil‘, ‚Lobetal‘ und vielen anderen, übersät wurde[8]. Die zunächst nur
oder doch fast nur für den Eigenbedarf auf kleinen Flächen Getreide-
und Gemüseanbau betreibenden Familienwirtschaften der deutschen
Siedler focht eine die junge Kolonie heimsuchende Wirtschaftskrise
Anfang der 1840er Jahre nicht oder nur wenig an.

Das fruchtbare Barossa Tal, dessen Entdeckung dem exzentrischen
Naturforscher Johannes Menge zu verdanken ist, wurde mit der Gründung der Ortschaft Bethanien langsam besiedelt, teils von im Lande
weitergewanderten, teils von neuen deutschen Einwanderern. Erst
gegen Ende des 19. Jahrhunderts entwickelte es sich zu einem bedeutenden Weinanbaugebiet mit der Stadt Tanunda als Zentrum. Die Entdek-
kung australischer Kupferminen in den 1840er Jahren verlockte zahlreiche deutsche Bergarbeiter, ihr Glück in Südaustralien zu versuchen:
Zwischen 1848 und 1854 wanderten etwa 1 100 Personen aus dem Raum
Clausthal-Zellerfeld dorthin aus[9].

Südaustraliens Aufnahmebereitschaft gegenüber deutschen Einwanderern, vergleichbar nur mit der späteren von Queensland[10], mag dazu
beigetragen haben, daß auch eine Gruppe von Intellektuellen und
Revolutionären nach dem Scheitern der Revolution von 1848/49 den
Weg dorthin fand. Die Berliner ‚Achtundvierziger‘ (‚Forty-Eighters‘)
unter der Führung von Dr. Carl Mücke, die 1849 mit der ‚Princeß Louise‘
in Adelaide landeten, gaben dem deutschen Kulturleben in der Kolonie
starke Impulse[11]. Die ‚Tanunda Zeitung‘, später dann die daraus hervorgegangene ‚Australische Zeitung‘ versorgte Deutschsprachige mit Meldungen aus der alten und der neuen Heimat. Wer am kirchlichen Leben
interessiert war, hielt sich die ‚Kirchen- und Missionszeitung‘ oder den
‚Kirchenboten‘. Vereine förderten den Zusammenhalt in der schwierigen Phase des Akkulturationsprozesses: in Adelaide der exklusive ‚Teutonia Club‘, der konservative ‚Deutsche Club‘ und der sozialistischen
Ideen gegenüber aufgeschlossene ‚Süd Australische Allgemeine Deutsche Verein‘. Bekannte Liedertafeln gab es in Adelaide und Tanunda.

Auch in den Gruppensiedlungen auf relativ engem Raum war die
fortschreitende Assimilation der deutschen Einwanderer nicht aufzuhalten: Sonnabendschule, Gottesdienst und deutscher Gesang konnten die
vollständige Anglisierung allenfalls hinauszögern. Das Deutsche
wurde, als Sprache Martin Luthers, noch am intensivsten in den lutherischen Kirchen gepflegt[12]. Aber auch hier trat mit der zunehmenden
Rekrutierung von Pastoren aus der amerikanischen Missouri Synode
durch die Verwendung des Englischen eine zunehmende ‚Erosion‘ ein,

zumal die deutsche Einwanderung Ende des 19. Jahrhunderts deutlich abebbte.

Neuseeland: Ein zweites Mal sollten Wakefields Ideen auf den Inseln von Neuseeland durch eine Gesellschaft, die ,New Zealand (Colonization) Company', in die Praxis umgesetzt werden. Ein schwieriges Problem bildeten die dort lebenden Maoris, mit denen die Briten am 6. Februar 1840 den berühmten Vertrag von Waitangi schlossen, dessen Auslegung bis heute umstritten ist. Immerhin galt der Vertrag als Rechtsbasis für die Proklamation britischer Herrschaft am 21. Mai 1840 und für die anschließende Besiedlung durch Europäer.

Deutsche Naturwissenschaftler waren an der Erforschung der Inseln beteiligt. Nach Johann Reinhold Forster und dessen Sohn Johann Georg, die auf James Cooks zweiter Weltreise (1772–75) neuseeländischen Boden betraten und über das Land und die Maoris berichteten, war es Ernst Dieffenbach, der seit 1839 im Dienste der New Zealand Company durch seine Forschungsreisen und seine Landesbeschreibung wissenschaftliche Pionierarbeit leistete. Diesen frühen Spuren folgten Ferdinand von Hochstetter, der 1858/59 als Geologe einen Überblick über Land und Bodenschätze der Inseln vermittelte, und Julius von Haast, der mit ihm zusammenarbeitete und in Neuseeland blieb[13].

Die deutsche Einwanderung lief in den Anfängen der Besiedlung über Hamburg, das 1840–42 mit der New Zealand Company über den Erwerb der westlich von Neuseeland gelegenen Chatham Islands als Kolonie für deutsche Auswanderer verhandelte, aber keine Zustimmung der britischen Regierung dazu erhielt[14]. Die ersten Gruppen deutscher Auswanderer wurden von dem geschäftstüchtigen Kaufmann John Beit in Verbindung mit der Norddeutschen Missionsgesellschaft, die vier Missionare nach Neuseeland entsandte, gewonnen. Schirmherr und Förderer des Unternehmens war Kuno Graf zu Rantzau-Breitenburg in Mecklenburg; die Mehrzahl der 140 Auswanderer auf der ,St. Pauli' waren daher auch Mecklenburger. Diese erste Gruppe, die Mitte 1843 in Nelson eintraf, gründete den Ort ,St. Pauli'.

Im Jahr darauf traf die zweite, ebenfalls von Rantzau organisierte Gruppe von 135 Personen, die wiederum vorwiegend aus Mecklenburg stammten, auf der ,Skiold' in Neuseeland ein. Die Hälfte der Mitglieder dieser Gruppe und ein Großteil der Einwanderer von 1843 verließen allerdings bald darauf Neuseeland, um von Hobart und Adelaide aus ihr Glück auf dem australischen Kontinent zu suchen. Die Anfangsschwierigkeiten dieser Gruppen lädierten Neuseelands Ruf, so daß Traugott Bromme 1846 in seinem ,Rathgeber für Auswanderungslustige'[15] abschreckend warnte, man dürfe den Agenten, die für Neuseeland warben, nicht trauen: Sie würden das Land nicht kennen und seien „willenlose Werkzeuge in der Hand britischer Spekulanten", die, „in Theorien befangen, durch deutschen Fleiß und deutsche Ausdauer ein Land in Aufnahme bringen wollen, in welchem Menschenleben keinen Werth hat, Menschenfleisch aber desto mehr geschätzt wird". Es gab genügend Mutige, die sich durch solche Anspielungen nicht abschrecken ließen und nach Neuseeland einwanderten. Die zurückgebliebenen Siedler der ersten Gruppen gründeten den Ort Rantzau in den Waimea Plains; westlich davon entstand unter Leitung von Pastor J. V. C. Heine die Siedlung Sarau. Die schon bald nach der Gründung in Sarau und Rantzau eingerichteten deutschen Schulen wurden 1856 in das allgemeine Schulsystem des Gebiets von Nelson integriert. Als sich ab 1846 die wirtschaftliche Lage besserte, folgten 'Kettenwanderungen' von aus Deutschland nachrückenden Einwanderern in dieses Gebiet. Seit 1856 siedelten Deutsche auch im nordwestlich von Christchurch gelegenen Oxford.

Die Goldfunde in Neuseeland wirkten als ein Magnet, der in den 1860er Jahren Menschen aller Herren Länder anzog. In Neuseeland waren die Goldfelder von Kaniere und Waimea besonders attraktiv und lockten viele Deutsche an. In Hokitika an der Westküste der Südinsel waren 1878 noch etwa 5% der Einwohner Deutsche[16].

Von ganz besonderer Art war die Auswanderung aus dem böhmischen Ort Staab nach Puhoi in der Nähe von Auckland im Jahre 1863: Die neuseeländische Regierung hatte jedem Einwanderer 40 ha Land versprochen. In einer ersten Gruppe kamen 38 Deutsche aus Böhmen unter der Leitung von Martin Krippner nach Auckland; zwei Jahre später folgte eine zweite Gruppe von 23 Personen.

Nach dem Ende der Maorikriege (1872) begann eine Phase intensiver Erschließung des Landes durch Straßen- und Eisenbahnbau. Arbeiter und Siedler wurden in Nordeuropa angeworben und auf Regierungskosten nach Neuseeland transportiert. Mit der Ankunft der 'Friedeburg', die 1872 bereits 175 deutsche Siedler nach Canterbury brachte, begann eine neue Einwanderungswelle: 1872–1876 wanderten etwa 2000 Personen, überwiegend aus Norddeutschland, nach Neuseeland aus. Sie siedelten auf der Nordinsel (in Taranaki, Hawke's Bay und Manawatu) wie auf der Südinsel (Canterbury, Otago, Westland). Im Jahre 1886 wurde die Höchstzahl der aus Deutschland stammenden Einwohner registriert: 5007[17].

Die Zeichen eines Rückgangs des deutschen Elements in Neuseeland waren schon im ersten Jahrzehnt des 20. Jahrhunderts unübersehbar. Der auch für Neuseeland zuständige deutsche Generalkonsul Irmer in Sydney, der sich 1909 persönlich einen Eindruck von der Lage in Neuseeland verschaffte, konnte seine elegische Stimmung selbst in seinem amtlichen Bericht nicht verbergen, als er über seinen Besuch in der von Deutschen erbauten Kirche in Christchurch, die einst zu einer blühenden deutsch-lutherischen Gemeinde gehört hatte, schrieb: „In der Kirche hängen die Glocken, zu deren Guß die Reichsregierung seiner Zeit das Metall aus eroberten französischen Geschützen geschenkt hat; aber seit mehreren Jahren ist sie bereits in englischen Besitz übergegangen." Es sei „betrübend, so überall an den sichtbaren Leichensteinen des abgestorbenen Deutschtums vorbeiziehen und dabei das wenig angenehme Gefühl haben zu müssen, daß man zu richtiger Zeit mit verhältnismäßig geringen Mitteln diesen Absterbeprozess hätte aufhalten können"[18]. Die lutherischen Gemeinden in Neuseeland beschlossen kurz vor Kriegsausbruch 1914, sich der Evangelisch-Lutherischen Synode in Australien (ELSA) anzuschließen und auch ihre Nachrichten in den in Australien erscheinenden Organen zu veröffentlichen[19].

Victoria: Die Kolonie Victoria wurde 1850 durch eine Abspaltung von NSW gegründet. Zwar war eine Anzahl von Sträflingen nach Port Phillip geschickt worden; aber den Charakter der Kolonie prägte das nicht. Ihr schnelles Wachstum und den phänomenalen Aufschwung der Hauptstadt Melbourne verdankte Victoria der Entdeckung reicher Goldfelder seit 1851. Schon früh gab es deutsche Einwanderer in der Kolonie. Wenn um die Jahrhundertmitte an die 4000 Deutsche gezählt wurden, so war das vor allem einer kurz zuvor eingeleiteten organisierten Einwanderung zuzuschreiben. 1849–1851 trafen 7 Schiffe aus Hamburg mit deutschen Auswanderern in Port Phillip ein[20]. Dem Politiker William Westgarth war es zu verdanken, daß vom ‚Colonial Land Fund' Mittel für eine Einwanderung Deutscher, organisiert von der Reederei Godeffroy in Hamburg und deren Agenten Eduard Delius, bereitgestellt wurden. Das Unternehmen verlief jedoch für die staatlichen Stellen enttäuschend, da man unter den überwiegend aus Norddeutschland stammenden Einwanderern keine Weinbauern und nur wenige im Gartenbau kundige Personen fand. Die Schwierigkeiten, die die Organisatoren mit der Auszahlung der von den Behörden zugesagten Prämien (£ 18 für jeden Erwachsenen) hatten, waren wenig ermutigend für eine großzügige Einwanderungspolitik.

Eine staatliche Förderung der Einwanderung nach Victoria wurde überflüssig, weil sich schon bald nach der Entdeckung des Goldes eine Flut von Goldgräbern in die Kolonie ergoß. Daß sich unter diesen Massen auch viele Deutsche befanden, mag man der Tatsache entnehmen, daß 1853–1855 in Port Phillip allein aus Hamburg 42 Schiffe eintrafen. Die Zahl der in Deutschland geborenen Einwohner Victorias betrug 1861 schon 10418; danach sank sie, um 1891 noch einmal einen Höchststand von über 11000 Personen zu erreichen. An der Suche nach Gold mögen sich an die 5000 Deutsche beteiligt haben, von denen einige 1854 als Rädelsführer der Goldgräber beim Aufstand in der Eureka Stockade in die australische Geschichte eingingen.

Die meisten Deutschen, zu denen auch eine nicht geringe Zahl von Sorben gehörte, suchten auf dem Lande seßhaft zu werden. Ein bevorzugtes Siedlungsgebiet wurde die fruchtbare Wimmera, in die Anfang der 1870er Jahre auch eine Binnenwanderung von Südaustralien aus einströmte.

In den Städten bauten die neu entstandenen Kirchengemeinden ihre Gotteshäuser. So wurde in Melbourne 1853 der Grundstein für die Dreifaltigkeitskirche (Trinity Church) gelegt. Zusammen mit einigen Gemeinden in Südaustralien bildete sich 1874 die ‚Immanuel Synode'. Schulen, selbst ein Gymnasium (1860) und später ein Schulverein (1899) sollten die kulturelle Verbindung zur alten Heimat aufrechterhalten, was jedoch wenig Erfolg zeitigte. Der über die Jahrzehnte bedeutendste Verein wurde der 1860 gegründete ‚Deutsche Turnverein', der sich nach dem Ersten Weltkrieg mit dem ein Vierteljahrhundert jüngeren ‚Tivoli' zu dem noch heute bestehenden ‚Club Tivoli, Deutscher Verein Melbourne' zusammenschloß.

‚Marvellous Melbourne', wie man die schnell aufblühende Metropole nannte, entfaltete in kürzester Zeit ein reges kulturelles und wissenschaftliches Leben, an dem viele Deutsche beteiligt waren. Zu ihnen zählten Sir Ferdinand Freiherr von Müller, der die Grundlagen für eine systematische Erfassung der australischen Pflanzenwelt legte, und Georg von Neumayer, der zweimal mehrere Jahre in Melbourne war, hier das erste astronomische Observatorium aufbaute und regelmäßige erdmagnetische Messungen einführte. In Melbourne gab es eine florierende deutsche Presse. An der berühmten Burke and Wills Expedition, die den Kontinent 1860/61 von Süd nach Nord durchquerte, nahmen drei Deutsche teil: der Arzt Hermann Beckler, der Maler Ludwig Becker und der Aufseher Wilhelm Brahe, der sein Leben als wohlhabender Farmer in Queensland beendete[21].

Queensland: Der erst 1859 von NSW abgetrennten Kolonie Queensland fiel der Reichtum, im Gegensatz zu Victoria, nicht in den Schoß. Sie mußte eine besondere Kraftanstrengung unternehmen, um ein eigenständiges Gewicht auf dem australischen Kontinent und im britischen Empire zu gewinnen. Bereits seit 1838 gab es deutsche Missionare im Moreton Bay Gebiet; aber wieviele Deutsche den Weg als Sträflinge hierher gefunden hatten, läßt sich nicht einmal abschätzen. Jedenfalls lebten schon vor der Teilung viele Deutsche nördlich der neuen Grenze, im Raum von Warwick und Toowoomba. Ein bevorzugtes Siedlungsgebiet wurden die Darling Downs, in denen 1861 bereits die Hälfte der Bewohner Deutsche waren. Im gleichen Jahr registrierte man in Queensland insgesamt 2124 aus Deutschland stammende Einwohner.

Die neue Regierung in Brisbane hatte nicht die immer wieder in Sydney geäußerten Bedenken, deutsche Einwanderer in Massen aufzu-

nehmen. Man suchte Einwanderer aus der Landwirtschaft zur Besiedlung des weiten Landes und Arbeiter zum Straßen- und Eisenbahnbau.
Das neue Parlament beschloß in einem seiner ersten Gesetzgebungs-
akte, die Einwanderung zu prämieren. Auch deutsche Einwanderer
sollten, wenn sie auf eigene Kosten den Weg nach Queensland fänden,
eine ,land order' im Werte von £ 18 erhalten; nach zweijährigem Aufenthalt in der Kolonie konnte sie durch eine zweite in Höhe von £ 12
aufgestockt werden. Diese Landzuweisungen wurden von den Kapitä-
nen als Passagegeld angenommen und als Wertpapiere in Queensland
gehandelt.

Verdienste um die Einwanderung von Deutschen erwarb sich der seit
1854 in Brisbane lebende Kaufmann Johann Christian Heussler, der 1861
zum ,Emigration Agent for the Continent of Europe' ernannt wurde.
Nach einer Drosselung der Einwanderungsförderung 1864 und ihrer
Einstellung 1866 wegen einer außerordentlichen Zunahme der Einwanderung von den Britischen Inseln öffnete Queensland erst 1870 wieder
seine Tore.

Fortan rekrutierte sich der Zustrom aus Deutschland auch aus
,Kettenwanderungen' von Verwandten und Bekannten; eine offene
Werbekampagne stieß im neugegründeten Deutschen Reich auf den
Widerstand der Behörden. Daß die deutschen Regierungen der ,stillen'
Werbung keinen Riegel vorschieben konnten, mag man der Tatsache
entnehmen, daß im Jahrzehnt nach der Reichsgründung 10542 Deut-
sche nach Queensland auswanderten, wobei die in der deutschen
Statistik fehlenden Auswanderer über britische und andere ausländi-
sche Häfen gar nicht mitgezählt sind[22].

Zum ,traditionellen' Siedlungsgebiet der Deutschen im Raum südlich
und südöstlich von Brisbane trat in den letzten drei Jahrzehnten des
19. Jahrhunderts die Küstenregion im Norden, wo sich der Zuckerrohr-
anbau zu einem beachtlichen Wirtschaftszweig entwickelte. Wie in
Südaustralien gab es auch hier Einwanderungen religiöser Gruppen. So
siedelte der Neuapostoliker Niemeyer seine Gemeinde geschlossen in
Hatton Vale an; später wurde eine zweite Siedlung in Bundaberg gegründet.

Neben Südaustralien zählte Queensland die meisten Ortschaften
deutscher Provenienz – mit Ortsnamen von Bethanien und Bismarck bis
zu Marburg, Engelsburg und Hapsburg (sic!). Die lutherischen Gemeinden schlossen sich 1885 zu einer Synode zusammen. In der Hauptstadt,
aber auch an anderen Orten florierte ein Vereinsleben, an das der 1883
gegründete ,Deutsche Turnverein' in Brisbane noch bis heute erinnert[23].

Tasmanien (Van Diemen's Land): Seine Insellage trug entscheidend dazu
bei, daß ,Van Diemen's Land' bereits 1825 von NSW getrennt und zu
einer eigenständigen Kolonie wurde. Noch bis 1853 entsandte Großbri-

tannien Strafgefangene dorthin, nicht zuletzt deshalb, weil die Siedler
sie als Arbeitskräfte benötigten. Es gibt gute Gründe, wenngleich auch
keine sicheren Beweise, für die Annahme, daß auch unter diesen
Sträflingen Deutsche waren.

Daß sich relativ früh Deutsche in der Kolonie aufhielten, läßt sich
zeitgenössischen Berichten der Jahre 1834 und 1837 entnehmen[24]. Ein
Teil der Einwanderer, die sich Anfang der 1840er Jahre von Neuseeland
abwandten, suchte von Hobart aus sein Glück in der Kolonie, die 1856
in Tasmanien umbenannt wurde. Der Arbeitskräftemangel nach dem
Ende der Sträflingstransporte zwang dazu, neben britischen auch kon-
tinentaleuropäische Landarbeiter zu gewinnen, obgleich die Behörden
dabei recht zurückhaltend vorgingen. Mit Hilfe eines ,bounty system'
wurden Auswanderer angeworben, die sich verpflichteten, die Reisekosten ,abzuarbeiten'. Ein erster Schub deutscher Einwanderer traf 1854/55
auf 5 Schiffen in den Häfen von Hobart bzw. Launceston ein.

Gegen Ende der 1860er Jahre entsandte man einen vor allem für
Deutschland zuständigen Auswanderungsagenten, Friedrich Buck, dem
jedoch nur geringe Mittel zur Verfügung standen. Trotz der abweisen-
den Haltung deutscher Behörden gelang es Buck, einige Hundert Auswanderer anzuwerben: vor allem Tagelöhner aus Hinterpommern und
Ostpreußen, aber auch aus Nord- und Nordwestdeutschland sowie aus
Dänemark. 1870–1872 trafen auf Hamburger Schiffen 363 Personen auf
Tasmanien ein; 1885 wurde ein weiteres Schiff mit 94 Einwanderern
registriert. In der Nähe der Hauptstadt Hobart gründeten Deutsche 1881
die Ortschaft Bismarck. Weitere Siedlungen entstanden in Heidleberg
(sic), Leipsic (sic), Falmouth, St. Mary's, Lilydale und Upper Piper. Kurz
vor dem Ersten Weltkrieg gab es in Tasmanien rd. 1 000 aus Deutschland
stammende Einwohner[25].

Western Australia: Eine auf private Initiative 1829 im Westen Australiens am Swan River gegründete Niederlassung bildete den Kern der
neuen Kolonie Western Australia. Sie litt von Anfang an unter Arbeitskräftemangel. Deshalb bat die Kolonie 1846 um die Entsendung von
Sträflingen, zumal 1826 bereits eine Sträflingsniederlassung in Albany
angelegt worden war. Bis zur Einstellung der Transporte 1868 profitierte
die Kolonie von der Arbeitskraft der Strafgefangenen. Manches deutet
darauf hin, daß unter ihnen auch Deutsche waren.

Die ersten Deutschen, die Mitte 1836 als freie Einwanderer in Western
Australia eintrafen, waren Friedrich Waldeck und seine spätere Frau
Friederike Kniest, die eine missionarische Tätigkeit unter den Aborigines aufnahmen. Ein erster deutscher Besucher war 1833/34 der Naturforscher Karl Freiherr von Hügel gewesen, ein zweiter der Botaniker
Ludwig Preiss, der 1838–1842 Western Australia erforschte. Viele Deutsche erreichten diese abgelegene Kolonie in einer Art ,Binnenwande-

rung über See' vom Südosten des Kontinents aus. Ein bevorzugtes Siedlungsgebiet war der im westaustralischen Weizengürtel gelegene Katanning District, ca. 150 km nördlich von Albany.

Der Bau der Great Southern Railway von Albany nach Beverley, die das Land zwischen Perth/Fremantle und Albany erschloß, führte zu einer forcierten Einwanderung von kontinentaleuropäischen Arbeitskräften. Die Entdeckung der Goldfelder von Kalgoorlie und Coolgardie lockte Abenteurer nach Westaustralien. Die Einbeziehung von Fremantle in den Dampferliniendienst des Norddeutschen Lloyd seit 1898 trug entscheidend dazu bei, die Abgeschiedenheit der Kolonie zu überwinden. Zählte man 1891 erst 290 Deutsche, so waren es zwei Jahrzehnte später bereits 2036[26]. Auch in Western Australia stellten die Deutschen vor 1914 die größte Gruppe innerhalb der nicht-britischen Bevölkerung.

Northern Territory: Das nur spärlich besiedelte Northern Territory, das bis zur Übernahme durch das australische Commonwealth 1911 von Südaustralien aus verwaltet wurde, war seines Klimas und seiner Entfernung vom dichter besiedelten Südostgürtel des Kontinents wegen für Siedler wenig attraktiv. Die aus dem fruchtbaren Südosten ins Landesinnere verdrängten Aborigines waren hier noch relativ zahlreich vertreten und bildeten somit eine Herausforderung für missionierende Religionsgemeinschaften. Im Zentrum des australischen Kontinents gründeten die deutschen Missionare A. H. Kempe und W. E. Schwarz 1876 die Mission Hermannsburg; drei Jahre später stieß L. Schulze zu ihnen. Auf dem Wege von Süd nach Nord besuchten viele Durchreisende Hermannsburg. Ted Strehlow, Sohn des Missionars Carl Strehlow, wurde aufgrund seiner in Hermannsburg gewonnenen Vertrautheit mit den Aborigines zu einem der bedeutendsten Ethnologen in Südaustralien[27].

Imperiale Aversion, 1914–1945

Mit dem Ausbruch des Ersten Weltkrieges änderte sich vieles: Die einst begehrten, umworbenen und geachteten deutschen Einwanderer in Australien und Neuseeland wurden nun zu ausgestoßenen, gedemütigten und verhaßten Angehörigen des Feindstaates, zu hilflosen Opfern der durch die Kriegspropaganda aufgeputschten Emotionen. Wer aus Deutschland eingewandert war, galt, ob naturalisiert oder nicht, als ,enemy within the gates' oder schlicht als ,enemy alien'[28]. Wer sich als Deutscher auch noch ,unüblich' verhielt, lief Gefahr, als ,Spion' verhaftet zu werden. Zur Überraschung der zuständigen Behörden blieb eine vierjährige, intensive Suche nach einem echten deutschen Spion ohne Ergebnis.

Deutsche Goldgräber in Nordaustralien (1920er Jahre).

Die einstigen Deutschen und ihre in Australien und Neuseeland geborenen Nachkommen litten schwer unter der antideutschen Kriegshysterie, in der z. B. ein Gelehrter wie der Germanist von Zedlitz in Auckland ein Objekt heftiger innenpolitischer Auseinandersetzungen wurde[29]. Als gefährlich angesehene Personen internierte man in sog. ‚Concentration Camps‘. Deutsche Schulen mußten schließen; in den Kirchen ging man zur englischen Sprache über; deutsches Firmeneigentum wurde beschlagnahmt; das deutsche Vereinsleben erlosch, und deutschsprachige Zeitungen stellten ihr Erscheinen ein.

Alles Deutsche oder auf Deutsches Hinweisende sollte von der Landkarte getilgt werden: Deutsche Ortsnamen wurden durch Namen englischen oder französischen Ursprungs und gelegentlich auch durch Bezeichnungen aus den Sprachen der Aborigines ersetzt. So wurde z. B. in Südaustralien Klemzig zu Gaza, Hahndorf zu Ambleside, Grüntal zu Verdun, Langmeil zu Bilyara; in Tasmanien Bismarck zu Collins Vale; in Queensland Engelsburg zu Kalbar, Bergen zu Murra Murra; in Victoria Mount Bismarck zu Mount Kitchener, Germantown zu Grovedale; in NSW Germantown zu Holbrook und German Creek zu Empire Vale. In Auckland wurde die Coburg Street zur Kitchener Avenue, die Jermyn Street zur Anzac Avenue[30]. Viele geographische Bezeichnungen deutschen Ursprungs im Innern Australiens entgingen behördlicher Umbe

nennungsbeflissenheit. Erhalten blieben so u.a. die Bezeichnungen
Mount Olga, Mount Heug(h)lin, Mount Zeil, Haasts Bluff, Leichhardt
River, Mueller Range, Lake Mueller, Neumayer Valley.

Mit der deutschen Niederlage 1918 war die Kriegshysterie nicht zu
Ende: Über 6000 Personen wurden des Landes verwiesen. Selbst der mit
einer Australierin verheiratete frühere deutsche Konsul in Brisbane, Dr.
Eugen Hirschfeld, mußte getrennt von seiner Familie ein siebenjähriges
Exil auf sich nehmen. Hunderte wurden aus Neuseeland deportiert[31].
Von einigen dringend benötigten Spezialisten abgesehen, blieb Deut-
schen die Einwanderung nach Australien bis Ende 1925, nach Neusee-
land bis 1928 versperrt.

Nur langsam begannen sich die Deutschen in Australien und Neuseeland wieder zu regen: Das Vereinswesen lebte auf; in Australien erschienen wieder einige deutsche Zeitungen, deren Herausgeber aber bald
einsehen mußten, daß das verbliebene Interesse allenfalls einem einzigen Blatt eine Überlebenschance bot. Um das innerlich geschwächte
und durch Einwanderung von außen her nicht mehr gestärkte deutsche
Element zu kräftigen, wurde ein bereits vor 1914 diskutierter Plan
aufgegriffen, eine Dachorganisation für alle deutschen Vereine in Australien und Neuseeland zu schaffen. Dieser ‚Bund des Deutschtums in
Australien und Neuseeland‘ trat zusammen, als in Deutschland das NS-
Regime die Macht übernahm. Die Nationalsozialisten hatten am Aufbau
dieser überregionalen Organisation zwar keinen Anteil, aber er kam
ihnen äußerst gelegen. Die mit dem ‚Bund‘ 1934 ins Leben gerufene
Zeitschrift ‚Die Brücke‘ erhielt Zuschüsse aus dem Reich und begab sich
damit in die Abhängigkeit des NS-Systems und seiner Propaganda.

Die deutschen Vereine hielten im allgemeinen Distanz zum Nationalsozialismus. Sie ließen sich nicht von der ‚Landesgruppe‘ der NSDAP
und deren Satellitenorganisationen einbinden und wehrten sich mit
mehr oder weniger Erfolg gegen eine Unterwanderung der Vereinslei-
tungen durch Parteileute. Auch im ‚Deutschen Verein Auckland‘, der
erst 1932 gegründet worden war, setzte das Übergewicht ‚einheimischer‘ Mitglieder gegenüber ‚deutschstämmigen‘ einer Beeinflussung
durch den Nationalsozialismus Grenzen[32].

Die vom NS-System ausgehende Propaganda gegen eine Auswanderung hatte zusammen mit den noch lange nachwirkenden australischen
und neuseeländischen Einwanderungsverboten zur Folge, daß nach
1933 aus freiem Entschluß nur wenige deutsche Auswanderer den Weg
in den Pazifik fanden. Es kamen vielmehr aus politischen und rassistischen Gründen Verfolgte. Australien und Neuseeland verzeichneten
einen zwar nicht großen, aber doch sehr wertvollen Zustrom von
Intellektuellen, die das akademische Leben bereicherten, und von erfolgreichen Geschäftsleuten[33]. Neuseeland zählte etwa 900 deutsche

Anglisierung deutscher Ortsnamen in Australien.

Emigranten, darunter den Dichter Karl Wolfskehl und den Philosophen Karl Popper.

Die von der australischen Regierung nach der Konferenz von Evian 1938 gegebene Zusage, in den nächsten drei Jahren 15 000 Juden aufzunehmen, blieb bis zum Kriegsausbruch unerfüllt: Nur 5 080 erreichten noch 1939 das rettende ‚letzte Inselriff‘, wie Karl Wolfskehl es nannte. Während des Krieges wurden auf der ‚Dunera‘ von England aus 2 542 Personen deutscher Herkunft nach Australien transportiert, unter geradezu demütigenden Umständen für die Juden deutscher Herkunft unter ihnen.

Im Zweiten Weltkrieg sind Deutsche in Australien und Neuseeland erneut interniert worden, wobei man sich auf deutsche Staatsbürger und NS-Sympathisanten konzentrierte. Ein besonderes Kapitel war das der Palästina-Deutschen, der Templer: Sie wurden in ihrer Heimat interniert und dann nach Australien verschickt. Am Kriegsende bot man ihnen an zu bleiben. Die Mehrzahl entschied sich dafür, und noch in Europa lebende Templer folgten diesem Beispiel[34].

Multiethnische Situation, 1945–1990

Der Pazifische Krieg zeigte Australiens und Neuseelands Verwundbarkeit. Auch wenn die Gefahr einer japanischen Invasion vor allem durch den amerikanischen Verbündeten abgewendet werden konnte, so blieb doch Unsicherheit zurück. Wer wußte am Ende des Zweiten Weltkrieges schon, wie sich die von kolonialen Fesseln befreienden, bevölkerungsreichen Länder Asiens verhalten würden, vor allem das 1949 kommunistisch werdende China? Australische Regierung und Öffentlichkeit glaubten sich vor die Alternative ‚populate or perish‘ gestellt. In dieser Situation wurde das größte Einwanderungsprogramm der australischen Geschichte geboren[35].

Um eine starke und kontinuierliche Einwanderung zu organisieren, schuf die Labour Regierung unter Premierminister Joseph Chifley am Ende des Krieges ein ‚Immigration Department‘ unter Leitung von Arthur Calwell als erstem Einwanderungsminister. Das von ihm initiierte Programm wurde richtungweisend für das nächste Vierteljahrhundert. Calwell hoffte, einen starken Strom britischer Einwanderer nach Australien lenken zu können. Er sollte durch Einwanderer aus den Reihen der Displaced Persons (DPs)[36] ergänzt werden, wobei allerdings auf zehn britische Einwanderer nur ein nichtbritischer kommen sollte. Das blieb jedoch reines Wunschdenken; denn von den britischen Inseln kamen zwar viele, aber bei weitem nicht genügend Einwanderer. Das zwang die australischen Behörden, sehr viel stärker als geplant auf das in Mitteleuropa vorhandene Potential von DPs und Flüchtlingen zurückzugreifen. Ein 1947 mit der ‚International Refugee Organisation' geschlossener Vertrag bahnte den Weg für die Einwanderung von 170 700 DPs nach Australien.

An das im Anschluß an die Konferenz von Evian gegebene Versprechen, 15 000 Juden aus Europa aufzunehmen, hielt sich die australische Regierung noch in der Nachkriegszeit bei der Einwanderung von Juden, die zu einem großen Teil aus Deutschland stammten. 1954 wurden unter den in Deutschland geborenen Einwohnern Australiens 6,2%, 1981 nur noch 2,2% Juden gezählt.

Im Gegensatz zu der Zeit nach dem Ersten Weltkrieg wurde nach 1945 die Aufnahme deutscher Auswanderer von der australischen Öffentlichkeit generell gutgeheißen. Die australische Regierung traf 1952 mit der Bundesregierung ein Abkommen über eine unterstützte Auswanderung[37] Deutscher: ein erster Plan sah die Auswanderung von 4 000 Arbeitern (3 000 landwirtschaftlichen Arbeitskräften und 1 000 Facharbeitern) vor, die von 6 000 Familienangehörigen begleitet werden sollten. 1950–1961 wanderten 91 000 Deutsche nach Australien aus – über 80% als ‚assisted immigrants'. Die höchste Zahl der in Deutschland geborenen Einwohner Australiens wurde 1981 mit 110 758 Personen erreicht; das waren 0,8% der australischen Bevölkerung. Nach den Italienern, Jugoslawen und Griechen standen die Deutschen unter den ethnischen Minderheiten damit an vierter Stelle. Auch in Neuseeland wurde der Tiefstand des Jahres 1945 mit 1 297 in Deutschland Geborenen langsam überwunden: 1976 zählte man bereits wieder 3 656 Personen. Ihre Gruppe stand unter den aus Kontinentaleuropa Eingewanderten weit hinter den Niederländern an zweiter Stelle[38]. Wie in den Anfängen der deutschen Einwanderung im 19. Jahrhundert ist auch heute noch die Mehrzahl der Deutsch-Australier evangelisch.

Heute sind die Deutschen nicht mehr die exponierte Minderheit, die sie einst waren – eingebettet in eine Vielzahl ethnischer Gruppen, die seit Anfang der 1970er Jahre noch eine große Erweiterung durch Einwanderer aus Asien, dem Pazifischen Raum und anderen Kontinenten erfuhren. Im Vergleich zu anderen Gruppen in der heute auch zum politischen Programm gewordenen ‚multikulturellen' Gesellschaft Australiens fallen die Deutschen eher durch ihre Unauffälligkeit auf: Sie konzentrieren sich nicht in einzelnen Orten oder Gebieten und sprechen das Englische häufiger als andere Einwanderergruppen[39]. Allen anderen ethnischen Minderheiten aber haben die Deutschen eine lange australische und neuseeländische Tradition und Geschichte voraus.

3. Gegenbilder: zu Gast im europäischen Ausland

3.1. Grenzgänger: Gesellen, Vaganten und fahrende Gewerbe

Von Hans-Ulrich Thamer

Die größte Gruppe in den deutschen ‚Kolonien' im Europa des 18. und 19. Jahrhunderts bildeten Handwerksgesellen, Händler und Tagelöhner. Die Gesellen kamen auf ihrer Wanderung nach Amsterdam, Brüssel, Paris, London, Zürich, Rom oder Budapest, nach Lüttich, Antwerpen, Schaffhausen, Straßburg, Metz, Lyon und in viele andere Gewerbestädte. Sie blieben dort für Monate oder Jahre, manche für immer. Auch Meister ließen sich im Ausland nieder. In einigen Gewerben behaupteten sie durch Jahrhunderte eine geradezu beherrschende Stellung. Mitunter hatten sie ihre eigenen, von den einheimischen Zünften unabhängigen Bruderschaften, wie etwa in Rom seit dem 15. Jahrhundert die Schuster, Bäcker und Weber[1].

Handwerker waren seit dem späten Mittelalter auf der ‚Walz'. Ihre Wege führten sie durch ganz Europa, einige unter ihnen kamen sogar bis in den Vorderen Orient. Seit dem 15. Jahrhundert mehrten sich die Bestimmungen in Lehrverträgen und Handwerksordnungen, die eine Wanderschaft zur Pflicht für all jene machten, die ihre Lehre abgeschlossen hatten. Erst wenn sie den Nachweis einer drei- bis sechsjährigen Wanderschaft und einer ‚ehrlichen' Arbeit in einer Meisterwerkstatt erbracht hatten, konnten sie seßhaft werden und sich um eine Meisterstelle bewerben.

Wie viele Handwerksburschen im 17., 18. und auch noch 19. Jahrhundert unterwegs waren, wird sich nie auch nur annähernd sicher sagen lassen. Wenn überhaupt, sind Aussagen nur für einzelne Handwerkszweige und wichtige Gewerbestädte möglich. Unübersehbar ist fast überall die stetige Zunahme der Zahl der wandernden Gesellen, vor allem seit dem frühen 19. Jahrhundert[2].

Der Mentor der älteren deutschen Handwerksgeschichte, Rudolf Wissell, hat die Wanderjahre der Gesellen „die Hochschule des Handwerks"[3] genannt. Im späten Mittelalter scheint der Besuch dieser ‚Hochschule' noch freiwillig gewesen zu sein, gegen Ende des 16. Jahrhunderts trat eine deutliche Wende ein. Der wachsende Übersetzungsdruck im städtischen Handwerk machte das Wandern obligatorisch. Der Wanderzwang erfaßte ein Handwerk nach dem andern. Das Interesse an zünftiger Ausbildungsförderung wurde überlagert von dem an der Sicherung einer auskömmlichen ‚Nahrung' bestimmten Selbstschutzinteresse der Meisterzünfte. Der Wanderzwang erschwerte die Aufnahmebedingungen und schuf eine temporäre Entlastung auf dem städtischen Arbeitsmarkt[4]. Die Reisewege der Handwerksgesellen waren meist nicht vom bloßen Zufall bestimmt, sondern folgten Handwerkstraditionen und der ökonomischen Attraktivität bestimmter Städte. Dabei überwogen ganz offenkundig tradierte Erfahrungen und Vorurteile. Auch die Einführung von Reiseanleitungen für Handwerker, eine späte Frucht der Aufklärung, scheint daran wenig geändert zu haben.

Im frühen 19. Jahrhundert wurden die Wanderzeiten immer länger und mit ihnen auch die Abstände zwischen den Zeiten der Beschäftigung. Der Hamburger Tischlergeselle Joachim Friedrich Martens z. B. blieb von 1826 an nicht 2 oder 5, sondern 17 Jahre auf Wanderschaft. Auf seinen Wanderungen durch Deutschland war er im Jahresdurchschnitt etwa 6 Monate in Arbeit, die übrige Zeit auf Wanderschaft bzw. Arbeitssuche. Oft dauerte die Arbeit nur wenige Tage, wenn es gut ging, zwei oder mehr Monate. Erst der Aufenthalt in der Schweiz machte Arbeitslosigkeit und Entbehrungen ein Ende[5]. Diese große Fluktuation der Handwerker (und Saisonarbeiter) bereitet in der Sozialstatistik des 19. Jahrhunderts erhebliche Schwierigkeiten, da wir in der Regel nicht zwischen Seßhaften und einer mitunter kurzfristigen (Nah-)Wanderung unterscheiden können. Die wenigen vorliegenden differenzierten Angaben zeigen, daß das Verhältnis der wandernden, nur ein paar Wochen oder Monate arbeitenden zu den seßhaften Deutschen in Ostfrankreich während der Julimonarchie (1830–1848) im Durchschnitt 2 : 1 betrug, in der Schweiz um 1850 hingegen 1 : 1. In Paris kam vor 1848 im Durchschnitt ein Wandernder auf zwei Seßhafte[6].

Auch wenn sich die wandernden Handwerker innerhalb der großen Gruppe der Arbeitswanderer als Elite verstanden, so waren die sozialen Stufen und Trennlinien doch auch innerhalb der Handwerkerschaft deutlich ausgeprägt. Neben den erfolgreichen Handwerksmeistern im Pariser Luxusgewerbe fristeten in den Pariser Vorstädten Schuster, Schneider und Schreiner ein ärmliches Leben. Die Zahl solcher Kümmerexistenzen unter den Schustern in Paris war offenbar so groß, daß Angehörige dieser untersten Schichten allgemein als ‚Deutsche' oder ‚Lothringer' bezeichnet wurden[7]. Freilich waren die Übergänge fließend, und man konnte leicht aus dem sozialen System der Handwerkerkorporation herausfallen. Um so mehr grenzten sich Handwerksgesel-

Mit Felleisen und Wanderstab (Stich von Ferdinand Kobell, 1740–1799).

len und Kleinmeister in ihrem Selbstverständnis von den unterständischen Gruppen der Pendler, Tagelöhner und fahrenden Gewerbe ab, die als ‚unehrlich‘ galten. Denn dies unterschied die Handwerksburschen auf der Walz von den ‚Fahrenden‘: Sie waren in ein Schutz- und Treueverhältnis eingegliedert, während die Existenz der Vaganten allein an die Straße gebunden war, ohne heimische Gemeinde, ohne den Halt einer sozialen Ordnung. Das machte sie den ständisch Gebundenen suspekt, da sie als permanent mobile Sozialgruppe außerhalb der ständischen Ordnung standen[8].

Zu ihnen gehörten Wanderarbeiter, die saisonweise in der Fremde Arbeit suchten; auch Wandergewerbe, die als ‚unehrlich‘ galten: Abdekker, Henker, Schäfer, Korbflechter, Bürstenbinder und Scherenschleifer; ferner Barbiere, Feldscher und ‚Wunderärzte‘, vor allem aber Hausierer und Marketender, die auf dem Rücken, am Arm oder vor der Brust unvorstellbar schwere Lasten trugen.

Sie liefen nach Holland und Frankreich, Italien und Skandinavien, Rußland und Böhmen. Vom Westerwald wanderten die Händler in 10 bis 12 Tagen mit Waren in die Niederlande, blieben dort den Sommer über und kehrten im Herbst mit Geld zurück. Hausierer aus dem Sauerland waren in Norddeutschland, Dänemark, Holland und auch in Polen anzutreffen. Saisonarbeiter aus dem Süddeutschen arbeiteten im Sommer in der Schweiz und hungerten sich im Winter zu Hause durch. Nach Paris wurden in der ersten Hälfte des 19. Jahrhunderts bevorzugt Straßenkehrer aus den Auswanderungsgebieten von Hessen und Baden angeworben[9]. Sie bildeten dort ihre eigenen ‚Kolonien' und drängten sich in schmutzigen Unterkünften, nicht anders als die Kohlenträger aus der Auvergne und die Bauhilfsarbeiter aus dem Limousin.

Zeitgenössische Beobachter sprachen im Vormärz von einer „ungeheuren Masse deutscher Handwerksgesellen", die nach Frankreich, der Schweiz, Belgien und England wanderten. Neu war diese deutsche „Binnenwanderung in Europa"[10] in den Jahren nach 1830 nicht, aber sicherlich hat sie im Umfang stark zugenommen[11]. Im Paris der Julimonarchie hat es offensichtlich so etwas wie eine „deutsche Binnenstadt"[12] gegeben. Schätzungen schwanken zwischen 20000 und 80000 Deutschen in der französischen Hauptstadt; vermutlich waren es 1830 rd. 7000, 1841 rd. 30000 und rd. 62000 am Vorabend der Revolution von 1848, die einen deutlichen Rückgang der Zahl der Deutschen in Paris brachte. Die Volkszählung von 1851 verzeichnete dann 13584 Deutsche. Neben Paris waren Lyon mit etwa 1500, Marseille mit 750 und Le Havre mit 900 Deutschen bevorzugte Aufenthaltsorte. Noch 1851 bildeten die Deutschen mit insgesamt ca. 60000 Personen die drittstärkste Ausländergruppe, nach den Belgiern und Italienern, in Frankreich[13].

Die Mehrheit der Deutschen in der Provinz wie in Paris kam aus Südwestdeutschland: Badenser, Bayern, Württemberger, Hessen. Zwei von drei Ausländern in Paris waren Handwerker und Arbeiter, bei den Deutschen lag der Anteil der handarbeitenden Gruppen vermutlich noch etwas höher. 1847 gab es nach einer Statistik der Pariser Handelskammer etwa 1800 deutsche Schreiner, 4500 deutsche Schneider und etwa 4500 deutsche Schuster in Paris[14]. Das war etwa die Hälfte der deutschen Kolonie; hinzu kamen noch Maurer, Gerber, Schlosser, Stellmacher, Instrumentenmacher, Goldschmiede und Bäcker, unter denen Deutsche auch auffallend häufig vertreten waren.

In der Regel lebten die deutschen Handwerker und Arbeiter in Paris in einem in sich geschlossenen Milieu. Auch bei mehrjährigem Aufenthalt lernten sie kaum die französische Sprache und hatten außerhalb ihres Arbeitsverhältnisses wenig Kontakt mit der französischen Bevölkerung[15]. Besonders in ökonomischen Krisensituationen verschärften sich die latenten Spannungen zwischen französischen und deutschen

Gesellen bis hin zu Boykott- und Aussperrungsaktionen – weil die Deutschen sich zu niedrigeren Löhnen verdingen ließen[16].

In einigen Berufen waren Deutsche bereits im 17. und 18. Jahrhundert präsent. So reichten Tradition und Ansehen deutscher Schreiner bis weit in die Zeit von Ludwig XIV. zurück. Seit den 1730er Jahren strömten immer mehr deutsche Kunstschreiner nach Paris und ließen sich in den zunftfreien lieux privilégiés der Vorstädte nieder. Einigen von ihnen wie Johann Peter Latz und Johann Franz Oeben gelang dann noch der Aufstieg zur privilegierten Kaste der Hofhandwerker[17]. In den Sektionen der unruhigen Vorstadt Saint-Antoine während der Französischen Revolution waren 4% der Bewohner Ausländer, die Hälfte davon deutsche Kunstschreiner. Die meisten von ihnen waren zwischen 1774 und 1784 nach Paris gekommen. Hochspezialisierte und geachtete Handwerker, waren sie in der Regel vollständig in das Sozialsystem des Faubourg integriert[18].

Noch stärker vertreten waren die Deutschen in der Schweiz, wo sie vor Italienern und Franzosen die stärkste ,Kolonie' bildeten. Etwa 18000 Deutsche hatten 1844 ihren festen Wohnsitz in der Schweiz, und fast ebenso viele arbeiteten dort für wenige Jahre oder Monate. Schätzungsweise 90% davon waren Handwerksgesellen. Sie lebten vor allem in den Kantonen Zürich, Schaffhausen, Neuchâtel, Aargau, Thurgau, St. Gallen, Bern, Basel, Waadt und Genf. In ihrer überwiegenden Mehrheit stammten sie aus den südwestdeutschen Nachbarstaaten[19]. Weniger sprachlich-kulturelle Gründe als die besseren Arbeits- und Verdienstmöglichkeiten machten die Schweiz zu einem attraktiven Wanderungsziel.

Weit weniger wissen wir über die deutschen Handwerker und Arbeiter in Belgien und England. In Belgien bildeten die Deutschen, ähnlich wie in Frankreich, die drittstärkste ,Kolonie'. Auch hier handelte es sich in der Mehrheit um Handwerker und Tagelöhner. Von den 12859 Deutschen, die 1846 in Belgien gezählt wurden, lebten 6287 in der grenznahen Provinz Lüttich und 1588 in Brüssel-Stadt[20].

In London bildeten die um 1820/30 etwa 20000 Deutschen die größte ausländische ,Kolonie'. Drei deutsche Kirchen und Schulen wurden in dieser Zeit errichtet; 1845 folgte der Bau eines deutschen Krankenhauses, in dem 1845–1851 insgesamt 2466 Kranke gepflegt wurden[21]. 1851 zählte man insgesamt 25670 Ausländer in London, darunter ca. 9500 Deutsche. Erhebungen aus den 1860er Jahren bestätigen, daß auch hier die überwiegende Mehrheit – zwischen 75 und 80% – aus Handwerkern und Arbeitern bestand[22].

So unzuverlässig Sozialstatistiken für das vormoderne Europa auch immer sein mögen – das Urteil der Pariser Handelskammer von 1847 spiegelt eine zeitgenössische Erfahrung, die nicht nur für Paris gilt: „Die deutsche Einwanderung seit fünfundzwanzig oder dreißig Jahren ist bedeutend und bildet sogar einen beträchtlichen Teil dessen, was man die seßhafte Bevölkerung nennen kann"[23]. Auch wenn man die große Fluktuation durch Arbeitswanderung einzubeziehen und damit Doppelzählungen von wandernden Gesellen zu vermeiden sucht, bleibt es bei dem erstaunlichen Tatbestand, daß „in den zwei Jahrzehnten vor der Revolution von 1848 etwa eine bis anderthalb Millionen Deutsche (Reisende, politische Flüchtlinge, Handwerker, Arbeiter) Europa durchwandert haben"[24]. Vor allem die Suche nach Arbeit und auskömmlicher Nahrung bestimmte in der ersten Hälfte des 19. Jahrhunderts ihre Wege ins europäische Ausland.

Die Hunger- und Krisenjahre des Vormärzes mit dem Höhepunkt deutscher Wanderung ins europäische Ausland waren zugleich die Jahre der deutschen politischen Vereine und der Journalistik im Ausland, in Paris ebenso wie in Brüssel und London. Neben einem ‚Hilfsverein für notleidende Deutsche‘ und einem ‚Verein deutscher Ärzte in Paris‘ und einer ‚Deutschen Gesellschaft‘ in London entstanden im Jahrzehnt nach der Julirevolution mit ihren Hoffnungen, Enttäuschungen und den neuerlichen Repressionsmaßnahmen im Deutschen Bund politische (Geheim-)Gesellschaften: vom ‚Deutschen Volksverein‘ über den ‚Bund der Geächteten‘ und den ‚Bund der Gerechten‘ bis zum ‚Bund der Kommunisten‘[25]. Es waren politische Flüchtlinge[26], Intellektuelle in erster Linie, die die Auslandsvereine gründeten, die ihre Anhänger in den Kreisen deutscher Handwerksgesellen fanden, die in der Fremde nicht nur nach Solidarität suchten, sondern auch nach Erklärungen für die Bedrohung ihrer sozialen Existenz. In der Masse der deutschen ‚Handwerkerkolonie‘ freilich blieben sie nur eine kleine Minderheit: Kaum mehr als hundert Gesellen-Arbeiter konnten die Auslandsvereine in Paris für sich gewinnen.

3.2. In Europa zu Hause: großbürgerliche Kultur und höfisches Leben

Von Hans-Ulrich Thamer

Das europäische Ancien Régime kannte einen regen Austausch der Menschen, Waren und Ideen: Kaufleute und Handwerker, Priester und Pilger, Diplomaten und Soldaten, Künstler, Studenten und Gelehrte, adlige Kavaliere und Bürgersöhne waren überall zu Hause in Europas Städten und Märkten, Kirchen und Palästen, Universitäten und Manu-

fakturen, Akademien und Salons – manche nur für wenige Wochen und
Monate, viele für Jahre und Jahrzehnte. Oft bildeten sie in der Fremde
mehr oder weniger fest organisierte Kolonien, deren Zusammenhalt
durch die Kirche gestiftet wurde und durch die Erfahrung, einem
anderen Lebens- und Rechtsbereich anzugehören.

In Rom, dem Mittelpunkt der christlichen Kirche, bildete der geistliche Stand mit seinen Ordensleuten wie Weltpriestern den Mittelpunkt
der deutschen Gemeinde. Schon seit dem 14. Jahrhundert kamen mit
den Pilgern und Klerikern auch Gewerbetreibende aller Berufe hinzu[1].

Seit 1300 löste der seßhafte Kaufmann, der von seinem Kontor aus die
Warenströme lenkte, den reisenden, seine Waren begleitenden Fern-
händler ab. Das erforderte ein Netz von Niederlassungen und Agenten
überall in Europa. In Westeuropa und im Mittelmeerraum wurde die
Handelswelt zunächst von Italienern beherrscht, im Norden und Osten
noch vom zählebigen Handelsnetz der Hanse oder später dem noch
weitergespannten der oberdeutschen Kaufleute; damit konkurrierten
die Handelsnetze der Holländer, Engländer, auch der Armenier und
Juden. Immer setzte ein solches System präzise Kenntnis der Verkehrs-
wege und Risiken, der fremden Märkte und Mentalitäten, der politischen Konstellationen und sozialen Verhältnisse im fremden Land voraus. Die erwarb man durch eine umfangreiche Korrespondenz mit
Vertrauensleuten vor Ort und durch Reisen. Das Bedürfnis nach Kommunikation und Solidarität in der Fremde förderte den Zusammenschluß in Kolonien. Die Kaufmannsgruppen gebärdeten sich mit ihren
Verwandten, Freunden, Dienstboten, Buchhaltern und Rechnungsgehil-
fen als ,Nationen'.

Zur Vorbereitung auf ihren späteren Beruf wurden Kaufmannssöhne
für mehrere Jahre nach Italien bzw. Frankreich geschickt oder begaben
sich auf eine längere Auslandsreise, wie etwa die Nürnberger Patrizier-
söhne Beheim, Imhoff, Bayer und Kress, die 1608 mit einem „praeceptor
und inspector" nach Frankreich zogen, um „ihre Ausbildung zu vollen-
den"[2].

Neben den Kaufleuten waren deutsche Gelehrte und Studenten,
Ärzte, Künstler und Handwerker in den europäischen Metropolen zu
Hause. Seit dem 12. Jahrhundert trieben Traum oder Notwendigkeit von
Bildung und Vervollkommnung des Studiums dazu, auch ,terra aliena'
zu besuchen. Auch Adelssöhne mischten sich unter die bürgerlichen
Scholaren und besuchten die berühmten Universitäten von Bologna,
Padua, Pisa, Paris, Bourges, Montpellier und Löwen. Dort waren die
ausländischen Scholaren bald so bestimmend, daß auch sie ihre eigenen
Landsmannschaften und ,Nationen' bildeten.

Seit dem 16. Jahrhundert trennte sich der Adel wieder von den
bürgerlichen Scholaren und ihren teilweise verwilderten Studiengebräu-

chen. Ritterakademien suchten nun ihre Zöglinge auf die sog. adligen Wissenschaften und Exerzitien vorzubereiten[3]. Wichtiger Bestandteil des neuen adligen Bildungsbewußtseins war das Kennenlernen fremder Länder und Kulturen, politischer Zustände und sozialer Lebens- und Geselligkeitsformen. Die Kavaliersreise sollte mithin Erfahrungen vermitteln, die nicht aus Büchern zu gewinnen waren. Besuche an Fürstenhöfen und die Bekanntschaft mit ausländischen Adelshäusern vermittelten Einblicke in die Vielfalt gesellschaftlichen Lebens. Sie schufen auch Verbindungen, die für die Zukunft der adligen Kavaliere bei Hofe, in Verwaltung, Militär und Diplomatie von Bedeutung sein konnten. Kurzum, es ging im Verständnis des 17. Jahrhunderts um ‚Weltkenntnis‘ und ‚weltmännischen Schliff‘. Nicht das Ziel, die Reise selbst war das Bildungserlebnis[4].

Um die Mitte des 18. Jahrhunderts verlieren die Kavalierstouren ihren besonderen Charakter; ihre Epoche geht zu Ende, auch wenn wir ihnen noch bis zum Ende des Jahrhunderts begegnen. Immer mehr Bürgersöhne gingen auf Bildungsreise; Adel und Bürgertum näherten sich einander in ihren Bildungsvorstellungen wieder an. Ideale Leitvorstellungen wurden nun die geistige Individualität, freie Geselligkeit und vernünftige Selbstbestimmung. Die ständeübergreifende Schicht der Gebildeten, die neue Sozialgruppe der Aufklärung, prägte eine neue Art des Reisens. Die Bildungsreise der Aufklärung galt vor allem dem Erwerb kultureller Kenntnisse, die nicht unbedingt einen unmittelbaren Praxisbezug haben mußten. Wer den suchte, wählte ein entsprechendes Reiseziel, zumeist England. Dorthin zog es Naturwissenschaftler, Ärzte, Ingenieure und Techniker. Wem es um Kunst und Literatur ging, der zog eine Reise nach Paris oder nach Italien vor.

Seit den Tagen der Hanse lebten deutsche Kaufleute in England. Nach der Aufgabe der Kontore des Londoner Stalhofes 1603 ließen sich viele Hansemitglieder als selbständige Kaufleute nieder. Im Zentrum ihrer Kolonie stand die erste protestantische Kirche in London. Deutsche Studenten und Gelehrte wurden verstärkt seit dem 16. Jahrhundert von der Universität Oxford angezogen. Am Ende des Jahrhunderts ermittelte eine Fremdenzählung 3838 Deutsche in London, von denen 3100 dauernd ansässig waren[5]. Darunter bildeten Handwerker, vor allem Uhrmacher und Goldschmiede, eine große Gruppe. Mit dem Regierungsantritt des Hauses Hannover durch Georg I. (1714) wurde England zum Anziehungspunkt für deutsche Beamte, Staatsmänner, Offiziere, Gelehrte und Künstler. Der spätere preußische Staatskanzler von Hardenberg lebte eine Reihe von Jahren als Gesandter Hannovers in London, das er erst 1782 verließ. Ihm folgte der Rechtsgelehrte Ernst Brandes, der mit seinen Schriften über das englische Verfassungsleben das deutsche politische Denken nachhaltig beeinflußte. Wilhelm Baron

Bildung durch Reisen: die Kavalierstour
(Zeichnung von Gerard ter Borch, 1617–1681).

von Archenholz kam 1769 nach London und arbeitete dort für ein Jahrzehnt als Schriftsteller und deutscher Sprachlehrer. Gustav Graf von Schlabrendorff lebte sechs Jahre in England und begleitete 1786 den Freiherrn vom Stein auf seiner Studienreise durch das Land. Häufig zu Gast in England waren auch der Göttinger Professor der Physik Georg Christoph Lichtenberg und der Danziger Physiker Fahrenheit, der 1736 dort starb. Deutsche Ärzte ließen sich in großer Zahl in England nieder und die Bankhäuser Bäring bzw. Rothschild wurden von Deutschen dort gegründet. 1710 kam Georg Friedrich Händel besuchsweise nach England und lebte später bis zu seinem Tode 1759 ununterbrochen dort.

‚Hotel der Welt' waren im Ancien Régime jedoch Paris und Versailles, die bewunderten und imitierten Zentren von Absolutismus und höfischem Zeremoniell, von Architektur, bildender Kunst, Literatur und Philosophie, von Mode und ‚la douceur de vivre'. Paris wurde ein faszinierendes Reiseziel. Viele kamen, um für immer zu bleiben.

Kein europäisches, kein deutsches Adelshaus, dessen Söhne nicht darauf drängten, bei Hofe in Versailles zugelassen, in einem der Pariser Salons empfangen zu werden, einer Sitzung der Akademie beizuwohnen oder einem der großen Philosophen einen Besuch zu machen. Die meisten von ihnen konnten auf ihren Kavaliersreisen durch Europa, die immer und vor allem nach Paris führten, dort nur einige Wochen oder wenige Monate bleiben. Mehr als 11 000 Taler verschlang die Reise von Carl August von Weimar 1775. Vier Wochen wollte die Reisegesellschaft in Paris bleiben – es wurden zehn daraus[6]. In die vornehme französische Gesellschaft und in die literarischen Salons eingeführt wurde der Herzog vom landeskundigen gothaischen Legationsrat Melchior Grimm.

In der Mitte des aufgeklärten Jahrhunderts hatte sich Grimm in Paris niedergelassen und gab dort über zwanzig Jahre lang eine literarische Korrespondenz heraus, die den deutschen und europäischen Fürsten neueste Informationen aus dem politischen und kulturellen Leben Frankreichs vermittelte. Das brachte ihm nicht nur ein einträgliches Einkommen, sondern auch zahlreiche Ehrentitel bis hin zur Ernennung zum Baron und sächsisch-gothaischen Minister. Nicht weniger erfolgreich als Mittler der Kulturen war sein Nachfolger, der Deutsch-Schweizer Jacques-Henri Meister, der bis in die Revolution hinein Politik und Kultur Frankreichs beobachtete[7].

Melchior Grimm war nur einer von vielen Schriftstellern und Gelehrten, die sich in der Republik der Gebildeten in Frankreich einen festen Platz erobern konnten. Dort waren sie Anlaufstelle für zahlreiche Reisende aus Deutschland – Gelehrte, Schriftsteller und Künstler, die nach Paris kamen, um ganz im Sinne des Bildungsprogramms der Aufklärung Menschenkenntnis und Welterfahrung nicht aus Büchern, sondern aus konkreter Anschauung und im intellektuellen Diskurs zu gewinnen. Die Ärzte Albrecht Haller und Christoph Girtaner, der Architekt Balthasar Neumann, die Gelehrten Johann Friedrich Grimm, Johann Gottfried Herder und viele andere mehr reisten in die französische Hauptstadt. Auch deutsche Künstler und Handwerker fehlten nicht im kosmopolitischen Paris. Johann Georg Wille, Maler und Kupferstecher aus Hessen, der auf seiner Gesellenwanderung nach Paris kam, machte dort – im Unterschied zu vielen seiner Zunftgenossen – Karriere: 1776 wurde er zum ‚Graveur du Roi' ernannt[8]. Sein Ruf lockte viele Besucher an, so

Menuisier-ébéniste: Handwerksproduktion für den Luxusmarkt (Paris um 1770).

auch den Herzog von Sachsen-Weimar. Ein anderer deutscher Handwerker, der Kunsttischler David Roentgen aus Neuwied, schon mehr Unternehmer als Zunftbürger, eroberte den Pariser Luxusmarkt, als er sich 1779 in die Pariser Zunft der ,menuisiers-ébénistes' einkaufte und als ,ébéniste mécanicien du Roi et de la Reine' zur Elite der Hofhandwerker zählte[9].

Während der Revolution zwang der Niedergang des höfischen Luxusmarktes auch einen Roentgen dazu, Paris und seinen Markt zu verlassen. Viele andere Fabrikanten und Handwerker aber blieben[10]. Die Bildungsreise der Aufklärung erhielt seit 1789 eine neue Variante – die Reise in die Revolution. Literaten, Publizisten, Gelehrte kamen nach Paris, um den Anbruch eines neuen Zeitalters mitzuerleben und zu beschreiben[11]. Mittelpunkt der deutschen Revolutionsfreunde war Gustav Graf von Schlabrendorff, der 1790 aus London gekommen war und bis zu seinem Tode 1824 in Paris blieb[12]. Während der Terreur-Phase wurde der Revolutionsbeobachter in einem Klima von nationaler Angst und Verdächtigung verhaftet, um später, als sich die Revolution beruhigt hatte, zu einem begehrten Zeitzeugen und zu einer Art Auskunftsbüro für deutsche Staatsmänner, Schriftsteller, Gelehrte und Künstler zu werden, die nun wieder in Scharen nach Paris kamen.

Bald folgten den Revolutionspilgern, die nur für Wochen oder Monate nach Paris gingen, politische Flüchtlinge, die von den Wirren der Revolutionskriege und politischen Umwälzungen gezwungen wurden, in Paris zu bleiben, wie der Mainzer Georg Forster, oder nach Paris zu

flüchten, wie der deutsche Jakobiner Rebmann. Das Zeitalter der Revolution veränderte mit den Normen und Strukturen der europäischen
Gesellschaften auch die Lebensbedingungen und die Rekrutierung der
Deutschen im Ausland. Die Revolution hat nicht nur den Kosmopolitismus des Ancien Régime fortgesetzt; sie hat ihn durch einen ideologischen Krieg und durch eine nationale Massenmobilisierung gleichzeitig
unterhöhlt und unter Verdacht gestellt.

3.3. Flucht und Exil: ‚Demagogen' und Revolutionäre

Von Hans-Ulrich Thamer

Emigranten hat es zu allen Zeiten gegeben. Das Alte Testament berichtet
von der Flucht des jungen David vor Saul, von dem Auszug der Juden
nach Ägypten. Aus der griechischen Antike kennen wir Formen der
Ächtung und befristeten Verbannung. Exil bedeutet in den antiken
Texten geographische Trennung, aber auch Trennung von Gott. Der
wandernde Jude wurde in der abendländischen Geschichte zum Arche-
typus des Emigranten: getrennt von der Heimat seiner Vorfahren,
isoliert von seinem gesellschaftlichen Umfeld und verdammt zum per-
manenten sozialen und kulturellen Außenseiter bzw. Schreckgespenst.
Exil bedeutete eine spezifische physische und geistig-moralische Situation. Seit der Renaissance kam, zuerst in den italienischen Stadtstaaten,
noch die politische Verfolgung und Vertreibung hinzu. Hier entwickelte
sich mit Dante zugleich auch das Genus der Exilliteratur, die seither
unser Bild von Emigration wesentlich prägt.

Mit dem Beginn der Neuzeit wurde die Emigration zu einem Massen-
phänomen. Vom 16. bis 18. Jahrhundert hatte sie vorwiegend religiöse
Gründe. Im Zeichen der Gegenreformation kam es zur Vertreibung bzw.
Auswanderung Andersgläubiger, z. B. der französischen Hugenotten[1].
Im Zeitalter der Revolution und des Nationalstaats hingegen hatte die
Emigration einzelner oder ganzer Gruppen vor allem politische Motive.
Die erzwungene Trennung von einer nationalen Kultur bzw. einem
Nationalstaat aus politischen bzw. kulturellen Gründen unterscheidet
diese moderne Form der Emigration von älteren Erscheinungsformen
der Trennung bzw. Auswanderung wider Willen. Seit der Französischen
Revolution hat die Emigration eine nationale und revolutionäre Dimen-
sion.

Waren es zunächst führende Repräsentanten und Anhänger des Ancien Régime, die seit 1789 vor der Revolution aus Frankreich flohen, so

wurden Frankreich und Paris seither umgekehrt zum bevorzugten Ziel der politischen Flüchtlinge des 19. und auch 20. Jahrhunderts. Daneben waren und wurden Amsterdam, Genf und Zürich, Brüssel und London, im 20. Jahrhundert zusätzlich noch New York Aufnahmeorte für das intellektuelle Exil und die in ihrer Heimat Verfolgten und Ausgebürgerten. Emigrationswellen und Emigrantenpolitik wurden zum Barometer der politischen Kultur der jeweiligen Heimat- und Gastländer.

Der Emigrant wandte sich immer dorthin, wo er auf politisch-kulturelles Verständnis, persönliche Sicherheit und auch materielle Hilfe hoffen konnte. Entschiedene Liberale und Demokraten sahen sich in der ersten Hälfte des 19. Jahrhunderts nach dem Scheitern der Einheits- und Verfassungsbewegungen in ihrer Heimat gezwungen, vor der Restaurations- und Verfolgungspraxis ihrer Länder in die liberaleren Staaten Frankreich, Belgien, Schweiz und England auszuwandern. Seit 1830 war das Frankreich der Julimonarchie ein von den restaurativen Mächten Europas beargwöhntes Zentrum der europäischen Emigration. Außer deutschen Flüchtlingen kamen in noch größerer Zahl Polen, Italiener und Spanier in das Land der Revolution. Das Exil in Paris bedeutete für sie Sympathie mit der Revolution und Bekenntnis zu Aufklärung, demokratischer Verfassung, nationaler bzw. internationaler Bewegung und zugleich auch Hoffnung auf finanzielle Unterstützung. Doch brachte der starke Zustrom von Emigranten nach 1830 Frankreich außenpolitische wie finanzielle Schwierigkeiten. Mit der notwendigen Kürzung der Unterstützungssummen wurde zugleich die Bewegungsfreiheit der politischen Flüchtlinge eingeschränkt. Sie wurden möglichst von Paris wie von den Grenzstädten ferngehalten. Emigranten aus Deutschland erhielten nur selten finanzielle Hilfe[2].

Anfang der 1830er Jahre sollen sich etwa 10000 Flüchtlinge in Frankreich aufgehalten haben, 1847 zählte man allein in Paris 11600 Emigranten[3]. Gemessen an der großen Zahl der grenzüberschreitenden Wanderungen in Europa insgesamt war die Zahl der politischen Flüchtlinge bescheiden. Nur etwa 1% der Deutschen in den europäischen Nachbarstaaten vor 1848 waren politische Flüchtlinge[4], und für einen französischen Bürger der Julimonarchie war ein deutscher Immigrant kein Intellektueller, sondern ein Schneider oder Schuhmacher. In ihrer überwiegenden Mehrheit gehörten die emigrierten Intellektuellen dem Bürgertum an und stammten fast durchweg aus Akademikerfamilien.

Doch die Bedeutung der emigrierten Intelligenz lag weniger in ihrer Zahl als vielmehr in ihrer Tätigkeit als politische Wortführer der Opposition im Ausland und in der Fortentwicklung ihrer politisch-sozialen Theorien durch die Konfrontation mit der andersartigen Erfahrung des Exils. Wichtigstes Medium der politischen Aufklärung und Propaganda war für die deutschen politischen Emigranten, vor allem im französischen Exil, die Presse. Nicht weniger als 50 verschiedene Zeitungen und Zeitschriften aus der deutschen Emigration sind für die Jahre 1830–1848 in Westeuropa nachweisbar[5], davon im Paris der Julimonarchie allein 15. Einige davon waren für die Deutschen in Frankreich, andere für die Landsleute zu Hause bestimmt, wieder andere zielten auf eine deutsch-französische Kooperation. Meistens waren die Zeitungen und Zeitschriften der deutschen Emigration sehr kurzlebig: Kein Organ existierte länger als drei Jahre, die später berühmten ‚Deutsch-Französischen Jahrbücher‘ erschienen gar nur einmal. Sie litten unter mangelnder finanzieller Unterstützung wie unter geringer Nachfrage; der ‚Vorwärts‘, das Organ der deutschen sozialistischen Arbeiterbewegung in Paris, konnte im Juni 1844 ganze 200 Subskribenten für sich gewinnen. Hinzu kamen die häufigen Versuche der preußischen Regierung, ihr Erscheinen durch Einwirkung auf die französischen Behörden einstellen zu lassen.

Doch trotz solcher Probleme spielten diese kurzlebigen Presseorgane eine wichtige Rolle im Leben der Emigranten. Sie waren Medium ihrer politischen Betätigung und Kristallisationspunkte für entstehende politische Organisationen. Sie dienten Anhängern und Sympathisanten als wichtigstes Forum der politischen Bewußtseinsbildung. Der ‚Geächtete‘ (1834–36) war beispielsweise eng verbunden mit dem ‚Bund der Geächteten‘, dessen aus der Handwerkerschaft stammende Mitglieder für die Kosten der Publikation mit aufkamen. Mit der Vertreibung seines ersten Redakteurs, Jakob Venedey, aus Paris – auf Betreiben der preußischen Behörden – radikalisierte sich der politische Inhalt des Blattes. Der ungleich berühmtere ‚Vorwärts‘ (1844), der schließlich in die Hände radikaler Sozialisten fiel, begann seine publizistische Tätigkeit in enger Verbindung zum ‚Pariser Hilfsverein für bedürftige Deutsche‘. Der ‚Bund der Gerechten‘ finanzierte auch die ‚Blätter der Zukunft‘ (1845–46).

Mit den Presseorganen vollzog sich auch eine Radikalisierung der politischen Organisationen der deutschen Emigranten, dem anderen Forum ihrer politischen Tätigkeit in Paris. Die ersten Blätter der Jahre 1834–1839 widerspiegelten die liberalen und republikanischen Positionen der ersten Welle der deutschen Emigration nach der Julirevolution. Die erste Organisation mit politischem Zweck, der ‚Deutsche Volksverein‘, wurde im Frühjahr 1832 gegründet. Sein Ursprung lag, in enger Verbindung mit den ‚Pressvereinen‘ in der Rheinpfalz, in einer Verfassungsbewegung, die die Prinzipien der Presse- und Meinungsfreiheit zum Kern ihrer Propaganda machte. Zu den deutschen Flüchtlingen, die nach dem Scheitern der Freiheitsbewegung in Deutschland nach Paris kamen und dem ‚Deutschen Volksverein‘ beitraten, gehörten auch Heinrich Heine und Ludwig Börne. So wie Börne sich in Paris vom engagierten Anhänger der konstitutionellen Monarchie zum Republikaner verwandelte, radikalisierte sich die politische Orientierung vieler Mitglieder unter dem Einfluß französischer politischer und sozialer Verhältnisse von der politischen zur sozialen Demokratie. Aus der Forderung nach Freiheit wurde die nach Freiheit und Gleichheit.

Geistige Führer des sozialdemokratischen Radikalismus unter den deutschen Emigranten wurden Jakob Venedey und Theodor Schuster, Jurastudent der eine, Privatdozent der Rechtswissenschaft der andere. Zunächst Mitglieder des Volksvereins, betrieben sie 1834 – unter dem Zwang der veränderten politischen Verhältnisse in Frankreich – zusammen mit einigen Handwerksgesellen dessen Verwandlung in einen hierarchisch organisierten Geheimbund, den ‚Bund der Geächteten‘. Dessen Spaltung 1837 und die Gründung des ‚Bundes der Gerechten‘ war weniger Ergebnis ideologischer Auseinandersetzungen zwischen intellektuellen Führern und radikaleren, weil sozialistischen Gesellen-Arbeitern als einer gegen die hierarchischen Strukturen des Geheimbundes gerichteten Revolte, die verstärkt wurde durch den Zustrom von Mitgliedern der deutschen Emigrantenorganisationen der Schweiz, des ‚Jungen Deutschland‘[6]. Der ‚Bund der Gerechten‘ wurde zur einflußreichsten Emigrantenorganisation in der Julimonarchie. Zunächst stand der Bund unter dem Einfluß des emigrierten Forststudenten Karl Schapper, der bald nach seiner Flucht in die Schweiz dort seit 1834 unter deutschen Handwerksgesellen in Bern politisch wirkte und 1836 nach Paris gekommen war. Nach seiner Ausweisung nach London bestimmte 1839–1843 der Schneidergeselle Wilhelm Weitling das politisch-ideologische Profil der ‚Gerechten‘, das sich, begünstigt von einem religiösen Radikalismus, immer mehr revolutionären, kommunistischen Positionen annäherte. Seine Propaganda verbreitete der Bund unter und mit wandernden Handwerksgesellen, die in ihrem geschulterten Felleisen das ideologische Schmuggelgut bis nach Deutschland trugen. Der Bund etablierte unter Führung Weitlings bald auch Gruppen unter deutschen Emigranten und Handwerksgesellen in der Schweiz und in England. Die Korrespondenz des Bundes führte schließlich auch zu Kontakten mit dem von Marx und Engels in Brüssel geleiteten kommunistischen Korrespondenzkomitee und schließlich zu dessen Übergang in den ‚Bund der Kommunisten‘ (1847).

Die zweite Phase der Emigrantenpresse zwischen 1843 und 1847 war durch radikalere Positionen gekennzeichnet, die die Entwicklung des Junghegelianismus in Deutschland und dessen Berührung mit dem sich ebenfalls ständig radikalisierenden Sozialismus in Frankreich spiegelten. Arnold Ruge, Karl Marx, Friedrich Engels und Moses Hess stehen für diese jüngere Generation deutscher Exilpublizisten und -theoretiker. Marx war im Alter von 25 Jahren im Oktober 1843 nach Paris gekommen und lebte dort bis zu seiner Ausweisung im Februar 1845. Sein Pariser Exil war viel kürzer als das von Heine, aber es war für sein Leben und Denken von ungleich größerer Bedeutung, fällt doch in diese Zeit seine intellektuelle Wandlung vom Hegelianismus zum Kommunismus. Dies geschah in der Auseinandersetzung mit der Tradition der Französischen Revolution und der zeitgenössischen französischen Gesellschaftstheorie und -wirklichkeit sowie auf der Grundlage der kritischen Perspektive seines eigenen philosophisch-historischen Erbes. Die Konsequenz war eine harsche Kritik sowohl des französischen Materialismus wie der eigenen philosophischen Schule, aus der er stammte. Marxens Berührung mit der französischen Gesellschaft weckte ein neues Interesse an der deutschen Wirklichkeit und dem deutschen Proletariat, dem er in geschichtsphilosophischer Konstruktion freilich andere Bewußtseins- und Verhaltensformen unterstellte, als sie jene Arbeiter-Gesellen an den Tag legten, denen Marx und andere Intellektuelle im Exil begegneten. Daran änderte die Tatsache nichts, daß nicht wenige Angehörige dieser emigrierten Intelligenz, vermögenslos und wenig anpassungsfähig, bald selbst ins akademische Proletariat absanken.

Die meisten von ihnen waren zur Existenzsicherung auf das Schreiben und Unterrichten angewiesen. Darum mangelte es der Exilpublizistik in Paris nicht an Korrespondenten. Die Stadt war voll von Journalisten, Schriftstellern, Philosophen und Poeten, die es danach drängte, ihre politische, literarische oder philosophische Kritik zu veröffentlichen. An der von Deutschen herausgegebenen ‚Revue du Nord' (1835–38) arbeiteten Scharen von Deutschen, Polen und Franzosen mit, lieferten Artikel und Übersetzungen. Die bekannten ‚Pariser Briefe' von Börne und Heine fanden viele Nachahmer, die für das Publikum jenseits des Rheins aus Paris berichteten. Mehr als 50 deutsche Korrespondenten sollen 1843 aus Paris für deutsche Blätter über Kultur, Gesellschaft und Politik geschrieben haben. Einige von ihnen besserten ihr schmales Budget noch durch gelegentliche Spitzelberichte für deutsche Obrigkeiten über das politische Treiben der deutschen Emigranten auf[7].

Die politischen Bünde und die Publizistik im Exil waren für die emigrierten Intellektuellen zugleich Stätten der Erfahrung und des Austausches von Ideen, Wahrnehmungen und Deutungen. In den politischen Organisationen, bei ihren Zusammenkünften und Festen kamen die bürgerlichen Intellektuellen mit sozialen Gruppen, vorwiegend mit Handwerkern, zusammen, mit denen sie zu Hause in der Regel wenig oder keinen Kontakt hatten. Manchen Intellektuellen führte der Zwang zum Broterwerb durch Handarbeit in eine noch engere Berührung mit der Arbeitswelt der unterständischen Schichten. All dies erweiterte nicht nur ihre Erfahrung und Wahrnehmung, sondern veränderte häufig auch ihr Denken. Hinzu kam die Erfahrung einer andersartigen sozialen Umwelt, wie der riesigen Gewerbestadt Paris mit ihren politisch-sozialen Konflikten. Das Paris der Julimonarchie wirkte für die Emigranten wie ein Katalysator. Die Stadt bot einen modernen urbanen Kontext, den die emigrierten Intellektuellen vor dem Hintergrund ihrer eigenen Tradition interpretierten. Diese Konfrontation provozierte neue Formen der Weltsicht und politisch-sozialen Theorie. Die Erfahrungen der Fremde und der damit implizierten Entfremdung schienen vorwegzunehmen, was auch in der Heimat dereinst zu erwarten wäre[8].

Ähnliches gilt auch für die deutschen politischen Emigranten in London, das sich zum begehrten Fluchtpunkt entwickelte, als die Revolution von 1848/49 von der Gegenrevolution besiegt worden war. Nun wurde England und ganz besonders London zum Zentrum der deutschen Emigration und blieb dies bis zum Jahre 1867, als viele politische Emigranten ihren Frieden mit Preußen-Deutschland machten, nachdem dort eine Amnestie erlassen worden war[9]. Anders als auf dem Kontinent fanden die politischen Flüchtlinge in England keine politisch-administrativen Abwehrsperren vor. Die völlige Freiheit, die man ihnen schon in den 1830er Jahren ließ, korrespondierte freilich mit einem Mangel an finanzieller Unterstützung. Die emigrierte deutsche Intelligenz fand in London, im Vergleich zur Schweiz und auch zu Frankreich, „zweifellos die schlechtesten Lebensbedingungen" vor[10]. Das galt auch für die Zeit nach 1848, wie das Schicksal von Karl Marx eindringlich belegt. Nicht anders als die deutschen Emigranten in der Schweiz und in Frankreich stammten auch die deutschen politischen Flüchtlinge in London aus dem Milieu der Intelligenz: Die meisten von ihnen waren Lehrer, Professoren und Publizisten, und die wenigsten waren vermögend, was sie zunächst und immer wieder dazu zwang, sich um ihr materielles Überleben zu sorgen.

Politisch war die deutsche Emigration in London zutiefst gespalten. Da gab es die ,Partei Marx', die viel kleiner war, als es der Name suggerierte, und neben Engels, der als Geschäftsmann im väterlichen Betrieb schon 1842 nach England gekommen war, im wesentlich nur Wilhelm Liebknecht, Wilhelm Wolff, Ernst Dronke und Wilhelm Pieper umfaßte. Die ,Partei Marx' war unter den anderen Sozialisten isoliert. Darum traf sozialistische Intellektuelle, wie den ,dicken Reimeschmied' (K. Marx) Freiligrath, die hochmütige Verachtung von Marx. Daneben gab es im demokratisch-republikanischen Lager die von Marx verspotteten ,Großen Männer des Exils': Ruge, Blind und Kinkel, Mitglieder des demokratischen ,Europäischen Zentralkomitees' unter der Führung von Mazzini und Ledru-Rollin. Zu ihnen zählte auch Johannes Ronge, der Führer der liberalen religiösen Gemeinschaft der ,Lichtfreunde'.

Untereinander bildeten die Emigranten einen „bunten Mikrokosmos der größeren Gesellschaft, zu der sie als uneingeladene Gäste gekommen waren"[11]. Sie halfen sich gegenseitig bei der Erziehung der Kinder, bei Wohnungs- und Haushaltsproblemen, bei Geld- und Pfandleihfragen. Die Mehrheit der mittellosen Flüchtlinge wohnte und traf sich in den billigen Wohnvierteln von Soho, vor allem am Leicester Square. Nur einige von ihnen fanden im Journalismus ein bescheidenes Auskommen, viele versuchten sich durch Privatunterricht über Wasser zu halten. Die literarische und publizistische Tätigkeit bot zudem die Möglichkeit, die eigene „Identität zu bewahren und zugleich die Erfahrungen des Gastlandes zu verarbeiten und zu objektivieren"[12].

Die Interaktion mit der Gesellschaft des Gastlandes war sporadisch, partiell und individuell sehr unterschiedlich. Karl Marx, der isoliert in London lebte und nicht nach Deutschland zurückkehrte, beeinflußte, wenn auch erst am Ende des 19. Jahrhunderts, das politische Denken in England. Er fand sein politisches Betätigungsfeld in der 1864 gegründeten ‚Internationalen Arbeiterassoziation‘ und damit in der internationalen sozialistischen Bewegung. Johannes Ronge, der viel bespöttelte, gründete 1851 den ersten Kindergarten in England.

Die Erfahrung des Exils in England beeinflußte umgekehrt auch die deutsche politische Diskussion. Die philosophische Erziehung der deutschen Emigranten verband sich mit der Erfahrung einer werdenden Industriegesellschaft. Wilhelm Liebknecht verstand sich als Schüler von Karl Marx ebenso wie von John Bull, „dem großen Praktikus, der allein das Kunststück versteht, aus unseren deutschen Schädeln die Spinnweben der Philosophie und Ideologie auszufegen und der außerdem von seiner riesigen Weltwarte aus [. . .] uns [. . .] in das Getriebe des von ihm beherrschten Weltmarktes blicken läßt und zugleich in seiner Gegenwart uns unsere Zukunft zeigt"[13].

Mit der Rückkehr vieler Emigranten nach Deutschland vor und nach 1866 ebbte die Welle der deutschen Emigration ab. Der größte Exodus demokratischer Politik und deutscher Kultur stand freilich noch bevor, als durch die totalitäre Herrschaft der Nationalsozialisten, die radikalste Ausprägung der totalitären Versuchung des 20. Jahrhunderts, Demokratie und Rechtsstaat zerstört wurden[14].

3.4. ‚Dickköpfe und Leichtfüße': Deutsche im niederländischen Kolonialdienst des 19. Jahrhunderts

Von Martin Bossenbroek

Im 19. Jahrhundert hatte Harderwijk, ein kleines Städtchen an der damaligen Zuidersee, im In- und Ausland einen üblen Ruf. Seit 1815 befand sich hier das ‚Koloniale Werbedepot' (‚Koloniaal Werfdepot'), der Sammelplatz der Freiwilligen für den niederländischen Kolonialdienst. Anfangs achtete die Kolonialverwaltung kaum darauf, was sich da alles zu den Rekruten meldete; das hatte zur Folge, daß das Städtchen sehr bald als „die Kloakenmündung von Europa" bekannt wurde[1]. Obwohl man für die Aufnahme in den Dienst immer schärfere Anforderungen stellte, verlor Harderwijk diesen schlechten Leumund erst, als 1909 das ‚Koloniaal Werfdepot' geschlossen wurde. In diesem langen Zeitraum bildete das Tor der in der Stadtmitte gelegenen Kaserne die symbolische Scheidewand zwischen der Zivilbevölkerung und den ‚Kolonialen'.

Unter denen, die dieses ‚eiserne Tor' passierten, waren auch viele Deutsche. Ihre Rolle in der niederländischen Kolonialarmee ist vielfach mystifiziert worden. Im holländischen Volksmund wurde der deutsche Beitrag sehr vereinfachend in einigen Stereotypen wiedergegeben: Wir stoßen hier auf den Offizier, dem eine ‚Ehrensache' anhängt, auf den Baron mit den Spielschulden, auf den entflohenen Räuberhauptmann, auf den einfältigen Bauernknecht, kurz auf ‚Dickköpfe und Leichtfüße'. In Deutschland dagegen wurde bisweilen verkündet, die Eroberung des niederländischen Kolonialreiches im Malaiischen Archipel sei eigentlich das Werk deutscher Soldaten gewesen[2].

Beide Interpretationen haben mehr folkloristischen Charakter als wissenschaftlichen Wert, wurden in der Geschichtsschreibung aber nie definitiv abgewiesen. In der neueren Migrationsforschung[3] sind die Freiwilligen in der niederländischen Kolonialarmee bisher nicht berücksichtigt worden, was angesichts ihrer im Vergleich zu den Massenwanderungen des 19. Jahrhunderts in der Tat relativ geringen Anzahl und wegen des Mangels an zuverlässigen Daten nicht sehr verwunderlich ist. Und doch verdienen sie, schon als bunter Mosaikstein in der Vielfalt des Wanderungsgeschehens, seriöse Beachtung. Eine vor kurzem abgeschlossene Untersuchung über den Aufbau der niederländischen Kolonialarmee[4] bietet die Möglichkeit, auf den Stellenwert vor allem der deutschen Freiwilligen im Wanderungsgeschehen des 19. Jahrhunderts näher einzugehen.

Aufbau der Kolonialarmee 1815–1830

Zur Errichtung ihres Kolonialreiches benötigten die Niederlande viele Soldaten, vor allem für den Javakrieg (1825–1830). Da nicht genügend einheimische Freiwillige zur Verfügung standen, waren Ausländer höchst willkommen. Interessenten mußten gültige Identitätspapiere haben, zwischen 18 und 40 Jahre alt, unverheiratet und in guter körperlicher Verfassung sein. Bis Anfang der 1820er Jahre konnten auch ausländische Deserteure, noch bis Mitte der 1840er Jahre selbst vorbestrafte Soldaten des niederländischen Heeres in Harderwijk unterkommen. Freiwillige, die sich auf 6 Jahre verpflichteten, erhielten ein Handgeld von 10 Gulden; der gleiche Betrag wurde dem Werber ausgezahlt.

In den ersten Jahren suchte man die Freiwilligen vor allem in den Armeen, die nach den napoleonischen Kriegen in Europa aufgelöst wurden. Im Deutschen Bund war es der niederländische Konsul in Bremen, der möglichst viele entlassene Soldaten nach Harderwijk zu lotsen trachtete. Ab 1826 warben neben ihm auch die Konsuln in Hamburg und Frankfurt a. M., kontrolliert durch die niederländischen Geschäftsträger vor Ort. Die Einschaltung der Diplomatie war erforderlich, weil es in diesen Städten ebenso wie im übrigen Deutschland inzwischen offiziell verboten war, Soldaten zu rekrutieren. In Bremen hatte die Anwerbung für die niederländischen Kolonien zudem im Rekrutierungsbüro für Auswanderer nach Brasilien einen Konkurrenten. Indem man allzu offensichtliche Verletzungen der gesetzlichen Vorschriften vermied und kooperative örtliche Amtspersonen entsprechend ‚belohnte‘, gelang es den Diplomaten trotzdem, günstige Voraussetzungen für die Anwerbung zu schaffen.

Dennoch gab es mitunter auch Fehlschläge. 1830 ließ der Senat von Bremen das niederländische Konsulat vorübergehend schließen, weil der übereifrige Konsul versucht hatte, Soldaten der städtischen Garnison zum Desertieren zu bewegen. Zu Schwierigkeiten kam es auch mit anderen deutschen Staaten: Die Regierungen von Mecklenburg und Bayern waren über die Verpflichtung noch wehrpflichtiger Untertanen verstimmt. Hannover verlieh solchen Beschwerden dadurch Nachdruck, daß man Rekruten, die auf der Durchreise nach Harderwijk waren, bisweilen zurückschickte. Preußen gegenüber ging man solchen Konflikten aus dem Wege: Auf Anordnung der niederländischen Regierung ließen die Werber schon von vornherein größte Vorsicht bei der Anwerbung preußischer Landeskinder walten.

Wie sehr das niederländische Kolonialheer in dieser Periode auf ausländische Truppen angewiesen war, geht aus der Bilanz der Anwerbung hervor[5]. Von den 35000 Unteroffizieren und Mannschaften, die von 1815–1830 geworben wurden, waren 36% in den Niederlanden und

21% in Belgien, das bis 1830 zum Königreich der Niederlande gehörte, geboren. Unter den ‚echten' Ausländern bildeten die Deutschen mit ca. 7000 Mann, d. h. 20% der Gesamtheit, die größte Gruppe. In den Anfangsjahren stellten im deutschen Kontingent, wie zu erwarten, entlassene Soldaten bei weitem die Mehrheit (70%). In der zweiten Hälfte der zwanziger Jahre waren die Zivilisten deutlich in der Überzahl (75%). Die Freiwilligen kamen vor allem aus Staaten, die nicht allzu weit von den Anwerbungszentren entfernt lagen: In der ersten Phase war der Nordwesten mit Bremen als rührigem Rekrutierungsposten stark überrepräsentiert; gleiches galt für den Südwesten, nachdem die Werbung bis Frankfurt ausgedehnt worden war.

Stoßweise koloniale Expansion 1831–1870

In dieser Periode war der Bedarf an Soldaten für die Kolonien weniger groß. Soweit möglich wurde er mit Niederländern gedeckt. Darin – sowie in dem Beharren auf Identitätspapieren – unterschied sich die niederländische Kolonialarmee deutlich von der 1831 gegründeten französischen Fremdenlegion. Im Notfalle, wie in den Jahren 1856–1860, als es auf Celebes und Borneo gleichzeitig zu kriegerischen Auseinandersetzungen kam, wurde wohl eine aktive Werbung im Ausland betrieben. In solchen Situationen erhöhte man auch das Handgeld beträchtlich: In den 1860er Jahren stieg es bis auf 160 Gulden. Zweimal wurde die Werbung von Ausländern nahezu ganz eingestellt: zunächst 1860–1865, nach einer Rebellion schweizerischer Soldaten, und dann 1870–1872 nach hartnäckigen Gerüchten über ein bevorstehendes Komplott ins Kolonialheer ‚infiltrierter' preußischer Offiziere[6].

Die Tätigkeiten der Werber in Deutschland wurden wie bisher durch die offiziellen niederländischen Vertreter koordiniert, diesmal durch die Gesandten in Berlin, Frankfurt a. M., Mannheim und Hannover sowie durch die Konsuln in Hamburg, Bremen, Lübeck und Varel. Sie mußten sich jetzt jedoch an die 1831 vom Deutschen Bund verabschiedete ‚Allgemeine Cartell-Convention' halten, nach der nur auf Anfrage hin Informationen an Interessenten gegeben werden durften.

In der Zeitspanne von 1831 bis 1870 wurden insgesamt 59000 Freiwillige für das niederländische Kolonialheer geworben. Von ihnen kamen 66% aus den Niederlanden; 11% (6500 Mann) waren in einem der deutschen Staaten geboren. Wie in den 1820er Jahren kam der größte Teil der deutschen Freiwilligen aus dem Nordwesten und ein etwas kleinerer aus dem Südwesten. Während der Anteil des Südwestens, wie des Südens überhaupt, leicht abnahm, stieg, vor allem in den sechziger Jahren, der Beitrag Preußens an. 40% des deutschen Kontingents hatten eine militärische Vergangenheit. Einige dieser Kolonialsoldaten hatten im Krimkrieg in der britischen Fremdenlegion gedient, und überraschend viele (1200 Mann, d.h. 18%) waren ehemalige Angehörige der niederländischen Landstreitkräfte, die in den 1840er und 1850er Jahren stark reduziert worden waren. Über die soziale Herkunft der Freiwilligen ohne militärische Vergangenheit, die meist nicht exakt bestimmt werden kann, gibt es nur für die Jahre 1868–1870 Angaben: Daraus geht hervor, daß in diesen Jahren 80% der Zivilisten vor ihrem Eintritt in die niederländische Kolonialarmee in den verschiedensten Gewerbezweigen als Handwerker tätig waren. Vom Rest kamen 10% aus freien Berufen, 6% aus dem Verwaltungssektor. Nur 4% waren in der Landwirtschaft, im Transportgewerbe oder, ohne nähere Spezifizierung, als ,Arbeiter' beschäftigt.

Das koloniale Imperium 1871–1909

Ganz im Vordergrund dieser Periode stand die rund 30 Jahre (1873–1903) dauernde Unterwerfung des Sultanats Atjeh in Nord-Sumatra durch die niederländische Kolonialarmee. Der Atjeh-Krieg ließ die Nachfrage nach Kolonialsoldaten enorm ansteigen, vor allem in der ersten Phase. Die Absicht, das Kolonialheer möglichst mit Niederländern aufzufüllen, wurde dadurch durchkreuzt. In der zweiten Hälfte der 1870er Jahre mußte in bisher unbekanntem Maße im Ausland geworben werden. Das Handgeld stieg bis auf 200 und 1874–1878 sogar auf 300 Gulden, was fast dem Jahreslohn eines niederländischen Arbeiters entsprach. Auch nach diesem Höhepunkt konnte man noch geraume Zeit auf Ausländer nicht verzichten. Erst zu Beginn des 20. Jahrhunderts, als die Unterwerfung des Malaiischen Archipels zum Abschluß kam, entfiel die Notwendigkeit, in der Fremde zu werben.

In Belgien und Frankreich waren in den 1870er Jahren viele Werber für die niederländische Kolonialarmee tätig. Im Deutschen Reich operierte man vorsichtiger. Die niederländischen Repräsentanten beschränkten sich darauf, auf Anforderung die Eintrittsbedingungen zuzuschicken. Auch erhielten deutsche Interessenten nicht die andernorts durchaus übliche Erstattung der Reisekosten nach Harderwijk. Von dieser vorsichtigen Haltung gibt es eine auffällige Abweichung. Gemeint ist die ,private Initiative' des Ministers für die Kolonien W. Baron Van Goltstein und des Generalsekretärs des Kolonialdepartements G. T. H. Henny. 1875 beauftragten sie den pensionierten, deutschstämmigen Major des niederländisch-ostindischen Heeres F. G. Steck mit der streng geheimen Mission, in Deutschland ein Netz privater Werbeagenten aufzubauen. Dieser Plan mißlang jedoch völlig: Steck wurde in Darmstadt entlarvt und verurteilt. Die beschlagnahmte Korrespondenz zeigte den deutschen Behörden, daß ihnen kein kleiner Fisch ins Netz gegan-

gen war. Um seinen Minister und damit die niederländische Regierung
aus dieser höchst peinlichen Situation zu befreien, nahm Henny alle
Schuld auf sich und bot im Februar 1876 seinen Rücktritt an. Berlin gab
sich damit zufrieden, ‚verdächtige Personen‘ wurden jedoch fortan
schärfer als zuvor überwacht.

Insgesamt wurden von 1871 bis 1909 63000 Mann für die niederländische Kolonialarmee angeworben, unter ihnen 63% Niederländer. Aus
Deutschland kamen 12% (7500 Mann). Bemerkenswert ist, daß die
meisten nicht mehr aus dem Nordwesten und Südwesten kamen,
sondern aus dem Westen und Nordosten, d. h. aus preußischen Provinzen. Vor allem der Anteil des Rheinlandes (21%) und Brandenburgs
(19%) war auffallend hoch. Das heißt nicht, daß die strengen preußischen Dienstvorschriften, die nun im kaiserlichen Deutschland galten,
gelockert worden waren. Vielmehr hatte die Mehrzahl der zivilen Freiwilligen, aus denen das deutsche Kontingent in dieser Periode zu 70%
bestand, ihren Wehrdienst bereits abgeleistet.

Arbeitswanderer oder Auswanderer?

Am Aufbau des niederländischen Kolonialreiches im 19. Jahrhundert
waren viele ausländische Freiwillige als Soldaten in der Kolonialarmee
beteiligt. Die Mehrheit (ca. 60%) der 157000 europäischen Unteroffiziere
und Mannschaften, die 1815–1909 für das niederländische Kolonialheer
angeworben wurden, stammte freilich aus den Niederlanden selbst.
Von einer ‚holländischen Fremdenlegion‘ kann deshalb nicht die Rede
sein, auch wenn es in den Jahren 1815–1830, 1856–1860 und 1875–1879
den Anschein hatte.

Unter den ausländischen Freiwilligen bildeten nach den Belgiern
(14%) die Deutschen mit 13% (21000 Mann) die größte Gruppe. Es
folgten die Schweizer und Franzosen mit je 5%. Die Werbung in
Deutschland wurde in der Regel recht behutsam betrieben, vor allem in
Preußen, wo die Behörden auf Verletzungen der Dienstpflichtverord-
nungen sehr empfindlich reagierten. In der ersten Hälfte des 19. Jahrhunderts wurden die meisten Deutschen in den nordwestlichen und
südwestlichen Staaten Deutschlands angeworben. In den 1860er Jahren
änderte sich dies allmählich, und in den 1870er Jahren kam es zu einem
völligen Umschwung: Seither waren gerade die preußischen Provinzen
stark überrepräsentiert. Zwei Drittel aller deutschen Freiwilligen waren
Zivilisten, für die übrigen bedeutete der Eintritt ins niederländische
Kolonialheer die Fortsetzung einer anderweitig begonnenen militärischen Laufbahn.

Für ca. 85% der deutschen Freiwilligen bedeutete der Dienstantritt
einen Abschied für immer von Europa: Entweder überlebten sie den

ersten Vertragstermin nicht, oder sie verlängerten ein- oder mehrmals, bevor sie in Niederländisch-Ostindien aus dem Dienst ausschieden. Von den nur 15 % Rückkehrern in die Niederlande entschied sich ein Viertel nachträglich für eine erneute Verpflichtung. Für die meisten Freiwilligen der Kolonialarmee war der Bruch mit der Vergangenheit also in der Regel noch tiefgreifender als für die Millionen im Strom der überseeischen Massenauswanderung[7]. Am Bestimmungsort erwarteten sie weder Familie noch Freunde. Es gab dort auch kein ‚Little Germany‘, sondern eine international zusammengesetzte Gruppe von Soldaten mit ganz eigenen und, besonders für die Freiwilligen ohne militärische Vergangenheit, völlig fremden Gesetzen. Ein anderer Unterschied zwischen überseeischer Auswanderung und Kolonialdienst war das Verhältnis von Nachfrage und Angebot: Zwar wurde den Freiwilligen nach und nach ein ansehnlicher Gewinn in Aussicht gestellt; aber im Gegensatz zur Überseeauswanderung war der Verlauf der kolonialen Werbung nicht primär sozialökonomisch bestimmt. Die Nachfrage hing von politischen Beschlüssen der niederländischen Regierung ab, das Angebot war durch gesetzliche Bestimmungen in den verschiedenen deutschen Staaten begrenzt.

Dennoch waren Überseeauswanderung und der Weg in den niederländischen Kolonialdienst keineswegs separate Kreisläufe, im Gegenteil: Die Angaben über die Herkunftsregionen der deutschen Freiwilligen in der niederländischen Kolonialarmee und über die deutliche Verlagerung dieser Rekrutierungsgebiete vom Südwesten und Nordwesten zum Nordosten Deutschlands weisen zu viel Übereinstimmung mit den Herkunftsräumen der Auswanderungsbewegung auf, um auf Zufall zu beruhen. Auch die gelegentlichen Angaben über die berufliche und soziale Herkunft der deutschen Freiwilligen deuten in die gleiche Richtung. Gemeinsam war allen die Wanderungsbereitschaft in den weithin deckungsgleichen Ausgangsräumen. Verschieden und von vielen unterschiedlichen Einflüssen im einzelnen abhängig war die Entscheidung für das konkrete Wanderungsziel. Potentielle Auswanderer waren sie allemal, wobei die Freiwilligen für die niederländische Kolonialarmee, auf jeden Fall die ehemaligen Zivilisten unter ihnen, den eher ungebundenen und abenteuerlich eingestellten Migranten zugehörten. Ihr Weg begann mit einer zunächst befristeten Arbeitswanderung nach Übersee zum Militärdienst in fremdem Sold und kam doch für die meisten im Ergebnis einer definitiven Auswanderung gleich. Sie bildeten einen kleinen und bizarren Nebenarm des gewaltigen Auswandererstromes über die deutschen Grenzen.

3.5. Torfgräber, Grasmäher, Heringsfänger...
– deutsche Arbeitswanderer im 'Nordsee-System'

Von Franz Bölsker-Schlicht

Arbeitswanderungen im 'Nordsee-System'

Grenzüberschreitende Arbeitswanderungen waren im vorindustriellen Europa weit verbreitet; denn mit der starken frühneuzeitlichen Bevölkerungszunahme wuchs die Verarmung, besonders in den neuen ländlichen Unterschichten. Hinzu kam ein hoher temporärer Bedarf an auswärtigen Arbeitskräften im Einzugsbereich großer Städte oder hafennaher Gebiete. Das galt besonders dort, wo das ökonomische Gefüge stark saisongebunden und abhängig geworden war von einigen wenigen Produktionszweigen mit zeitlich paralleler Saison oder gar von einem einzigen solchen Produktionszweig. Anfang des 19. Jahrhunderts gab es in Europa rund 20 verschiedene 'Systeme' von Arbeitswanderungen mit deutlich abgrenzbaren Herkunfts- und Zielgebieten[1]. Das einzige dieser Systeme, an dem sich Deutsche als Arbeitswanderer im Ausland beteiligten, war von ca. 1600–1900 das 'Nordsee-System'. Seine Zielgebiete umschlossen den gesamten Nordseeküstenbereich von Dünkirchen im äußersten Westen Flanderns bis Nordfriesland. Seine Ausgangsräume umfaßten neben einigen nordfranzösischen und belgischen Regionen einen großen Teil Nordwestdeutschlands.

Wir folgen hier nur den Spuren der nordwestdeutschen Arbeitswanderer im 'Nordsee-System' vom 17. bis zum frühen 20. Jahrhundert. Als temporäre Arbeitswanderer hatten sie, im Gegensatz zu ortlosen Wanderarbeitern, festen Wohnsitz und ortsgebundenen Haupterwerb[2]. Der kleine häusliche, zumeist landwirtschaftliche Familienbetrieb, dessen Ertrag für den Lebensunterhalt der Familie kaum ausreichte, nötigte zwar zum außerhäuslichen Nebenerwerb auf Zeit, blieb aber faktisch und im Bewußtsein der Arbeitswanderer dennoch in der Regel die eigentliche Existenzgrundlage. Das galt jedenfalls für die große Masse der Arbeitswanderer, die nur einen Bruchteil des Jahres auswärts arbeiteten, meist in ländlich-agrarischen Erwerbsbereichen. Für kleinere Gruppen von Arbeitswanderern, die aufgrund der spezifischen Bedingungen ihrer Saisonarbeit das Herkunftsgebiet alljährlich für ein halbes Jahr oder länger verlassen mußten, wurde im Laufe der Zeit die Arbeitswanderung zwar faktisch zur Haupterwerbsquelle, und doch hatten sie mit der Mehrheit der übrigen Arbeitswanderer die feste Bindung an den Heimatort und dessen soziales Gefüge gemein. Die wichtigste und bekannteste, gemeinhin als 'Hollandgänger' bezeichnete Gruppe unter den nordwestdeutschen Arbeitswanderern im ‚Nordsee-System' waren die Torfarbeiter und Grasmäher. Zu den Arbeitswanderern aus dem nordwestdeutschen Raum zählten, als nächstwichtige Gruppen nach den ‚Hollandgängern', aber auch die Ziegler aus dem Fürstentum Lippe, die Wal- und Heringsfänger und die oldenburgischen Stukkateure.

Die Hollandgänger

Die ‚Hollandgänger'[3] aus Nordwestdeutschland arbeiteten vom frühen 17. bis zum späten 19. Jahrhundert hauptsächlich als Torfgräber und Grasmäher in den niederländischen Küstenprovinzen, aber auch in Ostfriesland. Der Osnabrücker Gelehrte und Staatsmann Justus Möser (1720–1794) kannte als Zeitgenosse die vielgeziehene Hollandgängerei und ihre ruinösen Folgen für die Gesundheit der Arbeitswanderer, sah darin aber, aus obrigkeitlicher Perspektive, keine unmittelbare Gefahr für Bevölkerungsstärke und Wirtschaftskraft des frühmodernen Staats: „Außerdem gehet jährlich eine Menge Beywohner [i. e. Heuerleute] nach Holland, welche daselbst im Sommer ein Handlohn verdienet [. . .]. Sie [. . .] sind mit funfzig Jahren alt und von vieler Arbeit kümmerlich; wodurch aber dem Staat nichts abgeht, weil sie früher heyrathen als Landbesitzer, und sich nun um so viel geschwinder vermehren als sie absterben"[4].

Das Herkunftsgebiet der Hollandgänger erstreckte sich über einen großen Teil des nordwestdeutschen Binnenlandes vom deutsch-niederländischen Grenzraum bis in die Lüneburger Heide und ins östliche Westfalen. Innerhalb dieses großen Ausgangsraumes war die Hollandgängerei allerdings höchst ungleich verbreitet: Was in weiten Teilen des nordwestdeutschen Binnenlandes ein Randphänomen blieb, war im Osnabrücker und im Tecklenburger Land, im südlichen Oldenburg und im Raum Diepholz hingegen über Jahrhunderte eine der Haupterwerbsquellen, vor allem für die ländlichen Unterschichten. Aus diesem zusammenhängenden, relativ kleinen Kerngebiet stammte fast die Hälfte aller Hollandgänger. Etwa ein Drittel bis ein Viertel aller arbeitsfähigen Männer – Frauen beteiligten sich an dieser Arbeitswanderung kaum – waren hier Hollandgänger.

Ihren größten Umfang erreichte diese saisonale Arbeitswanderung im 18. Jahrhundert, als sich alljährlich bis zu 30000 Menschen auf den Weg zu ihren mehr oder weniger fernab gelegenen Arbeitsplätzen machten. Daß sich die Hollandgängerei überhaupt zu einem der stärksten Ströme der europäischen Arbeitswanderungen entwickeln konnte, hat seinen Grund in den großen naturräumlichen und wirtschaftlichen Unterschieden zwischen den Herkunftsgebieten im vergleichsweise unterentwickelten nordwestdeutschen Binnenland und den Zielgebieten der Hol-

‚Hollandgänger' aus Nordwestdeutschland
(Zeichnung von Christian Wilhelm Allers, 1896).

landgänger in den hochentwickelten niederländischen Küstenprovinzen.

In den Zielgebieten der Hollandgänger an der Nordseeküste gab es
durchweg fruchtbare Marschböden, die fast ganz für intensive Viehwirtschaft genutzt wurden. In ihren ärmeren und weniger fruchtbaren
Herkunftsgebieten im Binnenland hingegen dominierte ein eher küm-
merlicher Getreideanbau. Auf Unterschiede in der Landnutzung ist es
zurückzuführen, daß die Landwirtschaft in beiden Räumen im Jahres-
verlauf einen völlig anderen Arbeitszyklus hatte: Im Küstengebiet konzentrierte sich ein großer Teil der Jahresarbeit in der Viehwirtschaft auf
die wenigen Wochen der Heuernte im Mai und Juni. Die Ackerwirt-
schaft des Binnenlandes hingegen hatte ihre Arbeitsspitzen im März
und April, also zur Zeit der Frühjahrsfeldbestellung, und in den Monaten Juli, August und September, d. h. zur Zeit der Getreideernte und
der anschließenden Einsaat des Wintergetreides.

Ebenso wichtig wie die Viehwirtschaft und gleichermaßen saisongebunden war in den Küstengebieten die Torfgewinnung, die aus klimatischen Gründen im wesentlichen auf die Monate von April bis Juli beschränkt war. Torfsaison und Grassaison lagen mithin zeitlich weitgehend parallel. Wer durch Arbeitswanderung hinzuverdienen wollte oder mußte, konnte also während der Zeit geringer Arbeitsbelastung in der heimischen Landwirtschaft, d. h. zwischen Aussaat und Ernte, den gerade zu dieser Zeit verstärkten Arbeitskräftebedarf in den Küstengebieten nutzen, um sich dort für einige Wochen als Torfgräber oder Grasmäher zu verdingen.

Diese gegenseitige Ergänzung der Arbeitszyklen bildete eine günstige Rahmenbedingung für die Hollandgängerei. Die eigentlichen Bestimmungsfaktoren der Arbeitswanderung aber lagen in den sozialen und wirtschaftlichen Verhältnissen der beiden Landschaftsräume selbst begründet: Im Kerngebiet der Hollandgängerei herrschte zwischen dem 17. und 19. Jahrhundert ein so starkes Bevölkerungswachstum, daß sich die Einwohnerzahl in etwa verdoppelte. Wirtschaft und Erwerbsangebot aber wuchsen nicht in annähernd vergleichbarem Maße mit. Die in überkommenen Produktionsformen verharrende Landwirtschaft blieb fast durchweg die einzige Erwerbsquelle. Trotz der wachsenden Einwohnerzahl wurden seit dem 17. Jahrhundert nur noch selten neue Bauernstellen eingerichtet: Im Gegensatz zu früheren Zeiten konnten aus der allen Bauern gemeinsam gehörenden Allmende kaum mehr Flächen für neue Höfe herausgeschnitten werden; denn die rückständige bäuerliche Wirtschaftsweise ließ eine weitere Reduzierung der Allmende meist nicht mehr zu.

Aus der nicht mehr in das herkömmliche Wirtschafts- und Sozialgefüge zu integrierenden Gruppe der nachgeborenen Bauernkinder rekrutierte sich die rasch wachsende unterbäuerliche Schicht der Heuerleute[5]. Diese besitzlose ländliche Unterschicht stellte in den Kerngebieten der Hollandgängerei im späten 18. Jahrhundert schon etwa die Hälfte der Gesamtbevölkerung. Ihr entstammte stets die große Mehrheit der Arbeitswanderer. Armut zwang die Heuerleute, jede Gelegenheit zum Nebenerwerb zu nutzen. Mit dem in der Fremde verdienten Geld konnten sie zumindest einen Teil der jährlichen Pachtsumme (‚Heuer') für Haus und Land bezahlen: Im frühen 19. Jahrhundert lag der Verdienst der Hollandgänger nach Abzug der Unkosten zumeist zwischen 10 und 20 Reichstalern. Aus dem 18. Jahrhundert sind noch höhere Verdienst-Schätzungen überliefert. In seinen ‚Reisebemerkungen über das Niederstift Münster' schrieb Mauritz Detten 1794: „Ein guter Bauer hat hier 4–5 Heuerleute, denen er das Land ausmiethet, so daß er 3–400 Gulden davon hat, welche in Holland erworben worden"[6].

Ganz anders als die binnenländischen Herkunftsgebiete der Hollandgänger entwickelten sich zeitgleich die niederländischen Küstenprovinzen: Nach dem glücklichen Ausgang des Unabhängigkeitskampfes gegen Spanien blühten Handel und Gewerbe der Niederlande, die im Laufe des 17. Jahrhunderts zur führenden Welthandelsmacht aufstiegen. Von den damals kaum mehr als eine Mio. Niederländern waren ständig Zehntausende als Seeleute auf Handelsschiffen unterwegs und Hunderttausende in den wachsenden Hafenstädten beschäftigt; denn der Aufschwung des Handels wurde von einer entsprechenden Entwicklung der gewerblichen Wirtschaft begleitet. So bildete sich schon im 17. und 18. Jahrhundert in den niederländischen Küstenprovinzen eine nachgerade ‚modern' anmutende Gesellschaft heraus, überwiegend städtisch strukturiert und auf Handel und Gewerbe hin orientiert. Auf dem Lande hingegen machte sich bald ein nachhaltiger Mangel an Arbeitskräften bemerkbar. Dieser Mangel war am stärksten in saisonalen Wirtschaftsbereichen mit besonders harter körperlicher Arbeit. Das galt vor allem für Viehwirtschaft und Torfgewinnung. Dem saisongebundenen Arbeitskräftebedarf in den Küstengebieten entsprach die Fluktuation der Arbeitswanderungen von Torfgräbern und Grasmähern aus dem Binnenland.

Die Saison der Grasmäher begann, je nach den jährlichen Witterungsbedingungen, Mitte bis Ende Mai und dauerte etwa sechs Wochen. Die Torfsaison setzte zumeist schon Ende März oder im April ein und endete erst im Juli. Grasmäher und Torfgräber arbeiteten im Akkord. Das Akkordsystem spornte an zu hohem Arbeitstempo und zur Mobilisierung aller physischen Reserven. Zugleich wurde an der Ernährung gespart, um am Arbeitsort möglichst wenig vom erstrebten Lohn für Lebensmittel auszugeben. Den Sonntag ausgenommen, schufteten Grasmäher und Torfgräber die ganze Woche hindurch buchstäblich von Sonnenaufgang bis Sonnenuntergang, im Frühsommer also bis zu 16 Stunden am Tag.

Neben der extremen Belastung durch die Arbeit selbst war vor allem die Feuchtigkeit der Moore und Wiesen ein hohes Krankheitsrisiko für die Hollandgänger. Mauritz Detten notierte dazu in seinen ‚Reisebemerkungen' von 1794: „Diese Wanderungen sind indessen von einer anderen Seite nachtheilig, indem mancher starker Bursche dabei seine Gesundheit einbüßt. Aber wie leben sie auch! Viele, besonders die Grasmäher, nehmen sich für die ganze Zeit ihren Vorrath von Speck mit und leben überhaupt äusserst schlecht. Dazu nehme man das beständige Arbeiten in der Hitze und die dabei vorkommenden Erkältungen und Verhitzungen. Nun noch ihre Manier, wenn sie an Ort und Stelle kommen, ein oder ein paar Gläser voll geschmolzenes ranziges warmes Speck zu trinken, wodurch sie ihren Körper zu den Arbeiten auf freiem Feld stärken wollen. Wenn man dieses bedenkt, so lassen sich die nachtheiligen Folgen für die Gesundheit leicht begreifen"[7].

Ebenso gesundheitsgefährdend wie die Arbeitsbedingungen waren die feuchten und unhygienischen Unterkünfte. Die Grasmäher übernachteten zumeist in einer Scheune ihres Bauern. Ihr Lager bestand aus altem Heu, das während der Saison kaum oder nur unzureichend erneuert wurde. Die Torfarbeiter waren in Hütten aus aufgeschichtetem Torf untergebracht und schliefen direkt auf dem Torfuntergrund. Aus all diesen Gründen grassierten Lungen- und Fieberkrankheiten unter den Arbeitswanderern aus Nordwestdeutschland. Häufige ‚Krüppelfuhren' mit erkrankten, von den niederländischen Behörden abgeschobenen Arbeitswanderern, von denen viele ihre Heimat nicht mehr lebend erreichten, zeugten vom hohen Krankheits- und Todesrisiko der Hollandgänger.

Mit dem Nachlassen des Bevölkerungsdrucks in den Herkunftsgebieten nahm in der zweiten Hälfte des 19. Jahrhunderts auch die Zahl der Hollandgänger deutlich ab: Die Massenauswanderung vor allem von Angehörigen der ländlichen Unterschicht verbesserte allmählich die Lage der in der Heimat verbleibenden Heuerleute. Entsprechend verringerte sich die Notwendigkeit, im Ausland Saisonarbeit zu suchen. Gleichzeitig wuchs in den Küstenländern der Ostsee von Schleswig-Holstein bis Ostpreußen der Bedarf an saisonalen Arbeitskräften. Weil das Lohnniveau hier höher lag als in den traditionellen Zielgebieten der Hollandgänger, zogen nun zahlreiche Arbeitswanderer, vor allem aus dem Osnabrücker Land, die Saisonarbeit in den Ostseeküstenländern vor. Das wachsende Erwerbsangebot auf dem heimischen Arbeitsmarkt infolge des Aufschwungs von Landwirtschaft und Gewerbe ließ in den letzten beiden Jahrzehnten vor dem Ersten Weltkrieg den Strom der Arbeitswanderungen aus dem nordwestdeutschen Binnenland schließlich völlig versiegen.

Die Lippischen Ziegler

Zum Herkunftsgebiet der Hollandgänger gehörte auch das Fürstentum Lippe, in dem in vieler Hinsicht verwandte wirtschaftliche und soziale Bedingungen zur Arbeitswanderung nötigten. Die Mehrheit der lippischen Arbeitswanderer indes verdingte sich nicht als Grasmäher oder Torfgräber, sondern als Ziegler. In der ersten Phase der Zieglerwanderung, vom 17. bis zum frühen 19. Jahrhundert, waren das Groninger Land und Ostfriesland die Hauptzielgebiete der Lippischen Ziegler[8]. Seit Mitte der 1820er Jahre arbeiteten die meisten von ihnen nicht mehr in ihren traditionellen Zielgebieten. Ziegeleien im norddeutschen Küstengebiet um die wachsenden Hafenstädte Bremen und Hamburg boten nun vielen von ihnen Beschäftigung. Auch in anderen Teilen Deutschlands, selbst in Skandinavien, Polen und Rußland waren sie bald anzutreffen.

Während die Hollandgängerei im Laufe des 19. Jahrhunderts immer mehr abnahm, vervielfachte sich die Zahl der lippischen Ziegler: Sie wuchs von weniger als 1000 im Jahr 1811 auf mehr als 14000 im Jahr 1905. Um die Jahrhundertwende beteiligten sich mithin etwa 10 % der lippischen Bevölkerung – fast jeder zweite arbeitsfähige Mann! – an den Arbeitswanderungen. Eine solche Wanderungsintensität hatte ehedem die Hollandgängerei selbst in ihrem Kerngebiet nur punktuell erreicht.

Die Arbeitsperiode der Lippischen Ziegler dauerte – klimabedingt wie bei den Hollandgängern – von Anfang April bis Oktober/November und war damit um ein Mehrfaches länger als die der Hollandgänger. Entsprechend höher war der Verdienst: Zu Beginn des 19. Jahrhunderts betrug er, vor Abzug der Unkosten, etwa 100–160 Gulden bzw. ca. 50–80 Reichstaler. Anders als bei den Hollandgängern war deshalb die Saisonarbeit auch die Hauptverdienstquelle der Lippischen Ziegler, während die eher unbedeutende heimische Landwirtschaft nebenher betrieben wurde.

Ende des 19. Jahrhunderts ging die Zahl der außerhalb Deutschlands arbeitenden Ziegler zurück. Nach dem Ersten Weltkrieg nahmen die Arbeitswanderungen der Lippischen Ziegler insgesamt immer mehr ab, fanden ihr Ende aber erst in den 1960er Jahren.

Die Wal- und Heringsfänger

Die Wal- und Heringsfänger[9] unterschieden sich, wie die Lippischen Ziegler, von den als Torfgräber und Grasmäher beschäftigten Hollandgängern durch längere Arbeitsperioden und entsprechend höheren Verdienst. Schon im Februar/März verließen sie ihre Heimatdörfer, um für 7–8 Monate auf niederländischen oder ostfriesischen Fangschiffen zu arbeiten. Weil deren Fanggebiete im Nordatlantik vor der Küste von Grönland lagen, wurden die Walfänger auch ‚Grönlandfahrer' genannt. Ähnlich den Zieglern war auch für sie auswärtige Saisonarbeit die Haupterwerbsquelle. Eine weitere Parallele zu den Zieglern war ihre weitgehende räumliche Konzentration in nur zwei geschlossenen, relativ kleinen Herkunftsgebieten: Die meisten waren im Süden des heutigen Kreises Vechta zu Hause, der zum Kerngebiet der eigentlichen Hollandgängerei gehörte. In Mühlen (Kreis Vechta) gab es im 19. Jahrhundert sogar eine nautische Schule für die seefahrenden Arbeitswanderer aus dem Binnenland.

Ihren größten Umfang erreichte die Arbeitswanderung zur See aus diesem Raum im 18. Jahrhundert. Allein für den Süden des Herkunftsgebietes, das damalige Amt Vörden, wurde die Zahl der seefahrenden Arbeitswanderer auf 400–700 geschätzt. Deshalb kann man für den gesamten südoldenburgischen Ausgangsraum wohl von mehr als 1000

‚Grönlandfahrern' ausgehen. Mehrere hundert seefahrende Arbeitswanderer kamen zudem aus dem Raum Blumenthal/Hagen an der
Unterweser unweit von Bremen.

Im späten 18. und frühen 19. Jahrhundert wurden die Arbeitswanderungen zur See stark eingeschränkt durch die häufigen Seekriege der
Niederlande oder Frankreichs gegen England. Napoleons Kontinental-
sperre (1806–1814) unterband diesen Nebenzweig im Strom der Arbeitswanderungen für kurze Zeit fast ganz. Er stieg zwar nach den Befrei-
ungskriegen wieder an, erreichte aber den Umfang des 18. Jahrhunderts
nicht wieder.

Die oldenburgischen Stukkateure

Die kleinste Gruppe nordwestdeutscher Arbeitswanderer, die Oldenburger Stukkateure[10], stammte aus den Kirchspielen Osternburg, Hatten und Wardenburg im nördlichen Oldenburg. Die wandernden Stukkateure arbeiteten vor allem in den Niederlanden. Dort hatten sie bis in
die zweite Hälfte des 19. Jahrhunderts hinein fast ein Monopol für die
Ausschmückung von Häusern mit Stuckarbeiten. Wann dieser Zweig
der Arbeitswanderung entstand, ist nicht überliefert. Vieles deutet aber
darauf hin, daß oldenburgische Stukkateure schon zu Beginn des
19. Jahrhunderts in den Niederlanden arbeiteten. In den 1860er Jahren
wurde ihre Zahl auf 400–600 geschätzt.

Die Stukkateure waren gewöhnlich von Ostern bis zur Ernte, die
Unverheirateten unter ihnen teilweise sogar bis zum Dezember unterwegs. Das Vordringen von Papiertapete und Ölwandfarben führte
schließlich Ende des 19. Jahrhunderts zum Aussterben dieses Wander-
handwerks. Wenn die Zahl der wandernden Stukkateure im späten
19. Jahrhundert stark zurückging, dann hing dies freilich auch damit
zusammen, daß sich um diese Zeit in den Niederlanden selbst, aufgrund der Niederlassung oldenburgischer Stukkateure, ein bodenstän-
diges Stuck-Gewerbe entwickelte. Die Spätphase dieses Zweiges der
Arbeitswanderung wurde, wie bei den Zieglern und teilweise auch bei
den Hollandgängern, begleitet von einem Wechsel der Zielgebiete: Um
1890 arbeiteten die noch tätigen Wander-Stukkateure meist nicht mehr
in den Niederlanden, sondern in Westfalen und in größeren norddeutschen Städten[11].

In dem Maße, in dem sich seit der zweiten Hälfte des 19. Jahrhunderts
allmählich die wirtschaftliche Lage in Nordwestdeutschland besserte
und in den Zielgebieten der saisonale Arbeitskräftebedarf schwand,
gingen die nordwestdeutschen Arbeitswanderungen immer mehr zurück. Der Wandel der Zielgebiete ging einher mit der räumlichen Auflösung des Nordsee-Systems. Von den letzten Ausläufern der lippischen

Zieglerwanderung abgesehen, fanden die nordwestdeutschen Arbeitswanderungen im frühen 20. Jahrhundert ihr Ende.

3.6. Subproletariat auf Zeit: deutsche ‚Gastarbeiter' im Paris des 19. Jahrhunderts

Von Wilfried Pabst

Die ‚andere Bevölkerung' von Paris

„Inmitten der großen Bevölkerung der Hauptstadt lebt unbeachtet eine
andere Bevölkerung, ganz anders in ihren Sitten und in ihrer Sprache
als all das, was sie umgibt, und gerade deswegen ohne Anteil an den
vielfältigen Hilfsmitteln, die die öffentliche Wohltätigkeit den Einheimischen bietet", berichtete 1837 aus Paris Abbé Axinger[1]. Die ‚andere
Bevölkerung' gehörte zu den Deutschen im Paris des 19. Jahrhunderts,
von denen es nach unsicheren Schätzungen um 1825 insgesamt
rd. 50000 gab. „Die Zahl der Deutschen in Paris beträgt über 100000",
berichtete sogar 1851 Abbé Cuny[2].

Es ging den beiden Patres aber nicht um das früher höfische und dann
bürgerlich-intellektuelle deutsch-französische Milieu[3] oder um die
Nachfahren der hochspezialisierten deutschen Möbelhandwerker und
europäischen Hoflieferanten im Paris des 18. Jahrhunderts[4]. Die ‚andere
Bevölkerung' des Abbé Axinger war in einem um 1830 einsetzenden,
seither anwachsenden Zuwanderungsstrom aus Deutschland nach Paris
gekommen und gehörte unterbürgerlichen Schichten an. „Jene Deutschen nun, zumeist aus dem mittleren und südlichen Deutschland
gebürtig und deshalb der großen Mehrzahl nach katholisch, gehören
fast sämtlich dem Handwerker- und Arbeiterstand an", berichtete Abbé
Cuny 1851. Ihre „religiöse, wie nicht minder ihre moralische und soziale
Lage" beschrieb er als „eine jämmerliche und trostlose"[5]. Deshalb auch
war die von französischen Patres und Schwestern geführte ‚Mission
Allemande à Paris' ein besonderes Kapitel in der Geschichte der katholischen Armenschulen in der französischen Hauptstadt[6].

Zur geistlichen Betreuung der evangelischen Deutschen war
1858–1864 Pastor Friedrich von Bodelschwingh, der spätere Begründer
der Bethelschen Anstalten, in Paris. Er vertraute seinem Tagebuch
Notizen an über „zum weitaus größten Teil ganz arme Leute, für welche
das deutsche Vaterland keinen Raum mehr hatte und die doch nicht die
Mittel besaßen, über das Meer nach Amerika hinüberzuziehen. Sehr
viele von diesen Einwanderern kamen aus Hessen, und zwar aus dem

Großherzogtum Hessen-Darmstadt. Diese hatten in Sonderheit die Arbeit des Gassenkehrens erwählt und wurden auch hierzu ganz besonders gern von der Pariser Stadtbehörde angestellt. Der zweite Hauptstrom kam aus der Pfalz. Doch dienten die Pfälzer vornehmlich als Erdarbeiter, Fabrikarbeiter und ergriffen [...] auch das Handwerk des Lumpensammelns. Es kam hinzu eine große Zahl deutscher und elsässischer Dienstmägde"[7].

Schon 1845 hieß es in einem Lagebericht der ‚Evangelischen Mission unter der deutschen, nicht ansässigen Bevölkerung in Paris', es werde „keine Eisenbahn und kein Kanal gebaut, wo nicht deutsche Tagelöhner und Arbeiter in Masse herbeiströmen; alle Straßen von Deutschland nach Paris sind belebt von deutschen Auswanderern und Reisenden"[8]. Nach Beschäftigungsbereichen, Soziallagen und Akkulturationsproblemen siedelte diese unterbürgerliche Schicht in den fließenden Grenzbereichen zwischen ‚Gastarbeitern' und Einwanderern, zwischen dauerhaftem Arbeitsaufenthalt und echter Einwanderungssituation. Das sprach auch aus den Berichten über Kulturkonflikte in den deutschen Arbeiterfamilien von Paris: „Da die Auswanderer selbst kein Französisch sprachen, sie auch nach Deutschland zurückzukehren gedachten, wenn sie sich einige Hundert Mark erspart hätten, so war es ihnen schwer, daß ihre Kinder in den französischen Regierungsschulen sehr schnell Französisch, ja, wenn sie klein waren, nur Französisch reden lernten und die Eltern oft kaum noch verstanden", schrieb Friedrich von Bodelschwingh. „Darum war eine deutsche Schule für sie der Gegenstand ihrer dringendsten Wünsche, und wo solch eine Schule aufgerichtet wurde, da sammelten sich auch die armen deutschen Einwanderer von Paris, indem sie in die Nähe der Schule zogen." Das gleiche bestätigte auf katholischer Seite Pater Modeste 1862: „Ich habe oft Eltern gesehen, die nicht mehr mit ihren eigenen Kindern sprechen konnten. Die Mutter sprach deutsch, das Kind französisch. Dadurch wird das Band der Familientradition zerrissen, weil die Eltern, die meist im Erwachsenenalter ihre Heimat verlassen, nicht im Stande sind, ein fremdes Idiom zu lernen"[9].

Die Deutschen an der Barrière Fontainebleau, in St. Marcel, La Villette und Belleville

Die älteste deutsche Kolonie lag an der Barrière Fontainebleau: „Die Bevölkerung dieser Niederlassung besteht fast ausschließlich aus eingewanderten Rheinbayern, die in den umliegenden Steinbrüchen arbeiten", berichtete Ludwig Bamberger in den 1860er Jahren über die „deutsche Kolonie" in Paris[10]. Die ersten Hessen stammten aus den oberhessischen Kreisen Gießen, Grünberg, Alsfeld, Nidda und den

Dörfern des Vogelsberges. Ihre Spuren lassen sich zurückverfolgen in fast drei Dutzend oberhessische Dörfer: Lehnheim, Wettsaasen, Ruppertenrod, Lumda, Nieder-Ohmen, Ober-Ohmen, Bernsfeld, Flensungen, Merlau, Weickartshain, Lauter, Harbach, Lindenstruth, Saasen, Göbelnrod, Reiskirchen, Beuern, Trohe, Allertshausen, Londorf, Odenhausen, Geilshausen, Weitershain, Deckenbach, Burg-Gemünden, Groß-Eichen, Queckborn, Deinhardstein, Elpenrode, Butzbach, Rüddingshausen.

Die ersten Hessen siedelten im Quartier St. Marcel zwischen dem Panthéon und dem Val-de-Grâce, bald danach auch im Norden von Paris: „Hier, wo die Woge zuerst anprallt, werden wir mit unbewaffnetem Auge den gewaltigen Niederschlag erkennen, den sie in kurzer Zeit gebildet hat: eine wahre Anschwemmung deutschen Erdreichs auf französischem Boden“, schrieb Bamberger über die Anfänge dieser deutschen Koloniebildung in der französischen Hauptstadt. „Schon die Straße, die sich in der Achse der Rue Lafayette fortsetzt, trägt den Namen der Route d'Allemagne, und in dem ganzen Viertel ringsumher sehen wir die Häuser mit deutschen Namen bedeckt. Gasthäuser, Hotels Garnis, Kaffeehäuser, Läden und Werkstätten sind von den Angehörigen dieser Nation in Anspruch genommen; aber vor allem beherbergt dieser Stadtteil ein deutsches Proletariat, von dem nur wenige Pariser und selbst wenige der dort lebenden Deutschen eine Ahnung haben“[11].

Eine Zitatmontage aus diesem zeitgenössischen Bericht über die ‚deutsche Kolonie‘ in Paris gibt Einblick in die Arbeits- und Lebensbedingungen der hessischen Straßenkehrer in einer Welt der Armut und Hoffnungslosigkeit: „Im Winter tragen die Männer einen Pelz von Hundefell; die Frauen und Kinder – denn auch solche sind in die Brigade einrangiert – tragen alte Kaliko-Lumpen und ein rotes oder grünes wollenes Tuch über den Kopf gebunden [. . .]. Sehr selten nur schlagen sie Wurzeln in Paris. Die, welche nicht in den ersten Monaten sterben – und die Sterblichkeit ist sehr groß unter ihnen –, kehren mit ihrem kleinen Sparpfennig in die Heimat zurück [. . .]. Das Geheimnis ihres Handwerks liegt denn auch weit mehr in der Kunst, nicht zu verhungern, als in der Kunst, Geld zu verdienen. Es wird schwerlich in Paris irgendeine Arbeiterklasse geben, die es im Entbehren so weit gebracht hat; denn Geld zurückzulegen in einem Beruf, der dem arbeitsfähigen Mann als Maximum täglich 2 ½ Francs einbringt, ist gewiß nicht leicht. Frauen und Kinder verdienen 25 bis 30 Sous. Ihr Tagewerk beginnt in jeder Jahreszeit um 3 Uhr morgens, und mit den Füßen in der Nässe arbeiten sie bis gegen 11 Uhr, legen sich dann schlafen und nehmen [sich] für den Rest des Tages nur selten noch eine andere Beschäftigung vor. Bei solchen Einnahmen machen sie es möglich, in

Deutsche ‚Gastarbeiter': Hessische Straßenkehrerkolonne in Paris (um 1865).

2 bis 3 Jahren die notwendige Summe zu ersparen; haben sie eine zahlreiche Familie, so beträgt der Erwerb 5 bis 6 Francs pro Tag und das
Reichwerden erfolgt dann wie mit Dampf. Diese Straßenkehrer sind die
einzigen unter ihren Landsleuten, die nicht das Mindeste von der
französischen Sprache lernen, mit Ausnahme der Kinder indessen, die
sogar ziemlich schnell darin vorwärts kommen [...]. [Die Hessen] leben
nur unter sich, haben mit anderen, selbst mit Landsleuten, wenig
Verkehr und wohnen in großen Häusern zusammengedrängt, die viele
Familien beherbergen und ‚deutsche' Höfe heißen [...]. Die Verheerungen, welche das Elend, besonders unter den Straßenarbeitern, anrichtet,
sind entsetzlich; Mangel, Entbehrungen, ungesunde Arbeit und Heimweh lichten ihre Reihen; alle epidemischen Krankheiten kehren bei
ihnen ein"[12].

Ganz anders war die Lage im Quartier St. Antoine[13], unter dessen rd.
150000 Bewohnern die ‚Evangelische Kirche Augsburgischer Konfession zu Paris' etwa 5000 deutsche Glaubensgenossen vermutete: „Das
Faubourg Saint-Antoine, das Arbeiterviertel von Paris, wimmelt von
Fabriken und Werkstätten jeder Art", hieß es in einem Bericht aus dem
Jahr 1863, der besonders an die hochspezialisierten, schon im 18. Jahrhundert zugewanderten deutschen Möbeltischler erinnerte: „Besonders
sind es die Drechsler, Schreiner, Möbelfabrikanten, welche hier ihren

Hauptsitz und Mittelpunkt haben. Jene Pariser Möbel werden hier verfertigt, deren Ruf über ganz Europa geht, deren einzelne einen Wert bis zu 10, ja 15000 Franken haben. Alles, von den Mustern bis zur feinsten, kunstvollsten Schnitzarbeit, geht aus diesen weiten, glänzenden Werkstätten hervor. Unsere Deutschen liefern hierzu einen nicht unbedeutenden Beitrag [...]. Es gibt große Werkstätten, wo man nicht in Paris, sondern in Berlin oder Leipzig zu sein glaubt, so umtönt uns da der Klang der deutschen Zunge." Diese Deutschen, neben denen es im Faubourg St. Antoine freilich auch handwerkliche Kümmerexistenzen, vor allem Schneider und Schuhmacher gab, hatten mit der subproletarischen ‚anderen Bevölkerung' wenig gemein, über die Abbé Axinger 1837 berichtet hatte: „Die deutsche oder von deutschem Blut abstammende Bevölkerung dieses Faubourgs unterscheidet sich dadurch von den anderen deutschen Gruppen von Paris, daß sie größtenteils aus Festansässigen (Handwerkern, Fabrikanten etc.) besteht, von denen viele durch Heirat mit Französinnen und langen Aufenthalt in Paris mehr und mehr, in der zweiten und dritten Generation oft schon ganz französisch geworden sind, während unsere Landsleute, wo sie an anderen Stellen kompakter sich zusammendrängen, als Arbeiter oder Tagelöhner mehr wandernd ab- und zuströmend auftreten und darum ihre deutsche Volkstümlichkeit fester bewahren"[14].

Katholische und evangelische Armenseelsorge

Bereits 1825 bot Abbé Bervenger, ein deutscher Priester aus Rheinpreußen, dem Erzbischof von Paris seine Dienste an und hielt in verschiedenen Kirchen regelmäßig deutschen Gottesdienst mit deutscher Predigt für seine Landsleute, die überall in der Stadt verstreut wohnten. 1837 wandte sich Abbé Axinger in einem Aufruf „en faveur des pauvres Catholiques Allemands de la Capitale" an die Bevölkerung mit der Bitte um Unterstützung für sein St. Bonifatius-Werk[15]. Anfang 1845 baten 500 Deutsche den Erzbischof von Paris um Hilfe für ihre zahlreichen Landsleute. Die mit diesem Werk beauftragte Kongregation von Picpus erließ einen „Aufruf an die Deutschen aller Länder zum Vorteil ihrer Landsleute in Paris", der um Spenden für die Einrichtung eines Missionswerkes warb.

Nach der Revolution von 1848, in einer Zeit der größten Not vor allem für die Deutschen in Paris, wurde dem Jesuitenorden die ‚Mission Allemande' übertragen und Pater Chable als ihr Leiter eingesetzt. Nahe der Cité Charraud, einem großen zusammenhängenden Häuserviertel am Ende der Rue Lafayette, in dem 300 deutsche Arbeiterfamilien wohnten, ließ Pater Chable zunächst eine provisorische Holzkapelle bauen, bei deren Einweihung er 1851 zum ‚Supérieur de la Résidence

Saint-Joseph pro Germanis' ernannt wurde[16]. Zur Zeit des Kirchenneu-
baus von 1866 zählte die ‚Mission Allemande' in Paris 15 Jesuiten,
8 Brüder der Christlichen Schulen und 10 Borromäerinnen[17].

Auf evangelischer Seite bildete sich 1840 ein Komitee aus Laien und
Geistlichen, die auf die Notlage ihrer deutschen Glaubensbrüder auf-
merksam geworden waren. Der Pfarrer und spätere geistliche Inspektor
Louis Meyer aus Montbéliard gründete zusammen mit dem nach Paris
berufenen Pastor L. Vallette und dem Ministerresidenten der freien
Städte Deutschlands, V. Rumpff, die ‚Evangelische Mission unter den
Deutschen in Paris', die 1863 über ihre vielfältigen Aufgaben unter den
Deutschen in der französischen Hauptstadt berichtete: „Hier besoldet
sie Prediger, Lehrer, Lehrerinnen, Evangelisten vollständig oder trägt
wenigstens zu ihrer Besoldung bei; dort unterhält sie Schulen und
Gottesdienste oder hilft zu ihrem Unterhalt; dort endlich bewilligt sie
Zuschüsse zu schon ohne sie begonnenen kirchlichen Unternehmun-
gen [...]. Der Bau einer Kirche, die Gründung neuer Schulen und
Gottesdienste, Miete der Lokale, Ankauf oder Miete des Grund und
Bodens – eine Unternehmung endlich, die sich an die Kirche nur
anlehnt: Jünglingsverein und christliche Herberge – alle diese Dinge
nehmen auf verschiedenen Punkten und in verschiedenem Maße die
Hilfe der evangelischen Mission in Anspruch"[18]. Freiwillige Spenden
zur Unterhaltung des Werkes kamen aus Paris selbst, aus Deutschland,
dem Elsaß, der Schweiz, den Niederlanden, den skandinavischen Ländern und Rußland.

Die Geschichte der ‚deutschen Gastarbeiter' von Paris kam in den
1880er Jahren an ihr Ende: Beim Ausbruch des Deutsch-Französischen
Krieges 1870/71 war die Situation zunächst normal geblieben, bis ein
Ausweisungsdekret der französischen Regierung nach der Schlacht von
Sedan alle deutschen Männer aufforderte, innerhalb von drei Tagen die
Stadt zu verlassen. Die Hessen kehrten erst ab 1875 nach Paris zurück.
Infolge einer schweren Wirtschaftskrise setzte 1884 dann wieder ein
plötzlicher Rückgang ein. Französische Straßenkehrer erhielten in den
Reinigungsdiensten der Hauptstadt den Vorzug gegenüber den deut-
schen; wenige Jahre später wurden nur noch Franzosen in städtischen
Diensten zugelassen. Die meisten hessischen Straßenkehrerfamilien
kehrten in die Heimat zurück, wo die Wirtschaftsentwicklung bald
bessere Arbeits- und Verdienstmöglichkeiten bot.

Zweiter Teil:
Fremde in Deutschland

4. Wege nach Deutschland: Entwicklungslinien und Beispiele

4.1. „... jederzeit gottlose böse Leute" – Sinti und Roma zwischen Duldung und Vernichtung

Von Rainer Hehemann

Staunen in deutschen Landen

„Als man schrieb nach Christi geburt Mccccxvij [1417], da wurden in diesen unseren Landen nach dem Deutschen Meer gelegen zum ersten Mal gesehen die greulichen und schwarzen Leute von der Sonnen verbrandt (so heßlich gekleidet und mit allem ihrem thun unfletig sein behende und geschwinde auff stelen und sonderlich das Weiber volck denn die Menner erneren sich des das die Weiber stelen) die man Tattern gemeiniglich" nennt[1]. So stellte der Jurist und Theologe Albrecht Krantz im 11. Buch seiner ‚Saxonia' (dt. 1564) die Ankunft der ‚Zigeuner' in Deutschland dar. Sicherlich bereits geprägt von den Vorurteilen und Erfahrungen der voraufgegangenen 100 Jahre, dürfte er damit dennoch die Gefühle der Menschen um 1400 nachempfunden haben, als sie das erste Mal der ‚Zigeuner' ansichtig wurden. In einer Mischung aus Abscheu, Furcht und Neugierde standen sie einem fremden Volk gegenüber, das bis auf den heutigen Tag durch bewußte Selbstisolierung auf der einen und ständige Ausgrenzung auf der anderen Seite den Status des Fremden nie hat überwinden können.

Seit dem Ende des 18. Jahrhunderts gilt aufgrund von Sprachvergleichen die indische Herkunft der ‚Zigeuner'[2] als erwiesen. Sie erreichten Mitteleuropa nicht in einer großen, geschlossenen Wanderungsbewegung, sondern kamen nach jahrhundertelanger Migration nach und nach in einzelnen, unterschiedlich großen Familiengruppen, die miteinander in lockerer Verbindung standen. Entscheidend für den Aufbruch war nicht etwa eine Art angeborener Wandertrieb, sondern ein Komplex äußerer Bestimmungsfaktoren, in dem wirtschaftliche Ursachen, kriegerische Ereignisse und Vertreibung durch andere Völker ineinandergriffen. Wahrscheinlich begann diese Wanderungsbewegung noch im frühen Mittelalter. Sie nahm ihren Weg wohl über Persien, Armenien und Südosteuropa. Um 1400 trafen die ersten ‚Zigeunergruppen' in Deutschland ein[3].

In den frühesten Quellen werden ‚Zigeuner' nur sehr vereinzelt
erwähnt. Dabei sind sie nicht immer zweifelsfrei als solche zu identifi-
zieren: Ihre Existenz als Volk war unbekannt. Man hielt sie deshalb
zunächst für Angehörige orientalischer Völkerschaften oder schlicht für
Bettler und Vagabunden, wie sie allenthalben durch die Lande zogen.
Urkundlich belegt sind ‚Zigeuner' in Deutschland erstmals im Jahre
1407 in Hildesheim. In der Folgezeit traten sie in mehr oder weniger
großen Gruppen, die in Ausnahmefällen wohl 200 bis 300 Köpfe gezählt
haben mögen, auch in anderen deutschen Städten in Erscheinung.

Von Anbeginn an war die Haltung der einheimischen Bevölkerung
gegenüber den ‚Zigeunern' zwiespältig: Sie wurden anfangs noch als
interessante Abwechslung bestaunt, schon bald jedoch gewannen Mißtrauen und Abneigung die Oberhand. Kirche, weltliche Obrigkeit und
Zünfte wandten sich gegen sie und drängten sie durch ständigen
ökonomischen und sozialen Druck an den Rand der Gesellschaft. Äußeres Erscheinungsbild und Lebensformen der unbehausten Fremden
wurden bald Anlaß zu Ausgrenzung und Aggression und zur Ausbildung einer Fülle von Vorurteilen, die das Verhältnis von ‚Zigeunern'
und Nicht-Zigeunern zum Teil bis auf den heutigen Tag belasten[4].

Vogelfrei!

Der Ausgang des 15. Jahrhunderts brachte den Beginn jahrhundertelanger Verfolgungen durch die Obrigkeiten des frühmodernen Staates, die
die ‚Zigeuner' durch Edikte und Verordnungen zu vertreiben suchten.
In der obrigkeitlichen Wahrnehmung bildeten sie den Gegensatz zum
gehorsamen Untertanen: ‚Zigeuner' galten als Räuber und Mörder, als
abgefeimte Diebe und Betrüger, die den einheimischen Bedürftigen das
tägliche Brot nahmen und sich dem allgemeinen Regulierungsstreben
des frühneuzeitlichen Staates entzogen, als „jederzeit gottlose böse
Leute"[5], als „unnutz Volck"[6] schlechthin. Ihre gesamte Lebensweise
wurde einer prinzipiellen Kriminalisierung unterworfen. Außerhalb der
staatlichen Ordnung stehend, „verkörperte der mit dem Schleier des
Magischen umgebene Sinto sinnfällig die den Fortschritt des Gemeinwe-
sens hemmende Unvernunft, die es auszugrenzen galt"[7].

Das erste Niederlassungsverbot erließ Albrecht Achilles, Markgraf
von Brandenburg, 1482. Die Reichstage von Lindau (1497) und Freiburg
(1498) erklärten die ‚Zigeuner' bereits für vogelfrei und damit rechtlos.
Man hielt sie für Spione, die die Christenheit auskundschafteten. Sie
galten zudem als Zauberer, Gauner und Pestbringer. Der Augsburger
Reichsabschied des Jahres 1500 untersagte den Ständen, sie durch ihre
Lande ziehen zu lassen. Jeder Bürger durfte sie gefangennehmen oder
töten. Zwar wurde der Kampf gegen die vermeintliche ‚Plage' auch in

anderen westeuropäischen Ländern geführt, doch ist in Deutschland aufgrund der territorialen Zersplitterung eine besondere Häufung von Anti-Zigeuneredikten festzustellen. Im Jahre 1556 schränkte Kaiser Ferdinand I. durch ein Patent die ,Zigeunergesetze' insofern ein, als Frauen und Kinder, im Gegensatz zu männlichen ,Zigeunern', nicht mehr sofort umgebracht, sondern des Landes verwiesen werden sollten. Eine gewisse Entlastung brachte der Dreißigjährige Krieg, doch bereits um die Mitte des 17. Jahrhunderts begann eine erneute Verfolgungswelle in allen deutschen Ländern.

Die Habsburger erließen von 1685 bis 1726 z. B. allein für Schlesien elf gegen die ,Zigeuner' gerichtete Verordnungen. Sie durften keinen Handel treiben, erhielten keine Unterkunft, keine Pässe und wurden überall vertrieben. Anfang des 18. Jahrhunderts stellte man in verschiedenen deutschen Ländern Warntafeln auf, auf denen die ihnen drohenden Strafen bildlich dargestellt waren. Kaiser Karl VI. befahl am 15. Januar 1721 die Verhaftung und Ausrottung aller auf deutschem Boden greifbaren ,Zigeuner', für die jetzt offenbar der Zeitpunkt erreicht war, wo es nur noch die Möglichkeit des bewaffneten Widerstandes gab. Eine der größten Auseinandersetzungen fand 1722 statt, als sich ca. 1000 ,Zigeuner' eine Schlacht mit regulären Truppen lieferten. Es kam zu regelrechten ,Zigeunerjagden'. Für jeden getöteten ,Zigeuner' wurde ein Kopfgeld ausgesetzt. Noch im Oktober 1770 hieß es in der Grafschaft Lippe: „Sollen die Zigeuner [. . .] als ein Vogelfreies Raubgesindel, wenn sie Unserem Peinlichen Gericht eingebracht werden, so gleich aufgehangen und Fals sie beim Arretiren, wozu ebenfalls ein jeder Unserer Unterthanen schuldig seyn sol mit der Flucht retten wollen, tod geschossen werden"[8].

Diese Phase der Verfolgung dauerte bis etwa Mitte des 18. Jahrhunderts, brach relativ unvermittelt ab und wurde von einer anderen Art der Unterdrückung abgelöst, nämlich von Assimilierungsmaßnahmen, die sich im Endeffekt als nicht weniger brutal erwiesen. Vor allem Kaiserin Maria Theresia und ihr Sohn und Nachfolger Joseph II. versuchten auf diese Weise, das ,Zigeunerproblem' in den österreichischen Erblanden in den Griff zu bekommen. Die ,Zigeuner' sollten zwangsweise seßhaft gemacht und nach und nach unter Aufgabe ihrer Kultur in den Staat integriert werden. Ein Experiment, das infolge der völligen Unkenntnis der Sitten und Gebräuche des ,Zigeunervolks' zum Scheitern verurteilt sein mußte. Ähnliche Versuche gab es auch in Deutschland, wo vor allem die Kirchen zu Beginn des 19. Jahrhunderts in ihnen eine fruchtbare Missionsaufgabe sahen, letztendlich aber ebenso erfolglos blieben[9].

Die soziale Lage der ‚Zigeuner' in der Verfolgungssituation

Die Situation der ‚Zigeuner' in der Frühen Neuzeit war zum einen durch die harte Realität der Verfolgung mit ihren vielfach lebensbedrohenden Konsequenzen, zum anderen durch bedrückende Armut gekennzeichnet. Sie blieben immer eine soziale Randgruppe, doch Kontakte mit der seßhaften Bevölkerung relativierten ihre extreme Außenseiterposition. Verbindungen unterhielten sie zu fast allen Gesellschaftsschichten: zum einfachen Untertan ebenso wie zum Adligen. Man nahm ihre Dienstleistungen in Anspruch, stellte sich als Taufpaten für ihre Kinder zur Verfügung und genoß ihre Virtuosität als Musiker.

Als Verfolgte konnten die ‚Zigeuner' durchaus auf ein gewisses Entgegenkommen der einheimischen Bevölkerung rechnen[10]. Die Gründe dafür dürften verschiedener Art gewesen sein: christliche Mildtätigkeit ebenso wie Solidarität mit den Verfolgten, Opposition gegen die eigene Obrigkeit ebenso wie Profitstreben. Nicht zuletzt konnten die ‚Zigeuner' den Aberglauben für sich nutzen: Gefürchtet wurde vor allem ihr Rachefluch, wenn man ihnen nicht behilflich war. So war es nicht verwunderlich, daß namentlich die ländliche Bevölkerung wenig Neigung zeigte, die Behörden bei ihren Maßnahmen gegen die ‚Zigeuner' zu unterstützen[11].

Die Verfolgungsmaßnahmen und Strafen des 18. Jahrhunderts hatten vielfältige Gestalt: Aufenthaltsverbote, Landesverweisung, Leib- und Lebensstrafen (Stäupen, Verstümmelung, Brandmarken, Erschießen, Erhängen), Einweisung in Zucht- und Arbeitshäuser. Dennoch gelang es nicht, die ‚Zigeunerplage' einzudämmen, so daß in den folgenden Jahrzehnten eine ständige Verschärfung der Edikte erfolgte. Deren verbaler Rigorismus diente allerdings vielmehr der Abschreckung und zeugte eher von der Hilflosigkeit der Obrigkeit, als daß er auf die entsprechende Umsetzung in die Tat abzielte. An eine wirkungsvolle Durchführung der Zigeunerverfolgung war aufgrund der deutschen Kleinstaaterei kaum zu denken, die regionale Eigenbrötelei bot den ‚Zigeunern' genügend Ausweichmöglichkeiten. Zudem waren Ausbildung und Organisation des Verwaltungsapparats noch bei weitem zu wenig entwickelt, um die in den verschiedensten Edikten verkündeten Verfolgungsmaßnahmen überall tatsächlich in die Tat umzusetzen.

Durch die Verfolgungssituation wurde die Ausübung traditioneller Berufe als fahrende Händler und Künstler behindert und die soziale Absicherung der Großfamilie erschwert oder sogar unmöglich gemacht. Die Bettelei war damit für die ‚Zigeuner' um so mehr zur Existenzsicherung lebensnotwendig, als mit ihr ein wesentlicher Teil des Familienunterhalts bestritten wurde. Dabei konnte sie gelegentlich durchaus aggressiven Charakter annehmen und erfolgte unter Ausübung sozialen

Drucks: Da die umherziehenden ‚Zigeunergruppen' oft recht groß waren, erzeugten sie bei der Bevölkerung Gefühle von Bedrohung, Unsicherheit, Wehrlosigkeit und Angst, vor allem vor Brandstiftung.

Von der ‚Bekämpfung des Zigeunerunwesens' zum Völkermord

Ein neuer Abschnitt der Zigeunerdiskriminierung begann mit der Reichsgründung 1871[12]. Es folgte eine Epoche verschärfter Verwaltungs- und Kontrollmaßnahmen mit der Absicht, die disziplinierenden Prinzipien des Obrigkeitsstaats auf Sinti und Roma zu übertragen. Zwar galten diese mittlerweile als deutsche Staatsbürger und besaßen demnach alle staatsbürgerlichen Rechte und Freiheiten, die jedoch systematisch unterminiert wurden. Das galt vor allem für die Gewerbefreiheit, die es ihnen grundsätzlich ermöglichte, weiterhin unbehelligt mit ihren Familien umherzuziehen, sofern sie den erforderlichen Wandergewerbeschein besaßen. Da auf diese Weise natürlich das angestrebte Ziel, die nomadisierende Lebensweise der ‚Zigeuner' zu beenden, nicht zu erreichen war, entzog man ihnen im Laufe der nächsten Jahrzehnte schrittweise ihre herkömmlichen Lebensgrundlagen. Verfolgung und Diskriminierung wurden begründet mit angeblichem Müßiggang, mit Arbeitsscheu und Bedrohung der öffentlichen Sicherheit und Ordnung.

Treibende Kräfte hinter vielen Initiativen zur ‚Bekämpfung des Zigeunerunwesens' waren die Polizeibehörden – hier insbesondere die Münchener Polizeidirektion –, die sich bedenkenlos über eventuelle gesetzliche oder verfassungsrechtliche Vorgaben hinwegsetzten. So erließ namentlich Bayern, das für die ‚Zigeuner' als Grenz- und Durchgangsland sowie aufgrund seiner agrarischen Struktur besonders anziehend war, in der Folgezeit immer restriktivere Maßnahmen, die z. T. auch von anderen deutschen Ländern übernommen wurden. Allen gemeinsam war der Versuch, das Umherziehen zu unterbinden und vor allem größere Gruppen zu zersplittern, um Disziplinierungsmaßnahmen zu erleichtern.

Spätestens in den 1920er Jahren war in allen deutschen Ländern das sog. ‚Reisen in Horden' verboten. Zur Auflösung der Familienverbände diente auch die Möglichkeit, ‚Zigeunerkinder' der Zwangserziehung zuzuführen. Ausländische ‚Zigeuner' wurden ab 1886 kurzerhand abgeschoben, deutschen drohte selbst bei legaler Ausübung des Wandergewerbes die Einleitung von Strafverfahren oder die Einweisung ins Arbeitshaus. Mit der Einrichtung des Münchener ‚Zigeunernachrichtendienstes' hatte ab 1899 die planmäßige Erfassung von Sinti und Roma begonnen, die nach dem Ersten Weltkrieg durch die Abnahme von Fingerabdrücken erweitert wurde. Das bayerische ‚Gesetz zur Bekämpfung von Zigeunern, Landfahrern und Arbeitsscheuen' vom 16. Juli

Ausgrenzung: ,Zigeuner' einst und jetzt.

„*Volljährige und mündig Ziegeuners sollen 3fach zur Staupe geschlagen werden*".

„*Wer einen Zigeuner so nicht bewafnet zur Haft bringet bekömpt 10 Marck zur Belohnung*".

Skizzen des Gottorfer Herzogs Karl Friedrich (1700–1739) zur Strafjustiz an Zigeunern.

Siedlung am Rande einer Müllhalde (1979).

1926 vollendete die totale Reglementierung und Kontrolle des Lebens der ‚Zigeuner'.

Unter dem nationalsozialistischen Regime erfolgte die systematische Erfassung und schließlich die Vernichtung von Sinti und Roma aus rassischen Gründen[13]. ‚Rassehygienische' Forschungen bildeten die Brücke von der ‚Rassenbiologie' zum Genozid[14]. Endgültig in die NS-Vernichtungsmaschinerie gerieten Sinti und Roma nach der Wannsee-Konferenz: Der ‚Auschwitz-Erlaß' Himmlers vom 16. Dezember 1942, der die Einweisung in das Zigeunerlager Auschwitz-Birkenau betraf, besiegelte ihr Schicksal. Mitte 1943 waren dort über 20000 Sinti und Roma inhaftiert, im Jahr darauf lebten nur noch etwa 4000 von ihnen. Sie starben Anfang August 1944 in den Gaskammern, nachdem man die Auflösung des ‚Zigeunerlagers' beschlossen hatte. Insgesamt fanden unter der NS-Herrschaft mehrere hunderttausend Angehörige dieses Volkes den Tod.

Nachdem der NS-Genozid die traditionellen Sozialstrukturen der Sinti und Roma fast völlig zerstört hatte, blieb ihnen im bundesrepublikanischen Wirtschaftswunderland der 1950er und 1960er Jahre als Sozialhilfeempfänger und Obdachlose weiterhin nur ein Dasein am Rande der Existenz in doppelter Hinsicht: am Rande der Gesellschaft und am Rande des Existenzminimums, diskriminiert wie ehedem. Die staatliche ‚Wiedergutmachung' für das unter dem NS-Regime erlittene Unrecht verlor sich in juristischen Spitzfindigkeiten. Ihre Entschädigungsansprüche wirkungsvoll zu vertreten, war Sinti und Roma kaum möglich. Im Januar 1991 endete das bisher einzige Gerichtsverfahren um den an ihnen verübten Völkermord mit der Verurteilung eines ehemaligen KZ-Aufsehers zu lebenslanger Haft wegen dreifachen Mordes.

Erst seit Anfang der 1970er Jahre gelingt es Sinti und Roma zunehmend, durch Selbstorganisation und in Zusammenarbeit mit Bürgerrechtsgruppen auf ihr Schicksal aufmerksam zu machen und erste bescheidene Schritte zur Überwindung ihrer Außenseiterposition einzuleiten. Bis zu ihrer endgültigen Eingliederung, die nicht gleichbedeutend sein kann mit der Aufgabe ihrer ethnokulturellen Identität, in eine Gesellschaft, die sich schwertut mit der Aufgabe von Vorurteilen, ist es sicher noch ein langer Weg. Wie lang, das zeigt sich an zuweilen noch immer tendenziell oder auch offen rassistischer Presseberichterstattung und an der Praxis behördlicher Sondererfassung, von der Polizei bis zu den Ausländerbehörden. Unverändert geblieben sind, wie die jüngsten Beispiele der Behandlung asylsuchender, vor allem jugoslawischer und rumänischer Roma zeigen, auch die archaischen Stereotypen der Zigeunerphobie.

4.2. Glaubensflüchtlinge und Entwicklungshelfer: Niederländer, Hugenotten, Waldenser, Salzburger

Von Heinz Duchhardt

Bevölkerungsverschiebungen aus religiösen Gründen, Migrationen konfessioneller Minderheiten, sind ein für die (Früh-)Neuzeit spezifisches Phänomen. Da das Mittelalter einen Ausbruch aus der einen Kirche nicht kannte und seinem Weltbild zufolge auf religiösen Nonkonformismus nur mit der ganzen Härte des Ketzergesetzes, also mit Feuer und Schwert, reagieren konnte, blieb für Bewegungen, die sich vom Dogma oder den äußeren Erscheinungsformen der Kirche zu lösen suchten, prinzipiell ein Ausweichen in andere Regionen ausgeschlossen, weil die gesamte Christianitas vereint gegen sie stehen mußte. Erst mit der Auflösung der verbindlichen Glaubensgemeinschaft, der zögernden Anerkennung ,anderer' Konfessionen, dem Übergang von politischen Einheiten zum Prinzip der Bikonfessionalität (Deutsches Reich, Eidgenossenschaft, Frankreich seit 1598 usw.) bzw. ganzer Staaten zu einer von der Orthodoxie sich unterscheidenden Lehre (England, Dänemark, Schweden usw.), rückte die Migration konfessioneller Minderheiten um des Glaubens willen in den Bereich des Möglichen.

Das deutsche Reich war seit der reichsrechtlichen Anerkennung der Protestanten als ,Augsburgischen Konfessionsverwandten' (1555) und der Einschließung der Kalvinisten in den ,Religionsfrieden' (1648) zwar keineswegs das bevorzugte Zielland religiös bedingter Migrationen. Die seit ihrer Geburt traditionell tolerante Republik der Niederlande und auch der archaische Verbund der Eidgenossenschaft erfreuten sich als Asylländer im allgemeinen größerer Beliebtheit, im Fall der Niederlande vor allem auch deswegen, weil ihre modernen, protoindustriellen und kommerziellen Wirtschaftsstrukturen den Start von Emigranten in einen neuen Lebensabschnitt zu begünstigen schienen. Aber auch das deutsche Reich, in dem seit 1555 der Wechsel von einem Territorialstaat zum anderen aus konfessionellen Gründen verfassungsrechtlich zulässig war und in dem 1648 das alte Prinzip des ,cuius regio eius religio', demzufolge die Bestimmung der Konfession dem jeweiligen Landesherrn oblag, weiter abgeschwächt und von etwaigen Bekenntniswechseln der Fürsten gelöst wurde, gewann seit dem letzten Viertel des 17. Jahrhunderts eine neue Qualität als Einwanderungsland.

Kalvinisten aus den Niederlanden und aus Frankreich: die erste Immigrationswelle

Freilich darf über den damals in größerem Stil einsetzenden Zuwanderungen von Glaubensflüchtlingen verschiedener geographischer Herkunft und Konfession nicht übersehen werden, daß religiös bedingte Migrationen in das Reich hinein schon seit dem letzten Drittel des 16. Jahrhunderts in mehr oder weniger organisierter Form stattgefunden haben. Es waren zunächst die Reformierten in verschiedenen Nachbarstaaten, die vor dem Hintergrund beginnender Verfolgungen und konfessioneller Zuspitzungen das Wagnis auf sich nahmen, ihrer (französischen oder niederländischen) Heimat den Rücken zu kehren. Da sich die (lutherischen) Magistrate der Handelszentren im deutschen Reich eher spröde verhielten und den ungebetenen Gästen rechtlich und wirtschaftlich die kalte Schulter zeigten, siedelte sich diese erste Generation kalvinistischer Glaubensflüchtlinge überwiegend in (den wenigen) konfessionsidentischen Territorien an, die ihrerseits eher noch zu den wirtschaftlichen Entwicklungsländern zählten und denen sie mit ihrem ökonomischen, technischen und kommerziellen Know-how nun einen deutlichen Entwicklungsschub gaben.

Dies gilt beispielsweise für die Kurpfalz[1], wo über die Konfessionsgleichheit hinaus noch der besondere strukturelle Vorteil gegeben war, daß beim Eintreffen der ersten Ströme von vor allem französischen Glaubensflüchtlingen in den 1560er Jahren aufgelassene Klöster mit ihrem Besitz zur Verfügung standen, die einer neuen Verwendung harrten; die auf ehemaligem Klostergebiet in Schönau und Frankenthal angesiedelten Exulanten wurden dort mit bestimmten – nicht allzu üppigen – Privilegien insbesondere bezüglich kultureller Autonomie ausgestattet und machten aus den neuen Städten rasch Zentren der Tuch-, Seiden- und Samtherstellung. Die auch in späteren Zeiten immer wieder anzutreffenden Probleme zwischen Gastrecht gewährendem Staat, bisheriger Einwohnerschaft und Exulanten/Immigranten zeigten sich indes mehr oder weniger ausgeprägt bereits damals: Der frühmoderne, auf Nivellierung des Rechtsstatus aller seiner Untertanen bedachte Territorialstaat konnte ein Sonderrecht von Exulantenstädten allenfalls befristet akzeptieren – das Frankenthaler Autonomieprivileg des pfälzischen Kurfürsten von 1577 wurde bereits 1582 wiederaufgehoben und die Stadt den anderen Kommunen völlig gleichgestellt. Die Akkulturation der neuen Untertanen war, schon allein der Sprachbarrieren und der bewußt gepflegten kulturellen Autonomie wegen, kein ganz einfacher Prozeß, zumal die eingesessene Bevölkerung, wie stets beim Zusammentreffen mit (tatsächlich oder vermeintlich) rechtlich begünstigten und wirtschaftlich erfolgreichen Fremden, Sozialneid und

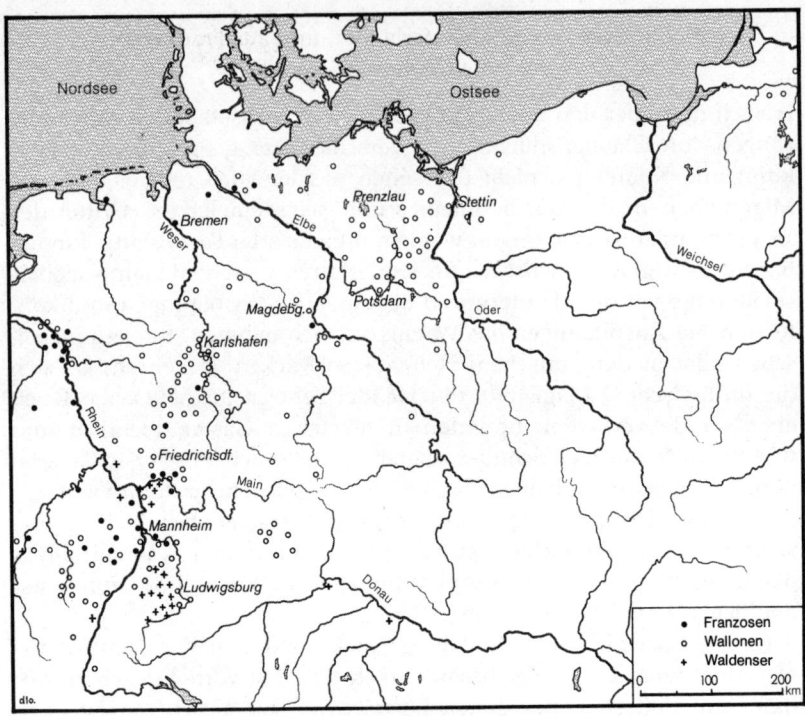

Einwanderung von Glaubensflüchtlingen seit 1572.

Angst um die eigene wirtschaftliche Zukunft nicht unterdrückte. Hinzu
kam in diesem Fall schließlich, daß die wirtschaftlich führenden Schichten der Exulanten nicht auf Dauer an das abseits der Handelszentren
und -wege gelegene Land gebunden werden konnten, so daß schon in
der nächsten, spätestens aber in der übernächsten Generation eine
höchst beachtliche zweite (Binnen-)Migration der Exulantenfamilien
nach Frankfurt, Hanau oder gar Hamburg nachgewiesen werden kann.

Die Konfession, das will damit zugleich auch gesagt sein, war sicher
ein zentrales verbindendes Element zwischen den ‚alten' und den
‚neuen' Untertanen. Der hohe Stellenwert alles Religiösen im 16. und
17. Jahrhundert und die scharfen Abgrenzungen der Konfessionen,
selbst der protestantischen untereinander, beließen einem religiös Verfolgten auch gar keine andere Option, als in einem konfessionsidentischen Staatswesen eine neue Heimat zu suchen und zu finden. Auf
Dauer aber konnte der Gastgeberstaat die eingewanderten Glaubensflüchtlinge nur halten, wenn er ihnen adäquate wirtschaftliche Betätigungsfelder, die ihrer ausgeprägten Dynamik entgegenkamen, zur Ver-

fügung stellte. Neben die Konfession begann spätestens in der zweiten Generation die Ökonomie als zweites Kriterium für Verbleib oder erneute Migration (,Sekundärmigration') zu treten.

Noch viel mehr gilt die Beobachtung, daß die erste Welle der Glaubensflüchtlinge nach Deutschland hinein des wirtschaftlichen und wirtschaftsorganisatorischen Vorsprungs dieser Menschen wegen in besonderer Weise willkommen war, für die niederländischen Emigranten. Sie strömten nach dem ,ökonomischen Untergang' Antwerpens im niederländischen Unabhängigkeitskrieg ins deutsche Reich und trafen hier auf eine tiefgreifende Strukturkrise der großen oberdeutschen Handelshäuser und damit des gesamten deutschen Handels, die sie zwar nicht aufzuhalten vermochten, für die sie mit ihrem Engagement im Wirtschaftsleben der großen nord- und nordwestdeutschen Städte bis hinunter nach Frankfurt aber nun doch eine Art Ausgleich schafften. Die ,Wallonen' brachten indes nicht nur ihre dynamische Wirtschaftskraft und das weite Netz ihrer Verbindungen in das Geschäftsleben Hamburgs, Bremens oder Emdens ein, sondern auch modernere Unternehmensformen und neue Produktionen, etwa die auf Massenabsatz zielende Textilherstellung oder Luxusgewerbe wie Tapisseriemanufakturen. Bezeichnenderweise war es Hamburg, wo 1619 die erste ,staatliche' Girobank in Deutschland ihre Pforten öffnete und von wo mit der ,Mark Banco' eine fiktive Recheneinheit, eine Frühform des ,écu', ausging, die rasch den bargeldlosen Zahlungsverkehr im gesamten norddeutschen Raum eroberte[2]. In Frankfurt etablierten die Niederländer die zukunftsträchtige Edelsteinschleiferei und gingen im Bereich der Textilherstellung zu Produktionstechniken über, die fast ,protoindustriell' und damit für das Reich geradezu revolutionär waren und die von den Zunft- und Gildeangehörigen nur noch mit ungläubigem Staunen registriert wurden (was energischen Widerstand allerdings nicht ausschloß). „In den Exulantengewerben war das [...] Wirtschaftssystem Frankfurts auf halbem Weg vorangeschritten von der traditionellen Zunftordnung des Mittelalters zum Fabriksystem der Neuzeit"[3].

Der Hugenotten-Exodus

Als die zweite große Emigrationswelle französischer Hugenotten, die sich in ihrem zunehmend ,absolutistischer' werdenden und die Gültigkeit des Toleranzedikts von Nantes (1598) mehr und mehr in Frage stellenden Heimatland wachsenden Benachteiligungen und Verfolgungen ausgesetzt sahen, sich über Europa und das Reich ergoß[4], hatte die Zahl der (reformierten) Aufnahmeländer inzwischen beträchtlich zugenommen; neben die Kurpfalz waren mittlerweile u. a. Kurbrandenburg, Hessen-Kassel und eine Fülle kleinerer Territorien getreten. Von den in den Jahren vor und nach der Aufhebung des Edikts von Nantes (1685) illegal ausgewanderten rd. 250 000 Menschen siedelten sich – meist über die ‚Drehscheibe' Frankfurt, wo Agenten der Staaten die Flüchtlinge anwarben und förmliche Kontrakte mit ihnen abschlossen – zwar wohl ‚nur' einige zehntausend Hugenotten in deutschen Territorien an, aber dies war nun entschieden mehr als eine Marginalie. Unter diesen Exulanten, die sich überwiegend in Städten niederließen, teils sogar eigene (Vor-)Städte gründeten und nur ausnahmsweise auf dem flachen Land blieben, befanden sich überproportional viele Intellektuelle (Pfarrer, Gelehrte, Literaten, Verleger usw.) und hochspezialisierte Handwerker und Manufakturisten, die ihren jeweiligen Gastgeberstaaten einen manchmal kurz-, manchmal längerfristigen, auf jeden Fall aber merklichen ‚Modernisierungsschub' verliehen: Der Aufschwung Berlins von einem eher noch verträumten Ackerbaustädtchen zu einer Kapitale mit europäischem Anspruch und Zuschnitt wäre ohne die Hugenotten und die geistigen, kommerziellen, künstlerischen Leistungen dieses „importierten Ersatzbürgertums" (Jersch/Wenzel) kaum vorstellbar gewesen.

Das Procedere der Aufnahme der Flüchtlinge war fast überall gleich: Es wurden in einem öffentlichen Einladungsdekret den Exulanten bestimmte Privilegien zugesichert wie insbesondere Kultusfreiheit und kulturelle (sowie oft sogar rechtliche) Autonomie, dann vor allem aber wirtschaftliche Ausnahmeregelungen wie Steuerfreijahre, unentgeltliches Bauholz, Mietbefreiungen usw. Die rasche Abfolge der Hugenottenprivilegien deutscher Fürsten seit 1682[5] läßt gar keinen Zweifel daran, wie hoch in den erst im allmählichen Wiederaufbau befindlichen deutschen Staaten die innovatorische, wirtschaftsfördernde und damit dynamische Potenz dieser Exulanten eingeschätzt wurde. Die konfessionelle Solidarität des protestantischen Europa, das über das skrupellose und rechtswidrige Vorgehen der französischen Behörden gegen die Hugenotten und das Edikt von Fontainebleau in einen Aufschrei der Empörung ausbrach, war sicher gegeben; ebenso sicher aber ist, daß sie von einer gewaltigen ökonomischen Erwartungshaltung überlagert wurde, die sich freilich nicht immer und überall erfüllte. Die Akkulturation dieser nichtdeutschen Minderheit gestaltete sich im übrigen im Schnitt relativ problemlos; bei aller kulturellen, vor allem auch sprachlichen Autonomie, die die in Frage kommenden Territorialstaaten unter Zurücksetzung anderer Interessen meist bewußt förderten und die die Hugenottengemeinden bis weit ins 18. Jahrhundert hinein zu wahren wußten, wurden sie meist sehr rasch zu besonders treuen und verläßlichen Untertanen der Krone bzw. der Dynastie.

*Hugenotten präsentieren dem Großen Kurfürsten Luxuswaren
(Stich von Daniel Chodowiecki, 1726–1801).*

Die Waldenser

Quantitativ – und (zumindest unter dem Aspekt der ‚Modernisierung')
wohl auch qualitativ – blieb die Zuwanderung der zur gleichen Zeit aus
Frankreich und dann auch aus Savoyen vertriebenen Waldenser hinter
der der Hugenotten deutlich zurück. Die im 12. Jahrhundert entstandene und am apostolischen Armutsideal ausgerichtete Bewegung, die
vor den Verfolgungen ins französische Val Cluson und in einige savoyi-

sche Täler zurückgewichen war, hatte sich 1532 förmlich der reformierten Konfession angeschlossen und erlitt seit den 1660er Jahren ein den Hugenotten vergleichbares Schicksal der immer weitergehenden Unterdrückung und schließlich des Verbots. Im deutschen Reich siedelten sich kleinere Gruppen der französischen Exulanten aus dem Val Cluson – in aller Regel unter der Führung ihrer Pfarrer – vor allem in Schaumburg, in Hessen-Kassel, in der Kurpfalz, in Brandenburg-Bayreuth und in Hanau an; savoyische Waldenser zogen, vom eidgenössischen ,Transitland' gelegentlich förmlich abgeschoben, nach Kurbrandenburg, nach Württemberg und in die Pfalz[6].

Für viele dieser Glaubensflüchtlinge war das freilich nur der Beginn einer wahren Odyssee, weil große Gruppen seit 1690 nach Savoyen zurückkehrten (,Glorreiche Rückkehr'), bevor sie dann einige wenige Jahre später erneut mit Gewalt aus ihren Tälern vertrieben wurden. Im Zuge dieser zweiten Emigration gelangten zwischen 2000 und 3000 Waldenser vor allem in die süddeutsche Staatenwelt. Die Integration dieser Glaubensflüchtlinge, die entsprechend ihrer bäuerlichen Herkunft weitaus überwiegend in der Landwirtschaft tätig wurden und an denen der merkantilistische Staat deswegen allenfalls ein reduziertes Interesse hatte, gestaltete sich im übrigen wohl meist schwieriger als bei den (städtischen) Hugenotten-Exulanten; zumindest legt die starke Binnen- und Sekundärmigration diese Vermutung nahe.

Die Salzburger Protestanten

Kurbrandenburg war schon für die französischen Hugenotten und die Waldenser zu einem bevorzugten Zielland geworden – ein Staat, der sich mit Erfolg ja auch um die Wirtschaftskraft heimatlos gewordener Juden bemühte. Noch eine dritte protestantische Minorität sollte indes nach ihrer Vertreibung ihre Schritte in den armen, aber um Aufstieg bemühten und in besonderer Weise auf Fachleute mit einem ausgeprägten Know-how zur Behebung seiner strukturellen Defizite angewiesenen norddeutschen Kurstaat lenken. Die Ausweisung von rd. 18000 Protestanten aus dem Erzstift Salzburg, wo sie sich in den schwer zugänglichen Bergtälern ungeachtet aller Rekatholisierungsbemühungen der Erzbischöfe bis ins 18. Jahrhundert hinein hatten halten können, stellte in den Augen der europäischen Öffentlichkeit einen Schlag ins Gesicht der erwachenden Aufklärung dar. Auch wenn sich der regierende Erzbischof auf sein landesherrliches Reformationsrecht berufen konnte[7], war sein Vorgehen mit Geist und Buchstaben des Westfälischen Friedens schlechterdings nicht zu vereinbaren. Mit der Einladung an die zur sofortigen Emigration gezwungenen Salzburger, in sein Land zu kommen, verband der ,Soldatenkönig' Friedrich Wilhelm I. (1713–1740)

Bittet aber, daß eure Flucht nicht geschehe im Winter, oder am Sabbath. Matt. 24 v.

Salzburgische Emigranten.

Nichts, als das Evangelium
Vertreibt uns ins Exilium.
Verlaßen wir das Vaterland,
So sind wir doch in Gottes Hand.

Die Ausweisung der Protestanten aus dem Bistum Salzburg 1731
(zeitgenössischer Stich).

sicher nicht nur – wie einst sein Großvater, der ‚Große Kurfürst' Friedrich Wilhelm (1640–1688) – die Perspektive, sich zum Vorkämpfer und Schutzschild des deutschen und europäischen Protestantismus zu stilisieren, sondern erneut auch ganz handfeste wirtschaftlich-strukturpolitische Erwartungen.

In dem so ganz auf Effizienz und zweckorientierte Bündelung aller Ressourcen ausgerichteten Staatswesen gab es nach wie vor Defizite im Bereich des Landesausbaus. Insbesondere waren noch viele Sümpfe und Brüche trockenzulegen, zudem gab es einen Landesteil, dessen Bevölkerung sich nach einer Pestepidemie 1709/10 um ein (gewaltiges und schwer wettzumachendes) Drittel verringert hatte: Preußen. Die Reise der Salzburger nach Ostpreußen – nur wenige blieben in Franken und in Hessen hängen – glich trotz aller Mühsalen einem förmlichen Triumphzug. Seine Wirkung wurde dadurch noch gesteigert, daß im ganzen protestantischen Europa Sammlungen zu ihren Gunsten veranstaltet wurden, die ihnen den Start in ihrer neuen Heimat erleichtern sollten – ein bemerkenswertes Zeichen konfessioneller und sozialer Solidarität mit einer Minderheit, die nie auf Rosen gebettet gewesen und die in Glaubenssachen keine Konzession einzugehen bereit war.

Allem Anschein nach sind die an der Peripherie des brandenburg-preußischen Staates angesiedelten Salzburger Bauern dank ihrer Verteilung auf das ganze Land viel rascher integriert worden als die Waldenser, für die eine erneute ‚Sekundärmigration' zur Verbesserung ihrer Lebensbedingungen, der unmittelbaren Nachbarschaft weiterer Aufnahmeländer wegen, ja auch viel leichter zu bewerkstelligen war. Im Unterschied zu den Waldensern wurden die Salzburger von der einheimischen Bevölkerung auch weniger als Konkurrenten angesehen; begünstigt wurde ihre Akkulturation zudem dadurch, daß die sprachlichen Verständigungsschwierigkeiten sich letztlich als nicht gravierend erwiesen[8].

Glaubensflüchtlinge als dynamische Faktoren und Entwicklungshelfer

Faßt man die vier behandelten Fälle religiös-konfessionell bedingter Migrationen in das frühneuzeitliche deutsche Reich vergleichend ins Auge, so drängen sich Gemeinsamkeiten geradezu auf. Das frühneuzeitliche Reich war seiner konfessionellen Vielfalt und seiner noch immer aufnahmefähigen und keineswegs an die Grenzen der Belastbarkeit stoßenden Population wegen ein zumindest interessantes Zielland für verfolgte religiöse Minderheiten. Da dieses Reich in seinen vielen Einzelstaaten aus diesem oder jenem Grund seit dem Ausgang der Herrlichkeit der großen süddeutschen Handelshäuser hinter den ökonomischen Entwicklungen eher hinterherhinkte, waren Immigranten aus den weiter entwickelten Staaten Westeuropas, die über ein bestimmtes Know-how verfügten und wirtschaftliche Impulse zu geben in der Lage waren, besonders willkommene Gäste. Die Regionen, in denen sie als frühmoderne Entwicklungshelfer heimisch wurden, verdankten ihnen insgesamt ganz sicher auch einen nachhaltigen ‚Modernisierungsschub'.

Die deutschen Staaten grenzten die niederländischen und französischen Flüchtlingsgruppen zwar zunächst kulturell und auch rechtlich eher aus; im Schnitt vollzog sich die Akkulturation dann aber doch relativ rasch – sieht man einmal davon ab, daß in besonders starren politischen Einheiten lutherischer Ausrichtung die kalvinistischen Zuwanderer hartnäckig vom Bürgerrecht ausgeschlossen blieben (Frankfurt). Der ‚historische Zufall' wollte es zudem, daß auch die Glaubensflüchtlinge agrarischer Herkunft, die Waldenser und die Salzburger, auf Phasen des Bedarfs, auf die Bemühungen von Fürsten um Überwindung von Krisen und Abbau struktureller Defizite trafen und deswegen ebenfalls weit mehr offene Arme als Ablehnung vorfanden. Auch hier gingen die Landesherren so vor, den Immigranten für befristete Zeitspannen zunächst einen kulturellen Autonomiefreiraum zu belassen, in einer 2. Phase dann aber doch auf die Assimilation der neuen Untertanen hinzuarbeiten, was insbesondere bei den Salzburgern dann auch rasch zum Erfolg führte.

Es war somit insgesamt für die Glaubensflüchtlinge, die seit dem 16. Jahrhundert ins deutsche Reich kamen, typisch, daß sie nicht nur etwas wollten – eine neue Heimat, Glaubensschutz, eine neue Existenzgrundlage –, sondern daß sie auch etwas mitbrachten und in ihren Gastgeberstaat einzubringen vermochten: begehrtes Know-how, die Fähigkeit, wirtschaftliche Impulse zu geben, Arbeitskraft und Engagement, demographisches ‚Potential‘, das für die um Ausbau, Konsolidierung und Straffung bemühten deutschen Staaten von hoher Bedeutung war. All das erleichterte die relativ rasche Eingliederung der ‚Fremden‘ ganz entscheidend.

4.3. Bei Hofe und als Pomeranzenhändler: Italiener im Deutschland der Frühen Neuzeit

Von Anton Schindling

Die Präsenz Italiens und von Italienern in einer Bürgerfamilie der Reichsstadt Frankfurt am Main in der Mitte des 18. Jahrhunderts beschreibt Johann Wolfgang Goethe in ‚Dichtung und Wahrheit‘: „Innerhalb des Hauses zog meinen Blick am meisten eine Reihe römischer Prospekte auf sich, mit welchen der Vater einen Vorsaal ausgeschmückt hatte, gestochen von einigen geschickten Vorgängern des Piranesi, die sich auf Architektur und Perspektive wohl verstanden [. . .]. Hier sah ich täglich die Piazza del Populo, das Coliseo, den Petersplatz, die Peterskirche von außen und innen, die Engelsburg und so manches andere. Diese Gestalten drückten sich tief bei mir ein, und der sonst sehr lakonische Vater hatte wohl manchmal die Gefälligkeit, eine Beschreibung des Gegenstandes vernehmen zu lassen. Seine Vorliebe für die italienische Sprache und für alles, was sich auf jenes Land bezieht, war sehr ausgesprochen. [. . .] Einen großen Teil seiner Zeit verwendete er auf seine italienisch verfaßte Reisebeschreibung, deren Abschrift und Redaktion er eigenhändig, heftweise, langsam und genau ausfertigte. Ein alter, heiterer italienischer Sprachmeister, Giovinazzi genannt, war ihm daran behülflich. Auch sang der Alte nicht übel, und meine Mutter mußte sich bequemen, ihn und sich selbst mit dem Klaviere täglich zu akkompagnieren; da ich denn das Solitario bosco ombroso bald kennenlernte und auswendig wußte, ehe ich es verstand"[1]. – Italien als Bildungserlebnis, das Italienische als Kultursprache, italienische Musikpflege und eine seinerzeit bekannte Arie des in Wien wirkenden italienischen Opernlibrettisten Pietro Antonio Metastasio erscheinen hier in den Augen des Kindes Johann Wolfgang personifiziert in dem alten italienischen Sprachlehrer Giovinazzi, einem der zahlreichen Zuwanderer aus Italien in der Messestadt Frankfurt am Main. Italiener waren im Deutschland des 18. Jahrhunderts in Residenzen und Handelsstädten anzutreffen: Sprachlehrer, Sänger und Musiker, Theatertruppen, Handelsleute in der breiten Spanne vom wohlhabenden Importeur bis zum armen Hausierer, Schornsteinfeger, dann die bildenden Künstler: Architekten, Maler, Bildhauer, Stukkateure, Modelleure, schließlich Diplomaten und in katholischen Gebieten Mönche. Die deutsche Kunstgeschichte des Barock und des Rokoko ist ohne den Anteil der Italiener nicht denkbar, ebenso die Musikgeschichte, vor allem die Geschichte der Oper. Italiener, meist im Familien- oder Werkstattverband, zogen über die Alpen in die Territorien und Städte des Reichs, um hier mit den unterschiedlichsten Formen händlerischer oder künstlerischer Betätigung ihr Geld zu verdienen.

Künstler als Arbeitswanderer

Die Hinterlassenschaft ist einzigartig: in München etwa die Theatinerkirche des Bolognesen Agostino Barelli (Baubeginn 1663) und die Nymphenburger Porzellanfiguren von Francesco Antonio Bustelli aus Locarno (seit 1754), in Eichstätt die Gestaltung der barocken Stadtanlage durch Gabriel de Gabrieli (seit 1716) und Maurizio Pedetti (seit 1750), in Würzburg das grandiose Deckenfresko in Balthasar Neumanns Residenztreppenhaus von Giovanni Lorenzo Tiepolo aus Venedig (1750–53), in Bayreuth das markgräfliche Opernhaus des Bologneser Theaterarchitekten Giuseppe Galli-Bibiena (1746–50), in Dresden die Hofkirche von Gaëtano Chiaveri (seit 1738) und die gemalten Stadtansichten von Bernardo Bellotto, genannt Canaletto (zwischen 1747 und 1767), in Hannover die Clemenskirche, inspiriert von dem Kirchendiplomaten und Komponisten Agostino Steffani (fertiggestellt 1718) – an Kirchen und Schloßbauten, vor allem aber bei stukkierten und gemalten Innenraumdekorationen wirkten italienische Künstler mit, die manchmal auf Lebenszeit im Dienste eines deutschen Hofes standen (z. B. Gabrieli und Pedetti) oder zeitlich befristet die Ausführung eines Auftrags übernahmen (z. B. Tiepolo)[2].

Im 18. Jahrhundert hatten sich die italienischen Kunstformen zwar mit einem konkurrierenden französischen Einfluß auseinanderzusetzen, aber es gab nie eine der italienischen entsprechende französische Zuwanderung nach Deutschland. Der italienische Künstler, der als Arbeitswanderer sein Geld in Deutschland verdiente, blieb in der Geschichte der Beziehungen und Begegnungen der europäischen Nationen ein singulärer Typus – einzigartig wie die Stellung Italiens als *das*

*Giovanni Battista Tiepolo: Selbstbildnis mit Sohn Domenico
(Würzburger Residenz, Deckenfresko im Treppenhaus, 1752–1753).*

Land der Kunst und der Musik im Europa der Frühen Neuzeit. Hinzu kam der Import von Kunstgegenständen wie Gemälden und Plastiken sowie von Kunsthandwerk aus Italien, etwa Fayencen aus Faënza, venezianisches Glas aus Murano, Cremoneser Geigen, Neapolitaner Krippen oder römische Veduten von Giovanni Battista Piranesi. Die kulturelle Begegnung der Deutschen mit Italien in der Frühen Neuzeit war getragen von erheblichen Wanderungsströmen, einem schmalen und elitären von Norden nach Süden, für den Goethes Italienische Reise das klassische Beispiel ist, und einem breiten, sozial sehr vielgestaltigen, von Süden nach Norden: Die Deutschen suchten Bildung, die Italiener den Verdienst.

Zuwanderungswellen

Bei der Zuwanderung von Italienern nach Deutschland lassen sich folgende Hauptwellen und -gruppen unterscheiden:

1. die im 13. bis 15. Jahrhundert in Deutschland auftretenden lombardischen Financiers, die sich als Geldwechsler, Bankiers, Zollpächter und Steuereintreiber betätigten und ‚Lombarden‘, ‚Lamparter‘ oder ähnlich genannt wurden;

2. die italienischen Kaufleute, Spediteure und Bankiers, die sich etwa in der Zeit von 1510 bis 1610 in verschiedenen deutschen Handelsstädten niederließen und sich bald nach 1600 wieder zurückzogen;

3. die bildenden Künstler und Musiker, die im 17. und 18. Jahrhundert im Zeichen der Weltgeltung italienischer Kunst nach Deutschland kamen;

4. die seit dem Dreißigjährigen Krieg zuwandernden Südfrüchtehändler vom Comer See, die meist als ‚Pomeranzenkrämer' bezeichnet wurden;

5. die zunächst sozial höher als die Comenser stehenden Seiden- und Galanteriewarenhändler, die im 18. Jahrhundert vor allem aus Savoyen und Piemont zuwanderten;

6. eine größere Anzahl von Kaminfegern, Steinmetzen und Bauarbeitern, die aus den Alpentälern, vor allem aus der Lombardei, kamen und

7. katholische Kleriker und Mönche, die die Verbindung des katholischen Deutschland mit Italien als dem Land des Papstes und dem Zentrum der katholischen Reform und Gegenreformation lebendig hielten.

Nuntien, Bettelmönche, Glaubensflüchtlinge

Einen stetigen Strom von Italienern nach Deutschland entsandte seit dem 15. Jahrhundert die päpstliche Diplomatie, vertreten durch bekannte Legaten wie den Humanisten Enea Sylvio Piccolomini, Verfasser einer Schrift über Deutschland, ‚Germania', oder die Legaten Cajetan und Aleander, die 1518 und 1521 in der Entwicklung der Luthersache eine wichtige Rolle spielten. Die Einrichtung ständiger päpstlicher Nuntiaturen am Kaiserhof und in Köln brachte italienische Kleriker-Diplomaten in deutsche Städte, jeweils mit einem aus ihrer Heimat stammenden Haushalt. Zu dieser Gruppe gehörten auch Sondergesandte wie der päpstliche Nuntius beim Westfälischen Frieden Fabio Chigi in Münster und der apostolische Vikar des Nordens Agostino Steffani am Hof in Hannover, der zu Ehren des Welfenhauses eine Oper ‚Enrico Leone' komponierte.

Die Nuntien und ihr Gefolge bildeten die Spitze einer italienischen geistlichen Zuwanderung nach Deutschland im Zeichen von katholischer Reform und Gegenreformation. Ihre Basis waren Ordensgeistliche, die mit der Ordensreformbewegung kamen: Jesuiten, Kapuziner, Theatiner, Paulaner. Ein bekanntes Beispiel für einen italienischen Mönch ist der Kapuziner Marco d'Aviano, der wortgewaltige Kreuzzugsprediger gegen die Türken im Jahre 1683 und persönliche Berater Kaiser Leopolds I. Auch wandernde italienische Bettel-Geistliche werden erwähnt, die anscheinend vor allem die zugewanderten Landsleute um Spenden angingen[3].

Als Vertreter der anderen Seite des konfessionellen Kampfes kamen im 16. Jahrhundert vereinzelte italienische Protestanten und intellektuelle Häretiker auf der Flucht vor der Inquisition in protestantische Universitätsstädte Deutschlands – so gingen Pietro Martyr Vermigli und Girolamo Zanchi aus Lucca sowie Emmanuele Tremellio, ein getaufter Jude aus Ferrara, nach Straßburg, dann nach Zürich bzw. Heidelberg, und der später in Rom als Ketzer verbrannte Giordano Bruno kam kurzzeitig nach Wittenberg. Diesen Einzelpersönlichkeiten folgten Ende des 17. Jahrhunderts in größerer Zahl Waldenser aus dem Herzogtum Savoyen-Piemont, die sich neben den französischen Hugenotten als Glaubensflüchtlinge in deutschen Territorien ansiedelten, z. B. in Württemberg und im Rhein-Main-Gebiet[4].

Kaiserhof und Casanova

Habsburgische und wittelsbachische Regenten waren im Zeichen der Gegenreformation mit italienischen Prinzessinnen verheiratet, so die Kaiser Ferdinand II. und Ferdinand III. mit Herzoginnen von Mantua (Gonzaga) und Kurfürst Ferdinand Maria von Bayern mit einer Savoyerin. Durch die italienischen Fürstinnen wurden Landsleute in großer Zahl nach Wien und München gezogen. Wien war im 17. Jahrhundert das wichtigste Zentrum der italienischen Zuwanderung im Reich[5]. Neben dem kaiserlichen Hof und den Klöstern war das kaiserliche Militär von besonderer Attraktivität – zahlreiche Offiziere der Armee waren Italiener, erinnert sei nur an die Feldherren Ottavio Piccolomini in der Zeit des Dreißigjährigen Krieges und Raimondo Montecuccoli zur Zeit Kaiser Leopolds I.

Unter Leopold I. (1658–1705) erreichte der italienische Einfluß in Wien seinen Höhepunkt: Der Kaiser sprach und schrieb mit Vorliebe Italienisch, und in die seit Ende des 17. Jahrhunderts schnell wachsende Haupt- und Residenzstadt Wien strebten aus den italienischen Teilen der Habsburger Monarchie Zuwanderer in großer Zahl, vom Adeligen bis zum Bettler. Eine eigenständige Wiener Theatertradition bildete sich aus durch italienische Theatertruppen, besonders durch die Stegreifspiele der Commedia dell'arte. Die Musikpflege am Habsburger Hof und auf den Schlössern der österreichischen Hocharistokratie, vor allem die Opernkultur, war von italienischen Kapellmeistern, Musikern und Sängern geprägt. Noch im späten 18. Jahrhundert verbrachte der venezianische Lebemann und Memoirenschreiber Giacomo Casanova seine späten Jahre auf Schloß Dux des Grafen Waldstein in Böhmen. Erst durch den Lothringer Franz Stefan, Kaiser Franz I. (1745–1765), holte der französische Kultureinfluß in Wien neben dem italienischen auf. Die Zuwanderung von Italienern in die Reichshauptstadt Wien setzte sich

zwar bis ins 19. Jahrhundert fort, trat jetzt aber zurück hinter den
tschechischen und südslawischen Zustrom.

Kölnisch-Wasser-Fabrikanten und Mausefallenhändler

Eine besondere Form italienischer Zuwanderung nach Deutschland
bildeten im 17. und 18. Jahrhundert die italienischen Hausierer und
Handelsleute, die wegen ihres Verkaufs vor allem von Südfrüchten oft
pauschal als ‚Pomeranzenhändler' bezeichnet wurden[6]. Diese Gruppe
von italienischen Wanderhändlern stammte schwerpunktmäßig aus
dem Gebiet der drei lombardischen Seen, vor allem vom Rande des
Comer Sees, aus einer wirtschaftlich wenig entwickelten und übervölkerten Zone am Alpenrand im Herzogtum Mailand. Zielregionen dieser
italienischen Zuwanderer waren vor allem die Gebiete am Mittelrhein
und am Main mit Schwerpunkten in den vier rheinischen Kurfürstentü-
mern und den freien Reichsstädten – Städte wie Mainz, Frankfurt und
Köln sind hier ebenso zu nennen wie Bingen, Bonn, Heidelberg, Koblenz, Mannheim und Trier. Mit dieser Zuwanderungswelle – es lassen
sich ca. 1400 Fälle von Ersteinwanderung feststellen[7] – kamen Familien
nach Deutschland, die hier wirtschaftliche Wurzeln schlugen und die
später bekannte Namen trugen, so die Familie Brentano in Frankfurt, die
Familie Canaris in Trier und die Familie Farina in Köln. Der Handel mit
Südfrüchten, Tabak und schließlich mit ‚Kölnischem' Duftwasser war
die Spezialität dieser Familien, also Kleinhandel mit Luxuswaren, zunächst teilweise als Hausierergewerbe. Von hier aus konnte der Aufstieg
gelingen bis zur Manufaktur-Fabrikation von Tabak (Bolongaro in
Höchst), Kölnisch Wasser (Farina in Köln) und Schokolade.

Das Warenangebot der schon während des Dreißigjährigen Krieges in
Deutschland erscheinenden ‚Comenser', wie die oberitalienischen Handelsleute vielfach genannt wurden, war anfangs begrenzt. Es gab einen
ständigen Kampf der Zugewanderten gegen den einheimischen Handel, der sich durch die zunehmende Ausdehnung des Warenangebots
der Italiener in seiner ‚Nahrung' bedroht fühlte. In Frankfurt ist der
Verkauf von Südfrüchten als Handelsgut der Italiener schon für das Jahr
1628 nachgewiesen. Als den Italienern unstrittig erlaubte Waren werden
Zitronen, Limonen, Pomeranzen, Granatäpfel, Kapern und Oliven genannt. Die katholischen Italiener wurden in der lutherischen Reichsstadt Frankfurt in den meisten Fällen nicht als Bürger aufgenommen,
sondern nur als Beisassen zugelassen, d. h. als Stadteinwohner ohne
Bürgerrecht[8]. Dabei spielte vor allem der vehemente Widerstand des
einheimischen Gewerbes und Handels gegen die fremden Italiener eine
Rolle – ein Konkurrenzkampf, der die Italiener in der Aversion der
Frankfurter in die Nähe der Juden rückte, nicht zuletzt weil die Italiener

untereinander ein leistungsfähiges, dem bisherigen Transportsystem überlegenes Handelsnetz für Südfrüchte aufbauten.

Der Geschäftsbegriff ‚Italienische Warenhandlungen' wurde in Nürnberg um 1800 folgendermaßen definiert: „Unter diesem Namen hat man diejenigen Handlungen verstanden, welche mit italienischen Früchten, Citronen, Pomeranzen, Kastanien, Pistazien, Piniennüssen, Rosolio etc. einen Detailhandel allhier getrieben haben"[9]. Neben dem Handel mit Südfrüchten und Gewürzen (Spezereien) war der Galanteriewarenhandel eine Branche, in die die Italiener expansiv hineindrängten. Mit solchen Waren erschienen Italiener als fliegende Händler auch an Wallfahrtsorten, wo sie Devotionalien anboten, darunter auch populäre Druckgrafiken, etwa Heiligenbilder[10]. Neben der Tätigkeit im Warenhandel arbeiteten die Zuwanderer aus Norditalien vielfach als Schornsteinfeger, ein Gewerbe, das regional von italienischen Familien geradezu monopolisiert war, so in der Kurpfalz[11].

Der breitgefächerte und gut organisierte Wanderhandel der Italiener, begleitet von einer starken Zuwanderung nach Süd- und Westdeutschland, lief im 19. Jahrhundert aus. Die letzten Vertreter waren wohl Hausierer mit Mausefallen, die in Frankfurt volkstümlich als ‚Mausifallihändler' oder ‚Katzifallimausihändler' karikiert wurden – ärmliche Nachzügler einer Einwandererkultur, aus der in der Messestadt am Main inzwischen eingewurzelte und wohlhabende Handelshäuser wie die Guaita und Brentano abstammten. Die eingewanderten italienischen Händelsleute waren dabei in der Kaufmannschaft der Ansiedlungsstädte zu einem „vorantreibenden Element" geworden, wie man für die kurkölnische Residenzstadt Bonn gesagt hat[12].

Die Integration der Fremden verlief in einem katholischen Umfeld wie in Mainz, Bonn oder Köln schneller und problemloser als in protestantisch geprägten Städten wie Frankfurt oder Nürnberg. In Mainz, wo der Anteil der italienischen Kaufleute und Krämer im 18. Jahrhundert besonders groß war, traten die Kurfürsten konsequent für die ständige Niederlassung der Italiener im gesamten Erzstift und insbesondere in der Hauptstadt Mainz ein. Ein Denkmal italienischen Geschäftserfolgs und gesellschaftlicher Integration ist beispielsweise der Palast des Tabakfabrikanten Bolongaro im kurmainzischen Höchst[13]. Für das mittelrheinische Einwanderungsgebiet des 17. und 18. Jahrhunderts war typisch der Einwanderer, der sich von Anfang an in seiner neuen Heimat niederließ, dort eine Familie gründete, die mit der einheimischen Bevölkerung verschmolz, und bald alle Verbindungen zum Auswanderungsgebiet aufgab. Zahlreiche italienische Familiennamen im Raum zwischen Düsseldorf, Bruchsal und Aschaffenburg bleiben als Erinnerung an diese Einwanderung aus dem Süden ins Deutschland der Frühen Neuzeit.

Der Mausfallen Krämer.

Hekela Hekela Mausfalla wer kooft?

Mausefallenhändler in Nürnberg, möglicherweise einer der zahlreichen Italiener in diesem Hausierhandel (kolorierte Radierung, um 1800).

5. Zwischen Auswanderungsland und ‚Arbeitseinfuhrland': das Reich im späten 19. und frühen 20. Jahrhundert

5.1. Transitland Kaiserreich: ost- und südosteuropäische Massenauswanderung über deutsche Häfen

Von Michael Just

Transitwanderung: Verlauf und Struktur

„Eine ganz geringe Summe Bargeld, die Dampferkarten und der Auslandspaß waren die Zaubermittel, kraft derer wir fünftausend Meilen zu Lande und zu Wasser zurückzulegen hofften. Unsere Route lief über die deutsche Grenze mit Hamburg als Hafen"[1]. So beschreibt die russische Jüdin Mary Antin die Voraussetzungen für die Auswanderung ihrer Familie, die im Jahre 1894 von Polotzk aus ihre Reise in die Neue Welt jenseits des Atlantik antrat.

Für mehr als 5 Mio. Menschen aus Ost- und Südosteuropa, insbesondere aus Rußland und Österreich-Ungarn, war das kaiserliche Deutschland bis zum Ausbruch des Ersten Weltkriegs Transitland. Die meisten strebten in die Vereinigten Staaten. 2,3 Mio. Auswanderer aus Rußland und 2,9 Mio. aus Österreich-Ungarn verließen Europa über die Seehäfen Hamburg und Bremen. Wegen der besonders starken Auswanderung von Ungarn über Bremen hatte die Stadt an der Weser einen geringen Vorsprung gegenüber Hamburg. Noch in den 1870er Jahren war die ost- und südosteuropäische Auswanderung, mit weniger als 20000 Personen jährlich, nur von bescheidenem Umfang. Erst nach Abebben der letzten großen deutschen Auswanderungswelle des 19. Jahrhunderts (1880–1893) schwoll die ‚Durchwanderung' aus Rußland und Österreich-Ungarn zur Massenbewegung an: Die Reichsstatistik registrierte für das Jahr 1886: 78086, für 1890: 141206, für 1903: 261237 und für 1913 schließlich 408460 Transitwanderer (unabhängig vom Zielland). Mit Beginn des Ersten Weltkrieges versiegte die ‚Durchwanderung' fast vollständig. Erst 1920 wurden wieder knapp 2000, 1921 knapp 20000 Personen gezählt. Der Krieg, die politischen Veränderungen in Ost- und Südosteuropa und die Auflagen der Entente-Staaten gegenüber der deutschen Handelsflotte waren Ursachen dieser Veränderungen. Ein

Massentransit wie in der Vorkriegszeit wiederholte sich in den 1920er Jahren nicht².

Wirtschaftliche und soziale Gründe waren um die Jahrhundertwende das ausschlaggebende Motiv für die meisten auswandernden Ost- und Südosteuropäer, ihre Heimat zu verlassen. Bei der jüdischen Auswanderung aus Rußland spielten darüber hinaus die religiöse Verfolgung und die im Anschluß an die Pogrome von 1881 und 1904 verhängten Einschränkungen in der Wahl des Wohnortes die entscheidende Rolle beim Auswanderungsentschluß. Die Massenauswanderung in die Vereinigten Staaten war erst durch die am Ende des 19. Jahrhunderts verbesserten Verkehrsverbindungen möglich geworden: Eisenbahnen als Zubringer zu den Nordseehäfen und die großen Dampfschiffe der Transatlantikrouten verkürzten die Land- und Seereise.

Auf deutschem Gebiet wurden die aus Rußland kommenden Auswanderer zunächst in ‚Grenzkontrollstationen' gesammelt und auf ihre Tauglichkeit für den Weitertransport hin untersucht. Solche Stationen waren von den deutschen Schiffahrtsgesellschaften, der ‚Hamburg-Amerikanischen Packetfahrt-Actiengesellschaft' (Hapag) und dem ‚Norddeutschen Lloyd' aus Bremen zusammen mit den preußischen Behörden 1895 errichtet worden. Herbergen oder von Hilfsgesellschaften geleitete Notunterkünfte nahmen die Auswanderer einige Tage auf. Über die deutsch-österreichische Grenze einreisende Auswanderer aus der Donaumonarchie oder südlicher gelegenen Staaten wurden den ebenfalls seit 1895 bestehenden ‚Registrierstationen' zugeleitet, wo sie sich, im Gegensatz zu den ‚Grenzkontrollstationen' an der deutsch-russischen Grenze, normalerweise keiner medizinischen Untersuchung unterziehen mußten. Sie hatten hier auf ihre Weiterbeförderung zu den Hafenstädten zu warten und sich in ein Register einer der beiden deutschen Schiffahrtsgesellschaften – Hapag oder Norddeutscher Lloyd – einzutragen. Nächster Sammelpunkt war in der Regel Berlin-Ruhleben. Dort war 1891 ein Auswandererbahnhof errichtet worden, auf dessen Gelände insgesamt 600 Auswanderer in drei Baracken untergebracht werden konnten. Eine Desinfektionsanstalt mit Duschräumen, eine Quarantänestation sowie Küche, Kantine und Räume für den Fahrkartenverkauf erfüllten die Grundfunktionen dieses Umschlagplatzes der ost- und südosteuropäischen Transitwanderung.

In Sonderzügen oder Sonderwaggons verbrachten die ‚Durchwanderer' die insgesamt ca. 25 Stunden dauernde Bahnreise von den östlichen Grenzen bis nach Hamburg oder Bremen. Bis 1892 waren die Auswanderer in den Hafenstädten in privaten Herbergen untergebracht worden. Seit dem Einsetzen der Massenwanderung aus Osteuropa zu Beginn der 1890er Jahre wurde die Unterbringung vor allem in Hamburg straffer organisiert. Zwischen 1892 und 1901 verbrachten die Transit-

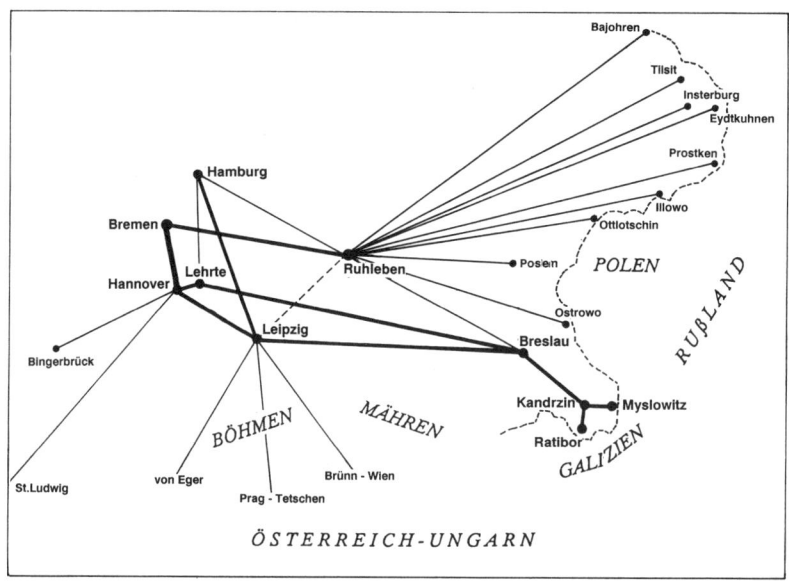

Gegen Seuchen und illegale Einwanderung: Das Netz der ‚Durchwandererkontrolle'

wanderer die letzten Tage vor der Abfahrt der Überseedampfer in
Baracken am Amerikakai, ab 1902 schließlich in den Auswandererhallen
auf der Veddel, einem südlich an den Hamburger Hafen angrenzenden
Stadtteil. Beide Lager waren von der Hapag auf städtischem Gelände
errichtet worden.

Juden und Polen stellten das Gros der Auswanderer aus dem zaristi-
schen Rußland in die Vereinigten Staaten. Die Statistiken sind ungenau.
Sicher ist jedoch, daß der jüdische Anteil mit 40–60% der Auswanderer
1880–1914 dominierte. Die Polen stellten 1899–1910 die zweitstärkste
Gruppe, mit großem Abstand gefolgt von Litauern, Finnen und Rußlanddeutschen. Aus dem österreich-ungarischen Vielvölkerstaat wanderten 1899–1910 an erster Stelle Polen, dann Slowaken, Magyaren,
Kroaten und Slowenen, Deutsche und Juden aus[3]. Der polnische Anteil
dominierte also in der gesamten ost- und südosteuropäischen Transitwanderung über deutsche Häfen.

Transitverkehr: willkommenes Geschäft und administratives Problem

Der ständige Strom von Auswanderern aus Ost- und Südosteuropa wurde zur Geschäftsgrundlage der deutschen Transatlantiklinien, zumal die deutsche überseeische Massenauswanderung seit 1893 zum Rinnsal schrumpfte. Das wirtschaftliche Interesse an der Beförderung von Transitwanderern durchzieht als zentraler Aspekt alle Bereiche der Organisation der ‚Durchwanderung'. Eine ganz wichtige Rolle im Wanderungsprozeß spielten die Agenturen der deutschen Reedereien. Sie verkauften vor Ort Fahrkarten und organisierten die Anreise zu den Seehäfen. Darüber hinaus verteilten sie Auswanderungsprospekte, Flugblätter und Broschüren und warben auch durch Annoncen in den örtlichen Zeitungen. Die Agenturen leisteten Pionierarbeit. Denn sie hatten ihre Tätigkeit in Galizien, Ungarn und an der russischen Grenze bereits aufgenommen, als die Schiffe noch mit deutschen Auswanderern gefüllt waren und aus Osteuropa erst ganz vereinzelt Auswanderer die Reise in die Neue Welt antraten. Da die Verleitung zur Auswanderung sowohl nach dem Recht der Auswanderungsländer als auch nach den amerikanischen Gesetzen verboten war, standen die Agenturen ständig im Kreuzfeuer der öffentlichen Kritik, die immer wieder neu angefacht wurde durch Untersuchungen, Prozesse und die Bestrafung unlauterer Agenten. Wenngleich die Agenten die Auswanderung nicht direkt verursachten, so haben sie doch durch ihre Vermittlungs- und Werbetätigkeit im ost- und südosteuropäischen Raum zumindest Auswanderungsbereitschaft geweckt und dauerhaft wachgehalten.

Vor allem die beiden deutschen Schiffahrtsgesellschaften Hapag und Lloyd zogen aus der Beförderung der Transitwanderer hohen Gewinn. Um die Jahrhundertwende fuhren ca. 75% der Auswanderer aus dem Osten mit deutschen Linien. Unter der Leitung Albert Ballins, eines ehemaligen Auswanderer-Expedienten, konnte die Hamburg-Amerika-Linie besondere Erfolge vorweisen. Dazu gehörte die Indienststellung der damals größten Dampfschiffe ‚Vaterland' (1913) und ‚Imperator'(1914), auf denen jeweils 1800 Auswanderer allein auf dem Zwischendeck Platz fanden. Die wirtschaftliche Bedeutung der Reedereien ermöglichte es den beiden großen Schiffahrtsgesellschaften auch, bei der Entscheidung über Maßnahmen zur Regelung der ‚Durchwanderung' direkten Einfluß auf die Politik der Behörden in Preußen und in den Hafenstädten zu nehmen.

Bei der ‚Durchwandererkontrolle' ging es – ganz im Sinne der gegen Einwanderung über die Ostgrenzen gerichteten ‚preußischen Abwehrpolitik'[4] – einerseits darum zu verhindern, daß aus angeblichen ‚Durchwanderern' illegale Einwanderer wurden. Andererseits ging es um die Abwehr mittelloser und kranker Transitwanderer, weil man befürchtete, daß sie der staatlichen Fürsorge zur Last fallen bzw. ansteckende Krankheiten einschleppen könnten. Ein systematischer Ausbau der Kontrolle begann erst nach der Verabschiedung der amerikanischen Einwanderungsgesetze von 1882, weil deren Vorschriften zum Maßstab genommen werden mußten: Die Einwanderungsbehörde in Washington verpflichtete die Schiffahrtsgesellschaften zum Rücktransport von Passagieren, wenn deren Abweisung nach den Kriterien des amerikanischen Einwanderungsgesetzes schon im europäischen Einschiffungshafen hätte erkannt werden können. Deshalb waren auch die Reedereien an einer verschärften Kontrolle interessiert[5]. Um die ‚Durchwandererkontrolle‘ wirksamer zu machen, durften die ost- und südosteuropäischen Transitwanderer nur in Sonderzügen bzw. Sonderwaggons durch das Deutsche Reich reisen.

Die Finanzierung der Kontrollstationen war Ausdruck der Geschäftspolitik von Hapag und Lloyd: Nach der Hamburger Choleraepidemie von 1892[6], die nachweislich aus Übersee eingeschleppt worden war, aber der osteuropäischen ‚Durchwanderung‘ zur Last gelegt wurde, hatten die preußischen Behörden den Durchzug von osteuropäischen Auswanderern generell untersagt. Die Reedereien mußten nach zähen Verhandlungen zustimmen, im gesamten preußisch-russischen Grenzverlauf auf ihre Kosten die Kontrolle und Unterbringung der Auswanderer in Quarantänestationen zu organisieren. Das Beispiel zeigt, daß die Transitwanderung zu einem unverzichtbaren Geschäftsfaktor für Hapag und Lloyd geworden war.

Die direkt mit der Eisenbahn zu erreichende Auswandererstadt der Hamburg-Amerika-Linie vor den Toren der Hansestadt war eine richtungweisende Institution. Die Reederei hatte nach der Jahrhundertwende die fortschrittlichsten Bedingungen zur Unterbringung von Auswanderern bereitgestellt. Selbst ein inkognito reisender Redakteur des sozialdemokratischen ‚Vorwärts‘, der in seinen Beiträgen harte Kritik an der Behandlung der Transitwanderer durch die Schiffahrtsgesellschaft übte, mußte einräumen: „Die ganze Anlage macht einen großartigen, und da auch Bäume nicht fehlen, beinahe schönen Eindruck [...]. In der Menge der Baulichkeiten, die zum größten Teil der Unterkunft dienen, fielen mir durch ihr Äußeres drei Gebäude auf: die katholische, die evangelische Kirche und die Synagoge"[7]. Die Wohn- und Schlafräume befanden sich in zwölf Pavillons, alle beheizbar und mit elektrischem Licht ausgestattet; es gab getrennte Küchen und Speiseräume für Juden und Christen. In einem Musikpavillon auf dem Gelände traten regelmäßig Kapellen zur Unterhaltung der Auswanderer auf. Für Auswanderer, die nicht aufs Geld schauen mußten, waren zwei Hotels mit Vier-Bett-Zimmern errichtet worden. Im imposanten Empfangsgebäude der Hapag sammelten sich die ankommenden Durchwanderer zur ärztlichen Untersuchung und anschließenden Desinfektion des Gepäcks. Die gewaltige Inschrift ‚Mein Feld ist die Welt' über den Türen des Abfertigungsraumes beherrschte den gesamten Eingangsbereich und gab ein beredtes Zeichen von der Bedeutung, die der Generaldirektor der Hamburg-Amerika-Linie seinem Unternehmen zumaß.

Dennoch war Auswanderung auch am Ende des 19. Jahrhunderts noch ein Abenteuer. Die Reise in die Vereinigten Staaten konnte mit vielen unvorhersehbaren Ereignissen verbunden sein, die trotz der präzisen Organisation der Schiffahrtsgesellschaften nicht zu verhindern waren. Eine plötzliche Erkrankung auf der Reise zur Hafenstadt, Verlust von Gepäck oder Geld, Trennung von Familienangehörigen – das waren alltägliche Probleme, die immer wieder auftraten. Auch Betrügereien gegenüber Auswanderern durch zwielichtige Händler oder private Beherbergungsunternehmer waren an der Tagesordnung. Die Transitwanderer waren deshalb auch noch Ende des 19. und Anfang des 20. Jahrhunderts auf intensive private und öffentliche Hilfestellung angewiesen[8].

Das ‚Zentralbüro für jüdische Auswanderungsangelegenheiten', der katholische ‚St. Raphaels-Verein' und das ‚Evangelisch-lutherische Comité für Auswanderermission' widmeten sich der Betreuung der Transitwanderer. Zu den Aufgabenbereichen der kirchlichen Hilfsorganisationen gehörten die Unterbringung, Verpflegung und medizinische Behandlung von Auswanderern, Hilfe beim Kauf und der Finanzierung von Passagekarten, die Weitergabe von Informationen über den Reiseablauf und Warnungen vor Übervorteilung, aber auch psychologische oder seelsorgerische Betreuung. Das ‚Deutsche Zentralkomitee für die russischen Juden' allein unterhielt an der deutsch-russischen Grenze und an den Eisenbahnknotenpunkten 25 Komitees zur Betreuung von Durchwanderern[9]. Noch effizienter war die Hilfe für die jüdischen Durchwanderer nach 1904 organisiert, als das ‚Zentralbüro für jüdische Auswanderungsangelegenheiten' in Berlin gegründet wurde. Der ‚St. Raphaels-Verein' und das ‚Evangelisch-lutherische Comité für Auswanderermission', Vereinigungen, die im Zusammenhang mit der deutschen Massenauswanderung entstanden waren und hier neue Funktionen fanden, betonten bei ihrer meist von Geistlichen durchgeführten Arbeit den seelsorgerischen Aspekt und die Informationstätigkeit für die Transitwanderer. Der Schwerpunkt ihrer Arbeit lag in den Hafenstädten[10]. Nur selten betreuten staatliche Stellen soziale Härtefälle. Im Normalfall hatten die Auswandererbehörden in den Hafenstädten und der ‚Reichskommissar für das Auswandererwesen' nur die Aufgabe, den Klagen der Transitwanderer über schlechte Behandlung nachzugehen und die ordnungsgemäße Durchschleusung der Ost- und Südosteuropäer zu gewährleisten.

Angst vor den Fremden: die öffentliche Diskussion um die Transitwanderung

In der öffentlichen Diskussion um die Transitwanderung im Kaiserreich standen die geschäftlichen Interessen im Vordergrund. Die sozialdemokratische Presse und führende SPD-Politiker im Reichstag setzten sich für die Belange der osteuropäischen Transitwanderer ein. Dabei ging es ihnen allerdings mehr um die Kritik an der Macht der Großunternehmen Hapag und Lloyd als um die Veränderung der Zustände, die die Transitwanderer im Reich vorfanden.

Es ging in den Auseinandersetzungen um die Transitwanderung aber auch um jene antipolnischen und antijüdischen Vorbehalte und Abwehrhaltungen, die um so mehr gesteigert wurden, als sich seit den 1890er Jahren an den preußischen Ostgrenzen Jahr für Jahr zwei Massenwanderungen aus dem östlichen Ausland begegneten: die nach Hunderttausenden zählende, im Vorkriegsjahrzehnt an der Millionengrenze liegende jährliche Saisonwanderung der ‚ausländischen Wanderarbeiter‘ aus dem russischen Kongreßpolen und dem österreichischen Galizien (Polen und Ruthenen)[11] und der Transitstrom der ost- und südosteuropäischen Massenauswanderung selbst. „Wir müssen unsere Grenze, wenn es uns mit unserer Germanisierungspolitik überhaupt ernst ist, wenn wir den folgerichtigen Willen haben, in unseren Ostmarken nicht das Germanentum noch mehr als bisher von fremden Volksbestandteilen überfluten zu lassen, mit fester Hand gegen die Zuwanderung politisch und wirtschaftlich nicht vorteilhafter Elemente schützen", schärfte 1905 die ‚Kölnische Zeitung‘ ihren Lesern ein[12].

Im Zusammenhang mit der Diskussion um die ostjüdische Minderheit im Reich[13] geriet auch die jüdische Transitwanderung in die Schlagzeilen. Antisemitismus, aggressive Fremdenfeindlichkeit, insbesondere gegenüber Ostjuden, und chauvinistische Vorstellungen von deutscher kultureller und zivilisatorischer Überlegenheit gegenüber den Osteuropäern schlechthin bestimmten diese Diskussion. Das galt zum Teil selbst für die seit langem ansässige jüdische Minderheit im Reich. Die trotz mancher Spannungen wirtschaftlich, sozial und kulturell längst etablierte jüdische Bevölkerung Berlins etwa sah in ihren osteuropäischen Glaubensgenossen „mit Kaftan, Schläfenlocken, Vollbart"[14] eine Gefahr für die eigene gesellschaftliche Stellung. Das schnelle und sorgfältige Durchschleusen der russischen Juden wurde deshalb auch von dieser Seite angeregt und finanziell stark unterstützt[15].

Im Sommer 1891 war die Zahl der russischen Juden, die von Hamburg aus in die Vereinigten Staaten auswandern wollten, besonders hoch. In der öffentlichen Diskussion geäußerten Vorbehalten gegen den Transport der ostjüdischen Transitwanderer begegnete die ‚Allgemeine Zei-

Osteuropa im Auswandererbahnhof Ruhleben: Befremdendes Szenario „nach dem Leben gezeichnet von W. Zehme" (Die Gartenlaube, 1895).

tung des Judentums' mit dem Hinweis auf die Kürze der Durchreise. Es sei „ganz verfehlt" und zeuge von „Unkenntnis der Verhältnisse, wenn man auf Plakaten von der ‚Gefahr' der Einwanderung russischer Juden in Deutschland spricht; eine solche Gefahr ist nicht vorhanden"[16].

Die ‚Durchwanderer' aus Ost- und Südosteuropa erschienen in der öffentlichen Diskussion um das Wanderungsgeschehen im kaiserlichen Deutschland als die Inkarnation des Fremden. Ob bei Beschreibungen der Auswandererhallen, der Kontrollstationen oder auch in allgemeinen Darstellungen – immer wieder wurde auf sonderbare Trachten und Verhaltensweisen der Fremden aufmerksam gemacht, deren Erscheinen selten als positive Bereicherung in den Städten verstanden wurde und meist nur Anlaß gab, über Absperrmaßnahmen nachzudenken[17]. – In den deutschen Hafenstädten endete zwar der Transit, aber nicht die Reise der Auswanderer aus Ost- und Südosteuropa. Wieder eingepfercht, diesmal nicht in Eisenbahnwaggons, sondern auf dem Zwischendeck der Dampfer, begann ihre Überfahrt in die Neue Welt.

5.2. Einwanderungsprobleme im Auswanderungsland: das Beispiel der ‚Ruhrpolen'

Von Christoph Kleßmann

Wer heute im Telefonbuch einer Ruhrgebietsstadt blättert, stößt auf eine große Zahl polnisch klingender Namen. Im Stadtbild dagegen sind so gut wie alle sichtbaren Spuren der polnischen Zuwanderer aus der Zeit der Jahrhundertwende verschwunden – anders als etwa in amerikanischen Städten wie Chicago, wo es noch polnische Läden, Straßennamen und Lokalzeitungen gibt. Die Polen im Ruhrgebiet, die ein wichtiges Element der Sozialgeschichte der größten europäischen Industrieregion waren, sind zwar nicht vergessen, aber auch kaum in der historischen Erinnerung präsent. Woher kamen diese Fremden, warum und wann kamen sie, wie sind sie in der deutschen Gesellschaft aufgegangen?[1]

Die Antworten auf diese Fragen lassen sich nicht einfach auf heutige Probleme von ‚Gastarbeitern' und Aussiedlern übertragen; aber sie zeigen trotz aller Besonderheiten doch einige Parallelen auf, die nicht ohne aktuelles Interesse sind.

Die Einwanderung

Die erste Gruppe polnischer Arbeiter kam bereits kurz nach dem deutsch-französischen Krieg von 1870/71 aus dem preußischen Osten nach Bottrop – genauer: Sie wurde gezielt angeworben. Die Bergbauindustrie benötigte Arbeitskräfte und schickte, nachdem die Reserven aus den umliegenden deutschen Regionen erschöpft waren, Werbeagenten nach Osten, zunächst vor allem nach Oberschlesien. In einer 1907 verfaßten polnischen Lokalchronik des St.-Barbara-Vereins in Bottrop heißt es dazu:

„Der erste derartige Agent kam nicht lange nach dem Kriege nach Oberschlesien. Er erreichte jedoch nicht viel, da er Deutscher und der polnischen Sprache nicht mächtig war. So brachte er nur 25 Bergleute, hauptsächlich aus dem Kreise Rybnik, mit sich. Das war im Januar 1871. Sie alle wurden in einem neu erbauten Hause, der sogenannten Menage, untergebracht. Dort erhielten sie Unterkunft, Mittag- und Abendbrot, wofür ihnen täglich 60 Pfennig vom Lohn einbehalten wurden"[2].

Bottrop blieb ein Zentrum polnischer Zuwanderung vor allem aus Oberschlesien. Nachdem die Folgen der schweren ökonomischen Krise des ‚Gründerkrachs' von 1873 überwunden waren, floß seit Ende der 1880er Jahre ein Strom von deutschen und polnischen Arbeitern aus dem Osten ins rheinisch-westfälische Industriegebiet. Ein Zeitgenosse schilderte 1890, wie die Anwerbung vor sich ging:

Letzte Spuren ,ruhrpolnischen Wirtschaftslebens' im Bochum der 1970er Jahre.

„Bereits im Januar kommen die ,Werber' nach West- und Ostpreußen, nach Posen, Oberschlesien, um diese Arbeiter für die westlichen Provinzen [...] zu mieten. Zigarren, Bier und Schnaps werden von dem Werber unter die Arbeiter verteilt, jeder Angeworbene erhält eine Mark an Geld, und nachdem die Mietsverträge abgeschlossen sind, wird ein gemeinsames Tanzvergnügen von dem Unternehmer veranstaltet"[3].

Der Zuwandererstrom riß bis zum Ersten Weltkrieg nicht ab und umfaßte neben Bergarbeitern aus Oberschlesien bald auch immer mehr Landarbeiter aus den agrarischen Provinzen Ostpreußen, Westpreußen und Posen. Der Druck der ländlichen Übervölkerung im Osten und der Sog der Schwerindustrie, die Arbeitskräfte brauchte und vergleichsweise hohe Löhne zahlte, lösten so einen großen Binnenwanderungsprozeß aus, der zu tiefgreifenden Bevölkerungsverschiebungen zwischen Ost und West führte.

Für die Eingesessenen und auch für die Statistik des Bochumer ‚Allgemeinen Knappschaftsvereins', der Sozialversicherung der Ruhrbergleute, waren alle diese Osteinwanderer ‚Polen'. Tatsächlich setzten sie sich jedoch landsmannschaftlich, ethnisch und sprachlich aus verschiedenen Gruppen zusammen. Deshalb ist es schwierig, genaue Zahlenangaben zu machen. Auch die deutschsprachigen Zuwanderer aus den Ostprovinzen waren zunächst Fremde und hatten mit ähnlichen Orientierungs- und Integrationsproblemen zu kämpfen wie die polnischsprachigen, zumal alle häufig mit dem negativen Stereotyp ‚Polakken' belegt wurden.

Die Zahl der fremdsprachigen Zuwanderer lag vor dem Ausbruch des Ersten Weltkriegs 1914 bei 350000–500000. Die Ungenauigkeit dieser Angabe ist darauf zurückzuführen, daß sich die Polen nicht exakt von den rd. 150000 Masuren (aus dem südlichen Ostpreußen) trennen lassen, die nicht insgesamt ohne weiteres zu den Polen gerechnet werden können, wie es heutige polnische Historiker tun. Denn die Masuren sprachen einen altpolnischen Dialekt, sie waren im Gegensatz zu den meisten Polen evangelisch und vor allem ganz und gar preußisch und monarchisch gesinnt.

Organisationsformen

Für alle Zuwanderer ist nun allerdings wichtig, daß es sich um preußische Staatsbürger und nicht um Ausländer[4] handelte. Hier liegt der gravierendste Unterschied gegenüber heutigen ausländischen Arbeitskräften. Daraus ergaben sich zwei Konsequenzen: 1. Die ‚Ruhrpolen' hatten eine relativ gute Rechtsstellung trotz aller Schikanen und Diskriminierungen, denen sie ausgesetzt waren. Man konnte sie nicht einfach abschieben, wenn sie unbequem wurden. Sie besaßen Möglichkeiten zur Organisation und Interessenwahrnehmung in Vereinen und Verbänden und verfügten über eine eigene Presse. 2. Die ‚Ruhrpolen' waren jedoch auch einer besonders intensiven Überwachung durch die Polizei ausgesetzt, da Polen im preußischen Staat als ‚Reichsfeinde' galten, weil sie sich mit der Teilung ihres Landes nicht abfinden wollten, gegen Germanisierungsbestrebungen der preußischen Regierung heftig und nicht ohne Erfolg opponierten und das Ziel der Wiederherstellung eines eigenen polnischen Staates keineswegs aufgaben.

Politisch waren diese Bemühungen um die Bewahrung eigener Traditionen eher harmlos, in den Augen der preußischen Polizei und Administration dagegen braute sich auch im Westen die Gefahr einer ‚nationalpolnischen Bewegung' zusammen. Charakteristisch für die Wahrnehmung ist eine Denkschrift des Oberpräsidenten der Provinz Westfalen, Heinrich Konrad von Studt, aus dem Jahr 1896, in der es hieß: „Wird der politischen Weiterentwicklung kein Hemmniß entgegengesetzt, so ist die Zeit nicht mehr fern, wo die Polen in einzelnen Gemeinden mit dem Stimmenübergewicht die Herrschaft in der Gemeindevertretung erlangen werden [...]. Unter diesen Umständen kann die Bewegung in unruhigen Zeiten eine Gefahr für die öffentliche Ordnung werden"[5].

Die in diesen Sätzen angedeutete politisch motivierte Diskriminierung traf die Polen im Ruhrgebiet bis zum Ende des Kaiserreichs in besonderem Maße. Die zahlreichen polnischen Arbeitervereine, die zunächst vor allem Geselligkeits- und soziale Auffangfunktionen hatten, wurden zunehmend zu politischen Vereinen stilisiert, administrativen Schikanen ausgesetzt und polizeilich überwacht. Auch polnischsprachige Gottesdienste wurden soweit wie möglich eingeschränkt und polnischsprachiger Unterricht verboten. Die Folge war, daß sich viele Polen um so enger zusammenschlossen und nun erst ein ausgeprägtes Nationalbewußtsein entwickelten, das es zuvor allenfalls in Ansätzen gegeben hatte. In einem kritischen Artikel schrieb dazu 1902 die ,Frankfurter Zeitung': „Jeder vernünftige Mensch wird den Polen den Gebrauch ihrer Nationalsprache unbeschränkt zuerkennen. Was ist denn dabei, wenn etliche Hunderttausende neben der offiziellen Landessprache noch ihre besondere Nationalsprache kultivieren? Daran geht niemand zugrunde. Indem aber die Hakatisten [d. h. die Anhänger des ,Deutschen Ostmarkenvereins', C. K.] ihr unsinniges Hetzen begannen, veranlaßten sie die Polen erst recht, ihr Nationaltum zu pflegen, das nun in den Gegensatz zum Deutschtum getrieben ist"[6].

Ein großer Teil der Polen wohnte in Werkskolonien. Die Wohnungen dort hatten nicht nur den Vorteil, daß sie im Vergleich zum freien Wohnungsmarkt relativ billig waren. Man konnte darüber hinaus auch Kleinvieh halten und Gemüse anbauen, somit ein Stückchen von der hergebrachten ländlichen Lebensweise konservieren und sich überdies ein wenig gegen Krisensituationen absichern. Freilich waren die Bewohner der Kolonien eng an die Zeche gebunden, denn bei jeder Art von Widersetzlichkeit oder gar Streik drohte ihnen die fristlose Kündigung. Die starke Konzentration in diesen Kolonien förderte zudem auf Zeit die ethnische Abkapselung, erschwerte bei den Bewohnern das Erlernen der deutschen Sprache und bei den Einheimischen den Abbau von Vorurteilen. Die deutsche Arbeiterbewegung hatte es auf diese Weise schwer, an die Polen heranzukommen, sie mit Informationen zu versorgen oder gar sie gewerkschaftlich zu organisieren. Andererseits hatte die von den Deutschen durchweg negativ beurteilte Separation auch eine wichtige soziale Schutzfunktion, die langfristig die schrittweise Integration in die deutsche Gesellschaft erleichterte.

Ein Resultat dieser Situation war die Gründung einer eigenen polnischen Gewerkschaft. Im Jahre 1902 riefen Redakteure der Bochumer

Zeitung ,Wiarus Polski' zusammen mit einigen polnischen Arbeitern die ,Polnische Berufsvereinigung' ins Leben, das ,Zjednoczenie Zawodowe Polskie'. Der neue Verband gewann unter den Polen schnell Mitglieder, insbesondere nach dem Streik von 1905, der allgemein die Einsicht in die Notwendigkeit, sich zu organisieren, verstärkte. Die Berufsvereinigung wurde neben dem sozialdemokratisch bestimmten ,Alten Verband' und dem ,Christlichen Gewerkverein' zur drittstärksten Bergarbeitergewerkschaft im Ruhrgebiet und verfügte 1912 über ca. 30000 Mitglieder⁷. Eine polnische Gewerkschaft wurde vor allem aus zwei Gründen notwendig:

1. Polnische Mitglieder waren in den deutschen Gewerkschaften nicht wirklich gleichberechtigt. Aus sprachlichen Gründen zeigten sich die deutschen Organisationen im Ruhrgebiet auch überfordert, auf spezifische Bedürfnisse einer ethnischen Minderheit hinreichend Rücksicht zu nehmen. Überdies war die nationale Loyalität besonders beim ,Christlichen Gewerkverein', aber auch beim ,Alten Verband' letztlich doch so stark, daß für die Polen nur ein geringer Entfaltungsspielraum blieb.

2. Angesichts der Massenzuwanderung kam es zu deutlichen Erscheinungen sozialer Desorientierung unter den Zuwanderern. Ein typisches Beispiel dafür bildeten die ,Krawalle von Herne' im Jahre 1899. Dieser vornehmlich von jugendlichen Polen ausgelöste wilde Streik mündete in blutigen Auseinandersetzungen mit der Polizei und hatte die Besetzung des Herner Reviers durch Militär zur Folge. Er läßt sich als Form eines eruptiven sozialen Protests einer noch nicht integrierten fremdsprachigen Arbeiterminderheit verstehen, die sich bei schlechten Wohnverhältnissen, fehlender Vertrautheit mit den Arbeits- und Lebensbedingungen der neuen industriellen Umwelt und mangelnder Kommunikation innerhalb der bunt zusammengewürfelten großen Zechenbelegschaften aus geringfügigem Anlaß auflehnte. In der öffentlichen Diskussion erhielt das Klischee vom fanatischen, gewalttätigen Polen dadurch kräftig Auftrieb.

Ein solches soziales Protestpotential aufzufangen und zu integrieren, bedeutete für eine effektive Arbeiterbewegung eine große Aufgabe. Diese Funktion konnte jedoch weder der ,Christliche Gewerkverein' noch der ,Alte Verband' voll leisten. Der Gewerkverein stand durch seine stark katholische Orientierung den Polen zwar sehr nahe; aber der beginnende politische Konflikt der Polen mit der Zentrumspartei wegen der Frage einer polnischen Seelsorge trübte diese Beziehungen nachhaltig. Der ,Alte Verband' war eher zu Konzessionen bereit und brachte auch schon 1897 ein polnisches Verbandsblatt, den ,Górnik' (Bergmann), heraus; aber das nationale Problem ließ sich nicht auf eine Sprachenfrage reduzieren. Überdies war die ausgeprägte katholische Religiosität dem sozialdemokratisch bestimmten Verband ein Dorn im

Auge. Umgekehrt konnten die katholischen Polen ihre tiefsitzenden Vorbehalte gegen die ‚deutschen Sozialisten' nur selten überwinden. Trotz der für deutsche und polnische Arbeiter gleichen Klassenlage bildete somit das nationale Problem ein für beide Seiten schwer überwindbares Hindernis.

Unter diesem Gesichtspunkt bedeutete die Gründung der ‚Polnischen Berufsvereinigung' eher eine Stärkung als eine Schwächung der Bergarbeiterbewegung im Ruhrgebiet. In den großen Streiks von 1905 und 1912 erwiesen sich die Polen als verläßliche Verbündete der Streikenden.

Integration und Auflösung

Über die gewerkschaftliche Aktivität und ihre zahllosen Vereine – vom Gebets- bis zum Radfahrer- und Lotterieverein – hinaus entwickelten die ‚Ruhrpolen' zunehmend auch Aktivitäten in politischen und kirchlichen Gremien. Für die Reichstags- und Landtagswahlen, bei denen sie politisch keine Chancen hatten, gaben sie Wahlempfehlungen aus, die auch größtenteils befolgt wurden. In den Wahlen zu den Stadtverordneten-Versammlungen und Gemeindevertretungen dagegen gelang es ihnen, allmählich eigene Kandidaten durchzubringen. 1906 gab es im Ruhrgebiet einen polnischen Abgeordneten, 1911: 19, 1914: 35 und nach der Beseitigung des preußischen Dreiklassenwahlrechts 1919: 246.

Prinzipiell ähnlich sah die Entwicklung bei den katholischen Kirchenverbänden und Gemeindevertretungen aus, in denen die Polen eine annähernd ihrem Bevölkerungsanteil entsprechende Repräsentation erreichten. Solche Erfolge fielen ihnen freilich nicht in den Schoß. Das Beispiel Bottrop, wo der polnische Anteil besonders hoch war, zeigt vielmehr, welch hartnäckiger Kampf notwendig war und wieviel Mißtrauen polnische Ansprüche auf Vertretung trotz gleicher Konfession anfänglich auf deutscher Seite hervorriefen.

Alle diese gewerkschaftlichen, politischen und kirchlichen Aktivitäten lassen sich als deutliche Zeichen einer wachsenden sozialen Integration verstehen. Davon zeugten auch weitere Indikatoren wie steigende Zahlen deutsch-polnischer Mischehen und Namensänderungen. Dieser Prozeß verlief jedoch weder zwangsläufig noch geradlinig. Für die Geschichte der polnischen Minderheit im Ruhrgebiet bilden vor allem die ersten Jahre nach 1918 eine tiefe Zäsur. Mit der Wiederherstellung eines polnischen Staates und mit der durch den Versailler Vertrag vorgesehenen Möglichkeit zur Option zwischen deutscher und polnischer Staatsangehörigkeit wurden die ‚Ruhrpolen' einer inneren Zerreißprobe ausgesetzt. Sie hatten sich zwischen ökonomischen und sozialen Interessen einerseits und polnisch-nationaler Loyalität andererseits zu entscheiden. Genaue Zahlen darüber, wie diese Entscheidung

Integration über Vereine: Turnerriege des ‚Sokol' (ca. 1917).

ausfiel, gibt es nicht. Zur Verdeutlichung der Größenordnungen kann
man jedoch davon ausgehen, daß rund ein Drittel der ca. 350 000 Polen
im engeren Sinne (also ohne Masuren) nach Polen zurückkehrte, ein
Drittel in die nordfranzösischen Kohlereviere wanderte und ein weiteres
Drittel im Ruhrgebiet blieb. Dieses Drittel war gerade unter den liberalen politischen Bedingungen der Weimarer Republik einem starken
Anpassungsdruck ausgesetzt, weil die ethnische Konzentration durch
die Abwanderungen geschwächt wurde und die Herausforderung
durch die auf ‚Germanisierung' ausgehende Unterdrückungspolitik,
gegen die man sich vordem gemeinsam zu wehren hatte, entfiel. Viele
Vereine und Organisationen, die ehemals Markenzeichen der ‚ruhrpol-
nischen' Minderheit gewesen waren, verschwanden allmählich oder
schrumpften zur Bedeutungslosigkeit, darunter auch die ‚Polnische
Berufsvereinigung'. Traditionslinien haben sich jedoch über die Phase
der brutalen Unterdrückung während des Zweiten Weltkriegs, in der
die Polen als potentielle ‚fünfte Kolonne' galten, bis heute gehalten. Der
‚Verband der Polen in Deutschland' hat auch heute noch in Bochum in
der gleichen Straße seinen Sitz, in der er 1894 unter gleichem Namen ins
Leben gerufen und 1923 als Zentralverband neu gegründet wurde.
    Die Geschichte der ‚Ruhrpolen' als „eine Erfolgsgeschichte von ameri-
kanischen Ausmaßen" zu bezeichnen, wie es ein amerikanischer Historiker getan hat[8], weil hier „eine deutsche Fassung der pluralistischen

Deutsch-polnische Belegschaft der Zeche ‚Graf Schwerin'
(Schacht III, Schmiede, 1925).

Gesellschaft" geschaffen worden sei, scheint mir überzogen. Dabei wird
doch übersehen, daß der Pluralismus von Organisationen, Wertvorstellungen und Verhaltensweisen von deutscher Seite in der Regel kaum
wirklich akzeptiert, sondern bestenfalls als unvermeidliches Übel hingenommen wurde, soweit man ihn nicht gar zu verhindern suchte.
Dennoch ist die Geschichte der Polen an der Ruhr, die in den Bereich
der Binnenwanderungen gehört und doch sozial- und kulturgeschicht-
lich deutliche Züge eines echten Einwanderungsprozesses trug, ein
Beispiel für die Verbindung und die Vereinbarkeit von sozialer Integration und Aufrechterhaltung national-kultureller Identität. Es gab pro-
duktive Ansätze einer multikulturellen Koexistenz und Symbiose, auch
wenn sie sich erst in einem mühsamen Prozeß herausbildeten. Die
Ängste vor einem ‚Polenstaat im Westen' haben sich als völlig unbe-
gründet erwiesen, und die Polenviertel in vielen Ruhrgebietsstädten
haben keineswegs gravierende kommunalpolitische Probleme geschaffen. Gerade die von den Deutschen oft als bedrohlich empfundene
nationale Separation der Polen hatte eine stabilisierende Komponente,
die auch für die gegenwärtige Diskussion nicht übersehen werden
sollte. Die über ein entwickeltes Organisationsnetz erfolgte Binneninte-
gration der polnischen Minderheit, die man vielfach negativ nur als
‚Gettoisierung' wahrgenommen hat, war eine wesentliche Voraussetzung für die langfristige Eingliederung in die deutsche Gesellschaft.

5.3. ,Billig und willig' – die ,ausländischen Wanderarbeiter' im kaiserlichen Deutschland

Von Klaus J. Bade

Wirtschaft und Gesellschaft des Kaiserreichs standen im Zeichen des Übergangs vom Agrarstaat mit starker Industrie zum Industriestaat mit starker agrarischer Basis[1]. Die Jahrzehnte vor dem Ersten Weltkrieg brachten den Umbruch vom transatlantischen Massenexodus deutscher Auswanderer zur kontinentalen Massenzuwanderung ,ausländischer Wanderarbeiter'. Das Reich blieb Auswanderungsland und wurde zugleich „Arbeitseinfuhrland"[2].

Zwischen Auswanderungsland und ,Arbeitseinfuhrland'

Im gewaltigen Wirtschaftswachstum der beiden Jahrzehnte vor dem Ersten Weltkrieg wurde in Landwirtschaft und Industrie Arbeit zur Mangelware. Mit dem säkularen Mißverhältnis im Wachstum von Bevölkerung und Erwerbsangebot entfiel der bis dahin wichtigste Antriebsfaktor der überseeischen Massenauswanderung[3], die Mitte der 1890er Jahre zum Rinnsal schrumpfte und bis zum Weltkrieg niedrig blieb. Mehr noch: Der industrielle Arbeitskräftebedarf war, trotz massenhaften Zustroms aus der Landwirtschaft, nicht mehr mit einheimischen Kräften zu decken. Die durch diesen Abstrom und durch überseeische Auswanderung in das landwirtschaftliche Arbeitskräftepotential gerissenen Lücken waren ebenfalls nicht mehr mit einheimischen Kräften zu schließen. Landwirtschaftliche Arbeitgeber meldeten ,Leutenot', industrielle ,Arbeiternot'.

Die ,Leutenot' als Folge von überseeischer Auswanderung und von Abwanderung nach Westen wurde zuerst in ostelbischen Gutsdistrikten zum Problem. Den betriebswirtschaftlich kostengünstigsten Ausweg bot hier die Rekrutierung absolut oder relativ ,billiger und williger' Arbeitskräfte jenseits der preußischen Ostgrenzen: anfangs auch absolut ,billig' durch Niedriglöhne, die einheimische Arbeitskräfte kaum mehr akzeptierten, bis es seit der Jahrhundertwende schrittweise zu einer tendenziellen Annäherung der Lohnniveaus kam; relativ ,billig' durch Saisonverträge ohne unproduktive Lohnkosten, wie sie außerhalb der Saison für dauerhaft beschäftigte einheimische Kräfte anfielen; ,willig' wegen der Lage in den Herkunftsgebieten, die die ,ausländischen Wanderarbeiter' auch Lohn- und Arbeitsbedingungen akzeptieren ließ, die einheimischen Arbeitskräften zusätzlich Anlaß waren, dem Lohnsog des

Westens zu folgen. Während die Landwirtschaft im Osten wachsenden Ersatzbedarf und die Industrie im Westen, aber auch Straßen- und Kanalbau steigenden Zusatzbedarf an Arbeitskräften meldeten, wuchs seit den 1890er Jahren die Ausländerbeschäftigung in Deutschland und vor allem in Preußen zur Massenbewegung an und erreichte ihren Höchststand 1914 mit etwa 1,2 Mio. ,ausländischen Wanderarbeitern'[4].

Am stärksten vertreten waren in Preußen Polen aus dem russischen Zentralpolen sowie Polen und Ruthenen aus dem österreichisch-ungarischen Galizien. Die Auslandspolen arbeiteten vor allem in der Landwirtschaft. Eine Sondergruppe bildeten russisch-polnische Bergarbeiter, die im oberschlesischen Montandistrikt mit preußisch-polnischen zusammentrafen: Auslandspolen waren in der preußischen Montanindustrie nur im Osten zugelassen, wo die Abwanderung in den Westen das Angebot an einheimischer Arbeitskraft dezimierte. Was hier, trotz aller Furcht vor einer ,Polonisierung des Ostens' (Max Weber), zögernd genehmigt wurde, blieb in den mittleren und westlichen preußischen Provinzen, vor allem im Ruhrgebiet, verboten: Blockiert werden sollte damit eine ,Polonisierung des Westens' durch ein Zusammentreffen auslandspolnischer Berg- und Industriearbeiter mit aus dem preußischen Osten ins Ruhrgebiet zugewanderten ,Ruhrpolen', die polnischer Nationalkultur, aber preußisch-deutscher Staatsangehörigkeit waren[5].

In deutlichem Abstand zu den Polen folgten, schließlich in ihrer Zahl mit den aufrückenden Ruthenen konkurrierend, italienische Arbeiter, die besonders in Ziegeleibetrieben und im Tiefbau, aber auch im Bergbau und in der industriellen Produktion Beschäftigung fanden. Nach der Jahrhundertwende rückten in der Ausländerbeschäftigung industrielle auf Kosten landwirtschaftlicher Erwerbsbereiche deutlich auf. Schon 1907 waren in Preußen rund zwei Drittel, im Reich insgesamt mehr als 50% der ausländischen Arbeitskräfte in der Industrie beschäftigt[6].

Dabei traten ausländische zuweilen auch an die Stelle einheimischer Wanderarbeiter – ein Vorgang, der im Kampfvokabular der zeitgenössischen ,Verdrängungstheorie' für die Entwicklung in den Ziegeleibetrieben so umschrieben wurde: „Im Ziegeleigewerbe haben Italiener in Süddeutschland, Slawen, Wallonen und Holländer in Norddeutschland das Feld erobert. Bereits in 1895 hatten die Italiener die deutschen Ziegeleiarbeiter aus dem südlich der Donau gelegenen Teil Bayerns größtenteils verdrängt. Tschechen überfluten die Ziegeleien Sachsens und Wallonen und Holländer strömen in die rheinisch-westfälische Ziegelindustrie. Die Lipper Ziegler, die früher in Deutschland überall zu finden waren, sind allmählich durch Polen, Ruthenen, Wallonen, Italiener, Holländer, Tschechen immer mehr zurückgedrängt"[7].

Landarbeiterinnen auf der Durchreise in Berlin (um 1900).

Landarbeiterinnen vor einem Berliner Bahnhof (um 1907).

Ökonomie und Ideologie: ‚Preußengänger' und ‚Abwehrpolitik'

In der ‚Wanderarbeiterfrage' kollidierten in Preußen ökonomische und politische Interessen: Dem ökonomischen Interesse an der Deckung des Ersatz- und Zusatzbedarfs auf dem Arbeitsmarkt durch ausländische Kräfte diametral entgegen stand das politische Interesse an einer Eindämmung der vorwiegend polnischen Zuwanderung in die preußischen Ostprovinzen. Die antipolnische „preußische Abwehrpolitik"[8] stand im langen Schatten des ‚Kulturkampfes' gegen die katholische Kirche in den 1870er Jahren. Sie war bestimmt durch die nervöse Skepsis gegenüber revolutionären Träumen preußischer, russischer und österreichisch-ungarischer Polen von der Auferstehung eines polnischen Nationalstaats. Das war auch der politische Hintergrund für die Massenausweisung ausländischer Polen aus den preußischen Grenzgebieten 1885 und für das anschließende Zuwanderungsverbot[9].

Die katastrophale ‚Leutenot' im preußischen Osten nötigte seit Ende der 1880er Jahre zur Suche nach einer Quadratur des Kreises, nach einer Lösung, die die ökonomischen Interessen befriedigen sollte, ohne die Strategie der antipolnischen Sicherheitspolitik zu gefährden: Es ging darum, den nötigen Arbeitskräftezustrom aus dem östlichen Ausland nicht zur Einwanderung geraten zu lassen, sondern in den Bahnen transnationaler Saisonwanderung zu halten und dabei insbesondere die Auslandspolen scharf zu überwachen. Ergebnis war das seit Anfang der 1890er Jahre in Preußen entwickelte und 1907 abgeschlossene System der restriktiven Ausländerkontrolle mit dem ‚Legitimationszwang' und dem ‚Rückkehrzwang' in der winterlichen ‚Karenzzeit'.

‚Legitimationszwang' bedeutete verschärfte Ausländerkontrolle bei befristeten und jährlich neu zu beantragenden Arbeits- und Aufenthaltsgenehmigungen. ‚Rückkehrzwang' in der ‚Karenzzeit' hieß bei Strafe der Ausweisung Rückkehr ins Herkunftsgebiet während der winterlichen Sperrfrist für Arbeitswanderer aus dem östlichen Ausland. Ergebnis der Verschränkung von Legitimations- und Rückkehrzwang war die charakteristische Fieberkurve der Arbeitswanderung aus dem östlichen Ausland nach Preußen mit dem Steilanstieg im Frühjahr, dem Höhepunkt in der sommerlichen Hochsaison und dem Steilabfall zu Beginn der winterlichen Sperrfrist. All das richtete sich vor allem gegen die mißtrauisch observierten auslandspolnischen Arbeitswanderer. Sie wurden ohnehin nur als einzelne Arbeitskräfte und nicht im Familienverband zugelassen, Männer und Frauen in den Arbeitskolonnen getrennt. Schwangerschaft war, als vertragswidrige Beeinträchtigung der Arbeitskraft, ein Grund für Ausweisung der Schwangeren auf eigene Kosten, für Reklamation und Ersatzforderung beim in- oder ausländischen Agenten. Zu den wenig ergebnisreichen Versuchen, auslandspolnische „nationalverdächtige Elemente durch unverdächtige zu ersetzen“, gehörten Bemühungen um eine verstärkte Anwerbung von Ruthenen aus Galizien, die den Beschäftigungsverboten in der Industrie der mittleren und westlichen Provinzen Preußens nicht unterlagen und 1905 außerdem noch ausdrücklich vom jährlichen Rückkehrzwang befreit wurden[10].

Die ‚Legitimation‘ der ‚ausländischen Wanderarbeiter‘ war Aufgabe der halbamtlichen ‚Preußischen Feldarbeiter-Zentralstelle‘, die 1907 etabliert wurde und später ‚Deutsche Arbeiterzentrale‘ hieß. Das halbamtliche Unternehmen war ein Zwitter – eine Privatfirma mit amtlichen Funktionen: Sie finanzierte sich durch Gebühren der ‚Legitimation‘, für die sie seit 1907 das ‚Monopol‘ hatte, und arbeitete unter staatlicher Aufsicht, aber ohne parlamentarische Kontrolle. Das ‚Legitimationsmonopol‘ der Zentrale erleichterte die Kontrolle der Massenbewegungen über die preußischen Ostgrenzen: Weil die ‚ausländischen Wanderarbeiter‘ an der Grenze ihre ‚Legitimationskarte‘ oder doch eine vorläufige ‚Interimskarte‘ in Empfang zu nehmen hatten, genügte es, im Grenzgebiet von der Zentrale geleitete ‚Grenzämter‘ einzurichten, die die entsprechenden Formulare bereithielten: 1913 verfügte die Zentrale über insgesamt 39 Grenzämter mit großen Barackenlagern, die zusammen täglich bis zu 10000 Menschen aufnehmen konnten. In Preußen selbst kooperierte die Zentrale eng mit Meldeämtern und Polizeidienststellen[11].

Legitimations- und Rückkehrzwang bedeuteten für die ausländischen ‚Preußengänger‘ Mobilisierung und Immobilisierung zugleich. Mobil gehalten durch den jährlichen Rückkehrzwang, wurden sie auf dem Arbeitsmarkt in Preußen zugleich durch den Legitimationszwang immobilisiert; denn die ‚Legitimationskarte‘, der einzig gültige Inlandsausweis ausländischer Arbeiter, enthielt zwei Namen: den des ausländischen Arbeitnehmers und den des inländischen Arbeitgebers, an den der Ausländer für die Zeit seiner Aufenthalts- und Arbeitsgenehmigung bei Strafe der Ausweisung gebunden blieb und dem die Karte bei der Ankunft auszuhändigen war: Ausländische Arbeitskräfte, die ohne ‚Legitimationskarte‘ angetroffen wurden, konnten folglich nur ‚kontraktbrüchig‘ oder aber illegal im Lande sein und mußten damit rechnen, ‚auf den Schub‘ (polizeiliche Abschiebung) zu kommen, während die Namen der von Arbeitgebern als ‚Kontraktbrecher‘ gemeldeten Arbeitskräfte wegen illegalen Aufenthalts in die polizeilichen Fahndungslisten einrückten. Die Praxis funktionierte freilich nicht so perfekt, wie das Verordnungs- und Kontrollsystem erscheinen mochte: ‚Kontraktbrecher‘ hatten nicht selten gefälschte Zweitpapiere bei sich und meldeten sich unter anderem Namen bei einem neuen Arbeitgeber – dem eigene ‚Leutenot‘ oder gar gerade selbst erlebter ‚Kontraktbruch‘ Anlaß genug waren, nicht zu viele Fragen zu stellen.

Preußen hatte im Kaiserreich die bei weitem höchste Ausländerbeschäftigung – drei Viertel bis vier Fünftel aller ‚Deutschlandgänger'
waren ‚Preußengänger'. Weil die stärksten, aus dem östlichen Ausland
stammenden Kontingente hier und in den Bundesstaaten, die aus
eigenem Interesse oder auf Drängen Berlins hin das preußische Modell
übernahmen, dem jährlichen Rückkehrzwang unterlagen, war die preußische Regelung folgenreich für die Struktur der Ausländerbeschäftigung im Kaiserreich insgesamt: Im Europa des frühen 20. Jahrhunderts
war zwar ganz allgemein eine stete Zunahme der kontinentalen Arbeitswanderungen neben den meist definitiven transatlantischen Auswanderungen zu beobachten. Aber es war doch vorwiegend diesen direkten
staatlichen Interventionen zuzuschreiben, daß sich das Reich im Vorkriegsjahrzehnt nicht vom Aus- zum Einwanderungsland wandelte,
sondern nur zum unter den „arbeiterimportierenden Staaten" nach den
USA „zweitgrößten Arbeitseinfuhrland der Erde"[12].

Arbeiterhandel und Subproletariat

Das staatliche Interesse an Kontrolle wurde in Preußen auch forciert
durch das ‚Agentenunwesen' der kommerziellen Stellenvermittler, das
im In- und Ausland zum Störfaktor geriet: Im Inland führte das Streben
nach möglichst gewinnträchtiger Vermittlung der Handelsware Arbeitskraft oft zu falschen Versprechungen gegenüber Arbeitern und Arbeitgebern, an denen die Arbeiterhändler gleichermaßen verdienten. Das
wiederum nährte auch bei ausländischen Arbeitskräften die Neigung
zum stummen Protest durch Kontraktbruch, wenn sie sich im Zielgebiet
Arbeits- und Lohnbedingungen unterworfen sahen, die den verlocken-
den Ankündigungen der Agenten nicht entsprachen. Deshalb mehrten
sich die Klagen preußischer Arbeitgeber und Behörden über den „uner-
träglichen Krebsschaden" des „Agentenunwesens" der gewerbsmäßi-
gen Stellenvermittlung, die im Reich zwar schließlich durch das Reichs-
stellenvermittlergesetz 1910 stärker eingeschränkt wurde, bei der
Vermittlung ausländischer Arbeitskräfte aber bis zum Ersten Weltkrieg
noch eine außerordentliche Rolle spielte[13].

Der Konkurrenzkampf der Agenten im – auf einer Konferenz über
Arbeitsmarktfragen in Budapest 1910 als „Menschenhandel" bzw.
„Handel mit Menschenfleisch" beschriebenen – Rekrutierungs- und
Vermittlungsgeschäft schien schließlich den dringend notwendigen Arbeitskräftezustrom aus dem östlichen Ausland selbst zu gefährden. Im
russischen Zentralpolen war die kommerzielle Stellenvermittlung ohnehin verboten und die illegale Tätigkeit deutscher Agenten und einheimischer ‚Vertrauensleute' immer wieder Anlaß zu Protesten in Berlin, bis
hin zu der noch am Vorabend des Ersten Weltkriegs gefürchteten

,russischen Drohung', den Arbeitskräftezustrom zu drosseln oder gar abzuschneiden. Im österreichisch-ungarischen Galizien (Polen und Ruthenen), wo es kein durchschlagendes Vermittlungsverbot gab, konkurrierten aus- und inländische Agenten, Werber und Schlepper. Der Konkurrenzkampf wurde riskant, zumal „die deutsche Nachfrage nicht allein am Markte" war und überdies nicht nur Arbeiterhändler konkurrierten, sondern auch die Agenten der großen deutschen Transatlantiklinien: Sie suchten nach dem Rückgang der deutschen Massenauswanderung das transatlantische Passagieraufkommen ihrer Linien mit osteuropäischen Auswanderern zu decken, schwächten damit zusätzlich das „Angebot" auf dem „Menschenmarkt" in den östlichen „Rekrutierungsgebieten" und arbeiteten dabei oft mit fragwürdigen Methoden und Geschäftspartnern, mußte doch selbst der Generaldirektor des Norddeutschen Lloyd, Wiegand, zugestehen: „In Galizien arbeiten wir mit dem Abschaum der Menschheit"[14].

Die Zentralisierung im System des Legitimationszwangs ermöglichte im Landesinnern eine deutliche Einschränkung des ,Agentenunwesens', während die Organisation von Massentransporten die Rekrutierungs- und Vermittlungskosten für die Arbeitgeber senkte: Ein Arbeiter aus Rußland ,kostete' 1910 nur noch 3 Mark, einer aus Galizien 4 Mark, einer aus Ungarn 5 Mark. Agrarische Großproduzenten mit hohen Beschäftigtenzahlen wurden zusätzlich dadurch begünstigt, daß Zuschläge nur für technisch schwerer abzuwickelnde Kleinstaufträge bis zu sechs Personen (1 Mark) bzw. bis zu drei Personen (2 Mark) verlangt wurden, was mittel- und kleinbetriebliche Produzenten wiederum durch gemeinsame ,Bestellung' umgehen konnten[15].

Die Bekämpfung des ,Agentenunwesens' kam inländischen Arbeitgebern, kaum aber den ausländischen Arbeitnehmern zugute, zumal die Zentrale zwar alle ,Preußengänger' und auch einen großen Teil der in andere Zielgebiete strebenden ,Deutschlandgänger' legitimierte, aber nur den kleineren Teil davon auch selbst vermittelte und statt dessen auch mit in- und ausländischen Agenten zusammenarbeitete. Die ,ausländischen Wanderarbeiter' aber wurden in ihren Herkunftsgebieten von Agenten und ,Vertrauensleuten' nach wie vor mit Anwerbemethoden übervorteilt, die nach der drastischen Einschätzung eines oberschlesischen Pfarrers 1912 noch immer „geradezu haarsträubend und höchstens mit den früheren afrikanischen Sklavenjagden zu vergleichen" waren[16].

,Selbststeller', die auf eigene Faust in die Grenzämter kamen, hatten dort oft tagelang zu warten, bis ihre Lohnansprüche auf das Angebotsniveau der Vermittler und Beauftragten von Großbetrieben oder Landwirtschaftskammern gesunken waren – wobei ihnen die Kosten für den künstlich gedehnten, lohndrückenden Zwischenaufenthalt an der

Grenze überdies als Vorschuß auf den künftigen Lohn in Rechnung gestellt wurden: In Myslowitz (Galizien) etwa kosteten Barackenaufenthalt und Verpflegung pro Tag 85 Pf. Vier Tage im Barackenlager (3,40 Mark) kosteten mithin einen russisch-polnischen Arbeiter bereits mehr als sein künftiger Arbeitgeber für seine Vermittlung insgesamt (3 Mark) an die Zentrale zu zahlen hatte. Am inländischen Arbeitsplatz schließlich hatten die ,ausländischen Wanderarbeiter' oft weiter unter nicht ohne Grund als ,Blutsauger' bezeichneten zweisprachigen ,Kolonnenführern', ,Vorschnittern' oder ,Aufsehern' zu leiden, die den mit dem Arbeitgeber abgesprochenen Akkord vorgaben und kontrollierten, mit kräftigen Abschlägen die ,Lohnverwaltung' übernahmen und überdies noch als Zwischenhändler übthe Waren für den täglichen Gebrauch auf mehr oder minder unausweichliche Weise anzubieten wußten[17].

Das Lohnniveau der ausländischen begann sich zwar seit der Jahrhundertwende, bei großen Unterschieden zwischen Regionen und Beschäftigungsbereichen, tendenziell demjenigen einheimischer Arbeitskräfte anzugleichen; aber die Arbeitsbedingungen blieben deutlich verschieden, vor allem dort, wo ,ausländische Wanderarbeiter' in großer Zahl auftraten: Neben härtesten Arbeitsbedingungen im während der landwirtschaftlichen Hochsaison oft von morgens bis abends dauernden Ernteakkord standen z. B. nicht selten 16–18stündige Arbeitstage in Ziegeleien: „In solchen Fällen bedeutet Akkordarbeit tatsächlich Mordarbeit", hieß es in einem Bericht über Arbeitsbedingungen in Ziegeleien des Großherzogtums Baden 1911/12. „Bleiche Gesichter, eingefallene Wangen und müde dreinschauende Augen erzählen uns von der Wirkung des Akkordsystems"[18]. Die Einhaltung von Arbeitszeitverordnungen und Schutzvorschriften – z. B. des Verbots, Frauen und Kinder als billige Handlanger im Ziegeleiakkord einzusetzen – wurde bei der Ausländerbeschäftigung kaum kontrolliert. Miserabel war und blieb in den Ziegeleien meist auch die Unterbringung der ausländischen Arbeitskräfte, während sie sich in der Landwirtschaft nach der Jahrhundertwende dort besserte, wo die großen ,Schnitterkasernen' gebaut wurden[19].

In Preußen bildete sich so in den beiden Jahrzehnten vor dem Weltkrieg in Landwirtschaft, Tiefbau und Montanindustrie ein doppelter Arbeitsmarkt heraus. Auf seiner internationalisierten unteren Ebene verrichteten ausländische Arbeitskräfte häufig die am wenigsten geschätzten Schwerstarbeiten. Das galt im Tiefbau für den im Dauerakkord schaufelnden Kanalarbeiter, in der Landwirtschaft für die im Ernteakkord stehenden männlichen ,Schnitter', weiblichen ,Rübenzieher' und ,Kartoffelbuddler', für den gleichfalls im Akkord Tonklumpen in Formen pressenden ,Handformer' in der Ziegelei, aber auch in der

Montanindustrie für den ,Schlepper' zwischen Abbauort und Strecke unter Tage und den ,Feuermann' in Kokerei und Hochofenglut. 1907 waren 54% der deutschen, aber nur 29% der ausländischen Arbeiterschaft aus Rußland, Italien und Österreich-Ungarn in ,gelernter' Stellung tätig. Bei erheblichen Unterschieden zwischen den einzelnen Ausländergruppen lag der Anteil der ,Ungelernten' bei ausländischen um 42%, im Baugewerbe sogar um 81% höher als bei deutschen Arbeitskräften, wobei die beruflich-soziale Stellung am niedrigsten dort war, wo ausländische Arbeitskräfte in großer Zahl Beschäftigung fanden[20].

Selbst die ,Deutsche Gesellschaft zur Bekämpfung der Arbeitslosigkeit' mußte in einer stark auf die Restriktion der Ausländerbeschäftigung abstellenden Studie zugestehen: „Die Tatsache, daß inländische Arbeitslose vorhanden sind, darf keineswegs von vornherein die Einführung von Ausländern in allen Fällen ausschließen; es gibt gewisse schwere und schmutzige Arbeiten, z. B. im Tiefbau, denen im allgemeinen inländische Arbeitskräfte auf die Dauer nicht gewachsen sind und die auch von ihnen überhaupt nicht oder nur vorübergehend angenommen werden." Bei der Ausländerbeschäftigung im Bergbau wiederum habe man sich bislang „streng" an gewisse „Grundsätze" gehalten, berichtete 1911 das Königliche Oberbergamt in Breslau, nämlich daran, „die ausländischen Arbeiter, da sie ungeübt und wenig intelligent sind, ausschließlich zu den schlechter bezahlten, nur geringe oder gar keine Geschicklichkeit erfordernden Arbeiten zu verwenden, den einheimischen Leuten dagegen die lohnenderen, aber auch mehr Überlegung und Gewandtheit erfordernden Arbeiten zu übertragen"[21].

Der Agrarhistoriker Sartorius von Waltershausen folgerte schroff: „Die genannten Arbeiten sind anstrengend, vielfach die Gesundheit aufreibend, oft schmutzig und widerlich und werden daher in denjenigen Gebieten, wo die Arbeiterschaft verweichlicht oder bequem geworden ist und vermöge ihrer politischen Selbstherrlichkeit einen Anspruch auf leichtere Arbeit zu haben glaubt, gern abgelehnt, wenn sich nur irgend eine angenehmere Tätigkeit finden läßt." So entstehe eine subproletarische ausländische „Arbeiterschicht zweiten Grades", deren Zugehörige in Deutschland Funktionen erfüllten, wie sie „der Neger in den nordamerikanischen Oststaaten, der Chinese in Kalifornien, der ostindische Kuli in Britisch-Westindien, der Japaner in Hawaii, der Polynesier in Australien" übernähme. „Infolge der höheren Kulturstufe und des höheren wirtschaftlichen Niveaus, zu dem sich ohne Frage unsere heimische Arbeiterschaft aufgeschwungen hat, beginnt die Neigung zur Verrichtung niederer Arbeiten mehr und mehr zu schwinden", urteilte etwas gefälliger, aber in der Sache gleichgerichtet B. Bodenstein, Regierungsassessor im Statistischen Reichsamt. Deshalb könne es „in gewisser Weise als erfreulich bezeichnet werden, daß für die Verrichtung der niederen Arbeiten anspruchslose ausländische Arbeiter zur Verfügung stehen"[22].

Hinzu kamen konjunkturelle Pufferfunktionen der ausländischen Reservearmee: Beim „Wechsel zwischen Hoch- und Tiefkonjunktur", wußte man schon 1885 in Berlin, brauche die Industrie „eine gewisse Ausdehnungsmöglichkeit in bezug auf die Arbeiterzahl". Konkret: „Beschränke man die Industrie auf inländische Arbeiter, so würde bei einem Rückgang der Industrie eine größere Anzahl von Arbeitern brotlos und vermehrten sie dadurch die unzufriedenen Elemente. Dagegen könne man ausländische Arbeiter in solchen Fällen ohne weiteres abstoßen." Ganz entsprechend bestätigte das Breslauer Oberbergamt 1911: „Insoweit eine Reduktion der Belegschaft zu gewissen Zeiten oder in gewissen Industriezweigen sich als notwendig herausstellte, erfolgte zunächst ausschließlich die Abstoßung der Ausländer"[23].

Insgesamt deckte die landwirtschaftliche und industrielle Reservearmee ausländischer Arbeitskräfte im Kaiserreich den Ersatz- und Zusatzbedarf auf dem Arbeitsmarkt und erfüllte außerdem Pufferfunktionen im Wechsel von Aufschwung und Krise. Das war deutlich ablesbar z. B. am Rückgang der Ausländerbeschäftigung in den beiden Depressionsphasen von 1900/02 und 1907/08. Ohne sie wäre der Wandel vom Agrar- zum Industriestaat mit seinen tiefgreifenden Veränderungen im Kaiserreich zwar kaum wesentlich anders, aber wohl erheblich härter ausgefallen. Selbst im Krieg noch erfüllten ausländische Arbeitskräfte in Deutschland entscheidende Ersatzfunktionen. Ohne die nunmehr zwangsweise auf dem landwirtschaftlichen Arbeitsmarkt zurückgehaltene ausländische Reservearmee, die rasch durch Kriegsgefangene verstärkt wurde, wäre die ‚Heimatfront' im ersten totalen Krieg sehr viel früher zusammengebrochen. Dabei bildeten die von Rückkehrverboten über indirekte Nötigung und direkten Arbeitszwang bis hin zu Zwangsarbeit und regulären Zwangsdeportationen (aus Belgien im Winter 1916/17) reichenden Formen der Ausländerbeschäftigung im Ersten Weltkrieg später „die Erfahrungsgrundlage für den nationalsozialistischen Ausländereinsatz im Zweiten"[24].

Ausländerbeschäftigung im Konflikt: Probleme und Positionen

In seiner Zwitterstellung zwischen Aus- und Einwanderungsland erlebte Deutschland seit den 1890er Jahren und über den Weltkrieg hinweg bis in die Anfangsjahre der Weimarer Republik hinein tiefgestaffelte Interessenkonflikte um die Ausländerbeschäftigung[25]. Sie verschärften die Spannung zwischen den organisierten Interessen am Arbeitsmarkt und reichten von Kommunalverwaltung und Landratsamt bis hinauf ins preußische Staatsministerium. Auf internationaler Ebene standen neben

Russische Kriegsgefangene bei der Landarbeit in Ostpreußen (1915).

Landarbeiter auf dem Schloßgut Neidenburg in Ostpreußen (1920er Jahre).

Regierungsvertretern auch Vertreter von Arbeitgeber- und Arbeitneh-
merinteressen des ‚Arbeitseinfuhrlandes' Deutschland gegen diejenigen
der Herkunftsländer der ‚ausländischen Wanderarbeiter' im Konflikt um
Aus- und Einreisegenehmigungen und um arbeits- und sozialrechtliche
Fragen in den Verhandlungen um bilaterale ‚Arbeits- und Wanderungs-
verträge'. Die Gewerkschaften im ‚Arbeitseinfuhrland' schließlich
kämpften im Zielkonflikt zwischen proletarischem Internationalismus
und nationaler Arbeitnehmervertretung einerseits *für* die Gleichstellung
ausländischer und einheimischer Arbeitskräfte und andererseits *gegen*
die – im Kaiserreich noch unumschränkte – Zulassung ausländischer
Arbeitskräfte. Bei alldem gab es Interessenkollisionen auf den verschiedensten Konfliktfeldern, von denen abschließend vier umrissen werden, die sich auf vielfältige Weise überschnitten:

1. *‚Polonisierung', ‚Überfremdung' und ‚Verdrängung'*: Im ‚Saisonge-
werbe' Landwirtschaft war, wie zuerst Max Weber erkannte, ausländische Arbeitskraft betriebswirtschaftlich ‚immer billiger' als einheimische. Wo aber das Interesse an den ‚billigen und willigen' ausländischen
Arbeiterkolonnen die Grenzen des Ersatzbedarfs überstieg, kam es zu
Erscheinungsformen internationaler Lohn- und Verdrängungskonkur-
renz. Das war der Hintergrund für die von Max Weber ausgelöste
Kontroverse um eine angebliche „Polonisierung des Ostens" als Ergebnis einer „Verdrängung" preußisch-deutscher Landarbeiter durch auslandspolnische Saisonarbeiter[26]. Dieses Diskussionsspektrum hatte fließende Grenzen zu der umfassenden nationalistischen Agitation, die in
der „Überfremdung" und „Überschwemmung durch Ausländer" aus
dem östlichen Ausland „große nationale Gefahren" für den „deutschen
Volkskörper" zu erkennen glaubte[27]. Darin verdichtete sich auch stets
weiter das abschätzige Bild von den Rangunterschieden zwischen den
auf einer „höheren Kulturstufe" stehenden einheimischen und den
„slawischen" Arbeitern – von den Ruthenen als „geborenen Erdarbei-
tern" bis hin zu den „kriecherischen Polen" bzw. „dummen Polacken"[28].

2. *Ost-West-Konkurrenz*: Auslandspolnische Arbeitskräfte wurden seit
1891 nicht nur in den östlichen, sondern auch in den mittleren und
westlichen preußischen Provinzen zugelassen. Um sie von den nach
Westen abgewanderten, vorwiegend in Bergbau und Industrie beschäftigten ‚Ruhrpolen' getrennt zu halten, wurde ihre Beschäftigung hier
jedoch beschränkt auf landwirtschaftliche Betriebe und deren Nebenbe-
triebe. Arbeitgeber im Westen verstanden das als ausländerpolitische
Kriegserklärung auf dem Arbeitsmarkt. Ihre scharfen Proteste gegen
diese konkurrenzschädigende Benachteiligung gegenüber dem Osten
reichten bis zu der offenen, aber vergeblichen Drohung, die Abwerbung
einheimischer Arbeiter in der von ‚Leutenot' geplagten Landwirtschaft
des Ostens noch weiter zu intensivieren.

3. *Lohndruck und Unterschichtung*: Im Feindbild der Gewerkschaften konkurrierten bald zwei Stereotype um die übelsten Plätze – der ostelbische Junker und der italienische Bauarbeiter, der „als so gut wie synonym mit Streikbrecher" galt. Besonders im Bauwesen, dem bevorzugten Tätigkeitsfeld italienischer Arbeitskräfte, war der Ausländereinsatz den Gewerkschaften Anlaß für die Agitation gegen die ‚Ausbeutung‘ ausländischer ‚Lohnsklaven‘ als ‚Lohndrücker‘, ‚Schmutzkonkurrenten‘ und ‚Streikbrecher‘[29].

4. *Arbeitsmarkt, Pufferfunktionen und Lohnkonkurrenz*: Der Wandel vom Agrar- zum Industriestaat wurde begleitet von gewaltigen Binnenwanderungen. Überregionale Arbeitsmarktbeobachtung und Arbeitsvermittlung aber gab es im Kaiserreich erst in Ansätzen. Ergebnis unterschiedlicher Wirtschaftsentwicklung, aber auch des Wanderungsgeschehens selbst waren volkswirtschaftlich teure, in der öffentlichen Diskussion wie im preußischen Staatsministerium vielbeklagte Reibungsverluste: aus öffentlichen Mitteln finanzierte Beschäftigungsmaßnahmen (‚Notstandsarbeiten‘) hier, akuter Arbeitskräftemangel und Ausländerbeschäftigung dort. Wege aus dem Dilemma wies erst die Entwicklung der öffentlichen Arbeitsverwaltung. Ihr Aufbau wurde durch den Weltkrieg forciert, fand seinen Abschluß aber erst in der Weimarer Republik mit dem 1927 vollendeten Institutionengefüge, an dessen Spitze die Berliner ‚Reichsanstalt für Arbeitsvermittlung und Arbeitslosenversicherung‘ stand, die Vorläuferin der Nürnberger ‚Bundesanstalt für Arbeit‘[30]. Die Ausländerbeschäftigung funktionierte zwar vordem, wie gezeigt, bereichsweise auch als Krisenpuffer am Arbeitsmarkt. Die erwähnte ‚Abstoßung‘ der Ausländer beim ‚Wechsel zwischen Hoch- und Tiefkonjunktur‘ aber konnte auch zu durchaus gegenläufigen Kettenreaktionen führen. Das war z. B. dann der Fall, wenn etwa entlassene italienische Arbeitskräfte, die im Gegensatz zu den auslandspolnischen mit der Arbeit nicht zugleich auch die Aufenthaltsgenehmigung verloren, in anderen Beschäftigungsbereichen in direkte Lohnkonkurrenz mit einheimischen Kräften traten.

Auch das änderte sich erst in der Weimarer Republik durch die Verbindung von Arbeitsvermittlung und Ausländerzulassung in Gestalt der ‚Genehmigungspflicht‘ für die Ausländerbeschäftigung und des Inländervorrangs auf dem Arbeitsmarkt, den das Kaiserreich noch nicht kannte. In Weimar bestand zwar, bei sehr viel niedrigerem Gesamtumfang, das für die Vorkriegsjahre charakteristische Strukturbild der Ausländerbeschäftigung mit seiner jährlichen Fluktuation fort. Bestimmend für das Bewegungsmuster der Arbeitswanderung aber war nicht mehr die Strategie der antipolnischen ‚Abwehrpolitik‘, sondern die Ratio der Arbeitsmarktpolitik: Die jährliche ‚Genehmigungspflicht‘ zielte darauf ab, die Ausländerbeschäftigung in den Grenzen des Ersatz- und Zusatzbedarfs auf dem Arbeitsmarkt zu halten[31]. Mit dieser Verbindung von Arbeitsverwaltung und Ausländerzulassung begann eine Traditionslinie, die heraufführt bis in die ,Gastarbeiterperiode' der Bundesrepublik[32].

5.4. „... nirgends eine Heimat, aber Gräber auf jedem Friedhof": Ostjuden in Kaiserreich und Weimarer Republik

Von Inge Blank

Zwischen 1880 und 1929 verließen etwa 3,5 Mio. Juden Osteuropa[1]. Von Armut und Perspektivlosigkeit getrieben, auf der Flucht vor Pogromen, später vor Kriegswirren und revolutionären Umwälzungen, wanderten sie vor allem in die Vereinigten Staaten aus. Der Zug in eine ungewisse Zukunft führte meist über deutsche Häfen. Die schon in den 1880er Jahren anlaufende osteuropäische Transitwanderung (,Durchwanderung') bot den deutschen Transatlantiklinien willkommenen Ersatz für die seit Anfang der 1890er Jahre unbedeutende deutsche überseeische Massenauswanderung. Sie stieg in der Tat fast umgekehrt proportional zur Abnahme des deutschen transatlantischen Exodus zur Massenbewegung auf: Mit der dritten ,Welle' 1880–1893, die insgesamt rd. 1,8 Mio. deutsche Auswanderer in die Vereinigten Staaten brachte, endete die säkulare transatlantische Massenbewegung aus dem Deutschland des 19. Jahrhunderts. Seit dem steilen Absturz der Auswanderungskurve 1893 blieben die Auswandererzahlen bis zum Ersten Weltkrieg durchweg unter 40000 im Jahr. Die von jüdischen und polnischen Auswanderern aus Rußland dominierte ost- und südosteuropäische ,Durchwanderung' hingegen stieg seit den frühen 1880er Jahren zur Massenbewegung auf; sie umfaßte 1880–1914 rd. 5,1 Mio. Auswanderer über deutsche Häfen. Der Weg zu den deutschen Seehäfen aber führte über preußisch-deutsches Territorium, wo diese ,Durchwanderung' aus dem Osten mißtrauisch beobachtet und kontrolliert wurde. Bei der ,Durchwandererkontrolle' ging es nicht nur um Reisedokumente und Seuchenabwehr, sondern auch um die Verhinderung illegaler Einwanderung aus dem Osten Europas[2]. Das lag, nicht nur während des ,Kulturkampfes' im preußischen Osten, sondern auch zur Zeit der gewaltigen Arbeitswanderungen über die preußischen Ostgrenzen seit den 1890er Jahren, in der allgemeinen Zielrichtung der antipolnischen ,Abwehrpolitik'[3]. Es hatte aber auch mit der Abwehrhaltung gegenüber einer gewissen, im Kontext der Ausweisung von ,Ausländern polnischer Zunge' aus den preußischen Grenzprovinzen 1885 als ,Russen nichtpolnischer Zunge' angesprochenen Gruppe von Menschen zu tun, die, wie die von ökonomischem Antisemitismus bestimmte Gruppenbeschreibung lautete, „erfahrungsmäßig die Not der Nebenmenschen zu ihrem Vorteile ausbeuten"⁴.

Die jüdische Massenwanderung aus Osteuropa hatte, als sie sich gerade erst abzuzeichnen begann, schon nationalistische Kreise auf den Plan gerufen. Sie propagierten eine konsequente Linie der Abwehr, die von Anfang an antisemitische Züge trug. 1880 erschien eine Broschüre Heinrich von Treitschkes, in der er die noch fragile nationale Identität der Deutschen von einer „Schar strebsamer hosenverkaufender Jünglinge" bedroht sah, „die Jahr für Jahr aus der unerschöpflichen polnischen Wiege über die deutsche Ostgrenze drängen" und „deren Kinder und Kindeskinder dereinst Deutschlands Börsen und Zeitungen beherrschen sollen"⁵.

Hinter der Prophezeiung einer Usurpation gesellschaftlicher Machtpositionen durch die Nachfahren ostjüdischer Zuwanderer stand vor allem argwöhnische Skepsis gegenüber der einflußreichen jüdischen Gemeinde Berlins. Ihre Mitglieder stammten in der Mehrzahl von Posener Juden ab, die einst durch die Annexion polnischer Gebiete zu preußischen Untertanen geworden waren. Die aufsehenerregende Schrift mit dem fatalen Schlußsatz „Die Juden sind unser Unglück" machte den Antisemitismus endgültig salonfähig. 1881 wurde an Personen des öffentlichen Lebens die u. a. von dem Berliner Hofprediger Adolf Stoecker unterstützte ,Antisemitenpetition' übergeben, die ca. 250 000 Unterschriften trug. Sie forderte neben einer partiellen Rücknahme der erst 1869/71 verkündeten Gleichberechtigung der deutschen Juden auch eine radikale Einschränkung ostjüdischer Zuwanderung. Organisationen wie der ,Bund der Landwirte', der ,Deutschnationale Handlungsgehilfenverband', der ,Alldeutsche Verband', der ,Ostmarkenverein' und Burschenschaften schürten in der Folgezeit unter Hinweis auf fremdartige jüdische Lebensformen antisemitische Ressentiments und die Angst vor ,Überfremdung' und ,Überflutung' aus dem Osten. In der politischen Agitation des ,Ostmarkenvereins' gingen antipolnische und antisemitische Komponenten mit fließenden Grenzen ineinander über. In Berlin hatte man ein offenes Ohr für diese Agitation.

Für die Regierung bedeutete die Zuwanderung der Juden aus Galizien und vor allem aus dem russischen ,Kongreßpolen' nicht nur eine Erhöhung der angeblich schon von den Polen preußischer Staatsangehörigkeit ausgehenden ,slawischen Gefahr', sondern auch die Einschleppung des Bazillus von Nationalrevolution, ,Anarchismus' und ,Nihilismus', waren doch jüdische Studenten aus Rußland, die wegen des für sie dort bestehenden ‚Numerus Clausus‘ an deutsche Hochschulen auswichen, oft Vertreter radikaler Weltanschauungen. Zunächst wurde eine gänzliche Fernhaltung jüdischer Zuwanderer erwogen und 1885–1887, im Zusammenhang mit der Massenausweisung von über 30000 Juden und Polen russischer und österreichischer Staatsangehörigkeit aus den preußischen Grenzdistrikten sowie der Grenzsperre gegen weitere Zuwanderung, auch in Angriff genommen. Dergleichen freilich war gegen die Interessen der von ‚Leutenot‘ geplagten ostelbischen Agrarproduzenten und der deutschen Reedereien sowie im Blick auf Handelsverträge mit den Herkunftsstaaten nicht auf Dauer durchzuhalten. Abweichend von anderen Staaten, die Zuwanderungen mit Hilfe von Einwanderungsgesetzgebung steuerten, versuchten die deutschen Länder, mit Ausweisungen, Niederlassungsverboten bzw. -beschränkungen und einer rigiden Nichteinbürgerungspraxis die Zahl der osteuropäischen Juden klein zu halten; Preußen, das in der Tat am meisten betroffen war, spielte die Vorreiterrolle. Ergebnis war ein durch Beamtenwillkür in weiten Ermessensspielräumen befördertes Klima der Unsicherheit und Ungewißheit für die Betroffenen.

Das Oppositionspaar ‚Ostjudentum/Westjudentum‘, wahrscheinlich um 1900 durch den jüdischen Publizisten Nathan Birnbaum geprägt, bezeichnet die beiden sozialen Profile innerhalb des mitteleuropäischen Judentums, hervorgebracht durch die verschiedenartigen Lebensbedingungen in Ost und West[6]. Da ‚Osten‘ und ‚Juden‘ im Sprachgebrauch deutscher nationalistischer Kreise negativ besetzte Begriffe darstellten[7], hatte damit aber auch die völkisch-antisemitische Publizistik ihr Schlagwort gefunden. Eine Flut von Literatur beschwor die ‚Ostjudenfrage‘ oder ‚Ostjudengefahr‘ seit der Okkupation Russisch-Polens im Ersten Weltkrieg. Es gab zwar eine soziale ‚Ostjudenfrage‘, jedoch vor allem für die Betroffenen selbst: Steigende Verarmung, mangelndes Erwerbsangebot und, damit verbunden, ein weitverbreitetes ‚Luftmenschentum‘ (Max Nordau) waren die anhaltenden Triebkräfte für die Massenauswanderung, wobei akute soziale Konflikte und staatliche Diskriminierungen jeweils abrupt aufsteigende Auswanderungswellen auslösten. In der deutschen Gesellschaft jedoch war die ‚Ostjudenfrage‘ ein imaginiertes Problem: Von den ca. 2 Mio. Juden, die 1880–1914 das Reich passierten, wurden nur ca. 78000 ansässig. Sie stellten zwar ca. 12% der jüdischen Bevölkerungsgruppe, die ihrerseits aber 1925 nur 0,9% der Gesamtbevölkerung ausmachte.

Im Ersten Weltkrieg rekrutierte die Oberste Heeresleitung für die deutsche Rüstungsindustrie etwa 30000 Arbeiter unter der jüdischen Bevölkerung Russisch-Polens. Das provozierte, trotz des kriegsbedingten Arbeitskräftemangels, wütende Proteste antisemitischer Gruppierungen, die dies als Beginn einer Masseneinwanderung deuteten. Die

Agitation hatte Erfolg: Im April 1918 wurde eine weitere Anwerbung verboten. Nach dem Krieg verloren die meisten Angeworbenen ihren Arbeitsplatz. Eine rasche Repatriierung aber war nicht möglich, weil die neu entstandenen Staaten Ostmitteleuropas zunächst keine jüdischen Rückwanderer aufnahmen. Blutige Pogrome in der Ukraine, Gewaltakte und Diskriminierungen in Polen waren stärker als die Grenzsperre und ließen den Strom jüdischer Flüchtlinge anschwellen. 1914–1921 kamen insgesamt ca. 100000 Ostjuden nach Deutschland, von denen aber ca. 40% wieder abwanderten. 1925 gab es in Deutschland knapp 108000 Ostjuden, rd. 30000 mehr als 1910. Bis Mitte 1933 sank ihre Zahl auf 98000. Deutschland blieb für Ostjuden also auch weiterhin vor allem ein Transitland.

In der Weimarer Republik avancierten die Ostjuden als angebliche Kriegs- und Inflationsgewinner oder als Sendboten des Bolschewismus zum Lieblingsobjekt antisemitischer Propaganda. Es war in der Tat nicht schwer, einige aufsehenerregende Spekulantenfälle in ostjüdischen Kreisen aufzuzeigen, die es dort ebenso gab wie in einschlägigen nichtjüdischen Kreisen. Nicht minder einfach war es, Ängste eines durch die Revolution verunsicherten Bürgertums mit Namen wie Rosa Luxemburg, Karl Radek oder Eugen Leviné zu schüren. Zur Sichtbarkeit der Fremden aus dem Osten trug zudem bei, daß sie, wie andere Einwanderer auch, gern dort zunächst Quartier nahmen, wo ihnen Landsleute erste Orientierungshilfen zu geben vermochten und wo sie ihre Gebetshäuser und überlieferten sozialen Institutionen vorfanden. Vor allem in Berlin, wo man 1925 40,7% aller jüdischen Ausländer im Reichsgebiet zählte, lebte die Masse armer ostjüdischer Zuwanderer in einigen Straßen des ,Scheunenviertels' inmitten eines Verbrecher- und Dirnenmilieus in einer Art Ghetto, dessen Umfang jedoch von den ostjüdischen Vierteln in Westeuropa und den USA weit in den Schatten gestellt wurde. Es blieb den deutschen Antisemiten vorbehalten, die wenigen Straßenzüge als ,Brutstätte künftiger deutscher Staatsbürger jüdischen Glaubens' und ,gefährliche Eiterbeule' zu brandmarken.

1918–1923 nahmen die antisemitischen Aktivitäten stark zu. In Regierungsverantwortung standen zu dieser Zeit im Reich und in Preußen Kräfte, die sich vor 1918 prinzipiell zur politischen und sozialen Gleichberechtigung der deutschen Juden bekannt und diskriminierende Maßnahmen gegenüber osteuropäisch-jüdischen Zuwanderern abgelehnt hatten. Dennoch fügt sich das rigorose Vorgehen gegenüber den Ostjuden in der frühen Weimarer Republik nahtlos ein in die düstere Geschichte der preußisch-deutschen Ausländerpolitik. Ein Erlaß des preußischen Innenministers aus dem Jahre 1919 verlängerte die Grenzsperre bei Duldung der bereits im Lande befindlichen Ostjuden aus humanitären Gründen. Auf den Druck antisemitischer Kräfte hin wurden im

Jahre 1920,Ausländer' – und damit waren vor allem Ostjuden gemeint –
schärfer überwacht, wobei es für die Entscheidung über Abschiebungen
,lästiger' Ausländer weite Ermessensspielräume gab.

Immer häufiger kam es zu Razzien auf Personen, die in den Nach-
kriegswirren ihre persönlichen Dokumente nicht beibringen konnten,
immer drängender forderten kommunale und polizeiliche Behörden die
sofortige Internierung und Ausweisung aller Ostjuden. 1920 wurden
250 Ostjuden aus Berlin in ein Militärlager verschleppt; die bayerische
Regierung versuchte, die nach 1914 ansässig gewordenen ca. 5000
Ostjuden auszuweisen, und etwa 800 Ostjuden wurden in Kattowitz
über die polnische Grenze abgeschoben. Auf Anordnung des Preußischen Innenministers Dominicus (DDP) wurden im Frühjahr 1921 in
Cottbus und Stargard (Pommern) zwei ,Konzentrationslager' genannte
Abschiebelager errichtet. Die Wachmannschaften demütigten und belei-
digten die jüdischen Lagerinsassen und ließen sich auch zu körperlichen
Mißhandlungen hinreißen. Trotz erregter Parlamentsdebatten wurden
die Lager erst im Dezember 1923 geschlossen. Im November 1923 gab es
pogromartige Ausschreitungen im Berliner ,Scheunenviertel'. Am zweiten Abend erst kam die Polizei ihrer Pflicht nach, die Angegriffenen zu
schützen.

Wo sind die Ursachen für diese Entwicklung zu suchen? In den
offiziellen Begründungen der scharfen fremdenpolizeilichen Maßnahmen wurde stets auf die desolate wirtschaftliche Lage, auf Versorgungs-
engpässe und den großen Wohnungsmangel hingewiesen. In der von
den Kriegsfolgen und inneren Unruhen erschütterten Republik erschien
vielen politisch Verantwortlichen die Verhinderung einer Einwanderung
osteuropäischer Juden und die Verringerung ihrer Zahl im Reich als
wichtiges innenpolitisches Ziel. Hinzu kam das nachgerade traditionelle
Unvermögen, Minderheiten wie Juden und Polen kulturelle Eigenrechte
zuzugestehen. Viele Repräsentanten des neuen demokratischen
Deutschlands scheuten sich, der immer bedrohlicher werdenden antisemitischen Hetze energischen Widerstand entgegenzusetzen, um sich
nicht dem Vorwurf der ,Ostjudenbegünstigung' auszusetzen. Es gab
jedoch nicht nur dieses Zurückweichen vor der offenkundigen Instrumentalisierung der ,Ostjudenfrage' durch antisemitische Kräfte zur
Diskreditierung der jungen Republik. Selbst aus vielen Äußerungen des
,linken' Lagers sprachen antisemitische Ressentiments, wie z. B. aus
dem Hinweis des Preußischen Innenministers Wolfgang Heine (SPD),
daß die Einbürgerungsvorschriften sich nicht auf die „halb-barbarischen
Bevölkerungsschichten" der ostjüdischen Einwanderer bezögen.

Auch arrivierte deutsche Juden mag ein Frösteln überkommen sein,
wenn sie auf Glaubensgenossen aus dem Osten trafen, die an ihrem
Habitus als Angehörige des Ghettos erkennbar waren und damit an eine

unglückselige, für überwunden gehaltene oder schlicht verdrängte Vergangenheit erinnerten. Als „asiatische Horde auf märkischem Sand"[8] hat sie der spätere, 1922 von antisemitischen Nationalisten ermordete Außenminister Walther Rathenau bezeichnet. Auf kommunaler Ebene brachte der Gemeindezwang mit der Zusammenfassung aller Juden eines Ortes als Steuerzahler die formale Anerkennung der Zuwanderer als gleichberechtigte Gemeindemitglieder. Die Befürchtung, Wahlbündnisse von Ostjuden und Zionisten könnten den Gemeindecharakter grundlegend verändern, führte in einigen Gemeinden zu erbitterten Konflikten. Dennoch war in den großen jüdischen Organisationen spätestens in den 1890er Jahren die Einsicht durchgedrungen, daß sich die Ostjuden-Hetze bei widerstandsloser Hinnahme zu pauschalem Antisemitismus steigern könnte. Jüdische Presseorgane bekämpften negative Klischees und protestierten gegen staatliche Diskriminierung. Jüdische Organisationen bauten ein umfangreiches soziales Hilfswerk auf, aus dem das ‚Arbeiterfürsorgeamt der jüdischen Organisationen Deutschlands' (AFA) hervorging. Das AFA, in dem erstmals auch ostjüdische Organisationen vertreten waren, hatte seine Zentrale in Berlin und unterhielt 18 Filialen im Reichsgebiet[9]. Zu seinen Aufgaben zählten neben der Weiterleitung ostjüdischer Zuwanderer in andere Länder bzw. ihrer Rückführung in die Heimat auch ihre Eingliederung ins deutsche Wirtschaftsleben, die Linderung sozialer Not und Rechtsschutz, besonders in Ausweisungssachen.

Der Erste Weltkrieg brachte mehrere tausend jüdische Soldaten in unmittelbare Berührung mit der jüdischen Lebenswelt in Osteuropa und löste bei manchen ein nostalgisches ‚Ostjudenerlebnis' aus. Es entsprang dem Gefühl, die eigene Existenz sei ‚wirklich verphilistert, verbourgeoist', während die demographischen und kulturellen Ressourcen für eine Erneuerung des Judentums im Osten zu liegen schienen. Eine der bedeutendsten Einrichtungen, die aus diesem Erlebnis hervorging, war das ‚Jüdische Volksheim' im Berliner ‚Scheunenviertel'. Sein Konzept verband pädagogische Arbeit mit sozialistischen Ideen und zog jüdische Intellektuelle wie Martin Buber und Franz Kafka vorübergehend in den Bann[10].

Zu begrenztem ostjüdischem ‚community-building' kam es erst in der Weimarer Republik, so daß die ostjüdischen Zuwanderer erst relativ spät als handelnde ethnische Gruppe und damit als Subjekt von Geschichte sichtbar wurden. Verweigerung der Einbürgerung und häufige Ausweisungen im wilhelminischen Deutschland aber hatten ein Klima der Unsicherheit erzeugt, dem ein Bemühen um möglichst unauffälliges Verhalten entsprach. Überdies waren die Zuwanderer dieses Zeitraums auch sozial und regional sehr heterogen – Kleinkaufleute aus Galizien hatten z. B. mit Zigarettenarbeitern aus Rußland wenig gemein. Die

ostjüdischen Zuwanderer gründeten daher lediglich gemeinsame Bet-
stuben sowie einige lokale Wohltätigkeitsvereine und paßten sich, soweit der soziale Aufstieg gelang, gern schnell den Lebensformen der
deutschen Juden an.

Nach dem Ersten Weltkrieg gewann das Berufsprofil der Ostjuden in
Deutschland stärker proletarische Züge. Die Bewegung der Kulturver-
eine, die besonders das Rheinland, Westfalen und Berlin erfaßte, schloß
Arbeiter aller politischen Richtungen zusammen[11]. Mit knappen Mitteln
wurden Lesehallen und Bibliotheken eingerichtet, Zeitungen herausgegeben. In den verschiedensten Organisationen, von den Jugendverei-
nen bis zu den Landsmannschaften, entfaltete sich ein vielgestaltiges
Vereinsleben. 1919 wurde der überregionale ‚Verband der Ostjuden'
gegründet, der außer zahlreichen Einzelpersonen über 50 Vereine umfaßte und 1933 noch ca. 20000 Mitglieder zählte. In seiner Zielsetzung
ging es um die „Synthese zwischen altjüdischem Leben, dem Geist des
neuen Milieus und den Erfordernissen des jetzigen wirtschaftlichen und
kulturellen Lebens"[12]. Diese Synthese sollte Grundlage einer neuen
Identität und zugleich Voraussetzung der Integration in die westeuropäischen Gesellschaften sein. Daneben gab es den viel kleineren ‚Verband der russischen Juden', eine Selbsthilfeorganisation ohne politische
Ziele. Dem Verband gehörten angesehene Journalisten, Dichter und
Wissenschaftler an, die in Deutschland Zuflucht vor der russischen
Revolution gesucht hatten und in ihrem Gastland eine rege kulturelle
Aktivität entfalteten.

Anfang der 1920er Jahre stand Deutschland an zweiter Stelle in der
jiddischsprachigen Buchproduktion. Die modernen jiddischen und he-
bräischen Theater des Ostens feierten große Erfolge in Berlin, bevor sie
auf Tournee in andere europäische Hauptstädte und nach Amerika
gingen. In der Metropole der Republik entstand eine Kolonie jiddisch
schreibender Schriftsteller. Viele jüdisch-russische Organisationen verlagerten ihre Arbeit dorthin. Im Jahre 1924 wurde hier der Klub ‚Scha-
lom Alejchem' als Domizil für die moderne jiddische Kultur im deutschen Raum gegründet. Auch im ‚Romanischen Café', das als ‚Café
Größenwahn' durch Walter Benjamin[13] in die moderne deutsche Litera-
turgeschichte eingegangen ist, hatten ‚Jiddischisten', ‚Bundisten' und
‚Zionisten' feste Tische.

Eindrücke vom Alltagsleben im Berliner ‚Scheunenviertel' fügen sich
nur in Bruchstücken zusammen aus Lebenserinnerungen, Photos, zeitgenössischer Publizistik und wenigen anderen Quellen[14]. Der große
ostjüdische Schauspieler Alexander Granach glaubte sich mitten in
Berlin nach Lemberg versetzt in den kleinen finsteren Gäßchen mit
ihren zahlreichen Läden und den Passanten, die gekleidet waren wie
Juden in Galizien[15]. Hier wie in anderen Lebenserinnerungen erscheint

Die Leihbibliothek Rosenberg im Berliner Scheunenviertel.

das Berliner Ghetto als eine abgeschlossene Welt mit eigenen Gesetzen, Sitten, Gebräuchen und einer eigenen sozialen Hierarchie, die vom Rabbiner herabreichte bis zum Hausierer und Schnorrer. Unverwechselbares Ambiente: die Winkelbetstuben neben den Kaufläden, die Talmudschulen in den Hinterhöfen neben kleinen Werkstätten; am Schabbath und den hohen jüdischen Feiertagen überall die weißgedeckten Tafeln mit den gleichen Leuchtern und Geräten, um die sich die Familie vereinigte; voller Menschen die Straßen, wenn ein chassidischer Zaddik eine Zeitlang bei seinen Anhängern Hof hielt – und zwischendurch Paßkontrollen, Haussuchungen, Razzien.

1930 schloß der Klub ,Schalom Alejchem' seine Pforten, Zeitungen gingen ein, Verlage wurden aufgelöst. Mit der steigenden Arbeitslosigkeit während der Weltwirtschaftskrise schon setzte eine Auswanderungsbewegung nach Westen ein: nach Frankreich und Belgien und über französische und belgische Häfen oftmals weiter in die Vereinigten Staaten. Die an antisemitische Hetze und Verfolgungen gewöhnten ostjüdischen Zuwanderer spürten die Bedrohung durch den Nationalsozialismus wohl auch früher und intensiver als die deutschen Juden. Vielen aber fehlte die Möglichkeit oder die Kraft weiterzuziehen. 1927 hatte sich der aus der Gegend von Lemberg stammende berühmte österreichisch-jüdische Romancier Joseph Roth, der 1933 emigrieren mußte und 1939 elend in einem Pariser Armenhospital starb, in einem letzten Appell an Leser gewandt, „die Achtung haben vor Schmerz, menschlicher Größe und vor dem Schmutz, der überall das Leid begleitet" und „die fühlen, daß sie vom Osten viel zu empfangen hätten"[16]. Er blieb ohne Resonanz.

6. Massen in Bewegung: Nationalsozialismus, Weltkrieg, Nachkriegszeit

6.1. Feindschaft gegen Fremde und moderner Rassismus: Robert Ritters ‚Rassenhygienische Forschungsstelle'

Von Michael Zimmermann

Signum für das einzigartig Furchtbare der NS-Herrschaft ist die Shoah, der millionenfache, systematische Mord an den Juden. Die Shoah war die letzte Ausprägung einer rassistischen Aussonderung der jüdischen Minderheit. Von einer solchen Aussonderung waren auch weitere, aus der Norm einer ‚deutschen Volksgemeinschaft' fallende Menschen betroffen. Vor dem Hintergrund des Wissens um die Shoah soll dies am Beispiel der ‚Zigeuner', der Sinti und Roma, und der sie auf vorgeblich wissenschaftlicher Basis verfolgenden ‚Rassenhygienischen Forschungsstelle' gezeigt werden.

‚Zigeuner' würden durch „urtümlich ererbte Instinkte" gesteuert und „von ihren Trieben" „beherrscht". Sie seien „unfähig, Gedankenarbeit zu leisten"; ihnen eigne „Unstetigkeit", „Affenliebe" und ein „Mangel an Arbeitssinn"[1]. So Dr. phil. Dr. med. habil. Robert Ritter, der führende ‚Zigeunerforscher' während der NS-Zeit. Ritter hat nach 1933 umfangreich publiziert und bis 1945 erfolgreich Karriere gemacht. In die ‚Zigeunerpolitik' des NS-Systems griff er ebenso ein wie in wissenschaftliche Auseinandersetzungen. Seine Schriften lassen dabei über seine Psyche ebenso Rückschlüsse zu wie über sein Gesellschaftsverständnis. Wenn es richtig ist, daß Individualbiographien auch kollektive Mentalitäten und Verhaltensweisen aufzuschließen vermögen und daß die nationalsozialistische Verfolgung fremd erscheinender oder zu Fremden erklärter Menschen wesentlich aus der Disposition der Verfolger zu erklären ist, dann mag Ritters Weg während der NS-Herrschaft symptomatisch sein für den Zusammenhang zwischen fremdenfeindlichen Klischees, Rassismus und NS-Vernichtungspolitik.

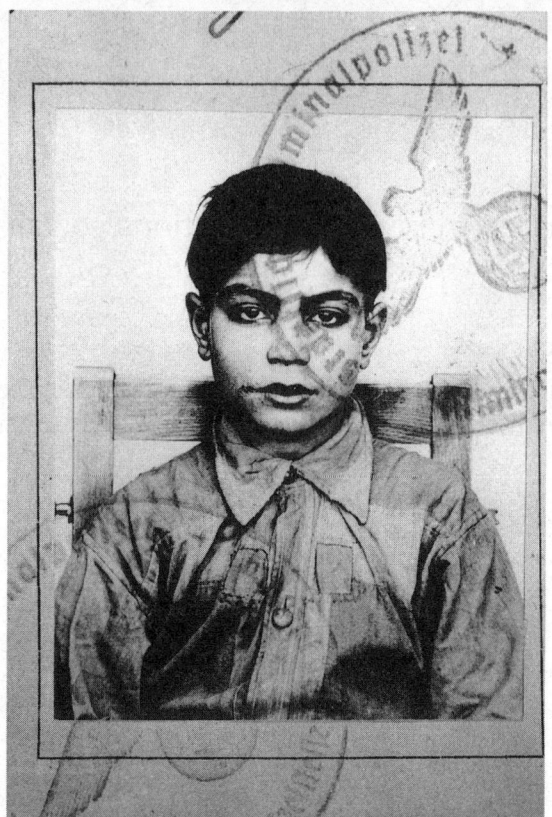

Sinto-Junge, von der Kripo ‚erfaßt' (Magdeburg, 1938).

Rassismus als Wissenschaft

Ritters Bedeutung für die NS-Zigeunerverfolgung ergab sich zunächst aus definitorischen Schwierigkeiten der Kriminalpolizei. Zuständig für die Erfassung der Sinti und Roma, war sie bei der Einordnung der Fahrenden in eine der drei Ende 1938 in einem Himmler-Erlaß geforderten Kategorien „reinrassige Zigeuner", „Zigeunermischlinge" oder „nach Zigeunerart umherziehende Personen" überfordert. Hier wurden die Spezialisten der Rassenhygienischen Forschungsstelle des Reichsgesundheitsamtes tätig. Ritter war deren Gründer.

1901 als Sohn eines Marineoffiziers geboren, hatte er das Gymnasium und 1916–1918 eine Kadettenanstalt besucht. Nach dem Abitur studierte er Pädagogik, Psychologie, Philosophie, Psychiatrie und Heilpädagogik.

In seiner philosophischen Dissertation ,Versuch einer Sexualpädagogik auf psychologischer Grundlage' widmete sich Ritter 1927, von den zivilisationskritischen Impulsen der Jugendbewegung beeinflußt, der vermeintlichen „sexuellen Krise" seiner „materialistisch-rationalistisch[en] Gegenwart". In ihr wähnte er den „Volkskörper" durch „Geschlechtskrankheiten" sowie durch „nervöse und psychosexuelle Störungen geschwächt". Ritters Versuch zur „Überwindung" der „sexuellen Krise" bestand in einem Angriff auf Freuds Psychoanalyse, der auf die Leugnung der infantilen Sexualität hinauslief und auf die Propagierung einer „seelische[n], anbetende[n], ‚himmlische[n]' Liebe" gegen „Sexualität" und „seelenlose Sinnlichkeit".

In den folgenden Jahren leitete Ritter die Jugendabteilung der Tübinger Universitäts-Nervenklinik. Während der Sprechstunden glaubte er bei einigen Kindern etwas „Strolchenhaftes und Spitzbübisches" zu bemerken, was er als einen hinter einer „Maske von Schlauheit" „getarnten Schwachsinn" kennzeichnete.

War Ritters Dissertation von 1927 einerseits noch durch den Gegensatz zwischen der Dichotomie von „himmlischem" und „irdischem Eros" gekennzeichnet und andererseits durch das Ziel, durch Erziehungsarbeit eine „Synthesis" zwischen diesen Polen herbeizuführen, so gab er im Laufe seiner jugendärztlichen Tätigkeit die Hoffnung auf eine Synthese zwischen „seelischer Liebe" und „seelenloser Sinnlichkeit" auf. Er bestritt nun die Möglichkeit, durch Erziehung Einfluß auf die von ihm beobachteten Kinder zu nehmen, und führte deren vorgebliche „Zucht- und Sittenlosigkeit" auf die „Schicksalsmacht der Vererbung" zurück. Damit wandte sich Ritter – einem allgemeineren Trend entsprechend – einer biologistischen Interpretation gesellschaftlicher Phänomene zu.

Bereits seit Mitte der 1920er Jahre war etwa in der Sozialpädagogik eine Debatte über die ‚Grenzen der Erziehbarkeit' von Fürsorgezöglingen geführt worden, die an der Kluft zwischen hochgesteckten Erziehungszielen und der deprimierenden Wirklichkeit in den Heimen ansetzte, die Schuld für die vorgebliche ‚Unerziehbarkeit' den Fürsorgezöglingen selbst anlastete und vielfach auf ‚minderwertige' Erbanlagen zurückführte. Solche Denkschemata gewannen während der Weltwirtschaftskrise angesichts schrumpfender öffentlicher Mittel für die Sozialpolitik an Schubkraft.

Seit 1932 befaßte sich Ritter mit Forschungen über ‚Strolchengeschlechter' und ‚Zigeunermischlinge'. 1934/35 gab er seine Tätigkeit als Jugendarzt auf, um sich vollends derartigen Untersuchungen zu widmen. 1936 erhielt er das Angebot, seine Forschungen innerhalb des Reichsgesundheitsamtes fortzuführen. Ritter war dabei nicht der einzige, der Sinti und Roma zum Gegenstand rassistischer Forschung machte. Ähnliche Untersuchungen wurden am Institut für Erb- und Rassenpflege der Universität Gießen und am Hygienischen Institut der Universität Münster durchgeführt sowie am Berliner Kaiser Wilhelm-Institut für Anthropologie und am Königsberger Rassenkundlichen Institut in Aussicht genommen.

Projektionen

Ritter entindividualisierte „die Zigeuner" und erklärte sie zu „typischen Primitiven", die „geschichtslos" und „kulturarm" seien. Er führte dies auf die „Macht der Vererbung" zurück, die einen Wandel des „primitiven Menschen" nicht zulasse. Diese Position entsprach den Traditionslinien einer mit dem Kolonialismus verquickten Ethnologie, die mit Arroganz auf außereuropäische Völker hinabblickte. Sie entsprach auch weitgehend der bis dahin üblichen ‚Zigeunerforschung', wie sie etwa durch den Leipziger Professor Martin Block repräsentiert wurde. Gleichwohl existierten bedeutsame Unterschiede zwischen Block und Ritter. Während Block den Zigeunern eine paternalistische Sympathie entgegenbrachte, ihre Kultur einer Beschreibung für wert erachtete und die vorgeblich Primitiven als „kindliche Menschen" charakterisierte, äußerte sich Ritter bis in die Wahl des einzelnen Wortes diffamierend über Sinti und Roma. Die Differenz zwischen dem gemeinhin als „primitiv" verstandenen Verhalten und der realen Lebensweise der ‚Zigeuner' suchte er mit Metaphern wie „Firnis" oder „Maske", die die „eigentliche Art dieser Menschen" überdecke, zu verstecken. Insgesamt rückte Ritter die ‚Zigeuner' in die Nähe von „nicht mehr entwicklungsfähigen Zwergen" und von Affen.

Ein weiterer Unterschied zwischen Block und Ritter lag in ihrem Umgang mit dem für die verhaltenswissenschaftliche Forschung wichtigen Phänomen der Gegenübertragung. Block verstand zwar die Methode der teilnehmenden Beobachtung in äußerst fragwürdiger Weise als Verschmelzung mit dem Forschungsobjekt („Man muß selbst erst einmal ‚Zigeuner' werden"), war aber dennoch in der Lage, Subjekt und Objekt des Forschungsprozesses auseinanderzuhalten. Dies schlug sich in seinem Buch ‚Zigeuner. Ihr Leben und ihre Seele' in den Kapiteln ‚Die Zigeuner und wir' und ‚Ich und die Zigeuner' nieder. Ritter hingegen war außerstande, seine Projektionen zu reflektieren. Beim Schreiben seines 1934 erschienenen Buches ‚Ein Menschenschlag' schlüpfte er unmerklich in die Rolle der von ihm ins Auge gefaßten „Strolche", „verfolgte" ihren Weg „unauffällig" und ging in seiner Identifikation so weit, ihre vermeintlichen Gefühle und Verhaltensweisen nachzuempfinden. Zugleich erschienen Ritter diese Projektionen so bedrohlich, daß ihm nach ihrer Fixierung Mordphantasien aus der Feder quollen, die KZ und Genozid vorwegnahmen: „Von Bedeutung waren in dieser Hinsicht [i. e. für das Fortbestehen des „Menschenschlages" von Gaunern] nur zwei Maßnahmen – ohne daß man natürlich sich dessen bewußt war [sic!] –, und zwar waren dies die Todesstrafe und die lebenslängliche Einweisung in ein Zuchthaus, denn beide führten auf dem Weg über den Fortpflanzungsausfall zu einer Beschränkung des Gaunerschlages."

Eine Gegenüberstellung der Aussagen, die Ritter in seinem ‚Versuch einer Sexualpädagogik‘ von 1927 über „triebhafte Sexualität" und das „bloß körperlich-sexuelle Erlebnis" traf, mit seiner späteren Charakterisierung „der Zigeuner" und „Zigeunermischlinge" legt zudem die Vermutung nahe, daß Sinti und Roma als Projektionsfläche für Ritters mit Schuldempfinden und Angstgefühlen besetzte Sexualphantasien herhalten mußten. Hatte er 1927 das „Hinübergleiten in schwüle Phantasien" und die „geistige Leere" als notwendige Folgen der „triebhaften Sexualität" bezeichnet, so belegte er später „die Zigeuner" ganz ähnlich mit einer vermeintlichen „Unfähigkeit, Gedankenarbeit zu leisten", und wähnte, sie schauten „gedankenleer vor sich hin".

„Einschneidende Maßnahmen"

Innerhalb der Sinti richtete Ritter seinen Hauptangriff nicht gegen die „stammechten Zigeuner", sondern – hier konform mit den einschlägig forschenden Münsteraner und Gießener Rassenhygienikern – gegen die „Zigeunermischlinge", zu denen er über 90 % der „als ‚Zigeuner geltenden Personen'" rechnete und die er als „nichtsnutzige[s] asoziale[s] Gesindel", als „form- und charakterloses Lumpenproletariat" stigmatisierte. Damit knüpfte Ritter an ältere Autoren an, die ausgeführt hatten, „nur die allerniedrigsten Schichten" seien zu einer „Symbiose mit Zigeunern" bereit.

Die Zuordnung der ‚Zigeunermischlinge‘ zum ‚Lumpenproletariat‘ zeigt, daß sich Sinti und Roma in der Schnittlinie rassenanthropologischer und rassenhygienischer Verfolgungsmaßnahmen befanden. Jene beiden Formen des Rassismus kennzeichneten die Ideologie und Praxis des NS-Regimes: Der anthropologische Rassismus bezeichnete ‚fremde Rassen‘ als genetisch minderwertig. Mittels der Rassenhygiene wurden bestimmte Gruppen *innerhalb* einer ‚Rasse‘ als ‚minderwertig‘ ausgegrenzt. ‚Zigeunermischlinge‘ wurden rassenanthropologisch als ‚Fremdrassige‘ und rassenhygienisch als ‚Asoziale‘ ausgegrenzt. Der Topos von der ‚Bedrohung‘ der ‚Volksgemeinschaft‘ durch die der Unterschicht (und Unten-Schicht) zugeschlagenen ‚Zigeunermischlinge‘ entsprach dabei einem umgekehrten antisemitischen Topos, nach dem Juden eine ‚Bedrohung‘ darstellten, da sie überproportional häufig der Oberschicht angehörten.

Insgesamt setzte sich das antisemitische Klischeebild vom ‚jüdischen Drahtzieher', der für alle gesellschaftlichen Übel verantwortlich sei, aber aus einem ganzen Komplex in sich widersprüchlicher Elemente zusammen. Juden, die wirtschaftlich erfolgreich waren, verkörperten dabei das Feindbild des ‚raffenden Kapitals'. Jüdische Sozialisten wurden mit dem Feindbild des ‚Marxismus' und später des ‚Bolschewismus' gleichgesetzt. In kulturell avantgardistischen und intellektuellen Juden sahen die Antisemiten Skeptiker, die traditionelle Werte in Frage stellten und ‚zersetzten'. Fromme Juden repräsentierten das herkömmliche Feindbild des christlichen Antijudaismus. Aus Osteuropa zugewanderte Juden mit fremdartig erscheinender Kultur waren das Angriffsziel eines deutschtümelnden Überlegenheitsdünkels. Der Antisemitismus fügte diese Einzelklischees zusammen und erzeugte das Wahnbild von einem Gesamttypus ‚des Juden'.

Zugleich färbten die antisemitischen Klischees auf das Feindbild des antiziganistischen Rassismus ab: Gleich den Sinti-‚Mischlingen' wurde auch die kleine Gruppe der vom Balkan nach Deutschland eingewanderten Roma als „Schlag" von „gefährlicher Mischung" stigmatisiert, der wegen eines vermeintlich „glatte[n] und gerissene[n] händlerische[n] Gebaren[s]", vorgeblich „stark vorderasiatisch-orientalischer körperlicher Merkmale" und einer „auffälligen Gestik" in die Nähe des Wahnbildes vom ‚raffgierigen Juden' gerückt wurde. Ritters Assistentin Eva Justin schrieb zu den Roma: „Scharfes polizeiliches Zugreifen während des jetzigen Krieges hat den Gaunereien der Rom nun einen Schlußstein gesetzt und diese Zigeuner endgültig entlarvt." Diese Sätze fielen vier Monate nach der Zigeunerdeportation vom März 1943, in deren Rahmen auch die in Deutschland lebenden Roma nach Auschwitz ‚verbracht' wurden.

Die pseudowissenschaftliche Kriegserklärung, die Ritters Forschungsstelle vor allem gegen die ‚Zigeunermischlinge' richtete, zielte auf einen grundlegenden Wandel der staatlichen ‚Zigeunerpolitik'. Bis dahin waren ‚Zigeuner' und andere Landfahrer gleichermaßen von der polizeilichen Bedrückung betroffen; nun wurde nach ‚rassischen' Kriterien geschieden. ‚Stammechte Zigeuner' sollten hauptsächlich von einer Vermischung mit nichtzigeunerischen Deutschen abgehalten werden sowie in umgrenzten „Wanderbezirken" eine „gewisse Bewegungsfreiheit" bewahren können, dabei aber unter polizeilicher Aufsicht zu Straßenbauarbeiten herangezogen werden; den Nichtzigeunern sollte „jeder geschlechtliche Verkehr mit Zigeunern" untersagt sein. Mit Blick auf die ‚Zigeunermischlinge' wurde Ritter nicht müde zu betonen, sie sollten „von der Fortpflanzung ausgeschlossen" werden; im einzelnen forderte er eine „vorbeugende Unterbringung in Arbeitslagern oder überwachten geschlossenen Siedlungen" sowie „Geschlechtertrennung" und, als weitere „einschneidende Maßnahme", ihre „Unfruchtbarmachung".

Abteilung ‚L3' des Reichsgesundheitsamtes

Die Rassenhygienische Forschungsstelle war im Reichsgesundheitsamt der Abteilung L (Erbmedizin) zugeordnet. Als Abteilung L3 wandte sie sich der ‚Zigeunerfrage' als einem Teilproblem bei der Erforschung von Nichtseßhaften und ‚Asozialen' zu. Am Rande verfolgte man eine „erbgeschichtliche und sippengeschichtliche Untersuchung der südwestdeutschen Judenschaft". In der Praxis nahm die Forschungsstelle ihre anthropometrischen und genealogischen Untersuchungen an Sinti und Roma im Frühjahr 1937 auf. „Fliegende Arbeitsgruppen" von „sprachkundigen sowie genealogisch und rassenbiologisch besonders geschulten Sachbearbeitern" reisten durch das Reich, um die Zigeuner „in den Zigeunersammelplätzen sowie in den Wohnwagen, in Anstalten, Gefängnissen und Lagern" „aufzusuchen" und zu „verhören". Sinti und Roma, die sich mißtrauisch zeigten, wurden geschlagen oder mit KZ-Haft bedroht.

Die Ausforschung vor Ort wurde mit genealogischem Material aus Pfarr- und Bürgermeisterämtern, aus Privat- und Staatsarchiven sowie mit Polizeiakten im ‚Zigeunersippenarchiv' der Forschungsstelle zu ‚Erbtafeln' kombiniert, die zum Teil mehr als 800 Personennamen umfaßt haben sollen. Diese in jeder Hinsicht fragwürdigen Tafeln bildeten die Grundlage für ‚rassenhygienische Gutachten', die die Institutsmitarbeiter Ritter, Justin, Würth und Erhardt unterzeichneten. Dort wurden die Betroffenen teils als ‚Zigeuner' und ‚Zigeunermischlinge', teils ausführlicher als ‚Zigeunermischlinge mit vorwiegend zigeunerischem' oder ‚vorwiegend deutschem Blutsanteil' klassifiziert.

Als Einrichtung, die in den politischen Raum wirken wollte, legte die Rassenhygienische Forschungsstelle nicht nur Wert darauf, an den Diskussionen um das – letztlich doch nicht verabschiedete – ‚Reichszigeunergesetz' beteiligt zu werden, sondern auch darauf, den Behörden Entscheidungshilfe zu leisten. Spätestens in der zweiten Kriegshälfte gab man überdies den Gesundheitsämtern Empfehlungen zu Zwangssterilisationen und Schwangerschaftsunterbrechungen bei Sinti und Roma.

Die Kosten der Rassenhygienischen Forschungsstelle wurden durch eine Mischfinanzierung bestritten, bei der das Reichsgesundheitsamt die fest etatisierten Stellen trug und das Reichsinnenministerium, der Reichsausschuß für Volksgesundheitsdienst, das Reichssicherheitshauptamt (RSHA), das Reichskriminalpolizeiamt, der Bayerische Landesverband für Volksgesundheitsdienst sowie die Deutsche Forschungsgemeinschaft sonstige Personal- und Sachausgaben ermöglichten.

Robert Ritter mit Assistentin Eva Justin bei der ‚Feldforschung' mit ‚Zigeunern'.

Beteiligung am Genozid

Die physische Vernichtung der deutschen Sinti und Roma wurde durch
einen Befehl Himmlers vom 16. Dezember 1942 eingeleitet: „Zigeunermischlinge, Rom-Zigeuner und nicht deutschblütige Angehörige zigeunerischer Sippen balkanischer Herkunft" waren „nach bestimmten
Richtlinien auszuwählen und in einer Aktion von wenigen Wochen
Dauer in ein Konzentrationslager einzuweisen". Das RSHA erließ am
29. Januar 1943 die Ausführungsbestimmungen. Der Radikalisierungs-
schub, den Himmlers Befehl zum Ausdruck brachte, stand in Zusammenhang mit der sich zuspitzenden Kriegslage und der ungefähr zeit-
gleichen Deportation der letzten Juden aus dem Reich sowie mit einem
heftigen Konkurrenzkampf, den die Rassenhygienische Forschungsstelle und das SS-Amt ‚Ahnenerbe' seit dem Herbst 1942 um die
Zigeunerforschung ausfochten. Dies entspricht dem Verlaufsmodell,
das sich auch für die Genese der ‚Euthanasie' feststellen läßt. Danach
war der Übergang von einer Stufe der Verfolgung einer Minderheit zur
nächsten unter NS-Herrschaft nicht von einer zentralen Instanz gesteuert, sondern dadurch bedingt, daß „entweder ein Machtzentrum dem
anderen die Gewaltherrschaft [...] streitig machte oder in Zuständig-
keitsbereiche eindrang, die bis dahin von keinem anderen Herrschafts-
träger besetzt worden waren"[2].

Für die rassistische Zuordnung der deutschen Sinti rekurrierten allerdings auch die RSHA-Bestimmungen vom 29. Januar 1943 auf die
‚gutachtlichen Äußerungen' der Ritterschen Forschungsstelle. Das Ein-
greifen des rivalisierenden SS-Amtes ‚Ahnenerbe' vermag mithin Ritters
große Mitverantwortung für die Vernichtung der Sinti und Roma in
Auschwitz-Birkenau nicht zu verschleiern, zumal das ‚Ahnenerbe' 1942/
43 weder das Personal noch die Erfahrung besaß, um Ritters Vorlauf in
der ‚Zigeunerforschung' aufzuholen. Die ‚gutachtlichen Äußerungen'
bildeten auch nach dem März 1943 eine entscheidende Grundlage für
die Internierung von Sinti und Roma in Auschwitz. Die letzte bislang
aufgefundene Rittersche Expertise stammt vom 15. November 1944.

Institutioneller Expansionismus

Die Tätigkeit der Ritterschen Forschungsstelle beschränkte sich nicht auf
‚Zigeunerforschung'. 1939 hatte Ritter als Ziel formuliert, „alle" vermeintlich „kriminellen Erbstämme innerhalb des deutschen Volkskör-
pers aufzudecken, zu erfassen und prophylaktisch anzugehen". Zu den
Forschungsobjekten des Instituts zählten Deutschbalten, „Juden und
ihre durch Mischehen hervorgerufenen Erbeinflüsse", die Gemeinde
Schloßberg in Schwaben, die unter dem Titel ‚Die Ursachen unüber-

windlicher Armut' erforscht werden sollte, die Ernsten Bibelforscher, über deren „Erbwert" man sich in einem KZ kundig machte, sowie die „Asozialen" Stuttgarts, deren „Sippenherkunft" „bis in die Urgroßelterngeneration" eruiert werden sollte, und „Verbrechergruppen" wie „Mörder, Totschläger, Räuber, Zuhälter, Strichjungen". Ritter selbst wandte sich unter dem Aspekt der „Erb-" und „sozialen Prognostik" „jugendlichen Rechtsbrechern" zu, die er im eigens für sie eingerichteten Jugend-KZ Moringen beobachten und schikanieren ließ. Die Ausweitung des Forschungsinteresses ging mit mehreren Beförderungen Ritters einher.

Durch das Vordringen der Sowjetarmee und die alliierten Bombenangriffe auf Berlin war er jedoch genötigt, seine Forschungsstelle im Herbst 1943 in sieben Ausweichstellen unterzubringen und um die Jahreswende 1944/45 aufzulösen.

Am 1. Dezember 1947 wurde Ritter zum Leiter der Frankfurter Fürsorgestelle für Gemüts- und Nervenkranke sowie der Jugendpsychiatrie bestellt. Die bei der Entnazifizierung als ‚nicht betroffen' eingestufte Eva Justin ließ er als ‚Kriminalpsychologin' nachkommen. Sie trat bei Strafprozessen mit psychologischen Gutachten auf und beriet die Eltern schwer erziehbarer Kinder. Ermittlungen gegen Ritter 1950 und Justin 1960 wegen ihrer Mitverantwortung für die Deportation von Sinti und Roma nach Auschwitz wurden im Vorfeld einer Gerichtsverhandlung eingestellt.

Antworten auf die ‚Zigeunerfrage'

Von historiographischer Seite werden vielfältige Anstrengungen unternommen, sich einer Erklärung der Shoah und der nationalsozialistischen Völkermordpolitik insgesamt zumindest asymptotisch anzunähern. Als Erklärungselemente werden etwa angeführt: der Antisemitismus; der Krieg, in dem Menschenleben ohnehin kaum etwas galten; die Banalität des Bösen in den Strukturen der Verwaltung und der Dienstanweisung sowie des Befehls und Gehorsams; die zunehmende Radikalisierung des Mordens, bei der sich die konkurrierenden NS-Institutionen gegenseitig an Rücksichtslosigkeit zu überbieten suchten – eine Radikalisierung, die von der ‚Euthanasie' und der Vernichtung der polnischen Führungsschicht 1939/40 bis zur millionenfachen Tötung der Juden reichte. Diese Elemente wirkten auch in den Genozid an Roma und Sinti hinein. Als weitere wesentliche Ursache tritt der moderne Rassismus hinzu, der hier die überkommenen antiziganistischen Stereotype aufgriff und auf eine ‚biologische Lösung' der ‚Zigeunerfrage' zielte.

‚Die Zigeuner' als Fremde mit mysteriöser Lebensweise und frei von den Zwängen der Arbeitsdisziplin, als vermeintlich ‚arbeitsscheue

Schmarotzer', die sich nicht in die modernen Produktionszwänge einpassen wollten, und als glutäugig-verführerische Wesen – diese drei vor-nationalsozialistischen Klischees griff Ritter auf und verknüpfte sie projektiv mit seinen angstbesetzten Phantasien über ‚triebhafte Sexualität' und ‚unstetes Leben'.

Bereits 1927 hatte Ritter sein Ideal der „Reinheit" und des „himmlischen Eros" vor „erotischer Zwiespältigkeit" und einem „völlig[en] Verfließen" der „Grenzen des Normalen und Gesunden [...] mit denen des Krankhaften" und „Psychopathologischen" bewahren wollen. Die ‚Zigeunermischlinge', die Ritter in besonderem Maße von ihren „Trieben" „beherrscht" wähnte, können dabei als Kodierung seiner Furcht vor dem „Verfließen" als Voraussetzung einer Vermischung gelten, die nach seinem Dafürhalten dazu angetan war, die vorgeblich „gesunden Erbstämme unseres Volkes" zu durchsetzen.

Ritters Abwehrhaltung gegen die Vermischung entspricht der von Klaus Theweleit analysierten psychischen Disposition der Freikorpskämpfer und frühen Nationalsozialisten. Jene „soldatischen Männer" bekamen von den Drillinstanzen der wilhelminischen Gesellschaft, zuvorderst von den Kadettenanstalten, deren Zögling auch Robert Ritter gewesen war, einen „Körperpanzer" angelegt, in dem ihre unbewußten Wünsche eingesperrt waren: „Wie im Zentrum der Verdrängung beim soldatischen Mann ‚der Wunsch zu wünschen' steht, so ist das Kernstück aller faschistischen Propaganda der Kampf gegen alles, was Lust, was Genuß ist. Auf den Körperpanzer wirken sie [die unbewußten Wünsche] in ihrer Eigenschaft des Vermischens wie chemische Fermente, die ihn auflösen", weshalb „das Verbot jeder Vermischung (des Mannes mit der Frau, des eigenen Inneren mit dem Äußeren)" im Zentrum der psychischen Abwehr stand[3].

Der moderne Rassismus stellte nun ein Paradigma zur Verfügung, das dieses projektive Abwehrverhalten in ein zugleich wissenschaftliches und gesellschaftspolitisches Raster überführte: Die als Bedrohung des eigenen Ich empfundenen Zigeuner wurden als genetisch ‚Minderwertige' stigmatisiert, die in einer gesunden und leistungsstarken deutschen Gesellschaft keinen Platz finden und der ‚Ausmerze' überantwortet werden sollten.

Die rassistische Orientierung der einschlägigen wissenschaftlichen Forschung sowie auch des Reichsgesundheitsamtes als Nahtstelle zwischen medizinischer Theorie und Praxis ermöglichten es Ritter im NS-System, seine Forschungen auszudehnen und beruflich aufzusteigen. Entscheidend für Ritters Funktion während der NS-Zeit war, daß die Kriminalpolizei auf eine rassenanthropologisch-rassenhygienisch ausgerichtete Verfolgung der Sinti und Roma nicht vorbereitet war. Für den Definitions- und Erfassungsprozeß von ‚Zigeunern' und ‚Zigeunermischlingen' wurde es zwingend, daß die Polizei ein Bündnis mit der Rassenhygienischen Forschungsstelle einging.

Ritters Institut formulierte als Ziel das Ende der Sinti und Roma durch Geschlechtertrennung, Zwangssterilisation, Abtreibung und Lagerhaft. Die Logik jener Zielsetzung war die des Genozids. Insofern ist es nicht erstaunlich, daß sich der in Konkurrenz zum SS-Amt ,Ahnenerbe' stehende Ritter 1942/43 in der Zeit des rassistischen Vernichtungskrieges gegen die ,Ostvölker' und der systematischen Ermordung der Juden aktiv an der Deportation von Sinti und Roma nach Auschwitz beteiligte – das lag ohnehin in der Perspektive seines Konzeptes.

Raul Hilberg hat die Vernichtung der Juden als „Höhepunkt einer zyklischen Entwicklung" gekennzeichnet, die folgende Zielsetzungen beinhaltet habe: „Die Missionare des Christentums erklärten einst: Ihr habt kein Recht, als Juden unter uns zu leben. Die nachfolgenden weltlichen Herrscher verkündeten: Ihr habt kein Recht, unter uns zu leben. Die deutschen Nazis schließlich verfügten: Ihr habt kein Recht zu leben"[4]. Für Sinti und Roma läßt sich eine vergleichbare zyklische Entwicklung konstatieren. Nach den ersten Verfolgungswellen während des 16. bis 18. Jahrhunderts[5] waren es jedoch nicht die christlichen Missionare, sondern spätabsolutistische Fürsten und Aufklärer, die – wie Heinrich Grellmann 1783 – ausriefen: „Und man denke nun sich den Zigeuner, wenn er aufgehört hat, Zigeuner zu seyn; denke sich ihn mit seiner Fruchtbarkeit und seinen zahlreichen Nachkommen, die alle zu brauchbaren Bürgern umgeschaffen sind." Seither sucht die Mehrheitsgesellschaft auf verschiedenen Wegen, ,die Zigeunerfrage zu lösen'. Auf eben diese Problematik nahm auch Ritter Bezug, wenn er schrieb, die polizeilichen und sozialpolitischen Versuche, „das Zigeunerproblem" „zu lösen", seien gescheitert; neue „rassenbiologische" Lösungswege müßten beschritten werden.

Solche Antworten, die in die Vernichtung führen können, wären erst dann prinzipiell unmöglich, wenn die Mehrheitsgesellschaft keine ,Zigeunerfrage' mehr stellte, sondern sich mit Blick auf diese wie auf andere Minderheiten zu einer Ethik der Solidarität bekennen würde, wie sie Jean Paul Sartre in seinem ,Saint Genet' auf den Fürsorgezögling, Dieb, Homosexuellen, Strichjungen, Rauschgiftschmuggler, Verräter, Bettler und Vagabunden Jean Genet formuliert hat: „Denn man muß schon wählen: wenn jeder Mensch der ganze Mensch ist, muß dieser Abweichler entweder nur ein Kieselstein oder ich sein."

6.2. Die Emigration aus dem nationalsozialistischen Deutschland

Von Werner Röder

Mit dem Machtantritt der Nationalsozialisten wurden Deutsche in großer Zahl zu Fremden im eigenen Land. In seinem Ausschließlichkeitsanspruch sah das Regime die Feinde der ‚Volksgemeinschaft‘ nicht nur in jenen, die sich der NS-Herrschaft aktiv entgegenstellten. Anhänger nonkonformistischer Sekten, z. B. der Ernsten Bibelforscher, oder jugendlicher Subkulturen, z. B. der ‚Swing-Jugend‘, verfielen in ähnlicher Weise der Ausgrenzung als ‚Volksschädlinge‘ wie ‚Zigeuner‘, Homosexuelle, Erbkranke, ‚Arbeitsscheue‘ und Gewohnheitskriminelle. Die Juden galten als Hauptfeind neben der kommunistischen und sozialistischen Arbeiterbewegung. Sie hatte als einzige gesellschaftliche Kraft von Anfang an auf breiter Basis Widerstand geleistet. Entscheidender war jedoch, daß sie als gefährlicher ‚weltanschaulicher‘ Konkurrent im Streit um die ‚soziale Frage‘ auftrat, die der Nationalsozialismus auf deutsch-völkischer Grundlage zu lösen gedachte.

Während nichtjüdischen Mitgliedern und Funktionären der alten Parteien in der Regel die Möglichkeit offenstand, durch äußere Anpassung die Alltagsnormalität des ‚Dritten Reichs‘ mit den übrigen ‚Volksgenossen‘ zu teilen, schloß die Rassenlehre ein Arrangement mit dem NS-Regime selbst für jene jüdischen Deutschen aus, die seine Ziele in anderen Bereichen unterstützt hätten. So bedeutete, wie Leo Baeck schon 1933 erkannte, die Kanzlerschaft des österreichischen Antisemiten Adolf Hitler das ‚Ende der zweitausendjährigen Geschichte der Juden in Deutschland‘. Der Wunsch nach ihrer Verdrängung entsprach fremdenfeindlichem Zeitgeist. Seine breite Akzeptanz in Deutschland war nicht allein Folge des Weltkriegstraumas und der mit verspäteter gesellschaftlicher Modernisierung verbundenen Konflikte: Trotz der Emanzipations- und Integrationsprozesse blieben Teile des deutschen Judentums als eine „zumindest potentiell ethnische Gruppe"[1] jenseits des religiösen Bekenntnisses identifizierbar. Durch nicht unerhebliche ‚ostjüdische‘ Neueinwanderung war eine augenfällige Minderheit vor allem in großstädtischen Armutsvierteln entstanden[2]. Um so leichter konnte sich die extreme Judenfeindschaft der Nationalsozialisten die Tradition des integralen Mono-Nationalismus und eines ‚gutbürgerlichen‘ antisemitischen Vorurteils nutzbar machen.

Seite 1176   Illustrierter Beobachter   1933 / Folge 36

Volksverräter

ausgestoßen aus der deutschen Volksgemeinschaft!

Auf Grund des § 2 des Gesetzes über den Widerruf von Einbürgerungen und die Aberkennung der deutschen Staatsangehörigkeit vom 14. Juli 1933 hat der Reichsminister des Innern im Einvernehmen mit dem Reichsminister des Auswärtigen durch eine im „Reichsanzeiger" veröffentlichte Bekanntmachung vom 23. August 1933 zunächst folgende im Ausland befindliche Reichsangehörigen der deutschen Staatsangehörigkeit für verlustig erklärt, weil sie durch ein Verhalten, das gegen die Pflicht zur Treue gegen Reich und Volk verstößt, die deutschen Belange geschädigt haben:

Philipp Scheidemann   Otto Wels   Wilhelm Pieck   Dr. Robert Weißmann   Dr. Rudolf Breitscheid   Heinz Werner Neumann

Albert Grzesinski   Bernhard Weiß   Dr. Joh. Werthauer   Dr. Alfred Apfel   Friedrich Stampfer   Ruth Fischer

Dr. Friedr. W. Foerster   Emil Gumbel   Helmuth v. Gerlach   Leopold Schwarzschild   Dr. Kurt Tucholsky   Max Hölz

Willi Münzenberg   Ernst Toller   Georg Bernhard   Alfred Kerr   Heinrich Mann   Lion Feuchtwanger

Jüdische Emigration als Weg ohne Wiederkehr

Konservative und Völkische hatten sich schon vor 1933 in der Forderung getroffen, die weitere Einwanderung von ‚Angehörigen niederer Kulturen' zu verhindern und sodann die Juden durch Quotierung und Fremdenrecht zur Abwanderung zu veranlassen. Die nationalsozialistische Ausgrenzungspolitik unterschied sich in diesen Zielen wenig vom ‚europäischen Niveau' des Antisemitismus (M. Broszat). Was sie – noch vor der Ablösung durch den Holocaust – in furchtbarer Weise auszeichnete, war ihre von innen und außen her kaum behinderte Verwirklichung in allen Lebensbereichen durch die Machtmittel von Staat und Partei. Trotz wechselnder Intensität und taktischer Variationen, die auch bei vielen Juden immer wieder die Hoffnung auf ein saturiertes Innehalten des Regimes nährten, verfolgte man das Programm eines ‚judenfreien' Deutschland mit wahnhafter Konsequenz selbst dann noch, als das deutsche Judentum zu einer kaum mehr wahrzunehmenden und von der Geheimen Staatspolizei reglementierten ‚Aussterbegemeinschaft' geworden war[3].

Tabelle 1 gibt im Rahmen des Möglichen einen Überblick über die jüdische Emigration aus dem nationalsozialistischen Deutschland. Die Zahlen spiegeln in gewissem Maße auch die Phasen des Vertreibungsdrucks von den Boykottaktionen und Berufsverboten des Jahres 1933 über die Periode der ‚schleichenden Verfolgung' bis zu den ‚Nürnberger Gesetzen' vom September 1935 und zum erneut verschärften Kurs ab Ende 1937. Er gipfelte im Pogrom der ‚Reichskristallnacht' vom November 1938 und bewirkte nach der kriegsbedingten Auswanderungssperre im Oktober 1941 die völlige Entrechtung der Juden.

Anders als in weit verbreiteten Vorstellungen, die sich an literarischen Überlieferungen und den großbürgerlichen Leitbildern der deutschjüdischen Symbiose orientieren, war die jüdische Emigration eine gesellschaftlich höchst differenzierte Wanderung. Sie reproduzierte auch nicht ohne weiteres die ursprüngliche soziale Gliederung des deutschen Judentums: So bestimmte der Zeitpunkt der Auswanderung auch über die Wahl der Zielländer (Tabelle 2) und die Mitnahme von Eigentum. Je nach Alter, Beruf, Bildung, Familienbeziehungen und Besitz ergaben sich unterschiedliche Immigrationsmöglichkeiten. Hinzu kamen freiwilliger oder notgedrungener Berufswechsel sowie fortschreitende Ausplünderung und Mentalitätsveränderungen der in Deutschland länger ausharrenden Juden. Entsprechend unterschiedlich sind die Sozialbefunde für die einzelnen Aufnahmeländer. Die Gruppenschicksale der Emigranten reichen von bedeutenden Aufbauleistungen in Entwicklungsländern wie Israel über signifikante mittelständische Aufstiegsmuster, etwa in den USA, bis zur wirtschaftlichen Deklassierung, die oft

Tabelle 1: Jüdische Emigration aus Deutschland
(Grenzen von 1937, Schätzzahlen)

Jüdische Bevölkerung 1933*	525 000	Auswanderung insgesamt 280–330 000**	
1933	37 000	1938	40 000
1934	23 000	1939	78 000
1935	21 000	1940	15 000
1936	25 000	1941	8 000
1937	23 000	1942–45	8 500
Sterbeüberschuß:	72 000	Jüdische Bevölkerung in Deutschland 1945:	
Ab Okt. 1941 deportiert:	135 000	25 000	

* Glaubensjuden einschließlich Juden ausländischer Staatsangehörigkeit; von den Nürnberger Gesetzen als ‚Nichtarier' betroffen: ca. 870 000.
** Jüdische Emigration nach 1938 aus Österreich 150 000, aus der Tschechoslowakei 33 000; Gesamtzahl der emigrierten deutschsprachigen Juden aus Mitteleuropa: 450–600 000.

Tabelle 2: Jüdische Emigration aus Deutschland
nach den wichtigsten Aufenthaltsländern 1937/41 (Schätzzahlen)

1937		1941	
Palästina	39 000	USA	100 000
USA	26 000	Palästina	55 000
Großbritannien	8 000	Argentinien	40 000
Frankreich	7 000	Großbritannien	32 000
Niederlande	7 000	Deutsch besetztes Westeuropa und Vichy-	
Italien	6 000	Frankreich	25 000*
Belgien	5 000	Brasilien	20 000
		Übriges Lateinamerika	30 000

* zum Teil Opfer späterer Deportationen nach Osteuropa

erst mit den westdeutschen Wiedergutmachungsregelungen ihr Ende fand.

In mehr als 80 Staaten haben deutschsprachige Emigranten zeitweilige oder dauernde Aufnahme gefunden. Für über 50 % der Juden waren die ersten Zufluchtsländer nur Zwischenstationen. Die Weiterwanderung erfolgte mehrheitlich aus den zunehmend bedrohten europäischen Nachbarstaaten Deutschlands, zu vielleicht 40% aber auch – insbesondere nach Kriegsende – aus überseeischen Erstländern. Hauptziel dieser Weiterwanderung waren die Vereinigten Staaten, die allein 1941–1945 über 30000 deutsch-jüdische Emigranten aufnahmen. Die Einwanderung nach Palästina verlief dagegen meist auf direktem Weg, also organisiert und mit klarer Zielsetzung, und erhielt nur noch wenig Zuwachs aus den Reihen der übrigen Flüchtlingspopulation. Während sich 1933 mehr als 75% der jüdischen Emigranten in Europa aufhielten, suchte die Mehrheit ab 1934 Zuflucht in überseeischen Staaten. Dies verdeutlichte in der Regel auch die bewußte Endgültigkeit der Trennung: Wenn sich nach jahrelangem Druck die Emigration als einziger Ausweg erwiesen hatte, waren auch die Identifikationsmöglichkeiten mit dem Heimatland erschöpft; und wer auf die NS-Rassenlehre mit dem Bekenntnis zum Zionismus geantwortet hatte, begriff die Ausreise als Schritt in eine ganz neue Identität. Anders als bei den Vertriebenen aus dem Kultur- und Wissenschaftsbereich und im Gegensatz zum politischen Exil bedeutete die Emigration der Juden den Abbruch einer historischen Entwicklung, das Ende der deutsch-jüdischen Akkulturation in Mitteleuropa.

Vom ‚Auszug des Geistes' zur Internationalisierung der Kultur

Schon in seinem ersten Jahr hatte das Regime durch das ‚Gesetz zur Wiederherstellung des Berufsbeamtentums', die Einrichtung der Reichskulturkammer und eine Reihe weiterer Maßnahmen mit primär politischer Stoßrichtung einer großen Zahl von Wissenschaftlern, Schriftstellern, Publizisten und Künstlern Existenzgrundlagen oder kreative Entfaltungsmöglichkeiten genommen. Für sie stand die oft parallele Gefährdung aufgrund jüdischer Herkunft oder Religion häufig nicht an erster Stelle bei der Entscheidung zur Emigration – vor allem nicht bei politisch engagierten Autoren, bei Künstlern avantgardistischer Schulen und jenen Vertretern der Humanwissenschaften, die sich durch ihr Werk in grundsätzlicher Gegnerschaft zur nationalsozialistischen Ideenwelt befanden. Nach und nach haben neben einer noch nicht genau zu beziffernden Zahl von Angehörigen anderer Kulturbereiche – darunter etwa 500 Schriftsteller – annähernd 4000 Forscher und akademische Lehrer Deutschland verlassen[4].

Für einzelne Fächer, etwa Gestalt- und Entwicklungspsychologie oder Psychoanalyse, empirische Sozialforschung, mathematische Logik und Teile der theoretischen Physik belief sich der ‚Emigrationsverlust' auf über 40%, ja bis zu 50%. Mit den mehr als 6000 Emigranten aus dem

Kultur- und Wissenschaftsbereich, unter ihnen 30 damalige und spätere Nobelpreisträger und 27 Mitglieder des Ordens ‚Pour le Mérite' für Wissenschaft und Künste, bereitete sich das ‚Dritte Reich' nicht nur einen empfindlichen Aderlaß. Emigrierte Wissenschaftler sind dem NS-System mit scharfsinnigen Analysen entgegengetreten und haben an seinem Sturz in berufsbezogener Weise, etwa als Experten alliierter Nachrichtendienste, mitzuwirken versucht. Aber schon die Verteilung der Wissenschaftsemigration weist darauf hin, daß die Auswanderung größtenteils dauerhaften Charakter hatte: Über zwei Drittel dürften sich in überseeischen Ländern niedergelassen haben, denen Großbritannien mit geschätzten 10% folgt.

Andererseits haben zahlreiche Publizisten, Schriftsteller und Künstler zum Teil eminent politische Positionen als Deutsche im Exil bezogen und so das populäre Bild der Emigration geprägt[5]. Die Frage, inwieweit mit der Exilliteratur eine eigene Gattung deutschsprachiger Belletristik entstanden ist, mag letztlich unbeantwortet bleiben. Schon durch das Medium Sprache war dieser Sektor der Emigration unabhängig von späteren Wirkungsorten und politischen Bekenntnissen der Autoren stets Teil eines sich weltbürgerlich verstehenden deutschen Kulturzusammenhangs. In der Exilliteratur hat nicht nur die ‚Erfahrung der Fremde', sondern auch der Konflikt mit dem zeitgenössischen Deutschland in unterschiedlichster – mitunter künstlerisch und intellektuell durchaus unproduktiver – Weise Ausdruck gefunden: Analog zum Pluralismus der politischen Emigration gab es auch hier „bedeutende kulturelle Leistungen von Deutschen im Exil, aber keine Kultur des Exils" (R. Löwenthal)[6].

Hinweise auf das differenzierte Selbstverständnis der Gesamtgruppe geben nicht zuletzt die Annäherungszahlen, die für die Rückkehrer errechnet werden konnten: Vielleicht 30% der im Kultur- und Wissenschaftsbereich tätig gewesenen Emigranten haben sich nach Kriegsende wieder in Deutschland und Österreich niedergelassen, davon nur etwa jeder Fünfte in der ehemaligen DDR. Literaten, Publizisten, bildende Künstler und Geisteswissenschaftler stellen, gefolgt von Schauspielern und Regisseuren mit etwa 25%, knapp zwei Drittel der Heimkehrer aus dem Exil[7]. Abgesehen von politischen Loyalitäten und der materiellen Sicherung durch Wiedereinstellung ehemaliger Hochschullehrer, durch Entschädigungen und Rentenzahlung verdeutlichte sich hier die Bindung an Sprache und fachspezifische akademische Traditionen, etwa im Bereich der Philosophie. Aber auch dort, wo der ‚Auszug des Geistes' biographisch irreversibel war, hat eine Vielzahl wieder aufgenommener Verbindungen zur kulturellen Vitalität Nachkriegsdeutschlands beigetragen.

,Mit dem Gesicht nach Deutschland': Politik im Exil

Anlaß für die erste Welle der politischen Emigration war die akute Gefährdung jener, die als prominente Politiker, republikanische Verwaltungsbeamte, ,Kulturbolschewisten' und literarische Exponenten der Linken den Haß der Nationalsozialisten auf sich gezogen hatten. Hinzu kam die Bedrohung vieler einfacher Funktionäre, die persönliche Racheakte befürchten mußten. Nach dem Reichstagsbrand vom 27. Februar 1933 überschritten Tausende die jeweils nächsten Grenzen. Angesichts zunehmender Behinderung errichteten die Linksparteien seit dem Frühjahr 1933 Stützpunkte im Ausland, die nach dem Verbot ihrer Organisationen zu Parteivorständen im Exil wurden. 27 ehemalige Mitglieder von Reichs- und Länderregierungen und 267 Reichs- und Landtagsabgeordnete flüchteten ins Ausland.

Neben den Gruppierungen, die das Gesamtspektrum der Linken in der Weimarer Republik verkörperten, fanden sich einzelne Vertreter der bürgerlichen Politik bis hin zu oppositionellen NSDAP-Mitgliedern und nicht zuletzt auch aktive Hitlergegner aus dem Klerus und den Laienorganisationen der christlichen Kirchen in der Emigration wieder[8]. Bis kurz vor Kriegsbeginn dürften 25–30000 Menschen Deutschland, Österreich und die deutschsprachigen Gebiete der Tschechoslowakei als politische Exilanten verlassen haben. Neben etwa 6000 Sozialdemokraten stellte die KPD mit über 8000 Parteimitgliedern zunächst die Richtungsmehrheit des Exils. Drittstärkste Gruppe waren – gefolgt von vielleicht 1500 sudetendeutschen Kommunisten – nach 1938 die etwa 5000 deutschen Sozialdemokraten aus der Tschechoslowakei.

Dem gemeinsamen Anspruch, Repräsentanten des inneren Widerstands zu sein, wurden am ehesten die Exilvertretungen der alten Arbeiterbewegung gerecht. Über ein Netz von Grenzstellen belieferten sie die illegalen Gruppen in Deutschland mit Kampfschriften in Massenauflage. Kuriere und Instrukteure bemühten sich um Verbindungen zu Widerstandskreisen, den Aufbau neuer Organisationen und um Nachrichten über politische und wirtschaftliche Entwicklungen. Aufgrund der zunehmenden Erfolge der Gestapo war der Höhepunkt dieser Tätigkeit 1935 schon überschritten. Eine gewiß größere Beeinträchtigung nationalsozialistischer Interessen bewirkte der publizistische Kampf gegen das Regime im Ausland. Etwa 450 Zeitungen, Zeitschriften, Nachrichtendienste, Rundbriefe und Bulletins konnten bisher allein für die reichsdeutsche Emigration namhaft gemacht werden[9].

Leitende Kraft dieses ,Widerstands von außen' war eine recht kleine Zahl von Berufspolitikern, ehemaligen Funktionären und politischen Intellektuellen. Im übrigen unterschied sich die Zusammensetzung des politischen Exils wesentlich vom kleinbürgerlichen und mittelständi-

Tabelle 3: Wichtigste Aufenthaltsländer des politischen Exils
nach Flüchtlingspopulationen (Schätzzahlen)

Frankreich (1936)	9000	Tschechoslowakei (1936)	1500*
Bürgerkriegs-Spanien (1937)	7000	Saargebiet (1934)	1500
Großbritannien (1940)	5000	Schweden (1943)	1500
Sowjetunion (1941)	3000	Schweiz (1937)	300*

* ohne die vielfache Zahl kurzfristiger Aufenthalte

schen Übergewicht der jüdischen Familienauswanderung und vom gesellschaftlichen Spektrum der Kulturemigration. Die Mehrheit bildeten junge, unverheiratete Parteiaktivisten, die – insbesondere in den Reihen der KPD – als meist ungelernte Arbeiter oft schon in Deutschland während der Krisenjahre durch Arbeitslosigkeit sozial ausgegrenzt waren. Die Biographie dieser Gruppe bewegt sich in der Regel zwischen Einsätzen im Reich mit häufig unglücklichem Ausgang, dem Überleben als Unterstützungsempfänger in Flüchtlingsheimen, dem Kampf im Spanischen Bürgerkrieg, französischer Internierung, freiwilliger Rückkehr nach Deutschland oder Auslieferung an die Gestapo, dem mehr oder weniger freiwilligen Eintritt in die Fremdenlegion, dem Anschluß an französische Partisanengruppen und der Inhaftierung in deutschen Konzentrationslagern.

Die Expansion des ‚Dritten Reichs' setzte nach 1939 den alten Kampfformen ein Ende. Als Stützpunkte für die wenigen direkten Aktionen verblieben unter erschwerten Bedingungen lediglich das neutrale Schweden, die Schweiz und nach der Liquidierung des deutsch-sowjetischen Paktes die UdSSR, die in den 1930er Jahren zwar Führungskader und Spezialisten der Bruderparteien beherbergt, die Einreise geflüchteter Kommunisten jedoch nur im äußersten Notfall gestattet hatte[10]. Die Tätigkeit der Auslandsleitungen, die in London, Stockholm, Zürich, New York und einigen südamerikanischen Hauptstädten untergekommen waren, beschränkte sich auf die Betreuung kleiner Flüchtlingskolonien und auf wirkungslose deutschlandpolitische Initiativen bei einheimischen Parteien und Regierungsstellen. Andererseits aber begann erst hier, nach der Zerstörung des von den inneren Konflikten der Weimarer Republik geprägten Exilmilieus von Prag und Paris und in der täglichen Konfrontation mit ganz anders gearteten politischen Traditionen ein Lern-, Denk- und Planungsprozeß, der dem Exil trotz des Scheiterns an seinen zeitgenössischen Zielsetzungen die historische Wirkungsrelevanz sichern sollte. Im Verlauf intensiver Programmdiskussionen näherten sich Sozialdemokraten, Sozialisten und Vertreter bürgerlich-liberaler Richtungen gemeinsamen Standorten, die an der Politikerfahrung westlicher Demokratien ausgerichtet waren.

Da gleichzeitig immer deutlicher wurde, daß sich die Moskauer KPD-Führung ganz den politischen Interessen der Sowjetunion unterordnete, sammelte sich spätestens seit 1943 das ‚Andere Deutschland' endgültig in zwei getrennten Lagern. Beide haben – bei einer Rückkehrrate von annähernd 70% für das politische Exil – an den Entwicklungen in den deutschen Nachkriegsstaaten wesentlichen Anteil genommen.

Über die Hälfte der Sitze im Parteivorstand der SPD und der SED sind in den 1940er und 1950er Jahren von Rückkehrern aus dem Exil eingenommen worden; im Fall der Saar-SPD betrug der Anteil 90%. Insgesamt waren seit 1945 in den westdeutschen Parteivorständen 57 und in den Parteileitungen der SBZ/DDR 75 ehemalige Emigranten vertreten. Bei den Zentral- und Länderparlamenten verzeichnete die SBZ/DDR 85 Rückkehrer. In der gleichen Zeit waren 159 Remigranten Mandatsträger in westdeutschen Parlamenten. 21 Rückkehrer haben in den Westzonen und in der Bundesrepublik, 7 im Saargebiet und 66 in der DDR teilweise mehrfach Ministerämter innegehabt[11]. Ihre erhebliche Präsenz im Pressewesen, in den Gewerkschaften, in der Erwachsenenbildung und auf höheren Ebenen der Verwaltung, der Justiz und des auswärtigen Dienstes beider deutschen Staaten ist mittlerweile ebenfalls deutlich geworden.

Daß in der Bundesrepublik die ideellen und personellen Verbindungsstränge zwischen Exil und Gegenwart lange unerkannt geblieben sind, hat seinen Grund wohl vor allem in der „integrativen Auseinandersetzung mit dem Nationalsozialismus": An der „Bemühung, zwar nicht diese Vergangenheit, aber doch ihre Subjekte in den neuen deutschen Staat zu integrieren"[12], haben sich auch die zurückgekehrten Exilanten mehrheitlich beteiligt. Der von ihnen mitgetragene ‚historische Kompromiß' verwies die Bewältigung der Vergangenheit auf eine gemeinsame abstrakte Verurteilung des Nationalsozialismus, die sich von trennenden biographischen Details tunlichst fernhielt. Die von politischen Kontrahenten skrupellos genutzten Ressentiments, denen prominente Emigranten zeitweilig ausgesetzt waren, mögen diese Zurückhaltung noch verstärkt haben[13]. Gegner und Opfer des Nationalsozialismus teilten so den partiellen Verlust der eigenen Vergangenheit mit der Mehrheit der Deutschen, die ihrerseits die persönliche Lebenswirklichkeit zwischen 1933 und 1945 in der von Auschwitz zurückschauenden Aufarbeitung der NS-Zeit nicht wiederzufinden vermochte.

6.3. ‚Ausländer-Einsatz' in der deutschen Kriegswirtschaft, 1939–1945

Von Ulrich Herbert

Der nationalsozialistische ‚Ausländereinsatz' zwischen 1939 und 1945 stellt den größten Fall der massenhaften, zwangsweisen Verwendung von ausländischen Arbeitskräften in der Geschichte seit dem Ende der Sklaverei im 19. Jahrhundert dar. Im August 1944 waren auf dem Gebiet des ‚Großdeutschen Reichs' 7,8 Mio. ausländische Zivilarbeiter und Kriegsgefangene als im Arbeitseinsatz beschäftigt gemeldet; hinzu kamen etwa 500 000 überwiegend ausländische KZ-Häftlinge. Somit waren zu diesem Zeitpunkt knapp 30 % aller in der gesamten Wirtschaft des Reiches beschäftigten Arbeiter und Angestellten Ausländer, die man größtenteils zwangsweise zum Arbeitseinsatz ins Reich gebracht hatte. Gleichwohl war der ‚Ausländer-Einsatz' von der nationalsozialistischen Führung vor Kriegsbeginn weder geplant noch vorbereitet worden.

Ausländische Arbeitskräfte in der deutschen Kriegswirtschaft[1]

		1939	1940	1941	1942	1943	1944
Land-wirt-schaft	Deutsche	10732000	9648000	8939000	8969000	8743000	8460000
	Zivile Ausl.	118000	412000	769000	1170000	1561000	1767000
	Kriegsgef.	–	249000	642000	759000	609000	635000
	Ausl. insg.	118000	661000	1411000	1929000	2230000	2402000
	Ausl. in % aller Beschäftigten	1,1%	6,4%	13,6%	17,7%	20,3%	22,1%
Alle nicht land-wirt-sch. Bereiche	Deutsche	28382000	25697000	24947000	23298000	22278000	21340000
	Zivile Ausl.	183000	391000	984000	1475000	3276000	3528000
	Kriegsgef.	–	99000	674000	730000	954000	1196000
	Ausl. insg.	183000	490000	1659000	2205000	4230000	4724000
	Ausl. in % aller Beschäftigten	0,6%	1,9%	6,4%	8,9%	16,5%	19,8%
Ge-samt-wirt-schaft	Deutsche	39114000	35239000	34528000	33026000	31690000	30435000
	Zivile Ausl.	301000	803000	1753000	2645000	4837000	5295000
	Kriegsgef.	–	348000	1316000	1489000	1623000	1831000
	Ausl. insg.	301000	1151000	3069000	4134000	6460000	7126000
	Ausl. in % aller Beschäftigten	0,8%	3,2%	8,5%	11,6%	17,7%	19,9%

In einem Memorandum des Wirtschafts- und Rüstungsamtes der deutschen Wehrmacht wurde kurz vor Kriegsbeginn festgestellt, daß es bei den rüstungswirtschaftlichen Vorbereitungen auf den Krieg drei große Engpässe gebe – Devisen, bestimmte Rohstoffe und Arbeitskräfte. Für Devisen und Rohstoffe gab es eine Lösung: Nach dem Konzept der ‚Blitzkriege' sollten die Ressourcen des Reiches sukzessive durch die Vorräte der zu erobernden Länder erweitert werden. Dieses Konzept hatte sich in den Fällen Österreich und Tschechoslowakei bereits bewährt und sollte sich in den Jahren 1939 bis 1941 erneut bestätigen. Die Frage der Beschaffung von Arbeitskräften war schwieriger zu bewältigen, denn hier spielten außer wirtschaftlichen auch sicherheitspolizeiliche und vor allem weltanschauliche Faktoren eine Rolle. Etwa 1,2 Mio. Arbeitskräfte fehlten im ‚Großdeutschen Reich', ein weiterer Anstieg dieses Bedarfs nach Beginn des Krieges war zu erwarten.

Zwei Möglichkeiten standen zur Debatte: Entweder man beschäftigte – wie im Ersten Weltkrieg – deutsche Frauen in großem Umfang in der Wirtschaft, oder man importierte aus den zu erobernden Ländern in großer Zahl Arbeitskräfte. Beides aber stieß in der Regimeführung auf Ablehnung. Die Dienstverpflichtung deutscher Frauen während des Ersten Weltkriegs hatte zu erheblicher innenpolitischer Destabilisierung und Unzufriedenheit geführt; zudem hätte sie einen eklatanten Verstoß gegen das frauen- und sozialpolitische Konzept der Nationalsozialisten dargestellt. Millionen von ausländischen Arbeitern, insbesondere von Polen, ins Reich zur Arbeit zu bringen, kollidierte vehement mit den völkischen Prinzipien des Nationalsozialismus, wonach auch eine massenhafte Beschäftigung von ‚Fremdvölkischen' im Reich die ‚Blutreinheit' des deutschen Volkes bedroht hätte.

Die Entscheidung fiel erst nach Kriegsbeginn; im Vergleich zweier Übel schien der Ausländereinsatz gegenüber der Dienstverpflichtung deutscher Frauen das geringere zu sein, weil man hier die erwarteten Gefahren leichter repressiv eindämmen zu können glaubte.

Die etwa 300 000 in deutsche Hand gefallenen polnischen Kriegsgefangenen wurden nun sehr schnell vorwiegend in landwirtschaftliche Betriebe zur Arbeit gebracht; gleichzeitig begann eine massive Kampagne zur Anwerbung polnischer Arbeiter, die zunächst an die langen Traditionen der Beschäftigung polnischer Landarbeiter in Deutschland[2] anknüpfte, aber nach kurzer Zeit zu immer schärferen Rekrutierungsmaßnahmen überging und seit dem Frühjahr 1940 in eine regelrechte Menschenjagd im sog. Generalgouvernement mündete, wo mit jahrgangsweisen Dienstverpflichtungen, kollektiven Repressionen, Razzien, Umstellungen von Kinos, Schulen oder Kirchen Arbeitskräfte eingefangen wurden. Bis zum Mai 1940 waren auf diese Weise mehr als eine Mio. polnischer Arbeiter ins Reich gebracht worden[3].

Gleichwohl empfand man den sog. ‚Poleneinsatz' in der Regimeführung nach wie vor als Verstoß gegen die ‚rassischen' Prinzipien des Nationalsozialismus; den daraus erwachsenden ‚volkspolitischen Gefahren', so Himmler im Februar 1940, sei mit entsprechend scharfen Maßnahmen entgegenzuwirken. Daraufhin wurde gegenüber den Polen ein umfangreiches System von repressiven Bestimmungen entwickelt: Sie mußten in Barackenlagern wohnen, was sich allerdings auf dem Lande in der Praxis bald als undurchführbar erwies; sie erhielten geringere Löhne, durften öffentliche Einrichtungen (vom Schnellzug bis zur Badeanstalt) nicht benutzen, den deutschen Gottesdienst nicht besuchen; sie mußten länger arbeiten als Deutsche und waren verpflichtet, an der Kleidung ein Abzeichen – das ‚Polen-P' – befestigt zu tragen. Kontakt zu Deutschen außerhalb der Arbeit war verboten, geschlechtlicher Umgang mit deutschen Frauen wurde mit öffentlicher Hinrichtung des beteiligten Polen geahndet. Um ‚das deutsche Blut zu schützen', war zudem bestimmt worden, daß mindestens die Hälfte der zu rekrutierenden polnischen Zivilarbeiter Frauen zu sein hatten.

Für die deutschen Behörden war der Modellversuch ‚Poleneinsatz' insgesamt ein Erfolg: Es gelang sowohl, binnen kurzer Zeit eine große Zahl von polnischen Arbeitern gegen ihren Willen nach Deutschland zu bringen, als auch, im Deutschen Reich eine nach ‚rassischen' Kriterien hierarchisierte Zweiklassengesellschaft zu installieren.

Bereits im Mai 1940 aber war unübersehbar, daß auch die Rekrutierung der Polen den Arbeitskräftebedarf der deutschen Wirtschaft nicht zu befriedigen vermochte. So wurden denn schon während und alsbald nach dem ‚Frankreichfeldzug' etwas mehr als 1 Mio. französischer Kriegsgefangener als Arbeitskräfte ins Reich gebracht. Darüber hinaus begann in den verbündeten Ländern und besetzten Gebieten des Westens und Nordens eine verstärkte Arbeiter-Werbung. Auch für diese Gruppen wurden je besondere, allerdings im Vergleich zu den Polen deutlich günstigere Vorschriften für Behandlung, Lohn, Unterkunft etc. erlassen, so daß ein vielfach gestaffeltes System der nationalen Hierarchisierung entstand, eine Stufenleiter, auf der die damals bereits so genannten ‚Gastarbeitnehmer' aus dem verbündeten Italien zusammen mit den Arbeitern aus Nord- und Westeuropa oben und die Polen unten plaziert wurden.

Der weit überwiegende Teil der ausländischen Zivilarbeiter und Kriegsgefangenen der ‚Blitzkriegsphase' bis Sommer 1941 wurde in der Landwirtschaft beschäftigt. Bei den Industrieunternehmen spielten Ausländer zu dieser Zeit keine bedeutende Rolle; die Industrie setzte vielmehr darauf, bald nach Abschluß der ‚Blitzkriege' ihre deutschen Arbeiter vom Militär zurückzuerhalten. Zugleich waren die ideologischen Vorbehalte gegen eine Ausweitung des Ausländereinsatzes bei

Partei und Behörden so groß, daß festgelegt wurde, die Zahl der
Ausländer auf dem Stand vom Frühjahr 1941 – knapp 3 Mio. – einzufrie-
ren. Dieses Konzept ging so lange auf, wie die Strategie kurzer, umfassender Feldzüge eine Umstellung auf einen langen Abnutzungskrieg
nicht erforderte.

Seit dem Herbst 1941 aber entstand hier eine ganz neue Situation. Die
deutschen Armeen hatten vor Moskau ihren ersten Rückschlag erlebt,
von einem ,Blitzkrieg' konnte nicht mehr die Rede sein. Vielmehr mußte
sich nun die deutsche Rüstungswirtschaft auf einen länger andauernden Abnutzungskrieg einstellen und ihre Kapazitäten erheblich vergrö-
ßern. Auch mit heimkehrenden Soldaten war nicht mehr zu rechnen –
im Gegenteil: Eine massive Einberufungswelle erfaßte jetzt die Beleg-
schaften der bis dahin geschützten Rüstungsbetriebe. Durch die nun
einsetzenden intensiven Bemühungen um Arbeitskräfte aus den westeuropäischen Ländern allein aber waren diese Lücken nicht mehr zu
schließen. Nur der Einsatz von Arbeitskräften aus der Sowjetunion
konnte eine weitere, wirksame Entlastung bringen.

Der Arbeitseinsatz sowjetischer Kriegsgefangener oder Zivilarbeiter
im Reich aber war vor Beginn des Krieges explizit ausgeschlossen
worden. Dabei hatten sich nicht nur Parteiführung, Reichssicherheitshauptamt und SS aus ,rassischen' und sicherheitspolitischen Gründen
gegen jede Beschäftigung von Russen in Deutschland ausgesprochen.
Vielmehr war die Siegesgewißheit im überwiegenden Teil der an der
Vorbereitung des Krieges beteiligten Stellen der Regimeführung und der
Wirtschaft so groß, daß ein solcher Einsatz von vornherein als nicht
notwendig angesehen wurde, so daß anders als bei der Beschäftigung
von Polen diesmal die ideologischen Prinzipien des Regimes durch-
schlugen. Darüber hinaus gab es auch in der deutschen Bevölkerung
starke, durch die ersten Wochenschaubilder vom Krieg in der Sowjetunion noch verschärfte Vorbehalte gegen einen ,Russeneinsatz', wie der
SD berichtete: „Es würde mit Sorge gefragt, was wir mit diesen ,Tieren'
in Zukunft anfangen wollten. Viele Volksgenossen stellten sich vor, daß
sie radikal ausgerottet werden müßten. Zusammen mit Gewalttaten
entflohener russischer Kriegsgefangener bildete sich eine gewisse Angst
davor heraus, daß diese Gestalten und Typen in größerer Zahl in das
Reichsgebiet kommen könnten und gar als Arbeitskräfte Verwendung
finden sollten"[4].

Die Folgen dieser weitgehenden Übereinstimmung zwischen Volk
und Führung in der Ablehnung des ,Russeneinsatzes' waren entsetzlich. Da keine kriegswirtschaftliche Notwendigkeit ihrer Beschäftigung
im Reich zu bestehen schien, wurden die Millionen sowjetischer Kriegsgefangenen in den Massenlagern im Hinterland der deutschen Ostfront
ihrem Schicksal überlassen. Mehr als die Hälfte der 3,3 Mio. bis Ende

Anwerbung von Arbeitskräften in Frankreich (1941).

Verschickung sowjetischer Frauen zum ,Arbeitseinsatz' nach Deutschland (1943).

des Jahres 1941 in deutsche Hand geratenen sowjetischen Kriegsgefangenen verhungerten, erfroren, starben vor Erschöpfung oder wurden umgebracht. Insgesamt kamen bis Kriegsende von den etwa 5,7 Mio. sowjetischen Kriegsgefangenen 3,5 Mio. in deutschem Gewahrsam ums Leben[5].

Als sich aber im Spätsommer 1941 und verstärkt dann im Herbst des Jahres die militärische und damit auch die kriegswirtschaftliche Lage Deutschlands rapide wandelte, entstand erneut ein ökonomischer Druck zur Beschäftigung auch der sowjetischen Gefangenen, der sich im November in entsprechenden Befehlen äußerte. Die Initiative dazu ging diesmal von der Industrie, insbesondere vom Bergbau, aus, wo der Arbeitermangel bereits bedrohliche Formen angenommen hatte. Die überwiegende Mehrzahl der sowjetischen Gefangenen aber stand für einen Arbeitseinsatz gar nicht mehr zur Verfügung. Von den bis dahin mehr als 3 Mio. Gefangenen kamen bis März 1942 nur 160000 zum Arbeitseinsatz ins Reich. Daher mußte nun auch hier in großem Stile auf die Rekrutierung sowjetischer Zivilarbeiter umgeschaltet werden. Die Beschaffung von so vielen Arbeitskräften in so kurzer Zeit wie möglich wurde zur vordringlichen Frage und zur Hauptaufgabe des im März neu eingesetzten ,Generalbevollmächtigten für den Arbeitseinsatz', Sauckel, der seine Aufgabe mit ebensoviel Effizienz wie schrankenloser Brutalität erfüllte. In knapp 2 ½ Jahren wurden von den Einsatzstäben der Wehrmacht und der deutschen Arbeitsämter 2,5 Mio. Zivilisten aus der Sowjetunion als Zwangsarbeiter ins Reich deportiert – 20000 Menschen pro Woche[6].

Parallel zu der Entwicklung bei Beginn des ,Poleneinsatzes' wurde auch dieser kriegswirtschaftlich motivierte Verstoß gegen die ideologischen Prinzipien des Nationalsozialismus durch ein System umfassender Repression und Diskriminierung der sowjetischen Zivilarbeiter kompensiert, das die Bestimmungen gegenüber den Polen an Radikalität allerdings noch weit übertraf. Wenn es durch den Kriegsverlauf schon unumgänglich wurde, Russen im Reich zur Arbeit einzusetzen, so könnte man die Logik der Behörden umschreiben, dann mußte man sie wenigstens schlecht behandeln.

Innerhalb des Reiches hatte sich mittlerweile ein regelrechter Lagerkosmos herausgebildet; an jeder Ecke in den großen Städten wie auf dem Lande fanden sich Ausländerlager. Allein in einer Stadt wie Berlin gab es etwa 500, insgesamt mögen es im Reich über 20000 gewesen sein, und etwa 500000 Deutsche waren in verschiedenen Funktionen, vom Lagerleiter bis zum ,Ausländerbeauftragten' einer Fabrik, direkt in die Organisation des ,Ausländereinsatzes' einbezogen. Die Lebensbedingungen der einzelnen Ausländergruppen wurden durch eine strikte, bis in Kleinigkeiten reglementierte nationale Hierarchie differenziert. Während die Arbeiter aus den besetzten Westgebieten und den sog. befreundeten Ländern zwar überwiegend in Lagern leben mußten, aber etwa dieselben Löhne und Lebensmittelrationen wie die Deutschen in vergleichbaren Stellungen erhielten und auch denselben Arbeitsbedingungen unterlagen, waren die Arbeiter aus dem Osten, vor allem die Russen, ganz erheblich schlechter gestellt. Die Rationen für die offiziell ‚Ostarbeiter' genannten sowjetischen Zivilarbeiter fielen so gering aus, daß sie oft schon wenige Wochen nach ihrer Ankunft völlig unterernährt und arbeitsunfähig waren.

Schon im Frühsommer 1942 berichteten zahlreiche Unternehmen, daß der ‚Russeneinsatz' ganz unwirtschaftlich sei, weil eine effektive Beschäftigung nicht nur eine bessere Verpflegung und ausreichende Ruhepausen, sondern auch dem Arbeitsvorgang entsprechende Anlernmaßnahmen für die Zwangsarbeiter voraussetze. Solche Maßnahmen hatten bei den französischen Kriegsgefangenen dazu geführt, daß die Arbeitsleistungen nach relativ kurzer Zeit beinahe das Niveau der deutschen Arbeiter erreichten. Die Lage vor allem der sowjetischen Zwangsarbeiter war allerdings von Betrieb zu Betrieb, von Lager zu Lager sehr unterschiedlich; in der Landwirtschaft ging es ihnen in der Regel erheblich besser als in der Industrie, und auch dort waren die Unterschiede in der Behandlung und der Ernährung eklatant, vor allem seit Ende 1942. Das aber verweist darauf, wie groß der Handlungs- und Ermessensspielraum des einzelnen Unternehmens war. Es kann überhaupt keine Rede davon sein, daß die schlechten Arbeits- und Lebensbedingungen der Arbeiter aus dem Osten allein auf die bindenden Vorschriften der Behörden zurückzuführen gewesen seien.

Zu wirksamen Verbesserungen der Lebensverhältnisse der ‚Ostarbeiter' in breitem Maße kam es allerdings erst nach der Niederlage von Stalingrad Anfang 1943; eine umfassende Leistungssteigerungskampagne setzte ein, verbunden mit einer Bindung der Höhe der Lebensmittelration an die Arbeitsleistung, zugleich begannen umfangreiche Qualifizierungsmaßnahmen. Dadurch gelang es tatsächlich, die Arbeitsleistungen beträchtlich zu erhöhen. Eine qualifizierte Beschäftigung mußte aber auch zwangsläufig Auswirkungen auf das Verhältnis der deutschen zu den ausländischen Arbeitern haben. So war denn schon in den entsprechenden Vorschriften der Behörden alles getan worden, um die bevorzugte Stellung der deutschen Arbeiter gegenüber den Ausländern, insbesondere aber den Russen, in allen Bereichen durchzusetzen. Gegenüber den ‚Ostarbeitern' hatten die Deutschen prinzipiell eine Vorgesetztenstellung, in manchen Betrieben erhielten die deutschen Arbeiter, die die Ostarbeiter anlernen sollten, sogar die Funktion von Hilfspolizisten.

Um nur an einem Beispiel zu illustrieren, wie nun die tatsächliche

Lage der Zwangsarbeiter aus der Sowjetunion in Deutschland war, sei
hier kurz aus dem Bericht eines Berliner Ministerialbeamten vom Sommer 1943 zitiert, der bei dem Besuch verschiedener Ostarbeiterlager in
Berlin folgende, durchaus exemplarische Beobachtungen machte:
„Trotz der den Ostarbeitern offiziell zustehenden Rationen ist ein-
wandfrei festgestellt worden, daß die Ernährung in den Lagern folgendermaßen aussieht: Morgens einen halben Liter Kohlrübensuppe. Mit-
tags, im Betrieb, einen Liter Kohlrübensuppe. Abends einen Liter Kohlrübensuppe. Zugleich erhält der Ostarbeiter 300 g Brot täglich. Hinzu
kommen wöchentlich 50–75 g Margarine, 25 g Fleisch oder Fleisch-
waren, die je nach Willkür der Lagerführer verteilt oder vorenthalten
werden. Große Mengen von Lebensmitteln werden verschoben. Die
größte Geißel der Lager aber bildet die Tuberkulose, die sich auch unter
den Minderjährigen sehr stark ausbreitet. Im Rahmen der sanitären und
gesundheitlichen Lage, in der sich die Ostarbeiter befinden, muß unterstrichen werden, daß es den deutschen und russischen Ärzten von den
Betriebskrankenkassen verboten wird, irgendwelche Medikamente den
Ostarbeitern zu verabfolgen. Die an Tuberkulose Erkrankten werden
nicht einmal isoliert. Die Erkrankten werden mit Schlägen gezwungen,
ihrer Arbeit nachzugehen, weil die Lagerbehörden die Zuständigkeit
der behandelnden Ärzte anzweifeln. Es entzieht sich meiner Kenntnis,
aus welchen Gründen die deutschen Stellen eine große Anzahl Kinder
aus den besetzten Ostgebieten nach Deutschland ‚importierten'. Es
steht jedoch fest, daß sich zahlreiche Kinder von 4–15 Jahren in den
Lagern befinden, und daß sie in Deutschland weder Eltern noch sonstige Verwandte besitzen. Der größte Teil der Kinder ist erkrankt und
erhält als einzige Aufbauernährung dieselbe Kohlrübenwassersuppe
wie die älteren Ostarbeiter"[7].
    Der Ausländereinsatz gehörte in Deutschland mittlerweile wie selbst-
verständlich zum Kriegsalltag, und angesichts der eigenen Sorgen war
für die meisten Deutschen das Schicksal der ausländischen Arbeiter von
durchaus geringem Interesse. Im Sommer 1944 befanden sich 7,8 Mio.
ausländische Arbeitskräfte auf Arbeitsstellen im Reich: 5,7 Mio. Zivil-
beiter und knapp 2 Mio. Kriegsgefangene. 2,8 Mio. von ihnen stammten
aus der Sowjetunion, 1,7 Mio. aus Polen, 1,3 Mio. aus Frankreich –
insgesamt wurden zu dieser Zeit Menschen aus fast 20 europäischen
Ländern im Reich zur Arbeit eingesetzt. Mehr als die Hälfte der polnischen und sowjetischen Zivilarbeiter waren Frauen, im Durchschnitt
unter 20 Jahre alt – der durchschnittliche Zwangsarbeiter in Deutschland
1943 war eine 18jährige Schülerin aus Kiew. 26,5% aller Beschäftigten im
Reich waren damit Ausländer: in der Landwirtschaft 46%, in der
Industrie knapp 40%, in der engeren Rüstungsindustrie etwa 50%, in
einzelnen Betrieben mit hohem Anteil an Ungelernten bis zu 80 und 90%.

Ausländische Zivilarbeiter und Kriegsgefangene nach Staatsangehörigkeit und Wirtschaftszweigen, August 1944[8]

„Staatsangehörigkeit"	Landwirtschaft	Bergbau	Metall	Chemie	Bau	Verkehr	insgesamt
Belgier							
insgesamt	28652	5146	95872	14029	20906	12576	253648
Zivilarb.	3948	2787	86441	13533	19349	11585	203262
Kriegsgef.	24704	2629	9431	496	1557	991	50386
in % aller							
Belgier	11,2%	2,0%	37,8%	5,5%	8,2%	4,9%	100%
Franzosen							
insgesamt	405987	21844	370766	48319	59440	48700	1254749
Zivilarb.	54590	7780	292800	39417	36237	34905	654782
Kriegsgef.	351307	14064	77966	8902	23203	13795	599967
in % aller							
Franzosen	32,3%	1,7%	29,5%	3,9%	4,7%	3,9%	100%
Italiener							
insgesamt	45288	50325	221304	35276	80814	35319	585337
Zivilarb.	15372	6641	41316	10791	35271	5507	158099
Kriegsgef.	29916	43684	179988	24485	45543	29812	427238
in % aller							
Italiener	7,7%	8,6%	37,8%	6,0%	13,8%	6,0%	100%
Niederländer							
Zivilarb.	22092	4745	87482	9658	32025	18356	270304
in % aller							
Niederländer	8,2%	1,8%	32,4%	3,5%	11,9%	6,8%	100%
Sowjets							
insgesamt	862062	252848	883419	92952	110289	205325	2758312
Zivilarb.	723646	92950	752714	84974	77991	158024	2126753
Kriegsgef.	138416	159898	130705	7978	32298	47301	631559
in % aller							
Sowjets	28,5%	8,3%	29,2%	3,7%	3,6%	6,8%	100%
Polen							
insgesamt	1125632	55672	130905	23871	68428	35746	1688080
Zivilarb.	1105719	55005	128556	22911	67601	35484	1659764
Kriegsgef.	19913	667	2349	960	827	262	28316
in % aller							
Polen	66,7%	3,3%	7,5%	1,4%	4,1%	2,1%	100%
„Protektoratsangehörige"							
Zivilarb.	10289	13413	80349	10192	44870	18566	280273
in % aller							
„Protektoratsangehörigen"	3,7%	4,8%	28,7%	3,6%	16,0%	6,6%	100%
Insgesamt	2747238	433790	1691329	252068	478057	378027	7615970
Zivilarb.	2061066	196782	1397920	206741	349079	277579	5721883
Kriegsgef.	686172	237008	293409	45327	128978	100448	1930087
in %	36,1%	5,7%	22,2%	3,3%	6,3%	5,0%	100%

Die Beschäftigung von ausländischen Zwangsarbeitern beschränkte sich durchaus nicht allein auf Großbetriebe, sondern erstreckte sich, von der Verwaltung abgesehen, auf die gesamte Wirtschaft – vom Kleinbauernhof über die Schlosserei mit sechs Arbeitern bis zur Reichsbahn, den Kommunen und den großen Rüstungsbetrieben, aber auch vielen privaten Haushalten, die eines der mehr als 200 000 überaus begehrten, weil billigen russischen Dienstmädchen im Haushalt einsetzten.

Seit Anfang 1944 aber zeigte sich, daß selbst solche in der Tat erheblichen Zahlen für den Arbeiterbedarf insbesondere der großen Rüstungsprojekte des Reiches nicht mehr ausreichend waren, zumal infolge der militärischen Entwicklung die Arbeiterrekrutierung vor allem in der Sowjetunion zurückging und so die durch weitere Einberufungen immer größer werdenden Arbeitskräftelücken nicht mehr ausgefüllt werden konnten. Daraufhin wandte sich das Interesse zunehmend der einzigen Organisation zu, die noch über ein erhebliches Potential an Arbeitskräften verfügte: der SS und den ihr unterstellten Konzentrationslagern. In den ersten Kriegsjahren hatte der Arbeitseinsatz von KZ-Häftlingen eine kriegswirtschaftliche Bedeutung nicht besessen. Zwar gab es bereits seit 1938 SS-eigene Wirtschaftsunternehmen – vor allem Steinbrüche, Ziegeleien und Ausbesserungswerkstätten –, und nahezu alle Häftlinge wurden in irgendeiner Form zur Zwangsarbeit herangezogen; der Charakter der Arbeit als Strafe, ,Erziehung' oder ,Rache' blieb aber auch hier erhalten und nahm gegenüber den in der politischen und ,rassischen' Hierarchie der Nazis besonders tief stehenden Gruppen bereits vor 1939 und verstärkt danach die Form der Vernichtung an. Erst im Frühjahr 1942 begann die SS in größerem Maße, Häftlinge für Rüstungszwecke einzusetzen. Der Wert der KZ-Rüstungsproduktion blieb aber verschwindend gering, die Produktivität lag bei 17% im Verhältnis zur übrigen Wirtschaft. Bei den Auseinandersetzungen zwischen den verschiedenen Interessengruppen innerhalb der SS setzte sich der Gedanke der Strafe und Vernichtung gegenüber dem von Arbeit und Produktivität weiterhin durch – vor allem deshalb, weil durch die Massendeportationen sowjetischer Arbeitskräfte nach Deutschland, die zu dieser Zeit einsetzten, ein kriegswirtschaftlicher Druck zur Beschäftigung von Konzentrationslager-Häftlingen nicht entstanden war[9].

Erst seit dem Spätherbst 1942 wurde hier auf Veranlassung des Reichsministers für Bewaffnung und Munition, Albert Speer, ein neues System eingeführt. Nunmehr wurden KZ-Häftlinge auf Anforderung der Betriebe in Gruppen von je 500 Häftlingen den privaten Unternehmen leihweise und gegen Gebühr zur Verfügung gestellt und dazu in eigens zu errichtenden KZ-Außenlagern in den jeweiligen Städten untergebracht. Dieses System aber entwickelte sich nur langsam; die Widerstände in der Industrie gegen einen direkten Einfluß der SS in den

Betrieben waren relativ stark, zumal zu dieser Zeit der Zustrom von vorwiegend sowjetischen Zwangsarbeitern einen Höhepunkt erreichte. Hinzu kam, daß auch in der SS-Führung der Vorrang wirtschaftlicher Ziele vor der ‚Bestrafung' und Vernichtung der Häftlinge nicht eindeutig geklärt war. Im Sommer 1943 waren von den 160000 registrierten Gefangenen der KZ-Lager etwa 100000 zur Arbeit außerhalb der Lager eingesetzt; aber noch für das Frühjahr 1944 ging das Rüstungsministerium lediglich von 32000 tatsächlich eingesetzten KZ-Häftlingen in der privaten Rüstungsindustrie des Reiches aus.

Gegenüber den Juden hingegen hatte es bis 1944 eine Politik des systematischen Arbeitseinsatzes nicht gegeben – im Gegenteil. Trotz erheblicher Einwände und Proteste der verschiedenen Behörden und Unternehmen waren die Juden sowohl im Reich als auch in den besetzten Gebieten selbst aus kriegswirtschaftlich hochwichtigen Arbeitsplätzen deportiert und in die Vernichtungslager gebracht worden. Von wenigen Ausnahmen abgesehen, deren bekanntestes der Aufbau des IG-Farben-Werkes Auschwitz ist, bei dem etwa 25000 Häftlinge umkamen, hat es nach der Deportation einen längerfristigen Einsatz von Juden in der Rüstungsindustrie bis 1944 nicht gegeben. Seit Ende 1941 war das politische Ziel der NS-Führung gegenüber den europäischen Juden die Vernichtung, nicht der Arbeitseinsatz. Die Juden wurden aufgrund ihrer ‚rassischen' Veranlagung als schärfster Feind des nationalsozialistischen Deutschlands, ja Europas betrachtet, den zu vernichten eines der herausragenden Ziele des Krieges darstellte; nur auf Grundlage der Beseitigung des Judentums waren nach der Überzeugung der nationalsozialistischen Regimeführung die anderen Kriegsziele wie die Errichtung eines nach völkischen Prinzipien aufgebauten, deutsch dominierten Europas zu erreichen. Dagegen war die kurzfristige – und ‚rassepolitisch' gefährliche – Verwendung von Juden als Arbeitskräfte ein zu vernachlässigender Faktor.

Erst seit Anfang 1944, als gegenüber den Juden das politische Hauptziel des Nationalsozialismus erreicht war, kam es hier aufgrund des sich dramatisch verschärfenden Arbeitskräftemangels in der letzten Kriegsphase zu einer Änderung, und jüdische Häftlinge wurden auch im Reichsgebiet als Arbeitskräfte in SS-eigenen Betrieben, bei unterirdischen Betriebsverlagerungen und in Privatunternehmen, vor allem in der Großindustrie, eingesetzt. Bereits im August 1943 war in der Führungsspitze des Regimes die Entscheidung gefallen, die Herstellung der Raketenwaffe A 4, eine der sog. V-Waffen, mit Hilfe von KZ-Häftlingen in unterirdischer Produktion durchführen zu lassen. Dieses unter enormem Zeitdruck vorangetriebene Projekt hatte schreckliche Auswirkungen für die hierbei eingesetzten KZ-Häftlinge. Gerade in der Aufbauphase im Herbst und Winter 1943/44 waren die Todeszahlen immens.

Leichte Ersetzbarkeit der Häftlinge bei überwiegend einfachen, aber körperlich schweren Arbeiten, hoher Zeitdruck, mangelnde Ernährung und denkbar schlechte Lebensbedingungen waren die Ursachen für die hohen Todesraten, die erst zu sinken begannen, als das Wohnlager fertiggestellt und die Produktion aufgenommen worden waren. Bis dahin jedoch waren die Häftlinge schon wenige Wochen nach ihrem Eintreffen ‚abgearbeitet'.

Projekte dieser Art, zu der Zehntausende, ja Hunderttausende von Arbeitskräften in drei Tagesschichten gebraucht wurden, waren nur noch mit KZ-Häftlingen durchführbar, denn allein die SS besaß noch Arbeitskraftreserven in solchen Größenordnungen. Aber auch die reichten zur Erfüllung der gestellten Aufgaben bald nicht mehr aus, so daß im Frühjahr 1944 der Arbeitseinsatz auch von Juden diskutiert wurde. Bis dahin war die Beschäftigung von Juden innerhalb des Reiches explizit verboten, schließlich galt es als Erfolg des Reichssicherheitshauptamtes der SS, das Reich ‚judenfrei' gemacht zu haben. Nun aber änderte sich dies: Offenbar ausgehend von einer Anfrage der besonders im militärischen Bauwesen eingesetzten Organisation Todt bestimmte Hitler im April 1944, für Rüstungsverlagerung und Großbunkerbau seien „aus Ungarn die erforderlichen etwa 100000 Mann durch Bereitstellung entsprechender Judenkontingente aufzubringen"[10].

Die Zahl der Arbeitskommandos der KZ-Außenlager wuchs nun seit dem Frühjahr 1944 rapide auf etwa 1600 an, die Liste der deutschen Unternehmen, die KZ-Häftlinge und Juden beschäftigten, wurde immer länger und umfaßte schließlich Hunderte von renommierten Firmen.

Am Ende des Jahres 1944 lag die Gesamtzahl der KZ-Häftlinge – jüdische und nichtjüdische – bei etwa 600000, von denen 480000 tatsächlich als ‚arbeitsfähig' gemeldet waren. Nach Schätzungen des Wirtschafts- und Verwaltungshauptamts der SS wurden davon etwa 140000 bei den unterirdischen Verlagerungen eingesetzt, etwa 130000 weitere bei den Bauvorhaben der Organisation Todt und ca. 230000 in der Privatindustrie.

Die Arbeits- und Lebensbedingungen der KZ-Häftlinge waren bei den verschiedenen Firmen sehr unterschiedlich und abhängig von der Art der Beschäftigung, der Stellung des einzelnen in der rassistischen Hierarchie der SS, nicht zuletzt aber auch vom Verhalten der Betriebsleitungen sowie der Lagerführer, Bewacher, Vorarbeiter und Meister. Vor allem die jüdischen Häftlinge, die in besonderen Kolonnen separiert waren, hatten dabei unter besonders schlechten Bedingungen zu leiden. Insgesamt aber kann man – mit aller Vorsicht – davon ausgehen, daß diejenigen, die in der Produktion der Rüstungsstammbetriebe selbst beschäftigt wurden, größere Überlebenschancen hatten als diejenigen Häftlinge, die in den SS-eigenen Betrieben, bei den großen Bauvorhaben und insbesondere beim Ausbau unterirdischer Produktionsstätten sowie bei der Fertigung in den Höhlen und Stollen nach der Betriebsverlagerung eingesetzt wurden. Bei den Bauprojekten und dem sog. Höhlenprojekt war Schnelligkeit der oberste Grundsatz; entsprechend unmenschlich waren die Verhältnisse für die Häftlinge. Die völlig unzureichende Ernährung, die gesundheitsschädliche Unterbringung in den Höhlen, das mörderische Arbeitstempo und vor allem der unablässige Zustrom neuer Häftlinge in die oftmals bereits überbelegten Lager verstärkten sich gegenseitig. In den Lagern der Bauprojekte wie in den Konzentrationslagern selbst herrschte gegen Ende des Jahres 1944 ein wahres Inferno – mit Todesraten, die die Überlebenszeit des einzelnen Häftlings durchschnittlich auf wenige Monate begrenzten. Der Wert eines Menschen war nicht höher, als seine Körperkraft für einige Wochen hergab. Hier waren Arbeit und Vernichtung für Hunderttausende von Menschen zu Synonymen geworden.

Betrachtet man nun die historische Bedeutung des ,Ausländereinsatzes' insgesamt, so wird deutlich, daß die deutsche Kriegswirtschaft spätestens seit Anfang 1942 alternativlos auf die ausländischen Zwangsarbeiter angewiesen war; ohne Ausländer wäre in der Landwirtschaft seit Ende 1940, in der Rüstungsindustrie seit Ende 1941 eine Produktion im geforderten Umfang nicht mehr möglich gewesen. Nur durch den ,Ausländereinsatz' war es zudem möglich, die Lebensmittelversorgung der deutschen Bevölkerung bis Ende 1944 auf dem höchsten Stand aller kriegführenden europäischen Mächte zu halten. Nicht zuletzt aber trugen die ausländischen Zwangsarbeiter zu jenem gigantischen Wachstums- und Modernisierungsschub bei, den die deutsche Wirtschaft in den Jahren der Kriegs- und Rüstungskonjunktur erlebte und der eine der Grundlagen der so rapiden wirtschaftlichen Aufwärtsentwicklung nach 1948 darstellte.

Gleichwohl ist die Behandlung der Zwangsarbeiter nicht allein von wirtschaftlichen, sondern durchgehend ebenso von weltanschaulichen Faktoren bestimmt worden. Darauf ging die Art und Weise ihrer Behandlung zurück; je besser die militärische Lage des Reiches, desto brutaler die nach ,rassischen' Leitlinien differenzierten Behandlungsvorschriften. Nur in dem Maße, wie unter dem Druck der militärischen Ereignisse die Produktivität gesteigert werden mußte, kam es hier zu Verbesserungen.

Insbesondere aber wurde dabei bereits vorweggenommen, was nach siegreicher Beendigung des Krieges für ganz Europa hätte Wirklichkeit werden sollen: die Installierung einer nach ,rassischen' Kriterien hierarchisierten nationalsozialistischen Gesellschaft in Europa. Dabei kam der deutschen Bevölkerung eine besondere Rolle zu. Denn die Zwangsarbeit von Millionen von ausländischen Arbeitern und in der letzten

Kriegsphase auch von KZ-Häftlingen geschah nicht in isolierten Lagern außerhalb des Wahrnehmungskreises der Deutschen, sondern buchstäblich vor der eigenen Tür; daß der nationalsozialistische Ausländereinsatz im wesentlichen als Erfolg im Sinne der Machthaber bezeichnet werden kann, liegt vor allem daran, daß ein erheblicher Teil der Deutschen die ihnen zugemutete Rolle annahm. Dabei kann man feststellen, daß sich an Mißhandlungen der Zwangsarbeiter nur wenige beteiligten, ebenso wie es nur wenige waren, die sich für die Zwangsarbeiter einsetzten. Für die meisten aber waren die Ausländer einfach da und gehörten zum Kriegsalltag wie Lebensmittelkarten oder Luftschutzbunker, und die Diskriminierung der Russen oder der Polen wurde dabei ebenso als gegeben hingenommen wie die eigene bevorrechtigte Stellung ihnen gegenüber. Eben das aber machte das Funktionieren des Rassismus aus: daß seine Praktizierung zur täglichen Gewohnheit, zum Alltag wurde, ohne daß sich der einzelne daran notwendig in Form von Diskriminierung oder Unterdrückung beteiligen mußte.

Die meisten der nach Kriegsende als ,Displaced Persons'[11] bezeichneten ausländischen Zwangsarbeiter kehrten sogleich in ihre Heimatländer zurück; für die zwangsweise ,repatriierten' zivilen und kriegsgefangenen Zwangsarbeiter aus der Sowjetunion aber war ihr Leidensweg nach dem Mai 1945 noch nicht zu Ende. Nach ihrer ,Repatriierung' in die Heimat standen sie vielmehr bei den stalinistischen Behörden unter pauschalem Kollaborationsverdacht, unterlagen heftigen Repressionen, und nicht wenige von ihnen wurden erneut und oft für Jahre in die Gefängnisse oder die Lager des ,Gulag' eingesperrt. Bis heute sind sie nicht rehabilitiert[12].

6.4. Ortlos am Ende des Grauens: ,Displaced Persons' in der Nachkriegszeit

Von Wolfgang Jacobmeyer

In den Planungen ziviler und militärischer Dienststellen der Alliierten nahm 1944 das Massenproblem der Zwangsarbeiter des nationalsozialistischen Regimes hohe Priorität ein. Die Alliierten nannten sie ,Displaced Persons' (DPs) – Menschen, die sich nicht in ihrer Heimat befanden, gegenwärtig hilflos waren und ohne alliierte Unterstützung nicht heimkehren oder eine neue Heimat finden konnten[1].

Planung und Wirklichkeit

Insgesamt gab es 10,5–11,7 Mio. DPs aus rund 20 Nationalitäten mit über 35 verschiedenen Sprachen, rd. 4,5 Mio. allein in den drei westlichen Besatzungszonen Deutschlands. Wegen ihres Verfolgungsschicksals galten sie als loyal gegenüber der alliierten Sache. Deshalb war ihnen auch besondere Fürsorge zugedacht. Nicht die Deutschen als Verursacher sollten Befugnisse gegenüber den DPs haben, sondern nur die Besatzungsverwaltungen und die mit ihnen zusammenarbeitenden internationalen Hilfsorganisationen: die ‚United Nations Relief and Rehabilitation Administration' (UNRRA) und seit dem Frühsommer 1947 die ‚International Refugee Organization' (IRO)[2].

In Deutschland sollten die DPs in Sammelzentren betreut werden, bis die Alliierten ihnen die Rückkehr in die Heimatländer eröffnen konnten. Gebraucht wurden also rd. 1500 Kasernen, Arbeitsdienstlager u. ä. für je 3000 DPs. Das war eine geradlinige Planung, entworfen von Militärs, die allein über die Mittel zu ihrer Umsetzung verfügten. Denn die Armee mußte Zehntausende von Offizieren und Mannschaftsdienstgraden für die Lagerverwaltung abstellen, versteckte Personallasten nicht gerechnet. Und die 2000 Kalorien Ernährung, die jedem DP zugesagt waren, also täglich rd. 9 Mio. Kilokalorien, konnten nur mit militärischer Hilfe beschafft, befördert und verteilt werden.

Die tatsächliche Situation der Befreiung jedoch überforderte zunächst alle Planung. Wenigstens in den ersten Wochen herrschte Chaos, wo Zwangsarbeiter in den städtisch-industriellen Ballungsgebieten in Massen befreit worden waren: Im April 1945 stand in Frankfurt ein verzagtes Militärteam von 21 Mann vor 40000, wenige Tage später vor 150000 soeben befreiten Zwangsarbeitern – ohne logistische Mittel, ohne Unterbringungsmöglichkeiten, ohne Sanitäter, ohne die geringste Kenntnis des Russischen, Polnischen, Französischen oder anderer Sprachen[3]. Dabei war es noch vergleichsweise günstig, wenn die Zwangsarbeiter massiert und relativ ortsfest befreit wurden. Rund 34% hingegen waren in der Landwirtschaft tätig gewesen und bildeten nun ein weit verstreutes Heer von 1,5 Mio. Menschen, die nicht gleich erfaßt werden konnten und regellos durch das Land zogen.

Die DPs waren zerlumpt, erschöpft, hochgradig erregt und aggressiv. Plünderungen, Raub und Mord waren nicht ungewöhnliche Verhaltensweisen der DPs. Häufig besaßen die DPs nicht das Bewußtsein, kriminell zu handeln. Die alliierten Militärs benötigten durchschnittlich zehn Tage, bis die Situation jeweils regional unter Kontrolle war. Die alliierten Planer hatten sich die DPs als ohnmächtig, dankbar und leicht lenkbar vorgestellt. Kurzfristig wurden diese Erwartungen durch ein entfesseltes Verhalten der DPs widerlegt. Unter diesem Eindruck begann die

Armee allerdings, das für sie hohe Gut der öffentlichen Sicherheit zu erzwingen. Die ,Sammelstellen' wurden nun doch zu ,Lagern' mit Bewachung und Stacheldraht, die alliierte Selbstverpflichtung ,Fürsorge' trat hinter ,Kontrolle' zurück. Diese Maßnahmen griffen rasch und senkten die Kriminalitätsrate der DPs unter die der deutschen Bevölkerung ab. Das generelle deutsche Verdikt über die DPs als Kriminelle, bis heute das bestimmende Element im deutschen Erinnerungsbild, ist vermutlich aus dem Gefühl der Ohnmacht entstanden[4].

Erfolge und Scheitern der Repatriierung

,Repatriierung' war der ordnungspolitische Kern des alliierten Programms für die DPs. Auf diesem Wege sollte das DP-Problem restlos gelöst werden. Hunger, Racheverlangen und Überschwang über die Befreiung hatten unter den DPs zwar kurzfristig überwältigende Ausmaße angenommen, lieferten aber auch den inneren Antrieb für die von den Alliierten forcierte Repatriierung der DPs. Von Anfang Mai bis Ende September 1945 wurden aus Deutschland und Westeuropa rd. 5,2 Mio. DPs in ihre Ausgangsländer zurückgeführt. Das entspricht der außerordentlichen Tagesrate von gut 33000 Personen.

In der praktischen Abwicklung der Repatriierung überwog die Improvisation. Repatriierung war nicht ,Reise', sondern ,Transport': unbeheizte Güterwagen, vier- bis sechstägige Transportdauer, und dies alles bei einer Versorgung, die vom Zufall des vor Ort gerade Verfügbaren diktiert wurde. Hatten die DPs ihre Befreiung euphorisch erlebt, so versetzte sie die Repatriierung erneut in überschwengliche Aufbruchstimmung. Regelmäßig wurden die verhaßten, weil an die Zeit vor der Befreiung erinnernden Unterkünfte vor der Abreise in Schutt und Asche gelegt. Gelegentlich (etwa am 10. Oktober 1945 bei der Repatriierung von Polen aus Hackenheim[5]) wurde der Vorabend für Raubzüge genutzt – Freiheit zum Anfassen und Mitnehmen, da ja der Repatriierte von keinem Richter mehr erreichbar sein würde. Die eingeschüchterte deutsche Bevölkerung übertrug ihre negativen Erfahrungen mit den abreisenden DPs als Ressentiment auf die bleibenden.

Die Repatriierung, die einzige alliierte Strategie zur Lösung des DP-Problems, war lediglich ein Angebot. Nur die Repatriierung sowjetischer DPs geschah unter Zwang. Auf der letzten Kriegskonferenz vom Februar 1945 waren die drei Alliierten Großbritannien, UdSSR und USA auf Jalta übereingekommen, sowjetische DPs ausnahmslos und, falls diese sich weigerten, auch gegen deren Willen in die UdSSR zurückzusenden. Zwar hatte schon im Juni 1944 der Rechtsberater des britischen Foreign Office erklärt: „Es geht uns nichts an, wenn diese Personen erschossen oder doch härter als nach britischem Recht bestraft werden"⁶. Aber der Beschluß von Jalta hatte sowjetischen Forderungen zu Unrecht nachgegeben. Mit ihrer Einwilligung in die Zwangsrepatriierung brachen die westlichen Demokratien alte Traditionen des Asyls, schworen der Unschuldsvermutung nach westlicher Rechtstradition ab und akzeptierten die unerträgliche Norm Stalins, die sowjetischen DPs seien gleichsam ‚schuldig bis zum Beweis des Gegenteils'.

Kein Wunder, daß sich die sowjetischen DPs gegen die Auslieferung tätlich zur Wehr setzten, so daß die Westalliierten in ein schmutziges, teilweise blutiges Gechäft verstrickt wurden. Häufig genug mußten westliche Besatzungsvertreter Szenen völliger Verzweiflung beobachten – rasende, nur durch Schlagstock und Gewehrkolben niederzuhaltende Versuche der Gegenwehr bis hin zum Massenselbstmord als dem einzig sicheren Ausweg vor der Zwangsrepatriierung. Als z. B. amerikanische Soldaten am 19. Januar 1946 die Unterkünfte sowjetischer DPs im ehemaligen KZ Dachau gestürmt hatten, berichtete ein Teilnehmer: „Es waren nicht Menschen in den Baracken, es waren Tiere. Die GIs schnitten die meisten rasch los, die sich an den Deckenbalken erhängt hatten. Die, die noch bei Bewußtsein waren, schrien uns auf Russisch an, deuteten auf unsere Schußwaffen und baten uns flehentlich, sie zu erschießen"⁷. Anderntags wurde der Transport trotz einer Selbstmordrate von 10% pünktlich durchgeführt.

Beendet wurde die Zwangspolitik gegenüber sowjetischen DPs in der zweiten Jahreshälfte 1946 – nicht aus Gründen der Menschlichkeit oder aus Rechtsbedenken, sondern weil der beginnende Kalte Krieg neue Maßstäbe lieferte und damit ein Festhalten an der siegesbestärkten Bedenkenlosigkeit von 1945 untunlich erscheinen ließ.

Ende 1945, als die Repatriierungen aus Witterungsgründen zum Stillstand gekommen waren, befanden sich in den deutschen Westzonen noch immer rd. 1,7 Mio. DPs. Die Siegermächte, vor allem die UdSSR, hatten ihre DPs bevorzugt zurückgeführt; mehr hatte das kriegsversehrte Transportsystem nicht leisten können. Zurückgeblieben waren vor allem Polen, Ukrainer und Balten (Esten, Letten, Litauer). Sie lebten sich in den notdürftig winterfest gemachten Lagern ein. Als im Frühjahr 1946 die Repatriierungen wieder beginnen konnten, wäre die Heimführung dieser Restgruppe nach dem Maß von 1945 eine Sache von etwa 45 Transporttagen gewesen.

Bei den DPs war jedoch der Wille zur Heimkehr verlorengegangen. Im gesamten Jahr 1946 kehrten nur noch 500000 DPs zurück. Selbst eine mehrmonatige, energisch betriebene Werbeaktion unter der Gruppe der polnischen DPs führte 1946 nur zur Repatriierung von 66000 Personen. Dann war der Strom endgültig versiegt. Die Repatriierung, eine gewaltige, aber nur kurzlebige Episode vom Sommer und Herbst 1945, erfüllte die in sie gesetzte Erwartung nicht, das Problem insgesamt zu lösen. Es wandelte sich vielmehr seit dem Winter 1945/46 von Mobilität in Stagnation, von einem erfolgreichen Soforthilfeprogramm in ein Wohlfahrtsprogramm von unbestimmter Dauer.

Von DPs zu ,Heimatlosen Ausländern'

Weshalb weigerten sich die DPs, in ihre Heimatländer zurückzukehren? Zweifellos untergruben Befürchtungen über die politische und wirtschaftliche Lage der osteuropäischen Staaten, aus denen die übriggebliebenen DPs weit überwiegend stammten, die Rückkehrbereitschaft. Aber auch territoriale Veränderungen – etwa die Westverschiebung Polens oder die sowjetische Annexion der baltischen Staaten – hatten die Repatriierung als Lösungsstrategie unbrauchbar gemacht. Für einen DP ukrainischer Nationalität, aber polnischer Staatsbürgerschaft hätte z. B. die Rückkehr bedeutet, die sowjetische Staatsbürgerschaft anzunehmen. Wollte er hingegen polnischer Staatsbürger bleiben, hätte er nicht an seinen Heimatort, sondern nur in das neue, nach Westen verschobene Polen zurückkehren können[8].

Noch größeren Einfluß auf den Mentalitätswandel der DPs aber hatte die Überwinterung in den Lagern. Die Gewöhnung an diese Ersatzheimat erstickte die Aufbruchsbereitschaft, tauchte die Repatriierung in das Licht persönlichen Risikos. Erfahrene internationale Beobachter lernten aus dieser Entwicklung erstmals mit Bestürzung, daß sich der Selbsthilfewille der Betroffenen nicht beliebig konservieren läßt, daß Lösungsangebote versagen müssen, wenn er erst einmal erloschen ist. Verstärkt wurde das Dilemma allerdings auch durch die Programm-Armut der Alliierten, die den DPs bis Ende 1947 nur die Repatriierung anbieten konnten und sonst nichts.

Ein Wandel zeichnete sich erst ab, als die UNRRA im Juni 1947 durch die IRO abgelöst wurde und als auf internationaler Ebene ein großzügiges Aufnahmeprogramm für die DPs vereinbart werden konnte. Von diesem Angebot, neue Heimatländer zu finden (,resettlement'), machten bis zum Auslaufen des Programms 1951 rd. 712000 DPs aus den deutschen Westzonen Gebrauch. Der größte Teil ging nach Übersee, vor allem in die USA (273000), nach Kanada (83000) und Australien (136000). Westeuropäische Staaten nahmen insgesamt 110000 DPs auf.

In Westdeutschland blieben von den DPs vor allem Alte, Kranke und Schwache zurück, das ,hard core', wie die Alliierten sagten, das man nur noch bewahren, in Anstalten unterbringen und in Sanatorien pflegen konnte. Es dürfte sich um ca. 150000 Personen gehandelt haben, von denen ein knappes Fünftel dauernd pflegebedürftig war. Denn auch die neuen Aufnahmeländer des Wiederansiedlungsprogramms waren nur an gesunden, leistungsfähigen und sozial unkomplizierten

Begrüßung der ersten Gruppe von ‚DP-Auswanderern' in Bremerhaven.

DPs interessiert. Der berüchtigte ‚Schatten auf der Lunge' (Tbc), der wegen der Arbeitsbedingungen und der Unterernährung der Zwangsarbeiter weit verbreitet war, führte zum absoluten Ausschluß vom ‚resettlement'; ebenso wurden ältere DPs oder ganze DP-Familien selten akzeptiert. Zwar ist ‚Arbeitsfähigkeit' in modernen industriellen Gesellschaften ein akzeptierter Standard; aber für die DPs wirkte sich verhängnisvoll aus, daß sie diesem Selektionsmaßstab zweimal hintereinander ausgesetzt waren: zum ersten Mal, als das ‚Dritte Reich' seine Arbeitssklaven unter diesem Gesichtspunkt zusammengetrieben hatte, und zum zweiten Mal bei der Auswahl für das ‚resettlement', bei der die DPs die Gesundheitsfolgen aus der Zwangsarbeit gegen sich halten lassen mußten. Gerade am ‚hard core' läßt sich feststellen, daß die Lasten des DP-Problems am Ende jenen DPs aufgebürdet wurden, die sie zu tragen noch am wenigsten in der Lage waren[9].

Knapp ein Jahr nach der Gründung der Bundesrepublik Deutschland, im Juni 1950, legten die Alliierten die Zuständigkeit für DPs in deutsche Hand, forderten jedoch ein deutsches Gesetz über deren Rechtsstellung[10]. Das Gesetz mit dem Begriffswechsel von ‚DPs' in ‚Heimatlose Ausländer' erfüllte die Auflagen der alliierten Hochkommissare in befriedigender Weise; es war verständnisvoll, großzügig, liberaler als das geltende internationale Flüchtlingsrecht, wenn es auch die DPs unterhalb des Rechtsstatus deutscher Flüchtlinge einordnete[11]. Es regelte indessen nur den Rechtsstatus der ehemaligen Zwangsarbeiter, nicht deren Wiedergutmachungsansprüche. Solche gut begründeten Forderungen hat die Bundesrepublik Deutschland bis zum heutigen Tage in Auseinandersetzungen abgelehnt, in denen das subjektive Rechtsbewußtsein der Opfer den politisch-rechtlichen Beharrungskräften auf deutscher Seite unterlag[12]. Überhaupt verschlossen sich die Deutschen gern vor der Einsicht in die Grundursache des Problems. Da die DPs in der rechtlichen und sozialen Enklave von alliierten Lagern lebten, bot sich deutschen Beobachtern eine willkommene Möglichkeit, die DPs nicht als Folge deutscher Politik, sondern als lästiges Besatzungsproblem zu werten. Die DPs galten als ,faules Pack', weil sich in den Lagern keine Beschäftigungsverhältnisse entwickeln ließen, als ,kriminelles Gesindel', weil deutsche Polizeigewalt am Lagertor endete, als ,sozialer Abschaum', weil man die Sozialkorrosion von Lagerleben nicht sehen konnte oder wollte, und obendrein als ,lieb Kind der Besatzer'. Dies waren und blieben die Stichworte der ebenso verständnislosen wie der eigenen Entlastung dienenden Einschätzung auf deutscher Seite.

Das DP-Problem war eines der für unser Jahrhundert so typischen Massenprobleme. Vergessen wird oft, daß es sich aus Einzelschicksalen zusammensetzt – wie z. B. dem des Czeslaw T., das hier knapp abgebildet sei: 1909 in Warschau geboren, Gymnasiallehrer für Mathematik und Physik, seit 1937 verheiratet (1 Kind), im Februar 1940 bei einer ,Arbeiterfangaktion' in einer Warschauer Straßenbahn verhaftet und nach Norddeutschland ,verbracht'; Zwangsarbeit unter elenden Bedingungen, u. a. beim Bau der großen Schleuse in Wilhelmshaven; 1945 durch kanadische Truppen befreit; verpaßte die Repatriierung 1945 wegen einer schweren Grippe; wanderte durch verschiedene Lager, bis er Ende 1947 für das ,resettlement' nach Toronto ausgewählt wurde; Sprachprobleme und Alter verhinderten die Rückkehr in einen Lehrberuf, statt dessen Hilfsarbeiter in einer Tischlerei; 1950 Nachricht, daß Frau und Kind im Warschauer Aufstand 1944 ums Leben gekommen waren; 1956 Frührentner wegen Herzleidens und alter Tbc; 1961 plötzlicher Tod im Alter von knapp 52 Jahren. – Czeslaw T. steht für viele andere. Sein Schicksal ist Mahnung.

6.5. Fremde in der Heimat:
Flucht – Vertreibung – Integration

Von Wolfgang Benz

Zu den Folgen des Zweiten Weltkrieges zählte eine riesige Bevölkerungsbewegung in Ost-West-Richtung. Sie begann mit der Flucht vor der Roten Armee und erreichte ihren Höhepunkt in der systematischen Austreibung der Deutschen aus den Gebieten östlich der Oder-Neiße-Grenze und aus Ost- und Südosteuropa.

Die Umgangssprache hat sich der semantisch-exakten Definition des Personenkreises, von dem hier die Rede ist, stets widersetzt. Der Pauschalbegriff ‚Flüchtlinge' bürgerte sich frühzeitig für alle ein, die als Folge des Krieges ihre Heimat verlassen mußten. Amtlich korrekt definiert heißt es: „Vertriebene sind die Deutschen, die ihren Wohnsitz in den z. Zt. unter fremder Verwaltung stehenden deutschen Ostgebieten (Gebietsstand 31.12.1937) oder im Ausland hatten und ihn durch den Zweiten Weltkrieg infolge Vertreibung verloren haben." Und: „Flüchtlinge aus der SBZ sind die Deutschen, die nach Kriegsende aus der sowjetischen Besatzungszone oder dem Sowjetsektor von Berlin in das Bundesgebiet einschl. Berlin (West) gekommen sind, und ihre Kinder"[1]. Im allgemeinen, aber auch im wissenschaftlichen Sprachgebrauch werden die Begriffe ‚Vertriebene' und ‚Flüchtlinge' meist synonym verwendet. Historisch gesehen haben aber viele das doppelte Schicksal von Flucht und Vertreibung erlitten, und zwar in wechselnder Reihenfolge. Für viele folgte der Flucht aus Ostpreußen nach Pommern wenig später die Vertreibung von dort – vielleicht in die sowjetische Besatzungszone, die später in erneuter Flucht westwärts verlassen wurde[2].

Ursprünge und Ursachen dieser Bevölkerungsbewegungen liegen in der nationalsozialistischen Zeit. Mit dem Zweiten Weltkrieg begann im Herbst 1939 in Europa eine der größten Umsiedlungs-, Emigrations- und Vertreibungswellen, die die Geschichte kennt. Ausgelöst wurde die Völkerwanderung durch nationalsozialistische Ideologie und Politik: Es waren die Folgen jener Schlagworte, an die zu viele in Deutschland zu lange glaubten – die Phrasen vom ‚Volk ohne Raum', vom Recht des Stärkeren, das die Unterwerfung, Beherrschung, ja Vernichtung ‚minderwertiger' Völker naturgesetzlich erlaube. Die erste Phase der riesigen Bevölkerungsbewegung erfaßte über 9 Mio. Menschen, die in einem Raum, der von Finnland im Norden, der Ukraine im Osten, Griechenland im Süden und Frankreich im Westen begrenzt war, rücksiedelt, umgesiedelt, vertrieben, ‚eingedeutscht', ‚umgevolkt' oder verschleppt wurden.

Vom Standpunkt der NS-Volkstumspolitik aus wurde diese erste Phase größtenteils als Erfolg gewertet, holte sie doch Hunderttausende von ,Volksdeutschen' ,heim ins Reich', wo sie verfügbar wurden für die ,Germanisierung' der ehemals polnischen Gebiete, die vom Deutschen Reich annektiert worden waren. Rd. 1,2 Mio. Polen mußten deshalb ihre Heimat in den neuen ,Reichsgauen' Wartheland und Danzig-Westpreußen verlassen und in das ,Generalgouvernement' übersiedeln. Die Ziele, die sich hinter den bevölkerungspolitischen Maßnahmen verbargen, umreißt eine Denkschrift des Rassenpolitischen Amtes der NSDAP vom 25. November 1939, also kurz nach der Niederlage Polens, in der die „Schaffung einer rassisch und damit geistig-seelisch wie völkisch-politisch einheitlichen deutschen Bevölkerung" propagiert wurde. Die Verfasser der Denkschrift forderten konsequent: „Hieraus ergibt sich, daß alle nicht eindeutschbaren Elemente rücksichtslos beseitigt werden müssen"[3].

Positiv betroffen von der nationalsozialistischen Volkstumspolitik waren dagegen – für eine kurze Zeit – die ,Volksdeutschen', Menschen deutscher Abstammung, die außerhalb der Grenzen des ,Altreichs' (1937) lebten. Unter der Parole ,Wir wollen heim ins Reich' wurde dieser Personenkreis zur ,Rückwanderung' in das deutsche Hoheitsgebiet veranlaßt, teils freiwillig durch die Propaganda des ,Volksbunds für das Deutschtum im Ausland' (VDA), teils gezwungen durch Verträge zwischen Berlin und den Aufenthaltsländern. Seit 1936 war die beim ,Stellvertreter des Führers' ressortierende ,Volksdeutsche Mittelstelle' die partei- und regierungsamtliche Zentrale für die Angelegenheiten der ,Volksdeutschen', 1938 wurde die Behörde, in der auch die SS großen Einfluß hatte, Hitler direkt unterstellt. ,Volkstumspolitik' wurde in beträchtlichem, ja entscheidendem Maße durch Propaganda und Infiltration der deutschen ,Volksgruppen' im Ausland betrieben: Das signifikanteste Beispiel bietet die nationalsozialistische Unterwanderung der sudetendeutschen ,Volksgruppe' in der Tschechoslowakei, mit der das Münchener Abkommen von 1938 vorbereitet und die Zerschlagung der Tschechoslowakei als Staat eingeleitet wurde[4].

Die Umsiedlung von ,Volksdeutschen', zunächst aus Südtirol und aus dem Baltikum, war seit Sommer 1939 die Aufgabe der ,Volksdeutschen Mittelstelle'. Seit dem 7. Oktober 1939 existierte eine weitere neue Behörde: An diesem Tag, unmittelbar nach dem Ende des Polenfeldzugs, erhielt der Reichsführer SS Heinrich Himmler durch einen Führererlaß den Auftrag zur ,Zurückführung der für die endgültige Heimkehr in das Reich in Betracht kommenden Reichs- und Volksdeutschen im Ausland'. Himmler bekam damit nicht nur den Titel ,Reichskommissar für die Festigung deutschen Volkstums' (so lautete dann auch die Bezeichnung des neuen Hauptamts im SS-Imperium); er erhielt auch weitreichende Vollmachten zur „Ausschaltung des schädigenden Einflusses von solchen fremden Bevölkerungsteilen, die eine Gefahr für das Reich und die deutsche Volksgemeinschaft bedeuten". Das war ein Auftrag zur Vertreibung und zum organisierten Mord an unerwünschten Menschen. Außerdem war der Führer der SS zur „Gestaltung neuer deutscher Siedlungsgebiete durch Umsiedlung" befugt und konnte „den in Frage stehenden Bevölkerungsteilen bestimmte Wohngebiete zuweisen"[5].

Vorstufe der Umsiedlung war die ‚Säuberung' des alten und des neuen Reichsgebiets von ‚Juden, Polacken und Gesindel', wie es in einem Führererlaß hieß, und die ‚Selektierung' der in den neu eroberten Ostgebieten lebenden Bevölkerung. Die Richtlinien gab es seit Frühjahr 1941 in Gestalt der ‚Deutschen Volksliste'. In entwürdigenden Verfahren prüfte man Abstammung, Gesinnung und ‚erbbiologische Eignung' für das ‚Deutsch-Sein'. Die ‚Brauchbaren' wurden in vier Gruppen eingeteilt[6]. In Gruppe 1 und 2 kam, wer deutscher Abstammung war und nachweislich sein ‚Deutschtum bewahrt' hatte. Angehörige dieser beiden Gruppen erhielten die deutsche Staatsbürgerschaft und durften Mitglied der NSDAP werden. Der Gruppe 3 zugeordnete Personen bekamen die ‚deutsche Staatsangehörigkeit auf Widerruf', weil sie zwar deutsche Herkunft und deutsche Gesinnung nachweisen konnten, aber ‚Bindungen zum Polentum' hatten (vor allem Kaschuben, Masuren, Oberschlesier) oder mit Polen verheiratet waren. Die Gruppe 4 war als Kategorie ‚polnisierter Deutscher' klassifiziert, der nur die ‚Anwartschaft auf die deutsche Staatsangehörigkeit auf Widerruf' gewährt wurde. Für den Rest der Bevölkerung in den Ostgebieten gab es lediglich den Status recht- und staatenloser Schutzangehöriger des Deutschen Reiches; ‚erbbiologisch Minderwertige' sowie politisch besonders schwer Belastete kamen sofort ins Konzentrationslager.

Aufgrund dieser Kategorien der ‚Volkstumspolitik' wurde 1939–1944 knapp 1 Mio. Menschen aus deutschen ‚Volksgruppen' umgesiedelt, beginnend mit 100000 Südtirolern (in Nordtirol und Kärnten angesiedelt) und endend mit 135000 ‚Volksdeutschen' aus Galizien und 70000 Deutschen aus Siebenbürgen. Der größte Teil der Umsiedler kam nicht ins Altreich, sondern in die besetzten und annektierten Gebiete. Ein beträchtlicher Teil dieser Menschen, die ihre angestammten Siedlungsgebiete in Trecks verlassen hatten, wurde gar nicht angesiedelt, sondern wartete bis Kriegsende bzw. bis zur Rückeroberung der polnischen und sowjetischen Territorien in Lagern auf die versprochenen Bauernhöfe[7].

Hinter der Bezeichnung ‚Eingegliederte Ostgebiete' verbarg sich mehr als nur die staatsrechtliche Annexion des polnischen Territoriums, das, von 10 Mio. Menschen bewohnt, nun ‚Reichsgau Danzig-Westpreußen' und ‚Reichsgau Posen' (später ‚Wartheland') hieß bzw. zu Schlesien

(Regierungsbezirk Kattowitz) und Ostpreußen (Regierungsbezirk Zichenau) geschlagen wurde. Diese Gebiete, deren deutsche Bevölkerung damals nur 10 % der Gesamtbevölkerung ausmachte, sollten binnen 10 Jahren restlos ‚eingedeutscht' werden – das hieß: Ungefähr 7,8 Mio. Polen und etwa 700 000 Juden sollten aus diesem Landstrich verjagt und durch ‚Volksdeutsche' aus dem Baltikum, aus Bessarabien, der Bukowina und anderen Gegenden, die nach dem Hitler-Stalin-Pakt sowjetische Einflußsphäre wurden, ersetzt werden. In den eindreiviertel Jahren bis zum Beginn des Rußlandkriegs wurden im westlichen Polen – den eingegliederten Ostgebieten des Deutschen Reiches – etwa 370 000 ‚Reichsdeutsche' und rd. 350 000 ‚Volksdeutsche' angesiedelt. Etwa gleichviele Polen und 500 000 Juden – zusammen rd. 1,2 Mio. polnische Bürger – waren deportiert worden, 1,7 Mio. ‚eindeutschungsfähige' Ansässige hatten die deutsche Staatsangehörigkeit erhalten. Noch etwa 6 Mio. Polen lebten, ihres Eigentums und ihrer Rechte beraubt und als billiges Arbeitskräftereservoir mißbraucht, in Erwartung der späteren Aussiedlung in den annektierten Gebieten.

Ironischerweise sollte die nationalsozialistische Bevölkerungspolitik wenige Jahre später Bodenreform und Verstaatlichung im Nachkriegspolen erleichtern: Die alten Eigentumsverhältnisse in Westpolen waren durch Expropriation restlos zerstört, die neuen Besitzer flohen 1945 nach Westen, oder sie wurden Opfer der Vertreibung; die früheren Eigentümer meldeten sich nur selten[8]. Die Umsiedlung der Polen begann im September 1939 hastig und planlos. Diesen ersten Aktionen fielen etwa 135 000 polnische Bürger zum Opfer. Die im Dezember 1939 einsetzenden planmäßigen Aussiedlungen waren freilich nicht weniger brutal und ebenso sinnlos. In ihrem Verlauf wurden bis Anfang 1941 etwa 800 000 Polen ins ‚Generalgouvernement' abgeschoben, nicht gerechnet diejenigen, die als Zwangsarbeiter ins ‚Altreich' deportiert wurden. Die vom NS-Regime vor allem im ‚Warthegau' und im ‚Reichsgau Danzig-Westpreußen' im Zuge der ‚Germanisierungspolitik' neu Angesiedelten waren weder der Zahl noch der beruflichen Qualifikation nach in der Lage, das entstandene Vakuum auszufüllen.

Himmler hatte, wohl schon Ende 1939, „einige Gedanken über die Behandlung der Fremdvölkischen im Osten" zu Papier gebracht, die die Essenz der deutschen ‚Germanisierungs'- und Ostpolitik enthielten. Am 28. Mai 1940 nahm Hitler von der Denkschrift Kenntnis und fand sie „sehr gut und richtig", wie Himmler anschließend stolz notierte. Das Papier, in dem die Gedanken, die Hitler in seinem Bekenntnisbuch ‚Mein Kampf' 1925/26 schon angedeutet hatte, fortgeführt wurden, sollte nach Hitlers Willen nur einem kleinen Kreis von Eingeweihten im Wortlaut bekannt werden. Das bedeutete nicht, daß gegen die Umsetzung dieser Gedankengänge in Taten irgendwelche Bedenken bestanden. Himmlers Postulate wurden in der Praxis der Besatzungsjahre in vielem sogar noch übertroffen. Die Grundidee bestand darin, die Bevölkerung des Ostens zunächst in möglichst viele Teile zu zersplittern und die in deutschen Augen ,rassisch Minderwertigen' – das war die überwiegende Mehrheit – physisch und psychisch bis hin zum Genozid zu unterdrücken.

Die Bevölkerung des Generalgouvernements war gemeint, als Himmler schrieb: „Eine grundsätzliche Frage bei der Lösung aller dieser Probleme ist die Schulfrage und damit die Frage der Sichtung und Siebung der Jugend. Für die nichtdeutsche Bevölkerung des Ostens darf es keine höhere Schule geben als die vierklassige Volksschule. Das Ziel dieser Volksschule hat lediglich zu sein: Einfaches Rechnen bis höchstens 500, Schreiben des Namens, eine Lehre, daß es ein göttliches Gebot ist, den Deutschen gehorsam zu sein und ehrlich, fleißig und brav zu sein. Lesen halte ich nicht für erforderlich. Außer dieser Schule darf es im Osten überhaupt keine Schule geben." Das Ergebnis dieser Politik sah in der Vision des Heinrich Himmler folgendermaßen aus: „Die Bevölkerung des Generalgouvernements setzt sich dann zwangsläufig nach einer konsequenten Durchführung dieser Maßnahmen im Laufe der nächsten zehn Jahre aus einer verbleibenden minderwertigen Bevölkerung, die noch [vermehrt wird] durch abgeschobene Bevölkerung der Ostprovinzen sowie all der Teile des deutschen Reiches, die dieselbe rassische und menschliche Art haben (Teile z. B. der Sorben und Wenden), zusammen. Diese Bevölkerung wird als führerloses Arbeitsvolk zur Verfügung stehen und Deutschland jährlich Wanderarbeiter und Arbeiter für besondere Arbeitsvorkommen (Straßen, Steinbrüche, Bauten) stellen; sie wird selbst dabei mehr zu essen und zu leben haben als unter der polnischen Herrschaft und bei eigener Kulturlosigkeit unter der strengen, konsequenten und gerechten Leitung des deutschen Volkes berufen sein, an dessen ewigen Kulturtaten und Bauwerken mitzuarbeiten und diese, was die Menge der groben Arbeit anlangt, vielleicht erst ermöglichen"[9].

Die Vorstellungen der nationalsozialistischen Rassen- und Volkstumsideologie wurden schließlich zum ,Generalplan Ost'[10] verdichtet, in dem auf Himmlers Anweisung die Siedlungsstrategie im Osten dargelegt war, einschließlich Finanzierung, ,Menschenbedarf' und Vorschlägen zum Schicksal der nicht ,Eindeutschungsfähigen'. Hierzu schlug im Februar 1942, bei einer Expertensitzung in Berlin, ein Vertreter des Reichsministeriums für die besetzten Ostgebiete vor, „zu erwägen, ob nicht durch die Industrialisierung des baltischen Raumes zweckmäßigerweise die rassisch unerwünschten Teile der Bevölkerung verschrottet werden könnten"[11].

Von diesen Visionen und Wunschträumen, bei deren Realisierung

ganze Völker vertrieben, versklavt und vernichtet werden sollten, ließen
die Anhänger des Germanisierungswahns auch nicht ab, als sich das
Kriegsglück längst gewendet hatte. Am 3. August 1944 verkündete
Himmler auf einer Gauleitertagung in Posen unter stürmischem Beifall
der Funktionäre des NS-Regimes, wie es weitergehen würde im Osten:
„Über das Problem, daß wir die Hunderttausende von Quadratkilome-
tern oder die Million Quadratkilometer, die wir verloren haben, im
Osten wieder holen, brauchen wir uns überhaupt gar nicht zu unterhalten. Das ist ganz selbstverständlich. Das Programm ist unverrückbar. Es
ist unverrückbar, daß wir die Volkstumsgrenze um 500 km herausschie-
ben, daß wir hier siedeln. Es ist unverrückbar, daß wir ein germanisches
Reich gründen werden. Es ist unverrückbar, daß zu den 90 Mio. die 30
Mio. übrigen Germanen dazukommen werden, so daß wir unsere
Blutbasis auf 120 Mio. Germanen vermehren [. . .]. Unsere politischen,
wirtschaftlichen, menschlichen, militärischen Aufgaben haben wir in
dem herrlichen Osten. Wenn es den Kosaken geglückt ist, sich für den
russischen Zaren bis ans Gelbe Meer durchzufressen und das ganze
Gebiet allmählich zu erobern, dann werden wir und unsere Söhne es in
drei Teufels Namen fertigbringen, Jahr für Jahr, Generation für Generation unsere Bauerntrecks auszurüsten und von dem Gebiet, das wir
zunächst hinter der militärischen Grenze haben, immer einige hundert
Kilometer zunächst mit Stützpunkten zu versehen und dann allmählich
flächenmäßig zu besiedeln und die anderen herauszudrängen. Das ist
unsere Aufgabe"[12].

Das war im August 1944, dem Monat, in dem die Rote Armee
Ostpreußen erreichte. Wenig später begann die Flucht der Deutschen
aus den Ostgebieten, begann – im Oktober 1944 – der Leidensweg der
‚Volksdeutschen‘ aus Nord-Siebenbürgen und Ungarn, die auf Anordnung aus Berlin zunächst nach Schlesien und nach Österreich evakuiert
wurden, begann der Exodus der Deutschen aus dem Memelland und
aus Ostpreußen nach Pommern.

Zu dieser Zeit stand auf seiten der Alliierten auch längst fest, daß
Polen in der Nachkriegszeit auf deutsche Kosten entschädigt werden
sollte; und zwar nicht nur für die Gebietsverluste, die es im Osten
zugunsten der Sowjetunion hinnehmen mußte. Darüber hinaus sollte
nach dem Willen der Alliierten das deutsch-polnische Problem durch die
Vertreibung aller Deutschen aus Polen – auch aus dem künftigen polnischen Territorium – radikal gelöst werden[13].

Mit dem Zusammenbruch des Deutschen Reiches im Frühjahr 1945
folgte auf die Ostbewegung in Mittel-, Südost- und Osteuropa eine
ebenso gewaltsame Westbewegung, die in ihrer Totalität gegenüber dem
deutschen Bevölkerungsanteil in den betroffenen Gebieten der totalen
Niederlage Deutschlands entsprach. Lange vor der Potsdamer Konfe-

*Der erste Treck nach Westen: Umsiedlung in den ,Warthegau'
im Dezember 1939/Januar 1940.*

Der zweite Treck nach Westen: Flucht aus Schlesien Anfang 1945.

renz vom Sommer 1945 stand fest, daß das Sudetenland wieder Bestandteil der Tschechoslowakei sein würde. Vom Gebiet des ‚Altreichs'
sollten Ostpreußen, dessen nördliche Hälfte die Sowjets beanspruchten,
und die östlich der Oder-Neiße-Linie liegenden Teile von Pommern, der
Mark Brandenburg und Schlesiens abgetrennt werden und unter polnischer Verwaltung bleiben, unter die sie die Sowjets bereits am 21. April
1945 gestellt hatten[14]. Die Ausweisung der Deutschen aus dem Staatsgebiet betrieb dann aber nicht nur Polen, sondern auch die Tschechoslowakei, Ungarn, Jugoslawien und Rumänien.

Die Vertreibung der Deutschen sollte, so hatten es die Alliierten auf
ihren Kriegskonferenzen in Teheran (1943) und Jalta (1945) erörtert und
in Potsdam besiegelt[15], innerhalb der neuen Grenzen Frieden stiften und
die Minderheitenprobleme ein für allemal bereinigen, wie Churchill im
britischen Unterhaus am 15. Dezember 1944 erklärte: „Denn die Vertreibung ist, soweit wir in der Lage sind, es zu überschauen, das befriedi-
gendste und dauerhafteste Mittel. Es wird keine Mischung der Bevölkerung geben, wodurch endlose Unannehmlichkeiten entstehen, wie zum
Beispiel im Fall Elsaß-Lothringen. Reiner Tisch wird gemacht werden"[16].
Für die Tschechoslowakei hatte Staatspräsident Benesch dasselbe, die
restlose Austreibung der Minderheit von 3,5 Mio. Sudetendeutschen,
bereits 1941 im Londoner Exil gefordert[17].

Zu Mitleid mit den Millionen betroffener Deutscher neigte kaum
jemand. Zu groß waren bei den östlichen Nachbarn Deutschlands die
Leiden, die ihnen nationalsozialistischer Germanisierungswahn und
deutsche Besatzungspolitik in den Jahren des Zweiten Weltkriegs zuge-
fügt hatten. Andererseits – das galt vor allem für die Westmächte – hielt
man es aber auch für möglich, den gigantischen Bevölkerungstransfer in
einigermaßen humaner Form durchzuführen. Das war, wie die Leiden
und Verluste der Flüchtlinge und Vertriebenen bewiesen, aus vielen
Gründen eine irrige Annahme.

Rd. 2 Mio. Deutsche verloren bei Flucht und Vertreibung ihr Leben.
Dazu gehörten auch die Opfer von Rache- und Mordaktionen, an denen
Tschechen ebenso beteiligt waren wie Rotarmisten, polnische Milizio-
näre und jugoslawische Partisanen. Die genaue Zahl dieser Opfer ist
nicht zu bestimmen, sie liegt zwischen 100000 und 250000. Unter dem
schillernden Begriff ‚Vertreibungsverbrechen' wurde diese Gruppe der
Vertreibungsopfer von interessierter Seite dazu benutzt, die Verbrechen
der Deutschen zu relativieren und sie mit den Verbrechen an Deutschen
zu verrechnen. Abgesehen von der ganz unterschiedlichen Größenordnung sind die Ereignisse sowohl in der Ursache wie in der Wirkung
nicht vergleichbar mit den Folgen der nationalsozialistischen Rassen-
und Bevölkerungspolitik. Bei manchen Vertriebenenfunktionären und
Rechtskonservativen wird das Thema aber ausschließlich aus dem Blick-

winkel deutschen Leidens behandelt: Mit nationalistischer Wehleidigkeit und anklägerischem Pathos suchen sie den Eindruck zu erwecken, die Ereignisse würden in der deutschen Öffentlichkeit tabuisiert und totgeschwiegen. Das ist, wie ein Blick auf die umfangreiche Literatur seit den 1950er Jahren ohne weiteres lehrt, falsch[18].

Die erste Nachkriegsvolkszählung vom 29. Oktober 1946 erfaßte in den vier Besatzungszonen über 9,6 Mio. aus ihrer Heimat vertriebene Deutsche, davon in der sowjetischen Zone 3,6 Mio., in der britischen 3,1 Mio., in der amerikanischen 2,7 Mio., in Berlin 100000 und in der französischen Besatzungszone 60000. Bis zur nächsten Volkszählung vom 1. September 1950 hatte sich diese Zahl allein für das Bundesgebiet (und ohne die innerdeutschen Flüchtlinge aus der DDR) noch einmal um über zwei Mio. auf einen Anteil von 16,4% (1946: 13,5%) der Gesamtbevölkerung erhöht[19].

Der Alliierte Kontrollrat als Inhaber der vollziehenden Gewalt im besetzten Deutschland beschloß am 20. November 1945 die Quoten, nach denen die einzelnen Besatzungszonen Flüchtlinge und Vertriebene aufnehmen sollten: Von 3,5 Mio. Deutschen aus den ehemaligen Ostgebieten sollten 2 Mio. in die sowjetische und 1,5 Mio. in die britische Zone kommen. Die 2,5 Mio. Deutschen aus der Tschechoslowakei plus einer halben Mio. aus Ungarn und 150000 aus Österreich sollten wie folgt verteilt werden: 750000 in die SBZ, 2,25 Mio. in die US-Zone und 150000 in die französische Besatzungszone. Die Transaktion wurde dadurch erschwert, daß sich die französische Zone gegen die Aufnahme der Flüchtlinge sperrte und schließlich nur einen kleinen Teil der Quote aufnahm[20].

Postulat der alliierten Politik war, die Flüchtlinge zu integrieren: Sie durften keine soziale und politische Sonderrolle spielen, sollten in der Bevölkerung der Gastorte aufgehen und keine Irredenta bilden. Deshalb blieben politische Vereinigungen und Parteibildungen von Flüchtlingen bis 1949 – solange Parteien der Lizensierungspflicht unterlagen – untersagt; überdies mußten die Länder in ihrer Flüchtlingspolitik ausdrücklich die Integration anstreben.

Ein weiteres Problem bildete die Verteilung der Flüchtlingsströme auf die einzelnen Länder, deren Ergebnis die Betroffenen als ungerecht empfanden. Die agrarisch strukturierten Länder wurden stärker belegt als die Industrieländer, und das traf Bayern, Niedersachsen, Schleswig-Holstein und Mecklenburg besonders. Der Anteil der Vertriebenen an der Gesamtbevölkerung lag 1950 in Bayern bei 21,1%, in Niedersachsen bei 27,2%, in Schleswig-Holstein bei 33,0% und in Mecklenburg bei 42,5%. Das war die höchste Quote überhaupt; aber auch Sachsen-Anhalt und Sachsen hatten mit je 1 Mio. ‚Umsiedlern' (so lautete die Sprachregelung in der SBZ bzw. DDR) einen hohen Flüchtlingsanteil[21].

Die Probleme, die der Zustrom der im Osten heimatlos Gewordenen im zerstörten und von den Alliierten besetzten Rest-Deutschland schuf, schienen kaum lösbar. Die Vertriebenen erwarteten Wohnung und Arbeit, Entschädigung für erlittene Verluste und Betreuung in höchster existenzieller Not. Die Einheimischen hatten nicht immer – oder doch nicht auf Anhieb – volles Verständnis für die neuen Mitbürger, die zunächst in Lagern, dann in requirierten Wohnräumen lebten. Der Bericht eines bayerischen Beamten über die Inspektion der Unterbringungsverhältnisse von 600 Flüchtlingen in Neunburg vorm Wald illustriert das Problem auf drastische Weise. Aus der Kritik am Flüchtlingsgesetz vom Mai 1946 – Hauptzweck dieses Berichts – sprechen Egoismus und Fremdenfeindlichkeit. Die Argumentation, scheinheilig und schlitzohrig zugleich, zielt ganz auf Besitzstandswahrung und die Verteidigung der Interessen der Alteingesessenen. Datiert ist das Dokument vom 28. Juli 1946:

„In den von mir besichtigten Räumen waren Angehörige beiderlei Geschlechts und aller Jahrgänge untergebracht. Erwachsene, Kinder – Jugendliche! (Völlig mit Ungeziefer behaftet.) Persönlichen zuverlässigen Informationen zufolge bedeuten die sittlichen Zustände bei diesen auf solche Weise Untergebrachten nicht nur eine sittliche Zerrüttung der heranwachsenden Flüchtlingsgeneration, vielmehr bedeutet diese Zerrüttung die Erzeugung von Zersetzungszellen der sittlichen Haltung der angestammten Bevölkerung in dem Maße, in dem der § 6 des Flüchtlingsgesetzes vom 20. Mai 1946 über die Forderung des organischen Aufgehens der Flüchtlinge im bayerischen Volk zur Durchführung gelangt. Insbesondere wird unter Beweis gestellt, daß die Jugend der angestammten Bevölkerung unverzüglich von dieser sittlichen Zerrüttung infiziert wird, wenn eine soziologische Verschmelzung mit der Flüchtlingsjugend gemäß dem vorgenannten Gesetz und Paragraphen vollzogen wird. Dies zum § 6. [...] Während in diesen Lagern die Flüchtlinge sich ohne Arbeit befinden, besteht ernste Gefahr für die Sicherung der landwirtschaftlichen Erzeugung wegen Mangel an Arbeitskräften. Die Erfüllung des christlichen Gebotes und die Verantwortung, die sich für uns daraus ergibt, verpflichtet uns sofort von der sich hier aufzeigenden Möglichkeit einer Lösung Gebrauch zu machen und die Flüchtlinge einem Berufe zuzuführen, der sie aus dieser entwürdigenden Atmosphäre, in der sie sich befinden, in eine würdige Arbeit innerhalb Gottes freier Natur führt. Hiermit findet das christliche und soziale Gebot seine Erfüllung mit der Belohnung einer volkswirtschaftlichen Erfolgssicherung. Dieser dringend notwendigen Sofortmaßnahme steht jedoch der § 8 des Flüchtlingsgesetzes entgegen. Dieser besagt: ‚Bei dem Arbeits- und Berufseinsatz ist die bisherige Tätigkeit und die Berufsausbildung nach Möglichkeit zu berücksichtigen. Unter gleichwertigen einheimischen und zugewanderten Bewerbern ist die Frage der größeren Bedürftigkeit entscheidend.' Dies bedeutet ein Interventionsrecht der Flüchtlinge gegen Maßnahmen, die im Sinne ihrer geistigen, seelischen, sittlichen und körperlichen Wohlfahrt getroffen werden müssen. Die größere Bedürftigkeit wird stets der Flüchtlingskommissar zu Gunsten seiner Betreuten feststellen. Dies bedeutet nach einer kommenden Währungsbereinigung, die zwangsläufig durch eine Verknappung der Zahlungsmittel ein noch nicht zu übersehendes Anwachsen der Arbeitslosenziffer ergibt, daß die angestammten Einwohner des Landes zum arbeitslosen Ruhen verurteilt sind und diese dem äußersten sozialen Notstand preisgegeben sind, während der Flüchtling insbesondere in Anwendung der Maßnahmen § 8 Absatz 3 sich in Arbeit und Brot befindet. [...] Dieses Gesetz [dient] der Entrechtung der angestammten Bevölkerung zu Gunsten der Flüchtlinge. Dieses Gesetz bedeutet die Legalisierung der grundsätzlichen wirtschaftlichen Bevorrechtigung der Flüchtlinge gegenüber der angestammten Bevölkerung. Somit haben die Volksvertreter der angestammten Einwohner des Landes deren soziologischen, sittlichen und wirtschaftlichen Selbstmord beschlossen. Erscheint hier nicht die Maske der gewaltigen und gefährlichen Konzeption jener östlichen Ideologie in einmaliger Klarheit?!'"[22]

Bis zur Gründung der Bundesrepublik oblag den Ländern die Fürsorge für die Flüchtlinge in den Westzonen[23]. Im Herbst 1949 wurde ein ,Bundesministerium für Vertriebene' eingerichtet, das die sozialpolitischen Maßnahmen zur Integration der Flüchtlinge und Vertriebenen koordinierte und im Rahmen des Lastenausgleichs um Entschädigung und Starthilfen bemüht war[24].

Für die ,Neubürger' mußten nicht nur dringend Wohnungen, sondern auch Arbeitsplätze geschaffen werden. Wenn es, rein statistisch gesehen, auch gelang, einen erheblichen Teil der Flüchtlinge in ihren Berufssparten unterzubringen, so bedeutete das für viele doch sozialen Abstieg und Beschäftigung in minderer Position als in der Heimat; so war die Zahl der Arbeiter etwa 1950 unter den Heimatvertriebenen überproportional größer als bei den Einheimischen. Die Währungsreform im Juni 1948 brachte für die Flüchtlinge besondere soziale Probleme; denn der Geldschnitt begünstigte die Sachwertbesitzer – das waren die Einheimischen – und enteignete die Besitzer ersparten und geretteten Geldes. Ein Soforthilfegesetz sollte die ärgsten Härten lindern, bis 1952 mit der Lastenausgleichsgesetzgebung die wirtschaftliche Integration der Heimatvertriebenen begann. Insgesamt wurden mehr als 114 Milliarden DM zur Entschädigung bzw. gerechteren Verteilung der Verluste aus Krieg, Vertreibung und Währungsreform aufgebracht. Der Integration dienten auch Umsiedlungen innerhalb des Bundesgebiets, um die überbelegten Länder Bayern, Niedersachsen und Schleswig-Holstein zu entlasten. Die Flüchtlingspolitik der Länder hatte aber schon zuvor Erfolge gezeitigt. So gelang es z.B. mit Hilfe der ‚Bayerischen Landesanstalt für Aufbaufinanzierung‘, Industrie- und Gewerbezweige der Heimatvertriebenen durch gezielte Kreditgewährung anzusiedeln – wie die Graslitzer Musikinstrumentenherstellung in Waldkraiburg, die Egerländer Geigenbauer in der ‚Geigenbauersiedlung‘ von Bubenreuth bei Erlangen und die Gablonzer Schmuckwarenindustrie bei Kaufbeuren, um nur drei bekannte Beispiele zu nennen.

Das Bundesministerium für Vertriebene hatte keine untergeordnete Fachverwaltung; seine Aufgabe lag in der Mitwirkung bei der einschlägigen Gesetzgebung – allein zum Lastenausgleichsgesetz wurden bis 1969 über 20 Novellen verabschiedet – sowie in der Planung und Koordinierung der sozialen, wirtschaftlichen und kulturellen Maßnahmen der Länder und der jeweils zuständigen Bundesministerien zugunsten der Flüchtlinge und Vertriebenen. Im Herbst 1969, mit der Bildung der ersten sozialliberalen Koalitionsregierung, wurde das Vertriebenenministerium als eigenes Ressort unnötig. Ende der 1960er Jahre war eines der größten Nachkriegswunder, die Integration der Vertriebenen in der Bundesrepublik – nicht anders der Befund in der DDR –, Realität geworden.

Indiz dafür, wie weitgehend die Eingliederung der Vertriebenen in der neuen Heimat gelang, ist der Bedeutungsverlust, den die Interessenverbände und die Flüchtlingspartei ‚Block der Heimatvertriebenen und Entrechteten‘ (BHE) erlitten. Der BHE, in Bund und Ländern in der ersten Hälfte der 1950er Jahre begehrter Koalitionspartner mit beachtlichen Wählerzahlen, verschwand Anfang der 1970er Jahre ganz von der politischen Bildfläche; da der BHE stets eine Interessenpartei gewesen war, ist sein Erlöschen auch ein Zeichen dafür, daß die Gruppenidentität seiner Wähler nicht mehr existent war: Die Flüchtlinge waren heimisch geworden[25]. Das war, als im August 1950 „im Bewußtsein ihrer Verantwortung vor Gott und den Menschen" die Sprecher der Landsmannschaften und die Spitzen der Vertriebenenverbände die ‚Charta der deutschen Heimatvertriebenen‘ formulierten, noch nicht absehbar gewesen. In der Stuttgarter Kundgebung, bei der die Charta unter feierlichem Verzicht auf Rache und Vergeltung verkündet wurde, war auch das „Recht auf die Heimat als eines der von Gott geschenkten Grundrechte der Menschheit" postuliert worden[26]. Die Formulierung konnte als Revanchebedürfnis mißverstanden werden, und bis zum Schlesiertreffen des Jahres 1985 haben Politiker, deren Berufung ausschließlich in der Beschwörung der Vertreibung zu liegen schien, für die Tradierung solchen Mißverstehens gesorgt. Die eigentlichen und substantiellen Forderungen der Vertriebenen-Charta von 1950 sind längst erfüllt, nämlich das Verlangen nach gleichem Staatsbürgerrecht vor dem

Gesetz wie im Alltag, der Wunsch nach gerechter und sinnvoller Verteilung der Lasten des Krieges auf die ganze Bevölkerung, die Forderung
nach der Eingliederung aller Berufsgruppen der Vertriebenen in das
Leben des deutschen Volkes und die Hoffnung auf Beteiligung der
deutschen Vertriebenen am Wiederaufbau Europas.

6.6. Drehscheibe Westdeutschland: Wanderungspolitik im Nachkriegsjahrzehnt

Von Johannes-Dieter Steinert

Die auf über 30 Mio. Menschen geschätzte Einwanderung in die westeuropäischen Länder seit dem Zweiten Weltkrieg kann man mit Recht zu
den größten Wanderungsbewegungen der Geschichte zählen[1]. Hinzu
traten millionenfache Auswanderungen nach Amerika, Australien,
Afrika oder Asien. Noch gewaltiger hätten diese Bewegungen ausfallen
können, wenn alle Ein- und Auswanderungswünsche realisiert worden
wären: einerseits die Auswanderungshoffnungen in Griechenland,
Großbritannien, Italien, in den Niederlanden oder im besetzten Deutschland, andererseits die heute bisweilen utopisch anmutenden und doch
mehr oder weniger konkreten Vorstellungen von einem deutlichen
Bevölkerungszuwachs durch Einwanderung in Kanada, Australien, Brasilien oder auch in Frankreich.

Deutsche nahmen an diesen Wanderungen in einem beträchtlichen
Umfang teil: Nach Schätzungen der ‚Organisation für europäische wirtschaftliche Zusammenarbeit' (OEEC) wanderten 1945–1952 über 180000
in andere westeuropäische Länder aus, wobei Frankreich mit etwa
75000 und Großbritannien mit etwa 52000 an der Spitze lagen. Nicht
gezählt wurden hierbei Saisonarbeitskräfte, und von den zeitweilig über
100000 deutschen Zivilarbeitern in Frankreich waren lediglich 40000
berücksichtigt[2].

Weit übertroffen wurde diese innereuropäische Wanderung von derjenigen nach Übersee. Zwar war die vermutete Zahl der deutschen
Auswanderer in den ersten drei Nachkriegsjahren aufgrund restriktiver
Bestimmungen der Besatzungsmächte mit lediglich 32000[3] noch denkbar gering, doch schnellte sie mit Beginn der 1950er Jahre in einem seit
Jahrzehnten nicht mehr gekannten Ausmaß in die Höhe. Bis 1961
gingen nach Angaben des Statistischen Bundesamtes 779700 Deutsche
in überseeische Länder, davon 384700 in die USA, 234300 nach Kanada
und 80500 nach Australien[4].

Die Internationalität des deutschen Auswanderungsproblems

Im zerstörten Europa war Arbeitskraft in den unmittelbaren Nachkriegsjahren in einigen Ländern scheinbar im Überfluß vorhanden, während
in manchen Staaten inner- und außerhalb des alten Kontinents die
Arbeitsmärkte geradezu leergefegt schienen. In Großbritannien, Frankreich und Belgien wurden Beschäftigungsprogramme für Ausländer
gestartet, Anwerbesysteme ins Leben gerufen, Einwanderungsbehörden geschaffen. Der zeitweilige Kriegsgegner Italien und die erst 1945
befreiten Niederlande warfen, von unterschiedlichen Startpositionen
aus, althergebrachtes oder doch mittlerweile wiedererlangtes diplomati-
sches Renommee in die Waagschalen internationaler Konferenzen, um
ihren Bevölkerungsdruck in die Kanäle inner- oder außereuropäischer
Auswanderung zu schleusen. In Westdeutschland waren noch nach der
Gründung der Bundesrepublik ausländische Anwerbekommissionen in
großer Zahl tätig, legitimiert durch Abkommen mit den Militärregierun-
gen, der Alliierten Hohen Kommission oder der Bundesregierung.

Die Arbeitsmärkte Italiens und Westdeutschlands zogen trotz aller
Ressentiments gegenüber Angehörigen ehemaliger Feindstaaten das
Interesse ausländischer Regierungen geradezu magnetisch an. Es ging
nicht darum, neue Massenwanderungen auszulösen, sondern um die
gezielte Anwerbung von Hunderten, manchmal Tausenden oder auch
Zehntausenden sorgsam ausgewählter und gut ausgebildeter Einwanderer. Großbritannien, Frankreich und Belgien deckten hier einen Teil
ihres Bedarfs und boten darüber hinaus ehemaligen deutschen Kriegsgefangenen an, auf Zeit oder auf Dauer im Lande zu bleiben.

Symptomatisch für das Interesse und die Hoffnungen des Auslandes,
vom westdeutschen Arbeitsmarkt die benötigten Facharbeiter und bisweilen auch Siedler zu erhalten, ist eine Rede des chilenischen Abgeordneten Don Raul Aldunate Phillips. Am 19. Dezember 1950 führte er vor
der Deputiertenkammer seines Landes aus: „Und in Deutschland selbst,
Herr Präsident, könnten aus den Volksdeutschen, aus den Flüchtlingen,
die gegenwärtig eine Belastung für die deutsche Regierung darstellen,
hochqualifizierte Siedler ausgewählt werden. Dort können körperlich
und geistig hochwertige, kultivierte Kräfte ausgewählt werden, ehrbare
Bauern, die unserer Religion angehören, die besonnen und arbeitsam
sind, Menschen, die daran gewöhnt sind, 14 bis 16 Stunden täglich zu
arbeiten, eine Arbeitszeit, die in unserem Lande völlig unbekannt ist"[5].

Im Verständnis und im zeitgenössischen Sprachgebrauch deutscher
Politiker, Diplomaten und Ministerialbeamter war Westdeutschland bis
weit in die 1950er Jahre hinein Ein- und Auswanderungsland zugleich.
Dabei orientierte man sich pragmatisch an dem beobachtbaren Wanderungsgeschehen, fernab einer wissenschaftlich oder politisch geprägten

Begriffserörterung. Es spielte auch keine Rolle, daß es sich bei diesen ,Einwanderern' vorwiegend um Deutsche aus Ost- und Südosteuropa oder aus der SBZ bzw. DDR handelte.

Unter dem – für das Ausland leicht mißverständlichen und bisweilen auch allzu gerne mißverstandenen – programmatischen Motto ,Internationalisierung des deutschen Flüchtlingsproblems' ging es der Bundesrepublik auch darum, der Massenzuwanderung durch Flucht und Vertreibung in der unmittelbaren Nachkriegszeit und dem anhaltenden Flüchtlingszustrom aus der DDR nicht auch noch eine ebenso unkontrollierbare Auswanderungsbewegung hinzutreten zu lassen. Mit internationaler Hilfe sollte vielmehr eine selektive und unterstützte Wanderung solcher Arbeitskräfte und ihrer Familienangehörigen erreicht werden, die für den Wiederaufbau der deutschen Wirtschaft nicht benötigt wurden[6].

Gegenüber dem ,Ausschuß für Arbeit' der OEEC konkretisierte die Bundesrepublik 1950 ihre Erwartungen, die sich einerseits auf den hohen Frauenanteil in der deutschen Bevölkerung, andererseits auf die große Zahl reichs- und volksdeutscher Flüchtlinge aus landwirtschaftlichen Berufen gründeten: „Deutschland begrüßt jeden Vorschlag, einzelnen Frauen und Mädchen geeignete Arbeitsmöglichkeiten in europäischen Ländern zu verschaffen." Weiterhin vertrat man die Auffassung, „daß die Auswanderung niemals zur Zerreißung des Familienzusammenhangs führen sollte", und zeigte großes Interesse, „bei der Durchführung aller landwirtschaftlichen Siedlungspläne mitzuwirken, in Latein-Amerika wie auch in anderen überseeischen Ländern, z. B. in der Südafrikanischen Union und in Australien"[7].

Mit dem Schlagwort ,Internationalisierung des deutschen Flüchtlingsproblems' befand sich die Bundesrepublik allerdings zumindest verbal mitten in der internationalen Wanderungsdiskussion. Obgleich auch in den ersten Nachkriegsjahren bilaterale Anwerbungs- und Auswanderungsverträge abgeschlossen wurden, fanden Bevölkerungs- und Arbeitsmarktprobleme häufig europäisches, mitunter sogar weltweites Interesse. Der Strang internationaler Verhandlungen über Arbeitskräfteausgleich und Freizügigkeit in Europa zieht sich von der Pariser ,Marshallplan-Konferenz' im Jahre 1947 bis hin zur abschließenden Verordnung über die Freizügigkeit in der ,Europäischen Wirtschaftsgemeinschaft' von 1968. Zudem verständigten sich die Ein- und Auswanderungsländer auf zahlreichen Konferenzen über eine international koordinierte Auswanderung nach Übersee. Bereits 1952 konnte das ,Provisorische zwischenstaatliche Komitee für Auswanderung aus Europa' (PICMME) als internationale Organisation für die unterstützte Auswanderung seine Tätigkeit aufnehmen. Neben diese Bemühungen traten bilaterale Abkommen über Anwerbung, Gastarbeitnehmeraustausch und Aus-

wanderung. Ferner wurden die ersten Stützpfeiler und Halteseile eines
ausländerrechtlichen und sozialpolitischen Netzes über Europa ge-
spannt.

Zwischen Aus- und Zuwanderung

Die deutsche Politik der 1950er Jahre richtete sich sowohl auf die
Auswanderung von Deutschen, als auch auf die Zuwanderung von
Ausländern in die Bundesrepublik. ‚Auswanderungspolitik‘ und ‚Zu-
wanderungspolitik‘ bestanden nicht nebeneinander, sondern waren
Teile einer komplexen Wanderungspolitik, die mittel- bis langfristig in
interministeriellen Besprechungen geplant wurde. Im Blickfeld dieser
Politik standen die organisierte Aus- bzw. Zuwanderung sowie die
nichtorganisierte oder freie, individuelle Wanderung. Ziel der Wanderungspolitik war es, Aus- und Zuwanderungsmöglichkeiten in einem
rein quantitativen Sinne zu erschließen, die Wanderungen möglichst zu
kontrollieren und in ihrer Zusammensetzung (z. B. Alter, Geschlecht,
Berufe) zu beeinflussen.

Die Auswanderung von Deutschen und die Zuwanderung von Ausländern nach Westdeutschland läßt sich – jenseits von Flucht und
Vertreibung[8], von Repatriierungen und Wanderungsbewegungen der
Displaced Persons[9] – in verschiedene Phasen unterteilen, die eng verbunden waren mit gesamteuropäischen Erscheinungsbildern des Wanderungsgeschehens: Bis etwa 1949/50 dominierte eine innereuropäische
Wanderung, ausgelöst durch Angebot/Nachfrage-Disproportionalitäten
zwischen den nationalen Arbeitsmärkten, an der Deutsche zunächst in
der Form einer ‚kalten‘ Wanderung, dem Verbleib ehemaliger Kriegsgefangener in einigen westeuropäischen Ländern, teilnahmen. Darüber
hinaus wurden in den Westzonen Arbeitskräfte vor allem nach Großbritannien und Frankreich angeworben. Auswanderungsmöglichkeiten
nach Übersee bestanden nur in besonderen Fällen, z. B. im Zuge von
Familienzusammenführungen oder bei doppelter Staatsangehörigkeit,
sieht man von der gezielten Anwerbung von Wissenschaftlern und
sonstigen begehrten Spezialisten einmal ab. Weitere Ausnahmen bildeten die Auswanderungen von ‚Volksdeutschen‘ mit Hilfe des ‚Canadian
Christian Council for Resettlement of Refugees‘ nach Kanada ab dem
Ende der 1940er Jahre[10].

Mit Beginn der westdeutschen Staatlichkeit 1949 änderte sich langsam
die Politik der überseeischen Länder; Deutsche wurden nun wieder als
Einwanderer zugelassen. Die Gründe waren vielfältiger Natur und
reichten von humanitärer Hilfe angesichts des deutschen Flüchtlingsproblems über Bestrebungen zur außenpolitischen Stabilisierung der
Bundesrepublik bis hin zu demographischen, militärischen, wirtschaft-

Protest des Jewish Council, Melbourne, gegen die Wiederzulassung deutscher Einwanderer.

lichen oder arbeitsmarktpolitischen Gesichtspunkten. Neben der Planung und Durchführung der Einwanderung galt es in den Überseeländern aber auch, der Bevölkerung verständlich zu machen, daß nun wieder deutsche Einwanderer aufgenommen werden sollten. Den wohl heftigsten Widerstand leisteten jüdische Vereinigungen in Australien, die mit zahlreichen Demonstrationen, Presseartikeln und Broschüren – „German and Volks Migration will flood Australia with Nazis" oder „Keep Australia free from Nazis" – gegen eine deutsche Einwanderung protestierten[11].

Mit Australien jedoch gelang der Bundesrepublik 1952 der Abschluß eines Vertrages über die finanziell unterstützte Wanderung, der zunächst auf fünf Jahre begrenzt war. Jährlich stimmte man sich über die

Zusammensetzung des Auswandererkontingents (Alter, Berufe, Einzelwanderer, Familienwanderung usw.) ab. Mit anderen Einwanderungsländern konnten solche Vereinbarungen nicht geschlossen werden, so daß man sich auf den Versuch beschränken mußte, in bilateralen Gesprächen Einfluß auf die Auswahlpraktiken zu nehmen.

Hierzu waren auch auf deutscher Seite regelmäßige interministerielle Abstimmungen notwendig; denn so zahlreich wie die an der Formulierung der Wanderungspolitik beteiligten Ministerien, so vielfältig waren auch die mit den Wanderungen verknüpften Interessen, Erwartungen und Aufgaben: von außen- oder außenhandelspolitischen Zielvorstellungen bis hin zu sozialen Fragen. Konsens bestand indes darin, daß die Wanderungspolitik in einem engen Zusammenhang mit der Wirtschafts- und Arbeitsmarktentwicklung zu stehen hatte. Da aber angesichts der Bevölkerungsstruktur bereits frühzeitig für die Mitte der 1950er Jahre ein Arbeitskräftemangel in einigen Wirtschaftsbereichen prognostiziert wurde, galt es, die Möglichkeiten zur Beeinflussung des Wanderungsverhaltens immer stärker zu nutzen. Die Kooperation zwischen Auswandererberatungsstellen und Arbeitsverwaltung wurde im Laufe der Jahre intensiviert, der Kreis der für eine unterstützte Wanderung in Frage kommenden Personen eingeschränkt, bis schließlich nur noch Kriegsfolgehilfeempfänger zugelassen wurden.

Gleichzeitig begann die Bundesrepublik selbst mit Vorbereitungen zur organisierten Anwerbung von Ausländern. Am Beginn stand, sorgsam von der Öffentlichkeit abgeschirmt, die Zuwanderung einer Gruppe Siebenbürger Sachsen, die nach ihrer Flucht zunächst in Österreich verblieben waren, nach Nordrhein-Westfalen[12]. Auf europäischer Ebene engagierte sich die Bundesrepublik beim Abbau von Restriktionen bezüglich der Ausländerbeschäftigung und bei der Herstellung von Freizügigkeit. Deutlich wurde dies bereits in den Verhandlungen über Freizügigkeit innerhalb der Montanunion für Kohle- und Stahlfacharbeiter. Wichtiger aber war der OEEC-Ratsbeschluß vom 23. Oktober 1953, der den Arbeitgebern die Möglichkeit bot, ausländische Arbeitskräfte zu beschäftigen, wenn eine Stelle innerhalb von vier Wochen nicht mit einer einheimischen Arbeitskraft zu besetzen war.

Ob diese Beschäftigungsfreiheit innerhalb der Mitgliedsländer der OEEC und die nach den Römischen Verträgen zur Gründung der Europäischen Wirtschaftsgemeinschaft anvisierte, stufenweise zu verwirklichende Freizügigkeit ausgereicht hätten, den westdeutschen Arbeitsmarkt auf Dauer mit genügend Arbeitskräften zu versorgen, mag dahingestellt bleiben. 1955 schloß die Bundesrepublik mit Italien die erste Vereinbarung über die Anwerbung und Vermittlung von Arbeitskräften, der dann ab 1960 weitere Vereinbarungen mit anderen europäischen Ländern folgten[13].

Jetzt befand sich die Bundesrepublik in der Situation, bilaterale Gespräche und Verhandlungen über Wanderungen von zwei entgegengesetzten Positionen aus zu führen. Als ein Land mit immer noch beträchtlicher Auswanderung erstrebte sie Vereinbarungen mit den Einwanderungsländern, um eine möglichst große Kontrolle über die Auswanderung zu gewinnen. Als Zuwanderungsland für ausländische Arbeitnehmer sah man sich den Interessen der Herkunftsländer gegenüber, die ihrerseits Einfluß auf die Abwanderung ihrer Landsleute nehmen wollten. Diesen Ambitionen gab die Bundesrepublik teils bereitwillig, teils zögernd nach, wobei die ausschlaggebenden Motive nicht allein von den Bedürfnissen des westdeutschen Arbeitsmarktes bestimmt waren, sondern auch in außen- oder außenwirtschaftspolitischen Ambitionen lagen. Das bewußte Offenhalten des ‚zweiten Weges‘ bei der legalen Einreise ausländischer Arbeitnehmer, bei dem Visa von den deutschen Auslandsvertretungen ohne Einschaltung der Anwerbestellen erteilt wurden, diente somit auch dazu, sich ein Stück Unabhängigkeit von der Einflußnahme des Herkunftslandes bei der Anwerbung und Vermittlung über die deutschen Kommissionen im Ausland zu bewahren.

In den 1950er Jahren besaß die deutsche Wanderungspolitik ein doppeltes Gesicht. Die Weichen für organisierte und für freie Wanderungen waren gestellt – sowohl für die Auswanderung von Deutschen als auch für die Zuwanderung von Ausländern. Und doch unterschied sich die Bundesrepublik von einem klassischen Einwanderungsland, wie dies ein hoher Mitarbeiter des kanadischen Department of Citizenship and Immigration bereits 1957 feststellte: „Deutschland ist nun ein Ein- und Auswanderungsland zugleich, obwohl unzweifelhaft ein großer Teil der Zuwanderer, z. B. aus Italien, nicht das Recht hat, auf Dauer im Lande zu bleiben"[14].

7. Paradoxon Bundesrepublik: Einwanderungssituation ohne Einwanderungsland

7.1. Einheimische Ausländer: ‚Gastarbeiter' – Dauergäste – Einwanderer

Von Klaus J. Bade

Nach allgemeiner Nachkriegsnot und Chaos auf dem Arbeitsmarkt bestimmte das ‚Wirtschaftswunder' die 1950er Jahre der Bundesrepublik. Vollbeschäftigung im Sinne gewerkschaftlicher Zielvorstellungen (weniger als 1% Arbeitslosigkeit) indes wurde, trotz extrem hoher Wachstumsraten, erst 1960 erreicht. Die 1945/46 auf 19 Mio. gesunkene Gesamtzahl der Beschäftigten stieg bis 1970/72 um 42% auf 27 Mio. an. Der gewaltige Zuwachs wurde, vom natürlichen Bevölkerungswachstum abgesehen, bewirkt durch mehr als 4 Mio. bis Ende 1950 heimgekehrte Kriegsgefangene, durch 4,7 Mio. erwerbstätige Vertriebene und Flüchtlinge aus den von Deutschland abgetrennten Gebieten, durch 1,8 Mio. Flüchtlinge, die bis zum Bau der Mauer im August 1961 SBZ und DDR verließen, und durch die ausländische Erwerbsbevölkerung.

Mangelware Arbeitskraft: die ‚Gastarbeiterperiode' 1955–1973

Nach dem Mauerbau 1961 wurde der Zustrom von Arbeitskräften aus dem östlichen Deutschland ersetzt durch die nunmehr sprunghaft steigende Anwerbung ausländischer Arbeitnehmer. Vom ersten Jahr der Vollbeschäftigung 1960 bis zum Krisenausbruch 1973, der den ‚Anwerbestopp' veranlaßte und die Ausländerbeschäftigung ihren Gipfelpunkt überschreiten ließ, wuchs die ausländische Erwerbsbevölkerung in der Bundesrepublik von rd. 280000 auf rd. 2,6 Mio. an[1]. Die amtlich organisierte Anwerbung hatte schon Mitte der 1950er Jahre begonnen, als die Erschöpfung des einheimischen Arbeitskräfteangebots absehbar zu werden schien: Obgleich 1955 noch 1,07 Mio. Arbeitslose gezählt wurden, erwarteten bereits 25% (1959 mehr als 50%) der befragten Unternehmen Produktionserschwerungen durch Arbeitskräftemangel. Bundesregierung, Bundesanstalt für Arbeit, Arbeitgeber-

Gastarbeiterzüge verbanden Heimat und Fremde.

verbände und Gewerkschaften betrachteten, bei allen Unterschieden in der Einschätzung des Problems, eine stärkere Ausländerbeschäftigung als geeigneten Ausweg. An langfristige soziale Folgeprobleme wurde nicht gedacht – soweit überhaupt mehr als nur kurz- bis mittelfristige arbeitsmarktpolitische Zweck-Mittel-Relationen ins Auge gefaßt waren. Im öffentlichen Sprachgebrauch der 1960er Jahre bürgerte sich nicht von ungefähr für Arbeitskräfte aus den ‚Anwerbeländern‘ die nicht-amtliche Bezeichnung ‚Gastarbeiter‘ ein. Der Name war Botschaft; denn ‚Gast‘ ist nur, wer nicht auf Dauer bleibt.

Auf die 1955 mit Italien, 1960 mit Spanien und Griechenland abge-
schlossenen ersten Anwerbevereinbarungen folgten entsprechende Abkommen mit der Türkei und Portugal, mit Marokko und Tunesien sowie
1968 mit Jugoslawien, von denen nur die Verträge mit den beiden
nordafrikanischen Staaten weitgehend wirkungslos blieben. Am stärksten vertreten waren zuerst Italiener, Spanier und Griechen. Ihr Anteil
sank in den 1970er Jahren, während seit Ende der 1960er Jahre die
Anteile der Jugoslawen und vor allem der Türken anstiegen. Der Aus-
länderanteil an der Wohnbevölkerung in der Bundesrepublik wuchs von
1,2% im Jahr 1960 über 4,9% im Jahr 1970 auf 7,2% im Jahr 1980 und
blieb seither annähernd auf dieser Höhe (1988: 7,3%). 1980 waren rd.
33% (1989: 33,2%) der Ausländer Türken, dann folgten Jugoslawen mit
14% (1989: 12,5%) und Italiener mit 13,9% (1989: 10,7%). Der Auslän-
deranteil an der Gesamtzahl der abhängig Beschäftigten lag 1980 bei fast
10% (9,9%), ging dann leicht zurück und stabilisierte sich bei knapp 8%
(1985: 7,6%, 1989: 7,9%)[2].

Wie die Rede von den ,ausländischen Wanderarbeitern' im Kaiserreich[3], so implizierte auch der Begriff ,Gastarbeiter' eine beruflich-
soziale Klassifizierung mit dem Schwergewicht auf un- bzw. angelern-
ten Arbeiten – nun freilich vorwiegend in Zentralbereichen der industriellen Produktion. Auf den unteren Ebenen des doppelten Arbeitsmarkts kam es abermals zu einer Unterschichtung der deutschen durch
eine ausländische Arbeiterschaft. Das Stigma ,Gastarbeiter' haftete noch
lange selbst denen an, die in wachsender Zahl aus der Arbeiterschaft zu
Kleingewerbetreibenden und Kleinhandelskaufleuten im ,ethnic business' aufstiegen. Die ,Gastarbeiter' stellten in den 1970er Jahren rd. drei
Viertel der ausländischen Arbeitnehmer in der Bundesrepublik (1974 ca.
77%, 1979 ca. 74%). Sie übernahmen im Arbeitsmarktgeschehen nicht
nur Ersatz- bzw. Erweiterungs-, sondern auch Pufferfunktionen im
Wechsel von Aufschwung und Krise:

Bei anhaltendem, nur durch die Rezession 1966/67 gestörtem Wirtschaftswachstum stellten die ,Gastarbeiter' ein fluktuierendes Arbeitskräftepotential, das die Angebot-Nachfrage-Spannung auf dem Arbeitsmarkt balancierte, das Wirtschaftswachstum zunächst von der Arbeits-
marktseite und später auch von der Kaufkraftseite her weiter forcierte.

Zur sozialen und beruflichen Unterschichtung einheimischer durch
ausländische Arbeitnehmer kamen die schon aus dem Kaiserreich bekannten konjunkturellen Pufferfunktionen der Ausländerbeschäftigung. Das galt für die erste scharfe Rezession Mitte der 1960er Jahre
ebenso wie für die ein Jahrzehnt später durchbrechende Krise, die
zunächst ausgelöst wurde durch die Energiekrise (,Ölkrise'), die 1973
den deutschen ,Anwerbestopp' in den Herkunftsländern der ,Gastar-
beiter' veranlaßte: Infolge der Krise von 1966/67 ging die Ausländerbe-

schäftigung in der Bundesrepublik um ca. 30% von 1,3 Mio. auf 0,9 Mio. (Jan. 1968) zurück, stieg dann wieder an, um 1976–1978 abermals um 22,7% (auf 597300) zu schrumpfen. Das wurde besonders deutlich in stark konjunkturabhängigen Erwerbsbereichen, wie z. B. im Baugewerbe, in dem die Zahl einheimischer Bauarbeiter 1973–1976 um 15%, die der ausländischen hingegen um 41% abnahm.

Vom ,Anwerbestopp' zur Einwanderungssituation

Der ,Anwerbestopp' von 1973 senkte zwar die Ausländerbeschäftigung; er begrenzte aber auch die transnationale Fluktuation der ausländischen Arbeitskräfte, weil seither aus freiwilliger Rückkehr in die ehemaligen ,Anwerbeländer' auf mehr oder minder lange Zeit ein unfreiwilliger Abschied auf Dauer werden konnte. Folge: Die Zahl der ,neuen', arbeits- und sozialrechtlich weniger gesicherten ,Gastarbeiter' schrumpfte, während die Zahl derer stieg, die blieben und ihre Familien nachzogen. Obgleich die Zahl der ausländischen Erwerbstätigen von 2,6 Mio. im Jahr 1973 auf ca. 1,9 Mio. und bis 1989 auf ca. 1,7 Mio. sank, lag die ausländische Wohnbevölkerung 1973 (3,97 Mio.) wie 1979 (3,98 Mio.) bei knapp 4 Mio. und stieg bis 1989 auf knapp 4,9 Mio. (7,3%) an[4]. Je länger aber der Aufenthalt dauerte, desto gefestigter wurde der Aufenthaltsstatus – von der befristeten über die unbefristete Aufenthaltserlaubnis bis hin zur Aufenthaltsberechtigung. Der ,Anwerbestopp' wirkte mithin auch als Bumerang in der Arbeitsmarkt- wie in der Ausländerpolitik; denn er verstärkte die Tendenz zu Daueraufenthalt und Familiennachzug und forcierte damit gerade den unerwünschten Wandel vom Arbeitskräfteimport zum Einwanderungsproblem.

Was Mitte der 1950er Jahre als amtlich organisierte Arbeitswanderung auf Zeit begonnen hatte, zeigte schon in den späten 1970er Jahren fließende Übergänge zu einer echten Einwanderungssituation[5]. Dafür gab es klare Indizien:

Die aus den früheren ,Entsendeländern' stammenden ausländischen Arbeitnehmer hielten zwar, trotz zunehmender Tendenz zum Aufstieg in Facharbeiterberufe, vielfach nach wie vor besonders unbeliebte Arbeitsplätze mit vergleichsweise harten Arbeitsbedingungen. Sie leisteten noch immer erheblich mehr Überstunden als deutsche Arbeitskräfte und waren auch in den 1980er Jahren noch weit mehr als deutsche Arbeitskräfte von Arbeitslosigkeit betroffen: 1985, als das Stichwort ,Massenarbeitslosigkeit' die Diskussion um die Lage am Arbeitsmarkt beherrschte, waren in der Bundesrepublik insgesamt 9,3%, in der Ausländerbevölkerung hingegen 13,9% Erwerbstätige arbeitslos gemeldet (in den alten Bundesländern im Nov. 1990: 6,4% / 10,2%)[6]. Das Konsumniveau der ausländischen Arbeitnehmer aber war deutlich an-

gestiegen auf Kosten der für Arbeitswanderer typischen Sparorientie-
rung, die bestimmt ist durch das Interesse an niedrigen Lebenshaltungs-
kosten im Aufnahmeland und hohem Lohngeldtransfer ins Herkunftsland. Das hatte mit der Verlagerung des Lebensmittelpunktes in die
Bundesrepublik zu tun. Das Verhältnis von Arbeitskräften und nichter-
werbstätigen Familienangehörigen innerhalb der Ausländerbevölkerung verschob sich. In Erwerbsquote, Geschlechts- und Altersstruktur
näherte sich die Ausländerbevölkerung der Aufnahmegesellschaft an.

Auch familiäre Übergangskrisen zeugten von einer echten Einwanderungssituation: Viele Ausländerfamilien lebten in einer Spannung zwischen der noch stark durch die Herkunftsgesellschaft bestimmten ersten
und einer in der Bundesrepublik aufgewachsenen, zunächst oft noch im
Niemandsland zwischen alter und neuer Welt stehenden zweiten Generation. Bei zunehmender Orientierung der heranwachsenden Generation an der neuen Welt konnten Rückkehrabsichten der Eltern zu
familiären Zerreißproben führen. In der Forschung hat man, einseitig
konzentriert auf Identitätskrise und Kulturkonflikt, die Anpassungs-
und Innovationsfähigkeit der Einwandererfamilien sicher lange unterschätzt. Der Rückblick richtet sich heute freilich mehr auf jene, die dem
Anpassungsdruck gewachsen waren, und weniger auf Familien, die,
nicht selten zerrüttet, ins Herkunftsland zurückkehrten.

Auch die Massenquartiere der ,Gastarbeiter' aus den 1950er und
1960er Jahren gehörten schon in den 1970er Jahren meist der Vergangenheit an. Siedlungskolonien hatten sich herausgebildet. Die Ausländerfamilien lebten darin teils konzentriert, teils über einzelne Häuser oder
Wohnungen verstreut und wurden zusammengehalten durch ethnische
Gemeinschaften (,ethnic communities'), die aus klassischen Einwande-
rungsprozessen ebenso bekannt sind wie die Einwandererkolonien
(,Little Germany') selbst[7]. Die Kolonie aber war und ist nicht bloße
Verpflanzung heimatlicher Lebensformen, sondern einerseits eine Kul-
turschleuse zwischen alter und neuer Welt und andererseits ebenso
Rückzugs- bzw. Zufluchtsort in der Identitätskrise der Einwanderungs-
situation wie Druckkammer zum Ausgleich des Anpassungsdrucks im
Eingliederungsprozeß. Sie war und ist also nicht Zeichen bewußter
Abkapselung, sondern gerade Indiz für das Vorliegen eines echten
Einwanderungsprozesses – bei dem sich die Einwanderer häufig zuerst
in die ,Einwanderergesellschaft' (Friedrich Heckmann) und erst von
dort aus in die umschließende Aufnahmegesellschaft eingliedern. Das
war seinerzeit auch in den vielen großen und kleinen deutsch-amerikanischen ,Little Germanies' nicht anders[8].

Selbst die schiere Statistik der Aufenthaltsdauer signalisierte Bleibeab-
sicht. Von den Ausländern, die am 31.12.1987 in der Bundesrepublik
lebten, waren 45,8% bereits 10–20 Jahre, 13,9% sogar mehr als 20 Jahre

und insgesamt 59,7 % jedenfalls länger als 10 Jahre im Land. Fazit: Aus
Gästen waren Dauergäste geworden und daraus eine feste Ausländer-
minorität in einer echten Einwanderungssituation. Demgegenüber
stand und steht das regierungsamtliche Dementi: „Die Bundesrepublik
ist kein Einwanderungsland". Deshalb lebt ein großer Teil der ehemaligen ‚Gastarbeiterbevölkerung' seit langem in einer paradoxen Lage – in
einer Einwanderungssituation ohne Einwanderungsland.

Menschen ausländischer Staatsangehörigkeit, die seit Jahrzehnten
dauerhaft in der Bundesrepublik leben, ihre hier geborenen und aufgewachsenen Kinder oder sogar schon Enkel sind im rechtlichen Sinne
zwar zumeist nach wie vor Ausländer, aber doch längst nicht mehr
Fremde mit deutscher Aufenthaltsgenehmigung, sondern Einheimische
mit fremdem Paß. In Lebensformen, Mentalitäten und Selbstverständnis
dominieren Zwischen- und Übergangsformen, die in der Diskussion um
den multikulturellen Alltag[9] der paradoxen Einwanderungssituation in
Deutschland entsprechend paradox umschrieben werden als ‚einheimische Ausländer', ‚ausländische Inländer' bzw. ‚inländische Ausländer'
und als ‚ausländische Bindestrich-Deutsche' in einem ‚Nicht-Einwande-
rungsland mit Einwanderern'[10].

Entspannung und Verzerrung

Ende der 1980er Jahre waren Ausländerintegration, Einwanderungss-
tuation und zunehmend multikulturelle Lebensformen einerseits und
das Bild davon in der öffentlichen Diskussion andererseits geprägt
durch einen auffälligen Gegensatz von Entspannung und Verzerrung:

Entspannung: Beobachtungen und Umfragen[11] berichteten von einem
überraschend weit fortgeschrittenen und sich intergenerativ beschleuni-
genden Integrationsprozeß, von einer starken Zunahme an gegenseitiger Akzeptanz und an schlichter Normalität in den Beziehungen zwischen deutscher und ausländischer Bevölkerung, besonders in der
jüngeren Generation. Der Weg dahin war freilich schon vor einem
Jahrzehnt sichtbar für alle, die Augen hatten zu sehen – und bereit
waren zu erkennen, was sie sahen. Schon Anfang der 1980er Jahre
wurden auch von verschiedenen Seiten u. a. Erleichterungen beim
Erwerb der deutschen Staatsbürgerschaft, Einwanderergesetzgebung
(im Innern) und Einwanderungspolitik (nach außen hin) gefordert, die
durch Ausländerrecht und Ausländerpolitik nicht zu ersetzen sind[12].

Die Politik aber reagierte auf die vorgelegten Bestandsaufnahmen,
Entwicklungsperspektiven und die darauf gegründeten Forderungen
nach einer umfassenden und transparenten Migrations- und Integrationspolitik lange mit defensiver Erkenntnisverweigerung: Bis 1990 kam
es, nach einem verlorenen Jahrzehnt der Dementis und folgenlosen

Ankündigungen, nur zur Reform des Ausländerrechts[13] in jenem Land, das de jure nicht sein wollte, was es für Millionen de facto längst war – ein modernes Einwanderungsland[14]. Anders gewendet: Viele von denen, deren Gruppe seinerzeit nach Lebensgeschichte, Lebensperspektive und Selbstverständnis schon als Einwandererminorität beschrieben wurde, könnten die härteren Phasen im Einwanderungsprozeß besser, zumindest aber mit weniger mentalen Verletzungen, durchlebt haben, wenn dieser Prozeß nicht unnötig erschwert worden wäre durch politische Uneinsichtigkeit und Versuche, die Wirklichkeit zu ,dementieren'.

Verzerrung: Fast beziehungslos neben die trotz aller Barrieren und Dementis faktische Entspannung im zunehmend multikulturellen Alltag der Einwanderungssituation trat in und seit den späten 1980er Jahren eine Diskussion um wachsende ,Ausländerfeindlichkeit', die sich immer mehr zu verselbständigen schien. Vor dem Hintergrund wachsender Übersiedler-, Aussiedler- und Flüchtlingszuwanderung hatten Irritationen und Verzerrungen in der öffentlichen Diskussion vor allem drei Dimensionen:

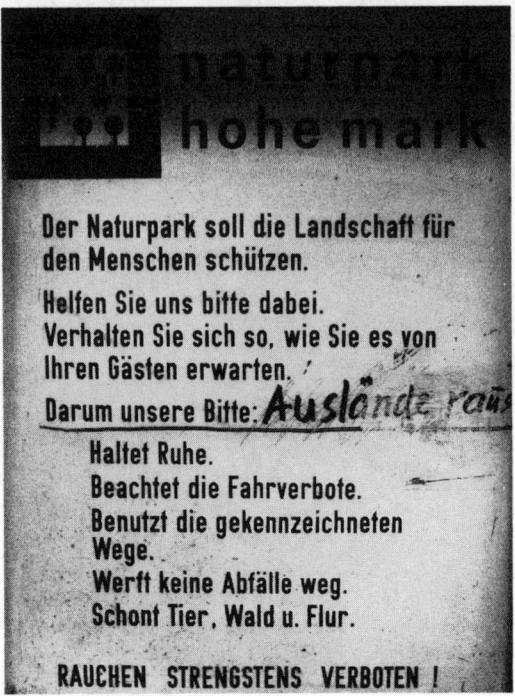

In einem westdeutschen Naturpark, September 1990.

Die erste Dimension wurde geprägt durch die gezielte Politisierung der ‚Ausländerfrage' in undifferenzierter und polemischer Vermengung mit dem Flüchtlingsproblem (‚Asylantenschwemme')[15] und durch die Inszenierung von Schreckbildern mit wahltaktischen Lösungsversprechungen[16].

Die zweite Dimension wurde bestimmt durch die wesentlich vom starken Zustrom von Übersiedlern aus der ehemaligen DDR und von Aussiedlern aus Osteuropa geprägte neue Einwanderungssituation selbst. Dazu gehörte eine Erfahrung, die jene irritierte, die gewohnt waren, in den Begriffspaaren ‚deutsch/einheimisch' und ‚ausländisch/ fremd' zu denken: Neben lang ansässige einheimische Ausländer traten neu zugewanderte fremde Deutsche, will sagen: Einwanderer gibt es nicht nur mit fremdem, sondern auch mit deutschem Paß[17]. Damit einher gingen das teils unbeabsichtigte, teils demagogische Ausspielen von Ausländern gegen Aussiedler in der politischen Debatte[18] und ein Zurücktreten des Themas ‚Ausländerfeindlichkeit' bei zeitgleichem Hervortreten allgemeiner Fremdenfeindlichkeit.

Eine ganz neue, dritte Dimension trat als Ergebnis der deutschen Vereinigung hinzu: Hintergrund war die extreme Belastung der Menschen in den fünf ‚neuen' Bundesländern unter dem Druck der zwar als Befreiung, aber auch als Entmündigung und Selbstentfremdung erlebten Überformung aus dem Westen in der durch Zusammenbruch des Gesellschaftssystems, Wirtschaftskatastrophe und Massenarbeitslosigkeit bestimmten ‚Anpassungskrise'. War schon zu Zeiten der DDR gegenüber den zuletzt ca. 160000 ausländischen Arbeitnehmern mehr Ausgrenzung als Integration an der Tagesordnung gewesen, so wurde nun weithin offene Fremdenfeindlichkeit zum Ventil einer aus der eigenen Frustration geborenen sozialen Aggressivität.

Nicht selten auch kam im mentalen Gepäck der Übersiedler aus Ostdeutschland die Skepsis gegenüber in Westdeutschland entwickelten multikulturellen Lebensformen. Das traf sich dort mit der Angst vor ethnosozialen Spannungen im Innern und vor wachsendem Zuwanderungsdruck von außen bei anhaltendem Mangel an Perspektiven zur politischen Gestaltung der anstehenden Probleme im Spannungsfeld von Migration und Integration. Am Ende stand um die Jahrzehntwende die gefährliche Begegnung von politischer Ratlosigkeit und sozialer Angst[19].

7.2. Fremde Deutsche: ‚Republikflüchtige' – Übersiedler – Aussiedler

Von Klaus J. Bade

Ost-West-Flucht und legale Ost-West-Zuwanderung haben die Geschichte der Bundesrepublik von Anbeginn an begleitet. Rd. 15 Mio. Vertriebene, Flüchtlinge, Aus- und Übersiedler kamen vom Ende des Zweiten Weltkriegs bis 1990 ins westliche Nachkriegsdeutschland und in die Bundesrepublik. Das entspricht mehr als einem Viertel der deutschen Wohnbevölkerung in den ‚alten' Bundesländern am Vorabend der deutschen Vereinigung. In Gestalt der Binnen- und Pendelwanderungen aus den ‚neuen' Bundesländern und des Aussiedlerzustroms aus dem östlichen Ausland dauerte die deutsche Ost-West-Wanderung über die Vereinigung hinaus an[1].

Von Deutschland nach Deutschland:
SBZ-Flüchtlinge – ‚Republikflüchtige‘ – Übersiedler

Bis Ende 1950 wurden im westlichen Deutschland rd. 8,1 Mio. Vertriebene und Flüchtlinge, von 1951 bis Ende 1988 rd. 1,6 Mio. Aussiedler aus Ost-, Ostmittel- und Südosteuropa gezählt. Vom September 1949 bis zum Mauerbau im August 1961 kamen mindestens 2,7 Mio. Menschen aus dem Gebiet der ehemaligen DDR hinzu. Die tatsächliche Zahl dürfte rd. 1 Mio. höher liegen; denn die amtliche Statistik erfaßte nur diejenigen, deren Weg über die Notaufnahmelager führte, nicht aber diejenigen, die direkt bei Verwandten und Bekannten im Westen Aufnahme fanden[2].

Vom Bau der Mauer 1961, die im SED-Jargon ‚Friedenswall‘ hieß, bis Ende 1988 fanden nach Angaben des Bundesausgleichsamts insgesamt 616051 Menschen ihren Weg von Deutschland-Ost nach Deutschland-West, meist unter materiellem Totalverlust, oft unter Einsatz des Lebens. Sie kamen über Drittländer, als ‚Sperrbrecher‘ auf dem direkten Weg durch die Todeszonen von Stacheldraht, Minenfeldern und Selbstschußanlagen, aber auch auf anderen, zum Teil abenteuerlichen Wegen und Umwegen – vom eigenhändig gegrabenen Fluchtstollen und der Luftmatratze mit Hilfsmotor bis zur Familienflucht mit dem Heißluftballon. ‚Republikflüchtige‘ aus dem Grenzdienst schossen sich den Fluchtweg frei, andere wurden an der Grenze selber erschossen, von Selbstschußanlagen oder Minen zerfetzt. Die ‚Wachsamkeit‘ der NVA-Grenzer am ‚Friedenswall‘ hat viele Opfer gekostet. Die meisten Flüchtlinge aber vertrauten sich Fluchthilfeorganisationen an; nicht wenige wurden dabei erpreßt und betrogen. Viele scheiterten unverletzt, landeten nicht im Westen, sondern, wegen versuchter ‚Republikflucht‘, in Gefängnissen der DDR. Manche wurden von dort in die Bundesrepublik freigekauft. Ihre Geschichte ist eine Geschichte von einzelnen und kleinen Gruppen. Sie liegt, im Gegensatz zum Massendrama von Flucht und Vertreibung, noch weitgehend im Dunkel, schon der oft konspirativen Umstände wegen.

Ende der 1980er Jahre dominierte die legale Ausreise von ‚Übersiedlern‘, die in der Zeit zwischen Antragstellung und Ausreise oft als ‚Antragsteller‘ denunziert und ausgegrenzt, beruflich benachteiligt und persönlich geächtet wurden. Die DDR geriet unter inneren und äußeren Druck. Im Zeichen der unblutigen Revolution und im Licht der – außerhalb der DDR-Grenzen nicht ausschließbaren – Weltöffentlichkeit nutzten 1989 Tausende meist junger Menschen aus der DDR ihre Urlaubsaufenthalte im ‚sozialistischen Ausland‘, um unter Vermittlung der bundesdeutschen Botschaften in Prag und Budapest den Weg ins Land ihrer Träume anzutreten. Um das Gesicht nicht ganz zu verlieren, ließ

das torkelnde SED-Regime die geschlossenen Züge mit den ,Botschafts-
flüchtlingen' zunächst noch über die schwer bewachten Gleisanlagen
der DDR in den Westen rollen. Dann fegte die gewaltlose Revolution der
Bürger das Regime der alten Männer hinweg. ,Friedenswall', Minen
und Stacheldraht verschwanden, und von den schwer armierten Todeszonen an der Grenze blieben Biotope, die sich im Schutz des Grauens
gebildet hatten. An die Stelle von ,Republikflucht' und legaler ,Über-
siedlung' aus der ehemaligen DDR in die ,alte' Bundesrepublik traten
Umzüge aus den ,neuen' in die ,alten' Bundesländer.

Im ,Jahr der europäischen Revolutionen' 1989 und im ,Jahr der
deutschen Einheit' 1990 stieg die neue Ost-West-Wanderung insgesamt
dramatisch an: Übersiedler und Flüchtlinge aus der DDR (1989: 343 854,
bis Juni 1990: 238 384) und die vorwiegend aus Polen, Rumänien und der
Sowjetunion stammenden Aussiedler (1989: 377 055, 1990: 397 073) stellten zusammen 1989 fast eine dreiviertel Million (720 909) Zuwanderer.
Sie wurden, in Anlehnung an einen Begriff aus der Gründerzeit der
Bundesrepublik, ,Neubürger'[3] genannt. Dabei geriet die Vereinigung
der beiden deutschen Republiken im Oktober 1990 zum Wettlauf mit der
einseitigen und zunehmend spannungsgeladenen Wiedervereinigung
ihrer Menschen im Westen.

Auf dem überschaubarer werdenden Weg zur deutschen Einheit ging
der um die Jahreswende 1989/90 zur Flutwelle angeschwollene Übersiedlerzustrom Anfang 1990 kontinuierlich zurück: Im Januar 1990 wurden noch 73 729 Übersiedler gezählt; über 63 893 im Februar und 46 241
im März sank die Zahl der Übersiedler auf 24 615 im April und 19 217 im
Mai. Im Juni, als die Notaufnahme für Übersiedler mit ihren besonderen
Leistungen und mit ihr auch die Aufnahmestatistik endete, wurden nur
noch 10 689 registriert. Seither gibt es statt amtlicher Zählungen nur
noch Schätzungen. Anfang Januar 1991 rechnete das Institut für Arbeits-
markt- und Berufsforschung der Nürnberger Bundesanstalt für Arbeit
für das Jahr 1991 aber immerhin noch mit „mindestens 180 000 Abwan-
derern von Ost- nach Westdeutschland" und zusätzlich mit etwa 275 000
Pendlern, die täglich oder doch wöchentlich bis weit in den Westen
fahren[4].

,...zurück ins Reich': Aussiedler auf der Suche nach der Heimat
der Vorfahren

Die Erinnerung an den Zweiten Weltkrieg und seine Folgen wurde, über
die Vereinigung hinweg, wachgehalten durch den Zustrom der Aussiedler[5] aus dem östlichen Ausland. Viele kommen nicht aus den Sied-
lungsräumen der Vorfahren[6], sondern aus entlegenen, bis nach Westsibirien reichenden Deportationsgebieten, in die sie der Zweite Weltkrieg

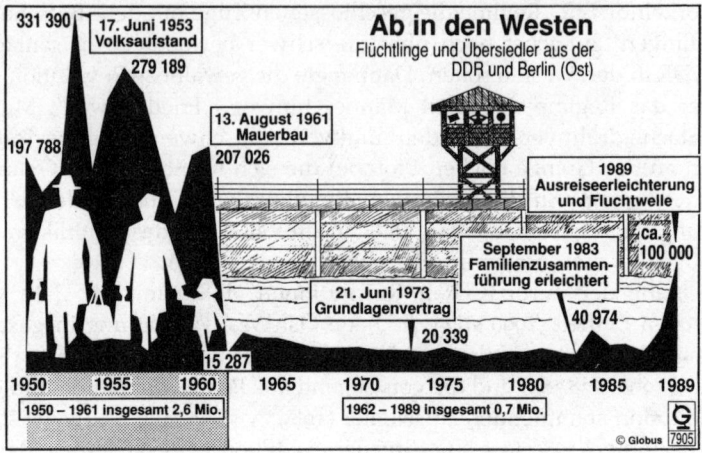

Wanderung im Zeichen des Kalten Krieges.

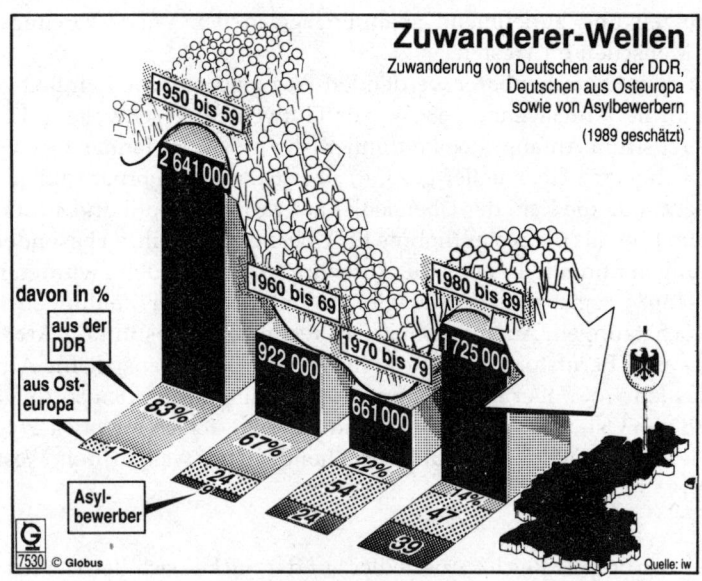

Angst vor Wanderungswellen.

verschlug. Sie streben ‚zurück ins Reich', um dort als ‚Deutsche unter Deutschen' zu leben.

Nach dem Ende der Massenbewegungen von Flucht und Vertreibung lebten jenseits der deutschen Ostgrenzen 1950 noch rd. 4 Mio. Deutsche, teils in ihren herkömmlichen Siedlungsgebieten, teils – wie fast alle Deutschen in der Sowjetunion seit 1941 – durch Zwangsumsiedlungen weit verstreut in fremder Umgebung, isoliert, entrechtet und noch lange als ‚Faschisten' oder doch ‚Kollaborateure' denunziert. Die Zuwanderung der Aussiedler überdauerte das Ende der Vertreibungen. Ihre Aufnahme vollzog sich meist im stillen und errang Sensationswert nur, wenn dabei von zum Teil katastrophalen Begleitumständen und von finanziellen Leistungen der Bundesrepublik für die Gewährung der Ausreise die Rede war. Sie hatten z. B. im Falle Rumäniens lange den Charakter eines regelrechten, im Gesamtergebnis milliardenschweren Menschenhandels, von der oft ruinösen Nötigung von Aussiedlern zur zusätzlichen Bestechung korrupter Funktionäre einmal ganz abgesehen.

Die revolutionären Veränderungen lockerten das starre Bedingungsgefüge im Osten Europas. Die Genehmigung von meist seit Jahren, oft seit Jahrzehnten wiederholten Ausreiseanträgen gab lange aufgestauten Ausreisewünschen Raum und setzte eine Lawine in Gang: 1987 schon zogen die Aussiedlerzahlen deutlich an (78 523; 1986: 42 788). Sie übersprangen 1988 die Marke von 200 000 (202 673), jagten 1989 auf 377 055 und 1990 schließlich auf 397 073. Die meisten Aussiedler kamen aus Polen (1988: 140 226; 1989: 250 340; 1990: 133 872), aus der Sowjetunion (1988: 47 572; 1989: 98 134; 1990: 147 950) und aus Rumänien (1988: 12 902; 1989: 23 387; 1990: 111 150). Mit weitem Abstand folgten als Herkunftsländer die Tschechoslowakei (1988: 949; 1989: 2 027; 1990: 1 708), Ungarn (1988: 763; 1989: 1 618; 1990: 1 336) und Jugoslawien (1988: 223; 1989: 1 469; 1990: 961)[7].

Fremde im Osten

Die Rede von ‚den' Aussiedlern verstellt die Einsicht in die Vielfalt der Gruppen- und Einzelschicksale[8]. Sie unterscheiden sich nach Herkunftsländern, danach, wann die Vorfahren dort eingewandert sind, nach ihren Wegen im Gefolge von Zwangsumsiedlung und Deportation, nach Art und Grad der Unterdrückung ihres ‚Deutschtums' bzw. dessen, was sie nach Generationen noch darunter verstehen, und deshalb auch nach Deutschkenntnissen und oft grundverschiedenen Vorstellungen von ‚Deutschland' selbst.

Da ist die Familie aus Siebenbürgen, die auf eine viele Jahrhunderte umfassende familiäre Siedlungstradition im gleichen Kulturraum zurückblickt. Im gleichen Saal des Aufnahmelagers mit seinen Doppel-

‚Republikflüchtige' und Übersiedler im Westen.

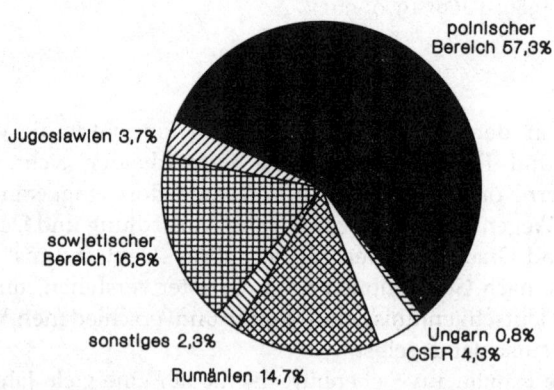

Zuzug der Aussiedler 1950–1990. Prozentualer Vergleich nach Herkunftsgebieten.

stockbetten gibt es nebenan eine eben aus Kasachstan eingetroffene Familie[9]: Die Großmutter war seinerzeit mit dem großen Treck der Schwarzmeerdeutschen, die 1941 dem Zugriff der sowjetischen Verwaltungsbehörden und damit der Deportation entgangen waren, aufgebrochen und im Zuge der nationalsozialistischen Siedlungspolitik zum Zweck der ,Germanisierung' im ,Warthegau' angesiedelt worden. Am Kriegsende floh sie mit den Kindern weiter nach Westen, kam bis kurz vor Hannover, wurde im Zuge der zwangsweisen ,Repatriierung' von Sowjetbürgern an die UdSSR ausgeliefert und dann nach Kasachstan deportiert[10]. Von dort aus durfte sie in den letzten Jahren sogar einmal nach Chicago reisen – wo ihr Mann noch lebt, der als deutscher Soldat in amerikanische Kriegsgefangenschaft geriet, in die Vereinigten Staaten kam und dort erst in den späten 1950er Jahren erfuhr, daß und wo seine verschollene Familie überlebt hatte. Die Enkel, die mit seiner Frau und seinen Kindern als Aussiedler in der Bundesrepublik eintrafen, sprechen fließend Russisch, aber nur gebrochen Deutsch. Zeitgleich mag im Lager aber auch eine deutsch-polnische Familie eingetroffen sein, die sich seinerzeit bewußt auf die polnische Seite stellte, um der Vertreibung zu entgehen.

Die Aufnahme als Aussiedler setzte für Zuwanderer, die aus Gebieten jenseits der Reichsgrenzen von 1937 stammten und deshalb nicht als deutsche Staatsangehörige anerkannt werden konnten, die Klassifizierung als ,Statusdeutsche' voraus. Dies wiederum war an Belege nicht nur für die ,Vertriebeneneigenschaft', sondern auch für die ,deutsche Volkszugehörigkeit' gebunden – wofür anfangs, als ,Bekenntnis zum Deutschtum', zuweilen nicht nur der oft durchaus unfreiwillige Dienst in der Waffen-SS anerkannt werden konnte, sondern sogar die Aufnahme in die berüchtigte ,Volksliste 3', in der in Polen erfaßt wurde, was den nationalsozialistischen Besatzern ,eindeutschungsfähig' erschien[11].

Die Gründe für den Massenexodus der Aussiedler aus dem Osten indes waren, so sehr sie im einzelnen auch differieren mochten, insgesamt doch in den Grundzügen verwandt: Wirtschaftliche Motive spielten eine wichtige, aber oft überschätzte Rolle. Hauptgründe für die Ausreisebemühungen waren die unterschiedlich stark ausgeprägte Unterdrückung, die Einengung bzw. Nichtakzeptanz ethnischer, religiöser und sprachlich-kultureller Minderheiten in den Staaten des Warschauer Pakts (abgesehen von Ungarn), die die für den Zweiten Weltkrieg und die Verbrechen in den besetzten Gebieten haftbar gemachten Deutschen besonders trafen. Der mehr oder minder lange anhaltenden Unterdrükkung der Sprachkultur wegen müssen viele, insbesondere jüngere Aussiedler das Hochdeutsche als Fremdsprache lernen.

Von der im Zeichen von Reform und Revolution in Ost- und Ostmitteleuropa Ende der 1980er Jahre zunehmenden Verbesserung der Lage auch der deutschen Minderheiten hat zunächst vor allem die Erleichterung der Ausreise Folgen gezeigt. Zu viele hatten schon zu lange die Hoffnung auf eine grundlegende Besserung der Umstände verloren. Hinzu kamen wachsende Nationalitätenspannungen, die Sorge vor politischen Rückschlägen und in der Sowjetunion auch die Einsicht in die Vergeblichkeit der Bemühungen um eine Rückkehr in die alten Siedlungsgebiete, z. B. an der Wolga. Dabei entfaltete der Massenexodus eigene Sogkraft und riß viele zunächst noch Unsichere in fast panikartigem Anschlußhandeln mit.

Das erinnert an das klassische ‚Wanderungsfieber' zur Zeit der deutschen Massenauswanderung des 19. Jahrhunderts – mit einem gravierenden Unterschied: Die Massenauswanderung des 19. Jahrhunderts schuf von der Bevölkerungsseite her Entlastung in einer durch das Mißverhältnis im Wachstum von Bevölkerung und Erwerbsangebot bestimmten sozialgeschichtlichen Krisenzeit. Auswanderung kam mithin nicht nur denen zugute, die gingen, sondern auch denen, die blieben[12]. Ganz anders bei der Aussiedlerbewegung: Die Aussiedler, die, in der Heimat zu Fremden geworden, ihre alten oder neuen Siedlungsgebiete verlassen, um in der Bundesrepublik als ‚Deutsche unter Deutschen' zu leben, machen dieses Lebensziel denen, die bleiben, erst recht unmöglich. Die Aussiedlerbewegung führt mithin in den Herkunftsgebieten nicht zu einer wie auch immer gearteten Entlastung, sondern nur zu weiterer Ausdünnung eben jenes ‚Deutschtums', dessen Schwächung denen, die gingen, schon Argument für die Ausreise war. Dies aber ist ein sich selbst weitertreibender und beschleunigender Effekt, der z. B. in Siebenbürgen um 1990 schon den Scheitelpunkt überschritten hatte, jenseits dessen selbst eine tatsächliche Besserstellung deutscher Minderheiten in den Herkunftsgebieten schlicht mangels Masse nicht mehr greift.

Die Absicht, als ‚Deutsche unter Deutschen' zu leben, führte die Aussiedler aus dem Osten 1989/90 bemerkenswerterweise nicht in die an wachsender Auszehrung leidende DDR, sondern allein in die Bundesrepublik. Das hatte sicher auch mit der materiellen Anziehungskraft des Westens, vor allem aber damit zu tun, daß Kommunismus und Sozialismus gleichgesetzt wurden mit der selbsterlebten Unterdrückung oder doch Unfreiheit.

Fremde im Westen

Das ‚Deutschtum' der Aussiedler ist nicht zu verwechseln mit dem, was in der Bundesrepublik gern als ‚deutsche Identität' diskutiert und in der westlichen Welt schon selbst für eine Art identitätsstiftende mentale Marotte der Deutschen gehalten wird. ‚Deutschtum' meinte die von

Generation zu Generation weitergegebene, langlebige, heute zum Teil nur noch in Mundart und Brauchtum greifbare kulturelle und mentale Integrationsklammer. In der scheinbar so aufgeklärten Bundesrepublik hingegen erinnert die Rede vom ‚Deutschtum' viele gerade an jene ethnisch-nationalistischen Irrwege der deutschen Geschichte, die letztlich im Nationalsozialismus gipfelten – dessen Folgen ausgerechnet für das Schicksal der Aussiedler so verhängnisvoll waren. Die Aussiedler werden also am Ziel ihrer Wünsche als vermeintliche Boten einer düsteren Vergangenheit beargwöhnt – gerade wegen der Orientierung an jenem ‚Deutschtum', das in ihren Herkunftsgebieten lange Anlaß für Verfolgung, Vertreibung und Unterdrückung war. Hinzu kommt, daß sie mit ihrem harten Akzent, ihren mangelhaften Sprachkenntnissen und fremd wirkenden Lebensformen hierzulande häufig selbst für ‚Polen' oder ‚Russen' gehalten und im Alltag als ‚Polacken' und ‚Ruskis' tituliert werden.

Die Spannung zwischen alter und neuer Welt wird verschärft durch die Gegensätze zwischen zwei grundverschiedenen politisch-ökonomischen Systemen. Vielfach kommen, trotz aller Orientierung am ‚Deutschtum', nach Mentalität und Sozialverhalten Menschen aus sozialistischen Gesellschaften, denen das Denken und Handeln in der kalten Ellenbogengesellschaft des ‚wilden Westens' fremd ist. Zu Orientierungs- und Identitätskrisen führen nicht selten politische Unmündigkeit und Gewohntsein an allzuständige Führung von oben, Unerfahrenheit mit pluralistischem Denken und unterschiedlichen Meinungspositionen, Mangel an Eigeninitiative, Furcht, kritische Fragen zu stellen, und allgemeine Irritierung durch die Freiheits-, Gestaltungs- und Gefährdungsspielräume von Demokratie und Marktwirtschaft[13]. Aber auch Flüchtlinge und Übersiedler aus der DDR, die keinerlei Sprachprobleme hatten und die Bundesrepublik vermeintlich schon seit Jahren aus ihren Fernsehprogrammen kannten, gerieten hier häufig unter einen außerordentlichen Problemdruck, dem viele nicht gewachsen waren: Sozialämter, kirchliche Dienste für das Elend der Unbehausten, Ärzte und Psychiater berichten von den Folgen für die, die in den Westen kamen, aber auch für die, die im Osten blieben und durch die ‚Wende' zu Fremden im eigenen Land geworden sind[14].

Solche Gefährdungen werden den schweren Weg der ‚Neubürger', die nichts anderes als Einwanderer sind, noch lange begleiten. Das gilt um so mehr, als das Erlebnis der Einwanderung seinen Sensationswert verloren hat bzw. schon lästiger Alltag geworden ist und die Vorstellung vordringt, die Eingliederung sei jenseits von Wohnungsvermittlung, Sprachschulung, Umschulung und Arbeitsvermittlung schließlich bloß eine Frage des persönlichen Sicheinlebens. Was den einheimischen Deutschen zumeist schwer nachvollziehbar ist, ist die Einsamkeit der fremden Deutschen, denen der Traum vom Leben als ‚Deutsche unter Deutschen' auf Zeit nicht selten zum Alptraum gerät. Mehr noch: Mit den Aussiedlern kommt ein Stück vergessener oder doch verdrängter Geschichte zurück in die Gegenwart. Und mit ihm kommen vergessene Menschen mit hierzulande oft vergessenen oder aufgegebenen Orientierungsnormen und Wertvorstellungen – von der Glaubenswelt über Erziehungsfragen bis hin zur Stellung von Mann und Frau in Familie und Gesellschaft. In den gegenwärtigen Spannungen zwischen Einheimischen und Aussiedlern erinnern bei Einheimischen Skepsis und Sozialneid und bei Aussiedlern die Tendenz zur schweigsamen Überanpassung durchaus an entsprechende Probleme der späten 1940er und frühen 1950er Jahre. Dennoch ist die ‚Integration' von Aussiedlern heute nicht ohne weiteres zu vergleichen mit derjenigen von Vertriebenen und Flüchtlingen damals[15]. Die oft geäußerte Vorstellung, was im wirtschaftlich zerrütteten und verarmten Nachkriegsdeutschland möglich gewesen sei, müsse in der reichen Bundesrepublik heute um so leichter gelingen, umschreibt nur die halbe Wahrheit: Damals gab es, von den ländlichen Bereichen mit ihren deutlich verspäteten Integrationsprozessen einmal abgesehen, eine Art Integration auf Gegenseitigkeit in einem unter dem Druck der Umstände auf Zeit mobil gewordenen Sozialgefüge. Darin waren viele buchstäblich in Bewegung – nicht nur Vertriebene und Flüchtlinge, sondern auch Evakuierte und Ausgebombte, Wohnungslose, Heimkehrer bzw. Spätheimkehrer aus der Kriegsgefangenschaft und viele andere auch im übertragenen Sinne Ortlose und Entwurzelte. Außerdem lagen die Umstände, deren Opfer auf unterschiedliche Weise alle waren, erst kurz zurück und stellten alle vor noch mehr oder minder unbewältigte, gemeinsam zu gestaltende Gegenwartsaufgaben.

Heute leben die einen in der Gegenwart, sind etabliert und haben die Geschichte verdrängt. Die anderen scheinen geradewegs aus der Geschichte zu kommen und erinnern an das, was erfolgreich verdrängt worden ist. Die ‚Neubürger' werden am Ziel ihrer Wünsche lange Fremde bleiben – als ‚Deutsche unter Deutschen' im Besitz aller staatsbürgerlichen Rechte, aber dennoch in einer echten und in vieler Hinsicht sogar besonders komplizierten Einwanderungssituation.

7.3. „Politisch Verfolgte genießen ...": Asyl bei den Deutschen – Idee und Wirklichkeit

Von Klaus J. Bade

Streit um vier Worte

Es gibt einen Streit um vier Worte, der Bibliotheksregale füllt. Zankapfel ist Art. 16, Abs. 2, Satz 2 des Grundgesetzes der Bundesrepublik Deutschland: „Politisch Verfolgte genießen Asylrecht". Der Rechtsanspruch des Flüchtlings auf Asyl ist ein Unikat im internationalen Verfassungsvergleich. Auch das Völkerrecht kennt nur das Recht des souveränen Staates, Asyl zu gewähren. Auf die Frage, was an der Verfolgung ‚politisch' sei, antwortet das Grundgesetz nicht. Das ist kein Lapsus, im Gegenteil.

Der Parlamentarische Rat hat das Asylrecht im Winter 1948/49 ganz bewußt so knapp, so umfassend und ohne jede Einschränkung formuliert: „Das Asylrecht ist immer eine Frage der Generosität, und wenn man generös sein will, muß man riskieren, sich gegebenenfalls in der Person geirrt zu haben", erklärte dazu in den Verhandlungen Carlo Schmid (SPD), vehement unterstützt durch Hermann von Mangoldt (CDU), der dringend warnte, „wenn wir irgendeine Einschränkung aufnehmen würden, wenn wir irgend etwas aufnehmen würden, um die Voraussetzungen für die Gewährung des Asylrechts festzulegen, dann müßte an der Grenze eine Prüfung durch die Grenzorgane vorgenommen werden. Dadurch würde die ganze Vorschrift völlig wertlos"[1].

Vorausgegangen waren auf Landesebene Asylrechtsbestimmungen in den Verfassungen von Hessen (Art. 7) und Bayern (Art. 105). Übergeordnete Orientierung bot die Diskussion um die Formulierung des Asylrechts in der Menschenrechtsdeklaration der Vereinten Nationen vom 10. Dezember 1948 (Art. 14). Zeithistorischer Erfahrungshintergrund waren Terror und Verfolgung in Deutschland und die Aufnahme verfolgter Deutscher im Ausland 1933–1945[2], unter ihnen auch Mitglieder des Parlamentarischen Rates.

Die Botschaft von Art. 16 GG wurde in den 1980er Jahren Anlaß zum Streit um den Begriff des Politischen, um den Widerspruch zwischen Asylrecht und Asylpraxis, d. h. zwischen Verfassung und Verfassungswirklichkeit, und schließlich um die Änderung des Grundgesetzartikels selbst. Hintergrund waren und sind die trotz der Erfahrung der Massenbewegungen von Flucht und Vertreibung seinerzeit kaum vorstellbaren Dimensionen des Weltflüchtlingsproblems am Ende des 20. Jahrhunderts. Wichtigster Schauplatz dieses Massendramas war in den 1980er

Jahren die Dritte Welt, wo auch rd. 95% aller Flüchtlinge Aufnahme fanden. Von allen Asylsuchenden indes, die Westeuropa in den letzten Jahren erreichten, meldeten sich 50% unter Berufung auf Art. 16 GG in der Bundesrepublik Deutschland.

Zur Angst vor einer Elendsflut aus dem Süden traten Ende der 1980er Jahre Horrorszenarien über drohende kontinentale ‚Völkerwanderungen' aus dem Osten Europas, bedingt durch politische Umwälzungen und wirtschaftliche Misere, ethnische Spannungen und Nationalitätenkonflikte. Mitbestimmend war dabei auch die Tatsache, daß die Grenzen der ‚Festung Europa' und besonders diejenigen des vereinten Deutschland nach der Öffnung des Eisernen Vorhangs auf dem Landwege vom Osten Europas her wesentlich leichter zu erreichen waren als auf den zunehmend durch restriktive Visabestimmungen verstellten interkontinentalen Luftwegen aus der Dritten Welt: Auf Kosten des seit Ende der 1970er Jahre bei weitem dominierenden Anteils der Asylbewerber aus Ländern der Dritten Welt stieg der Anteil der Europäer an den Asylsuchenden bis 1988 auf insgesamt 69,3%, um dann langsam über 60,4% im Jahr 1989 auf 52,6% im Jahr 1990 zu sinken[3]. Bemerkenswert ist dabei im Kontext der Ost-West-Migration ein für die Zuwanderung nach Deutschland möglicherweise folgenreicher Wirkungszusammenhang zwischen der Wanderung von Aussiedlern und Asylsuchenden, der z. B. bei dem durchaus nicht nur krisenbedingten Anstieg der Asylanträge von Polen 1987–89 deutlich zutage trat: Durch eine starke Auswanderung von Aussiedlern aus bestimmten Regionen wird „in den Emigrationsgebieten auch unter anderen Bevölkerungsteilen eine erhebliche Auswanderungsunruhe ausgelöst, die bei bestimmten Voraussetzungen an die nationalitätenspezifische Emigration anschließt und diese zu einem self-feeding process werden läßt", zumal die Auswanderung von Aussiedlern auch vordem noch geschlossene interethnische Verwandtschaftsverbände zerreißt[4].

Seit der Errichtung des Bundesamtes für die Anerkennung ausländischer Flüchtlinge im Jahr 1953 waren die Zahlen der jährlichen Asylgesuche – abgesehen von den Fluchtbewegungen nach der Niederschlagung des Ungarnaufstands 1956 und des ‚Prager Frühlings' 1968 – für mehr als zwei Jahrzehnte relativ niedrig geblieben. Ende der 1970er Jahre zogen sie scharf an: von 28 223 Anträgen für 33 136 Personen (1978) über 41 953 Anträge für 51 493 Personen (1979) auf den Höchststand von 92 918 Anträgen für 107 818 Personen (1980). Die Zahlen fielen dann noch einmal steil ab auf den Sockel von 16 335 Anträgen für 19 737 Personen 1983. Seit der Jahrzehntmitte stiegen sie wieder zügig an auf 67 429 Anträge für 99 669 Personen 1986, durchbrachen 1988 erneut die magische Marke von 100 000 Personen (103 076), jagten im Jahr der europäischen Revolutionen 1989 auf die Höhe von 121 318 und stiegen

1990 schließlich um 59,1% auf den bislang höchsten Jahresgipfel von 193 063 asylsuchenden Flüchtlingen[5].

Unter den Hauptherkunftsländern an der Spitze standen 1990 Rumänien (35 345; 1989: 3 121), Jugoslawien (22 114; 1989: 19 423), die Türkei (22 082; 1989: 20 020) und der Libanon (16 229; 1989: 6 240). Polen, das von 1987 bis 1989 (26 092) an der Spitze gestanden hatte, trat 1990 (9 155) auf den sechsten Platz zurück hinter Antragsteller aus Vietnam (9 428; 1989: 984), von denen die meisten indes nicht aus der fernen Heimat kamen, sondern vordem einen Arbeitsvertrag in der DDR hatten[6].

Die künstliche Geburt des ‚Asylantenproblems'

Die Verzerrung des Asylproblems zum Schreckbild des ‚Asylantenproblems' und damit zu einem der brisantesten innenpolitischen Problemfelder hatte nicht nur mit der Veränderung der Größenordnungen zu tun. Daß die Bundesrepublik sogar im Stande ist, in einem einzigen Jahr Hunderttausende von Menschen aufzunehmen, hat, jenseits der Integration von Vertriebenen und Flüchtlingen und der Zuwanderung von ‚Gastarbeitern', zuletzt der Aus- und Übersiedlerzustrom Ende der 1980er Jahre gezeigt. Seine Aufnahme wurde indes auch begleitet von einer durch die Bundesregierung geförderten und finanzierten bundesweiten Verständnis- und Sympathiewerbung – innerhalb derer unter dem Motto ‚Aussiedler sind keine Ausländer!' nicht selten zugleich vom Kampf gegen ‚Asylantenschwemme' und ‚Mißbrauch des Asylrechts' die Rede war. Das Nebeneinander von Verständniswerbung für Aus- bzw. Übersiedler und scharfer Abgrenzung gegenüber Asylsuchenden trat auch dort zutage, wo z. B. wirtschaftliche Interessen und Hoffnungen bei Aus- und Übersiedlern – im Sinne des Konzepts der ‚Integration durch Arbeit' – als erfreuliche Integrationshilfen bewertet wurden, bei Flüchtlingen aus den Elends- und Todeszonen der Dritten Welt hingegen zur Rede von ‚Wirtschaftsasylanten' Anlaß gaben[7].

Das ‚Asylantenproblem' als politisches Kampfthema wurde bereichsweise auch bewußt geschaffen durch die Eröffnung einer Art zweiten Front bei der innenpolitischen und wahltaktischen Politisierung der ‚Ausländerfrage'[8]. Das zeigte sich deutlich im Bundestagswahlkampf 1980 bei einem Höchststand an Asylgesuchen vor dem Hintergrund von Wirtschaftskrise, steigenden Arbeitslosenzahlen und Entdeckung der Einwanderungssituation hinter der ‚Gastarbeiterfrage': Neben die Defensivpositionen der Aufrechterhaltung des in der Wirtschaftskrise 1973 verabschiedeten ‚Anwerbestopps' und der ‚Förderung der Rückkehrbereitschaft' trat im Konzept der ausländerpolitischen ‚Konsolidierung' der Kampf gegen einen massenhaften ‚Mißbrauch des Asylrechts', für die Beschleunigung der Asylverfahren sowie für eine

‚konsequente' und zügige Abschiebung. Ein übriges taten von Politikern gebrauchte und von den Medien aufgegriffene, emotionsgeladene Reizworte (‚Asylantenflut', ‚Wirtschaftsflüchtlinge', ‚Scheinasylanten', ‚Belastungsgrenzen', ‚Dammbruch', ‚Überfremdung'). Selbst bei dem drastischen Rückgang der Asylgesuche Anfang der 1980er Jahre redeten Politiker in Retterpose gegenüber fragwürdigen Schreckbildern weiter von einer „anhaltenden Flut von Scheinasylanten und Wirtschaftsflüchtlingen"[9].

Die Asyldebatte lenkte ab von jahrelanger Stagnation, Konzeptions- und Perspektivlosigkeit in der Ausländerpolitik, von folgenlosen Absichtserklärungen zur Ausländerintegration und der immer wieder vertagten Novellierung des Ausländerrechts. Das zeigte sich erneut 1985/ 86: Die Diskussion um Lage, Probleme und Zukunft der aus der ehemaligen ‚Gastarbeiterbevölkerung' hervorgegangenen Einwandererminorität[10] wurde immer verhaltener, diejenige um den ‚Mißbrauch des Asylrechts' um so schriller. Der erneute Anstieg der Antragszahlen selbst bot keinen Anlaß für eine Angstkampagne, die den Eindruck erweckte, die Bundesrepublik sei „zu einem Weltflüchtlingslager geworden"[11].

Nach der Bundestagswahl im Januar 1987, der ein stark mit ‚Ausländer'-Argumenten geführter Wahlkampf vorausgegangen war, übte eine Gruppe von Bundestagsabgeordneten der CDU öffentliche Kritik auch an Fraktion und Regierung, insbesondere aber an dem von Friedrich Zimmermann (CSU) geführten Bundesministerium des Innern: „Politiker und Medien müssen zu einer nüchternen und angemessenen Sprache zurückfinden. [...] Übertreibungen sowie Panik und Ängste auslösende Begriffe wie ‚Flut', ‚Strom', ‚Überschwemmung' usw. erschweren rationale Lösungen [...]. Wer durch unsaubere oder einseitige Zahlenpräsentation oder übertriebene und emotionalisierende Sprache Fremdenangst und Aggressionen schürt, der zerstört die vorhandene Aufnahmebereitschaft in der Bevölkerung und trägt zur Aushöhlung des Grundrechts auf politisches Asyl bei"[12].

Im Vorfeld der hessischen Landtagswahlen vom März 1989 gab es einen weiteren Höhepunkt in der politischen Instrumentalisierung der Asyldebatte: Ausgangspunkt waren Versuche der CDU, nach der schokkierenden Wahlniederlage von Berlin (29.1.1989) und den Stimmenverlusten an die ‚Republikaner' der rechtsradikalen Propaganda in Hessen durch Positionen der Härte und Abwehr Paroli zu bieten. Eine noch „größere Katastrophe" als der Einzug der NPD in den Frankfurter Römer sei der „Wahlkampf gegen Asylbewerber" gewesen, erklärte der Sprecher der humanitären Hilfsorganisation ‚Pro Asyl', Pfarrer H. Leuninger. Zeitgleich mußte sich das Bundesinnenministerium, dessen Staatssekretär von den Kirchen als „selbsternannten Verteidigern der Humanität" sprach, von der deutschen Bischofskonferenz sogar ermah-

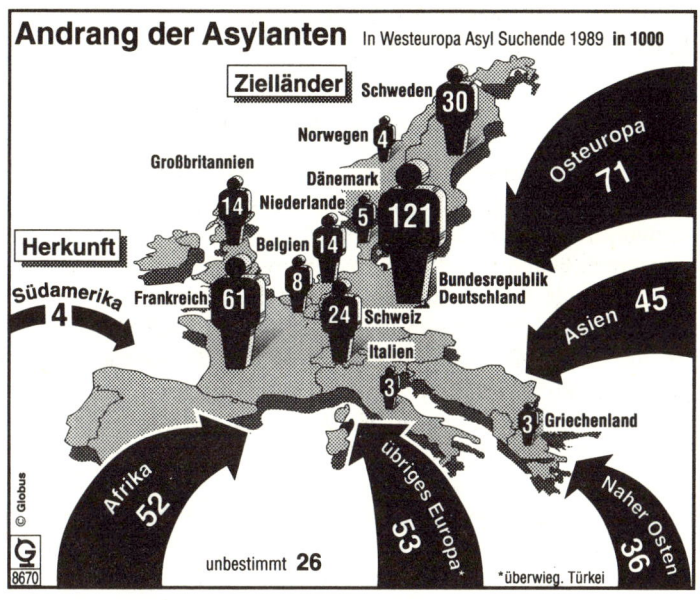

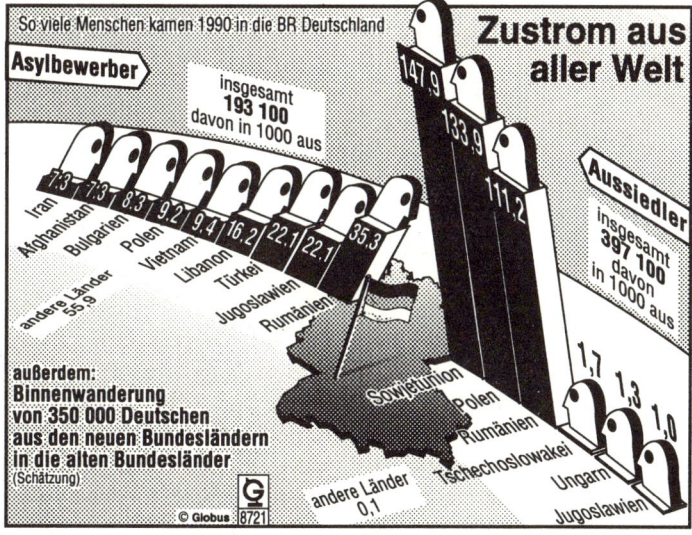

Schreck-Bilder: Gespenstische Graphiken über Zuwanderungsdruck.

nen lassen, in amtlichen Verlautbarungen die „Zahlendiskussion entsprechend den Tatsachen zu führen"[13].

‚Mißbrauch' des Asylrechts?

Im Zeichen der Kampfansage gegen den ‚Mißbrauch des Asylrechts' bestimmten defensive Maßnahmen der verschiedensten Art das Bild: Die Asylverfahren wurden bis an die Grenze des verwaltungstechnischen und rechtlichen Handlungsspielraums ‚effektiviert', d. h. formalisiert, beschleunigt und verkürzt: Während das überlastete Personal des Bundesamtes für die Anerkennung ausländischer Flüchtlinge 1988–1990 von 536 auf 1126 Stellen aufgestockt wurde und die Bearbeitungszeit in den ‚beschleunigten Verfahren' (25–30% aller Verfahren) auf 3 Tage bis 8 Wochen, im übrigen auf 9–10 Monate sank, wurde 1989 über die Anträge von 120610 und 1990 schließlich von 148842 Personen entschieden[14].

Hinzu kam die Erschwerung der Einreise durch Visumzwang bzw. Transitvisapflicht, durch Bußgelder und die Rücktransportpflicht für Luftfahrtgesellschaften bei der Beförderung von Passagieren ohne gültige Visa. Das war in vieler Hinsicht gleichbedeutend mit einer indirekten Auslagerung der Vorentscheidung an die deutschen Botschaften in den Herkunftsländern. Die aber waren angewiesen, die Visaerteilung streng zu handhaben und gerade dann zu verweigern, wenn der Verdacht begründet erscheine, daß das Besuchs- oder Touristenvisum in der Bundesrepublik für einen Asylantrag ‚mißbraucht' werden solle.

Das düsterste Kapitel indes markierte die in den Bundesländern unterschiedlich gestaltete ‚Verhinderung materieller Anreize' für ‚Wirtschaftsflüchtlinge' durch eine abschreckende Verschlechterung der Lebensbedingungen, konkret: Arbeitsverbot (seit 1.1.1991 auf ein Jahr beschränkt), Einschränkung der räumlichen Bewegungsfreiheit, Kürzung des Sozialhilfesatzes und Gewährung von Sozialhilfe als Sachleistung, Versagung des Kindergeldes, Verweigerung von Integrationshilfen und Bildungsmöglichkeiten, Regelunterbringung in Sammelunterkünften mit Gemeinschaftsverpflegung u. a. m.[15].

Maßnahmen zur Abschottung und Abschreckung zeigten nach Einschätzung der Wohlfahrtsverbände, daß die „Verschärfung des Asylrechts nicht den Mißbrauch, sondern den Gebrauch des Asylrechts verhindern" solle. Schroffer noch urteilte der frühere Bundesverfassungsrichter Burkhardt Hirsch: „Wenn einige Asylsuchende anerkannt werden, obwohl sie gar keine sind, wird ein Gesetz verletzt. Werden echte Asylsuchende davon abgeschreckt, überhaupt um Asyl zu bitten, verstößt das gegen die Verfassung"[16]. Bestürzung und Wut sprachen aus den Worten eines Zeitzeugen von Massenvertreibung, Massenflucht

und Massenaufnahme der Nachkriegszeit, der damals in politischer
Verantwortung stand: „Natürlich hat 1948 kein Mitglied des Parlamentarischen Rates voraussehen können, wieviele Flüchtlinge sich 20 oder 40
Jahre später quer über die Welt bewegen würden", erklärte Pfarrer
Heinrich Albertz, der 1948–51 Flüchtlingsminister in Niedersachsen
war. „Vor 40 Jahren haben wir Millionen Flüchtlinge in Westdeutschland
aufnehmen müssen und können, in einer Zeit, in der wir nicht eines der
reichsten Länder der Welt waren. Wer sich dies klarmacht und dann
hört, mit welcher Frechheit auch offizielle Stellen den Fremdenhaß
schüren und Asylsuchende schlimmer als das Vieh behandeln, dem
steigt die Schamröte ins Gesicht."[17]

Keine Frage, daß es, wie bei allen humanitären Gesetzeswerken, auch
beim Asylrecht Mißbrauch gibt. Dahinter aber steht meist nicht schiere
Täuschungsabsicht, sondern doppelte Not – Fluchtursachen im Herkunftsgebiet und Aufnahmebedingungen in einem Zielland, das regu-
läre Einwanderungschancen nicht bietet, Einwanderungsgesetzgebung
und -politik nicht kennt: Von der ‚besonderen Arbeitserlaubnis' einmal
abgesehen, gab es – bei gültigem ‚Anwerbestopp', ohne Einwanderungsgesetzgebung mit Zulassungsquoten und ohne zureichende Kon-
tingentangebote für Krisengebiete – Wege in die Bundesrepublik nurmehr über den Familiennachzug, für touristische, Besuchs- bzw. Ausbil-
dungszwecke oder eben durch das Nadelöhr des Asylverfahrens. Das
kam auch für viele Flüchtlinge, deren Schicksal es war, nicht lupenrein
ins Bild der Deutschen vom politisch Verfolgten zu passen, einer indirekten Nötigung zum ‚Mißbrauch des Asylrechts' gleich.

Die Rede vom ‚massenhaften Mißbrauch des Asylrechts' wird meist
begründet mit dem Hinweis, daß kaum 5 % (1989: 5,0 %; 1990: 4,4 %) der
Antragsteller anerkannt würden und demzufolge mehr als 95 % als
‚Schein-' oder ‚Wirtschaftsasylanten' zu verstehen seien. Das ist ein
Kurzschluß: Geprüft wird im Asylverfahren nur „die Frage, ob die
erlittene Verfolgung aus der Sicht des Verfolgerstaates ‚politisch motiviert' war. Der betroffene Flüchtling kann jedoch objektiv an Leib,
Leben und Freiheit bedroht sein, z. B. durch Folter, Hunger, Bürgerkrieg, Terror u. v. m. Dies sind jedoch ‚asylfremde' Gründe"[18]. Deshalb
auch wird mehr als die Hälfte der abgelehnten Asylbewerber aus im
Grundgesetz bzw. im Völkerrecht verankerten humanitären, rechtlichen
oder politischen Gründen nicht abgeschoben (‚humanitäre Flüchtlinge'). Aus diesem Grund auf Zeit geduldete ‚De-facto-Flüchtlinge', die
das Gros der ‚Asylanten' stellen, sind mithin keineswegs ‚Wirtschaftsflüchtlinge' oder ‚Scheinasylanten'. Sie sind vielmehr Flüchtlinge, die
zwar im Sinne der Interpretation des deutschen Asylrechts nicht als
asylberechtigt anerkannt wurden, deren Abschiebung aber im Sinne der
von der Bundesrepublik unterzeichneten Genfer Flüchtlingskonvention

von 1951 und einiger anderer Rechtstitel aus humanitären, politischen und sonstigen rechtlichen bzw. ‚faktischen' (z. B. Staatenlosigkeit) Gründen gar nicht in Frage kommt. Das galt 1989 z. B. für 57% (33 090) aller abgelehnten Asylbewerber in der Bundesrepublik Deutschland[19].

Der Anspruch auf Asyl aber wurde in den 1980er Jahren immer weiter eingegrenzt – ganz abgesehen von den stark verringerten Möglichkeiten, ihn überhaupt zu erheben: Auch im engeren Sinne politisch Verfolgte haben z. B. dann keinen Anspruch auf Asyl mehr, wenn ihr Weg in die Bundesrepublik über ein drittes Land führte, in dem sie nach hiesiger Auffassung „sicher vor Verfolgung" hätten sein können, oder wenn die Gründe für politische Verfolgung nach der Flucht außerhalb des Herkunftslandes entstanden sind. Allgemeine Not, Krieg und Bürgerkrieg zählen grundsätzlich nicht als Asylgründe. Auch schwere Menschenrechtsverletzungen (z. B. Folter) begründen, selbst im Kontext politischer Verfolgung, einen Asylanspruch nur dann, wenn sie das Maß dessen überschreiten, was Menschen im jeweiligen Land „aufgrund des herrschenden Systems allgemein hinzunehmen haben". Wo die Folter gar ein staatliches Terrorinstrument zur „Aufrechterhaltung der Herrschaftsstruktur" ist, entfällt selbst diese grausige Maßeinheit zur Begründung eines Asylantrags. Hinzu kommt, daß Verfolgungstatbestände in den Krisenzonen der Dritten Welt zunehmend als „bürgerkriegsähnliche Zustände" oder als „durch die Bürgerkriegssituation überlagert" und demzufolge als „asylrechtlich bedeutungslos" interpretiert wurden[20].

Sackgasse: Asylverfahrensgesetz, Rechtsprechung und Verwaltungspraxis haben den materiellen Gehalt des Asylrechts zunehmend eingeschränkt und die Anerkennungsquote stark gesenkt. Um so mehr stieg die Zahl der ‚De-facto-Flüchtlinge' unter dem Damoklesschwert der ‚Duldung' auf Zeit. Unterschiede zwischen Aufnahme-, Lebensbedingungen und Abschiebepraxis der einzelnen Bundesländer konnten sogar zu der tragischen Groteske führen, daß sich das Fluchtgeschehen in der Bundesrepublik fortsetzte: Asylsuchende flohen in Westdeutschland von einem Bundesland ins andere, abgesehen von der erwähnten Ost-West-Flucht von Asylsuchenden, die vordem in der DDR Arbeitsverträge hatten, und von solchen, die im Sinne des deutsch-deutschen Einigungsvertrages in den neuen Bundesländern untergebracht worden waren, wo sich in rechtsextremistischen Gruppen die eigene Frustration durch Überfremdung aus dem Westen umsetzte in Aggression gegen Fremde aus der Dritten Welt, insbesondere gegen Vietnamesen (‚Fidschis') und Afrikaner (‚Briketts')[21].

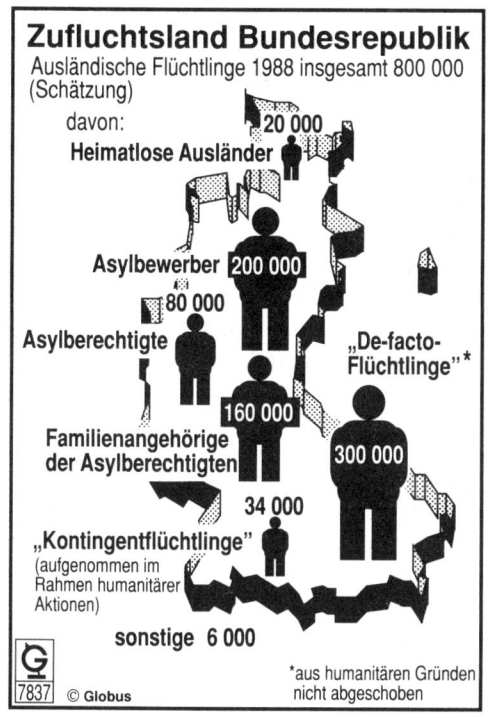

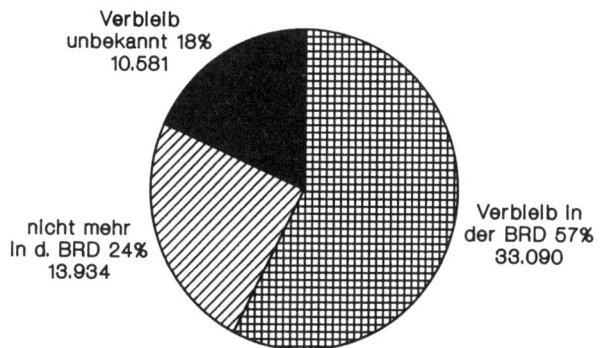

Verbleib abgelehnter Asylbewerber 1989.

Optionen der Zukunft

Verfassung und Verfassungswirklichkeit scheinen in Asylrecht und Asylrechtspraxis auseinanderzutreten. Die oft notgedrungene Versuchung zum ‚Mißbrauch des Asylrechts' hat, wie gezeigt, ihren Grund darin, daß es für viele keinen anderen Weg in die Bundesrepublik gibt, die ‚kein Einwanderungsland' sein oder werden will und deshalb, in einer Art defensiver Erkenntnisverweigerung gegenüber unabweisbaren Handlungszwängen, weder eine flexible Einwanderungsgesetzgebung entwickelt hat noch jenes System von Steuerungsventilen für Zuwanderungsdruck, das man aktive Einwanderungspolitik nennt. Hinzu kommt der Mangel an tragfähigen und international abgestimmten Regelungen für die Aufnahme von Flüchtlingen aus Kriegs- und Krisengebieten. Die Bewältigung der deshalb um so mehr angewachsenen Ersatzhandlungen im Asylbereich wurde zunehmend auf Richter und Verwaltungsfachleute abgewälzt. Die aber sind damit, trotz individuell besten Bemühens, Wissens und Gewissens, schon wegen der hochkomplizierten Informationslage oft überfordert, zumal es hier nicht selten auch um interkulturelle Mißverständnisse geht[22].

Das umkämpfte Grundrecht auf Asyl hat die Vereinigung der Deutschen 1990 unangetastet überlebt. Ob es die bis zur Öffnung der innereuropäischen Grenzen Ende 1992 geforderte ‚Harmonisierung' des Asylrechts auf europäischer Ebene überstehen wird, bleibt offen. Während Politisierung und Emotionalisierung fremdenfeindliche Abwehrhaltungen steigerten und damit auch die politischen Handlungsspielräume verengten, gab es in der Sache lange nur wenige richtungweisende Initiativen. Dazu gehörte eine Entschließung des Bundestages (23. 7. 1978), zu prüfen, inwieweit Schutzsuchenden aus Bürgerkriegs- und anderen Krisengebieten jenseits des individuellen Asylrechts Hilfe auf Zeit gewährt werden könne. In die gleiche Richtung zielte das vor dem Hintergrund der anwachsenden Fluchtbewegungen in Südostasien (‚boat people') verabschiedete ‚Kontingentflüchtlingsgesetz' (22. 7. 1980), das Möglichkeiten zur kollektiven Aufnahme von Flüchtlingen aus Krisengebieten (‚Kontingentflüchtlingen') bot, von denen in der Folgezeit rd. 36000 Menschen Gebrauch machen konnten.

Eine besondere Wegmarke bildete die ‚neue Flüchtlingspolitik' des Berliner Senats vom Sommer 1989, die individuell-menschliche Probleme sowie aktuell-politische Gegebenheiten im Herkunftsland stärker einbezog und dabei neben Verfolgung oder menschenrechtswidriger Behandlung auch Krieg und Bürgerkrieg, Naturkatastrophen und Hungersnöte als Gründe gegen eine Abschiebung gelten ließ. Die Reform des Ausländerrechts hingegen, die im Winter 1989/90 heftiger diskutiert wurde als nach ihrer Verabschiedung im Juli 1990, brachte im Bereich des Asylrechts nach Einschätzung des Hohen Flüchtlingskommissars der Vereinten Nationen nur „wenig mehr Integration und sehr viel mehr Abschottung"[23].

In vieler Hinsicht richtungweisend war die im September 1990 von Bundesinnenminister Wolfgang Schäuble (CDU) vorgelegte, von einer interministeriellen Arbeitsgruppe ausgearbeitete ‚Flüchtlingskonzeption der Bundesrepublik Deutschland', die ‚Ansätze für eine ressortübergreifende Politik' formulierte: Sie bot einen ersten amtlichen Orientierungsrahmen für eine umfassende Antwort auf die Herausforderung durch das Weltflüchtlingsproblem – von der Außenpolitik über die Entwicklungs- bis zur Asylpolitik und von der besonders betonten Bekämpfung der Ursachen von Fluchtbewegungen bis hin zur Flüchtlingsaufnahme und zur Rückkehrhilfe auf nationaler Ebene und in internationaler Kooperation[24].

In der Spanne zwischen individueller Asylgewährung und kollektiver Not, weltweitem, auch kontinentaleuropäischem Entwicklungsgefälle und schrumpfenden Aufnahmekapazitäten aber erscheint insgesamt dreierlei sachlich notwendig, politisch machbar und rechtlich gestaltbar: zum einen die Beibehaltung des individuellen Asylrechts für politisch Verfolgte, ergänzt durch multilateral abgesicherte Kontingentlösungen als kollektive Krisenhilfe; zum anderen Einwanderungsgesetzgebung und Einwanderungspolitik mit Quotenregelungen; vor allem aber die Bekämpfung der Fluchtursachen im Sinne einer migrationsorientierten Entwicklungspolitik bzw. einer entwicklungsorientierten Migrationspolitik – nicht als verschämter Gnadenakt der Reichen gegenüber den Armen oder gar als defensive Selbstschutzmaßnahme der Reichen gegen die Armen, sondern als Hilfe zur Selbsthilfe im gemeinsamen Interesse.

Das verweist auf die globalen Dimensionen des Problems, bei deren Bewältigung es keine nationalen Alleingänge geben kann. Die Bonner ‚Flüchtlingskonzeption' war denn auch nur als „Grundlage eines internationalen Vorgehens in der Flüchtlingsfrage" gedacht[25]. Hierher gehörte die auf Initiative des Europarates einberufene internationale Ministerkonferenz über ‚Ost-West-Wanderungsfragen' in Wien am 24./25. Januar 1991. Sie bildete den Auftakt zu einer Reihe von internationalen Konferenzen über Weltwanderungsprobleme mit dem Ziel einer „abgestimmten Politik sowohl der Industriestaaten als auch der Herkunftsstaaten" zur Bewältigung „der weltweiten Flüchtlingsproblematik durch Bekämpfung der Fluchtursachen"[26].

Nach dem Ende des ‚kalten' Ost-West-Kriegs aber tauchte mit dem Ausbruch des Golfkriegs unmittelbar vor der Wiener Tagung erstmals das Gespenst des ‚heißen' Nord-Süd-Konflikts mit katastrophalen, weltweiten Folgen auf. Es mahnte daran, daß die angstgeborene Konzentra-

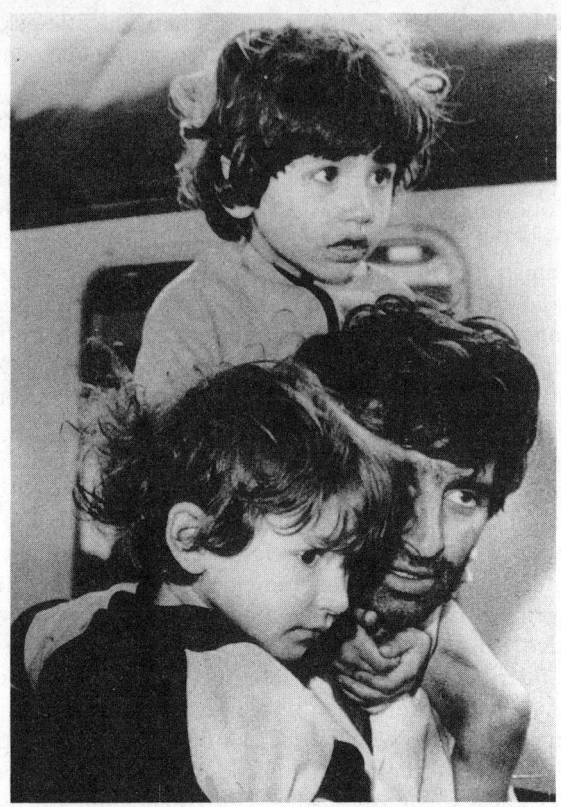

Albanischer 'Botschaftsflüchtling' mit seinen Töchtern, Hamburg, Juli 1990.

tion der Europäer auf kontinentale 'Ost-West-Wanderungsfragen' nicht ablenken darf von der für gewöhnlich unter dem Stichwort 'Nord-Süd-Spannung' umschriebenen weltweiten Migrations- und Flüchtlingsproblematik. Bei der Bekämpfung der Fluchtursachen aber geht es im Kern nicht um Migrationspolitik, sondern um Verteilungsprobleme in der Weltgesellschaft. Über eine entwicklungsorientierte Migrationspolitik bzw. eine migrationsorientierte Entwicklungspolitik hinaus wird hier deshalb letztlich nur ein 'internationaler Lastenausgleich' weiterhelfen können, der das weltweite Fluchtgeschehen als Ausdruck einer globalen Strukturkrise versteht[27].

7.4. ‚Stolz, ein Deutscher zu sein . . .' – die neue Angst vor den Fremden

Von Claus Leggewie

Über gute und schlechte Ängste

Im Sortiment unserer kollektiven Ängste macht sich neuerdings eine besonders schlecht angesehene breit: die Angst vor den Fremden. Altbekannt ist die Angst vor einem barbarischen Akt der Gewalt, vor einem gräßlichen Unfall, vor schlimmer Krankheit und frühem Tod, vor dem Tod und dem Dunklen überhaupt. Seit längerem verfolgt uns auch die Angst vor einer nuklearen ‚Havarie', vor der ökologischen Dämmerung – der Frühling könnte stumm und die Luft zum Atmen wegbleiben. Aber Angst kann buchstäblich allem anhaften; sie sucht sich, scheinbar ziellos, ihre Objekte aus dem bizarren Panoptikum unserer Lebenswelt. Kaum ist die eine Angst ab- oder ausgestorben, tauchen allerorts und endlos neue auf.

Es gibt unverdrossene Leute, die sich ein angstfreies Leben ausgemalt haben – nicht als unstillbare Sehnsucht, sondern als machbares Projekt für morgen. Angst (und Aggression) sind für die kritische Psychologie Phänomene bloß der bürgerlichen Gesellschaft und jenseits dieser zu überwinden. Dagegen konstatiert Fritz Riemann, Autor eines in vielen hunderttausend Exemplaren verbreiteten Standardwerks über ‚Grundformen der Angst': „Methoden, welcher Art auch immer, die uns Angstfreiheit versprechen, sollten wir mit Skepsis betrachten; sie werden der Wirklichkeit menschlichen Seins nicht gerecht und erwecken illusorische Erwartungen"[1]. Angst gilt den meisten als unvermeidliches Lebensbeiwerk. Riemann unterscheidet zwischen aktivierender Angst, die Signal und Warnung ist, und lähmender Angst, die Entwicklung behindert und krank machen kann.

In jüngster Zeit hat man in diesem Sinne ‚Real-Ängste' als Anzeichen gesellschaftlicher Mißstände gewertet: Auch diffuse Angst vor dem ökologischen Desaster wird als sehr vernünftiges Alarmsignal gewürdigt, da es mittlerweile ‚fünf vor zwölf' sei und das Überleben der Menschheit auf dem Spiel stehe. Gelassenere Zeitgenossen haben hier das vergangene Prinzip Hoffnung in ein neues Generalprinzip Angst umkippen sehen; im Übergang vom Wunsch- zum Alptraum sehen sie eine Art „Wechselwirkung zwischen Utopien und Apokalypsen"[2].

Kann man nun die Vielfalt der Ängste nach ‚guten' und ‚schlechten' sortieren, und wo rangiert da die Angst vor den Fremden, die Xenophobie? Auch sie ist uralt; aus allen Quellen geht hervor, wie mißtrauisch,

Man schreibt auch sonst von vielen vnd mancherleyen Monstris so in diesem Landt sollen gefunden werden / besunder daß etliche Menschen keine Lefftzen haben / sonder brauchen Zeichen wie die Stummen. Etliche sollen nie mehr dann ein Aug in der Stirnē haben / etliche haben kein Kopff / sonder jhre Augen stehen inn der Brust / etliche haben nicht mehr dann ein Fuß / vnd mit demselbigen lauffen sie schneller dann die zweyfüssigen Menschen. Aber dieser Wunder hat man kein gewisse Kundtschafft / wiewol etliche dapffere Männer auß den Alten darvon geschriben haben / vnd angezeigt / daß sie in der Natur werden gefunden.

Der unbekannte Fremde: Monstrositäten aus Sebastian Munsters ,Cosmographey'
(1588).

abergläubisch und feindselig man Fremden seit jeher begegnet. Aber immer war diese Haltung ambivalent: Während die einen Fremde als Vorboten von Pest, Krieg und Hölle ansahen, wollten andere in ihnen göttliche Wesen oder Boten erblicken und machten sie zum Richter über ihre ureigensten Angelegenheiten – noch eine ,Wechselwirtschaft' offenbar. Manche Verhaltensforscher sehen im Fremdenhaß eine archaische Grundgegebenheit des Menschen; das ,Fremdeln' sei weit über die bekannte frühkindliche Phase hinaus ein biologisches Grundmuster menschlichen Verhaltens, so daß man ernsthaft die Frage stellen konnte: Können Gene hassen?[3]

Das klingt absurd, und überhaupt erscheint die Angst vor dem Fremden ziemlich gegenstands- und ursachenlos, unnütz und gefährlich. Angst vor Katastrophen oder Krieg deutet von den Ängstlichen weg auf die ungelösten Probleme der Menschheit hin – ihr muß folglich stattgegeben werden. Xenophobie dagegen deutet auf die Ängstlichen selbst zurück und weist höchstens auf jene hin, die aus solchen Ängsten politisches Kapital schlagen – sie muß deshalb bekämpft und abgewehrt werden. Haben die Ängstlichen überhaupt ,richtige' Angst, ein ,Recht auf Angst'?

Deutschland – kein Platz für Fremde?

Gibt es in Deutschland besonders viel Angst vor den Fremden? Oder ist der häufige Hinweis auf die angeblich steigende Fremdenfeindlichkeit nur ein Effekt der öffentlichen Inszenierung von Benachteiligung, die in pluralen Gesellschaften jede aufmerksamkeitheischende Gruppe beherrscht – die Betroffenen wie ihre Patrone? Man begibt sich hier auf das unsichere Terrain der Meinungs- und Einstellungsforschung, die diffuse Stimmungslagen und Handlungsabsichten mit objektiven Daten wie sozialen Lagen, Wahlpräferenzen usw. zu einem Gesamtbild fügt.

Aus Repräsentativ-Umfragen der 1980er Jahre läßt sich in der Tat eine weit verbreitete Ablehnung von Einwanderern entnehmen[4]. 1985 war auf die Frage „Sind Sie alles in allem dafür oder dagegen, daß mehrere Millionen Ausländer bei uns leben?" eine Mehrheit von 45 % „dagegen", nur 21 % „dafür" und 34 % „unentschieden". 1982 wollten zwei Drittel die Gastarbeiter wieder in ihr Land zurückkehren sehen; 43 % der Befragten stimmten der These zu, wenn man sich als Deutscher an seinem Wohnort nicht mehr wohlfühlen könne, „dann liegt das vor allem daran, daß es hier zu viele Ausländer gibt". 1989 schließlich befanden 75 % der Befragten pauschal, es gebe „zu viele Ausländer", womit jetzt eher Asylbewerber gemeint waren; nur 20 % fanden, „die Zahl ist richtig", und 5 %, „es können noch mehr kommen". Ausländern bleibt solche Ablehnung natürlich nicht verborgen: 37 % nehmen sie als „größtes Problem" wahr.

Man könnte meinen, diese Zahlen sprächen für sich: die meisten Deutschen wünschten den Exodus der Ausländer, und diese fühlten sich unerwünscht und bedroht. Doch wurden die demoskopischen Daten sehr unterschiedlich ausgelegt. Während ‚Der Spiegel' aus seiner Umfrage „eine erschreckend stabile, erschreckend negative Einstellung der meisten Bundesbürger zu den fremden Heerscharen" und sogar „Mehrheiten des blanken Hasses gegen Schwarze und Gelbe" ermittelte, konstatierte die vom Bundesinnenminister in Auftrag gegebene ‚Allensbach'-Umfrage ein insgesamt „ausländerfreundliches Meinungsklima". Dafür spricht, daß auch bei ‚Emnid' die meisten Deutschen Einwanderer mit dem vergleichsweise freundlichsten Begriff ‚Mitbürger' belegten, häufiger als mit ‚Gäste' und ‚Fremde'. Daß die deutsche Bevölkerung selbst von weit verbreiteter Ausländerfeindlichkeit ausgehe, ist für Frau Noelle-Neumann eher Folge der ungünstigen Mediendarstellung – wodurch „punktuelle Kritik oder begrenzte Toleranz bereits als Feindlichkeit gelten".

Das ist in der Tat die Frage: Wo fängt ‚Ausländerfeindlichkeit' an – bei den einschlägigen ‚Ausländer raus!'-Parolen und physischen Attacken? Oder fällt nicht auch ein Gerichtsurteil darunter, das die Lokalisierung eines Aufnahmelagers für Asylbewerber in gehobenen Wohngebieten verbietet, oder der geläufige Ausschluß ausländischer Mitarbeiter aus unseren öffentlichen Diensten? Berücksichtigt man die politischen Ereignisse von 1989/90 und die Stimmungslage in den fünf neuen Bundesländern, so läßt sich wohl feststellen:

– Im vergangenen Jahrzehnt, also in relativ kurzer Zeit, hat sich die Stimmung gegen Einwanderer und Fremde (deutschstämmige Aussiedler inbegriffen) beachtlich verschlechtert; das dürfte der Vergrößerung ihrer Zahl und den entfernten Herkunftsorten geschuldet sein. Aber offenbar hat es auch eine Polarisierung der Meinungen in dieser Frage gegeben.

– Dieser Trend kann nicht monokausal aus der Wirtschaftslage oder aus sozialstrukturellen Ursachen abgeleitet werden – in den 1980er Jahren sahen die Deutschen mal pessimistisch, mal rosig in die Zukunft, und Xenophobie kommt auf allen Etagen der Sozialpyramide vor. Einen starken Einfluß dürfte die Wahrnehmung von politischen Großrisiken und der gängigen diffusen und meist folgenlosen Absichtserklärungen von Regierungen und Parteien in der ‚Ausländerfrage‘ bei den Bürgern haben.

– Schließlich haben die Einheimischen noch immer relativ wenig direkte Kontakte zu Fremden; es bewegen sie also – unbeeindruckt durch Alltagserfahrungen – überwiegend ‚Fernbilder‘ von ihnen. Eine ‚konstruktivistische‘ Perspektive scheint da angebracht: Deutsche ‚konstruieren‘ die ‚Fremden‘, die ihrerseits aus der Objektrolle heraus ihr Bild von den Deutschen zurückprojizieren und damit neue Einstellungen hervorrufen.

Wie die in sich heterogenen Gruppen miteinander umgehen, kann man nicht pauschal sagen. Auf seiten der Mehrheitsgesellschaft entscheidet sich das nach den gängigen Schichtungskriterien (Alter, Geschlecht, Einkommen, Bildung) und nach dem Sozialprestige ihrer Mitglieder. Je höher einer auf diesen Skalen rangiert, um so eher dürfte er die dauernde Anwesenheit von Fremden als ‚Bereicherung‘, nicht als ‚Bedrohung‘ ansehen, und zwar noch um so mehr, je höher auf der anderen Seite die Fremden nach Herkunft, Religionszugehörigkeit, Aufenthaltsdauer usw. positioniert sind. Westliche Europäer oder katholische Mittelmeeranrainer sind deutlich beliebter als Türken oder Schwarze, und selbst deren Ansehen kann sich verbessern, wenn neue Gruppen hinzukommen. Nach der Mauer-Öffnung in Deutschland erzählte Witze über Türken und Aussiedler belegen das. In solchen ‚Hitlisten‘ drücken sich dauerhafte Ethnisierungsprozesse durch die Mehrheit und innerhalb der Minderheiten aus.

Zwischen beiden Gruppen, Einheimischen und Fremden, entwickeln sich (da man sich schlecht dauernd aus dem Wege gehen kann) Kontakte – auf Märkten, in Institutionen, in der Nachbarschaft und im anonymen städtischen Raum. Es entstehen Bilder und Diskurse, vor allem über die richtige Zahl (Stichwort ‚Toleranzschwelle‘), über die Ansprüche auf Solidarität (Reizthema ‚Ausländerarbeitslosigkeit‘), über die Zulässigkeit und den rechten Ort politischer Einmischung (Verfassungsfrage ,kommunales Wahlrecht') und nicht zuletzt über die erforderlichen Anpassungen (Zielperspektive ,deutsche Lebensverhältnisse'). Meinungsführer, Sympathieträger und Sequenzen aus der Werbung verstärken das; andererseits traut man auf diesem Gebiet der niederen Sphäre der ,Stammtische' wohl zu Recht viel Eigensinnigkeit zu; sie erreicht ihr Niveau auch ohne offizielle Vordenker. Symbolische Ereignisse (wie die Aufstellung von Containern zur Notunterbringung von Einwanderern) und die stereotype Wahrnehmung von Schlüsselgruppen (besonders ,Zigeuner', vielleicht auch der sowjetischen Juden) prägen die leicht zu emotionalisierende Debatte, die gern auf die ,Minderheiten der Minderheiten' abhebt.

In Gesellschaft von Fremden

Lange schienen in diesem ungleichen Spiel die Fronten klar: Xenophobie war soziologisch eindeutig im ,Lager' der Rechtsextremen und Neonazis zu verorten. ,Ausländerfeinde' waren immer die anderen. Nun sind in den vergangenen Jahren die wesentlichen Einwanderungsströme von Osten gekommen, aus dem zusammenbrechenden Sowjet-Imperium Ostmitteleuropas; an südländische Bereicherung unserer Küchenzettel und Bekanntschaften gewöhnt und schon auf allerhand muslimische Kopftuchträgerinnen eingestellt, verspüren wir in uns eine merkwürdige Befremdung über eine andere Art von Kopftuchträgerinnen, die gebrochen deutsch spricht und uns von höchster Stelle als entfernte Verwandtschaft anempfohlen wird. Jetzt redet sich der ,alternative' Stammtisch die Köpfe heiß, und fast alle Vorurteile, Stereotypen und Ab- und Ausgrenzungsstrategien werden reproduziert. Was dem einen sein ,Asylant', wurde dem anderen sein ,Aussiedler'. Man erinnere sich der Aufregung, als es hieß, übergesiedelte Lehrer aus der DDR sollten in einigen Bundesländern bevorzugt in den hiesigen Schuldienst eingestellt werden. Bei vielen erklärten ,Ausländerfreunden' trat prompt eine ähnliche Abwehrhaltung gegen diese Konkurrenten auf wie bei jenen, die man tags zuvor noch so schön als ,Ausländerfeinde' abqualifizieren konnte.

Ich halte diese analoge Aversionsbildung gegen Fremde eines anderen Typs für heilsam. Sie bremst die Selbstgerechtigkeit und schärft vielleicht den Sinn für den Kern des Problems: Wir leben in einer Gesellschaft von Fremden[5]. In einer solchen sind Fremde, Wanderer verschiedener Herkunft, die Regel geworden, aber auch wieder nur Symbole einer allgemeinen, viel weiter reichenden Verfremdung. Niemand ist immun gegen Aversionen, Phobien und selbst exzessive Gewaltausbrüche.

Jetzt können wir Fremdenangst in ihrer sozialpsychologischen Gestalt näher bestimmen. Angst konstelliert sich vornehmlich in Situationen, die „in etwas Neues, bisher nicht Gekanntes und Gekonntes"[6] führen. Neben dem Reiz des Neuen, der Lust am (kleinen) Abenteuer und der Freude am (überschaubaren) Risiko produzieren derartige Situationen immer auch Angst – und zwar je mehr, je offener und letztlich auch freier Gesellschaften sind. Angst kommt auf, wenn Grenzen überschritten werden müssen und wir „von etwas Gewohntem, Vertrautem uns zu lösen und uns in Neues, Unvertrautes zu wagen" haben. Der Fremde ist dabei „wesentlich der Mensch, der fast alles, das den Mitgliedern der Gruppe, der er sich nähert, unfraglich erscheint, in Frage stellt"[7]. Unsicherheit empfinden deswegen nicht allein die Immigranten, die sich vielleicht erst nach Generationen an die ‚Gastgesellschaft' anpassen; sie ergreift auch deren angestammte Mitglieder. In der Gesellschaft von Fremden wird punktuelle und transitorische Fremdheit ubiquitär und konstant. Wer Befremdungen leugnet, macht sich etwas vor.

Man sieht, warum Xenophobie zum ‚Zeitgeist' geworden ist: Postmoderne Gesellschaften zeichnen sich durch eine alles auflösende Mobilität aus; kommunitäre und disziplinäre Behausungen des einzelnen – von der Familie bis zum Betrieb – zerfallen oder befinden sich in ‚Übergangszuständen', die das gewöhnliche Bedürfnis nach langer Dauer überfordern. Die Zergliederung städtischer Ballungsgebiete nimmt schneller zu als die durchschnittliche gesellschaftliche Fremdheitskompetenz. Wir leben heute in dezentrierten Gesellschaften, in denen nicht nur Einwanderer und Minderheiten sich als Szenen und Stämme organisieren. Die Anonymität in der „einsamen Masse" (David Riesman) mag dem einen vielleicht ozeanische Befreiungserlebnisse verschaffen, dem nächsten gibt sie jenes Gefühl, das die Ratgeber wider die Angst am liebsten traktieren: einen babylonischen Orientierungsverlust. Xenophobie wie Xenophilie versuchen nur auf verschiedene Weise, die entglittene Kontrolle im Selbstentfremdungsprozeß zurückzugewinnen. Sie möchte das Fremde in aggressiver oder emphatischer Absicht fixieren und damit letztlich beseitigen.

Eine allseitige Dauerkrise wie diese ist nicht leicht zu denken, geschweige denn auszuhalten. Es kommt zwangsläufig zu Versuchen, die Befremdung aufzuheben, sich identitär in Wir-Gruppen rückzuversichern und exklusive Gemeinschaftsregimes aufzustellen. Es mag hier durchaus, wie aus der klinischen Praxis berichtet wird, zu typischen individuellen Angstneurosen und Phobien kommen, die mit den bekannten körperlichen Symptomen einhergehen[8]. In unserem Zusammenhang ist vor allem die ins Kollektive ausufernde Disposition von Fremdenangst bedeutsam, also die gemeinsame und massenhafte Projektion von Ängsten auf eine ‚distinkte Ursache' namens Ausländer. Deren Erkennungsmerkmale sind von verführerischer Simplizität,

springen gewissermaßen ins Auge: Hautfarbe, Gestus, Sprachvermö-
gen, Habitus, Bräuche. Ihre offensichtliche Differenz provoziert, auf
verschiedene Weise, den ‚Stolz, ein Deutscher zu sein'.

Macht der Gewohnheit

Was aber kann man gegen in der Buntheit offenbar mitwachsende
Fremdenangst ausrichten? Wenn wir die Skepsis mancher Verhaltensforscher übernehmen – gar nichts: Wir wären verdammt, auf der Stufe
altsteinzeitlicher Sippenverbände weiterzufremdeln, und sollten unseren multiethnisch überdehnten Disgregatzustand aufs verträgliche Maß
zurückfahren. Da aber die Menschheit mit anderen Hominisations- und
Zivilisationsversuchen ein wenig weitergekommen ist, müssen wir
nicht gerade hier resignieren. ‚Schäbige' Fremdenangst läßt sich ge-
nauso ‚therapieren' wie die nobleren Kollektivängste vor Krieg und
Katastrophen, deren Objekte ja auch nicht wegzueskamotieren sind. Sie
verweist – in ihrer typischen Verschiebung – nicht auf ein fest umrisse-
nes ‚Ausländerproblem', wohl aber auf soziale Kosten und Ungleichheiten, die Massenimmigration in der Gesellschaft eines Landes, das sich
selbst nicht als Einwanderungsland versteht, zwangsläufig mit sich
bringt. Sie offenbart mit anderen Worten eine Abwesenheit von (mehr
als nur symbolischer) Politik, den Verschleiß administrativer Routinen
und allgemein geschwundenes Vertrauen der Bürger. Mehr noch:
Rassismus enthüllt eklatante Zerfallsvorgänge ziviler Gesellschaften, die
die politische Kultur westlicher Demokratien ins Mark treffen können.
Angst und Anomie waren wichtige Quellen des europäischen Faschismus. Die massive Abgrenzung von Fremden kann man auch als fehlge-
gangenen, aggressiv ausagierten Versuch auffassen, eine ‚Volksgemeinschaft' zu regenerieren, die doch wieder zum Scheitern verurteilt ist.
‚Rückbindung' – so die wörtliche Übersetzung von ‚religio' – suchen
viele in der ‚multikulturellen Gesellschaft'.

Der volkspädagogische, auf Angstbeseitigung abhebende Aufklä-
rungsimpetus verfehlt erfahrungsgemäß die ‚Ausländerfeinde', die sich
hinter Potenzallüren und Kraftprotzerei verstecken; man muß Xenophobie wohl eher zu binden und einzuhegen versuchen. In demokratischen
Kulturen kann man Gefühle und Denkweisen schlecht verbieten; man
kann höchstens die Schwellen anheben, hinter denen sich offene oder
versteckte Diskriminierung von Minderheiten und Außenseitern austo-
ben möchte. Man kann im täglichen Gerangel der Rassen und Religio-
nen Tabus aufrichten, wie sie auch vor der Anwendung körperlicher
Gewalt oder der Exhibition von Intimität bestehen (oder wenigstens
bestanden haben).

Man kann im übrigen, an den symbolischen Orten wie dem Show-

Business oder im Profisport, in öffentlichen Institutionen und Vereinen, auch in den privaten Beziehungen, ‚inklusive' Strategien fördern und pflegen: Der schwarze Ballkünstler in der Bundesliga, der türkische Polizist im wiedervereinigten Berlin, die plurikulturelle Jugendclique kontrastieren mit den spontanen und gesteuerten Programmen ethnischer oder religiöser ‚Entmischung'. – Darf man also auch hier auf die Macht der Gewohnheit setzen?

7.5. Konturen der Einwanderungsgesellschaft: Nationale Identität, Multikulturalismus und ‚Civil Society'

Von Micha Brumlik und Claus Leggewie

Das vereinigte Deutschland steht nicht nur vor der Aufgabe, mit den objektiven Herausforderungen seiner neuen Stellung in der Staatenwelt, der Angleichung der ‚neuen' Bundesländer an das soziale und rechtliche, das bildungsbezogene und ökonomische Niveau der ‚alten' Bundesrepublik fertig zu werden. Es ist zudem gehalten, eine angemessene Antwort auf die bisher eher ungestaltete Einwanderung zu finden. Nach dem Ende des Ost-West-Gegensatzes und der Einführung der Freizügigkeit in Mittel- und Osteuropa ist damit zu rechnen, daß, gewollt oder ungewollt, die deutsche Gesellschaft in einem bisher unbekannten Ausmaß zu einer faktischen Einwanderungs*gesellschaft* wird. Die politische Verfassung einer solchen Gesellschaft ist üblicherweise das Einwanderungs*land*. Dem hat sich Deutschland bisher verweigert – eine Haltung, die in der Vergangenheit unter Opportunitätsgesichtspunkten vielleicht noch erträglich war, im Blick auf künftige Wanderungsbewegungen aber nur noch unverantwortlich ist.

Wie sollten politische Verfassung, politisches Selbstverständnis und die ‚Identität' der Bürger in einem *Einwanderungsland Deutschland* aussehen? Wir versuchen, diese Frage dadurch zu beantworten, daß wir in einem ersten Durchgang noch einmal die Leistungen und Fehlschläge nationalstaatlicher Identitätsbildung in Deutschland skizzieren, um sie anschließend mit Modellen eines ethnischen-multikulturellen Pluralismus im ‚klassischen' Einwanderungsland USA zu konfrontieren. Schließlich werden wir in einem dritten Abschnitt einige sozialphilosophische Argumente zugunsten einer multikulturellen, zivilen Gesellschaft erwägen, um endlich hieraus Folgerungen für politisches Handeln in Deutschland zu skizzieren.

'Deutschheit' zwischen Volksgemeinschaft und
ökonomischem Kosmopolitismus

Die heute vielfach umstrittene ‚nationale Identität' hat, unabhängig
davon, wie sie im Einzelfall bewertet wird, bei der Herausbildung des
modernen Territorialstaates zweifelsohne eine hervorragende Rolle gespielt. Die Nation als das im Staat verfaßte Volk – gegründet auf eine
gemeinsame Sprache, auf eine als gemeinsam konstruierte Geschichte
und auf ein mehr oder minder homogenes Siedlungsgebiet – stellte
jenes integrierende Schema dar, mittels dessen eine in Landsmannschaften (i. S. der alten ‚nationes'), Stände und Glaubensbekenntnisse
zerspaltene Bevölkerung dazu motiviert wurde, sich einem einheitlichen Gesetzeskorpus, einem Steuersystem und einem schlagkräftigen,
weil auf einer gewissen Wehrgerechtigkeit beruhenden Militärsystem
zustimmend zu unterwerfen. Dieser vereinheitlichende Vorgang war
eine funktionale Voraussetzung für die weitere Umwandlung der stän-
disch-zünftigen, manufakturiellen und bäuerlichen Ökonomie in eine
moderne kapitalistische, durch Klassenverhältnisse geprägte Wirtschaft.

Als sich zu Beginn der Französischen Revolution der Dritte Stand zur
Nation erklärte, war dies nicht nur Ausdruck bürgerlichen Hegemonial-
strebens, sondern zugleich das Bekenntnis zu einer Nation, die nur
noch aus Bürgern bestand und nicht mehr, wie zuvor, aus Adel,
Geistlichkeit, Bürgern, Bauern und Handlangern. Zwar mochten die
Bürger untereinander, was ihren Besitz anging, durchaus ungleich sein
– gleichwohl war ihnen verheißen, als Rechtsgenossen juristisch in jeder
Hinsicht gleichberechtigt zu sein. Bekanntermaßen liegt der Kern des
‚klassischen' französischen Nationalbewußtseins in der Idee einer um
die Verfassung gescharten Willensgemeinschaft im Unterschied zu einer
auf der Geschichte basierenden Herkunftsgemeinschaft wie in Deutschland. Gleichwohl: Auch die neugegründete französische Nation schuf
von Anfang an ihre Vergangenheit und Tradition mit, und wo die
Sprache der ‚Nationalisten', Französisch, auch nicht durch eine vermeintliche Urgeschichte für heilig erklärt war, wurde sie dennoch im
Interesse einer Verwaltungsvereinfachung ohne jede Rücksicht auf die
traditionellen Sprachen der Provinzbevölkerungen – Bretonisch, Okzi-
tanisch, das Patois – mit Brachialgewalt durchgesetzt.

Der deutsche Nationalismus verfaßte sich von Anfang an als eine
illiberale, in der Ideologie antimoderne, im Verfahren effiziente Abwehrhaltung gegen die mit der Französischen Revolution, den Koalitionskrie-
gen und der Napoleonischen Besetzung Deutschlands einhergehende
Modernisierung der Gesellschaft und insbesondere des Rechtssystems.
Nationalisten vom Typ der Ernst Moritz Arndt, ‚Turnvater' Jahn, Karl
August Sand, Jakob Friedrich Fries und der Burschenschaftler, der

Mitglieder der antinapoleonischen Freikorps und der Teilnehmer am Wartburgfest verstanden unter ,Deutschheit' (Fichte) eine Form der Freiheit und Einheit – einer Freiheit von Napoleon, seinem Rechtssystem und den durch dieses Rechtssystem emanzipierten Juden und einer Einheit, die sich unterhalb der spätabsolutistisch zerrissenen Aggregationsebene des ehemaligen Heiligen Römischen Reiches in Sprache und Brauchtum, in Liedgut und Dichtung, in großen Kaisergestalten und prägenden Landschaften auslegte.

Als dieses ,das Eigene' so sehr betonende und damit notwendigerweise franzosen-, juden- und romfeindliche Selbstverständnis schließlich in den 1870er Jahren in Bismarck seinen frustrierenden Vollender fand und die darauf folgende tiefgreifende kulturelle Gründerkrise die Entfremdung und Kälte des bürokratischen, militaristischen und von erheblichen Mobilisations- und Entwurzelungserscheinungen gekennzeichneten Modernisierungsprozesses vor Augen führte, entmischte sich das kurzfristige Bündnis von deutscher Identität und territorialstaatlicher Einigung so, daß das ,Deutsche' als ein transnationales Prinzip entdeckt wurde, dem angeblich schon Rembrandt angehangen habe und dem Menschen in zerstreuter Siedlungsweise von Rußland bis Rumänien, vom Baltikum bis nach Ungarn angehören könnten. Dem kulturkritischen ,Rembrandt-Deutschen' entpuppte sich ,Deutschheit' als eine Form des Selbstverständnisses, das die moderne Nationalstaatlichkeit im Rückgang auf mythische Vergangenheiten zu überschreiten habe.

Diese (bis zum Jahr 1916 nur bedingt virulente) Ideologie konnte auch die spätere Weimarer Republik mit ihrem verfassungspatriotischen Gründungskonsens nicht obsolet machen. Das erst in Wellen und dann kontinuierlich stärker werdende Bündnis einer machtstaatlich deutschnationalen Rechten mit völkischen Gruppen fand in der rassistisch unterfütterten Volksgemeinschaft des ,Dritten Reichs' sein konsequentes Ende. Dem hielten und halten Vertreter der Linken die Idee eines ,wahren Deutschland' aus dem Geist des Jahres 1848 und der Paulskirche entgegen – ein Entwurf, der sich auf Vorbilder wie den radikaldemokratischen Patrioten Ludwig Börne zu Recht und den ironischen Skeptiker Heinrich Heine zu Unrecht beruft.

Hernach mußten alle Versuche, den ,Besiegten von 1945' in Westdeutschland eine positive nationalstaatliche Identität aufzudrücken, mißlingen – zu dunkel fiel der Schatten, der durch die industrielle Massenvernichtung auf ein irgend positiv bewertbares deutsches Selbstverständnis und Geschichtsbewußtsein gefallen war. Den schlichten Alltag, den die Menschen der frühen Bundesrepublik zu meistern hatten, bewältigten sie vornehmlich als Wirtschaftsbürger. Die Frage nach der deutschen Identität, nach Geschichtsbewußtsein und Selbstverständnis, nach einer verantwortbaren Stellungnahme zur eigenen Geschichte schien durch eingeschränkte Souveränität, Europagedanken und Westintegration beantwortet – die ,Last der Geschichte' in öffentlichen Gedenkveranstaltungen gut aufgehoben.

Erst die (Neu)wiedervereinigung des Jahres 1989/90 zwingt die Deutschen insgesamt, sich der obsoleten Frage nach ihrer nationalen Verfaßtheit erneut zu stellen. Der Blick fiel auf eine Gesellschaft, die weder mit dem historischen Deutschland noch mit der insgesamt windgeschützten Bonner Republik viel zu tun hat. Zu entdecken ist nun ein von der Linken (in allen Parteien) und den Kirchen stets vergeblich den Politikern angemahnter Umstand: Dieser europäische Staat, der dem parlamentarisch nicht kontrollierten Ministerrat in Brüssel erhebliche Kompetenzen abtrat, hatte nicht nur mehr als 4 Mio. Einwanderer und deren Nachkommen aufgenommen; er wird aller Wahrscheinlichkeit nach – unabhängig von allen Raffinessen eines wieder und wieder geänderten Ausländergesetzes – in Zukunft Ziel erheblicher Wanderungsbewegungen aus dem Mittelmeerraum wie aus Osteuropa und von noch weiter her sein. Weder der Ruf nach nationaler Gemeinsamkeit mit den Bewohnern Ostdeutschlands noch der Rückgriff auf ein ,wahres Deutschland' kann auf diese neue und in dieser Form zu keiner Zeit in Deutschland offene Fragestellung eine angemessene Antwort geben. Was könnte hier als historisches Vorbild herangezogen werden? Weder die Integration der ,Ruhrpolen' Ende des vergangenen Jahrhunderts noch die – so ohnehin nie existente – deutsch-jüdische Symbiose oder der Rückgriff auf die großzügige Ansiedlung von Hugenotten durch die Preußenkönige lassen sich, von den radikal veränderten gesellschaftlichen Rahmenbedingungen ganz abgesehen, als Patentrezepte auf eine Situation übertragen, in der sich Deutschland schlicht noch nie befunden und die es jahrelang verdrängt hat.

Multikulturalismus zwischen Apartheid und offener Gesellschaft

Die großen Menschheitsentwürfe der Moderne waren ,farbenblind' (ohne Ansehen von Rasse, Geschlecht, Glaube etc.). Egal, ob die kosmopolitische Bürger-Republik durch grenzenlose Handelsfreiheit Wirklichkeit werden sollte oder als sozialistische Weltgesellschaft ausgedacht war, sie abstrahierte von der Borniertheit ihrer regionalen Elemente und sah bewußt über die Farbigkeit ihrer lokalen Kulturen hinweg. Angesichts der Universalien der Aufklärung und der Utopie der Einen Menschheit sanken solche merkwürdigen Eigenarten auf den Status überholter Folklore ab und waren bloß noch antiquarisch interessant – für die Landeskunde. Das Interesse am funktionierenden Markt entdeckt in jedwedem lokalpatriotischen Beharren eine Art ,nichttarifäres

Handelshindernis'; und eine unsentimentale Ideologiekritik entlarvt Ethnizität als bloßes Konstrukt und schiere Mystifikation[1].

Doch blieb bei allen obwaltenden Tendenzen zur Vereinheitlichung die europäische Weltgesellschaft im 19. und 20. Jahrhundert partikular organisiert. Sie ließ Grenzen bestehen oder errichtete sie überhaupt erst; in Europa wie in den europäischen Kolonialsystemen blieben vormoderne oder künstlich wiederbelebte Mythen der ethnischen Besonderung quicklebendig. Der klassische Nationalstaat ist ein prekärer, willkürlicher und im Größenvergleich ganz inkommensurabler Aggregatzustand; er ruht auf ethnischen Gemeinschaften auf, zerschneidet und reprimiert zugleich aber Entitäten, deren Sprecher denselben ‚historischen' oder ‚natürlichen' Anspruch auf kulturellen ‚Eigensinn' und politische Eigenständigkeit erheben. Alle Konstrukte von kollektiver Identität, die diese Willkür mit Hilfe von Standards und Kriterien der Nationalität zu rationalisieren trachteten, fallen letztlich auf Tautologien zurück: Eine Nation ist eine Nation ist eine Nation.

Die beiden großen ‚imperialen Nationen' (Raymond Aron) in West und Ost, die Vereinigten Staaten von Amerika und die Union der Sozialistischen Sowjetrepubliken, aber auch die multirassischen und multireligiösen Konglomerate subkontinentalen Ausmaßes (wie Indien und Brasilien) schienen Alternativen zu bieten, indem sie die ethnische Differenz in einer universalen Mission, in einem Schmelztiegel, in einer postkolonialen Demokratie usw. aufhoben. Die zerfallende jugoslawische Republik versuchte dies gar auf historischem Boden, auf dem ethnische Rivalität einmal Auslöser einer Katastrophe globalen Ausmaßes war. All diese supranationalen, multiethnischen und interreligiösen Projekte stehen heute vor einem Scherbenhaufen. Rassenkonflikte und Bürgerkriege drohen in einer Weise, die an die Konstitutionsphase des bürgerlichen Staates denken läßt: ‚Leviathan' hieß das Hobbessche Monstrum, das die Streithähne der ‚civil society' zur Räson bringen und Zivilität verbürgen sollte. Heute haben wir noch nicht mehr als die Idee eines Schlichtungsgremiums der KSZE in Wien[2].

Es zeigt sich mithin, daß sowohl die rhetorische Figur der ‚nationalen Identität' wie ihr Pendant, die ‚multikulturelle Gesellschaft', zu Ende des 20. Jahrhunderts fiktiv zu werden drohen – angesichts der weitergehenden Fragmentierungstendenzen im internationalen System. Die größte Dynamik scheint derzeit von separatistischen und irredentistischen, ja ‚fraktalen' Bewegungen auszugehen; auch wo diese (noch) keine politische Form annehmen, fokussiert sich soziale Bewegung um ethnisch-religiöse und kulturelle Autonomiebestrebungen, die weniger Gleichberechtigung als vielmehr ein Recht auf Differenz einklagen. *Nur Stämme werden überleben*, heißt ein paradoxer Wahlspruch der multikulturell werdenden ‚Weltgesellschaft'[3].

In dieser Situation eines drohenden prä-postmodernen Tribalismus liegen zwei Varianten (und viele Zwischenschattierungen) des Multikulturalismus im Widerstreit: Der infinite Regreß und die dauernde Dekonstruktion aller Menschheits-Universalien endeten letztlich in relativistischem Ethnozentrismus und statischer Quasi-Apartheid, während die offene Variation pluraler Lebensentwürfe die von der eigenen ‚Kultur‘ in Anspruch genommenen Rechte anderer (Minderheiten) nicht verweigert und die Proliferation von Differenz republikanisch zu vermitteln und öffentlich zu kommunizieren bemüht ist. Unschwer ist erkennbar, daß dieser letzte Ideal-Entwurf vor allem den Wünschen der (überwiegend weißen) Neuen Mittelschichten im Westen entspricht, während die auf Segregation zielende Rassen- und Religionskonkurrenz in aller Welt auf dem Vormarsch ist. Der Multikulturalismus taugt nichts für eine naive Friedensutopie, und seine Verfechter müssen sich hüten, nur die Begleitmusik einer ethnisch-nationalistischen Regression anzustimmen. Es können deswegen nur solche Spielarten des Multikulturalismus beispielhaft hervorgehoben werden, in denen die Betonung kultureller Autonomie ihren *Optionscharakter* behält, wo mit anderen Worten der zeitweilige Bezug des Individuums auf eine ethnisch-kulturelle Gemeinschaft Ausdruck einer umkehrbaren Wahl bleibt und nicht Zwangs- oder Ewigkeitswert annimmt. Multikulturell ist eine Gesellschaft, in der jedem einzelnen klar wird, *daß man auch anders leben kann* – und wo dies auch so bleiben kann. Die gegenwärtigen Auseinandersetzungen um die Schul- und Bildungspolitik in den Vereinigten Staaten zeigen, in welche ‚ethnischen Dilemmata‘ (Nathan Glazer) eine gutgemeinte Absicht kultureller Gleichrangigkeit in der Praxis geraten kann, wo sie in eine aggressive Sektiererei ausartet.

Markt, Recht und Gemeinschaften – die kommunitäre Idee

Die Einwanderungsgesellschaften, die sich heute in Westeuropa herauszubilden beginnen, bergen aber nicht nur Probleme und Risiken, sondern auch erhebliche Chancen. Nach dem Untergang des ‚real existierenden Sozialismus‘ und dem begründeten Schwinden der Hoffnung, daß die Installation eines anderen ökonomischen Systems als der Sozialen Marktwirtschaft zukunftsweisende Kraft entfalten könnte, diskutiert heute vor allem die amerikanische Sozialphilosophie neue Wege und Ziele. Die Schlagworte vom ‚Multikulturalismus‘, von der ‚zivilen Gesellschaft‘ und vom ‚Kommunitarismus‘ verweisen auf eine Stimmung, die bewußt gestaltete Politik und soziale Prozesse in ein neues Verhältnis setzen möchte und wieder ganz grundsätzliche Fragen aufwirft: Welches sind die Kräfte, die eine Gesellschaft zusammenhalten? Welcher Art sind die Umstände, die es Menschen erlauben, bei immer stärker atomisierten Arbeits- und Lebensbedingungen Achtung und Anerkennung zu finden?

Die neueren Theorien der ‚Civil Society'[4] zielen auf Formen menschlichen Zusammenlebens, in denen die Gesellschaft – jenseits der bürokratischen Regelungen großer Institutionen der Daseinsvorsorge – ihre Probleme selbständig regelt. Dazu bedarf es nach diesen Theorien so altmodisch klingender Haltungen wie ‚öffentlicher Tugenden', eines politischen ‚Gemeinsinns' und – selbstverständlich – verbürgter liberaler Grundrechte. Unschwer zu ersehen ist, daß *dieses* Programm der ‚Civil Society' nichts anderes darstellt als eine klassische, altliberale Utopie, die Hegels Kritik an der Ärmlichkeit einer nur auf Besitz beruhenden Gesellschaftsordnung ebenso vergessen hat wie Marxens Kritik an Hegels Idee eines sittlichen Staates.

In dieser Debatte geht es um in jeder Hinsicht aktuelle Probleme: Wohin treibt eine Gesellschaft, die ihr Zusammenleben nur über Markt und Geld regelt, und deren politische Institutionen ebenfalls nichts anderes sind als vermachtete Konkurrenzunternehmen? Wenn aber Markt und Recht *allein* keine bedeutsamen und gehaltvollen Lebensperspektiven mehr aufweisen können – woher sollen dann die Individuen die Motive nehmen, die es ihnen erlauben, in den Nischen zwischen Markt und Staat ihr eigenes Leben sinnvoll zu gestalten? Ist es, wie andere Theoretiker[5] meinen, eine ‚kritisch-demokratische', universalistische Öffentlichkeit, die sowohl den Selbstlauf von Staat und Markt unter Kontrolle hält als auch eine Sphäre schafft, in der den Individuen das ‚Glück der Öffentlichkeit' und damit jene Anerkennung teilhaftig wird, die sie aus der Borniertheit der bloßen Reproduktion herausreißt?

Dieser Überlegung stehen vor allem die ‚Kommunitaristen' skeptisch gegenüber, wenn sie, wie z. B. Michael Walzer[6], dafür eintreten, daß das Einklagen von Gerechtigkeit und die Suche nach einem geglückten Leben an begrenzte, historisch und kulturell wohlbestimmte, also partikulare Lebensformen gebunden werden. Mit der Rehabilitation der ‚Gemeinschaft' wollen die ‚Kommunitaristen' weder den erreichten Standard des rechts- und sozialstaatlichen Universalismus zurückdrehen noch gar archaische Lebensformen auferstehen lassen. Sie behaupten lediglich, daß Aufklärung, Universalismus, moderner Rechts- und Sozialstaat sich nicht alleine tragen, sondern dazu auf kulturelle Ressourcen angewiesen sind, auf den Wunsch der Mitglieder einer Gesellschaft, in ihrem Leben öffentliche Anerkennung im Licht gemeinsamer Traditionen zu finden. Freilich unterscheidet sich der ‚kommunitaristische' erheblich von dem oben angedeuteten ‚kritisch-demokratischen' Begriff der ‚Öffentlichkeit'. Im ‚kommunitaristischen' Begriff der Öffentlichkeit spielt die Funktion der Kritik, Staat und Markt, Ideologie und

Wissenschaft im Zaum zu halten und vor ‚kolonialen' Übergriffen auf den Eigensinn von Lebenswelten bzw. von dem Befördern gesellschaftlicher Ungerechtigkeit abzuhalten, keine hervorragende Rolle. Der ‚kommunitaristische' Begriff der Öffentlichkeit fragt vielmehr vor allem danach, welcher Art der öffentliche Raum ist, in dem die Menschen nicht mehr auf die unmittelbaren Nöte des Lebens und noch nicht auf die abstrakte Staatsbürgerrolle von Zeitungslesern und Stimmzettel-Ankreuzern beschränkt sind. Es geht mit anderen Worten um erlebbare, gestaltende Teilhabe, um Formen ‚starker', partizipatorischer Demokratie, die nicht nur der gesellschaftlichen Gerechtigkeit nutzen, sondern zugleich erfüllende Lebensformen darstellen. Eine ‚Civil Society' sieht sich der Kritik am klassischen Liberalismus weniger ausgesetzt als skeptischen Anfragen wegen überwölbender, autoritärer Sinnstiftung.

Schon vor dem Scheitern des ‚real existierenden Sozialismus' zeichnete sich ab, daß ein emanzipatorisches Projekt, das allgemeine Gerechtigkeitsprinzipien als ‚homogene' Lebensformen durchsetzen wollte, nur zum Totalitarismus führt. Sieht man jedoch eine gerecht geordnete Gesellschaft als einen *Rahmen* für individuelle Lebensentwürfe und für eine Pluralität kollektiver Lebensformen an – und zwar so, daß alle unter gleichen Verwirklichungschancen stehen, ohne einander einzuschränken oder die Freiheit der Individuen zu gefährden –, so wird der Gedanke einer nicht repressiven Allgemeinheit politisch wirksam.

Vor diesem Hintergrund erweisen sich nun ‚multikulturelle' Gesellschaften, zumal in Einwanderungsländern, als eine unerwartete Chance, die richtig zu nutzen ist. Neue Lebensformen bereichern nicht nur in gleichsam kulinarischer Hinsicht den Alltag solcher Gesellschaften; sie fördern zudem Prozesse kultureller Selbstbestimmung und Selbstfindung. Dies ist auf zwei Wegen möglich, einem ‚individualistischen' und einem ‚kommunitären', deren einer jedoch die systematische Voraussetzung des anderen ist.

In Gesellschaften westlich-kapitalistischen Typs sind – mit einigen Ausnahmen vor allem im Familien- und Gesellschaftsrecht – alle Rechte und Freiheiten die Rechte von Individuen, die die Chance haben, ihr Leben eigenverantwortlich zu gestalten. Daß ungleiche Einkommens- und Bildungsverhältnisse diese Chance erheblich beschneiden, stellt in dieser Hinsicht keinen Einwand, sondern nur einen Hinweis dar, daß die im demokratischen Rechtsstaat angelegten Freiheitschancen ohne sozialstaatliche Einbettung unvollständig bleiben. Auf dieser Voraussetzung haben Individuen dann die Chance, in Familien, Kirchen, Parteien, Verbänden und Vereinen über das eigene Privatleben hinauszugelangen, d.h. einen Raum zu finden, in dem sie ihre Lebensentwürfe erörtern, solidarisch verdichten und gemeinsam in die öffentliche Politik einbringen können.

Aus Gründen, die auf der Hand liegen, sind Einwanderer, zumal solche aus eher traditionalen Gesellschaften, in vielen Fällen daran interessiert, der Verunsicherung durch die neuen Lebenssituationen in der Einwanderungsgesellschaft über das Neustiften von Herkunftsgemeinschaften (im Sinne ethnischer oder religiöser ‚communities') zu begegnen[7]. Derlei artifiziell wiederbelebte Herkunftsgemeinschaften können zu autoritärer Einbindung in vormoderne Werte, aber auch zur Weiterentwicklung des traditionalen Erbes in einer modernen Gesellschaft führen. Beides ist möglich, und es hängt *auch* von der Offenheit und Förderbereitschaft der politischen Instanzen der Einwanderungsgesellschaft ab, welcher Weg wahrscheinlicher wird. Die entstehenden Herkunftsgemeinschaften können im besseren Fall Orte demokratischer Teilhabe und konkreter Öffentlichkeit werden, wenn ihnen jene Anerkennung und Förderung entgegengebracht wird, von der Kirchen, Parteien und Verbände der Inländer schon lange zehren.

Die Einbeziehung von Einwanderern wäre damit nur Teil eines neuen normativen Selbstverständnisses der gesamten ‚Gesellschaft von Fremden': In der Vielfalt ihrer kulturellen Lebensformen können die Individuen den Anreiz des Neuen ebenso erfahren wie den Rückhalt des Vertrauten. Durch eine kulturelle – nicht, wie noch zu zeigen ist, ökonomische oder juristische – Förderung der Einwanderer bzw. ihrer Solidargemeinschaften widerfährt den Kollektiven ihr Recht, ohne daß die Menschen gesetzlich an ihre Herkunft gebunden bleiben. Im gleichen Maße, in dem Anrechte auf Menschen- und Bürgerrechte und auf soziale Leistungen *allen* einzelnen und *nur* einzelnen gewährt werden müssen, lassen sich Selbstfindungs- und Entwicklungsprozesse angemessen nur über die gleichberechtigte kulturelle Förderung von Solidargemeinschaften stimulieren. Damit sind auch Hinweise auf die politischen Gestaltungsprinzipien für Einwanderungsgesellschaften gegeben.

Politik der Ethnizität?

Michael Walzer unterscheidet grob zwei Interventionsweisen des Staates in multiethnischen Gesellschaften: Korporatismus oder Kompensation. Im ersten Fall ermutigen staatliche Stellen die ethnischen Gruppen, sich als solche kollektiv zu organisieren und ihr Gewicht im Staat geltend zu machen. Walzer nennt dies eine ‚autonomistische Strategie', nahe am Konzept der nationalen Erhebung oder Befreiung. Kulturelle Differenzen werden dadurch intensiviert und institutionalisiert. Die Alternative dazu nennt Walzer integrationistisch. Denn im anderen Fall versucht der Staat, Gruppendifferenzen eher zu verringern, „indem er uniforme oder symmetrische Leistungen an seine Mitglieder vergibt"[8].

Praktisch erhöht der Staat so die individuelle Mobilität seiner Bürger; ethnische Charakteristika erheben Verwaltungen nur aus statistischen Gründen im Bestreben, soziale Chancenungleichheiten zwischen rassischen oder Religionsgemeinschaften so weit wie möglich zu verringern.

Bei diesem klassisch-liberalen Credo liegt der Teufel natürlich im Detail. Ronald Dworkin sieht in der amerikanischen Antidiskriminierungsgesetzgebung drei liberale Postulate auseinanderlaufen, nämlich „daß die Einteilung in Rassen als solche ein Übel ist, daß jede Person ein Recht auf Bildungsmöglichkeiten hat, die ihren Fähigkeiten entsprechen, und daß positive Handlungen von seiten des Staates angemessen sind, um von den schwerwiegenden Ungleichheiten in der amerikanischen Gesellschaft Abhilfe zu schaffen"[9]. Wenn der Staat nicht gegensteuert, werden die Schwarzen weiter absinken; indem er jedoch gegensteuert, greift er restriktiv in das Bildungsrecht der (weißen) Mehrheit ein und unterteilt damit die Gesellschaft genau nach jenen rassischen Kriterien, die er ursprünglich und letztlich überwinden wollte. Das Umschlagen individueller Gleichstellungsabsichten in kollektive Differenzierungsfolgen ist im praktischen Vollzug der *affirmative-action*-Programme exemplarisch sichtbar geworden: Ein Gesetzeswerk, das dem ‚farbenblinden' Gleichheitsprinzip verpflichtet war, führte in den USA zunächst ungewollt, dann ganz gezielt zur Stärkung des ‚Farbenbewußtseins' – mit dem verheerenden Effekt zum Teil extremer gegenseitiger ethnozentrischer Schließungen, ohne daß sich die soziale Lage der Schwarzen (oder anderer positiv hervorgehobener Minoritäten) durchschnittlich verbessert hätte. Wie Jacqueline Costa-Lascoux in ihrem Überblick über verschiedene Ansätze der Antidiskriminierungspolitik festgestellt hat, läßt sich auch die europäische Praxis grob nach „zwei kontrastierenden Mustern" einteilen: „Nichtdiskriminierung vor dem Gesetz, ohne Minderheitengruppen institutionell anzuerkennen, im Unterschied zu einem Vorgehen, das separate Gemeinschaften fördert und ihre Unterscheidungsmerkmale in Rechnung stellt"[10].

Historisch sind dem pluralistischen Rechts- und Wohlfahrtsstaat zwei Aufgaben zugewachsen: Gleichstellung und Minderheitenschutz. Trotz formaler Rechtsgleichheit sind z.B. die tatsächlichen Chancen von (einigen, nicht allen) Minderheiten im Bildungssystem und auf dem Arbeits- und Wohnungsmarkt im Durchschnitt kontinuierlich schlechter gewesen und geblieben. Und würden Minoritäten nicht besonders geschützt, entpuppte sich das demokratische Regelwerk schlicht als Mittel der Mehrheitsdiktatur. Europäische Wohlfahrtsstaaten vergeben bisher in der Regel individuelle, keine kollektiven Rechte. Ziel einer ausgleichenden Sozialpolitik (bis hinein in die aktuelle Grundsicherungsdebatte) ist dabei nicht, alle Bürger materiell gleich auszustatten bzw. im Marktwettbewerb unterlegene Personen und Gruppen zu subventionieren, sondern eine Art kompensatorisches ‚Bürgergehalt' an jene zu transferieren, die ansonsten nicht in der Lage wären, am öffentlichen Leben und am demokratischen Prozeß teilzunehmen. Unterfüttert wird dieses Prinzip durch das der Subsidiarität, das auf die soziale Kohärenz und Kapazität von Gemeinschaften setzt: Sie sollen sich solange wie möglich gegenseitig helfen, bevor sie Ansprüche an Dritte und übergeordnete Verteilungsinstitutionen richten.

Die Stärkung von Gruppen, auch ethnischen, ist hier immer nur ein Beiprodukt. Alles andere liefe auf eine Art von ethnischem Korporatismus hinaus, der materielle oder ideelle Leistungen des Staates monopolistisch an die dauerhafte und deklarierte Zugehörigkeit zu einer Minderheit knüpft. In manchen Demokratien westlichen Musters sind ‚Versäulungen' eingeführt worden oder historisch gewachsen, die eine horizontale Kooperation ungleich starker religiöser oder ethnischer Gruppen ermöglichen sollten. Auch ein liberaler Ethno-Korporatismus birgt das Risiko in sich, daß anhand tatsächlicher oder vermeintlicher Bevorzugung bestimmter ethnischer oder religiöser Gruppen Rivalitäten und Konflikte in nicht mehr kompromißfähiger Weise eskalieren und in intolerante autonomistische Strategien münden. Deswegen empfehlen sich europäisch standardisierte Bürgerrechte, nicht Politiken ‚umgekehrter Diskriminierung'.

Was folgt aus diesen prinzipiellen Erwägungen für die deutsche Diskussion über die Ausgestaltung der sich ‚wildwüchsig' herausbildenden multikulturellen Gesellschaft zu einer politisch gestalteten, auf Konsens und Konfliktschlichtung eingestellten ‚Vielvölkerrepublik' im modernen Sinne? Zunächst ein *ceterum censeo*: daß Einwanderern und Minderheiten vor allem erst gleiche Bürgerrechte zu gewähren seien. Nach in weiten Teilen Europas schon üblichem *ius soli* hieße dies: Bürger ist, wer auf einem Territorium geboren ist; Bürger kann werden, wer sich über eine lange Dauer auf einem Territorium aufhält. Solange Immigranten auch in der xten Generation in Deutschland nur in Ausnahmefällen Bürger sein können, unterliegen sie bisher einer Art ‚Meta-' oder ‚Superdiskriminierung', die es gestattet, sie als Fremde bereits institutionell schlechter zu stellen. Eine Novelle des aus den eingangs erwähnten Gründen gewählten, auf Abstammungskriterien beruhenden und heute völlig antiquierten Staatsangehörigkeitsrechtes, die Erleichterung von Massen-Einbürgerungen, gegebenenfalls auch unter Beibehaltung anderer Staatsangehörigkeitsrechte, und eine Abschaffung des konventionellen Ausländergesetzes sind also überfällig. Die Gewährung von aktiven und passiven Wahlrechten, nicht nur auf kommunaler Ebene, für dauerhaft in Deutschland lebende, nicht ‚naturalisierte' Ausländer, ist damit nicht erledigt; mit einer entsprechenden Grundgesetzänderung wäre auch dies zugunsten der wachsenden

Bevölkerungsgruppe von ‚Wanderarbeitern' zu realisieren. Die großen Volksparteien glauben diesen Weg (noch) nicht gehen zu können, weil sie einen national-populistischen Reflex der (extremen) Rechtsparteien fürchten. In Wirklichkeit wird eine solche Gegenkampagne mehr durch eine lähmende Debatte über diese Frage provoziert als durch die selbstbewußte Einführung dieses elementaren politischen Beteiligungsrechtes, mit dem andere europäische Staaten (Niederlande, Schweden) gute Erfahrungen gemacht haben.

Sodann müssen Weichen gestellt werden, welchem europäischen Modell die deutsche Politik folgen will: dem Weg einer ‚positiven Diskriminierung' ethnischer Minderheiten oder dem Weg eines ausgebauten Diskriminierungsschutzes auf der Basis individueller Gleichberechtigung und Gleichstellung. Die mit ‚affirmative action' entstandenen Probleme mangelnden Erfolgs und kontraproduktiver Nebenfolgen einer Quotenregelung lassen es wohl geboten erscheinen, den zweiten Weg zu gehen. Um Minderheiten wirksam vor Diskriminierung zu schützen, reichen die einfachen, in Grundgesetz und Strafrecht gegebenen Mittel freilich nicht aus. Ethnische Diskriminierung einfach mit Problemen anderer Gruppen (Frauen, Homosexuelle usw.) über einen Kamm zu scheren, sie also bloß einer globalen Gleichstellungsoffensive einzugliedern, dürfte ebenfalls zu kurz greifen. Kulturelle Differenz zu ermöglichen, erfordert vielmehr auch die Vergabe kollektiver Mittel an ethnische Gruppen, und es liegt nahe, vor allem kulturelle Initiativen zu fördern, die in einer gesellschaftsoffenen Weise Sprache und ‚Brauchtum', die religiöse Praxis und das selbstgestaltete Leben der Kolonien und Vereinigungen von Immigranten und Minderheiten stützen.

Das optimale Institutionengefüge im Dreieck von Selbstorganisationen der Einwanderer, privaten oder halbstaatlichen Einrichtungen und staatlichen Stellen ist in Deutschland noch nicht gefunden. Das hängt auch mit der unklaren Aufgabenstellung der Integrationspolitik zusammen, die hierzulande auch aus sozialwissenschaftlicher Sicht in einer sehr schematischen und exklusiven Weise unter Sozial- *oder* Kulturpolitik rubriziert wird. Beides wird gelegentlich sogar in einen unüberbrückbaren Gegensatz gerückt und alternativ gestellt. Dabei muß eine entsprechende Einrichtung eben beide Aspekte: Förderung kulturellen Eigensinns *und* soziale Gleichstellung, Integration und Autonomie im Medium einer pluralen (Stadt-)Öffentlichkeit vermitteln. Die schematische Wahl zwischen Strukturveränderung einerseits und im Ersatzfall kommunikativer Einwirkung auf Menschen[11] kann nur ein wissenschaftlicher Traditionalist treffen, der überdies weit von der praktischen (Kommunal-)Politik entfernt ist. Ethnisierung, also die Etikettierung sozialer als ethnische Differenzen, mag im Übertreibungsfall eine Gefahr darstellen – die Hinweise auf jüngste Erfahrungen in den USA haben das gezeigt; aber auch eine abstrakt bleibende sozialpolitische Gleichstellungsabsicht, die von der kommunitären Diversität der Lebenswelt ganz absieht, birgt große Risiken in sich.

Institutionelle Phantasie ist also erforderlich. Es gibt auch in Deutschland Ansätze, über Ämter (z. B. für ,multikulturelle Angelegenheiten' im Rang eines Dezernats wie in Frankfurt) und ,Ausländerbeauftragte' (mittlerweile in fast allen größeren Städten) politische Innovation in diesem ungewohnten Aufgabengebiet zu erzeugen und traditionelle Staatsaufgaben (der Sozial- und Kulturpolitik) der neuen Lage entsprechend neu zu schneiden. Dezernate und Ämter zentralisieren ein politisches Aufgabengebiet, dessen Bedeutung in der kommenden Zeit rasch anwachsen wird; eine dezentrale Lösung müßte alternativ dafür sorgen, daß die Anliegen der Immigrations- und Integrationspolitik in allen Abteilungen des politisch-administrativen Systems hinreichend berücksichtigt werden.

In der Regel wirken diese Initiativen bisher als persuasive Politikprogramme, die nicht mit den überkommenen Medien staatlicher Intervention (Gewalt, Geld, Gesetz) operieren, sondern mit den Mitteln symbolischer Integration und politischer Überzeugung. Es wäre an der Zeit, diesen Stellen mehr Gewicht und Kompetenz zu verleihen, ihnen also etwa in Gestalt von ,Meldepunkten' (wie halbstaatliche Stellen in den Niederlanden heißen) eine wirksame Ombuds-Rolle und Antidiskriminierungsaufgabe zu übertragen. Solche Einrichtungen kombinieren das Gewicht des staatlichen Gewaltmonopols im Bedarfsfall mit der Selbstaufklärung ziviler Gesellschaft im Normalfall. Denn die zivilisatorische Leistung der Individuen und Gruppen, in ,verfremdeten' Gesellschaften zu leben, ist ohnehin Voraussetzung jeder staatlichen Intervention in den wildwüchsigen Prozeß der internationalen Migration und seine verunsichernden Resultate.

7.6. Politik in der Einwanderungssituation: Migration – Integration – Minderheiten

Von Klaus J. Bade

Zu Beginn der letzten Dekade des 20. Jahrhunderts ist Deutschland konfrontiert mit einer *neuen Einwanderungssituation*[1]. Sie unterscheidet sich deutlich von den beiden vorausgegangenen großen Eingliederungsprozessen. Der *erste Eingliederungsprozeß* umschloß in West- und Ostdeutschland die ,Integration'[2] von Vertriebenen und Flüchtlingen, die in

SBZ und DDR ‚Umsiedler' genannt wurden. Im Westen waren viele von ihnen Mitte der 1950er Jahre noch Fremde, als dort mit der amtlich organisierten Anwerbung ausländischer Arbeitskräfte bereits die Vorgeschichte des *zweiten Eingliederungsprozesses* begann: der Weg von der ‚Gastarbeiterfrage' im Westdeutschland der 1960er und frühen 1970er Jahre zur sozialschizoiden Lage einer Einwandererminorität in einem blockierten Einwanderungsprozeß.

Die neue Einwanderungssituation

Die *neue Einwanderungssituation* ist tiefgestaffelter, komplexer und deshalb auch unübersichtlicher als die beiden vorausgegangenen Eingliederungsprozesse. Sie umschließt mittlerweile fünf Problemkreise[3], die sich zum Teil aggressiv überschneiden:

1. Zur rechtspolitisch ‚unbewältigten' Vergangenheit der letzten Jahrzehnte gehört im Westen das Paradoxon einer Einwanderungssituation ohne Einwanderungsland, in der die meisten der aus der ehemaligen ‚Gastarbeiterbevölkerung' stammenden, schon drei Generationen umfassenden Familien heute leben – als *ausländische Inländer* zwischen frustrierten Einwandererperspektiven, multikulturellen Ersatzvisionen und ethnosozialen Spannungslagen.

2. In den 1980er Jahren stark angewachsen ist im Westen die Zahl der *Flüchtlinge* aus Osteuropa und der ‚Dritten Welt': Asylbewerber, Asylberechtigte, de jure abgelehnte, aber aus humanitären, rechtlichen und politischen Gründen im Sinne der Genfer Flüchtlingskonvention nicht abgeschobene ‚De-facto-Flüchtlinge' und eine möglicherweise an der Millionengrenze liegende, in jeder Hinsicht schutzlose Bevölkerung von illegalen Zuwanderern.

3. Hinzu kam im Westen in den späten 1980er Jahren der Massenandrang der *Aussiedler* aus Ost-, Ostmittel- und Südosteuropa, deren Eingliederung nicht im rechtlichen, aber im soziokulturellen und mentalen Sinne vielfach die Dimension eines echten, durch Wertvorstellungen, Familien-, Gesellschaftsbild und oft auch Sprachbarrieren noch besonders komplizierten Einwanderungsprozesses erreicht.

Daneben stehen schließlich zwei seit der Vereinigung im Oktober 1990 innerdeutsche Eingliederungsprobleme. Sie sind Ergebnis der Tatsache, daß sich in der Geschichte der Deutschen abermals nicht nur Menschen über Grenzen, sondern auch Grenzen über Menschen bewegten, mit Entfremdungserfahrungen in der neuen wie in der alten Welt:

4. Menschen über Grenzen: Es gibt, abnehmend zwar, aber noch immer deutlich faßbar, die Identitätsprobleme jener, die Ende der 1980er Jahre zunächst noch als *DDR-Flüchtlinge*, dann als *Übersiedler* in großer Zahl aus dem maroden Osten in den vermeintlich goldenen

Westen kamen und dort einen deutsch-deutschen Kulturschock erlitten
– die Erfahrung, wie groß die Distanz nicht nur in der materiellen Kultur
und in den Lebensformen, sondern auch in den Mentalitäten zwischen
West und Ost geworden war.

5. Grenzen über Menschen: Seit der Vereinigung schließlich gibt es
die – in diesem Band nicht mehr eigens thematisierten – Eingliederungs-
probleme der Menschen in den fünf ‚neuen‘ Bundesländern. Es sind die
Lebensfragen derer, die zwar ‚drüben‘ blieben, aber durch die einseitige
Überformung von Wirtschaft, Gesellschaft und politischer Kultur ihrer
Heimat im Zeichen der ‚Wende‘ *Fremde im eigenen Land* wurden. Die
damit verbundenen Strapazen mindern allgemein die Bereitschaft zur
Eingliederung anderer Fremder, mehren *fremdenfeindliche Abwehrhaltungen* und haben zu brutalen Exzessen geführt, die in Einzelfällen wie
Pogromproben wirkten[4]. Betroffen sind zum einen seinerzeit von der
DDR angeworbene ausländische Arbeitnehmer aus der ‚Dritten Welt‘,
von denen es im Jahr der deutschen Vereinigung noch ca. 160000 gab
und deren Zahl dann stark abfiel durch Rückwanderung unter aggressi-
vem Druck, aber auch durch Flucht aus dem Arbeitsvertrag im Osten ins
Asylverfahren im Westen. Opfer der Aggression sind zum anderen
gerade jene asylsuchenden Flüchtlinge, die im Sinne des Einigungsvertrages den ‚neuen‘ Bundesländern zugeteilt wurden. Von fremdenfeindlichen Abwehrhaltungen betroffen sind aber auch deutsche Aussiedler,
besonders dann, wenn sie Russisch oder Polnisch sprechen.

Die neue Einwanderungssituation hat neue Spannungen und ‚Hack-
ordnungen‘ zwischen verschiedenen Gruppen von ‚Einheimischen‘ und
‚Fremden‘ geschaffen: Im Westen stehen oft durch den Massenzustrom
von Übersiedlern irritierte Bundesbürger-West (‚Wessis‘) gegen zugewanderte Bundesbürger-Ost (‚Ossis‘), Übersiedler gegen deutschsprachige Aussiedler, deutschsprachige gegen fremdsprachige Aussiedler,
Übersiedler und Aussiedler gemeinsam gegen ‚Ausländer‘ und besonders gegen asylsuchende Flüchtlinge aus der ‚Dritten Welt‘. Das sind
nur einige Spannungszonen der neuen Einwanderungssituation mit
ihren ‚Fremdenhierarchien‘ im Westen, innerhalb derer die ‚ethnische
Klassenbildung‘ (‚ethclass‘) besonders gefährlich ist. Solche Spannungslagen können den bislang noch in sozialem Konsens vorstellbaren Weg
von multiethnischer Koexistenz zu multikulturellen Lebensformen gefährden[5].

Diese Gefahr wird durch verschiedene Ost-West-Einflüsse noch ver-
stärkt: Im mentalen ‚Marschgepäck‘ von Übersiedlern, aber auch von
Aussiedlern sind besondere, teils latent, teils offen fremdenfeindliche
Abwehrhaltungen mit in den Westen gekommen. Sie finden neuen
Boden in den auch dort umgehenden Vorstellungen von einer ‚kulturel-
len Homogenität‘ der Deutschen, deren Bevölkerung nicht „von bluts-

Sprühdosen-Dialog zur ‚Ausländerfrage' 1991.

fremden Zuwanderern ‚durchmischt und durchraßt' (Edmund Stoiber) werden" dürfe[6]. Ein anderer Ost-West-Einfluß ist die allgemeine Angst vor einer ‚Völkerwanderung' aus Osteuropa, deren vermeintlicher Vorbote, die Zuwanderung von Sinti und Roma aus Rumänien 1990, noch ein zusätzliches, althergebrachtes und nach wie vor hochexplosives Aggressionspotential entzündete: die ‚Zigeunerphobie'. Hinzu kommt, daß in vielen Bereichen des zerfallenden ‚Ostblocks' nach dem Ende jahrzehntelanger totalitärer Disziplinierung radikale Unterströmungen zutage treten wie aggressiver, sich selbst als Befreiungsbewegung verstehender ethnischer Nationalismus, Rassismus und Antisemitismus. Die Konfrontation mit solchen gesellschaftlichen Eruptionen im europäischen Osten könnte zu offener Legitimierung oder doch Relativierung von auch in Deutschland selbst und insbesondere in seinen ‚neuen' Bundesländern vorhandenen Aggressionspotentialen und Abwehrhaltungen führen.

All dem gegenüber geht es nicht mehr nur um wohlwollende Aufklärung oder gar um Warten auf Problemabrieb durch Zeitverzug, sondern um aktives Gegensteuern – nicht bloß durch warmherziges ‚soziales Engagement' von einzelnen und Gruppen, sondern auch durch übergreifende Konzeptionen in Recht und Politik. Der neuen Situation und ihren Problemen entsprechend müssen Begriffe wie ‚Einwanderung' und ‚Einwanderungsland' neu durchdacht werden. Es gilt, ‚Einwanderung' als langfristigen und umfassenden, mit ganzheitlichen Konzeptionen zu begleitenden Sozial- und Kulturprozeß verstehen zu lernen, also als gesellschaftliche Aufgabe ersten Ranges und nicht etwa nur als punktuellen Rechtsakt im Sinne der Einbürgerung. Nötig ist ein neues Selbstverständnis der Republik, das den unübersehbaren gesellschaftlichen Fakten Rechnung trägt: Die Bundesrepublik Deutschland ist ein *Einwanderungsland neuen Typs*[7].

Das verlorene Jahrzehnt

Legislative und politische Antworten auf Einwanderungsfragen heißen nicht ‚Ausländerrecht‘ und ‚Ausländerpolitik‘, sondern ‚Einwanderungsgesetzgebung‘ und ‚Einwanderungspolitik‘. Aversionen dagegen haben ihren Grund oft in der einseitigen Orientierung am europäischen Massenexodus in die ‚klassischen‘ überseeischen Einwanderungsländer des 19. Jahrhunderts, in einer Gleichsetzung von ‚Einwanderungspolitik‘ mit bloßer Einwanderungsförderung oder gar in der Vorstellung, schon die schiere amtliche Beschäftigung mit dem mißliebigen Phänomen führe nur zur Verschärfung der damit verbundenen Probleme. Das erinnert an die prekäre, aller ‚Realpolitik‘ ferne Vorstellung Bismarcks, die angesichts einer in den 1880er Jahren jährlich nach Hunderttausenden zählenden Massenauswanderung immer wieder geforderte, aber bis zum Ende seiner Amtszeit verweigerte Auswanderungsgesetzgebung werde nur dazu beitragen, die mißliebige Massenauswanderung noch zu fördern und damit die ‚Leutenot‘ in der ostelbischen Landwirtschaft zu mehren. Ergebnis war eine absurde historische Verspätung: Das erste ‚Reichsauswanderungsgesetz‘ kam erst 1897, als die säkulare Massenauswanderung schon der Vergangenheit angehörte. Damals freilich ging es ‚nur‘ darum, daß Millionen von Auswanderern auf dem Weg in die Fremde ohne zureichenden Gesetzesschutz blieben. Das war mitunter folgenreich für sie, nicht aber für das Auswanderungsland selbst. Heute schlägt die historische Verspätung direkt zurück: Die Einwanderer sind schon lange da, andere drängen nach, und das sperrige Einwanderungsland wider Willen gerät unter den Druck der Folgen eigener Versäumnisse.

Ein Einwanderungsland im Sinne ‚klassischer‘ Einwanderungsländer des 19. Jahrhunderts kann die Bundesrepublik ohnehin weder sein noch werden. Auch die neue Einwanderungssituation ist, trotz mancher Verwandtschaften und Parallelen in wesentlichen Problemfeldern, nicht zu verwechseln mit ‚klassischen‘ Einwanderungssituationen in den überseeischen Neuen Welten des 19. Jahrhunderts: Sie verstanden sich nicht nur a priori als Einwanderungsländer. Ihre Gesellschaften wurden durch den Einwanderungsprozeß selbst auch noch mehr oder minder deutlich mitgeprägt, obgleich in dieser Hinsicht Historiographie und kollektives Selbstverständnis reich waren an identitätsstiftenden Legendenbildungen – gerade im Land der vermeintlich ‚unbegrenzten Möglichkeiten‘: Beim ‚amerikanischen Traum‘ vom zumindest intergenerativen Weg zum Glück war nur das Träumen unbegrenzt, die Verwirklichung des Traums aber ethnosozial um so begrenzter. Am vorläufigen Ende des amerikanischen Wegs steht, trotz ‚Ethno-Pop' und freundlicher Zigarettenreklame (‚come together'), weniger eine aus dem oft überschätzten ‚Schmelztiegel' hervorgegangene neue Einheit als eine teils ‚ethnoplurale', teils ‚multikulturelle' Gemengelage mit ethnosozialen Spannungen[8].

Heute ist der Anpassungsdruck im Einwanderungsprozeß sicher höher. Durch die Infragestellung einseitiger Anpassungsforderungen und die zunehmende Verbreitung multikultureller Lebensformen sind aber auch Freiräume entstanden für offenere Formen gesellschaftlicher Begegnung in der Einwanderungssituation. Von einer falschen Alternative ginge dabei die Frage aus, ob multikulturelle Lebensformen[9] Durchgangsstadien im Einwanderungsprozeß seien, oder umgekehrt Einwanderungssituationen Etappen auf dem Weg zur multikulturellen Gesellschaft: Jenseits engerer, vom Rechtsakt der Einbürgerung ausgehender Vorstellungen ist Einwanderung ein in der Regel intergenerativer Sozial- und Kulturprozeß; daher auch die Rede von der ‚ersten' oder ‚zweiten (Einwanderer-)Generation'. Eine multikulturelle Perspektive würde in diesem Zusammenhang stärker darauf abstellen, Einwanderung als einen Prozeß auf Gegenseitigkeit zwischen Aufnahmegesellschaft und Einwanderern zu betrachten und zu gestalten. Multikulturalismus kann, als Leitmotiv sozialen Handelns und nicht als sozialromantische Ersatzreligion verstanden, den Einwanderungsprozeß entkrampfen, aber nicht ersetzen – nicht einmal, wie das kanadische Beispiel zeigt, im Range eines Verfassungsauftrags. Letztlich wäre selbst eine multikulturelle Gesellschaft, gerade zum Schutz ihrer Lebensformen, auf Einwanderer- bzw. Einwanderungsgesetzgebung und -politik verwiesen.

Um so wichtiger wäre es, wenn es in der Diskussion um Gestaltungskonzepte für die anstehenden und absehbaren gesellschaftlichen Probleme nicht zur Konfrontation von zwei jeweils einseitig an Einwanderungsvorstellungen oder am Multikulturalismus orientierten Perspektiven käme, deren Vertreter sich gegenseitig reaktionärer ethnisch-nationalistischer Assimilationstheoreme bzw. utopistisch-ethnoromantischer Sozialillusionen verdächtigten. Nötig ist eine kreative Verschränkung beider Gestaltungsperspektiven. Die gesellschaftlich gefährlichsten Probleme und Spannungen liegen ohnehin weniger im ethnokulturellen als im ethnosozialen Bereich, bei jener ‚ethnischen Klassenbildung' nämlich, hinter der sozialökonomische Verteilungsprobleme stehen.

Hinzu kommt, daß es in diesem Zusammenhang nicht mehr nur um nationale, sondern um europäische Lösungsmodelle geht. Herkömmliche nationalstaatliche Strukturen werden zunehmend von oben durch supranationale Formen und von unten durch Regionalisierung aufgebrochen, bis hin zu der Vision von einer Art ‚multikulturellem Europa der Regionen'. Ob es angesichts ethnisch-nationalistischer Spannungen im Osten und Südosten Europas einerseits und der Wirtschafts- und Gesellschaftskrise im deutschen Osten andererseits einen europäischen und deutschen Weg von ethnopluralistischer Toleranz zu aktivem Multikulturalismus geben kann, muß die Zukunft zeigen. Diese Zukunft aber hat in Gestalt der neuen Einwanderungssituation längst begonnen, während die zu ihrer Gestaltung notwendigen legislativen, institutionellen und politischen Instrumentarien noch fehlen oder aber auf Problemfragen der Vergangenheit zielen.

Der mittlerweile schon geschichtsnotorische Mangel an ganzheitlichen Gestaltungskonzepten und der daraus resultierende Mangel an Perspektive und Transparenz haben beigetragen zu Desorientierung, Irritation und zu auf der Frustrations-Aggressions-Spirale wachsenden fremdenfeindlichen Abwehrhaltungen. Das war schon Anfang der 1980er Jahre absehbar und wurde von den verschiedensten wissenschaftlichen Sachkennern ebenso öffentlich angesprochen wie von Praktikern der Ausländerarbeit, Vertretern von Kirchen, Gewerkschaften und Wohlfahrtsverbänden. Drängenden, seit Jahren aufgestauten gesellschaftlichen Erklärungsbedarf unbefriedigt zu lassen, ist eine politische Einladung an radikale Vereinfacher und eine Herausforderung zum Protest, gerade bei jüngeren Menschen.

Im Kontext solcher Bestandsaufnahmen, Analysen und prospektiven Überlegungen ist seinerzeit auch immer wieder nachdrücklich vor den Folgen defensiver Erkenntnisverweigerung, fahrlässigen Zuwartens und davor gewarnt worden, daß am Ende zumindest in ihren Dimensionen vermeidbare ethnosoziale Probleme stehen könnten. Sie treten in den seinerzeit bereits in den Grundzügen absehbaren Formen längst schon so deutlich hervor, daß es inzwischen weniger um Konfliktvermeidung als um Schadensbegrenzung geht. Das ist zwar nicht nur, aber doch ganz wesentlich auch ein Ergebnis politischer Verdrängungen und Versäumnisse. Sie werden ex post gern mit dem Hinweis legitimiert, all das habe man ‚damals' doch gar nicht wissen können. Man konnte, aber wollte nicht. Es wird noch lange hinreichend Anlaß geben, sich an die Versäumnisse von ‚damals' und, wenn sich nicht vieles rasch und grundlegend ändert, auch noch an die von heute zu erinnern. Diejenigen aber, die in politischer Handlungsverantwortung standen und stehen, werden dann vielleicht schon ihre Pensionen verzehren und in ermüdendem Gleichklang immer noch an ‚damals' angeblich mangelnde politische Handlungsspielräume erinnern, vor allem aber daran, daß, rückblickend betrachtet, ‚damals' vielleicht manches nötig, aber doch gar nicht begründbar und möglich gewesen sei – weil man das, was man angeblich hätte wissen müssen, doch gar nicht wissen konnte...

Anfang der 1990er Jahre blickt man deshalb zurück auf ein in der Gestaltung der Problembereiche von Migration, Integration und Minderheiten in vieler Hinsicht verlorenes Jahrzehnt. An seinem Ende standen 1989/90 lediglich Diskussion und Verabschiedung der über Legislaturperioden hinweg folgenlos angekündigten Reform des Ausländerrechts[10]. Sie hat Klärungen gebracht, schwer kalkulierbare Ermessensspielräume begrenzt, aber auch neue Barrieren errichtet und viele anstehende Fragen nicht aufgegriffen. Das war Kirchen, Gewerkschaften, Wohlfahrtsverbänden und den Ausländerbeauftragten von Bund, Ländern und Gemeinden Anlaß zu dem kritischen Urteil, daß die Reform des Ausländerrechts weder situationsgerecht noch langfristig integrationsfördernd sei. Auf Einwanderungsfragen kann sie schon deswegen nicht antworten, weil Ausländerrecht und Ausländerpolitik keinen Ersatz bieten für die bereits Anfang der 1980er Jahre geforderte und Anfang der 1990er Jahre nach wie vor fehlende Einwanderungsgesetzgebung und Einwanderungspolitik[11]. Das ist das Ergebnis amtlicher Versuche, eine gesellschaftliche Wirklichkeit zu ‚dementieren‘ (‚Die Bundesrepublik ist kein Einwanderungsland!‘) und mit der amtlichen Tabuisierung des Reizwortes ‚Einwanderung‘ auch das Problem selbst zu bannen. Seine Bewältigung unter Hinweis auf eine europäische Lösung weiter zu vertagen, scheint die neueste Form der Verdrängung zu sein. Dieses Land hätte zumindest legislativ und institutionell besser gerüstet sein können, als 1990 in der Konfrontation mit dem Schreckbild ‚Völkerwanderung‘ in der öffentlichen Diskussion die Panikschaukel von Angst und Ratlosigkeit in Bewegung geriet.

Wanderungsbewegungen sind gesellschaftliche Antworten auf das Zusammenwirken der verschiedensten materiellen und immateriellen Faktoren in Ausgangs- und Zielräumen. Ohne deren Kenntnis sind sie nicht zureichend zu verstehen und zu erklären. Deshalb sind zwar Strukturtrends in schon laufenden Bewegungen absehbar, künftige Bewegungsabläufe selbst aber kaum: Ende der 1970er, Anfang der 1980er Jahre konnte, wer wollte, den Wandel von der ehemaligen ‚Gastarbeiterbevölkerung‘ zur Einwandererminorität in der Bundesrepublik erkennen, daraus und aus den Trendlinien der natürlichen Bevölkerungsentwicklung Perspektiven und konkrete Gestaltungsaufgaben ableiten. Nicht absehbar hingegen waren die für das Wanderungsgeschehen entscheidenden äußeren Szenarienwechsel der späten 1980er Jahre. Das gilt für das Ende des kalten Krieges, die Öffnung der Ost-West-Grenzen und für Krise und Verfall des real existierenden Sozialismus als Regierungs- und Wirtschaftsform ebenso wie für die deutsche Vereinigung. Um so wichtiger wäre es, nun diese neuerliche ‚historische‘ Chance nicht abermals zu verpassen und aus den Versäumnissen der Vergangenheit zu lernen.

Migrations-, Integrations- und Minderheitenpolitik

Als Grundlage für die Gestaltung nötig ist ein ganzheitliches, gesellschaftspolitisch fundiertes, auf klare Rechtsgrundlagen gestütztes und alle Politikbereiche umfassendes *Gesamtkonzept einer Migrations-, Integrations- und Minderheitenpolitik*. Es muß die gesamte Bandbreite erfassen – von befristeten Arbeitswanderungen und Daueraufenthalten ohne Einbürgerung über definitive Einwanderungen bis hin zum großen und fließenden Grenzbereich jener multikausalen Fluchtwanderungen, denen ein in seiner Interpretation auf politische Verfolgung im engsten Sinne beschränktes Asylrecht allein schon lange nicht mehr gewachsen ist.

Ein solches Gesamtkonzept muß mithin beide Seiten der Medaille im Blick behalten: das vielgestaltige grenzüberschreitende Wanderungsgeschehen mit seinen Bestimmungsfaktoren und Entwicklungsbedingungen ebenso wie die inzwischen schon sehr tiefgestaffelte Einwanderungssituation, die ständig in Bewegung ist. In der Einwanderungssituation selbst geht es darum, durch Ausgleichs- und Vermittlungsfunktionen, gegebenenfalls auch durch Antidiskriminierungsmaßnahmen, dazu beizutragen, daß ethnische und kulturelle Minderheiten de jure et de facto gleichgestellt werden und einzelne Gruppen im ethnosozialen Spannungsfeld nicht gegeneinander driften oder gar gegeneinander ausgespielt werden.

Ein solches Konzept darf in Entwicklung und Umsetzung nicht rechtstechnischer Gestaltung allein überlassen bleiben. Es muß in seinen Perspektiven und Dimensionen in Abstimmung mit den gesellschaftlichen Kräften und in Auseinandersetzung mit vorliegenden, oft noch ungenutzten Forschungsergebnissen der verschiedensten Wissenschaftsdisziplinen entwickelt werden[12].

Im Innern notwendig ist eine umfassende und weitsichtige *Einwanderer- und Minderheitenpolitik*, nach außen hin eine nicht minder weit vorausdenkende und vorausplanende, d.h. nicht nur passiv verwaltende, sondern aktiv gestaltende *Einwanderungspolitik*. Der unnötige Streit um ‚Einwanderer'- oder ‚Einwanderungspolitik' entstand durch eine falsche Alternative. Beides ist nötig: *Einwandererpolitik* für diejenigen, die schon da sind und als auf Verständnis angewiesene Minderheiten gegen eine oft wenig verständnisbereite Mehrheit Hilfestellung bzw. Schutz brauchen im Einwanderungsprozeß; *Einwanderungspolitik* als vorausplanende und begleitende Gesamtsteuerung für, gegebenenfalls aber auch gegen neue Zuwanderungen von außen. Bei anhaltendem Zuwanderungsdruck muß es auch *Einwandererquoten* geben und in größerem Umfang möglichst international abgestimmte kollektive *Kontingentregelungen* für Flüchtlinge jenseits des verfassungsrechtlich garantierten individuellen Anspruchs politisch Verfolgter auf Asyl.

Durch eine zumindest in der Zielorientierung so umfassend und ganzheitlich konzipierte Migrations-, Integrations- und Minderheitenpolitik träten an die Stelle des Versteckspiels mit der Wirklichkeit und der inhumanen Improvisation in schwankenden Ermessensspielräumen Transparenz, Berechenbarkeit und klare Perspektiven für alle Beteiligten auf beiden Seiten. Nötig ist ferner für alle Bereiche eine differenzierte, gestufte und in den Übergangszonen flexible Integrationskonzeption, die ein institutionelles Netzwerk bieten sollte mit Orientierungs- und Hilfsangeboten für die verschiedensten Problembereiche und Übergangsstufen der Einwanderungssituation.

Wenn Migrations-, Integrations- und Minderheitenpolitik von einer ganzheitlichen Konzeption aus gestaltet werden sollen, muß dem auch in den Entscheidungs- und Verwaltungsstrukturen entsprochen werden. Strukturprobleme liegen heute auf Bundes-, Landes- und kommunaler Ebene in Zuständigkeitslücken und Kompetenzüberschneidungen, in Ressortabgrenzung und Ressortkonkurrenz im Blick auf die vielen Besonderheiten, aber auch Gemeinsamkeiten in den Problemen zugewanderter Gruppen. In die Gestaltungsbereiche überspringende und dort geradewegs kontraproduktiv wirkende Probleme resultieren zum Teil aus konkurrierenden Konzepten und Strategien verschiedener Provenienz. Erinnert sei hier nur an die jahrelange ausländerrechtliche und ausländerpolitische Frontstellung bei wechselseitiger Infragestellung der Sachkompetenz zwischen der dem Bundesarbeitsministerium organisatorisch zugeordneten ‚Ausländerbeauftragten‘ Liselotte Funcke (FDP) und dem früheren Innenminister Friedrich Zimmermann (CSU), in dessen Ressort wiederum der ‚Aussiedlerbeauftragte‘ Horst Waffenschmidt (CSU) um Sympathie für die ihm Anvertrauten ausgerechnet mit der rechtlich sicher zutreffenden, aber politisch gefährlichen Spaltformel warb: ‚Aussiedler sind keine Ausländer!‘

Insgesamt gibt es dabei Handlungsbedarf auf allen Ebenen – von der Bundes- über die Landes- bis hin zur kommunalen Ebene. In der Sache reichen die vielfältigen, hier auch nicht ansatzweise zu erfassenden Gestaltungsaufgaben von *Politik und Verwaltung* bis hin zu *Forschung* und *Ausbildung*. Drei Beispiele aus diesen Bereichen:

Beispiel 1: Im Bereich von *Politik und Verwaltung* nötig ist auf *Bundesebene* ein für alle zugewanderten Minderheiten zuständiges, ressortübergreifendes *Bundesamt für Migration und Integration* mit Konzeptionsaufgaben und Koordinationsfunktionen in interministeriellen Bereichen, zwischen Bundes- und Landesebene, nationaler und supranationaler Ebene sowie mit Ombudsman-Funktionen. Es sollte kein allzuständiger bürokratischer Wasserkopf werden, aber Gewicht genug haben, um

Gesamtkonzeptionen mit Bindewirkung zu entwerfen, praxisorientiert fortzuschreiben, auf ihre Umsetzung zu achten, Zuständigkeitslücken aufzuspüren, zu überbrücken und lähmender Ressortkonkurrenz im behördlichen Kompetenzgerangel zu wehren. Mit interministeriellen Kommissionen allein ist das auf Dauer nicht zu machen. Etatismus ist nicht angesagt, aber doch ein Mindestmaß an übergreifender Struktur, das der gesellschaftspolitischen Bedeutung des Problemfelds entspricht.

Es gab, in der ersten Republik, schon einmal einen – glücklosen – Versuch zu einer solchen Institution, der eher geeignet ist, im historischen Rückblick aus Fehlern zu lernen: Es war das vergessene ‚Reichsamt für deutsche Einwanderung, Rückwanderung und Auswanderung (Reichswanderungsamt)', das in der Weimarer Republik 1919–1924 existierte. Trotz seines umfassenden Titels beschäftigte es sich, zeitbedingt, vorwiegend mit Auswanderungsfragen. Als Behörde blieb es, zwischen Außen- und Innenressort vergrätscht, eine strukturelle Fehlgeburt mit großem Apparat, geringer Kompetenz und Effizienz. Es war deshalb auch nachgerade prädestiniert für eine Opferrolle in der Haushaltsmisere seiner Zeit: 1924 wurde es vom Sparkommissar zusammengestrichen zu einer dem begehrlichen Innenministerium unterstellten ‚Reichsstelle für das Auswanderungswesen', die als solche bis 1944 bestand. Ihre Nachfolgeinstitution, die ‚Bundesstelle für das Auswanderungswesen' von 1950 und das ‚Bundesamt für Auswanderung' von 1952 wurden zu behördlichen Stationen auf dem Weg zum heutigen Bundesverwaltungsamt (1959)[13].

Neben dem Amt für Migration und Integration auf Bundesebene erforderlich ist die auch im letzten Bericht der im Juli 1991 aus Protest gegen die Unzulänglichkeiten der Migrations- und Integrationspolitik zurückgetretenen Ausländerbeauftragten der Bundesregierung, Liselotte Funcke, geforderte *Ständige Kommission für Migration und Integration*[14]: Dem Bundesamt für Migration und Integration zugeordnet, sollte sie als Beratungsinstitution die unterschiedlichen Sichtweisen, Wahrnehmungsformen und Erfahrungsdimensionen der relevanten gesellschaftlichen Gruppen einschließlich der zugewanderten Minderheiten einbringen und das konzeptionelle Bemühen um ein möglichst einvernehmliches Zusammenleben von Mehrheit und Minderheit auf breiten gesellschaftlichen Konsens gründen.

Auf *Landesebene* nötig sind in allen Bundesländern nicht mehr nur ‚Ausländerbeauftragte', sondern *Beauftragte für zugewanderte Minderheiten* mit Staatssekretärsrang, zureichender Ausstattung und Kompetenz. Auf *kommunaler Ebene* fehlt ein im Umfang noch deutlich über das bestehende Beratungssystem der Wohlfahrtsverbände hinausgehendes Netz von *Einwandererberatungsstellen* zur Begleitung im Einwanderungsprozeß. All das bedarf sorgsamer Abstimmung und einer flexiblen

Praxis, damit nicht eine Sonderbürokratie entsteht, die durch kontraproduktives Verwaltungshandeln segregativ statt integrativ wirkt.

Hier kann heute nicht mehr nur von überseeischen Einwanderungsländern gelernt werden, sondern inzwischen auch schon von anderen europäischen Staaten, in denen das entsprechende Institutionengefüge in einiger Hinsicht deutlich weiter entwickelt ist. Das gilt vom ‚Nationalen Rat für die Einwandererbevölkerung‘, dem ‚Interministeriellen Integrationskomitee‘ und dem ‚Hohen Rat für die Integration‘ in Frankreich über die ‚Kommission für rassische Gleichheit‘ in England und die ‚Eidgenössische Kommission für Ausländerprobleme‘ in der Schweiz bis zu dem von zwei Ministern geleiteten ‚Arbeits- und Migrationsministerium‘, dem ‚Staatlichen Migrationsamt‘ und dem ‚Ombudsman gegen ethnische Diskriminierung‘ in Schweden[15].

Beispiel 2: Im Bereich der *Forschung* geht es um die Intensivierung und damit auch um eine gezielte Schwerpunktförderung von *Migrations-, Integrationsforschung und interkulturellen Studien* im interdisziplinären Verbund. Nicht kurzlebige Einzelprojekte sollten dabei im Vordergrund stehen, sondern langfristige *Forschungsprogramme* und interdisziplinäre *Forschungsinstitute*, wie es sie in den meisten Ländern gibt, die mit vergleichbaren Problemen von Migration, Akkulturation und Ethnizität konfrontiert sind: von Jugoslawien (z. B. ‚Institute for Migration and Ethnicity‘, Zagreb) über die Niederlande (z. B. ‚Centre for the Study of Multi-Ethnic Societies‘, Utrecht), Belgien (z. B. ‚Groupe d'Etude des Migrations et des Relations Interethniques‘, Leuven) und Schweden (z. B. ‚Centre for Multiethnic Research‘, Uppsala) bis in die Vereinigten Staaten (z. B. ‚Center for Migration Studies‘, New York) und nach Australien (z. B. ‚Center for Multicultural Studies‘, Wollongong).

Als Brücke zwischen Wissenschaft, Verwaltung und Politik hinzutreten sollte ein außeruniversitäres, mit den einschlägigen Fachwissenschaften und interdisziplinären Forschungsinstituten kooperierendes *Bundesinstitut für Migrations- und Integrationsforschung*. In seiner Grundkonzeption in einiger Hinsicht zum Beispiel dem Wiesbadener Bundesamt für Bevölkerungsforschung oder dem anders konzipierten Institut für Arbeitsmarkt- und Berufsforschung bei der Nürnberger Bundesanstalt für Arbeit vergleichbar, könnte es dem Bundesamt für Migration und Integration angegliedert werden. Die Aufgaben eines solchen Instituts würden z. B. aktuelle Bestandsaufnahmen, deren kontinuierliche Fortschreibung, vergleichende Problemanalysen und prospektive Modellrechnungen ebenso einschließen wie die fehlende Verbindung von ‚historischen‘ Erfahrungen und aktuellen Problemen. Das gilt etwa für die oft gestellte Frage, was aus der ‚Verwaltung‘ früherer für heutige Einwanderungsprobleme ‚gelernt‘ werden kann, z. B. aus der Flüchtlingsintegration des Nachkriegsjahrzehnts für die Aussiedlerintegration heute. Es gilt aber auch für die dem Migrationshistoriker vom Aktenstudium her vertraute Erkenntnis, daß sich gerade auf diesem, in der deutschen Politik- und Verwaltungsgeschichte sehr wechselvollen Problemfeld nach einiger Zeit immer wieder eine neue Generation von Beamten um Einsichten und Erfahrungen im Verwaltungshandeln müht, die eine frühere Generation zum Teil schon hatte[16]. Insgesamt geht es darum, Erkennbares rechtzeitig erkennbar zu machen und so dazu beizutragen, in der Migrations-, Integrations- und Minderheitenpolitik die Ära der Überraschungen und reaktiven Improvisationen zu überwinden zugunsten von aktiver Planung auf im Rahmen des Möglichen gesicherten Grundlagen.

Beispiel 3: Für die vielfältigen Aufgabenbereiche mit unterschiedlichem Verantwortungsrang – von der übergreifenden Planung und Problemsteuerung bis zur begleitenden Beratung und Betreuung im Alltag der Einwanderungssituation – fehlt es an *Fachpersonal und Ausbildungskapazitäten:* Dabei geht es in *Universitäten und Fachhochschulen* um interdisziplinäre Erweiterungs- und Aufbaustudiengänge, um komplette Studiengänge in Zusammenarbeit mit besonderen praxisorientierten Ausbildungsinstitutionen und um die berufsbegleitende Fortbildung. Entscheidend ist dabei die problemorientierte, fächerübergreifende Kooperation im Ausbildungsangebot. Teildisziplinen wie Ausländerpädagogik oder Zweisprachendidaktik sind wichtig, aber unzureichend. Es genügt auch nicht, Jurist zu sein und sich in den Rest einzuarbeiten. Sozialpädagogen, in den Krisen des Alltags als Mädchen für alles ohnehin schon vielfach überfordert, dürfen nicht ohne Zusatzausbildung alleingelassen werden mit dem Krisenmanagement der Einwanderungssituation. ‚Learning by doing' ist kein Ausbildungsersatz.

All dies sind nur einige Beispiele und Vorschläge für Gestaltungsaufgaben auf Bundes-, Landes- und kommunaler Ebene. Sie müssen verschränkt werden mit Konzepten einer europäischen Migrations-, Integrations- und Minderheitenpolitik sowie mit dem großen Bereich einer europäischen Flüchtlingspolitik. Von dieser supranationalen Ebene aus muß im internationalen und globalen Zusammenhang ein gemeinsamer Beitrag erbracht werden zu jener entwicklungsorientierten Migrationspolitik bzw. migrationsorientierten Entwicklungspolitik, die ohne internationalen ‚Lastenausgleich' nicht mehr denkbar ist[17].

Europäische Konzepte aber sollten nicht nur von oben nach unten, also von der supranationalen über die nationale herab bis zur kommunalen Ebene strukturiert werden, sondern gewissermaßen auch ‚quer' zu diesen Strukturen – denn die zu erwartenden ethnosozialen und regionalen Probleme innerhalb eines zusammenwachsenden Europa liegen selbst quer zu diesen Strukturhierarchien. Ohne die Bereitschaft, auf nationaler Ebene umzudenken, wird sich freilich auch auf euro-

internationaler Ebene vieles gar nicht, anderes wenig und alles insgesamt zu spät bewegen. ‚Auf Europa warten' war und ist hier ebenso bedenklich wie das Bestreben, an Europa vorbei noch vorab durch bi- bzw. multinationale Absprachen Tabuzonen für die anstehende europäische Gestaltung zu errichten.

Migrations-, Integrations- und Minderheitenpolitik als langfristige Gestaltungsaufgabe aber setzt, zumindest in den Grundzügen, einen gesellschaftlichen Fundamentalkonsens voraus über die Gestaltung der eigenen Zukunft. Für langfristige Planungen grundlegende Daten, aus Modellrechnungen abgeleitete Strukturtrends und alternative Szenarien liegen vor bis zum Jahr 2030[18]. Was fehlt, ist die darauf gestützte politische und gesellschaftliche Generaldebatte zum Thema Zukunft, bei der freilich nicht in Legislaturperioden, sondern in Generationen zu denken ist.

7.7. Deutschland im Jahr 2030: Modellrechnungen und Visionen

Von Wolfgang Klauder

Wir erleben gegenwärtig auf den verschiedensten Gebieten menschlichen Lebens und Zusammenlebens Veränderungen historischen Ausmaßes. Kann man es wagen, in einer solchen Umbruchsituation Aussagen über das vereinte Deutschland im Jahre 2030 zu treffen? Quantitative Vorausschätzungen stoßen sicherlich mehr denn je für einen so langen Zeitraum auf erhebliche Grenzen. Die Erfahrungen zeigen jedoch, daß es säkulare Tendenzen in Wirtschaft und Gesellschaft gibt. Sie tragen dazu bei, daß sich die Trends vieler Grobstrukturen als erstaunlich beharrlich erweisen und sogar Krisen und Kriege überdauern. Auf ihrer Basis lassen sich auch längerfristige Szenarien und Visionen entwickeln. Modellrechnungen schließlich vermitteln dabei Einblicke in denkbare zukünftige Größenordnungen sowie in die möglichen Auswirkungen verschiedener Annahmen und Reaktionen im Zusammenspiel aller Einflußfaktoren und damit in das relative Gewicht zukünftiger Probleme.

Die Wirtschafts- und Arbeitswelt des Jahres 2030 wird – wenn man von Politikeinflüssen einmal absieht – vor allem von den dann herrschenden Rahmenbedingungen in den Bereichen der Technik und Umwelt, der internationalen Beziehungen, der Bevölkerung und der Weltanschauung abhängen. In Deutschland wie auch in vielen anderen Industrieländern dürften auf diesen Gebieten insbesondere die folgenden Tendenzen die Entwicklung der nächsten Jahrzehnte prägen: grundlegend neue Technologien, Umweltschutz, Überwindung der Grenzen, Individualisierung, niedrige Geburtenziffern und Wanderungen[1]. Am Schluß dieses Bandes steht dabei vor allem die Frage nach den zukünftigen Wanderungen vor dem Hintergrund der übrigen längerfristigen Bevölkerungs-, Wirtschafts- und Arbeitsmarkttendenzen.

Tendenzen der Arbeitslandschaft

Arbeit wird auch im Jahre 2030 genug vorhanden sein. Angesichts der Weltbevölkerungsexplosion, der wirtschaftlichen Unterentwicklung eines großen Teils der Menschheit, der weltweit existenzbedrohenden Umwelt- und Energieprobleme, der immer noch bestehenden Gefahr gravierender Wohlfahrtseinbußen oder gar Zerstörungen durch menschliches Fehlverhalten und Kriege kann sicherlich keine Rede davon sein, daß der Menschheit in absehbarer Zeit die Aufgaben ausgingen oder gar eine allgemeine Sättigung der Bedürfnisse in Sicht sei. Die Geschichte des technischen Fortschritts ist eine Geschichte der fortlaufenden Umwandlung oder Vernichtung hergebrachter Märkte und Arbeitsplätze sowie der Entstehung neuer Produktmärkte und Betätigungsfelder und damit neuer Arbeitsplätze. Über die neuen Märkte und Arbeitsplätze der Zukunft können in der Gegenwart oft noch gar keine Vorstellungen bestehen. Umweltschutz und ‚Wertewandel' stehen Wirtschaftswachstum und Vollbeschäftigung nicht entgegen. Die Überwindung der Grenzen in den internationalen Wirtschaftsbeziehungen eröffnet auf dem Weg über eine bessere internationale Arbeitsteilung zusätzliche Wachstumschancen.

Sieht man einmal von Katastrophenszenarien ab, so dürfte Deutschland im Jahre 2030 ein Wirtschaftszentrum innerhalb Europas und der Welt sein wie heute die Ballungszentren innerhalb Westdeutschlands, mit gleichermaßen außerordentlich hohen Export- und Importquoten. Forschungs- und entwicklungsintensive Hochtechnologien, flexible, individuelle Fertigungen und Dienstleistungen werden die Wirtschaftsstruktur prägen. Produkte und Verfahren, Energie, Verkehr und Dienstleistungen könnten von vornherein weitgehend umweltverträglich ausgelegt und die Bundesrepublik ein führender Exporteur und Lizenzgeber umweltverträglicher Technik sein. Die Mikroelektronik wird fast alle Lebensbereiche durchdrungen, viele Routinetätigkeiten automatisiert, Dezentralisierung und Flexibilisierung des Wirtschaftslebens vorangetrieben haben. In beachtlichem Umfang werden Betriebs- und Arbeitszeiten entkoppelt und die Arbeitszeiten individualisiert sein. Gemessen an den Tätigkeiten wird die Arbeitsgesellschaft eine ‚Dienstleistungsgesellschaft' im weitesten Sinne sein[2]. Für die hochentwickelte

komplexe und international verflochtene Industrie werden insbesondere ‚humankapitalintensive' Dienstleistungen immer wichtiger. 2030
dürften mehr als 50% aller Erwerbstätigen (1985 in Westdeutschland erst
ca. 28%) in Wirtschaft und Verwaltung höher qualifizierte Dienstlei-
stungstätigkeiten wie Forschen, Entwickeln, Organisieren, Managen,
Betreuen, Beraten, Lehren ausüben, dagegen nur noch ca. 15 bis höchstens 20% der Erwerbstätigen unmittelbar produktionsbezogene Tätigkeiten wie Gewinnen, Herstellen, Warten, Reparieren (1985 rd. 35%).
Der Anteil einfacher (Hilfs-)Tätigkeiten könnte bis 2030 auf rd. 10%
zurückgehen (1985 rd. 27%), der Bedarf an ‚Ungelernten' dabei sogar
auf deutlich unter 10% (1987 rd. 23%)[3]. Gefragt sein werden auf allen
Ausbildungsebenen flexible und qualifizierte Erwerbspersonen.

Diese Vision wird allen Modellrechnungen zufolge um so eher Wirklichkeit werden, je offensiver und schneller der nötige Strukturwandel
vorangetrieben wird. Desto günstiger dürften auch Wirtschaftswachstum und Beschäftigungslage ausfallen. Wie sind in diesem Zusammenhang Bevölkerungsentwicklung und Wanderungen zu beurteilen?

Bevölkerungsanstieg bedeutet wachsende Märkte. Das Wirtschaftswachstum hängt jedoch noch von einer ganzen Reihe zusätzlicher
Faktoren ab. Daher kann sich das Sozialprodukt selbst bei schrumpfender inländischer Bevölkerung weiter erhöhen. Nationale Nachfragear-
gumente dürften außerdem im Zuge der Internationalisierung des Wirtschaftslebens durch den EG-Binnenmarkt, die wachsende weltwirt-
schaftliche Verflechtung und die Überwindung der Blockgrenzen zunehmend an Gewicht verlieren. Bei Zuwanderungen kommt es in der
Regel sogar zu vergleichsweise besonders starken expansiven Impulsen.
Denn Zuwanderer entfalten einerseits wegen ihres Nachholbedarfs eine
überdurchschnittlich hohe Nachfrage und vermehren andererseits das
Arbeitskräfteangebot um häufig relativ junge, besonders engagierte,
flexible und auch regional mobile Personen. Vermutlich wären ohne den
jeweiligen Zustrom relativ junger und außerdem qualifizierter Deutscher in Millionenhöhe weder das ‚Wirtschaftswunder' der Nachkriegszeit noch der Aufschwung der Jahre 1989–90 so ausgeprägt gewesen.
Und ohne den Ausländerzustrom zwischen 1960 und 1973 hätten seinerzeit weder Bildungsexpansion noch früherer Ruhestand ohne zeitweilige wachstumshemmende Arbeitsmarktengpässe realisiert werden
können. Im gesamtwirtschaftlichen Saldo betrachtet, pflegen sich die
Zuwanderer unter der Voraussetzung einer expandierenden Marktwirtschaft mittelfristig also letztlich ihre Arbeitsplätze selber zu schaffen,
sofern nicht vorwiegend das soziale Netz in Deutschland lockt. Dies
schließt anfängliche ‚Friktionsarbeitslosigkeit' nicht aus, etwa wegen
sprachlicher oder qualifikatorischer Anpassungsprobleme. Insbesondere bei größeren Wanderungsschüben, die die kurzfristige Aufnahme-

fähigkeit des Arbeitsmarktes überfordern, kann diese Arbeitslosigkeit auch länger andauern. Ferner kann sich durch die hinzukommende Konkurrenz der Zuwanderer der Abbau einer bereits bestehenden inländischen Arbeitslosigkeit zeitweilig verzögern, vor allem wiederum bei starken Wanderungsschüben. Die Schaffung einer größeren Zahl neuer Arbeitsplätze braucht Zeit.

Es spricht einiges dafür, daß aufgrund der veränderten Rahmenbedingungen nicht nur die Bundesrepublik, sondern alle westlichen Industrieländer heute in der Anfangsphase einer neuen langen Wachstumswelle stehen und dazu auch Zuwanderungen beitragen. Im Jahre 2000 könnte es daher z. B. in Westdeutschland rd. 2,5 Mio. Arbeitsplätze mehr geben als 1989[4]. Auch in Ostdeutschland dürfte es nach Überwindung der Umstellungsschwierigkeiten zu einem langanhaltenden Wirtschaftsaufschwung kommen. Wie werden sich demgegenüber Arbeitskräfteangebot und Bevölkerung entwickeln? Könnte etwa der Geburtenrückgang längerfristig zu einer das Wirtschaftswachstum hemmenden Arbeitskräfteknappheit führen?

Tendenzen von Bevölkerung und Arbeitskräfteangebot

Fast überall in den Industrieländern sinken im längerfristigen Trend die Geburtenraten. Am ausgeprägtesten fiel bislang der Rückgang in Westdeutschland aus, wo die globalen Geburtenraten schon seit Mitte der 1970er Jahre nur noch Werte zwischen 60 und 70% des zur Bestandserhaltung der Bevölkerung nötigen Niveaus erreichen. Nach allen vorliegenden Analysen ist kaum damit zu rechnen, daß es in den Industriegesellschaften in absehbarer Zeit zu einer Stabilisierung der Geburtenhäufigkeit auf dem Niveau der Bestandserhaltung kommen könnte[5]. Möglich erscheint indessen eine Abschwächung des Rückganges, wenn Hemmnisse abgebaut werden, die derzeit verhindern, daß vorhandene Wünsche nach Kindern auch realisiert werden.

Ohne Zuwanderungen ist demzufolge sowohl in Deutschland als auch in den übrigen Industrieländern mit einer erheblichen Bevölkerungsabnahme zu rechnen. Im vereinten Deutschland lebten 1990 rd. 79 Mio. Menschen. Unter der Annahme, daß sich einerseits die Lebenserwartung noch bis 2000 weiter leicht erhöht, andererseits die Geburtenziffern in Westdeutschland annähernd gleichbleiben und sich in Ostdeutschland bis 2000 dem westdeutschen Niveau anpassen, könnte die Bevölkerungszahl 2010 um rd. 4 Mio. und 2030 um rd. 14 Mio. niedriger sein als heute (vgl. Abb. S. 459). Selbst ohne weitere Zuwanderungen würden trotz des Geburtenrückganges im vereinten Deutschland im Jahre 2030 mit rd. 65 Mio. Einwohnern bzw. 180 Einwohnern je km² aber immer noch mehr Menschen wohnen als vor dem Zweiten Weltkrieg,

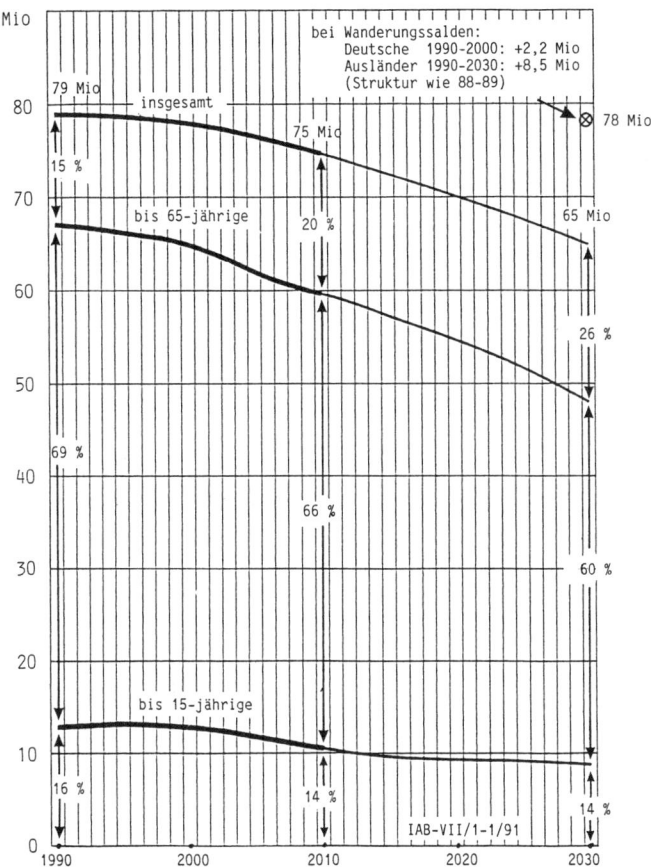

Wohnbevölkerung im vereinigten Deutschland 1990–2030 (bei Geburtenhäufigkeit von 1988, verlängerter Lebenserwartung und Wanderungssaldo Null).

als die Parole vom ‚Volk ohne Raum' in vieler Munde war. Niedrige Geburtenziffern lassen die Bevölkerung allerdings zusehends altern, auch wenn sich der Anteil der Jüngeren schließlich auf niedrigerem Niveau stabilisiert[6].

Der Schrumpfungs- und Alterungsprozeß der Bevölkerung müßte bei einer in den einzelnen Alters-, Geschlechts- und Familienstandsgruppen unveränderten Erwerbsbeteiligung zu einer erheblichen Abnahme des Erwerbspersonenpotentials führen. Der Rückgang könnte bis 2010 ebenfalls rd. 4 Mio. und bis 2030 rd. 12 Mio. bzw. rd. 30% erreichen (vgl. Abb. S. 460). Im Durchschnitt betrüge die jährliche Abnahmerate bis 2010 rd. 0,5% und zwischen 2010 und 2030 rd. 1,2%.

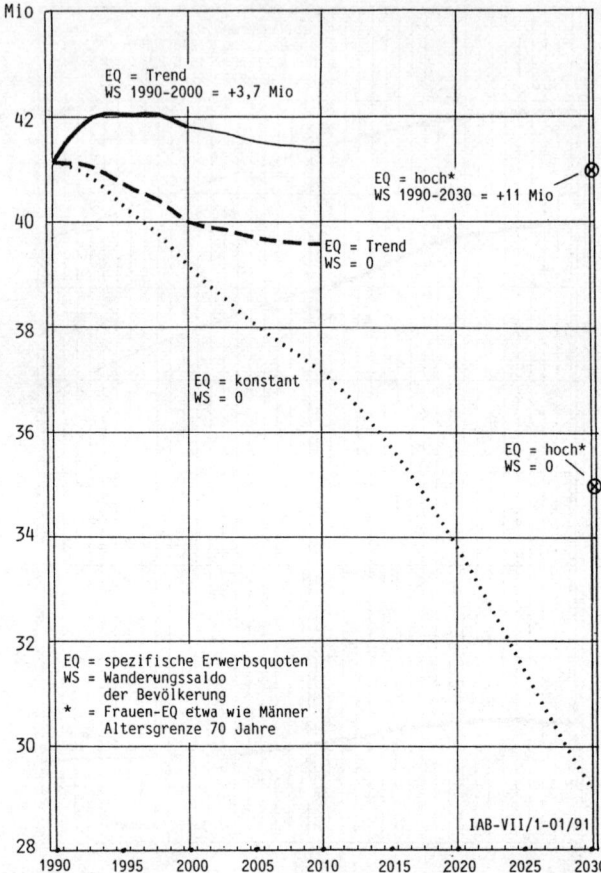

*Gesamtdeutsches Erwerbspersonenpotential 1990–2030 (Ergebnisse von Modell-
rechnungen für das vereinigte Deutschland; in Mio.).*

Bei einer generellen Arbeitskräfteverknappung sind indessen eine
ganze Reihe gegenläufiger Reaktionen der Marktteilnehmer und der
Politik zu erwarten. So könnte z. B. die demographisch bedingte
Schrumpfungskomponente beim Arbeitskräftepotential bis 2010 von
0,5 % jährlich schon mit einer leichten Steigerung des Rationalisierungs-
tempos und einer etwas geringeren jährlichen Arbeitszeitverkürzung
vollständig kompensiert werden. Ferner sind die Annahmen unveränderter Erwerbsbeteiligung und eines Wanderungssaldos von Null un-
realistisch.

Schreibt man für Westdeutschland den steigenden säkularen Trend der Erwerbsneigung von Frauen bis 2010 fort, unterstellt für Ostdeutschland bis 2000 eine gewisse Rückbildung der Frauenerwerbsquoten im Zuge der Anpassung an freiheitliche Lebensbedingungen und Marktwirtschaft und berücksichtigt außerdem die bereits verabschiedete weitgehende Wiederheraufsetzung der Altersgrenze auf 65 Jahre zwischen 2000 und 2010, so könnte es 2010 rd. 2 Mio. Erwerbspersonen mehr geben, als bei unveränderter Erwerbsbeteiligung zu erwarten wären (vgl. Abb. S. 460). Und würden sich bis 2030 die Frauenerwerbsquoten weiter fast auf das Männerniveau erhöhen, wie schon bis 2000 in Schweden erwartet, und sich die Alterserwerbstätigkeit bis zum 70. Lebensjahr ausweiten, könnte allein dadurch selbst 2030 der rein demographisch bedingte Rückgang des Arbeitskräftepotentials der Kopfzahl nach mit rd. 6 Mio. etwa zur Hälfte kompensiert werden. Etwa der gleiche Kompensationseffekt ergäbe sich, wenn bis 2030 die durchschnittliche Erwerbsbeteiligung in ganz Deutschland auf das durchschnittliche ostdeutsche Niveau von 1990 stiege.

Ferner ist mit weiteren Zuwanderungen zu rechnen. Das Potential an deutschstämmigen Aussiedlern liegt noch bei rd. 3 Mio., das der Ausländer ist angesichts der Weltbevölkerungsexplosion, möglicher Umweltkatastrophen und Kriege sowie der weltweiten Wirtschafts- und Arbeitsmarktprobleme und des enormen Wohlstandsgefälles praktisch unbegrenzt. Weltweit könnte es in den nächsten Jahrzehnten vielleicht sogar zu Wanderungsströmen kommen, wie sie die Welt noch nicht erlebt hat. In der Bundesrepublik ist dabei allerdings kaum noch an Zuwanderungen aus den übrigen EG-Ländern zu denken, da dort die Geburtenraten ebenfalls gesunken sind. Drastisch zunehmen dürfte demgegenüber der Zuwanderungsdruck aus Osteuropa, nachdem dort die Grenzen durchlässiger geworden sind, schließlich auch aus Asien und Afrika. Allein 1989 kamen nach Westdeutschland rd. 380000 Aussiedler und per Saldo 330000 Ausländer (einschl. rd. 120000 Asylsuchende), 1990 erneut fast 400000 Aussiedler sowie ca. 400000 Ausländer (einschl. 190000 Asylbewerber). Für Deutschland wird daher nicht die Anwerbung, sondern die Begrenzung und Gestaltung von Zuwanderungen ein Problem sein.

Bereits bei folgenden Wanderungssalden könnte es unter der Voraussetzung des eben skizzierten Anstiegs der Frauen- und Alterserwerbstätigkeit 2030 noch ebenso viele Arbeitskräfte und fast die gleiche Einwohnerzahl geben wie 1990: 1990–2000 + 2,2 Mio. Deutsche, 1990–2030 + 8,5 Mio. Ausländer. Wenn also ab 1990 durchschnittlich jährlich bis zum Jahr 2000 knapp 200000 Deutsche und bis zum Jahr 2030 gut 200000 Ausländer mehr zu- als abwandern, gäbe es im Jahr 2030 fast 13 Mio. Einwohner und ca. 6 Mio. Arbeitskräfte mehr als bei einem Nullwanderungssaldo (vgl. Abb. S. 459 u. S. 460). Dabei könnte für eine Konstant-

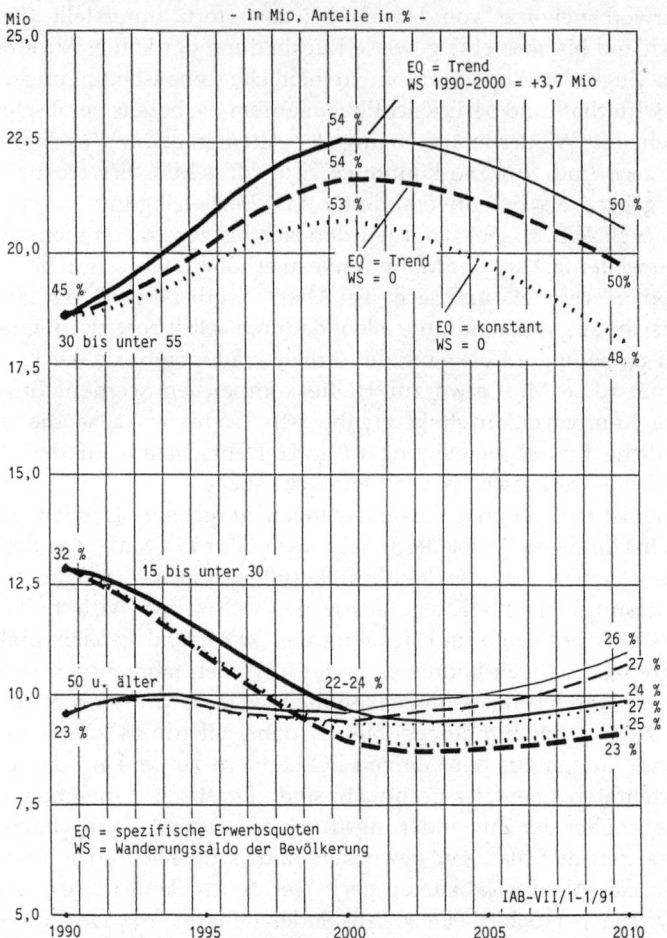

Gesamtdeutsches Erwerbspersonenpotential 1990–2010 nach drei Altersgruppen (in Mio.; Anteile in %).

haltung der derzeitigen Einwohner- und Arbeitskräftezahlen bis 2010, bevor die geburtenstarken Jahrgänge aus den Mittfünfziger bis zu den Mittsechziger Jahren ins Rentenalter kommen, sogar ein wesentlich niedrigerer Ausländersaldo ausreichend sein, der sich dann allerdings nach 2010 entsprechend stark erhöhen müßte.

Bei der in Abb. S. 460 für 1990–2000 angenommenen Nettozuwanderung von durchschnittlich jährlich rd. 340 000 Aussiedlern und Ausländern stiege das Arbeitskräftepotential bis 2000 noch um ca. 0,7 Mio. Personen und würde selbst 2010 noch um ca. 0,3 Mio. über dem Niveau von 1990 liegen. Würde es nun aber gleichzeitig zu der erwähnten günstigen Wirtschaftsentwicklung kommen, dann könnte sich trotzdem in der zweiten Hälfte der 1990er Jahre die Arbeitslosenzahl deutlich verringern, wobei nach 2000 ohne weitere Zuwanderungen sogar zunehmende Arbeitskräfteknappheit nicht auszuschließen wäre.

Selbst hohe Zuwanderungen werden indessen den Alterungsprozeß von Bevölkerung und Erwerbspersonenpotential nicht verhindern, sondern nur zeitweilig abschwächen können, da nicht vorwiegend Kinder und Jugendliche kommen und die Zuwanderer sich auch im generativen Verhalten allmählich den Einheimischen anzupassen pflegen. Selbst bei der Zuwanderungsvariante wird der Anteil der unter 30jährigen Erwerbspersonen von derzeit 32% schon bis 2000 auf 23% zurückgehen (vgl. Abb. S. 462). Auch 2030 dürfte mit dieser Größenordnung zu rechnen sein.

Wie sind die skizzierten Tendenzen und Ausgleichsmöglichkeiten im Lichte des Strukturwandels der Arbeitswelt zu beurteilen? Der Trend zur Dienstleistungsgesellschaft und zu flexibleren Arbeitszeiten wird es zweifellos den Frauen und älteren Menschen erleichtern, eine Erwerbstätigkeit merklich besser als bisher mit ihren individuellen Wünschen und Möglichkeiten in Einklang zu bringen. Dagegen könnte die Alterung des Erwerbspersonenpotentials den Produktivitätsfortschritt hemmen und die Innovations-, Anpassungs- und Leistungsfähigkeit der Volkswirtschaft gefährden, wenn es nicht schon bald zu einem massiven Ausbau der Weiterbildung für alle Erwerbstätigen kommt, um den von den veränderten Rahmenbedingungen ausgehenden grundlegenden Strukturwandel zu bewältigen und das auszugleichen, was an neuem Wissen nicht mehr über den Generationswechsel ins Erwerbssystem gelangt. Wachsende Probleme könnten aber auch dadurch entstehen, daß in Zukunft einerseits der Anteil unqualifizierter, den deutschen Lebensformen fernstehender und der deutschen Sprache nicht mächtiger Ausländer an den Zuwanderungen wieder steigen dürfte, andererseits der Bedarf an nicht oder gering qualifizierten Arbeitskräften tendenziell immer weiter sinken wird. Ohne erhebliche Integrations- und Qualifizierungsanstrengungen besteht daher bei den zugewanderten Ausländern die Gefahr steigender struktureller Arbeitslosigkeit. Diese wiederum müßte die Tendenzen zur Bildung einer aus Ausländern bestehenden chancengeminderten neuen sozialen Unterschicht erheblich verstärken.

Fazit – Deutschland im Jahr 2030

Im Jahre 2030 könnte Deutschland innerhalb eines wirtschaftlich und politisch zusammengewachsenen Europas und einer freien arbeitsteiligen Weltwirtschaft ein hochproduktives, forschungs- und entwicklungsintensives internationales Wirtschaftszentrum mit hohem Dienstleistungsanteil sein. Arbeit wird es prinzipiell genug geben, allerdings immer weniger einfache Erwerbsarbeit. Bei weitgehend flexiblen und individualisierten Arbeitszeiten wird jede zweite Erwerbsperson eine Frau und mancher rüstige 70jährige noch erwerbstätig sein. Die Folgen niedriger Geburtenziffern für das Arbeitskräfteangebot werden zu einem beachtlichen Teil durch Rationalisierung, Verzicht auf weitere generelle Arbeitszeitverkürzungen sowie die hohe Frauen- und Alterserwerbstätigkeit ausgeglichen. Weder die Bundesrepublik noch die EG könnten sich jedoch in einer Umwelt ärmerer und teilweise in ihrer Existenz gefährdeter und noch wachsender Bevölkerungen zu einer Insel mit schrumpfender Einwohnerzahl und zugleich steigendem Lebensstandard abschotten. Deutschland dürfte daher im Jahre 2030 kaum weniger Einwohner und Arbeitskräfte haben als heute, eher mehr.

Die Zuwanderung dürfte damit zwar einerseits nachteilige Effekte des Geburtenrückganges zum großen Teil ausgeglichen haben. Andererseits könnte es aber auch zu ernsten sozialen Konflikten gekommen sein, sofern die Qualifizierungs- und Integrationsfähigkeit der Zuwanderer und die jeweilige Aufnahmefähigkeit des Arbeitsmarktes sowie die Absorptionsbereitschaft der einheimischen Bevölkerung überfordert wurden. Nötig wäre es daher, in Abstimmung mit den übrigen EG-Ländern ein Gesamtkonzept einer gestaltenden Ausländerpolitik zu entwickeln und umzusetzen, welches alle Politikbereiche umfaßt, Zuwanderern wie Einheimischen eindeutige Perspektiven eröffnet und eine reglementierende und integrierende Einwanderungspolitik insbesondere auch mit Schritten zur Lösung der Wirtschafts- und Beschäftigungsprobleme der Herkunftsländer verknüpft[7].

8. Anhang

8.1. Anmerkungen

Einführung
Von Klaus J. Bade

1 Andreas Kuntz, Beatrix Pfleiderer (Hg.), Fremdheit und Migration, Berlin 1987.
2 Dirk Hoerder, Diethelm Knauf (Hg.), Aufbruch in die Fremde. Europäische Auswanderung nach Übersee, Gütersloh 1991; Manfred Briegel, Wolfgang Frühwald (Hg.), Die Erfahrung der Fremde. Kolloquium des Schwerpunktprogramms ‚Exilforschung' der Deutschen Forschungsgemeinschaft, Weinheim 1988; Fremdsein. Minderheiten und Gruppen in Hessen (Hessische Blätter für Volks- und Kulturforschung, Bd. 23), Marburg 1988; Hartmut Esser, Die fremden Mitbürger, Düsseldorf 1983; Wolf D. Bukof, Roberto Llaryora, Mitbürger aus der Fremde, Wiesbaden 1988; Barbara Malchow u. a., Die fremden Deutschen: Aussiedler in der Bundesrepublik, Reinbek 1990; Peter Wittemann (Hg.), In der Fremde zu Haus, Stuttgart 1984; Brigitte Kraemer, Paul Geiersbach, Fremde Heimat Deutschland, Nördlingen 1988; Klara Osiander, Johannes Zerger, Rückkehr in die Fremde, Augsburg 1988; Ottmar Fuchs, Die Fremden (Theologie zur Zeit, Bd. 4), Düsseldorf 1988; Detlev Nothnagel, Der Fremde im Mythos. Kulturvergleichende Überlegungen zur gesellschaftlichen Konstruktion einer Sozialfigur, Frankfurt a. M. 1988; Ina-Maria Greverus u. a. (Hg.), Kulturkontakt – Kulturkonflikt: Zur Erfahrung des Fremden, Frankfurt a. M. 1988; Utz Jeggle, Das Fremde im Eigenen – Ansichten der Volkskunde, in: Kuntz/Pfleiderer, S. 13–32; Hartmut M. Griese (Hg.), Der gläserne Fremde? Gastarbeiterforschung und Ausländerpädagogik, Leverkusen 1984; Elisabeth Hollmann, Petra Vall, Die Fremden unter den Eingeborenen. Interkulturelles Lernen in der Fortbildung, Stuttgart 1989; Christine Albert u. a., Leiden in der Fremde. Zur psychosozialen Situation ausländischer Familien, Berlin 1986; Antonio Morten (Hg.), Vom heimatlosen Seelenleben: Entwurzelung, Entfremdung und Identität. Der psychische Seilakt in der Fremde, Bonn 1988.
3 Arthur E. Imhof, Statistiker, Historiker – und die anderen. Ein Kapitel angewandter Bevölkerungsstatistik, in: Wolfgang Ribbe (Hg.), Berlin-Forschungen, Bd. 1, Berlin 1986, S. 286–332, hier S. 303; vgl. Klaus J. Bade, Sozialhistorische Migrationsforschung, in: Ernst Hinrichs, Henk van Zon (Hg.), Bevölkerungsgeschichte im internationalen Vergleich: Studien zu den Niederlanden und Nordwestdeutschland, Aurich 1988, S. 63–74.

4 Hierzu die Beiträge von Klaus J. Bade (7.1–3).

5 Hierzu jetzt: Beate Winkler, Zukunftsangst Einwanderung, München 1992.

6 Überblick: Klaus J. Bade, Deutsche im Ausland – Ausländer in Deutschland, in: Deutschland – Portrait einer Nation, Bd. 10: Deutschland, Europa und die Welt, Gütersloh 1986, S. 74–85 (2. Aufl. 1991).

7 Vgl. Hagen Schulze, Gibt es überhaupt eine deutsche Geschichte?, Berlin 1989; allgemein: Werner Weidenfeld (Hg.), Geschichtsbewußtsein der Deutschen. Materialien zur Spurensuche einer Nation, Köln 1987.

8 Walter D. Kamphoefner, ,Entwurzelt' oder ,verpflanzt'? Zur Bedeutung der Kettenwanderung für die Einwandererakkulturation in Amerika, in: Klaus J. Bade (Hg.), Auswanderer – Wanderarbeiter – Gastarbeiter: Bevölkerung, Arbeitsmarkt und Wanderung in Deutschland seit der Mitte des 19. Jahrhunderts, 2 Bde., Ostfildern 1984 (2. Aufl. 1986), Bd. 1, S. 321–349.

9 Überblicke: Klaus J. Bade, Die deutsche überseeische Massenauswanderung im 19. und frühen 20. Jahrhundert: Bestimmungsfaktoren und Entwicklungsbedingungen, ebenda, S. 259–299; ders., German Transatlantic Emigration in the 19th and 20th Centuries, in: Piet C. Emmer, H. L. Wesseling (Hg.), Expansion and Migration, Leamington Spa 1992.

10 Werner Sombart, Die deutsche Volkswirtschaft im Neunzehnten Jahrhundert, Berlin 1903, S. 472.

1.1. Von der mittelalterlichen zur frühneuzeitlichen Ostsiedlungsbewegung
Von Volker Press

1 Zur Ostsiedlungsbewegung allgemein: Wilhelm Abel, Die Wüstungen des ausgehenden Mittelalters, 2. Aufl. Stuttgart 1955; Viktor Aschenbrenner, Ernst Birke, Walter Kuhn, Eugen Lemberg (Hg.), Die Deutschen und ihre östlichen Nachbarn, Frankfurt a. M. 1967; Hermann Aubin, Die Ostgrenze des alten deutschen Reiches: Entstehung und staatsrechtlicher Charakter, 2. Aufl. Darmstadt 1967; Hartmut Boockmann, Die mittelalterliche deutsche Ostsiedlung. Zum Stand ihrer Erforschung und zu ihrem Platz im allgemeinen Geschichtsbewußtsein, in: ders., Kurt Jürgensen, Gerhard Stoltenberg (Hg.), Geschichte und Gegenwart. Festschrift für Karl Dietrich Erdmann, Stuttgart 1980, S. 131–148; Hermann Conrad, Die mittelalterliche Besiedlung des deutschen Ostens und das deutsche Recht, Köln 1955; Frantisek Graus, Die Nationenbildung der Westslaven im Mittelalter, Sigmaringen 1980; Walter Kuhn, Die deutsche Ostsiedlung vom Mittelalter bis zum 18. Jahrhundert, in: Das östliche Deutschland, Würzburg 1959, S. 165–238; ders., Siedlungsgeschichte Oberschlesiens, Würzburg 1954; ders., Beiträge zur schlesischen Siedlungsgeschichte, München 1971; Karl Lechner, Die Babenberger. Markgrafen und Herzöge von Österreich 976–1246, Wien 1976; Friedrich Lotter, Die Konzeption des Wendenkreuzzugs, Sigmaringen 1977; Herbert Ludat, Polen und Deutschland, Graz 1963; ders., An Elbe und Oder um das Jahr 1000, Köln 1971; Walter Schlesinger, Die geschichtliche Stellung der mittelalterlichen deutschen

Ostbewegung, in: Historische Zeitschrift (HZ), 183. 1957, S. 517–542; ders. (Hg.), Die deutsche Ostsiedlung des Mittelalters als Problem der europäischen Geschichte (Vorträge und Forschungen, Bd. 18), Sigmaringen 1975.

2 Z. B. im 19. Jahrhundert die heftige Kontroverse zwischen Julius von Ficker und Heinrich von Sybel: es ging darum, ob die italienische Kaiserpolitik die Chance der deutschen Ostsiedlungsbewegung geschmälert habe. Zur ideologischen Debatte über die Ostsiedlungsbewegung: Wolfgang Wippermann, Der „deutsche Drang nach Osten". Ideologie und Wirklichkeit eines politischen Schlagwortes, Darmstadt 1981.

3 Hartmut Harnisch, Die Landgemeinde im ostelbischen Gebiet (mit Schwerpunkt Brandenburg), in: Peter Blickle (Hg.), Landgemeinde und Stadtgemeinde in Mitteleuropa. Ein struktureller Vergleich, München 1991, S. 309–332.

4 Zu Böhmen: Adolf Bachmann, Geschichte Böhmens, Bd. 1, Gotha 1899; Berthold Bretholz, Geschichte Böhmens und Mährens bis zum Aussterben der Przemysliden (1306), München 1912; Helmut Preidel (Hg.), Die Deutschen in Böhmen und Mähren. Ein historischer Rückblick, 2. Aufl. München 1952; Friedrich Prinz, Böhmen im mittelalterlichen Europa. Frühzeit, Hochmittelalter, Kolonisationsepoche, München 1984.

5 Helmolds Slawenchronik, hg. von Bernhard Schmeidler (Monumenta Germaniae Historica, Scriptores rerum Germanicarum in usum scholarum separatim editi 32), Hannover 1909.

6 Friedrich Benninghoven, Der Orden der Schwertbrüder. Fratres Milicie Christi de Livonia, Köln 1965; Hartmut Boockmann, Der Deutsche Orden. Zwölf Kapitel aus seiner Geschichte, 2. Aufl. München 1982; Carol Górski, L'ordine teutonico alle origine dello stato prussiano, Turin 1971; Guido Kisch, Die Kulmer Handfeste, Sigmaringen 1978; Werner Paravicini, Die Preußenreisen des europäischen Adels, in: HZ, 232. 1981, S. 25–38; Marian Tumler, Der Deutsche Orden im Werden, Wachsen und Wirken bis 1400 mit einem Abriß der Geschichte des Ordens von 1400 bis zur neuesten Zeit, Wien 1955; ders., Udo Arnold, Der Deutsche Orden. Von seinem Ursprung bis zur Gegenwart, 4. Aufl. Marburg 1986.

7 Joachim Herrmann (Hg.), Die Slawen in Deutschland. Geschichte und Kultur der slawischen Stämme westlich von Oder und Neiße vom 6. bis 12. Jahrhundert. Ein Handbuch, 2. Aufl. Berlin 1972.

8 Karl Heinz Blaschke, Die Entwicklung des sorbischen Siedelgebietes in der Oberlausitz, in: Herbert Ludat (Hg.), Siedlung und Verfassung der Slawen zwischen Elbe-Saale und Oder, Gießen 1960, S. 65–74.

9 Raimund Friedrich Kaindl, Geschichte der Deutschen in den Karpatenländern, 3 Bde., Gotha 1907–1911; Karl Kurt Klein, Transsylvanica. Gesammelte Abhandlungen und Aufsätze zur Sprach- und Siedlungsforschung der Deutschen in Siebenbürgen, München 1963; Georg Daniel Teutsch, Geschichte der Siebenbürgen-Sachsen für das sächsische Volk, Bd. 1: Von den ältesten Zeiten bis 1699, 3. Aufl. Hermannstadt 1899. Vgl. hierzu die Beiträge von Holm Sundhaussen (1.2, 1.3) und Günter Schödl (1.4).

10 Erich Fausel, Das Zipser Deutschtum, Jena 1927; Kaindl.

11 Friedrich Benninghoven, Rigas Entstehung und der frühhansische Kauf-

mann, Hamburg 1961; ders., Orden der Schwertbrüder; Paul Johannsen, Siedlungsgeschichte der Deutschen, Deutschbalten und Baltischen Lande, in: Handwörterbuch des Grenz- und Auslanddeutschtums, Bd. 2, Breslau 1936; Reinhard Wittram, Baltische Geschichte, München 1954.
12 Hierzu der Beitrag von Detlef Brandes (1.5).
13 Hierzu der Beitrag von Wolfgang Benz (6.5).
14 Hierzu der Beitrag von Klaus J. Bade (7.2).

1.2. Deutsche in Rumänien
Von Holm Sundhaussen

1 Nach der heutigen Verwaltungsgliederung Rumäniens hat Siebenbürgen (rumänisch: Ardeal) eine Fläche von 103000 qkm. Dazu gehören außer dem historischen Siebenbürgen, das zu unterschiedlichen Zeitpunkten zwischen 57000 und 62000 qkm umfaßte, die westlich angrenzenden Randgebiete des ehemaligen Ungarn, einschließlich des auch von Deutschen besiedelten Sathmar-Gebiets (Satu Mare) im Nordwesten.

2 Zu den Ergebnissen der Volkszählung von 1930 und zur räumlichen Verteilung der Rumäniendeutschen vgl. Dokumentation der Vertreibung der Deutschen aus Ost-Mitteleuropa, Bd. III: Das Schicksal der Deutschen in Rumänien, bearb. von Theodor Schieder, Bonn 1957, S. 3 E ff. (zit. Dokumentation Rumänien).

3 Aus der umfangreichen Literatur zur Geschichte der Siebenbürger Sachsen s. zu den Veröffentlichungen bis Ende der 1950er Jahre die Hinweise in der Einleitung zur Dokumentation Rumänien, S. 3 E–122 E; Hermann Hienz, Bücherkunde zur Volks- und Heimatkunde der Siebenbürger Sachsen, München 1960. Aus den neueren Veröffentlichungen: Carl Göllner (Hg.), Geschichte der Deutschen auf dem Gebiete Rumäniens, Bd. 1: 12. Jahrhundert bis 1848, Bukarest 1979; Ernst Wagner, Geschichte der Siebenbürger Sachsen. Ein Überblick, 3. Aufl. Innsbruck 1963; Gustav Gündisch, Aus Geschichte und Kultur der Siebenbürger Sachsen, Köln 1987. Eine Auswahl wichtiger Quellen findet sich bei Ernst Wagner (Bearb.), Quellen zur Geschichte der Siebenbürger Sachsen 1191–1975, Köln 1976; hierzu und zum folgenden: Thomas Nägler, Die Ansiedlung der Siebenbürger Sachsen, Bukarest 1979.

4 Harald Zimmermann, Hospites Theutonici. Rechtsprobleme der deutschen Südostsiedlung, in: Gedenkschrift für Harold Steinacker, München 1966, S. 67 ff.

5 Deutsche Übersetzung des Freibriefs in: Wagner, Quellen, S. 15 ff.

6 Dazu ausführlich Georg E. Müller, Die sächsische Nationaluniversität in Siebenbürgen, Hermannstadt 1928.

7 Wagner, Quellen, Dok. 26, S. 68 ff.

8 Ebenda, S. 8.

9 Einzelheiten bei Göllner, S. 101 ff.

10 Noch immer grundlegend Georg Daniel Teutsch, Geschichte der evangelischen Kirche in Siebenbürgen, 2 Bde., Hermannstadt 1921, 1922.

11 Carl Göllner, Die Siebenbürger Sachsen in den Revolutionsjahren 1848–1849, Bukarest 1967.

12 Zum folgenden Wagner, Quellen, S. 219 ff. und die ausführliche Darstellung von Friedrich Teutsch, Die Siebenbürger Sachsen in den letzten 50 Jahren 1868–1919, Hermannstadt 1926.

13 Zur Geschichte der Schwaben und des Banats s. u. a. ,Banat' in: Handwörterbuch des Grenz- und Auslanddeutschtums, Bd. 1, Breslau 1933, S. 207 ff. (mit umfangreichen Literaturhinweisen); Anton Valentin, Die Banater Schwaben. Kurzgefaßte Geschichte einer südostdeutschen Volksgruppe, München 1959; Josef Kallbrunner, Das kaiserliche Banat, I. Teil: Einrichtung und Entwicklung des Banats bis 1739, München 1959; Friedrich Lotz, Die frühtheresianische Kolonisation des Banats (1740–1762), in: Gedenkschrift für Harold Steinacker, München 1966, S. 146 ff.; Erik Roth, Die planmäßig angelegten Siedlungen im Deutsch-Banater Militärgrenzbezirk (1765–1821), München 1988; Anton Tafferner, Quellenbuch zur donauschwäbischen Geschichte, München 1974.

14 Sonja Jordan, Die kaiserliche Wirtschaftspolitik im Banat im 18. Jahrhundert, München 1967, S. 7 ff.

15 Ebenda, S. 19 ff.

16 Zu den Werbeaktionen und ihren Problemen s. die Dokumente bei Tafferner, Quellenbuch, S. 72 ff.

17 Literaturhinweise bei Hugo Moser, Schrifttum über das Deutschtum in Sathmar einschließlich Maramarosch und Bihar, in: Südost-Forschungen, 6. 1941, S. 204 ff.

18 Vgl. ,Bukowina' in: Handwörterbuch, S. 611 ff.; Rudolf Wagner, Die Bukowina und ihre Deutschen, Wien 1979; weitere Literaturnachweise bei Erich Beck, Bibliographie zur Landeskunde der Bukowina. Literatur bis zum Jahre 1965, München 1965; ders., Bibliographie zur Kultur und Landeskunde der Bukowina. Literatur aus den Jahren 1965–1975, Dortmund 1985.

19 Vgl. ,Bessarabien' in: Handwörterbuch, S. 309 ff.; Jakob Becker, Bessarabien und sein Deutschtum, Bietigheim 1966.

20 Einzelheiten bei Paul Traeger, Die Deutschen in der Dobrudscha. Zugleich ein Beitrag zur Geschichte der deutschen Wanderung in Osteuropa, Stuttgart 1922 und Hans Petry, Geschichte der deutschen Siedlungen in der Dobrudscha. Hundert Jahre deutschen Lebens am Schwarzen Meer, München 1956.

21 Teilabdruck aus den Karlsburger Beschlüssen in: Dokumentation Rumänien, S. 123 E f. und Wagner, Quellen, S. 264 ff.

22 Ebenda, S. 266 ff.

23 Ebenda, S. 269.

24 Dokumentation Rumänien, S. 24 E und Wagner, Quellen, Nr. 88, S. 272 ff.

25 Ebenda, S. 257 f.

26 Vgl. Egon Kaiss, Die Agrarreform in Rumänien, insbesondere in ihrer Auswirkung auf die siebenbürgische Landwirtschaft, Tübingen 1935.

27 Dazu ausführlich Erwin Wittstock, Die Liquidierung des sächsischen Nationalvermögens und die Enteignung der Sieben-Richter-Waldungen, Schäßburg 1931.

28 Josef Schramm, Sozio-ökonomische Struktur der deutschen Bauern in Süd-
    osteuropa bis 1945, in: Franz Ronneberger, Gerhard Teich (Hg.), Von der
    Agrar- zur Industriegesellschaft. Sozialer Wandel auf dem Lande in Süd-
    osteuropa, Lieferung 6, Darmstadt 1969, S. VI/14 f.
29 Dokumentation Rumänien, S. 19 E f.
30 Ebenda, S. 32 E.
31 Ausführlich dazu und zum folgenden Wolfgang Miege, Das Dritte Reich
    und die Deutsche Volksgruppe in Rumänien 1933–1938, Bern 1972; Johann
    Böhm, Das nationalsozialistische Deutschland und die deutsche Volks-
    gruppe in Rumänien 1936–1944, München 1988.
32 Die Deutschen dieser Gebiete – später auch die aus der Südbukowina, der
    Dobrudscha und Altrumänien – wurden ins Deutsche Reich umgesiedelt.
    Vgl. Dirk Jachomowski, Die Umsiedlung der Bessarabien-, Bukowina- und
    Dobrudschadeutschen. Von der Volksgruppe in Rumänien zur „Siedlungs-
    brücke" an der Reichsgrenze, München 1984.
33 In den an Ungarn abgetretenen Gebieten lebten ca. 35000 Deutsche.
34 Wagner, Quellen, S. 300 f. und Dokumentation Rumänien, S. 128 E f.
35 Dokumentation Rumänien, S. 63 ff.
36 Ebenda, S. 81 E ff.
37 Brigitte Mihok, Die rumänische Nationalitätenpolitik seit 1945, in: Südost-
    Europa. Zeitschrift für Gegenwartsforschung, 39. 1990, S. 204 ff.
38 Wagner, Quellen, S. 333 ff.

1.3. Die Deutschen in Jugoslawien
Von Holm Sundhaussen

1 Zur Geschichte Jugoslawiens von der Staatsgründung bis zu Titos Tod s.
   Holm Sundhaussen, Geschichte Jugoslawiens 1918–1980, Stuttgart 1982.
2 Zu Einzelheiten s. u. a. Gerhart Wolfrum, Die Völker und Nationalitäten, in:
   Werner Markert (Hg.), Osteuropa-Handbuch. Jugoslawien, Köln 1954, S. 20;
   Matthias Annabring, Volksgeschichte der Donauschwaben in Jugoslawien,
   Stuttgart 1955, S. 11 f.; Hans-Ulrich Wehler, Nationalitätenpolitik in Jugoslawien. Die deutsche Minderheit 1918–1978, Göttingen 1980, S. 14 ff., 96 ff.
3 Wehler, S. 17, 96.
4 Zur räumlichen Verteilung der Deutschen s. ebenda, S. 10 ff. (mit umfangreichen Literaturhinweisen).
5 Einzelheiten zu den sozioökonomischen Strukturen ebenda, S. 17 ff. und
   Josef Schramm, Sozio-ökonomische Struktur der deutschen Bauern in Südosteuropa bis 1945, in: Franz Ronneberger, Gerhard Teich (Hg.), Von der
   Agrar- zur Industriegesellschaft. Sozialer Wandel auf dem Lande in Südosteuropa, Lieferung 6, Darmstadt 1969, S. VI/1 ff.
6 Zur Geschichte der Gottscheer und sonstigen Sloweniendeutschen s. Hugo
   Grothe, Die deutsche Sprachinsel Gottschee in Slowenien, Münster 1931;
   Adolf Lenz, Die deutschen Minderheiten in Slowenien, Graz 1923; Hans
   Hermann Frensing, Die Umsiedlung der Gottscheer Deutschen. Das Ende
   einer südostdeutschen Volksgruppe, München 1970, S. 8 ff.

7 Aus der umfangreichen Literatur: Hermann Rüdiger, Die Donauschwaben in der südslawischen Batschka, Stuttgart 1931, S. 14 ff.; Josef Kallbrunner, Das kaiserliche Banat, I. Teil: Einrichtung und Entwicklung des Banats bis 1739, München 1959; Sonja Jordan, Die kaiserliche Wirtschaftspolitik im Banat im 18. Jahrhundert, München 1967.

8 Konrad Schünemann, Siedlungsgeschichte (der Batschka), in: Handwörterbuch des Grenz- und Auslanddeutschtums, Bd. 1, Breslau 1933, S. 302.

9 Zum folgenden s. Valentin Oberkersch, Die Deutschen in Syrmien, Slawonien und Kroatien bis zum Ende des Ersten Weltkrieges. Beitrag zur Geschichte der Donauschwaben, Stuttgart 1972, S. 14 ff.; ferner Hermann Haller, Syrmien und sein Deutschtum. Ein Beitrag zur Landeskunde einer südostdeutschen Volksinsellandschaft, Leipzig 1941; Wilhelm Sattler, Die slawonische Drauniederung als deutsche Volksinsellandschaft, Leipzig 1941, S. 15 ff.

10 Hans Maier, Die deutschen Siedlungen in Bosnien, Stuttgart 1924, S. 9 ff.

11 Anton Tafferner, Quellenbuch zur donauschwäbischen Geschichte, München 1974, Dokument Nr. 173, S. 302.

12 Einzelheiten bei Holm Sundhaussen, Der Wandel in der osteuropäischen Agrarverfassung während der frühen Neuzeit. Ein Beitrag zur Divergenz der Entwicklungswege von Ost- und Westeuropa, in: Südost-Forschungen, 49. 1990, S. 23 ff.

13 Tafferner, S. 249.

14 Zum Inhalt des Manifests s. Annabring, S. 5 ff.

15 Ausführlich dazu Erwin Viefhaus, Die Minderheitenfrage und die Entstehung der Minderheitenschutzverträge auf der Pariser Friedenskonferenz 1919. Eine Studie zur Geschichte des Nationalitätenproblems im 19. und 20. Jahrhundert, Würzburg 1960.

16 Andrej Mitrović, Jugoslavija na konferenciji mira 1919–1920, Beograd 1969, S. 200 ff.

17 Zum Inhalt der Konvention s. Annabring, S. 25 f.

18 Sundhaussen, Geschichte Jugoslawiens, S. 58 ff.

19 Ausführlich dazu und zum folgenden Annabring, S. 20 ff.

20 Holm Sundhaussen, Jugoslawien, in: Frank Wende (Hg.), Lexikon zur Geschichte der Parteien in Europa, Stuttgart 1981, S. 347 f.

21 Einzelheiten bei Annabring, S. 40 ff.

22 Zum folgenden: Dusan Biber, Nacizem in Nemci v Jugoslaviji 1933–1941, Ljubljana 1966, S. 43 ff.; Prisca von Dorotka Bagnell, The Influence of National Socialism on the German Minority in Yugoslavia. A study of the relationships of social, economic and political organizations between the German minority of the Vojvodina and the Third Reich, 1933–1941, Ann Arbor/Mich. 1977.

23 Louis de Jong, Die deutsche Fünfte Kolonne im Zweiten Weltkrieg, Stuttgart 1959, S. 214 ff.

24 Dazu aus zeitgenössischer Sicht Wilhelm Sattler, Die deutsche Volksgruppe im Unabhängigen Staat Kroatien, Graz 1943.

25 Dokumentation der Vertreibung der Deutschen aus Ost-Mitteleuropa, Bd. V: Das Schicksal der Deutschen in Jugoslawien, bearb. von Theodor Schie-

der, Düsseldorf 1961 (Dokumentation Jug.), S. 3ff. Zur Umsiedlung der Gottscheer ausführlich Frensing, S. 28ff.

26 Dokumentation Jug., S. 65ff. und Holm Sundhaussen, Zur Geschichte der Waffen-SS in Kroatien 1941–1944, in: Südost-Forschungen, 30. 1971, S. 176ff.

27 Dokumentation Jug., S. 91ff. und Annabring, S. 78.

28 Hierzu und zum folgenden: Dokumentation Jug., S. 197ff. und Wehler, S. 81.

29 Savezni zavod za statistiku, Jugoslavija 1945–1985. Statistički prikaz, Beograd 1986, S. 56.

30 Wehler, S. 97ff.

1.4. Die Deutschen in Ungarn
Von Günter Schödl

1 Zum Überblick: Friedrich Gottas, Die Deutschen in Ungarn, in: Adam Wandruszka, Peter Urbanitsch (Hg.), Die Habsburgermonarchie, Bd. III/1, Wien 1980, S. 340–410; Die Donauschwaben. Deutsche Siedlung in Südosteuropa, hg. v. Innenministerium Baden-Württemberg, Sigmaringen 1987; in Vorb.: Gerhard Grimm, Krista Zach (Hg.), Beiträge zur Geschichte der Deutschen in Südosteuropa, 2 Bde., München (1991). Die Ortsnamenschreibung richtet sich im folgenden nach dem gängigen Sprachgebrauch in Deutschland und Österreich.

2 Hierzu auch die Beiträge von Holm Sundhaussen (1.2, 1.3).

3 Zum folgenden Günter Schödl, Ungarns Städtewesen im Spätmittelalter, in: ders. (Hg.), Formen und Grenzen des Nationalen, Erlangen 1990, S. 303–326.

4 Dazu András Kubinyi, Die Anfänge Ofens, Berlin 1972; Jenő Szűcs, Városok és kézművesség a XV sz. Magyarországon, Budapest 1955.

5 Hierzu der Beitrag von Holm Sundhaussen (1.2).

6 Informativ nach wie vor: Handwörterbuch des Grenz- und Auslanddeutschtums, 3 Bde. ersch., Breslau 1933–38. Ferner: 300 Jahre Zusammenleben, 2 Bde., Budapest 1988.

7 Anton Tafferner, Die Donauschwaben, Wien 1970, S. 25.

8 Die Donauschwaben. Deutsche Siedlung in Südosteuropa, S. 142.

9 Ebenda, S. 138f.

10 Diese letzte Phase deutscher Zuwanderung großen Umfangs ist bisher noch kaum untersucht worden. Hinweise in Vera Bácskai (Hg.), Bürgertum und bürgerliche Entwicklung in Mittel- und Osteuropa, 2 Bde., Budapest 1986; Ferenc Glatz, Geschichte und Perspektiven der deutsch-ungarischen Beziehungen, in: Ungarn-Forum 1990, hg. v. d. Landeszentrale für politische Bildung Rheinland-Pfalz, Mainz 1991.

11 Éva V. Windisch, Die Entstehung der Voraussetzungen für die deutsche Nationalitätenbewegung in Ungarn in der 2. Hälfte des 19. Jahrhunderts, in: Acta Historica, 11. 1965, S. 3–56, hier S. 39–46; Michael Lehmann, Josef Haltmayer (Hg.), Donauschwäbische Kirchengeschichte, Bd. II, Stuttgart 1977, bes. S. 1–184.

Günter Schödl, Alldeutscher Verband und deutsche Minderheitenpolitik in Ungarn 1890–1914, Frankfurt a. M. 1978, bes. Kap. IV und V.

13 Hierzu Thomas Spira, German–Hungarian Relations and the Swabian Problem (1919–36), New York 1977; Friedrich Spiegel-Schmidt, Das Deutschtum Ungarns zwischen dem Putsch gegen Peidl und der Ödenburger Volksabstimmung (1919–1921), in: Südostdeutsches Archiv, 30/31. 1987/88, S. 78–111.

14 Dazu Loránt Tilkovszky, Teufelskreis, Budapest 1989. Zur Diskussion: Gerhard Seewann, Das Ungarndeutschtum der Zwischenkriegszeit im Spiegel der internationalen Nachkriegsliteratur, in: Südostdeutsches Archiv, 22/23. 1979/80, S. 128–151.

1.5. Die Deutschen in Rußland und der Sowjetunion
Von Detlef Brandes

1 Vladimir M. Kabuzan, Die deutsche Bevölkerung im Russischen Reich (1796–1917). Zusammensetzung, Verteilung, Bevölkerungsanteil, in: Ingeborg Fleischhauer, Hugo H. Jedig (Hg.), Die Deutschen in der UdSSR in Geschichte und Gegenwart. Ein internationaler Beitrag zur Verständigung, Baden-Baden 1990, S. 63–82, hier S. 79; Alfred Bohmann, Menschen und Grenzen, Bd. 3: Strukturwandel der deutschen Bevölkerung im sowjetischen Staats- und Verwaltungsbereich, Köln 1970, S. 50f.

2 Erich Sommer, Moskauer deutsche Sloboda, in: Fleischhauer/Jedig (Hg.), S. 29–44, hier S. 30f.; Erik Amburger, Die Anwerbung ausländischer Fachkräfte für die Wirtschaft Rußlands vom 15. bis ins 19. Jahrhundert, Wiesbaden 1968, S. 13–46.

3 Erik Amburger, Geschichte des Protestantismus in Rußland, Stuttgart 1961, S. 27f.

4 Ders., Anwerbung, S. 47–111.

5 Natalja V. Juchneva, Ètničeskij sostav i ètnosocial'naja struktura naselenija Peterburga. Vtoraja polovina XIX – načalo XIX veka. Statističeskij analiz, St. Petersburg 1864, S. 25.

6 Amburger, Anwerbung, S. 124f.

7 Ders., Beiträge zur Geschichte der deutsch-russischen kulturellen Beziehungen, Gießen 1961, S. 29–42 und 159–182; Carsten Goehrke, Beiträge zur Geschichte der Rußlandschweizer, Bd. 1, Zürich 1985, S. 286–298.

8 Natalja V. Juchneva, Die Deutschen in Sankt Petersburg von der zweiten Hälfte des 19. bis zum Anfang des 20. Jahrhunderts, in: Fleischhauer/Jedig (Hg.), S. 63–82.

9 Dies., Ètničeskij sostav, S. 181; Amburger, Protestantismus, S. 82f.

10 Juchneva, Die Deutschen, S. 92–96.

11 Erik Amburger, Deutsche in Kiev, in: Genealogisches Jahrbuch, 23. 1983, S. 155–192.

12 Friedrich Bienemann, Werden und Wachsen einer deutschen Kolonie in Süd-Rußland. Geschichte der evangelischen Gemeinde zu Odessa, Odessa 1893, Nachdruck 1982.

13 Hierzu der Beitrag von Heinz Duchhardt (4.2).

14 Grigorij G. Pisarevskij, Iz istorii inostrannoj kolonizacii v Rossii v XVIII veku, Moskau 1909, S. 46.

15 Polnoe sobranie zakonov (weiter PSZ) XVI 11720.

16 PSZ XVI 11879–81.

17 PSZ XVI 11880.

18 Aleksandr A. Klaus, Naši kolonii. Opyty i materialy po istorii i statistike inostrannoj kolonizacii v Rossii, St. Peterburg 1869, S. 9–16; Grigorij G. Pisarevskij, Chozjajstvo i forma zemlevladenija v kolonijach Povolž'ja v XVIII-m i v pervoj četverti XIX-go veka, Rostow 1916, S. 1 ff., 80 ff., XII f.; Erik Amburger, Ingermanland. Eine junge Provinz Rußlands im Wirkungsbereich der Residenz- und Weltstadt St. Petersburg-Leningrad, Köln 1980, S. 274.

19 Pisarevskij, Iz istorii, S. 68 ff., 134 ff.; Jean-François Bourret, Les Allemands de la Volga. Histoire culturelle d'une minorité 1763–1941, Lyon 1986, S. 39–42.

20 Bourret, S. 17 f.

21 Roger P. Bartlett, Human Capital: The Settlement of Foreigners in Russia 1762–1804, Cambridge 1979, S. 61 ff.

22 Bourret, S. 24 f.

23 Pisarevskij, Iz istorii, S. 61 ff. und 120 ff.; Bartlett, S. 69 ff.

24 Pisarevskij, Chozjajstvo, S. 23.

25 Der russische Colonist oder Christian Gottlob Züge's Leben in Rußland, Naumburg 1802, Nachdruck Bremen 1988 (Züge), S. 55 f., 86 f.

26 Gerhard Bonwetsch, Geschichte der deutschen Kolonien an der Wolga, Stuttgart 1919, S. 35 f.; Pisarevskij, Iz istorii, S. 169.

27 Züge, S. 25 f.

28 Pisarevskij, Chozjajstvo, S. 6, 24.

29 Gottlieb Bauer, Geschichte der deutschen Ansiedler an der Wolga seit ihrer Einwanderung nach Rußland bis zur Einführung der allgemeinen Wehrpflicht (1766–1874) nach geschichtlichen Quellen und mündlichen Überlieferungen, 2. Aufl. Saratow 1908, S. 24.

30 Pisarevskij, Chozjajstvo, S. 9 f.; Züge, S. 97.

31 Bauer, S. 23.

32 Ebenda, S. 60 f.; Pisarevskij, Chozjajstvo, S. 26 f.

33 Bauer, S. 29 ff.; Bonwetsch, S. 39 ff.

34 Pisarevskij, Chozjajstvo, S. 24–38.

35 Klaus, S. 116 f.

36 Bourret, S. 49 f.

37 Pisarevskij, Chozjajstvo, S. 62 ff. und Dokumente XIX-XX.

38 James Long, From Privileged to Dispossessed. The Volga Germans, 1860–1917, Lincoln/Nebr. 1988, S. 114 f.

39 PSZ XXIV 17865 f.

40 Expedition für Staatswirtschaft an Regierenden Senat v. 9. 3. 1800 – Centralnyj gosudarstvennyj istoričeskij archiv (Zentrales Historisches Staatsarchiv), Leningrad, fond 383, opis 29, delo 163. (weiter F383/29/).

41 Bourret, S. 44; Long, S. 9.

42 Pisarevskij, Chozjajstvo, S. 73, 84 f., 101.
43 Bonwetsch, S. 64; Long, S. 71–109.
44 Siehe S. 105 f.
45 Bonwetsch, S. 98.
46 Long, S. 76.
47 Bonwetsch, S. 61 ff.
48 Long, S. 75.
49 Ebenda, S. 73–75.
50 Ebenda, S. 67 f.
51 Ebenda, S. 98, 104 f.
52 Herwig Hafa, Die Brüdergemeinde Sarepta. Ein Beitrag zur Geschichte des Wolgadeutschtums, Breslau 1936; Long, S. 138–159.
53 Alfred Eisfeld, Deutsche Kolonien an der Wolga 1917–1919 und das Deutsche Reich, Wiesbaden 1985, S. 25–27.
54 CGIA F385/1/190 u. F1181/1/716.
55 Long, S. 25–40.
56 Ebenda, S. 114 f.
57 Amburger, Ingermanland, S. 271–281.
58 Bartlett, S. 77 ff.
59 Pisarevskij, Iz istorii, S. 221 ff.
60 PSZ XXIV 19372; F383/29/161.
61 Bartlett, S. 188–205; Bericht Expedition für Staatswirtschaft v. April 1810 – F383/29/342.
62 Elena I. Družinina, Južnaja Ukraina v 1800–1825 gg., Moskau 1970, S. 132–134.
63 Paul Hoffmann, Die deutschen Kolonien in Transkaukasien, Berlin 1905.
64 Georg Leibbrandt, Die Auswanderung der Schwaben nach Rußland 1816–1823. Ein schwäbisches Zeit- und Charakterbild, Stuttgart 1928.
65 Hans Petri, Ignaz Lindl und die deutsche Bauernkolonie Sarata in Bessarabien, in: Südostdeutsches Archiv, 8. 1965, S. 78–112.
66 Josef A. Malinowski, Die Planerkolonien am Azowschen Meer, Stuttgart 1928.
67 Richelieu an Kočubej v. 26. 9. 1803 – F383/29/205; PSZ XVI 11879–81 u. 21163.
68 Vorlage Innenministerium v. 26. 3. 1833 – F383/29/964.
69 S. Loškarev, Putevye zapiski, in: Trudy Voln. Ėkon. Obščestva 1844, S. 21 f.
70 A. Bode, Notizen, gesammelt auf einer Forstreise durch einen Theil des europäischen Rußlands, St. Petersburg 1854, S. 291 ff.
71 H. Goerz, Die Molotschnaer Ansiedlung. Entstehung, Entwicklung und Untergang, Steinbach/Manitoba 1950, S. 19; Opisanie kolonij južnoj Rossii, in: Severnyj archiv 1824, Nr. 9, S. 142–151, hier S. 147.
72 Petr A. Muchanov, Obozrenie inostrannych kolonij v Novo-Rossijskom krae, in: Severnyj archiv 1823, Nr. 8, S. 33–45, hier S. 39–45.
73 Franz Isaac, Die Molotschnaer Mennoniten. Ein Beitrag zur Geschichte derselben, Halbstadt/Taurien 1908, S. 16 ff.; David H. Epp, Johann Cornies. Züge aus seinem Leben und Wirken, Ekaterinoslav, Berdjansk 1909, S. 58–78.
74 Unterhaltungsblatt, 12. 1857, Nr. 1, S. 19.

476 8. Anhang

75 Lev V. Malinovskij, Ėkonomičeskoe i social'noe razvitie kolonistskoj de-revni v južnoj Rossii v pervoj polovine XIX v., in: Istoričeskie zapiski, 109. 1983, S. 177–202, hier S. 194.
76 Ivan Vibbe (Johann Wiebe), Kratkoe obozrenie sostojanija sel'skogo choz-jajstva v okruge Moločnych kolonistov za 1851 g., in: Žurnal Sel'skogo Chozjajstva i Ovcevodstva 1853, Nr. 3, S. 284–298.
77 David Gerrard Rempel, The Mennonite Colonies in New Russia. A Study of Their Settlement and Economic Development from 1789 to 1914, Ph. D. Diss. Stanford/CA 1933, S. 242.
78 S. Oleksenko, Berdjanskij uezd v sel'sko-chozjajstvennom otnošenii, in: Izvestija Petrovskoj Sel'sko-chozjajstvennoj Akademii 1889 goda. Vypusk 1, 21–88, hier S. 56.
79 Goerz, S. 177 f.
80 Richelieu an stellvertr. Innenminister v. 30. 11. 1810 – F383/29/362, 1 f.; Materialy dlja geografii i statistiki Rossii, sobrannye oficerami gen. štaba. Chersonskaja gubernija. Sost. A. Šmidt, Teil 8, St. Petersburg 1863, S. 58 f.
81 Vermerk (Innenministerium), bestätigt vom Zaren am 11. 5. 1811 – F383/29/367, S. 1–3.
82 Contenius an Džunkovskij v. 5.3, an Innenministerium v. 26. 7. 1813 – F383/29/362.
83 Georg Leibbrandt (Hg.), Die deutschen Kolonien in Cherson und Bessara-bien. Berichte der Gemeindeämter über Entstehung und Entwicklung der lutherischen Kolonien in der ersten Hälfte des neunzehnten Jahrhunderts, Stuttgart 1926, S. 42, 58, 63; Wilhelm Hamm, Südöstliche Steppen und Städte. Nach eigener Anschauung geschildert, Frankfurt a. M. 1862, S. 240.
84 V. E. Postnikov, Južno-russkoe krest'janskoe chozjajstvo, Moskau 1891, S. 176 f.
85 Odessaer Zeitung v. 1. 12. 1899.
86 Unterhaltungsblatt, 12. 1857, Nr. 1, S. 20; Leibbrandt, Deutsche Kolonien, S. 81, 84, 158.
87 Postnikov, S. 167.
88 Životnovodstvo v Ekaterinoslavskoj gubernii po dannym obsledovanja 1911 g., Ekaterinoslav 1912, S. 23.
89 Bericht Islavin v. 26.10 1865 – F381/8/3727, S. 121–174.
90 Vsja Rossija. Russkaja kniga promyšlennosti, torgovli, sel'skogo chozjajstva i administracii, St. Petersburg 1895, S. 46, 323–341, 1377–1402, 1568–1579, 1606.
91 V. V. Černaev, Sel'sko-chozjajstvennoe mašinostroenie, in: Istoričesko-statističeskij obzor promyšlennosti Rossii, Tom 1, St. Petersburg 1883, S. 144–157, hier S. 144 f.; Rempel, S. 279.
92 David H. Epp, The Emergence of German Industry in the South Russian Colonies, in: Mennonite Quarterly Review, 55. 1981, S. 289–371.
93 Bericht Mojseenko-Velikij, S. 80; Statističeskij spravočnik Tavričeskoj guber-nii. Sost. F. N. Andrievskij, Simferopol' 1915, S. 6–10.
94 Malinowski, S. 38.
95 Klaus, Anlage 7.
96 Isaac, S. 27 ff.

97 Korrespondenz zwischen Fürsorgekomitee und Domänenministerium v. 17. 2.–31. 5. 1867 – F381/8/3695.

98 Odessaer Zeitung v. 22.8. und 21. 9. 1869.

99 Klaus, S. 261 f.

100 Berichte der Revisoren Arcimovič, Mojseenko-Velikij, Kign u. Čarušin – F1291/70/353–6–1890g.

101 Ebenda.

102 Unterhaltungsblatt für die Ansiedler im südlichen Rußland 1847, S. 25–36; Malinovskij, S. 189 f.

103 S. Anm. 100.

104 Long, S. 110–137.

105 Jakob Stach, Das Deutschtum in Sibirien, Mittelasien und dem Fernen Osten, von seinen Anfängen bis in die Gegenwart, Stuttgart 1938, S. 42 ff.; Die Mennoniten-Gemeinden in Rußland während der Kriegs- und Revolutionsjahre 1914 bis 1920, Heilbronn 1921, S. 28 f.

106 Manfred Klaube, Die deutschen Dörfer der Kulunda-Steppe in Westsibirien, in: Osteuropa, 40. 1990, S. 39–54; Gerhard Fast, In den Steppen Sibiriens, Roshtern/Sask. 1957.

107 Long, S. 37 f.; Bonwetsch, S. 114 f.; Isaac, S. 295 ff.

108 Sammlung der Gesetze und Verordnungen der Staatsregierung bezüglich der Organisation der Lebensverhältnisse der auf Cronsländereien in den Gouvernements Saratow, Cherson, Taurien, Bessarabien angesiedelten Landbesitzer, St. Petersburg 1871, §§ 382–397.

109 Innenministerium an Fürsorgekomitee v. 25. 6. 1826 mit Anschreiben Inzov v. 20. 7. 1826 – Hoover Institution (Stanford/CA), Nachlaß Benjamin H. Unruh, Karton 2, Bl. 188.

110 Berichte Kign und Čarušin von 1890 – F1291/70/353 und /356–1890g.

111 Jakob Stach, Die deutschen Kolonien in Südrußland. Kulturgeschichtliche Studien und Bilder über das erste Jahrhundert ihres Bestehens, Teil 1, Prischib 1904, S. 92 f.

112 Bonwetsch, S. 70 f.

113 Wilhelm Kahle, Aufsätze zur Entwicklung der evangelischen Gemeinden in Rußland, Leiden 1962, S. 142 f.

114 Joseph Aloysius Kessler, Geschichte der Diözese Tiraspol, Dickenson/North Dakota 1930.

115 Fadeev an Department für Staatswirtschaft v. 13. 5. 1830 – F383/29/964.

116 Bonwetsch, S. 75 f.; Innenminister an Fürsorgekomitee v. 25. 6. 1826 – HI, Unruh 2; Koeppen an Innenministerium v. 21.1. 1838 – F383/29/609; Bericht Mojseenko-Velikij v. 5. 11. 1890 – F1291/70/354–1890g.

117 Odessaer Zeitung v. 9. 2. 1866; s. a. Bonwetsch, S. 80.

118 Isaac, S. 91 ff.

119 Ebenda, S. 275 f.; Long, S. 47.

120 Odessaer Zeitung v. 16. 8. 1863 u. 30.3. 1864.

121 Wilhelm Mutschall, Unsere Dorfschule in den letzten 50 Jahren vor dem großen Kriege, in: Deutscher Volkskalender für Bessarabien, Tarutino/Bessarabien, 18. 1937, S. 63–69; Odessaer Zeitung v. 21. 7. 1910.

122 Eisfeld, Deutsche Kolonien, S. 28–30.

123 Klaus, S. 140.
124 Postnikov, S. 113–142.
125 Bonwetsch, S. 83.
126 Hans-Jürgen Seraphim, Rodungssiedler. Agrarverfassung und Wirtschafts-
    entwicklung des deutschen Bauerntums in Wolhynien, Berlin 1938, S. 33 ff.
127 Ebenda, S. 59.
128 Long, S. 59 f.
129 Bourret, S. 72 f.; Eisfeld, Deutsche Kolonien, S. 32–34; Ingeborg Fleisch-
    hauer, Die Deutschen im Zarenreich. Zwei Jahrhunderte deutsch-russischer
    Kulturgemeinschaft, Stuttgart 1986, S. 415–439.
130 Seraphim, S. 77 f.
131 Aleksandr Mrdjenovič, The Volga German Gemeinschaft and Political Au-
    tonomy amidst Domestic Turmoil, Master Thesis, Univ. of Kansas 1973,
    S. 53.
132 Meir Buchsweiler, Volksdeutsche in der Ukraine am Vorabend und Beginn
    des Zweiten Weltkrieges – ein Fall doppelter Loyalität, Tel Aviv 1974,
    S. 114 f.; Die Mennoniten-Gemeinden 1914–20, S. 35 ff.
133 Eisfeld, Deutsche Kolonien S. 41–51; Mrdjenovič, S. 61.
134 Eisfeld, Deutsche Kolonien, S. 49 f.
135 Ebenda, S. 60.
136 Ebenda, S. 108–114.
137 Ebenda, S. 69.
138 Ebenda, S. 114–130.
139 Buchsweiler, S. 117–120; Eisfeld, Deutsche Kolonien, S. 78–107.
140 Benjamin Pinkus, Ingeborg Fleischhauer, Die Deutschen in der Sowjet-
    union: Geschichte einer nationalen Minderheit im 20. Jahrhundert, Baden-
    Baden 1987, S. 156.
141 Fleischhauer, S. 586–595.
142 Pinkus/Fleischhauer, S. 86.
143 Ebenda, S. 79 f.; Buchsweiler, S. 147 f.
144 Buchsweiler, S. 154 f., 225; Pinkus/Fleischhauer, S. 80–82.
145 Buchsweiler, S. 162–212; Pinkus/Fleischhauer, S. 131.
146 Mrdjenovič, S. 110 ff.; Pinkus/Fleischhauer, S. 94.
147 Pinkus/Fleischhauer, S. 166.
148 Buchsweiler, S. 227 f.; Pinkus/Fleischhauer, S. 101 f.
149 Fast, S. 152 ff.
150 Buchsweiler, S. 141; Pinkus/Fleischhauer, S. 113–122.
151 Fast, S. 127 ff.
152 Buchsweiler, S. 139.
153 Pinkus/Fleischhauer, S. 180–185, 194 f.
154 Alfred Blumenfeld, Zur Lage der deutschen Kolonie in Petrograd/Lenin-
    grad zwischen den Weltkriegen, in: Osteuropa, 40. 1990, S. 55–64, hier
    S. 56.
155 Pinkus/Fleischhauer, S. 89–92.
156 Buchsweiler, S. 157 f.
157 Ebenda, S. 250 f.
158 Ebenda, S. 158.

159 Pinkus/Fleischhauer, S. 234.

160 Buchsweiler, S. 278–288.

161 Ebenda, S. 319.

162 Ebenda, S. 320–328.

163 Ebenda, S. 364–383.

164 Ebenda, S. 326–332.

165 Pinkus/Fleischhauer, S. 242–318.

166 Aleksandr Kičichin, Sovetskie nemcy. Chronika repressii, in: Neues Leben, 19.9.1990; Pinkus/Fleischhauer, S. 303–339.

167 Pinkus/Fleischhauer, S. 358 f.

168 Ebenda, S. 379–390.

169 Ebenda, S. 412–420.

170 Peter Hilkes, Unterricht in der Muttersprache bei den Deutschen in der Sowjetunion. Eine Bestandsaufnahme, Bochum 1987.

171 Pinkus/Fleischhauer, S. 438–444.

172 Ebenda, S. 454–469.

173 Alfred Eisfeld, Zur jüngsten Entwicklung der Autonomiebewegung der Sowjetdeutschen, in: Osteuropa, 40. 1990, S. 11–13.

174 Barbara Dietz, Deutsche Aussiedler aus der Sowjetunion. Sozialer Hintergrund und Ausreisebedingungen am Ende der achtziger Jahre, München 1990.

175 Eisfeld, Zur Autonomiebewegung, S. 13–15.

176 Ebenda, S. 17–25 u. Dokumentenanhang A3–24.

177 Jorgen Kühl, Die nationale Renaissance und die Autonomiediskussion bei den Deutschen in der Sowjetunion, München 1990.

178 Eisfeld, Zur Autonomiebewegung, S. 26 f.

179 Hierzu der Beitrag von Klaus J. Bade (7.2).

180 Kühl, S. 16 f.

2.1.1. Mit Bibel, Pflug und Büchse
Von Agnes Bretting

1 Da Statistiken fehlen, sind nur grobe Schätzungen möglich; dazu Albert Bernhard Faust, The German Element in the United States, Bd. 1, New York 1927, S. 282–285.

2 Ebenda, S. 63 f. (Rückübersetzung durch Verf.).

3 Beispiele ebenda, S. 70–72. Zu den Bedingungen der Überfahrt im frühen 19. Jahrhundert s. Günter Moltmann, Das Risiko der Seereise, in: Heinz Duchhardt, Manfred Schlenke (Hg.), Festschrift für Eberhard Kessel zum 75. Geburtstag, München 1982, S. 182–211.

4 Gottlieb Mittelbergers Reise nach Pennsylvanien im Jahr 1750, Frankfurt a. M. 1756, S. 8–10.

5 Zu Vor- und Nachteilen des Redemptioner-Systems s. Hans-Jürgen Grabbe, Das Ende des Redemptioner-Systems in den Vereinigten Staaten, in: Amerikastudien/American Studies, 29. 1985, S. 277–296.

6 Mittelberger, S. 6.

7 Es folgten Gründungen in den anderen Einwanderungshäfen Charleston (1766), Baltimore (1783) und New York (1784).

8 Ingrid Schöberl, Franz Daniel Pastorius und die Gründung von Germantown, in: Zeitschrift für Kulturaustausch, 32. 1982, H. 4, S. 312–317.

9 Die Frankfurter Pietisten wanderten nicht aus. Zur Frage der Nationalität der Krefelder s. ebenda, S. 313.

10 Dies geschah erst 1715.

11 Faust, S. 112f.

12 Bis 1790 kamen etwa 500 Amish nach Nordamerika, von 1815 bis 1865 noch einmal etwa 3000 Mitglieder der Sekte.

13 Der Drucker Chr. Sauer in Germantown war z. B. Tunker.

14 Rudolf Cronau, Drei Jahrhunderte deutschen Lebens in Amerika. Eine Geschichte der Deutschen in den Vereinigten Staaten, Berlin 1909, S. 85–96.

15 Hierzu auch der Beitrag von Heinz Duchhardt (4.2).

16 Aus dem Lied „Heil dir, Columbus, sei gepriesen", 2. Strophe, Zeile 5f., in: G. Ph. Glock, Badischer Liederhort, Karlsruhe 1910.

17 Zu einzelnen bekannt gewordenen Deutschen aus dieser Zeit, s. Cronau, S. 3–45.

18 Hierzu Joachim Heinz, „Bleibe im Lande und nähre dich redlich!". Zur Geschichte der pfälzischen Auswanderung vom Ende des 17. bis zum Ausgang des 19. Jahrhunderts, Kaiserslautern 1989, S. 97–100.

19 1756 zählte die Kolonie 220000 Einwohner, New York dagegen – obwohl zwei Generationen früher kolonisiert – 97000.

20 Hierzu Marianne S. Wokeck, A Tide of Alien Tongues: The Flow and Ebb of the German Immigration to Pennsylvania, 1683–1776, Ph.D. Temple University 1983.

21 Hierzu der Beitrag von Christiane Harzig (2.1.3).

22 Cronau, S. 208–215.

23 Johann Gottfried Seume, Mein Leben, Nördlingen 1986, S. 58, 60.

24 Ebenda, S. 62.

25 Zit. bei Cronau, S. 213.

26 Friedrich Kapp, Der Soldatenhandel deutscher Fürsten nach Amerika, Berlin 1874, S. 209f.

2.1.2. Massenexodus
Von Horst Rößler

1 Hierzu und zum folgenden: Klaus J. Bade, Die deutsche überseeische Massenauswanderung im 19. und frühen 20. Jahrhundert: Bestimmungsfaktoren und Entwicklungsbedingungen, in: ders. (Hg.), Auswanderer – Wanderarbeiter – Gastarbeiter. Bevölkerung, Arbeitsmarkt und Wanderung in Deutschland seit der Mitte des 19. Jahrhunderts, Bd. 1, Ostfildern 1984, S. 259–299.

2 Hierzu auch der Beitrag von Agnes Bretting (2.1.1).

3 Hierzu Klaus J. Bade, Arbeitsmarkt, Bevölkerung und Wanderung in der

Weimarer Republik, in: Michael Stürmer (Hg.), Die Weimarer Republik. Belagerte Civitas, Königstein i. Ts. 1980, S. 160–187.

4 Hierzu bes. Juliane Mikoletzky, Die deutsche Amerika-Auswanderung des 19. Jahrhunderts in der zeitgenössischen fiktionalen Literatur, Tübingen 1988; Peter Assion, Von Hessen in die Neue Welt. Eine Sozial- und Kulturgeschichte der hessischen Amerikaauswanderung mit Text- und Bilddokumenten, Frankfurt a. M. 1987.

5 Hierzu der Beitrag von Karen Schniedewind (2.1.5).

6 Die anschließenden Ausführungen zum Amerikabild basieren auf einer Auswertung der folgenden kommentierten Briefeditionen: Wolfgang Helbich, „Amerika ist ein freies Land...". Auswanderer schreiben nach Deutschland, Darmstadt 1985; Wolfgang Helbich, Walter D. Kamphoefner, Ulrike Sommer, Briefe aus Amerika. Deutsche Auswanderer schreiben aus der Neuen Welt, 1830–1930, München 1988; Heinz-Ulrich Kammeier, „Ich muß mir ärgern, das ich nicht ehr übern Großen Ozean gegangen bin": Auswanderer aus dem Kreis Lübbecke und Umgebung berichten aus Amerika, o. O. o. J. [Espelkamp 1988]; s. a. die Briefe bei Assion.

7 Helbich, Briefe, S. 190, 196; Helbich, „Amerika", S. 37, 31, 131, 116.

8 Helbich, Briefe, S. 231, 422.

9 Helbich, „Amerika", S. 131; Helbich, Briefe, S. 269, 465; zum Amerikabild der deutschen Arbeiterbewegung s. Hartmut Keil, An Ambivalent Identity: The Attitude of German Socialist Immigrants toward American Political Institutions and American Citizenship, in: Marianne Debouzy (Hg.), In the Shadow of the Statue of Liberty. Immigrants, Workers and Citizens in the American Republic 1880–1920, Paris 1988, S. 247–263.

10 Helbich, Briefe, S. 163 f.

11 Vgl. hierzu Bade, Massenauswanderung, S. 278, 288.

12 Walter D. Kamphoefner, Westfalen in der Neuen Welt. Eine Sozialgeschichte der Auswanderung im 19. Jahrhundert, Münster 1982, S. 86–122; Wolfgang Helbich, Die deutsche Auswanderung in die Vereinigten Staaten von Amerika im 19. Jahrhundert: Die Aussage der Auswandererbriefe zu Information, Motivation und nichtinstitutioneller Fürsorge, in: Zeitschrift für Kulturaustausch, 39. 1989, S. 266–278, hier S. 271–276.

13 Hierzu der Beitrag von Christiane Harzig (2.1.3).

2.1.3. Lebensformen im Einwanderungsprozeß
Von Christiane Harzig

1 LaVern J. Rippley, The German-Americans, New York 1976, S. 42 f.; Kathleen N. Conzen, Die deutsche Amerikaeinwanderung im ländlichen Kontext, in: Klaus J. Bade (Hg.), Auswanderer – Wanderarbeiter – Gastarbeiter, Ostfildern 1984, S. 350–377, hier S. 363.

2 Ingrid Schöberl, Amerikanische Einwandererwerbung in Deutschland 1845–1914, Stuttgart 1990.

3 Albert B. Faust, The German Element in the United States, Bd. 1, New York 1969 (Originalausg. 1927), S. 440 f.

4 Walter D. Kamphoefner, Westfalen in der Neuen Welt, Münster 1982, S. 114.

5 „Instruction für deutsche Auswanderer nach Texas", Einführung zum Nachdruck, von Günter Moltmann, Berlin 1983.

6 Hierzu z. B. Kamphoefner sowie Terry G. Jordan, German Seed in Texas Soil, Austin 1966.

7 Conzen, S. 357.

8 Zit. nach: Johannes Gillhoff, Ein Lesebuch, Rostock 1988, S. 225 f.

9 Kamphoefner, S. 150.

10 Ebenda, S. 153.

11 Wolfgang Helbich, Walter D. Kamphoefner, Ulrike Sommer (Hg.), Briefe aus Amerika, München 1988, S. 55 f.

12 Hierzu z. B. Peter Assion (Hg.), Acht Jahre im Wilden Westen: Erlebnisse einer Farmersfrau, Marburg 1983.

13 Agnes Bretting, Soziale Probleme deutscher Einwanderer in New York City 1800–1860, Wiesbaden 1981, S. 179 (11 % der Gesamtbevölkerung).

14 Philip Taylor, The Distant Magnet, New York 1971, S. 180.

15 Hartmut Keil, John B. Jentz, German Working-Class Culture in Chicago: A Problem of Definition, Method, and Analysis, in: Gulliver, 9. 1981, S. 128–146 sowie Howard Chudacoff, A New Look at Ethnic Neighborhoods, in: Journal of American History, 60. 1973/74, S. 76–93.

16 Hartmut Keil, Chicago's German Working Class in 1900, in: ders., John B. Jentz, (Hg.), German Workers in Industrial Chicago, 1850–1910, DeKalb 1983, S. 23.

17 Ebenda.

18 Christiane Harzig, Deutschamerikanerinnen in Chicago, 1880–1910, Diss. TU Berlin 1989 (Ms.), S. 198 f.

19 E. P. Hutchinson, Immigrants and Their Children, 1850–1950, New York 1976 (Originalausg. 1956), S. 182–185.

20 Karl J. R. Arndt, May E. Olsen, Die deutschsprachige Presse der Amerikas, München 1976, S. 56.

21 Hierzu der Beitrag von Monika Blaschke (2.1.4).

22 Harzig, Kap. 6.

2.1.4. ‚Deutsch-Amerika' in Bedrängnis
Von Monika Blaschke

1 Philip Gleason, American Identity and Americanization, in: Stephan Thernstrom (Hg.), Harvard Encyclopedia of American Ethnic Groups, Cambridge 1980, S. 31–58.

2 Ebenda; Hartmut Keil, Einbürgerung und Kommunalwahlrecht, in: Gulliver, 22. 1978 (Einwandererland USA – Gastarbeiterland BRD), S. 36–44.

3 Ray Allen Billington, The Protestant Crusade 1800–1860. A Study of the Origins of American Nativism, New York 1952.

4 Frederick C. Luebke, Bonds of Loyalty. German Americans and World War I, De Kalb 1974.

5 Kathleen Neils Conzen, Patterns of German-American History, in: Randall M. Miller (Hg.), Germans in America. Retrospect and Prospect, Philadelphia 1984, S. 14–36.

6 Hartmut Keil, German Working-Class Immigration and the Social Democratic Tradition of Germany, in: ders. (Hg.), German Workers Culture in the United States 1850 to 1920, Washington 1988, S. 1–25.

7 John Higham, Strangers in the Land. Patterns of American Nativism 1860–1925, New York 1973.

8 Gleason; Luebke.

9 Guido Dobbert, The Disintegration of an Immigrant Community: The Cincinnati Germans, 1870–1920, New York 1980, S. 114.

10 David Kennedy, Over Here: The First World War and American Society, New York 1980.

11 Luebke; La Vern J. Rippley, „Ameliorated Americanization", in: Frank Trommler (Hg.), America and the Germans, Bd. 2, Philadelphia 1985, S. 217–231.

12 Klaus J. Bade, Deutsche im Ausland – Ausländer in Deutschland, in: Deutschland – Porträt einer Nation, Bd. 10, Gütersloh 1986, S. 74–85, hier S. 79 f.

13 Hierzu der Beitrag von Werner Röder (6.2).

2.1.5. Fremde in der Alten Welt
Von Karen Schniedewind

1 Alfred Vagts, Deutsch-Amerikanische Rückwanderung. Probleme – Phänomene – Statistik – Politik – Soziologie – Biographie, Heidelberg 1960; Günter Moltmann, American-German Return Migration in the Nineteenth and Early Twentieth Centuries, in: Central European History, 13. 1980, S. 378–392; Walter Kamphoefner, Umfang und Zusammensetzung der deutsch-amerikanischen Rückwanderung, in: Amerikastudien, 33. 1988, H. 3, S. 291–307.

2 Harvard Encyclopedia of American Ethnic Groups, Cambridge 1980, S. 1036 f.

3 Moltmann, S. 383.

4 Kamphoefner, S. 297.

5 Ebenda, S. 306.

6 Karen Schniedewind, Sozialgeschichte deutscher Rückwanderer aus den USA nach Bremen, 1850–1914, Diss. Bremen 1991.

7 Francesco Cerase, Nostalgia or Disenchantment: Considerations on Return Migration, in: Silvano M. Tomasi/Madeline H. Engel (Hg.), The Italian Experience in the United States, New York 1970, S. 217–238.

8 Wolfgang Helbich (Hg.), „Amerika ist ein freies Land ...". Auswanderer schreiben nach Deutschland, Darmstadt 1985, S. 215–217.

9 Staatsarchiv Bremen, 2 – P.8. A.6. a.5, 1903/433.

10 Adolf Eduard Zucker (Hg.), The Forty-Eighters. Political Refugees of the German Revolution of 1848, New York 1950, S. 307 f.; vgl. Hans-Ulrich

Wehler (Hg.), Friedrich Kapp. Vom radikalen Frühsozialisten des Vormärz zum liberalen Parteipolitiker des Bismarckreichs: Briefe 1843–84, Frankfurt a. M. 1969.

11 Horst Rößler, „Amerika, du hast es besser". Zigarrenarbeiter aus dem Vierstädtegebiet wandern über den Atlantik, 1868–1886, in: Demokratische Geschichte. Jahrbuch zur Arbeiterbewegung und Demokratie in Schleswig-Holstein 1990, Nr. 4, S. 87–119, hier S. 111.

12 Friedrich Prüser, Vom Bremer Überseekaufmann, in: Abhandlungen und Vorträge, hg. v. d. Bremer Wiss. Gesellschaft, 14. 1940, H. 1, S. 5–55.

13 Kamphoefner, S. 302.

14 Staatsarchiv Bremen, 2 – P.8. A.6. a.5, 1884/127.

2.2. Deutsche in Kanada
Von Udo Sautter

1 Canada Year Book 1985, S. 42. Für die allgemeine geschichtliche Entwicklung s. Udo Sautter, Geschichte Kanadas. Das Werden einer Nation, Stuttgart 1972; speziell zur Geschichte des ‚Deutschtums' außer den weiter unten genannten Werken s. Rudolf A. Helling u. a., A Socio-economic History of German-Canadians. They, Too, Founded Canada, hg. von Bernd Hamm, Wiesbaden 1984; kulturelle Aspekte betonen Michael Bird, Teruko Kobayashi, A Splendid Harvest. German Folk and Decorative Arts in Canada, Toronto 1981; unentbehrlich für vielerlei Einzelfragen Deutsch-kanadisches Jahrbuch/German-Canadian Yearbook, 1973 ff. (bisher 10 Bde.).

2 Zur Geschichte der Deutschen in Lunenburg maßgeblich: Winthrop Pikkard Bell, The „Foreign Protestants" and the Settlement of Nova Scotia. The History of a Piece of Arrested British Colonial Policy in the Eighteenth Century, Toronto 1961; kürzer und die spätere Zeit betonend: Udo Sautter, Einige Bemerkungen zum Deutschtum in Lunenburg, Neuschottland, in: Zeitschrift der Gesellschaft für Kanadastudien, 3. 1983, S. 63–73.

3 Hierzu der Beitrag von Agnes Bretting (2.1.1).

4 Zur deutschen Siedlung in den Seeprovinzen und in Zentralkanada vor allem: Heinz Lehmann, Zur Geschichte des Deutschtums in Kanada, Bd. 1: Das Deutschtum in Ostkanada, Stuttgart 1931.

5 Hierzu der Beitrag von Agnes Bretting (2.1.1).

6 Zur Rolle Berczys bes. John Andre, William Berczy. Co-founder of Toronto, Toronto 1967; ders., Infant Toronto as Simcoe's Folly, Toronto 1971.

7 Zur Geschichte von Berlin/Kitchener bes. John English, Kenneth McLaughlin, Kitchener. An Illustrated History, Waterloo 1983; wertvolle Details bietet Gottlieb Leibbrandt, Little Paradise. Aus Geschichte und Leben der Deutschkanadier in der County Waterloo, Ontario, 1800–1975, Kitchener 1977.

8 Kenneth McLaughlin, The Germans in Canada, Ottawa 1986, S. 17.

9 Herbert Karl Kalbfleisch, The History of the Pioneer German Language Press of Ontario 1835–1918, Toronto 1968, S. 82–100; s. auch Karl J. R.

Arndt, May E. Olson, Die deutschsprachige Presse der Americas 1732–1968. Geschichte und Bibliographie, Pullach 1973, S. 223–262.

10 Über Rassenvorstellungen in der kanadischen Einwanderungspolitik 1867–1920 s. Howard Palmer, Anglo-Canadian Views of Multiculturalism in the Twentieth Century, in: R. Douglas Francis und Donald B. Smith (Hg.), Readings in Canadian History, 3. Aufl. Toronto 1982, S. 192–200.

11 Hierzu auch der Beitrag von Detlef Brandes (1.5.4).

12 Zur deutschen Einwanderung in Westkanada am detailliertesten Heinz Lehmann, Das Deutschtum in Westkanada, Berlin 1939 (zu Hespelers Mission s. ebenda, S. 94–95); Lehmanns beide Werke (s. auch Anm. 4) wurden in einer – die völkische Position des Autors beschönigenden und auch sonst nicht immer ganz textgerechten, aber eine wertvolle Einführung bietenden – Übersetzung neu herausgebracht unter dem Titel: The German Canadians 1750–1937. Immigration, Settlement & Culture. Translated, edited & introduced by Gerhard P. Bassler, St. John's/Newfoundland 1986; s. a. Frank H. Epp, Mennonites in Canada, 2 Bde., Toronto 1974/1982.

13 Hierzu die Beiträge von Holm Sundhaussen (1.2, 1.3), Günter Schödl (1.4), Detlef Brandes (1.5.4).

14 McLaughlin, Germans in Canada, S. 11.

15 Zur Geschichte der Deutschen in British Columbia s. Bruce Ramsey, History of the German-Canadians in British Columbia, Winnipeg 1958.

16 Hierzu der Beitrag von Monika Blaschke (2.1.4).

17 Canada Year Book 1912, S. 23–25; 1922/23, S. 158–161.

18 Zur Geschichte des Deutschen Bundes s. Jonathan F. Wagner, Brothers beyond the Sea. National Socialism in Canada, Waterloo 1981.

19 Hierzu der Beitrag von Wolfgang Jacobmeyer (6.4).

20 Hierzu der Beitrag von Johannes-Dieter Steinert (6.6).

21 Zur Einwanderung seit dem Zweiten Weltkrieg s. McLaughlin, Germans in Canada, S. 16–17; ferner Fritz Wieden, Kanadas Sudetendeutsche, Stuttgart 1984; ders., Kanadas Siebenbürger Sachsen, Stuttgart 1986.

2.3. Deutsche in Lateinamerika
Von Walther L. Bernecker und Thomas Fischer

1 Zahlenangaben vor allem nach Hermann Kellenbenz, Jürgen Schneider, La emigración alemana a América Latina desde 1821 hasta 1930, in: Jahrbuch für Geschichte von Staat, Wirtschaft und Gesellschaft Lateinamerikas, 13. 1976, S. 386–392.

2 Hierzu Klaus J. Bade, ‚Amt der verlorenen Worte' – das Reichswanderungsamt 1918–1924, in: Zeitschrift für Kulturaustausch, 39. 1989, H. 3, S. 312–325.

3 Patrik von zur Mühlen, Fluchtziel Lateinamerika. Die deutsche Emigration 1933–1945: Politische Aktivitäten und soziokulturelle Integration, Bonn 1988, S. 11 f., 47–49.

4 Der größte Anteil der Lateinamerika-Migranten bestand aus Italienern

(38%), gefolgt von Spaniern (28%) und Portugiesen (11%); s. Magnus Mörner, Harold Sims, Adventurers and Proletarians. The Story of Migrants in Latin America, Pittsburgh 1985, S. 50.

5 Zum folgenden bes. Gerhard Brunn, Deutschland und Brasilien (1889–1914), Köln 1971; Jean Roche, La colonisation allemande et le Río Grande do Sul, Paris 1961; Karl H. Oberacker, Karl Ilg, Die Deutschen in Brasilien, in: Hartmut Fröschle (Hg.), Die Deutschen in Lateinamerika. Schicksal und Leistung, Tübingen 1979, S. 169–300.

6 Hierzu neben Brunn Klaus J. Bade, Friedrich Fabri und der Imperialismus in der Bismarckzeit: Revolution – Depression – Expansion, Freiburg i. Br. 1975, S. 362–365.

7 Ebenda, S. 80–97, 191–200, 354–367 (zit. S. 88, 99).

8 Zum folgenden grundlegend Jean-Pierre Blancpain, Les Allemands au Chili (1816–1945), Köln 1974; vgl. auch Gerardo Jorge Ojeda-Ebert, Deutsche Einwanderung und Herausbildung der chilenischen Nation (1846–1920), München 1984; George F. W. Young, The Germans in Chile. Immigration and Colonisation 1848–1914, New York 1974.

9 Zum folgenden bes. der Beitrag von Werner Hoffmann, Die Deutschen in Argentinien, in: Fröschle (Hg.), S. 40–145; Richard C. Newton, German Buenos Aires, 1900–1933: Social Change and Cultural Crisis, Austin 1977; Ruth Seefeld, La emigración alemana y la inmigración alemana en la Argentina, in: La Inmigración a América Latina. Primeras Jornadas Internacionales sobre la Migración en América, Bd. 2, México 1985, S. 201–227.

10 Walther L. Bernecker, Die Handelskonquistadoren. Europäische Interessen und mexikanischer Staat im 19. Jahrhundert, Wiesbaden 1988; Brunn; Dietrich von Delhaes-Günther, Industrialisierung in Südbrasilien. Die deutsche Einwanderung und die Anfänge der Industrialisierung in Rio Grande do Sul, Köln 1973; Maria da Guia Santos, Außenhandel und industrielle Entwicklung Brasiliens unter besonderer Berücksichtigung der Beziehungen zu Deutschland, München 1984; Brígida von Mentz u. a., Los pioneros del imperialismo alemán en México, México 1982; dies. u. a., Los Empresarios alemanes, el Tercer Reich y la oposición de derecha a Cárdenas, Bd. 1, México 1987; Rolf Walter, Venezuela und Deutschland 1815–1870, Wiesbaden 1983.

11 Von zur Mühlen, S. 14.

12 Ebenda, S. 14–24.

13 Joep Merkx, Jack Twiss Quales, ‚Ich hab noch einen Koffer in Berlin‘. Deutsch-jüdische Einwanderer der ersten Generation in Argentinien, in: Achim Schrader, Karl Heinrich Rengstorf (Hg.), Europäische Juden in Lateinamerika, St. Ingbert 1989, S. 157–180; David Bankier, Die Beziehung zwischen deutschen jüdischen Flüchtlingen und deutschen politischen Exilierten in Südamerika, ebenda, S. 213–225.

14 Zum folgenden s. bes. das von Peter Waldmann für die Besiedlung Südchiles entworfene Modell: ders., Kulturkonflikt und Anpassungszwang. Ausgangslage und Entwicklung der deutschen Einwanderungskolonien in Südchile, in: Justin Stagl (Hg.), Aspekte der Kultursoziologie, Berlin 1982, S. 239–251.

15 Aus der umfangreichen Literatur über die Rollè der deutschen Organisatio-

nen in Lateinamerika für deutsche Großmachtbestrebungen seit den 1890er Jahren: Arnold Ebel, Das Dritte Reich und Argentinien, Köln 1971; Richard C. Newton, The United States, the German Argentines and the Myth of the Fourth Reich, 1943–1947, in: Hispanic American Historical Review, 64. 1984, S. 81–103; Reiner Pommerin, Das Dritte Reich und Lateinamerika. Die deutsche Politik gegenüber Süd- und Mittelamerika 1939–1942, Düsseldorf 1977.

2.4. Deutsche in Australien und Neuseeland
Von Johannes H. Voigt

1 Beste neueste Übersicht: James Jupp (Hg.), The Australian People, North Ryde/NSW 1988; die Sonderausgabe der Zeitung: Die Woche in Australien, Januar 1988: 200 Jahre Geschichte der deutschsprachigen Gemeinschaft in Australien; unentbehrlich weiterhin Augustin Lodewyckx, Die Deutschen in Australien, Stuttgart 1932; Leslie Bodi, Stephen Jeffries, Susan Radvansky, Image of a Continent – A Bibliography of German Australiana to 1975, Wiesbaden 1990; umfassend Johannes H. Voigt, Australien und Deutschland. 200 Jahre Begegnungen, Beziehungen und Verbindungen, Hamburg 1988. Zur Einführung s. Johannes H. Voigt, Geschichte Australiens, Stuttgart 1988; Australian Dictionary of Biography (A. D. B.), Bd. 1–12, Melbourne 1966–1990.

2 Stephen Nicholas, Peter R. Shergold, Non-British Convicts, in: The Australian People, S. 32.

3 John Perkins, Jürgen Tampke, The Convicts who never arrived: Hamburg and the Australian Agricultural Company in the 1830s, in: The Push from the Bush. A Bulletin of Social History, 1985, Nr. 19, S. 44–53.

4 Stephen Jeffries, German Settlement in Eastern Australia until 1914, in: The Australian People, S. 484; Lodewyckx, Die Deutschen, S. 59 f.

5 Voigt, Australien und Deutschland, S. 32, 49, 75–77; Bernhard Thuemling, 100 Jahre Concordia Club Deutscher Verein. Ein geschichtlicher Rückblick, in: Johannes H. Voigt (Hg.), New Beginnings. The Germans in New South Wales and Queensland/Neuanfänge. Deutsche in New South Wales und Queensland. (Institut für Auslandsbeziehungen, Stuttgart. Materialien zum Internationalen Kulturaustausch, Bd. 20), Stuttgart 1983, S. 36–44; Günther Holler, Geschichte der Deutschen Evang.-Lutherischen Kirche in Sydney, in: ebenda, S. 59–72.

6 Alan Atkinson, Free Settlers before 1851, in: The Australian People, S. 40 und Allan Martin, Public Policy before Federation, in: ebenda, S. 72.

7 Wilhelm Iwan, Um des Glaubens Willen nach Australien, Breslau 1931; Claudia Erdmann, Deutsche Siedlungen in Südaustralien, in: Erdkunde, 38. 1984, S. 302–314.

8 Lodewyckx, Die Deutschen, S. 47–53, dort Liste der deutschen Ortsnamen, S. 252.

9 Johannes Menge, Johannes Menge, Wanderer durch die Welt, in: Bergwinkel-Bote, Heimatkalender, 39. 1988, S. 63–70. Bernard O'Neill, Johannes

Menge (1788–1852). Father of South Australian Mineralogy, in: Ian Harmstorf, Peter Schwerdtfeger (Hg.), The German Experience of Australia 1838–1988, Adelaide 1988; Erdmann, Deutsche Siedlungen, S. 308–311; Ian Harmstorf, German Settlement in South Australia until 1914, in: The Australian People, S. 479.

10 Claudia Erdmann, Rural Settlements founded by German Immigrants in South Australia and Queensland during the 19th Century, in: Manfred Jurgensen, Alan Corkhill (Hg.), The German Presence in Queensland Over The Last 150 Years, St. Lucia 1988, S. 113–124.

11 Gerhard Fischer, ‚A Great Independent Australian Reich and Nation': Carl Muecke and the ‚Forty-Eighters' of the German-Australian Community of South Australia, in: Journal of Australian Studies, 25. 1989, S. 85–100.

12 Robin Berwick Walker, German-language Press and People in South Australia, 1848–1900, in: Journal of the Royal Australian Historical Society, 58. 1972, S. 121–140; Hartmut Lehmann, South Australian German Lutherans in the Second Half of the Nineteenth Century: A Case of Rejected Assimilation?, in: Journal of Intercultural Studies, 6. 1981, S. 24–42.

13 Hanno Beck, Germania in Pacifico. Der deutsche Anteil an der Erschließung des Pazifischen Beckens, Wiesbaden 1970; Ernst Dieffenbach, New Zealand and its Native Population, London 1841; ders., Travels in New Zealand, 2 Bde., London 1843; Gerda E. Bell, Ernest Dieffenbach. Rebel and Humanist, Palmerston North 1976; Ferdinand von Hochstetter, Neuseeland, Stuttgart 1863; Julius von Haast, Geology of the Provinces of Canterbury and Westland, New Zealand, London 1879.

14 Heinrich Sieveking, Karl Sieveking 1787–1847, III. Teil: Das Syndicat, Hamburg 1928, S. 499–533.

15 Traugott Bromme, Rathgeber für Auswanderungslustige, Stuttgart 1846, S. 306.

16 Hierzu und zum folgenden Ian Harry Burnley, German Immigration and Settlement in New Zealand 1842–1914, in: New Zealand Geographer, 29. 1973, S. 45–63; Ruth M. Allan, Nelson. A History of Early Settlement, Wellington 1965, S. 309–312; Rudolf Asmis, Liste der deutschen Einwanderer in Neuseeland, in: Familiengeschichtliche Blätter, 33. 1933, Sp. 233–235; Bromme, Rathgeber für Auswanderungslustige, S. 309; Donald Newell Hawkins, Beyond the Waimakariri. A Regional History, Christchurch 1957, S. 192f.

17 Augustin Lodewyckx, Neuseeland Wohin?, München 1961, S. 58f.; K. Mooney, Aus dem Herzen Europas unter das Kreuz des Südens. Die Geschichte von Puhoi, 1863–1963, o.O. o.J. (Stuttgart 1963); Frederick Wood, Deutsche in Neuseeland, in: Mitteilungen. Institut für Auslandsbeziehungen, 6. 1956, S. 35; Gerald T. Bloomfield, New Zealand. A Handbook of Historical Statistics, Boston/Mass. 1984, S. 80; Burnley, S. 56.

18 Irmer an Reichskanzler Fürst Bülow, Sydney 17. 4. 1909, Auswärtiges Amt, Politisches Archiv. DK-England Nr. 110, Sydney, Bd. 10, Nr. 198.

19 The Queensland News Budget, 25. 7. 1914.

20 Robert Wuchatsch, Westgarthtown. The German Settlement at Thomastown, Melbourne 1985; Charles Meyer, The Germans in Victoria

(1849–1900), in: The Journal of the Royal Australian Historical Society, 68. 1982, S. 18–36; Augustin Lodewyckx, Das Deutschtum in Victoria, Melbourne 1934; Raffaello Carboni, The Eureka Stockade, Blackburn/Vic. 1980; Charles Meyer, The Non-German Germans: A Mistaken Identity in Early Australian History, in: Journal of the Royal Australian Historical Society, 73. 1988, S. 277–286.

21 Margaret Willis, By Their Fruits. A Life of Ferdinand von Mueller, Botanist and Explorer, Sydney 1949. D. M. Churchill, T. B. Muir, Doris M. Sinkora, The Published Works of Ferdinand J. H. Mueller, in: Muelleria, 4. 1978, S. 1–120 u. ebenda, 5. 1984, S. 229–248; Hans-Jochen Kretzer, Windrose und Südpol. Leben und Werk des großen Pfälzer Wissenschaftlers Georg von Neumayer (Pollichia-Sonderdruck 4), Bad Dürkheim 1983; Margaret Stoljar, The Early German-language Press in Victoria, in: Journal of the Royal Australian Historical Society, 75. 1989, S. 190–210; Marjorie Tipping, Ludwig Becker. Artist and Naturalist with Burke and Wills Expedition, Melbourne 1979; Alan Moorehead, Cooper's Creek, London 1963.

22 Jeffries, S. 484–487; Erdmann, Deutsche Siedlungsgebiete, S. 103–105; Delphine Nagel, Johann Christian Heussler – A Father of Queensland, in: New Beginnings, S. 123.

23 Mervyn Desmond Zischke, History of the Apostolic Church of Queensland, in: New Beginnings, S. 73 f. und Walter Meister, John A. Moses, The Brisbane German Church of Queensland, in: ebenda, S. 45–50.

24 Schwäbischer Merkur, 2. 7. 1834 und 9. 7. 1837.

25 Marita E. Bardenhagen, Lilydale – A German Legacy. An Examination of Nineteenth Century German Immigration to Northern Tasmania, 2. Aufl. Launceston/Tas. 1988; Der Kanzler des Norddeutschen Bundes an den Senat von Bremen, Berlin, 15. 10. 1869, Staatsarchiv Bremen, P. 8. B8. c. 1. b, Bd. z.; Süd-Australische Zeitung, 21. 9. 1870; Das Deutschtum im Ausland, Jg. 1910, S. 140.

26 Mary Mennicken, The Germans in Western Australia 1833–1918, o. O. o. J. (Perth 1988).

27 Lodewyckx, Die Deutschen, S. 157–161; Ward McNally, Aborigines Artefacts and Anguish, Adelaide 1981.

28 Gerhard Fischer, Enemy Aliens. Internment and the Homefront Experience in Australia 1914–1920, St. Lucia/Qld. 1989; Ernest Scott, Australia During the War, Sydney 1936.

29 Zum Fall Zedlitz: John Cawte Beaglehole, Victoria University College, an Essay towards a History, Wellington 1949, S. 162–172.

30 Eine ausführliche Liste der Umtaufen bei Lodewyckx, Die Deutschen, S. 252.

31 Alexander Hare McLintock (Hg.), An Encyclopedia of New Zealand, Bd. 2, Wellington 1966, S. 627.

32 Johannes H. Voigt, Concordia Club under the Pressure of the National Socialists, in: New Beginnings, S. 149–154; Karl Burggraf, Die Deutschen in den Hauptstädten von Australien, Sydney 1934, S. 32.

33 Suzanne D. Rutland, Edge of the Diaspora, Melbourne 1988; Konrad Kwiet, John A. Moses (Hg.), On Being a German-Jewish Refugee in Australia, Sonderausgabe des Australian Journal of Politics and History, 31. 1985,

S. I–IX und 1–172; Michael Blakeney, Australia and the Jewish Refugees 1933–1948, Sydney 1985; Jane Sydenham, Stopover in Exile, in: New Beginnings, S. 233–245; Karl Wolfskehl, Zehn Jahre Exil. Briefe aus Neuseeland 1938–1948, hg. von Margot Ruben, Heidelberg 1959; Cyril Pearl, The Dunera Scandal, Deported by Mistake, Sydney 1983.

34 Kay Saunders, Enemies of the Empire? The Internment of Germans in Queensland during the Second World War, in: Jurgensen/Corkhill, S. 53–70; Paul Sauer, Uns rief das Heilige Land. Die Tempelgesellschaft im Wandel der Zeit, Stuttgart 1985, insbes. S. 273–291, 340–368, 380–391; Richard O. Hoffmann, Templers, in: The Australian People, S. 496 f.

35 Hierzu und zum folgenden Egon F. Kunz, Post-War Non British Immigration, in: The Australian People, S. 100–106; Gisela T. Kaplan, Post-War German Immigration, in: ebenda, 498–500; Voigt, Geschichte Australiens, S. 258–261.

36 Hierzu der Beitrag von Wolfgang Jacobmeyer (6.4).

37 Hierzu der Beitrag von Johannes-Dieter Steinert (6.6).

38 Bloomfield, S. 80.

39 Michael Clyne, German Language, in: The Australian People, S. 505–507.

3.1. Grenzgänger: Gesellen, Vaganten und fahrende Gewerbe
Von Hans-Ulrich Thamer

1 Friedrich Noack, Deutsche Gewerbe in Rom, in: Vierteljahrschrift für Sozial- und Wirtschaftsgeschichte (VSWG), 19. 1926, S. 237–268.

2 Rainer S. Elkar, Umrisse einer Geschichte der Gesellenwanderungen im Übergang von der Frühen Neuzeit zur Neuzeit, in: ders. (Hg.), Deutsches Handwerk in Spätmittelalter und Früher Neuzeit, Göttingen 1983, S. 85–116, bes. S. 96–106.

3 Rudolf Wissell, Des alten Handwerks Recht und Gewohnheit, 3 Bde., Nachdruck Berlin 1974–1981, Bd. 1, S. 301.

4 Klaus J. Bade, Altes Handwerk, Wanderzwang und Gute Policey: Gesellenwanderung zwischen Zunftökonomie und Gewerbereform, in: VSWG, 69. 1982, S. 1–37.

5 John Breuilly, Wieland Sachse, Joachim Friedrich Martens (1806–1877) und die Deutsche Arbeiterbewegung, Göttingen 1984, S. 16 bzw. 21 f.

6 Hierzu Jacques Grandjonc, Die deutsche Binnenwanderung in Europa 1830 bis 1848. Schlußwort, in: Otto Büsch, Hans Herzfeld (Hg.), Die frühsozialistischen Bünde in der Geschichte der deutschen Arbeiterbewegung. „Vom Bund der Gerechten" zum „Bund der Kommunisten" 1836–1847. Ein Tagungsbericht, Berlin 1975, S. 14 f.

7 Ebenda, S. 44.

8 Zu den Vaganten: Angelika Kopecny, Fahrende und Vagabunden. Ihre Geschichte, Überlebenskünste, Zeichen und Straßen, Berlin 1980; ferner Hermann Arnold, Vaganten, Komödianten, Fieranten und Briganten. Untersuchungen zum Vagantenproblem an vagabundierenden Bevölkerungsgruppen vorwiegend der Pfalz, Stuttgart 1958.

9 Belege dafür bei Wolfgang Schieder, Anfänge der deutschen Arbeiterbewe-

gung. Die Auslandsvereine im Jahrzehnt nach der Julirevolution von 1830, Stuttgart 1963, S. 100; vgl. hierzu den Beitrag von Wilfried Pabst (3.6).

10 Grandjonc, S. 3–20.

11 Die im vorstatistischen Zeitalter überaus wichtigen Angaben aus der zeitgenössischen Publizistik schwanken sehr stark; vgl. Schieder, S. 96–102.

12 Ebenda, S. 97.

13 Alle Angaben nach Grandjonc, S. 8–10, 18.

14 Statistique de l'industrie à Paris, résultat de l'enquête faite par la Chambre de Commerce pour les années 1847 et 1848, Paris 1851; zit. bei Schieder, S. 99.

15 Zahlreiche Belege aus der zeitgenössischen Publizistik bei Schieder, S. 107.

16 Pierre Aguet, Les grèves sous la Monarchie de Juillet, Lausanne 1954.

17 Michael Stürmer, Hofhandwerk und höfische Kultur. Europäische Möbelkunst im 18. Jahrhundert, München 1982, S. 153; ferner Rosemarie Stratmann, Der Ebenist Jean-François Oeben, Diss. Heidelberg 1971.

18 Raymonde Monnier, Les Classes laborieuses du Faubourg Saint-Antoine sous la Révolution et l'Empire, maschr. Thèse pour le doctorat de 3e cycle, Paris 1978, S. 41. Zum Anteil von Ausländern in anderen Stadtteilen und Vorstädten vor und während der Revolution: Daniel Roche, Le Peuple de Paris, Paris 1981, S. 27; Haim Burstin, Le Faubourg Saint-Marcel à l'Epoque Révolutionnaire, Paris 1983, S. 82 f., 88.

19 Dazu Grandjonc, S. 6–8; Schieder S. 105–107.

20 Die Angaben nach Grandjonc, S. 10 f. und Francis Sartorius, Die politische, wirtschaftliche und soziale Tätigkeit der Deutschen in Brüssel 1842 bis 1850, in: Büsch/Herzfeld, S. 20–24.

21 Dazu Schieder, S. 101.

22 Angaben von Grandjonc, S. 11–13; ferner Rosemary Ashton, Little Germany. Exile and Asylum in Victorian England, Oxford 1986, S. 225–244.

23 Zit. nach Grandjonc, S. 14.

24 Ebenda, S. 15.

25 Hierzu die Studien von Schieder und Grandjonc.

26 Hierzu der Beitrag von Hans-Ulrich Thamer (3.3).

3.2. In Europa zu Hause
Von Hans-Ulrich Thamer

1 Friedrich Noack, Deutsche Gewerbe in Rom, in: Vierteljahrschrift für Sozial- und Wirtschaftsgeschichte, 19. 1926, S. 237–268.

2 Anton Ernstberger, Nürnberger Patrizier und Geschlechtersöhne auf ihren Bildungsreisen durch Frankreich 1608–1610, in: Mitteilungen des Vereins für Geschichte der Stadt Nürnberg, 43. 1952, S. 345–360.

3 Norbert Conrads, Ritterakademien der frühen Neuzeit. Bildung als Standesprivileg im 16. und 17. Jahrhundert, Göttingen 1982.

4 Ders., Politische und staatsrechtliche Probleme der Kavalierstour, in: Antoni Maczak, Hans Jürgen Teuteberg (Hg.), Reiseberichte als Quellen europäischer Kulturgeschichte. Aufgaben und Möglichkeiten der historischen Reiseforschung, Wolfenbüttel 1982, S. 45–64.

5 Nach C. R. Hennings, Deutsche in England, Stuttgart 1923.

6 Willy Andreas, Die Kavaliersreise Carl Augusts von Weimar nach Paris, in: Archiv für Kulturgeschichte, 34. 1952, S. 180–193.

7 Gertrud Muraro-Ganz, Frankreichs Weg zur Revolution. Gedanken Jacques-Henri Meisters zum Niedergang der französischen Monarchie, Frankfurt a. M. 1977.

8 Georges Duplessis (Hg.), Mémoires et Journal de Jean Georges Wille, Paris 1857.

9 Michael Stürmer, Handwerk und höfische Kultur. Europäische Möbelkunst im 18. Jahrhundert, München 1982, S. 240–275.

10 Albert Mathiez, La Révolution et les étrangers. Cosmopolitisme et défense nationale, Paris 1918; vgl. hierzu auch den Beitrag von Wilfried Pabst (3.6).

11 Karl Hammer, Deutsche Revolutionsreisende in Paris, in: Jürgen Voss (Hg.), Deutschland und die Französische Revolution, München 1983, S. 26–42.

12 Karl Hammer, Graf Schlabrendorff, ein deutscher Kritiker Napoleons und seiner Herrschaft, in: Francia, 1. 1973, S. 402–413.

3.3. Flucht und Exil: ‚Demagogen' und Revolutionäre
Von Hans-Ulrich Thamer

1 Hierzu der Beitrag von Heinz Duchhardt (4.2).

2 Hierzu die ältere Studie von Otto Wiltberger, Die deutschen politischen Flüchtlinge in Straßburg 1830 bis 1849, Berlin 1910, S. 50–80 und diese weiterführend Wolfgang Schieder, Anfänge der deutschen Arbeiterbewegung. Die Auslandsvereine im Jahrzehnt nach der Julirevolution von 1830, Stuttgart 1963, S. 110–112.

3 Zahlen nach Schieder, S. 111; ferner Jacques Grandjonc, Eléments statistiques pour une étude de l'immigration étrangère en France de 1830 à 1851, in: Archiv für Sozialgeschichte (AfS), 15. 1975, S. 225–235.

4 So die Schätzung von Jacques Grandjonc, Die deutsche Binnenwanderung in Europa 1830 bis 1848, in: Otto Büsch, Hans Herzfeld (Hg.), Die frühsozialistischen Bünde in der Geschichte der deutschen Arbeiterbewegung. Vom ‚Bund der Gerechten' zum ‚Bund der Kommunisten' 1836–1847, Berlin 1975, S. 15.

5 Dazu vor allem Jacques Grandjonc, La presse de l'émigration allemande en France (1795–1848) et en Europe (1830–1848), in: AfS, 10. 1970, S. 95–152.

6 So die Thesen von Schieder, S. 45.

7 Hierzu Karl Glossy, Literarische Geheimberichte aus dem Vormärz, Wien 1912; Hans Adler (Hg.), Literarische Geheimberichte. Protokolle der Metternich-Agenten, Bd. 1: 1810–1843, Köln 1977; Bd. 2: 1844–1848, Köln 1981.

8 Am Beispiel von Heinrich Heine, Karl Marx und Adam Mickiewicz richtungweisend: Lloyd S. Kramer, Threshold of a New World. Intellectuals and the Exile Experience in Paris 1830–1848, Ithaca 1988.

9 Dazu jetzt Rosemary Ashton, Little Germany. Exile and Asylum in Victorian England, Oxford 1986.

10 Schieder, S. 115.

11 Ashton, S. XI.
12 Utz Haltern, Liebknecht und England. Zur Publizistik Wilhelm Lieb-
   knechts während seines Londoner Exils (1850–1862), Trier 1977, S. 23.
13 Wilhelm Liebknecht, Friedrich Engels, in: Süddeutscher Postillon, 14. 1895,
   zit. nach Haltern, S. 44.
14 Hierzu der Beitrag von Werner Röder (6.2).

3.4. ,Dickköpfe und Leichtfüße': Deutsche im niederländischen Kolonialdienst
Von Martin Bossenbroek

1 Karl Heinzen, Reise nach Batavia, Köln 1841, S. 15.
2 Extremstes Beispiel einer solchen Deutung: Anton Schwägerl, Das Aus-
  landdeutschtum im niederländischen Kolonialbereich, Weimar 1937.
3 Vgl. z. B. Klaus J. Bade (Hg.), Auswanderer – Wanderarbeiter – Gastarbeiter. Bevölkerung, Arbeitsmarkt und Wanderung in Deutschland seit der
  Mitte des 19. Jahrhunderts, 2 Bde., 2. Aufl., Ostfildern 1984; Jan Lucassen,
  Rinus Penninx, Nieuwkomers, Immigranten en hun nakomelingen in Nederland 1550–1985, Amsterdam 1985; Robert P. Swierenga, Exodus Nether-
  lands, Promised Land America – Dutch Immigration and Settlement in the
  United States, in: Jan W. Schulte Nordholt, Robert P. Swierenga (Hg.), A
  Bilateral Bicentennial. A History of Dutch-American Relations 1782–1982,
  Amsterdam 1982.
4 Diese von mir unter dem Arbeitstitel „Volk voor Indië" abgeschlossene Studie
  wird 1992 als Dissertation an der Rijksuniversiteit Leiden eingereicht.
5 Das in diesem Artikel angegebene Zahlenmaterial beruht auf einer statistischen Auswertung der Soldatenstammbücher des ,Koloniaal Werfdepot' im
  Algemeen Rijksarchief in 's-Gravenhage.
6 Die Gerüchte bestätigten sich nicht; es geschah dann auch weiter nichts.
7 Vergleichsmaterial zur Auswanderung: Bade, Bd. 1.

3.5. Torfgräber, Grasmäher, Heringsfänger . . . – deutsche Arbeitswanderer im ,Nordsee-System'
Von Franz Bölsker-Schlicht

1 Jan Lucassen, Naar de kusten van de Noordzee. Trekarbeid in Europees
  Perpektief, 1600–1900, Gouda 1984 (engl. Übers.: Migrant Labour in Europe 1600–1900: The Drift to the North Sea, London 1987), S. 127–228.
2 Unterscheidung von temporären Arbeitswanderern mit festem Wohnsitz
  und ortlosen Wanderarbeitern nach Klaus J. Bade, Massenwanderung und
  Arbeitsmarkt im deutschen Nordosten von 1880 bis zum ersten Weltkrieg,
  in: Archiv für Sozialgeschichte, 20. 1980, S. 265–323, hier S. 274f.
3 Allgemein hierzu, neben Lucassen, jetzt: Franz Bölsker-Schlicht, Die Hollandgängerei im Osnabrücker Land und im Emsland (Emsland/Bentheim.
  Beiträge zur Neueren Geschichte, Bd. 3), Sögel 1987; vgl. Johannes Tack,

Die Hollandsgänger in Hannover und Oldenburg. Ein Beitrag zur Geschichte der Arbeiterwanderung, Leipzig 1902.

4 Justus Möser, Osnabrückische Geschichte, Berlin 1789, S. 109f.; ausführlicher beschäftigte sich Möser in seinen ,Patriotischen Phantasien' mit der Hollandgängerei: ders., Sämtl. Werke, Bd. 4, Oldenburg 1943, S. 77–100.

5 Zum Heuerlingswesen u. a.: Hans Jürgen Seraphim, Das Heuerlingswesen in Nordwestdeutschland, Münster 1948; Adolph Wrasmann, Das Heuerlingswesen im Fürstentum Osnabrück, in: Osnabrücker Mitteilungen, 42. 1919, S. 53–117; 44. 1921, S. 1–154.

6 Zit. nach: Ulf-K. Wulkotte, Das Emsland in alten Reiseberichten des 18. und frühen 19. Jahrhunderts, Sögel 1978, S. 31.

7 Ebenda.

8 Zu den Lippischen Zieglern u. a.: Fritz Fleege-Althoff, Die lippischen Wanderarbeiter, Detmold 1928; Bettina Ebert, Michael Vogtmeier, Die lippischen Wanderziegler, Detmold 1980; Fritz Bartelt, Eckard Schinkel (Hg.), Gut Brand! – Leben und Arbeit der Lipper Ziegler um 1900, Hagen 1986.

9 Johannes Ostendorf, Der Kreis Vechta im 19. Jahrhundert, Vechta 1961, S. 41; Franz Bölsker-Schlicht, Münsterländische Hollandgänger in englischer Kriegsgefangenschaft, in: Jahrbuch für das Oldenburger Münsterland 1987, S. 115–120; Tack, S. 169–173.

10 Tack, S. 4, 116f.

11 Paul Kollmann, Statistische Beschreibung der Gemeinden des Herzogthums Oldenburg, Oldenburg 1897, S. 441, 677.

3.6. Subproletariat auf Zeit
Von Wilfried Pabst

1 Abbé Axinger, Œuvre de Saint Boniface en faveur des pauvres Catholiques Allemands de la Capitale (12. 11. 1837), S. 1f. (übers. v. Verf.).

2 Wilfried Pabst, 120 Jahre deutsche Schule(n) in Paris, Gütersloh 1980, S. 1; vgl. Klaus J. Bade, Vom Export der Sozialen Frage zur importierten Sozialen Frage: Deutschland im transnationalen Wanderungsgeschehen seit der Mitte des 19. Jahrhunderts, in: ders. (Hg.), Auswanderer – Wanderarbeiter – Gastarbeiter, 2 Bde., Ostfildern 1984 (2. Aufl. 1986), Bd. 1, S. 27–33 (Deutsche Auswanderer – deutsche ,Gastarbeiter').

3 Hierzu auch der Beitrag von Hans-Ulrich Thamer (3.2); zur deutschen Aus- bzw. Arbeitswanderung nach Paris in der ersten Hälfte des 19. Jahrhunderts allgemein Jacques Grandjonc, La Presse de l'Emigration Allemande en France (1795–1848) et en Europe (1830–1848), in: Archiv für Sozialgeschichte (AfS), 10. 1970, S. 95–152; ders., Etat sommaire des dépôts d'archives françaises sur le mouvement ouvrier et les émigrés allemands de 1830 à 1851/52, in: AfS, 12. 1972, S. 487–531; ders., Eléments statistiques pour une étude de l'immigration étrangère en France de 1830 à 1851, in: AfS, 15. 1975, S. 211–300.

4 Hierzu Michael Stürmer, Handwerk und höfische Kultur. Europäische Möbelkunst im 18. Jahrhundert, München 1982, bes. S. 135–164.

5 Pabst, S. 1.

6 Franz Stock (Hg.), 100 Jahre deutsche Seelsorge in Paris 1837–1937, Paris 1937.

7 Erinnerungen aus dem Leben unseres Vaters (Von ihm selbst erzählt), in: Bethel. Blicke aus Gottes Haus in Gottes Welt, 6. 1914, S. 3.

8 Dritter Bericht (1845–1846) der ‚Evangelischen Mission', S. 9 f.

9 Pabst, S. 4, 9.

10 Ludwig Bamberger, Die deutsche Kolonie, in: Geschichte von Paris (diverse Verfasser), Berlin o. J. (1867), S. 109 (übers. v. Claire von Glümer).

11 Ebenda, S. 102.

12 Ebenda, S. 103, 106 f., 110 f.

13 Hierzu auch der Beitrag von Hans-Ulrich Thamer (3.1).

14 Evangelische Kirche Augsburgischer Konfession zu Paris, Mitteilungen an unsere Freunde, Nr. 7 (30. 7. 1863), S. 6 f.

15 Stock, S. 1 ff.

16 Der ehrwürdige Pater Chable und die Deutsche Mission in Paris, Paris 1860.

17 Akten der 17. Generalversammlung, Trier 1865, S. 275.

18 Mitteilungen (wie Anm. 14), S. 4 f.

4.1. „. . . jederzeit gottlose böse Leute" – Sinti und Roma
Von Rainer Hehemann

1 Zit. nach Rüdiger Vossen, Zigeuner. Roma, Sinti, Gitanos, Gypsies zwischen Verfolgung und Romantisierung, Frankfurt a. M. 1983, S. 33.

2 Aufgrund seines stigmatisierenden Charakters wird der Begriff ‚Zigeuner' von den Sinti und Roma vielfach, wenn auch nicht durchweg, als diskriminierend gewertet und abgelehnt. Dies führt zu der Schwierigkeit, einen allgemein akzeptierten Sammelnamen für die Vielfalt ‚zigeunerischer' Gruppierungen mit unterschiedlichen Dialekten, Sitten und Gebräuchen zu finden. So kann auch die im deutschen Sprachraum geltende Bezeichnung nach den beiden zahlenmäßig größten Gruppen, den etwa 40 000 Sinti und den etwa 20 000 Roma, nur als Behelf dienen. Bei der Darstellung historischer Zusammenhänge wird man allerdings kaum auf den alten, vorbelasteten Begriff ‚Zigeuner' ganz verzichten können.

3 Thomas Münster, Zigeuner-Saga, Freiburg i. Br. 1969, S. 86–88; Vossen, S. 24–36.

4 Rainer Hehemann, Die „Bekämpfung des Zigeunerunwesens" im Wilhelminischen Deutschland und in der Weimarer Republik, 1871–1933, Frankfurt a. M 1987.

5 J. H. Zedler, Grosses vollständiges Universal-Lexikon aller Wissenschaften und Künste, Bd. 62, Leipzig 1749, Sp. 526.

6 Zit. nach Vossen, S. 38.

7 Karin Bott-Bodenhausen (Hg.), Sinti in der Grafschaft Lippe. Studien zur Geschichte der ‚Zigeuner' im 18. Jahrhundert, München 1988, S. 47.

8 ‚Verordnung wegen der fremden Bettler, Collectanten, Packjuden und

Zigeuner, wie auch der Versorgung der inländischen Armen' vom
15. 10. 1770, zit. nach Bott-Bodenhausen, S. 51.

9 Hierzu Joachim S. Hohmann, Geschichte der Zigeunerverfolgung in
Deutschland, Frankfurt a. M. 1981.

10 Bott-Bodenhausen, S. 129–143.

11 Ebenda, S. 83–86.

12 Vgl. dazu Hehemann, S. 243–456.

13 Grundlegend hierzu Donald Kenrick, Grattan Puxon, Sinti und Roma, die
Vernichtung eines Volkes im NS-Staat, Göttingen 1981; Hohmann; ders.,
Zigeuner und Zigeunerwissenschaft, Marburg 1980.

14 Hierzu der Beitrag von Michael Zimmermann (6.1).

4.2. Glaubensflüchtlinge und Entwicklungshelfer
Von Heinz Duchhardt

1 Vgl. zuletzt Armin Reese, Aufnahme von ‚Landfremden' in der Frühen
Neuzeit: die Anfänge, in: ders. (Hg.), Eigenständigkeit und Integration.
Das Beispiel Rhein-Neckar-Raum, Villingen-Schwenningen 1987, S. 80–118;
dort weitere Literatur.

2 Vgl. zum Ganzen Heinz Schilling, Aufbruch und Krise. Deutschland
1517–1648, Berlin 1988, S. 77 ff.

3 Ebenda, S. 79.

4 Die Literatur aus dem Umfeld des Gedenkjahres 1985 ist sehr umfangreich; s. den kritischen Literaturbericht von Gerhard Philipp Wolf, Die
Widerrufung des Edikts von Nantes, in: Theologische Rundschau, 52.
1987, S. 286–315.

5 Moderne Edition: Dieter Mempel (Hg.), Gewissensfreiheit und Wirtschaftspolitik. Hugenotten- und Waldenserprivilegien 1681–1699, Trier
1986.

6 Für die Geschichte der Waldenser in Deutschland sind die Forschungen
Theo Kiefners maßgebend, vgl. u. a.: Um des Glaubens willen. Zum Wal-
denser- und Hugenotten-Gedenkjahr 1685–1985, Stuttgart 1985.

7 Die rechtlichen Aspekte besonders eingehend bei Franz Ortner, Reformation, katholische Reform und Gegenreformation im Erzstift Salzburg, Salzburg 1981; grundlegend jedoch Gerhard Florey, Geschichte der Salzburger
Protestanten und ihrer Emigration 1731/32, Wien 1977.

8 Stefi Jersch-Wenzel, Preußen als Einwanderungsland, in: Manfred Schlenke
(Hg.), Preußen. Beiträge zu einer politischen Kultur, Reinbek 1981,
S. 136–161, hier S. 155.

4.3. Bei Hofe und als Pomeranzenhändler
Von Anton Schindling

1 Johann Wolfgang von Goethe, Aus meinem Leben, Dichtung und Wahrheit, Erster Teil, Erstes Buch, in: Goethe Werke, Fünfter Band, Frankfurt a. M. 1965, S. 14–15.

2 Zahlreiche Hinweise in: Max Spindler, Andreas Kraus (Hg.), Handbuch der bayerischen Geschichte, Bd. 2 (Altbayern), 2. Aufl. München 1988; Bd. 3 (Franken, Schwaben), München 1971; Hans M. Schmidt (Hg.), Himmel, Ruhm und Herrlichkeit. Italienische Künstler an rheinischen Höfen des Barock. Ausstellungskatalog Rheinisches Landesmuseum Bonn 1989; hier wie im folgenden kann nur auf ausgewählte Literatur hingewiesen werden.

3 Johannes Augel, Italienische Einwanderung und Wirtschaftstätigkeit in rheinischen Städten des 17. und 18. Jahrhunderts, Bonn 1971, S. 145, 293.

4 Hierzu der Beitrag von Heinz Duchhardt (4.2).

5 Jean-Michel Thiriet, L'immigration italienne dans la Vienne baroque (1620–1750), in: Revue d'histoire économique et sociale, 3. 1974, S. 339–349; ders., Fragestellungen im Rahmen einer Studie über eine Minderheit im Ancien Régime. Überlegungen zu den Italienern in Wien (1619–1740), in: Grete Klingenstein, Heinrich Lutz (Hg.), Spezialforschung und ,Gesamtgeschichte'. Beispiele und Methodenfragen zur Geschichte der frühen Neuzeit, Wien 1981, S. 189–196.

6 Alexander Dietz, Frankfurter Handelsgeschichte, 4 Bde., Frankfurt a. M. 1910–1925; Nachdruck Glashütten 1970–1973; Augel, S. 145, 293.

7 Ebenda, S. 116–133.

8 Josefine Rumpf-Fleck, Italienische Kultur in Frankfurt am Main im 18. Jahrhundert, Köln 1936; Gerald Lyman Soliday, A Community in Conflict. Frankfurt Society in the 17th and Early 18th Centuries, Hanover/New Hampshire 1974.

9 Augel, S. 223.

10 Rudolf Schenda, Der Bilderhändler und seine Kunden im Mitteleuropa des 19. Jahrhunderts, in: Ethnologia Europaea/Journal of European Ethnology, 14. 1984, S. 163–175.

11 Georg Biundo, Aus der Geschichte einer kurpfälzischen Kaminkehrerfamilie, in: Mannheimer Geschichtsblätter, 30. 1929, Sp. 149–153; Karl Puchner, Süddeutsche Kaminkehrerfamilien italienischer Herkunft, in: Archiv für Sippenforschung, 13. 1936, S. 145–147.

12 Edith Ennen, Geschichte der Stadt Bonn, Bd. 2, Bonn 1962, S. 307.

13 Heinrich Schrohe, Die Mainzer Stadtaufnahmen des 16.–18. Jahrhunderts, 3 Teile, Mainz 1930–1931; Rudolf Schäfer, Die Höchster Neustadt und der Bolongaropalast (Höchster Geschichtshefte 24/25), Frankfurt-Höchst 1975.

5.1. Transitland Kaiserreich
Von Michael Just

1 Mary Antin, Vom Ghetto ins Land der Verheißung, Stuttgart 1914, S. 164.

2 Hartmut Bickelmann, Deutsche Überseeauswanderung in der Weimarer Zeit, Wiesbaden 1980, S. 143.

3 Michael Just, Ost- und südosteuropäische Amerikawanderung 1881–1914. Transitprobleme in Deutschland und Aufnahme in den Vereinigten Staaten, Stuttgart 1988, S. 39 f.

4 Hierzu der Beitrag von Klaus J. Bade (5.3).

5 Bernhard Karlsberg, Geschichte und Bedeutung der deutschen Durchwandererkontrolle, Hamburg 1922, S. 9 f.

6 Richard J. Evans, Tod in Hamburg. Stadt, Gesellschaft und Politik in den Cholera-Jahren 1830–1910, Reinbek 1990.

7 Julius Kaliski, Mit Ballin unterwegs, VI: Zehn Stündchen bei Ballin, in: Vorwärts, 10. 1. 1905.

8 Zosa Szajkowski, Sufferings of Jewish Emigrants to America in Transit through Germany, in: Jewish Social Studies, 39. 1977, S. 105–116.

9 Staatsarchiv Hamburg, Auswanderungsamt I, II E III P 24: Akte betr. Komitee für Russische Juden, Dritter Jahresbericht des Komitees, März 1892.

10 Almut Mehner, Die Tätigkeit der konfessionellen Auswanderungsvereine in Hamburg vor dem Ersten Weltkrieg, in: „... nach Amerika!" Auswanderung in die Vereinigten Staaten, Hamburg 1976, S. 43–48.

11 Hierzu der Beitrag von Klaus J. Bade (5.3).

12 Kölnische Zeitung, 26. 7. 1905.

13 Hierzu der Beitrag von Inge Blank (5.4).

14 Max Klesse, Vom alten zum neuen Israel. Ein Beitrag zur Genese der Judenfrage und des Antisemitismus, Frankfurt a. M. 1965, S. 174 f.

15 Geschäftsbericht des Hilfsvereins der deutschen Juden, Berlin 1907, S. 125.

16 Allgemeine Zeitung des Judentums, 16. 10. 1891 (Beil., S. 2).

17 Staatsarchiv Bremen, 4, 14/1 E 9 Rückwanderer: Generalakten der Polizeidirektion der freien Hansestadt Bremen, Notiz vom 3. 12. 1907; vgl. Jack Wertheimer, „The Unwanted Element". East European Jews in Imperial Germany, in: Yearbook of the Leo Baeck Institute, 26. 1981, S. 23–46.

5.2. Einwanderungsprobleme im Auswanderungsland
Von Christoph Kleßmann

1 Der Beitrag fußt im wesentlichen auf Christoph Kleßmann, Polnische Bergarbeiter im Ruhrgebiet 1870–1945. Soziale Integration und nationale Subkultur einer ethnischen Minderheit in der deutschen Industriegesellschaft, Göttingen 1978; vgl. von polnischer Seite: Krystyna Murzynowska, Die polnischen Erwerbsauswanderer im Ruhrgebiet während der Jahre 1880–1914, Dortmund 1979; zuletzt: Valentina-Maria Stefanski, Zum Prozeß der Emanzipation und Integration von Außenseitern: Polnische Arbeitsmigranten im Ruhrgebiet, Dortmund 1984.

2 Geschichte einer polnischen Kolonie in der Fremde. Jubiläumsschrift des St. Barbara-Vereins in Bottrop, Bottrop 1911 (poln.; dt. Übers. Essen 1968).

3 C. A. Zakrzewski, Zur ländlichen Arbeiterfrage im Osten Deutschlands, in: Schmollers Jahrbuch, 14. 1890, S. 166.

4 Zur Ausländerbeschäftigung im Kaiserreich s. den Beitrag von Klaus J. Bade (5.3).

5 Vollst. Text in: Hans Jürgen Brandt (Hg.), Die Polen und die Kirche im Ruhrgebiet 1871–1919, Münster 1987, S. 119–128.

6 Frankfurter Zeitung, Nr. 35/1902.

7 Zur polnischen Gewerkschaft und ihrem Verhältnis zu den deutschen Verbänden im einzelnen Christoph Kleßmann, Klassensolidarität und nationales Bewußtsein. Das Verhältnis zwischen der Polnischen Berufsvereinigung (ZZP) und den deutschen Bergarbeitergewerkschaften im Ruhrgebiet 1902–1923, in: Internationale Wissenschaftliche Korrespondenz zur Geschichte der deutschen Arbeiterbewegung, 10. 1974, S. 149–178.

8 Richard Murphy, Gastarbeiter im Deutschen Reich. Polen in Bottrop 1891–1933, Wuppertal 1982, S. 184, 17.

5.3. ‚Billig und willig‘ – die ‚ausländischen Wanderarbeiter‘ Von Klaus J. Bade

1 Hierzu und zum folgenden Klaus J. Bade, Transnationale Migration und Arbeitsmarkt im Kaiserreich: Vom Agrarstaat mit starker Industrie zum Industriestaat mit starker agrarischer Basis, in: Toni Pierenkemper, Richard Tilly (Hg.), Historische Arbeitsmarktforschung, Göttingen 1982, S. 182–211; ders., Vom Auswanderungsland zum ‚Arbeitseinfuhrland‘: kontinentale Zuwanderung und Ausländerbeschäftigung in Deutschland im späten 19. und frühen 20. Jahrhundert, in: ders., Auswanderer – Wanderarbeiter – Gastarbeiter: Bevölkerung, Arbeitsmarkt und Wanderung in Deutschland seit der Mitte des 19. Jahrhunderts, 2 Bde., 2. Aufl. Ostfildern 1986, Bd. 2, S. 429–485. Dieser Beitrag faßt Ergebnisse verschiedener eigener Studien zusammen. Zur Entlastung der Anmerkungen verweise ich bei Quellenzitaten auf die entsprechenden Arbeiten.

2 Imre Ferenczi, Kontinentale Wanderungen und die Annäherung der Völker, Jena 1930, S. 21.

3 Überblick bei Klaus J. Bade, Die deutsche überseeische Massenauswanderung im 19. und frühen 20. Jahrhundert: Bestimmungsfaktoren und Entwicklungsbedingungen, in: ders. (Hg.), Auswanderer – Wanderarbeiter – Gastarbeiter, Bd. 1, S. 259–299; vgl. das Schaubild im Beitrag von Horst Rößler (2.1.2).

4 Hierzu Klaus J. Bade, ‚Preußengänger‘ und ‚Abwehrpolitik‘: Ausländerbeschäftigung, Ausländerpolitik und Ausländerkontrolle auf dem Arbeitsmarkt in Preußen vor dem Ersten Weltkrieg, in: Archiv für Sozialgeschichte (AfS), 24. 1984, S. 91–162; ders., Arbeiterstatistik zur Ausländerkontrolle: Die ‚Nachweisungen‘ der preußischen Landräte über den ‚Zugang, Abgang

und Bestand der ausländischen Arbeiter im preußischen Staate' 1906–1914, ebenda, S. 163–283.

5 Hierzu der Beitrag von Christoph Kleßmann (5.2).

6 Ulrich Herbert, Geschichte der Ausländerbeschäftigung in Deutschland 1880–1980: Saisonarbeiter – Zwangsarbeiter – Gastarbeiter, Berlin 1986, S. 54.

7 Bade, ‚Preußengänger', S. 111; vgl. hierzu den Beitrag von Franz Bölsker-Schlicht (3.5).

8 Ausführlich hierzu Klaus J. Bade, Politik und Ökonomie der Ausländerbeschäftigung im preußischen Osten 1885–1914: Die Internationalisierung des Arbeitsmarkts im ‚Rahmen der preußischen Abwehrpolitik', in: Hans-Jürgen Puhle, Hans-Ulrich Wehler (Hg.), Preußen im Rückblick (Geschichte und Gesellschaft, Sonderh. 6), Göttingen 1980, S. 273–299.

9 Ders., ‚Kulturkampf' auf dem Arbeitsmarkt: Bismarcks ‚Polenpolitik' 1885–1890, in: Otto Pflanze (Hg.), Innenpolitische Probleme des Bismarck-Reichs, München 1983, S. 121–142.

10 Ders., ‚Preußengänger', S. 118.

11 Ders., Arbeitsmarkt, Ausländerbeschäftigung und Interessenkonflikt: Der Kampf um die Kontrolle über Auslandsrekrutierung und Inlandsvermittlung ausländischer Arbeitskräfte in Preußen vor dem Ersten Weltkrieg, in: Migrationspolitik, H. 10, Rostock 1981, S. 27–47.

12 Verhandlungen der Budapester Konferenz betr. Organisation des Arbeitsmarkts, 7./8. 10. 1910, Leipzig 1911, S. 81; vgl. Anm. 2.

13 Bade, Arbeitsmarkt, S. 31 f.

14 Ebenda, S. 30, 36, 38; hierzu auch der Beitrag von Michael Just (5.1).

15 Bade, Arbeitsmarkt, S. 38.

16 Zit. nach Herbert, S. 40.

17 Bade, Arbeitsmarkt, S. 38–41; vgl. Herbert, S. 41.

18 Zit. nach Lothar Elsner, Joachim Lehmann, Ausländische Arbeiter unter dem deutschen Imperialismus 1900–1985, Berlin 1988, S. 52 f.; vgl. Herbert, S. 64.

19 Herbert, S. 31, 42 f., 64–66; Elsner/Lehmann, S. 54–56.

20 Daten nach Herbert, S. 27, 57.

21 Bade, ‚Preußengänger', S. 105 f.

22 Ebenda; ders., Transnationale Migration, S. 204 f.

23 Ders., Transnationale Migration, S. 202 f.

24 Herbert, S. 82–99, zit. S. 83.

25 Das Folgende nach Bade, Transnationale Migration, S. 197–211; ders., ‚Preußengänger', S. 98–111.

26 Hierzu ders., Massenwanderung und Arbeitsmarkt im deutschen Nordosten von 1880 bis zum Ersten Weltkrieg: Überseeische Auswanderung, interne Abwanderung und kontinentale Zuwanderung, in: AfS, 20. 1980, S. 265–323, hier S. 317–323.

27 Herbert, S. 28, 32.

28 Bade, Transnationale Migration, S. 204; ders., ‚Preußengänger', S. 102, 105.

29 Bade, ‚Preußengänger', S. 102.

30 Anselm Faust, Arbeitsmarktpolitik im deutschen Kaiserreich: Arbeitsvermittlung, Arbeitsbeschaffung und Arbeitslosenunterstützung 1890–1918, Stuttgart 1986.

31 Klaus J. Bade, Arbeitsmarkt, Bevölkerung und Wanderung in der Weimarer Republik, in: Michael Stürmer (Hg.), Die Weimarer Republik. Belagerte Civitas, Königstein i. T. 1980, S. 160–187.

32 Hierzu die Beiträge von Ulrich Herbert (6.3) und Klaus J. Bade (7.1).

5.4. „. . . nirgends eine Heimat, aber Gräber auf jedem Friedhof"
Von Inge Blank

1 Titelzitat aus: Joseph Roth, Juden auf Wanderschaft (Berichte aus der Wirklichkeit, Bd. 4), Berlin 1927, S. 8. Zum folgenden grundlegend Trude Maurer, Ostjuden in Deutschland 1918–1933, Hamburg 1986; dies., Ostjuden und deutsche Juden im Kaiserreich und der Weimarer Republik: Ergebnisse der Forschung und weitere Fragen, in: Geschichte in Wissenschaft und Unterricht, 39. 1988, H. 9, S.523–542; Jack Wertheimer, Unwelcome Strangers. East European Jews in Imperial Germany, New York 1987.

2 Hierzu der Beitrag von Michael Just (5.1); s. zur Geschichte der osteuropäischen Transitwanderung auch ders., Ost- und Südosteuropäische Amerikawanderung 1881–1914. Transitprobleme in Deutschland und Aufnahme in den Vereinigten Staaten, Stuttgart 1988.

3 Hierzu Klaus J. Bade, Politik und Ökonomie der Ausländerbeschäftigung im preußischen Osten 1885–1914: die Internationalisierung des Arbeitsmarkts im „Rahmen der preußischen Abwehrpolitik", in: Hans-Ulrich Wehler, Hans-Jürgen Puhle (Hg.), Preußen im Rückblick, Göttingen 1980, S. 273–299.

4 Zit. nach Klaus J. Bade, ‚Kulturkampf' auf dem Arbeitsmarkt: Bismarcks ‚Polenpolitik' 1885–1890, in: Otto Pflanze (Hg.), Innenpolitische Probleme des Bismarck-Reiches, München 1983, S. 121–142, hier S. 132 f.

5 Heinrich v. Treitschke, Ein Wort über unser Judentum, Berlin 1880, S. 2.; Wertheimer, S. 27–31.

6 Zur Typologie der Ostjuden Ezra Mendelsohn, The Jews of East Central Europe Between the World Wars, Bloomington 1983, S. 6–8.

7 Barbara Hahn, Die Anderen – Ostjuden in Deutschland vor 1933, in: Sozialwissenschaftliche Informationen, 18. 1989, H. 3, S. 163–169.

8 Zit. nach Walter Mehring, Galizien am Alexanderplatz. Spartacus und Inflation, in: Eike Geisel (Hg.), Im Scheunenviertel: Bilder, Texte und Dokumente, 2. Aufl. Berlin 1981, S. 54.

9 Scholem Adler-Rudel, Ostjuden in Deutschland 1880–1940. Zugleich eine Geschichte der Organisationen, die sie betreuten, Tübingen 1959.

10 Ebenda, S. 47–56.

11 Ebenda, S. 94–101.

12 Zit. nach Trude Maurer, Ostjuden und deutsche Juden, S. 537.

13 Vgl. Gudrun Klatt, Berlin – Paris bei Walter Benjamin, in: Peter Wruck (Hg.), Literarisches Leben in Berlin 1871–1933, Berlin (Ost) 1987, S. 286–287.

14 Vgl. hierzu vor allem den eindrucksvollen Bildband von E. Geisel.
15 Alexander Granach, Da geht ein Mensch, Weimar 1949, S.187f.
16 Roth, S. 8.

6.1. Feindschaft gegen Fremde und moderner Rassismus
Von Michael Zimmermann

1 Zitate und weitere Belege in Michael Zimmermann, Verfolgt, vertrieben, vernichtet. Die nationalsozialistische Vernichtungspolitik gegen Sinti und Roma, Essen 1989.
2 Hans Walter Schmuhl, Rassenhygiene, Nationalsozialismus, Euthanasie, Göttingen 1987, S. 361.
3 Klaus Theweleit, Männerphantasien, Bd. 2, Reinbek 1980, S. 12; Bd. 1, S. 418; zum Begriff ,Wunsch, zu wünschen' Gilles Deleuze, Felix Guattari, Anti-Ödipus, Frankfurt a. M. 1974.
4 Raul Hilberg, Die Vernichtung der europäischen Juden, Berlin 1982, S. 806.
5 Hierzu der Beitrag von Rainer Hehemann (4.1).

6.2. Die Emigration aus dem nationalsozialistischen Deutschland
Von Werner Röder

1 Herbert A. Strauss, Zur sozialen und organisatorischen Akkulturation deutsch-jüdischer Einwanderer der NS-Zeit in den USA, in: Wolfgang Frühwald, Wolfgang Schieder (Hg.), Leben im Exil. Probleme der Integration deutscher Flüchtlinge im Ausland 1933–1945, Hamburg 1981, S. 225–259, hier S. 236.
2 Hierzu der Beitrag von Inge Blank (5.4).
3 Hierzu u. a. Herbert A. Strauss, Jewish emigration from Germany. Nazi policies and Jewish responses, in: Leo Baeck Institute. Year Book, 25. 1980, S. 313–361; 26. 1981, S. 343–409; Die jüdische Emigration aus Deutschland 1933–1941. Die Geschichte einer Austreibung. Eine Ausstellung der Deutschen Bibliothek, Frankfurt am Main, unter Mitwirkung des Leo Baeck Instituts, New York, Frankfurt a. M. 1985.
4 Hierzu u. a. Horst Möller, Exodus der Kultur. Schriftsteller, Wissenschaftler und Künstler in der Emigration nach 1933, München 1984; Friedrich Stadler (Hg.), Vertriebene Vernunft II. Emigration und Exil österreichischer Wissenschaft, Wien 1988; Thomas Koebner, Vertreibung der Wissenschaften und andere Themen (Exilforschung, Bd. 6), München 1988.
5 Hierzu u. a. Brita Eckert, Werner Berthold, Belletristik und Publizistik im Exil 1933–1945. Eine Einführung, in: Aus dem Antiquariat. Beilage zum Börsenblatt für den Deutschen Buchhandel, Nr. 77, Sept. 1990, S. A 365-A 382. Dort auch eine Auswahl wichtiger Titel aus der umfangreichen Forschungsliteratur zur Gesamtthematik.
6 Werner Röder, Exil- und Emigrationsforschung. Notizen aus deutschen Erfahrungen, in: Stadler, S. 102–114, hier S. 105.

7 Möller, S. 109–112.

8 Überblicksdarstellung zum politischen Exil in: Werner Röder, Herbert A. Strauss (Hg.), Biographisches Handbuch der deutschsprachigen Emigration nach 1933/International Biographical Dictionary of Central European Emigrés 1933–1945, Bd. 1–3, München 1980–1983, Bd. 1, S. XXXIII-L, Bd. 2, S. XXVII-XL.

9 Lieselotte Maas, Handbuch der deutschen Exilpresse 1933–1945, Bd. 1–4, München 1976–90.

10 Werner Röder, Sonderfahndungsliste UdSSR. Über Quellenprobleme bei der Erforschung des deutschen Exils in der Sowjetunion, in: Thomas Koebner u. a. (Hg.), Politische Aspekte des Exils (Exilforschung, Bd. 8), München 1990, S. 92–105, hier S. 96–98.

11 Hartmut Mehringer, Werner Röder, Dieter Marc Schneider, Zum Anteil ehemaliger Emigranten am politischen Leben der Bundesrepublik Deutschland, der Deutschen Demokratischen Republik und der Republik Österreich, in: Frühwald/Schieder, S. 207–223.

12 Hermann Lübbe, Der Nationalsozialismus im deutschen Nachkriegsbewußtsein, in: Historische Zeitschrift, 236. 1983, S. 579–599.

13 Zur ‚Emigrantenhetze' Hans Georg Lehmann, In Acht und Bann. Politische Emigration, NS-Ausbürgerung und Wiedergutmachung am Beispiel Willy Brandts, München 1976, S. 241–262.

6.3. ‚Ausländer-Einsatz' in der deutschen Kriegswirtschaft
Von Ulrich Herbert

1 Nach: Statistical Handbook of Germany, OMGUS, Fürstenhagen 1946, Stichtag jeweils 1. Mai, Gebiet: ‚Großdeutsches Reich'; zum folgenden: Edward L. Homze, Foreign Labor in Nazi Germany, Princeton 1967; Eva Seeber, Zwangsarbeiter in der faschistischen Kriegswirtschaft, Berlin (DDR) 1964; Dietrich Eichholtz, Geschichte der deutschen Kriegswirtschaft, 2 Bde., Berlin (DDR) 1971/1985; Ulrich Herbert, Fremdarbeiter. Politik und Praxis des ‚Ausländer-Einsatzes' in der Kriegswirtschaft des Dritten Reiches, Berlin, Bonn 1985; ders., Geschichte der Ausländerbeschäftigung in Deutschland, 1880 bis 1980. Saisonarbeiter, Zwangsarbeiter, Gastarbeiter, Berlin, Bonn 1980; ders., Arbeit und Vernichtung. Ökonomisches Interesse und Primat der „Weltanschauung" im Nationalsozialismus, in: Dan Diner (Hg.), Ist der Nationalsozialismus Geschichte?, Frankfurt a. M. 1987, S. 198–236; ders. (Hg.), Europa und der „Reichseinsatz". Ausländische Zivilarbeiter, Kriegsgefangene und KZ-Häftlinge in der deutschen Kriegswirtschaft, 1938–1945, Essen 1991; Klaus-Jörg Siegfried, Rüstungsproduktion und Zwangsarbeit im Volkswagenwerk 1939–1945, Frankfurt a. M. 1987.

2 Hierzu der Beitrag von Klaus J. Bade (5.3).

3 Czeslaw Luczak, Polscy robotnicy przymusowi w Trzeciej Rzeszy podczas II. wojny swiatowej, Poznan 1974. Zur Entwicklung in den einzelnen Ländern s. die Beiträge in Herbert (Hg.), Europa und der „Reichseinsatz".

4 ‚Meldungen aus dem Reich', 17. 8. 1942.

5 Christian Streit, Keine Kameraden. Die Wehrmacht und die sowjetischen Kriegsgefangenen 1941–1945, Stuttgart 1978; Rolf-Dieter Müller, Das Scheitern der wirtschaftlichen „Blitzkriegstrategie", in: Horst Boog u. a., Der Angriff auf die Sowjetunion (Das Deutsche Reich und der Zweite Weltkrieg, Bd. 4), Stuttgart 1983, S. 936–1029.

6 Dazu im einzelnen Herbert, Fremdarbeiter, S. 132 ff.

7 Aufz. d. Ausw. Amtes v. 16. 8. 1943, Nürnberger Dokumente, NG 2562.

8 „Der Arbeitseinsatz im Großdeutschen Reich", Nr. 10, 31. 10. 1944.

9 Zum folgenden Falk Pingel, Häftlinge unter SS-Herrschaft, Hamburg 1978; Herbert, Arbeit und Vernichtung; Rainer Fröbe, Der Arbeitseinsatz von KZ-Häftlingen und die Perspektive der Industrie, in: Herbert (Hg.), Europa und der „Reichseinsatz"; Hermann Kaienburg, „Vernichtung durch Arbeit". Der Fall Neuengamme, Bonn 1990.

10 Bespr. Dorsch mit Hitler am 6./7. 4. 1944, Bundesarchiv Koblenz R3/1509.

11 Hierzu der Beitrag von Wolfgang Jacobmeyer (6.4).

12 Josef Brodski, Timor und andere, in: Herbert (Hg.), Europa und der „Reichseinsatz", S. 251–269.

6.4. Ortlos am Ende des Grauens: ‚Displaced Persons' in der Nachkriegszeit
Von Wolfgang Jacobmeyer

1 Ursprünglich war ‚displaced' (= an der falschen Stelle befindlich) nur auf Sachen angewandt worden. Die grundlegende Definition von ‚DPs' findet sich im Administrative Memorandum No. 39 (18. 11. 1944; revidiert am 16. 4. 1945) des Supreme Headquarters Allied Expeditionary Forces (SHAEF). Institut für Zeitgeschichte (IfZ), München, Fi 01–6, S. 27 (Es handelt sich um eine 109 Bde. umfassende Dokumentensammlung des Verf.; fortan zit. als: Dok.). – Zum Gesamtproblem s. a. als erste Darstellung des DP-Problems: Wolfgang Jacobmeyer, Vom Zwangsarbeiter zum Heimatlosen Ausländer. Die Displaced Persons in Westdeutschland 1945–1951, Göttingen 1985.

2 Zur Tätigkeit von UNRRA und IRO s. George Woodbridge, UNRRA. The History of the United Nations Relief and Rehabilitation Administration, 3 Bde., New York 1950; Louise W. Holborn, The International Refugee Organization. Its History and Work 1946–1952, Oxford 1956.

3 Marguerite Higgins, DP Situation is near Chaos in Frankfurt, in: New York Times (Paris), 7. 4. 1945.

4 Jacobmeyer, S. 48–50, 210–215.

5 Bericht von Peter Stanne (UNRRA, Welfare Officer, Team 203 in Wertheim) an Richard Raymond (UNRRA, Field Supervisor) v. 31. 10. 1945, Dok., Bd. 91, S. 184–187.

6 Zit. nach Nicholas Bethell, The Last Secret. Forcible Repatriation to Russia 1944–7, London 1975, S. 7.

7 Bericht in der US-Militärzeitung ‚Stars & Stripes' v. 23. 1. 1946.

8 Schon am 31.12.1945 hatte der Leiter der UNRRA-Operationen in Deutschland, General Frederik Morgan (vormals Chefplaner der Invasion in der Normandie), im Gespräch mit einem Rot-Kreuz-Vertreter erklärt, es sei ausgeschlossen, daß die ukrainischen DPs zurückkehren würden: Siehe Memo Lindt, 31.12.1945, Dok., Bd. 13, S. 26.

9 Zu ihrer sozialen und mentalen Verfassung vgl. Stanislaus Stepien, Der alteingesessene Fremde. Ehemalige Zwangsarbeiter in Westdeutschland, Frankfurt a. M. 1989.

10 Gesetz über die Rechtsstellung Heimatloser Ausländer v. 25.4.1951, in: Bundesgesetzblatt I, 1950, S. 269–271; s. a. Jacobmeyer, S. 226–231.

11 Gustav v. Schmoller, Handbuch des Besatzungsrechts, 2 Bde., Tübingen 1957, Bd. 1, §32, S. 45 f.

12 Jacobmeyer, S. 232–242. Grundsätzlich zur deutschen Wiedergutmachungspolitik: Ulrich Herbert, Nicht entschädigungsfähig? Die Wiedergutmachungsansprüche der Ausländer, in: Ludolf Herbst, Constantin Goschler (Hg.), Wiedergutmachung in der Bundesrepublik Deutschland, München 1989, S. 273–302.

6.5. Fremde in der Heimat
Von Wolfgang Benz

1 Gesetz über die Angelegenheiten der Vertriebenen und Flüchtlinge vom 19.5.1953, Bundesgesetzblatt I, S. 201; als Vertriebene gelten auch Emigranten vor NS-Verfolgung aus den Vertreibungsgebieten und Umsiedler aus außerdeutschen Gebieten sowie Ehegatten und Kinder des durch das Gesetz definierten Personenkreises.

2 Zum Gesamtproblem Wolfgang Benz (Hg.), Die Vertreibung der Deutschen aus dem Osten. Ursachen, Ereignisse, Folgen, Frankfurt a. M. 1985, darin: Hellmuth Auerbach, Literatur zum Thema. Ein kritischer Überblick, S. 219–231.

3 E. Wetzel, G. Hecht, Die Frage der Behandlung der Bevölkerung der ehemals polnischen Gebiete nach rassenpolitischen Gesichtspunkten, Archiv Institut für Zeitgeschichte MA 125/9, p. 380, S. 571–611; vgl. Karl Bringmann, Deutsche Sendung im Osten, in: Neues Volk. Blätter des Rassenpolitischen Amtes der NSDAP, 7. 1939, H. 11, S. 3–5.

4 Hierzu Rudolf Jaworski, Vorposten oder Minderheit? Der sudetendeutsche Volkstumskampf in den Beziehungen zwischen der Weimarer Republik und der CSR, Stuttgart 1977.

5 Erlaß des Führers und Reichskanzlers zur Festigung deutschen Volkstums, 7. Oktober 1939, Nürnberger Dokument PS 686 und NO 3075 (Archiv Institut für Zeitgeschichte).

6 Verordnung über die Deutsche Volksliste vom 4. März 1941, Reichsgesetzblatt I, S. 118; hierzu Martin Broszat, „Erfassung" und Rechtsstellung von Volksdeutschen und Deutschstämmigen im Generalgouvernement, in: Gutachten des Instituts für Zeitgeschichte, Band II, Stuttgart 1966, S. 243–261.

7 Hierzu Hellmuth Hecker, Die Umsiedlungsverträge des Deutschen Reiches während des Zweiten Weltkrieges, Hamburg 1971.

8 Waclaw Dlugoborski, Die deutsche Besatzungspolitik gegenüber Polen, in: Karl Dietrich Bracher, Manfred Funke, Hans-Adolf Jacobsen (Hg.), Nationalsozialistische Diktatur 1933–1945. Eine Bilanz, Bonn 1983, S. 572–590.

9 Denkschrift Himmlers über die Behandlung der Fremdvölkischen im Osten (Mai 1940), in: Vierteljahrshefte für Zeitgeschichte, 5. 1957, S. 194–198.

10 Generalplan Ost. Rechtliche, wirtschaftliche und räumliche Grundlagen des Ostaufbaus. Vorgelegt von SS-Oberführer Prof. Dr. Konrad Meyer, Berlin-Dahlem, Juni 1942, Archiv Institut für Zeitgeschichte, MA 1497; Nürnberger Dokument NO 2255; hierzu Rolf-Dieter Müller, Hitlers Ostkrieg und die deutsche Siedlungspolitik, Frankfurt a. M. 1991.

11 Bericht über die Sitzung am 4. 2. 1942 bei Dr. Kleist über die Fragen der Eindeutschung, insbesondere in den baltischen Ländern, 11. 3. 1942, abgedruckt bei Helmut Heiber, Der Generalplan Ost, in: Vierteljahrshefte für Zeitgeschichte, 6. 1958, S. 281–325, zit. S. 295.

12 Die Rede Himmlers vor den Gauleitern am 3. August 1944, in: Vierteljahrshefte für Zeitgeschichte, 1. 1953, S. 357–394, zit. S. 393 f.

13 Sarah Meiklejohn Terry, Poland's Place in Europe. General Sikorski and the Origin of the Oder-Neisse-Line, 1939–1943, Princeton 1983.

14 Hermann Graml, Die Alliierten und die Teilung Deutschlands. Konflikte und Entscheidungen 1941–1948, Frankfurt a. M. 1985.

15 Fritz Faust, Das Potsdamer Abkommen und seine völkerrechtliche Bedeutung, 4. Aufl. Frankfurt a. M. 1969.

16 Winston S. Churchill, Reden 1944, gesammelt von Charles Eade, Zürich 1949, S. 459 f., zit. S. 468.

17 Zum Gesamtkomplex Detlev Brandes, Großbritannien und seine osteuropäischen Alliierten 1939–1943. Die Regierungen Polens, der Tschechoslowakei und Jugoslawiens im Londoner Exil vom Kriegsausbruch bis zur Konferenz von Teheran, München 1988.

18 Hierzu die 1951 vom Bundesvertriebenenministerium in Auftrag gegebene ‚Dokumentation der Vertreibung der Deutschen aus Ost-Mitteleuropa', die 1954–1963 in 8 Bänden erschien (Neuaufl. München 1984). Zugrunde lagen dieser Dokumentation Tausende Erlebnisberichte und Interviews, seriös aufgearbeitet von namhaften Wissenschaftlern. Die umfangreiche Literatur zum Komplex Flucht und Vertreibung und die öffentliche Resonanz des Themas geht aus folgenden Zusammenstellungen und Bibliographien hervor: Bundesministerium für Vertriebene, Flüchtlinge und Kriegsgeschädigte (Hg.), Zeittafel der Vorgeschichte und des Ablaufs der Vertreibung sowie der Unterbringung und Eingliederung der Vertriebenen und Bibliographie zum Vertriebenenproblem, 2 Bde., Bonn 1959–1960; dass. (Hg.), 10 Jahre nach der Vertreibung. Äußerungen des In- und Auslandes und eine Zeittafel, Bonn 1956; Gertrud Krallert-Sattler, Kommentierte Bibliographie zum Flüchtlings- und Vertriebenenproblem in der Bundesrepublik Deutschland in Österreich und in der Schweiz, München 1989.

19 Herkunft und Verbleib der Heimatvertriebenen, in: Bundesgesetze und

Leistungen für die Geschädigten des Krieges und der Kriegsfolgen, Bonn 1957, S. 14 f.

20 Georg Müller, Heinz Simon, Aufnahme und Unterbringung, in: Eugen Lemberg, Friedrich Edding (Hg.), Die Vertriebenen in Westdeutschland, Bd. 1, Kiel 1959, S. 304 f.

21 Siegfried Bethlehem, Heimatvertreibung, DDR-Flucht, Gastarbeiterzuwanderung. Wanderungsströme und Wanderungspolitik in der Bundesrepublik Deutschland, Stuttgart 1982, S. 30; Horst Barthel, Die wirtschaftlichen Ausgangsbedingungen der DDR, Berlin 1979, S. 55.

22 Kurzbericht zur Lage der Flüchtlinge und Einheimischen, Bay. Hauptstaatsarchiv MArb, vorl. Nr. 333, zit. nach Friedrich Prinz, Integration und Neubeginn. Dokumentation über die Leistung des Freistaates Bayern und des Bundes zur Eingliederung der Wirtschaftsbetriebe der Vertriebenen und Flüchtlinge und deren Beitrag zur wirtschaftlichen Entwicklung des Landes (im Auftrag des Bay. Staatsministeriums für Arbeit und Sozialordnung), Bd. 2, München 1984, S. 889–891.

23 Franz J. Bauer, Flüchtlinge und Flüchtlingspolitik in Bayern 1945–1950, Stuttgart 1982; Rainer Schulze, Doris v. d. Brelie-Lewien, Helga Grebing (Hg.), Flüchtlinge und Vertriebene in der westdeutschen Nachkriegsgeschichte. Bilanzierung der Forschung und Perspektiven für die künftige Forschungsarbeit, Hildesheim 1987, S. 252–301.

24 Reinhold Schillinger, Der Entscheidungsprozeß beim Lastenausgleich (1945–1952), Ostfildern 1985; Die Eingliederung der Flüchtlinge in die deutsche Gemeinschaft. Bericht der ECA Technical Assistance Commission für die Eingliederung der Flüchtlinge in die deutsche Bundesrepublik, Bonn 1951 (Bundesministerium für Vertriebene).

25 Franz Neumann, Der Block der Heimatvertriebenen und Entrechteten 1950–1960. Ein Beitrag zur Geschichte und Struktur einer politischen Interessenpartei, Meisenheim 1968.

26 Charta der deutschen Heimatvertriebenen, 5. August 1950, Wortlaut in 19 Sprachen, hg. vom Bundesministerium für Vertriebene, Bonn o. J.

6.6. Drehscheibe Westdeutschland
Von Johannes-Dieter Steinert

1 Stephen Castles, Migration und Rassismus in Westeuropa, Berlin 1987, S. 9.

2 Organisation for European Economic Co-operation, Manpower-Committee, Paris, 27. 10. 1954: Intraeuropean Migration and the Prospects of European Integration, Bundesarchiv (Koblenz) B 106, 20585.

3 Wirtschaft und Statistik 1954, S. 276–278.

4 Wirtschaft und Statistik. Statistische Monatszahlen 1963, S. 191.

5 Politisches Archiv des Auswärtigen Amtes (Bonn), Abt. 2, 412–00, Bd. 3.

6 Niederschrift über die Besprechung betr. grundsätzliche Fragen einer Auswanderung, 14. 1. 1950, ebenda, Bd. 1.

7 Vorschlag der deutschen Delegation zur Frage der Auswanderung, 15. 2. 1950, ebenda.

8 Hierzu der Beitrag von Wolfgang Benz (6.5).
9 Hierzu der Beitrag von Wolfgang Jacobmeyer (6.4).
10 National Archives of Canada (Ottawa), C 10592.
11 German and Volks Migration will flood Australia with Nazis, hg. v. Jewish Council to Combat Fascism and Anti-Semitism, Melbourne o. J.; Keep Australia free from Nazis, hg. v. Jewish Council, Melbourne, o. J. (National Library, Canberra).
12 Eduard Keintzel, Wie die siebenbürgisch-sächsischen Bergmannssiedlungen in Nordrhein-Westfalen entstanden, in: Südostdeutsche Vierteljahresblätter 1960, S. 6–14.
13 Hierzu der Beitrag von Klaus J. Bade (7.1).
14 D. M. Sloan (Chief, Administration Division, Immigration Branch), Background of ICEM issues and instructions to Canadian Representatives attending discussions of the Working Group established by ICEM, 6. 12. 1957, National Archives of Canada (Ottawa) RG26 108/3–24–6, Pt. 10.

7.1. Einheimische Ausländer
Von Klaus J. Bade

1 Hierzu und zum folgenden allgemein Klaus J. Bade, Vom Auswanderungsland zum Einwanderungsland? Deutschland 1880–1980, Berlin 1983, S. 59–129; ders., Ausländer – Aussiedler – Asyl in der Bundesrepublik Deutschland (Niedersächs. Landeszentrale für politische Bildung, Reihe: Aktuell/Kontrovers), Hannover 1990, S. 9–33; vgl. Karl-Heinz Meier-Braun, Integration und Rückkehr? Zur Ausländerpolitik des Bundes und der Länder, insbesondere Baden-Württembergs, Mainz 1988.
2 Bericht der Beauftragten der Bundesregierung für die Integration der ausländischen Arbeitnehmer und ihrer Familienangehörigen, Bonn, März 1991, S. 77.
3 Hierzu der Beitrag von Klaus J. Bade (5.3).
4 Bericht der Beauftragten, S. 74.
5 Zum folgenden vor allem: Friedrich Heckmann, Die Bundesrepublik: Ein Einwanderungsland? Zur Soziologie der Gastarbeiterbevölkerung als Einwandererminorität, Stuttgart 1981, S. 141–259; vgl. Bade, Vom Auswanderungsland zum Einwanderungsland, S. 67–124.
6 Bericht der Beauftragten, S. 79.
7 Hierzu der Beitrag von Christiane Harzig (2.1.3).
8 Beispiele: Agnes Bretting, Soziale Probleme deutscher Einwanderer in New York City 1800–1860, Wiesbaden 1981; vgl. Walter D. Kamphoefner, Westfalen in der Neuen Welt. Eine Sozialgeschichte der Auswanderung im 19. Jahrhundert, Münster 1982; vgl. dazu in Klaus J. Bade (Hg.), Auswanderer – Wanderarbeiter – Gastarbeiter. Bevölkerung, Arbeitsmarkt und Wanderung in Deutschland seit der Mitte des 19. Jahrhunderts, 2 Bde., Ostfildern 1984 (2. Aufl. 1986), Bd. 1, die Beiträge von Walter D. Kamphoefner (S. 321–349), Kathleen Neils Conzen (S. 350–377), Hartmut Keil (S. 378–405) und Dirk Hoerder (S. 406–427).

9 Hierzu der Beitrag von Micha Brumlik und Claus Leggewie (7.5).

10 Hierzu zuletzt Lutz Hoffmann, Die unvollendete Republik. Zwischen Einwanderungsland und deutschem Nationalstaat, Köln 1990.

11 Beispiele für Umfrageergebnisse: Die Ausländerbeauftragte des Senats von Berlin, Viele ausländische Jugendliche fühlen sich schon als Deutsche, Pressemitteilung vom 27.12.1988; vgl. dies., Deutsche und türkische Jugendliche in wichtigen Fragen einig: Gegenseitige tolerante Einstellungen überwiegen, Presseerklärung vom 5.1.1990.

12 Beispiele: Klaus J. Bade, Politische Perspektiven: Zwischen Ausländerpolitik und Einwanderungspolitik, in: ders., Vom Auswanderungsland zum Einwanderungsland, S. 116–124; Dieter Mertens, Für ein Einwanderungsgesetz, in: Liberal, 24. 1982, H. 4, S. 289–292, abgedr. in: Bade, Auswanderer – Wanderarbeiter – Gastarbeiter, Bd. 2, S. 691–695; Wolfgang Klauder, Konsequenzen der Ausländerbeschäftigung für die Politik: von der Notwendigkeit und Struktur eines Gesamtkonzepts, ebenda, S. 804–808.

13 Hierzu Klaus Barwig u. a. (Hg.), Das neue Ausländerrecht, Baden-Baden 1991.

14 Zum Begriff s. Klaus J. Bade, Einwanderungsland Bundesrepublik? Probleme und Perspektiven, in: Universitas, 45. 1990, H. 8, S. 755–763.

15 Hierzu der Beitrag von Klaus J. Bade (7.3).

16 Dokumentation hierzu: ders., Ausländer – Aussiedler – Asyl, S. 119–131 (‚Schreckbilder und Korrekturen‘).

17 Hierzu der anschließende Beitrag.

18 Dokumentation hierzu: Bade, Ausländer – Aussiedler – Asyl, S. 111–117 (‚Aussiedler/Übersiedler contra Ausländer/Flüchtlinge?‘).

19 Hierzu zuletzt Beate Winkler, Zukunftsangst Einwanderung, München 1992.

7.2. Fremde Deutsche
Von Klaus J. Bade

1 Erw. Fass. dieses Beitrages: Klaus J. Bade, Aussiedler – Rückwanderer über Generationen hinweg, in: ders. (Hg.), Neue Heimat im Westen: Vertriebene – Flüchtlinge – Aussiedler, Münster 1990, S. 128–149.

2 Gerhard Reichling, Die deutschen Vertriebenen in Zahlen, Bonn 1986; Klaus Leciejewski, Zur wirtschaftlichen Eingliederung der Aussiedler, in: Aus Politik und Zeitgeschichte (PZG) 3/90 (12.1 1990), S. 52–62, hier S. 52; Aussiedler: Zahlen – Daten – Fakten (Info-Dienst Deutsche Aussiedler, Ausg. 1990), Bonn 1990.

3 Vgl. z. B. Paul Erker, Vom Heimatvertriebenen zum Neubürger: Sozialgeschichte der Flüchtlinge in einer agrarischen Region Mittelfrankens 1945–1955, Wiesbaden 1988.

4 Friedrich Buttler, Wanderer und Pendler sind die Achillesferse aller Voraussagen, in: Frankfurter Rundschau (FR), 24.11.1990, S. 14; FR, 4.1.1991, S. 3.

5 Allgemein hierzu: Raimund Pfundtner, Spätaussiedler. Tragödie: Ursachen – Folgen – Perspektiven, Hannover 1979; Uwe u. Wolfgang Lanquillon, Die fremden Deutschen? Eingliederung von Umsiedlern zwischen Notwendigkeit und Chance, 2. Aufl. Hamburg 1980; Die Aussiedler in der Bundesre-

publik Deutschland, Bd. 1, hg. v. Wilhelm Arnold, Wien 1980 (2. Aufl. 1985), hier bes. S. 27–90; Bd. 2, hg. v. Hans Harmsen, Wien 1983.

6 Hierzu die Beiträge von Volker Press (1.1), Holm Sundhaussen (1.2, 1.3), Günter Schödl (1.4), Detlef Brandes (1.5).

7 Pressedienst des Bundesmin. des Innern, 3.1.1991; Presse- und Informationsamt der Bundesregierung, Bulletin, 11.1.1990.

8 Peter Hilkes, Nicht alle in einen Topf werfen. Über die Unterschiede zwischen den Aussiedlern aus Osteuropa ist wenig bekannt, in: Frankfurter Allgemeine Zeitung, 2.6.1989.

9 Interview des Verf. im Aufnahmelager Caprivi-Kaserne, Osnabrück, Dezember 1990.

10 Hierzu die Beiträge von Detlef Brandes (1.5.8), Wolfgang Jacobmeyer (6.4) und Wolfgang Benz (6.5).

11 Karl A. Otto, Wenn über die Einreise der deutsche Stammbaum entscheidet. Anmerkungen zur Problematik der Aussiedlerpolitik, in: FR, 16.12.1989; ders. (Hg.), Westwärts – Heimwärts? Aussiedlerpolitik zwischen ‚Deutschtümelei' und ‚Verfassungsauftrag', Bielefeld 1990.

12 Überblick: Klaus J. Bade, Die deutsche überseeische Massenauswanderung im 19. und frühen 20. Jahrhundert: Bestimmungsfaktoren und Entwicklungsbedingungen, in: ders. (Hg.), Auswanderer – Wanderarbeiter – Gastarbeiter: Bevölkerung, Arbeitsmarkt und Wanderung in Deutschland seit der Mitte des 19. Jahrhunderts, 2 Bde., 2. Aufl. Ostfildern 1986, Bd. 1, S. 259–299.

13 Bodo Hager, Fritz Wandel, Integration oder Isolation? Zum Problem der Identitätsfindung von Spätaussiedlern, in: Frankfurter Hefte, 33. 1978, H. 3, S. 41–48; Politische Bildung mit Spätaussiedlern (Schriftenreihe der Bundeszentrale für politische Bildung, Bd. 184), Bonn 1982; Wolfgang Lanquillon, Subjektive und individuelle Komponenten des Integrationsprozesses, in: Aussiedler, Bd. 1 (s. Anm. 5), S. 241–273.

14 Hierzu Carl-Christian Kaiser, Von den Schwierigkeiten bei der Integration der Zuzügler aus der DDR, in: Die Zeit, 15.9.1989; Volker Ronge, Die soziale Integration von DDR-Übersiedlern in der Bundesrepublik Deutschland, in: PZG, 1–2/90 (5.1.1990), S. 39–47; Lagerkoller im Notquartier, in: Der Spiegel, 19.2.1990, S. 34–37; Birgit Loff, Vom Obrigkeitsstaat ins psychische Vakuum?, in: FR, 24.2.1990; Annegret Hofmann, Macht die neue Freiheit krank? Wie DDR-Bürger die Wende seelisch verkraften, in: Süddeutsche Zeitung, 27.3.1991; grundlegend Hans-Joachim Maaz, Der Gefühlsstau. Ein Psychogramm der DDR, Berlin 1990, bes. S. 135–183.

15 Vgl. Klaus J. Bade, Sozialhistorische Migrationsforschung und ‚Flüchtlingsintegration', in: Rainer Schulze u. a. (Hg.), Flüchtlinge und Vertriebene in der westdeutschen Nachkriegsgeschichte, Hildesheim 1987, S. 126–162.

7.3. „Politisch Verfolgte genießen . . .": Asyl bei den Deutschen
Von Klaus J. Bade

1 Auszug aus der Debatte des Parlamentarischen Rats vom 4.12.1948, in: Herbert Spaich (Hg.), Asyl bei den Deutschen, Reinbek 1982, S. 18–37;

Überblicke: Franz Nuscheler, Migration – Flucht – Asyl, Tübingen 1988; Hermann Uihlein, Wolfgang Weber, Werkheft Asyl, 3. überarb. Aufl. Karlsruhe 1989; Michael Wollenschläger, Ulrich Becker, 40 Jahre Asylgrundrecht – Rückblick und Ausblick, in: Archiv des öffentlichen Rechts, 115. 1990, H. 3, S. 369–399. Erstfassung dieses Beitrages in: Klaus J. Bade, Ausländer – Aussiedler – Asyl in der Bundesrepublik Deutschland (Nieders. Landeszentrale für pol. Bildung), Hannover 1990, Einleitung, S. 9–33.

2 Hierzu der Beitrag von Werner Röder (6.2).

3 Vgl. z. B. Zusammenbruch in der Sowjetunion: Massenflucht in den Westen?, in: Der Spiegel, 10. 12. 1990, S. 158–168; Wer alles aus Europa einwandern will: Millionen sitzen auf gepackten Koffern, in: Impulse, Jan. 1991, S. 10–15; Presse- und Informationsamt der Bundesregierung, Bulletin, 24. 1. 1991, S. 42f; Kuno Kruse, Birgit Schwarz, Neue Freiheit, neue Grenzen: Völkerwanderung aus dem Osten, in: Die ZEIT, 8.–15. 2. 1991, S. 13–15.

4 Herbert Leuninger, Modell Megalopolis, Ms. Frankfurt, 6. 1. 1991, S. 2.

5 Frankfurter Allgemeine Zeitung (FAZ), 5. 1. 1991, S. 1 f.

6 Bulletin, 21. 1. 1991, S. 42f.

7 Auswahldokumentation: Bade, Ausländer – Aussiedler – Asyl, S. 111–131.

8 Hierzu der Beitrag von Klaus J. Bade (7.1).

9 Uihlein/Weber, S. 15; Deutscher Bundestag, Sten. Berichte, 9. Wahlperiode, 83. Sitzg., 4. 2. 1982, S. 4897.

10 Hierzu der Beitrag von Klaus J. Bade (7.1).

11 Nuscheler, S. 21 ff.

12 ‚Christlich-Soziale Positionen für eine rationale und ethisch verantwortbare Asylpolitik‘ (17. 1. 1989), abgedr. in: Bade, Ausländer – Aussiedler – Asyl, S. 93–95.

13 Katholische Nachrichtenagentur, 17. 3. 1989.

14 Bulletin, 24. 1. 1991, S. 42f.

15 Nuscheler, S. 90–92; Uihlein/Weber, S. 16f., 55–59.

16 Uihlein/Weber, S. 17f.

17 Gisela Klemt-Kozinowski u. a. (Hg.), Platz zum Leben gesucht. Lesebuch Asyl, Baden-Baden 1987, S. 12.

18 Uihlein/Weber, S. 18.

19 Herbert Leuninger, Grafik Pro Asyl, 1991 (Quelle: Bundesministerium des Innern).

20 Ebenda, S. 27–30.

21 Hierzu u. a.: Der Spiegel, 17. 7. 1989, S. 25 f.; 15. 4. 1991, S. 112; INFOPLAN, Beratergruppe für Öffentlichkeitsarbeit, Kommunikations-Programm zur Gegensteuerung von Fremdenfeindlichkeit in den FNB, Bonn 31. 12. 1990.

22 Erste Ergebnisse: Günter Bierbrauer, Rechtskulturelle Verständigungsprobleme. Ein rechtspsychologisches Forschungsprojekt zum Thema Asyl, in: Zeitschrift für Rechtssoziologie, 11. 1990, H. 2, S. 197–210; vgl. Diana Wong u. a., DFG-Projekt: ‚Asyl als Fremdheitsverhältnis‘. Eine soziologisch-kulturanthropologische Untersuchung zur Lage der Asylberechtigten in der Bundesrepublik Deutschland (Zwischenbericht, Nürnberg, Dez. 1990).

23 Uihlein/Weber, S. 15 f.; Walter Koisser (Vertreter des Hohen Flüchtlingskommissars), in: Frankfurter Rundschau, 16. 11. 1989.

24 Flüchtlingskonzeption der Bundesrepublik Deutschland: Ansätze für eine ressortübergreifende Politik, hg. vom Bundesminister des Innern, Bonn, 25. 9. 1990.
25 Ebenda, S. 23.
26 Bundesinnenminister Dr. Wolfgang Schäuble, zit. nach: FAZ, 5. 1. 1991, S. 1.
27 Nuscheler, S. 84 f.; Peter J. Opitz, Das Weltflüchtlingsproblem zu Beginn der 90er Jahre. Ursachen und Perspektiven (Forschungsstelle Dritte Welt am Geschwister-Scholl-Institut der LMU München, Arbeitspapiere, Nr. 1/1991), München 1991; Heiko Körner, Future Trends in International Migration, in: Intereconomics (HWWA-Institut für Wirtschaftsforschung-Hamburg), 26. 1991, H. 1, S. 41–44.

7.4. ,Stolz, ein Deutscher zu sein . . .' – die neue Angst vor den
Fremden
Von Claus Leggewie

1 Klaus Horn, Über den Zusammenhang zwischen Angst und politischer Apathie, in: Herbert Marcuse (Hg.), Aggression und Anpassung in der Industriegesellschaft, Frankfurt a. M. 1968, S. 59–79; Fritz Riemann, Grundformen der Angst. Eine tiefenpsychologische Studie, München 1986, hier S. 7 f.; Jean Delumeau, Angst im Abendland. Die Geschichte kollektiver Ängste im Europa des 14.–18. Jahrhunderts, Reinbek 1989.
2 Odo Marquard, Zeitalter der Weltfremdheit, in: ders., Apologie des Zufälligen, Stuttgart 1986, S. 76–97, hier S. 76; dagegen Horst Eberhard Richter, Wenn ihr nicht werdet wie die Kinder. Eine Antwort auf Odo Marquard, in: Die Zeit, Nr. 4/1987, S. 139; vgl. auch Erich Wiedemann, Die deutschen Ängste. Ein Volk in Moll, Berlin 1988.
3 Dieter E. Zimmer, in: Die Zeit, Nr. 14/1989, S. 58, s. a. Vernon Reynolds u. a. (Hg.), The sociobiology of ethnocentrism, London 1987.
4 Hierzu und zum folgenden die in ,Der Spiegel', Nr. 18/1982 und 16/1989 veröffentlichten und kommentierten Infratest-, Infas- und Emnid-Umfragen der 1970er und 80er Jahre; ferner: Institut für Demoskopie, Zwischen Toleranz und Besorgtheit. Einstellungen der deutschen Bevölkerung zu aktuellen Problemen der Ausländerpolitik, Allensbach 1985 (Ms.); Lutz Hoffmann, Herbert Even, Soziologie der Ausländerfeindlichkeit. Zwischen nationaler Identität und multikultureller Gesellschaft, Weinheim 1984.
5 Claus Leggewie, MultiKulti. Spielregeln für die Vielvölkerrepublik, Berlin 1990; Bernhard Waldenfels, Der Stachel des Fremden, Frankfurt a. M. 1990.
6 Reimann, S. 9 f.
7 Alfred Schütz, Der Fremde. Ein sozialpsychologischer Versuch, in: ders., His Collected Papers, Bd. 2, Den Haag 1964, S. 53; dazu Lesley Harman, The Modern Stranger. On language and membership, New York 1988.
8 Sigmund Freud, Hemmung, Symptom und Angst (1926), in: ders., Ges. Werke, Bd. XIV., 3. Aufl. Frankfurt a. M. 1963, S. 130 ff.

7.5. Konturen der Einwanderungsgesellschaft
Von Micha Brumlik und Claus Leggewie

1 Eckhard J. Dittrich, Frank-Olaf Radtke (Hg.), Ethnizität – Wissenschaft und Minderheiten, Opladen 1990.

2 Erste Überlegungen dazu z. B. bei Eckart Klein, Ein Gruppenrecht macht Minderheiten resistenter, in: Frankfurter Allgemeine Zeitung, 18. 6. 1991, S. 10.

3 Claus Leggewie, MultiKulti. Spielregeln der Vielvölkerrepublik, Berlin 1990, Kapitel 2.

4 Krisztof Michalski (Hg.), Europa und die Civil Society, Stuttgart 1991.

5 Ulrich Rödel u. a., Die demokratische Frage, Frankfurt a. M. 1989; Jürgen Habermas, Strukturwandel der Öffentlichkeit. Mit einem Vorwort zur Neuauflage, Frankfurt a. M. 1990.

6 Michael Walzer, Kritik und Gemeinsinn, Berlin 1990.

7 Wolf-Dieter Bukow, Robert Llaryora, Mitbürger aus der Fremde, Opladen 1988.

8 Michael Walzer, Pluralism in Political Perspective, in: Stephan Thernstrom (Hg.), The Politics of Ethnicity, Cambridge/Mass. 1982, S. 1–28, hier S. 24.

9 Ronald Dworkin, Bürgerrechte ernstgenommen, Frankfurt a. M. 1984, S. 365.

10 Jacqueline Costa-Lascoux, Report on ,Equality and non-discrimination': Ethnic minorities and racial discrimination, Strasbourg 1990, S. 20.

11 Frank-Olaf Radtke, Multikulturell – Das Gesellschaftsdesign der 90er Jahre, in: Informationsdienst zur Ausländerarbeit, 1990, H. 4, S. 27–34.

7.6. Politik in der Einwanderungssituation
Von Klaus J. Bade

1 Das Folgende nach Klaus J. Bade, Die Einwanderungssituation: Erfahrungen – Probleme – Perspektiven, in: Bericht '99. Bestandsaufnahme und Perspektiven für die 90er Jahre, hg. v. d. Beauftragten der Bundesregierung für die Integration der ausländischen Arbeitnehmer und ihrer Familien, 2. Aufl. Bonn 1990, S. 307–316; ders., Einwanderungsland Bundesrepublik? Probleme und Perspektiven, in: Universitas. Zeitschrift für Wissenschaft, Kunst und Literatur, 45. 1990, H. 8, S. 755–763; ders., Ausländer – Aussiedler – Asyl (Niedersächsische Landeszentrale für politische Bildung, Reihe: Aktuell/Kontrovers), Hannover 1990 (2. überarb. Aufl. 1992), Einführung.

2 Hierzu ders., Sozialhistorische Migrationsforschung und ,Flüchtlingsintegration', in: Rainer Schulze, Doris von der Brelie-Lewin, Helga Grebing (Hg.), Flüchtlinge und Vertriebene in der westdeutschen Nachkriegsgeschichte. Bilanzierung der Forschung und Perspektiven für die künftige Forschungsarbeit, Hildesheim 1987, S. 126–162; vgl. Volker Ackermann, Integration: Begriff, Leitbilder, Probleme, in: Klaus J. Bade (Hg.), Neue Heimat im Westen: Vertriebene – Flüchtlinge – Aussiedler, Münster 1990,

S. 14–36; Ulrich Tolksdorf, Phasen der kulturellen Integration bei Flüchtlingen und Aussiedlern, ebenda, S. 106–127.

3 Hierzu die Beiträge von Klaus J. Bade (7.1–3).

4 Grundlegend hierzu Hans-Joachim Maaz, Der Gefühlsstau. Ein Psychogramm der DDR, Berlin 1990, bes. S. 135–183; vgl. Irene Runge, Ausland DDR. Fremdenhaß, Berlin 1990.

5 Hierzu zuletzt Roland Tichy, Ausländer rein! Warum es kein ,Ausländerproblem' gibt, München 1990, S. 37–53, 145–152; Lutz Hoffmann, Die unvollendete Republik. Zwischen Einwanderungsland und deutschem Nationalstaat, Köln 1990.

6 Ulrike Liebert, Von der Last des Falschen und dem Privileg des richtigen Blutes. Zur neueren Diskussion über die Ausländerpolitik in der Bundesrepublik, in: Das Parlament, Nr. 21/22 (17./24. 5. 1991), S. 21.

7 Bade, Einwanderungsland Bundesrepublik?, S. 758 f.

8 Überblick: Donata Elschenbroich, Eine Nation von Einwanderern. Ethnisches Bewußtsein und Integrationspolitik in den USA, Frankfurt a. M. 1986.

9 Hierzu der Beitrag von Micha Brumlik und Claus Leggewie (7.5).

10 Hierzu jetzt: Klaus Barwig u. a. (Hg.), Das neue Ausländerrecht, Baden-Baden 1991.

11 Hierzu u. a. Klaus J. Bade, Politische Perspektiven: Zwischen Ausländerpolitik und Einwanderungspolitik, in: ders., Vom Auswanderungsland zum Einwanderungsland: Deutschland 1880–1980, Berlin 1983, S. 116–124; Dieter Mertens, Für ein Einwanderungsgesetz, in: Liberal, 24. 1982, H. 4, S. 289–292, abgedr. in: Klaus J. Bade, Auswanderer – Wanderarbeiter – Gastarbeiter. Bevölkerung, Arbeitsmarkt und Wanderung in Deutschland seit der Mitte des 19. Jahrhunderts, 2 Bde., Ostfildern 1984 (2. Aufl. 1986), Bd. 2, S. 691–695; Wolfgang Klauder, Konsequenzen der Ausländerbeschäftigung für die Politik: Von der Notwendigkeit und Struktur eines Gesamtkonzepts, ebenda, S. 804–808; Dokumentation: Bade, Ausländer – Aussiedler – Asyl.

12 Das Folgende nach Klaus J. Bade, Einheimische Ausländer und fremde Deutsche – Problemzonen der neuen Einwanderungssituation, in: ders. (Hg.), Neue Heimat im Westen, S. 150–158.

13 Ders., ,Amt der verlorenen Worte': Das ,Reichswanderungsamt' 1918–1924, in: Zeitschrift für Kulturaustausch, 39. 1989, H. 3, S. 312–325.

14 Bericht der Beauftragten der Bundesregierung für die Integration der ausländischen Arbeitnehmer und ihrer Familienangehörigen, Bonn 1991, S. 46–48.

15 Ebenda, S. 55–72.

16 Hierzu die an der Universität Osnabrück vorbereitete Studie von Johannes-Dieter Steinert über westdeutsche Wanderungspolitik 1945–1961.

17 Hierzu der Beitrag von Klaus J. Bade (7.3).

18 Hierzu der abschließende Beitrag von Wolfgang Klauder (7.7).

7.7. Deutschland im Jahr 2030
Von Wolfgang Klauder

1 Allgemein hierzu Wolfgang Klauder, Ohne Fleiß kein Preis: Die Arbeitswelt der Zukunft, Zürich 1990.

2 Hierzu auch: Arbeitslandschaft bis 2010, Schwerpunktheft der Mitteilungen aus der Arbeitsmarkt- und Berufsforschung (MittAB), 23. 1990, H. 1; Prognos AG (Peter Hofer, Inge Weidig, Heimfrid Wolff), Arbeitslandschaft bis 2010 nach Umfang und Tätigkeitsprofilen (Beiträge zur Arbeitsmarkt- und Berufsforschung 131), Nürnberg 1989.

3 Hierzu auch Manfred Tessaring, Tendenzen des Qualifikationsbedarfs in der Bundesrepublik Deutschland bis zum Jahre 2010, in: MittAB, 24. 1991, H. 1.

4 Wolfgang Klauder, Auswirkungen der politischen und wirtschaftlichen Entwicklung seit 1989 auf die Arbeitsmarktperspektiven. Ein quantitatives Szenario bis 2000 unter veränderten Rahmenbedingungen, in: MittAB, 23. 1990, H. 1, S. 22–33.

5 Hierzu bes. Karl Martin Bolte (Bearb.), Bestimmungsgründe der Geburtenentwicklung und Überlegungen zu einer möglichen Beeinflußbarkeit, in: Bevölkerungsentwicklung und nachwachsende Generation, Bericht eines Arbeitskreises der Gesellschaft für sozialen Fortschritt (Schriftenreihe des BMJFG, Bd. 93), Stuttgart 1980, S. 64–91.

6 Zur damit zusammenhängenden Rentenproblematik auch Friedrich Buttler, Gerhard Kühlewind (Hg.), Erwerbstätigkeit und Generationenvertrag – Perspektiven bis zum Jahr 2030 (Beiträge zur Arbeitsmarkt- und Berufsforschung 130), Nürnberg 1989.

7 Vgl. Wolfgang Klauder, Konsequenzen der Ausländerbeschäftigung für die Politik: Von der Notwendigkeit und Struktur eines Gesamtkonzepts, in: Klaus J. Bade (Hg.), Auswanderer – Wanderarbeiter – Gastarbeiter: Bevölkerung, Arbeitsmarkt und Wanderung in Deutschland seit Mitte des 19. Jahrhunderts, 2 Bde., Ostfildern 1984 (2. Aufl. 1986), Bd. 2, S. 804–808.

8.2. Abbildungsverzeichnis

1.1–1.5:
S. 39: Alfred Coulin (Hg.), 800 Jahre im Karpatenbogen. Hermannstadt. Eine
deutsche Gründung in Südosteuropa, Köln 1980, S. 9; S. 46: Franz Griselini,
Versuch einer politischen und natürlichen Geschichte des Temeswarer Banats in
Briefen an Standespersonen und Gelehrte, 2. Teil, Wien 1780, Anhang, Kupferta-
fel 1; S. 51: Tausend Jahre Nachbarschaft. Deutsche in Südosteuropa, hg. v. d.
Stiftung Ostdeutscher Kulturrat (Bonn), München 1981, S. 20; S. 57: Valentin
Oberkersch, Die Deutschen in Syrmien, Slawonien und Kroatien bis zum Ende
des Ersten Weltkrieges. Ein Beitrag zur Geschichte der Donauschwaben, Stutt-
gart 1972, S. 192a; S. 74: Suevia Pannonica. Archiv der Deutschen aus Ungarn, 5.
1987: Kulturpolitisches Seminar „300 Jahre Befreiung der Burg Ofen von den
Türken – Beginn der donauschwäbischen Ansiedlung", S. 16b; S. 76: Bearbeitet
von M. Dloczik (Universität Osnabrück) auf der Grundlage von: Westermann.
Großer Atlas zur Weltgeschichte, 10. Aufl. Braunschweig 1978, S. 112, Karte II;
S. 81: Budapest Anno..., 2. Aufl. Budapest 1984; S. 87: Ute Richter-Eberl (Bearb.), Geschichte und Kultur der Deutschen in Rußland/UdSSR. Auf den Spuren
einer Minderheit. Ausstellungskatalog, hg. v. d. Landsmannschaft der Deutschen aus Rußland e. V. (Stuttgart), Sigmaringen 1989, S. 110; S. 91: Gezeichnet
von M. Dloczik (Universität Osnabrück) auf der Grundlage von: Meyers Handatlas, 10. neubearb. Aufl. Leipzig 1937, Doppelblatt 13b; ergänzt durch: Stielers
Handatlas, 10. Aufl. Gotha o. J., Karte 61; S. 97: Landsmannschaft der Deutschen
aus Rußland (Stuttgart); S. 100: Richter-Eberl (Bearb.), Geschichte und Kultur der
Deutschen in Rußland/UdSSR, S. 107; S. 103: Bearbeitet von M. Dloczik (Universität Osnabrück) auf der Grundlage von: Richter-Eberl (Bearb.), Geschichte und
Kultur der Deutschen in Rußland/UdSSR, S. 54; S. 106, 116, 120, 127: Lands-
mannschaft der Deutschen aus Rußland (Stuttgart); S. 130: Bearbeitet von M.
Dloczik (Universität Osnabrück) auf der Grundlage von: Richter-Eberl (Bearb.),
Geschichte und Kultur der Deutschen in Rußland/UdSSR, S. 178; S. 131, 132:
Landsmannschaft der Deutschen aus Rußland (Stuttgart).

2.1–2.4:
S. 138: Die Gartenlaube, 1864, S. 85; S. 140: Die Gartenlaube, 1889; S. 149: Klaus
J. Bade, Osnabrück; S. 151: Förderverein Deutsches Auswanderermuseum;
S. 152: Zeitschrift für Kulturaustausch, 32. 1982, H. 4, S. 356; S. 156: Atlantische
Studien, 5. 1854, H. 1, Titelseite; S. 159: Reinhard Kuhnert, Deutsche Einwande-
rer in die USA – Unterrichtsmaterialien für die Sek. I, in: Englisch-Amerikani-
sche Studien, 1984, H. 1, S. 67; S. 162: Peter Assion, Von Hessen in die Neue
Welt. Eine Sozial- und Kulturgeschichte der hessischen Amerikaauswanderung
mit Text- und Bilddokumenten, Frankfurt a. M. 1987, S. 300; S. 164: Willi Paul
Adams, Deutsche im Schmelztiegel der USA: Erfahrungen im größten Einwan-
derungsland der Europäer, Berlin 1990, S. 26; S. 167: State Historical Society of
Wisconsin, Benke Collection, WHi (B451) 97; S. 172: Wolfgang Helbich, „Alle
Menschen sind dort gleich...". Die deutsche Amerika-Auswanderung im 19.

und 20. Jahrhundert, Düsseldorf 1988, S. 59; S. 174: Zeitschrift für Kulturaustausch, 32. 1982, H. 4, S. 408; S. 176: Peter Bischoff (Hg.), America, the Melting Pot. Fact and Fiction, Paderborn 1978, S. 56; S. 178: Adams, Deutsche im Schmelztiegel der USA, Titelseite; S. 182: Zeitschrift für Kulturaustausch, 32. 1982, H. 4, S. 362; S. 189: Gezeichnet von M. Dloczik (Universität Osnabrück) auf der Grundlage von: Heinz Lehmann, Zur Geschichte des Deutschtums in Kanada, Bd. I: Das Deutschtum in Ostkanada, Stuttgart 1931, S. 65; S. 191: Berlin City Directory, Berlin/Ontario 1912; S. 201: Gezeichnet von M. Dloczik (Universität Osnabrück) auf der Grundlage von: Meyers Handatlas, 10. neubearb. Aufl. Leipzig 1937, Doppelblatt 13b; S. 204 oben: IfA Stuttgart; S. 204 unten: Klaus J. Bade, Deutsche im Ausland – Ausländer in Deutschland, in: Deutschland. Porträt einer Nation, Bd. X, Gütersloh 1986, S. 81; S. 208, 209: Fernando Paillet, Fotografias 1894–1940, Buenos Aires 1987; S. 217: Bundesarchiv Koblenz; S. 226: Institut für Auslandsbeziehungen (Stuttgart); S. 228: Johannes H. Voigt, Australien und Deutschland. 200 Jahre Begegnungen, Beziehungen und Verbindungen, Hamburg 1988, S. 31.

3.1–3.6:
S. 233: Winfried Löschburg, Von Reiselust und Reiseleid. Eine Kulturgeschichte, Frankfurt a. M. 1977, S. 112; S. 239: Ebenda, S. 66; S. 241: André Jacob Roubo, L'art du menuisier, 1769–1774, übernommen aus: Michael Stürmer, Handwerk und höfische Kultur. Europäische Möbelkunst im 18. Jahrhundert, München 1982, S. 77; S. 257: Jan Lucassen, Migrant Labor in Europe 1600–1900. The Drift to the North Sea, London 1987, Tafel 19; S. 266: Heinrich Jakob, Gießen.

4.1–4.3:
S. 276 oben: Kai Detlev Sievers, Die Illustrationen des Gottorfer Herzogs Karl Friedrich zur Strafjustiz an Zigeunern, in: Nordelbingen. Beiträge zur Kunst- und Kulturgeschichte, 59. 1990, S. 168; S. 276 unten: Reiner Gronemeyer, Georgia A. Rakelmann, Die Zigeuner. Reisende in Europa, Köln 1988, S. 106; S. 280: Bearbeitet von M. Dloczik (Universität Osnabrück) auf der Grundlage von: Raum und Bevölkerung in der Weltgeschichte, Bevölkerungsploetz, Bd. 2, 3. Aufl. Würzburg 1965, S. 101; S. 283: Johann Peter Erman, Peter Christian Reclam, Mémoires pour servir à l'histoire des réfugiés françois dans les Etats du Roi, Bd. 4, Berlin 1785, S. 251, übernommen aus: 300 Jahre Hugenotten in Hessen. Herkunft und Flucht, Aufnahme und Assimilation, Wirkung und Ausstrahlung. Katalog der Ausstellung im Museum Fridericianum 1985, Kassel 1985, S. 425; S. 285: Zeitschrift für Kulturaustausch, 32. 1982, H. 4, S. 350; S. 289: Sammlung Photo-Verlag Gundermann, Würzburg, Archiv-Nr. 2809; S. 294: Nürnberg, Germanisches Nationalmuseum, H. B. 258645, Kapsel 1230.

5.1–5.4:
S. 297: Bremen und Bremerhaven als Auswandererhäfen, hg. v. Förderverein Deutsches Auswanderermuseum, Bremerhaven 1988, S. 11; S. 302: Die Gartenlaube, Nr. 9, 1895, S. 137; S. 304: Christoph Kleßmann, Bielefeld; S. 309: Valentina Maria Stefanski, Witten; S. 310: Michael Holzach, Timm Rautert, So deutsch wie Wachowiak, in: Zeit-Magazin, Nr. 13, 1974, S. 18; S. 313: Ullstein

Bilderdienst; S. 321 oben: Ostpreußen in Bildern, Bd. 1: Der Kreis Osterode, Leer 1984; S. 321 unten: Ostpreußen in Bildern, Bd. 2: Der Kreis Neidenburg, Leer 1986; S. 331: Eike Geisel, Im Scheunenviertel. Bilder, Texte und Dokumente, Berlin 1981, S. 126.

6.1–6.6:

S. 334, 340: Bundesarchiv Koblenz; S. 346: Illustrierter Beobachter, Folge 36, 1933, S. 1176; S. 358 oben: Friedrich Didier, Europa arbeitet in Deutschland, Berlin 1943; S. 358 unten: Bundesarchiv Koblenz; S. 372: Karl Ed. Schmidt, Bremen; S. 380 oben: Der Treck der Volksdeutschen aus Wolhynien, Galizien und dem Narewgebiet. Mit einem Geleitwort von SS-Obergruppenführer Werner Lorenz und mit einer Einführung von Wilfrid Bade, Berlin 1941, S. 29; S. 380 unten: Frank Grube, Gerhard Richter, Flucht und Vertreibung. Deutschland zwischen 1944 und 1947, Hamburg 1980, Abb. 101; S. 390: Keep Australia free from Nazis, hg. v. Jewish Council, Melbourne, o. O. o. J., Deckblatt (National Library, Canberra).

7.1–7.7:

S. 394: Dieter Franck (Hg.), Die fünfziger Jahre. Als das Leben wieder anfing, München 1981, S. 53; S. 399: Birger Gesthuisen, Tina Jermon (Hg.), Die in der Fremde arbeiten . . . Zeichnungen und Karikaturen, Duisburg 1983, S. 13; S. 400: Eva Maria Leupold; S. 404: Globus Kartendienst; S. 406 oben: Deutsches Allgemeines Sonntagsblatt, Nr. 6, 9. 2. 1990, S. 12; S. 406 unten: Info-Dienst Deutsche Aussiedler, Nr. 22, Bonn, März 1991, S. 7; S. 415, 419 oben: Globus Kartendienst; S. 419 unten: Bundesministerium des Innern; S. 422: KNA – Bild Reuter; S. 424: Sebastian Munster, Cosmographey oder Beschreibung aller Länder, Basel 1588, S. 913; S. 445: Robert Michel; S. 459: Westdeutschland nach Unterlagen des Statistischen Bundesamtes, Ostdeutschland nach B. Hof, Gesamtdeutsche Perspektiven zur Entwicklung von Bevölkerung und Arbeitskräfteangebot 1990 bis 2010, Köln 1990 sowie E. Schulz/H. Vortmann, Szenarien der Bevölkerungsentwicklung in der DDR, in: DIW-Wochenbericht 23–24/90, eigene Berechnungen des Verfassers; S. 460: Vorläufige Ergebnisse einer IAB-Projektion des westdeutschen Erwerbspotentials auf Basis 1989, Ostdeutschland nach Hof, Gesamtdeutsche Perspektiven, 2030 geschätzt auf Basis Schulz/Vortmann, Szenarien der Bevölkerungsentwicklung in der DDR, eigene Berechnungen des Verfassers; S. 462: Vorläufige Ergebnisse einer IAB-Projektion, Ostdeutschland nach Hof, Gesamtdeutsche Perspektiven.

8.3. Mitarbeiterverzeichnis

Klaus J. Bade, Dr., geb. 1944, Professor für Neueste Geschichte, Universität Osnabrück; Arbeitsgebiete: Sozial- und Wirtschaftsgeschichte, Kolonial- und Überseegeschichte, Bevölkerungs-, Arbeitsmarkt- und Migrationsforschung; Veröffentlichungen u. a.: –, Friedrich Fabri und der Imperialismus in der Bismarckzeit: Revolution – Depression – Expansion, Freiburg i. Br. 1975; – (Hg.), Imperialismus und Kolonialmission: Kaiserliches Deutschland und koloniales Imperium, Wiesbaden 1982 (2. Aufl. 1984); –, Vom Auswanderungsland zum Einwanderungsland? Deutschland 1880–1980, Berlin 1983; – (Hg.), Auswanderer – Wanderarbeiter – Gastarbeiter, 2 Bde., Ostfildern 1984 (2. Aufl. 1986); –, ‚Preußengänger‛ und ‚Abwehrpolitik‛: Ausländerbeschäftigung, Ausländerpolitik und Ausländer-Kontrolle auf dem Arbeitsmarkt in Preußen vor dem Ersten Weltkrieg, in: Archiv für Sozialgeschichte, 24. 1984, S. 91–283; –, Sozialhistorische Migrationsforschung und ‚Flüchtlingsintegration‛, in: Rainer Schulze u. a. (Hg.), Flüchtlinge und Vertriebene in der westdeutschen Nachkriegsgeschichte, Hildesheim 1987, S. 126–162; – (Hg.), Population, Labour and Migration in 19th and 20th Century Germany, Leamington Spa 1987; –, Ausländer – Aussiedler – Asyl in der Bundesrepublik Deutschland, Hannover 1990 (2. Aufl. 1991); – (Hg.), Neue Heimat im Westen: Vertriebene, Flüchtlinge, Aussiedler, Münster 1990.

Wolfgang Benz, Dr., geb. 1941, Professor für Antisemitismusforschung, TU Berlin, Leiter des Zentrums für Antisemitismusforschung; Arbeitsgebiete: Zeitgeschichte, deutsch-jüdische Geschichte im 20. Jahrhundert; Veröffentlichungen u. a.: –, Von der Besatzungsherrschaft zur Bundesrepublik, Frankfurt a. M. 1984; – (Hg.), Rechtsextremismus in der Bundesrepublik, Frankfurt a. M. 1984 (aktualisierte Neuaufl. 1989); –, Die Gründung der Bundesrepublik, München 1984; –, Potsdam 1945, München 1986; – (Hg.), Neuanfang in Bayern 1945 bis 1949. Politik und Gesellschaft in der Nachkriegszeit, München 1988; – (Hg.), Die Juden in Deutschland. Leben unter nationalsozialistischer Herrschaft, München 1988; – (Hg.), Pazifismus in Deutschland. Dokumente zur Friedensbewegung 1890–1939, Frankfurt a. M. 1988; – (Hg.), Die Geschichte der Bundesrepublik Deutschland, 4 Bde., Frankfurt a. M. 1989; – (Hg.), Sieben Fragen an die Bundesrepublik, München 1989; –, Herrschaft und Gesellschaft im nationalsozialistischen Staat, Frankfurt a. M. 1990; –, Zwischen Hitler und Adenauer. Studien zur deutschen Nachkriegsgesellschaft, Frankfurt a. M. 1991; – (Hg.), Dimensionen des Völkermords. Die Zahl der jüdischen Opfer des Nationalsozialismus, München 1991.

Walther L. Bernecker, Dr., geb. 1947, Professor für Neueste Geschichte, Universität Bern; Arbeitsgebiete: spanische, lateinamerikanische und deutsche Geschichte des 19. und 20. Jahrhunderts; Veröffentlichungen u. a.: –, Anarchismus und Bürgerkrieg. Zur Geschichte der Sozialen Revolution in Spanien 1936–1939, Hamburg 1978; –, Spaniens Geschichte seit dem Bürgerkrieg, München 1984 (2.

Aufl. 1988); –, Industrie und Außenhandel. Zur politischen Ökonomie Mexikos im 19. Jahrhundert, Saarbrücken 1987; –, Die Handelskonquistadoren. Europäische Interessen und mexikanischer Staat im 19. Jahrhundert, Stuttgart 1988; –, Sozialgeschichte Spaniens im 19. und 20. Jahrhundert. Vom Ancien régime zur parlamentarischen Monarchie, Frankfurt a. M. 1990; – (Hg., zus. mit J. Oehrlein), Spanien heute. Politik, Wirtschaft, Kultur, Frankfurt a. M. 1991; Hg. der Reihen ‚Forschungen zu Spanien‘ (Saarbrücken) und ‚Iberoamericana‘ (Frankfurt a. M.).

Inge Blank, geb. 1939, Wiss. Mitarbeiterin, Labor Migration Project, Universität Bremen; Arbeitsgebiete: ostjüdische Sozialgeschichte, bäuerliche Kultur in Polen; Veröffentlichungen u. a.: –, Haskalah und Emanzipation. Die russisch-jüdische Intelligenz und die ‚Jüdische Frage‘ am Vorabend der Epoche der ‚Großen Reformen‘, in: Gotthold Rhode (Hg.), Juden in Ostmitteleuropa. Von der Emanzipation bis zum Ersten Weltkrieg (Ostmitteleuropa-Studien, Bd. 3), Marburg/Lahn 1989, S. 197–231; –, Abraham Goldfaden und die Anfänge des jiddischen Theaters in den Donaufürstentümern, in: Gerhard Grimm (Hg.), Von der Pruth-Ebene bis zum Gipfel des Ida. Studien zur Geschichte, Literatur, Volkskunde und Wissenschaftsgeschichte des Donau-Balkan Raumes (Südosteuropa-Schriften, Bd. 10), München 1989, S. 107–120; – (Hg. zus. mit D. Hoerder), Roots of the Transplanted. East Central and Southeastern Europe (i. Vorb.); –, (Hg. zus. mit D. Hoerder u. H. Rößler), The Transfer of Plebeian Culture: Class and Politics in the Life of Labor Migrants (i. Vorb.).

Monika Blaschke, M. A., geb. 1962, Doktorandin, Universität Bremen; Arbeitsgebiete: Migrations- und Frauengeschichte, US-amerikanische Sozialgeschichte, Pressegeschichte; Veröffentlichungen u. a.: –, Auswanderung aus Mecklenburg im 19. Jahrhundert, in: Auswanderung nach Nordamerika 1850–1915. Fernuniversität Hagen: Kurseinheit I, Historische Migrationsforschung II, Hagen 1990, S. 13–43; –, Deutsche in den USA: Akkulturation in den Städten, in: Auswanderung nach Nordamerika 1850–1915. Fernuniversität Hagen: Kurseinheit III, Historische Migrationsforschung II, Hagen 1990, S. 12–44; – (Hg. zus. mit C. Harzig), Frauen wandern aus: Deutsche Migrantinnen im 19. und 20. Jahrhundert, Bremen 1991.

Franz Bölsker-Schlicht, Dr., geb. 1957, Hochschulassistent, Universität Osnabrück; Arbeitsgebiete: Wirtschafts- und Sozialgeschichte des ländlichen Raumes; Veröffentlichungen u. a.: Die Hollandgängerei im Osnabrücker Land und im Emsland. Ein Beitrag zur Geschichte der Arbeiterwanderung vom 17. bis zum 19. Jahrhundert, Sögel 1987; –, Die Markenteilungen in Holdorf, in: Gemeindechronik Holdorf 1188–1988, hg. v. d. Gemeinde Holdorf, Holdorf 1988, S. 456–490; –, Heuerlinge und Bauern: Bevölkerung und soziale Schichtung vom 16. bis zum 20. Jahrhundert, in: Klaus J. Bade, Horst-Rüdiger Jarck, Anton Schindling (Hg.), Schelenburg – Kirchspiel – Landgemeinde. 900 Jahre Schledehausen, Bissendorf 1990, S. 327–340; –, Von Schledehausen in die Neue Welt: Die Nordamerika-Auswanderung im 19. Jahrhundert, in: ebenda, S. 341–362; –, Sozialgeschichte des ländlichen Raumes im ehemaligen Regierungsbezirk Osnabrück im 19. und frühen 20. Jahrhundert unter besonderer Berücksichtigung des

Heuerlingswesens und einzelner Nebengewerbe, in: Westfälische Forschungen, 40. 1990, S. 223–250.

Martin Bossenbroek, Dr., geb. 1953, Dozent für Niederländische Geschichte, Universität Leiden; Arbeitsgebiete: Kolonial, Sozial- und Militärgeschichte des 19. und 20. Jahrhunderts; Veröffentlichungen u. a.: –, Tucht in het tussendek, in: Militaire Spectator, 155. 1986, S. 421–429; –, Van Holland naar Indië. Het transport van koloniale troepen voor het Oost-Indische leger 1815–1909, Amsterdam 1986; –, Arthur Rimbaud poète armé, in: Het Oog in 't Zeil, 5. 1988, S. 1–10; – (Hg., zus. mit J. B. C. Kruishoop), Vluchten voor de Groote Oorlog. Belgen in Nederland 1914–1918, Amsterdam 1988; –, Volk voor Indië, Diss. Leiden 1992.

Detlef Brandes, Dr., geb. 1941, Professor für Kultur und Geschichte der Deutschen im östlichen Europa, Universität Düsseldorf; Arbeitsgebiete: Zeitgeschichte Ostmitteleuropas, Sozial- und Kulturgeschichte von Minderheiten in Osteuropa; Veröffentlichungen u. a.: –, Die Tschechen unter deutschem Protektorat. Besatzungspolitik, Kollaboration und Widerstand im Protektorat Böhmen und Mähren bis Heydrichs Tod (1939–1945), 2 Bde., München 1969; –, Die tschechoslowakischen National-Sozialisten, in: Karl Bosl (Hg.), Die Erste Tschechoslowakische Republik als multinationaler Parteienstaat, München 1979, S. 101–153; –, Die Ansiedlung von Ausländern im Zarenreich unter Katharina II., Paul I. und Alexander I., in: Jahrbücher für die Geschichte Osteuropas, 34. 1986, S. 161–187; –, Großbritannien und seine osteuropäischen Alliierten, 1939–1943. Die Regierungen Polens, der Tschechoslowakei und Jugoslawiens im Londoner Exil vom Kriegsausbruch bis zur Konferenz von Teheran, München 1988; –, Zur ‚friedlichen Eroberung‘ Südrußlands durch die deutschen Kolonisten. Die Berichte der Revisoren zur Lage im Jahre 1890, in: Ingeborg Fleischhauer, Hugo H. Jedig (Hg.), Die Deutschen in der UdSSR in Geschichte und Gegenwart, Baden-Baden 1990, S. 117–142.

Agnes Bretting, Dr., geb. 1947, freie wiss. u. publizistische Tätigkeit; Arbeitsgebiete: deutsche Amerikaauswanderung, Deutsche in den USA; Veröffentlichungen u. a.: –, Soziale Probleme deutscher Einwanderer in New York City 1800–1860, Wiesbaden 1981; –, Organizing German Immigration: The Role of State Authorities in Germany and the United States, in: Frank Trommler, Joseph McVeigh (Hg.), America and the Germans: An Assessment of a Three-Hundred-Year History, 2 Bde., Philadelphia 1985, Bd. 1, S. 25–38; –, Hartmut Bickelmann, Auswanderungsagenturen und Auswanderungsvereine im 19. und 20. Jahrhundert, Stuttgart 1991.

Micha Brumlik, Dr., geb. 1947, Professor für Erziehungswissenschaften, Ruprecht-Karl-Universität Heidelberg; Arbeitsgebiete: Allgemeine Erziehungswissenschaft, Sozialpädagogik, Erziehungs- und jüdische Philosophie; Veröffentlichungen u. a.: –, Diesseits von Utopie und Mythos. Versuch, zu einem vernünftigen Begriff von Heimat zu kommen, in: Klaus Rohrbacher (Hg.), Ernst Bloch und die Heimat, Ludwigshafen 1990, S. 32–49; –, Die Entwicklung der Begriffe ‚Rasse‘, ‚Kultur‘ und ‚Ethnizität‘ im sozialwissenschaftlichen Diskurs, in: Eck-

hard J. Dittrich, Frank-Olaf Radtke (Hg.), Ethnizität, Wissenschaft und Minderheiten, Opladen 1990, S. 179–190; –, ‚Politische Kultur des Streits' im Licht
sozialisationstheoretischer Überlegungen, in: Wilhelm Heitmeyer, Juliane Jacobi
(Hg.), Politische Sozialisation und Individualisierung, Weinheim 1991,
S. 249–260; –, Der Anti-Alt. Wider die furchtbare Friedfertigkeit, Frankfurt a. M.
1991; –, Israel und der Golf. Das Weltsystem als Risikogesellschaft, Hamburg
1991.

Heinz Duchhardt, Dr., geb. 1943, Professor für Neuere Geschichte, Westfälische
Wilhelms-Universität Münster; Arbeitsgebiete: internationale Beziehungen in
der Frühen Neuzeit, Verfassungsgeschichte, Zeitalter des Absolutismus; Veröf-
fentlichungen u. a.: –, Gleichgewicht der Kräfte, Convenance, Europäisches
Konzert. Friedenskongresse und Friedensschlüsse vom Zeitalter Ludwigs XIV.
bis zum Wiener Kongreß, Darmstadt 1976; –, Protestantisches Kaisertum und
Altes Reich. Die Diskussion über die Konfession des Kaisers in Politik, Publizi-
stik und Staatsrecht, Wiesbaden 1977; – (Hg.), Der Exodus der Hugenotten. Die
Aufhebung des Edikts von Nantes 1685 als europäisches Ereignis, Köln 1985; –,
Das Zeitalter des Absolutismus, München 1989; –, Altes Reich und europäische
Staatenwelt 1648–1806, München 1990.

Thomas Fischer, geb. 1959, Wiss. Assistent, Neueste Geschichte, Universität Bern;
Arbeitsgebiete: Wirtschafts- und Unternehmensgeschichte Kolumbiens und der
Schweiz; Veröffentlichungen u. a.: – (Hg. zus. mit W. L. Bernecker), Unheimli-
che Geschäfte. Schweizer Kriegsmaterialexporte nach Lateinamerika im 20. Jahrhundert, Zürich 1991.

Christiane Harzig, Dr., geb. 1952, Wiss. Mitarbeiterin, Labor Migration Project,
Universität Bremen, Projektleitung: Frauen im Migrationsprozeß. Eine verglei-
chende Analyse; Arbeitsgebiete: Sozialgeschichte der Arbeit, Migrations- und
Frauengeschichte; Veröffentlichungen u. a.: –, The Role of German Women in the
German-American Working-Class Movement in Late Nineteenth-Century New
York, in: Journal of American Ethnic History, 8. 1989, S. 87–107; –, Der erste Mai.
Der Geburtstag der Arbeiterbewegung. Die Haymarket Tragödie in Chicago, in:
Inge Marßolek (Hg.), 100 Jahre 1. Mai, Frankfurt a. M. 1990; –, Männliche
Wissenschaft gegen den Strich gebürstet. Historische Frauenforschung in den
USA, in: Beate Fieseler, Birgit Schulz (Hg.), Frauengeschichte: Gesucht – Gefun-
den? Auskünfte zum Stand der historischen Frauenforschung, Köln 1991,
S. 128–146.

Rainer Hehemann, Dr., geb. 1955, freie wiss. und publizistische Tätigkeit; Arbeitsgebiete: Geschichte von Minderheiten, Regionalgeschichte; Veröffentlichungen
u. a.: –, Die ‚Bekämpfung des Zigeunerunwesens' im Wilhelminischen Deutschland und in der Weimarer Republik, 1871–1933, Diss. Münster 1987; – (Bearb.),
Biographisches Handbuch zur Geschichte der Region Osnabrück, Osnabrück
1990.

Ulrich Herbert, Dr., geb. 1951, Hochschulassistent für Neuere Geschichte, Fernuniversität Hagen; Arbeitsgebiete: deutsche Zeitgeschichte, Migrationsgeschichte, Biographieforschung; Veröffentlichungen u. a.: –, Fremdarbeiter. Politik und Praxis des ‚Ausländer-Einsatzes' in der Kriegswirtschaft des Dritten Reiches, Berlin 1985; –, Geschichte der Ausländerbeschäftigung in Deutschland 1880–1980, Berlin 1986; –, Arbeiterschaft im ‚Dritten Reich'. Zwischenbilanz und offene Fragen, in: Geschichte und Gesellschaft, 15. 1989, S. 300–320; – (zus. mit L. Niethammer u. a.), Bürgerliche Gesellschaft in Deutschland, Frankfurt a. M. 1990; – (Hg.), Europa und der ‚Reichseinsatz'. Ausländische Zivilarbeiter, Kriegsgefangene und KZ-Häftlinge in der deutschen Kriegswirtschaft, 1938–1945, Essen 1991.

Wolfgang Jacobmeyer, Dr., geb. 1940, Professor für Neuere und Neueste Geschichte und Didaktik der Geschichte, Westfälische Wilhelms-Universität Münster; Arbeitsgebiete: deutsche und osteuropäische, besonders polnische Zeitgeschichte, Didaktik der Geschichte, international vergleichende Schulbuchforschung; Veröffentlichungen u. a.: –, Heimat und Exil. Die Anfänge der polnischen Untergrundbewegung im Zweiten Weltkrieg, Hamburg 1973; – (zus. mit W. Präg), Das Diensttagebuch des deutschen Generalgouverneurs in Polen 1939–1945, Stuttgart 1975; –, Die deutsch-polnischen Schulbuchempfehlungen in der öffentlichen Diskussion der Bundesrepublik Deutschland. Eine Dokumentation, Braunschweig 1979; –, Vom Zwangsarbeiter zum Heimatlosen Ausländer. Die Displaced Persons in Westdeutschland 1945–1951, Göttingen 1985.

Michael Just, Dr., geb. 1952, Studienrat, Lycée International, Saint-Germain-en-Laye, Frankreich; Arbeitsgebiete: deutsche und osteuropäische Amerikaauswanderung im 19. und 20. Jahrhundert; Veröffentlichungen u. a.: –, Politische Flüchtlinge gehen nach Amerika, in: Zeitschrift für Kulturaustausch, 32. 1982, H. 4: Germantown. 300 Jahre Auswanderung in die USA, S. 435–440; –, Emigration aus dem Dritten Reich, in: ebenda, S. 441–445; –, Ost- und südosteuropäische Amerikawanderung 1881–1914. Transitprobleme in Deutschland und Aufnahme in den Vereinigten Staaten, Stuttgart 1988; –, Auswanderung und Schiffahrtsinteressen, in: Günter Moltmann (Hg.), Von Deutschland nach Amerika, Bd. 3, Stuttgart 1991.

Wolfgang Klauder, Dr., Diplom-Volkswirt, geb. 1931, Ltd. Wiss. Direktor, Institut für Arbeitsmarkt- und Berufsforschung der Bundesanstalt für Arbeit, Nürnberg, Leiter des Arbeitsbereiches ‚Mittel- und Langfristige Vorausschau'; Arbeitsgebiete: Arbeitsmarkt- und Berufsforschung; Veröffentlichungen u. a.: –, Zu den Arbeitsmarktauswirkungen unterschiedlicher Energiestrukturen, in: Mitteilungen aus der Arbeitsmarkt- und Berufsforschung (MittAB) 1980, H. 1; –, Die Bedeutung des Bevölkerungsrückganges für Arbeitsmarkt, Wirtschaft und Politik, in: MittAB 1980, H. 4; –, Technischer Fortschritt und Beschäftigung, in MittAB 1986, H. 1; –, Auswirkungen der politischen und wirtschaftlichen Entwicklung seit 1989 auf die Arbeitsmarktperspektiven. Ein quantitatives Szenario bis 2000 unter veränderten Rahmenbedingungen, in: MittAB 1990, H. 1; –, Zur Entwicklung von Produktivität und Beschäftigungsschwelle, in: MittAB 1990, H. 1; –, Ohne Fleiß kein Preis. Die Arbeitswelt der Zukunft, Zürich 1990.

Christoph Kleßmann, Dr., geb. 1938, Professor für Zeitgeschichte, Universität Bielefeld; Arbeitsgebiete: deutsche Nachkriegsgeschichte, polnische Geschichte des 20. Jahrhunderts, Sozialgeschichte; Veröffentlichungen u. a.: –, Die Selbstbehauptung einer Nation. NS-Kulturpolitik und polnische Widerstandsbewegung im Generalgouvernement 1939–1945, Düsseldorf 1971; – (zus. mit P. Friedemann), Streiks und Hungermärsche im Ruhrgebiet 1946–1948, Frankfurt a. M. 1977; –, Polnische Bergarbeiter im Ruhrgebiet. Soziale Integration und nationale Subkultur einer Minderheit in der deutschen Industriegesellschaft, Göttingen 1978; – (Hg. zus. mit F. Pingel), Gegner des Nationalsozialismus, Frankfurt a. M. 1980; –, Die doppelte Staatsgründung. Deutsche Geschichte 1945–1955, Bonn 1986; –, Zwei Staaten, eine Nation. Deutsche Geschichte 1955–1970, Bonn 1988; – (Hg.), September 1939. Krieg, Besatzung, Widerstand in Polen, Göttingen 1989; – (Hg.), Nicht nur Hitlers Krieg. Der Zweite Weltkrieg und die Deutschen, Düsseldorf 1989.

Claus Leggewie, Dr., geb. 1950, Professor für Politikwissenschaft, Justus-Liebig-Universität Gießen; Arbeitsgebiete: Vergleichende Politikwissenschaft, Frankreich, Maghreb, Kulturpolitik, Postmoderne; Veröffentlichungen u. a.: –, Der Geist steht rechts. Ein Ausflug in die Denkfabriken der Wende, 2. Aufl. Berlin 1989; –, MultiKulti. Spielregeln für die Vielvölkerrepublik, Berlin 1990; –, Die Republikaner. Ein Phantom nimmt Gestalt an, 4. Aufl. Berlin 1990; –, Nachgetragenes Mitleid. Essays, Göttingen 1991; – (Hg. zus. mit B. Giesen), Experiment Vereinigung, Berlin 1991; –, Die Türken in Deutschland. Geschichte einer Emigration, München 1992.

Wilfried Pabst, Dr., geb. 1939, Studiendirektor, Ernst-Moritz-Arndt-Gymnasium, Osnabrück; Arbeitsgebiete: deutsch-französische Beziehungen im 19./20. Jahrhundert, Geschichte der deutschen Schulen in Paris, Regionalgeschichte; Veröffentlichungen u. a.: –, Ecoles allemandes à Paris. Notices sur l'évolution de la colonie allemande à Paris (1858–1914), in: Francia. Forschungen zur westeuropäischen Geschichte, 8. 1980, S. 667–679; –, 120 Jahre Deutsche Schule(n) in Paris, Gütersloh 1980; –, Das Jahrhundert der deutsch-französischen Konfrontation. Ausgewählte Quellen zur Einführung in die deutsch-französische Geschichte von 1866 bis heute, 2. Aufl. Osnabrück 1987.

Volker Press, Dr., geb. 1939, Professor für Mittlere und Neuere Geschichte, Eberhard-Karls-Universität Tübingen; Arbeitsgebiete: Verfassungs- und Sozialgeschichte des Alten Reiches, Habsburger-Monarchie; Veröffentlichungen u. a.: –, Calvinismus und Territorialstaat. Regierung und Zentralbehörden der Kurpfalz 1559–1619 (Kieler Historische Studien, Bd. 7), Stuttgart 1970; –, Kaiser Karl V., König Ferdinand und die Entstehung der Reichsritterschaft, Wiesbaden 1976 (2. Aufl. 1980); –, Das Reichskammergericht in der deutschen Geschichte, Wetzlar 1987; –, Kriege und Krisen. Deutschland 1600–1715, München 1991.

Werner Röder, Dr., geb. 1938, Vorstand des Archivs des Instituts für Zeitgeschichte, München, ab 1969 Leiter der Zentralstelle der ‚Dokumentation zur Emigration' des Bundesarchivs, Koblenz, und 1973–1980 der Forschungsgruppe

Emigration des Instituts für Zeitgeschichte; zahlreiche Veröffentlichungen zur Geschichte und Quellenkunde des Exils, u. a.: –, Die deutschen sozialistischen Exilgruppen in Großbritannien 1940–1945, 2. Aufl. Bonn 1973; – (Hg.), Sonderfahndungsliste UdSSR, Erlangen 1976; – (Hg. zus. mit H. A. Strauss), Biographisches Handbuch der deutschsprachigen Emigration nach 1933, 3 Bde., München 1980, 1983.

Horst Rößler, Dr., geb. 1950, Wiss. Mitarbeiter, Labor Migration Project, Universität Bremen; Arbeitsgebiete: deutsche und britische Amerikaauswanderung im 19. und 20. Jahrhundert; Veröffentlichungen u. a.: –, Literatur und Arbeiterbewegung. Studien zur Literaturkritik und frühen Prosa des Chartismus, Frankfurt a. M. 1985; – (Hg. zus. mit D. Hoerder), Distant Magnets. Expectations and Realities in the Immigrant Experience, New York 1991; – (Hg. zus. mit I. Blank u. D. Hoerder), The Transfer of Plebeian Culture: Class and Politics in the Life of Labor Migrants (i. Vorb.).

Udo Sautter, Dr., geb. 1934, Professor of History, University of Windsor/Ontario, Kanada; Arbeitsgebiete: Politik-, Geistes- und Sozialgeschichte Nordamerikas; Veröffentlichungen u. a.: –, Geschichte Kanadas. Das Werden einer Nation, Stuttgart 1972; – (Hg. zus. mit H. E. Onnau), Constantin Frantz. Briefe, Wiesbaden 1974; –, Geschichte der Vereinigten Staaten von Amerika, Stuttgart 1976 (4. Aufl. 1991); –, Americana 1964–1976. Literaturbericht über Neuerscheinungen zur Geschichte der Vereinigten Staaten von Amerika, München 1978; –, Three Cheers for the Unemployed: Government and Unemployment before the New Deal, New York 1991.

Anton Schindling, Dr., geb. 1947, Professor für Geschichte der Frühen Neuzeit, Universität Osnabrück; Arbeitsgebiete: Geschichte der Frühen Neuzeit, Bildungsgeschichte, Reichsgeschichte, vergleichende Stadt- und Landesgeschichte; Veröffentlichungen u. a.: –, Humanistische Hochschule und freie Reichsstadt. Gymnasium und Akademie in Straßburg 1538–1621, Wiesbaden 1977 (frz. Straßburg 1988); –, Der Westfälische Frieden und der Reichstag, in: Hermann Weber (Hg.), Politische Ordnungen und soziale Kräfte im Alten Reich, Wiesbaden 1980, S. 113–153; –, Westfälischer Frieden und Altes Reich. Zur reichspolitischen Stellung Osnabrücks in der Frühen Neuzeit, in: Osnabrücker Mitteilungen, 90. 1985, S. 97–120; – (Hg. zus. mit W. Ziegler), Die Territorien des Reichs im Zeitalter der Reformation und Konfessionalisierung, Bd. 1: Der Südosten, Münster 1989 (Bd. 2: Der Nordosten, Münster 1990; Bd. 3: Der Nordwesten, Münster 1991); – (Hg. zus. mit W. Ziegler), Die Kaiser der Neuzeit 1519–1918, München 1990; –, Die Anfänge des Immerwährenden Reichstags zu Regensburg, Mainz 1991.

Karen Schniedewind, Dr., geb. 1951, Wiss. Mitarbeiterin, Universität Bremen; Arbeitsgebiete: deutsche Auswanderung und transatlantische Rückwanderung; Veröffentlichungen u. a.: –, Von Krakau über Bremen nach New York. Geschichte der Auswanderer in Bremen, in: Eisenbahn in Bremen. 100 Jahre Hauptbahnhof – 75 Jahre Ausbesserungswerk, Lübbecke 1989; – (zus. mit A. Armgort, A. Bretting u. C. Harzig), Bremen und Bremerhaven als Auswandererhäfen. Begleitheft zur Ausstellung, Bremerhaven 1988; –, Migrants Returning to Bremen: Social Structure and Motivations (1850–1914), in: Journal of American Ethnic History (1992); –, Sozialgeschichte deutscher Rückwanderer aus den USA nach Bremen, 1850–1914 Diss. Bremen 1991.

Günter Schödl, Dr., geb. 1944, Priv.-Doz., Institut für Gesellschaft und Wissenschaft an der Universität Erlangen-Nürnberg, Lehrbeauftragter, Universität Augsburg; Arbeitsgebiete: Deutsches Kaiserreich, südosteuropäische Geschichte, die Deutschen im östlichen Europa, osteuropäische Gegenwartskunde; Veröffentlichungen u. a.: –, Alldeutscher Verband und deutsche Minderheitenpolitik in Ungarn 1890–1914. Zur Geschichte des deutschen ‚Extremen Nationalismus', Frankfurt a. M. 1978; –, Formen und Grenzen des Nationalen. Beiträge zu nationaler Integration und Nationalismus im östlichen Europa, Erlangen 1990; –, Kroatische Nationalpolitik und ‚Jugoslavenstvo'. Studien zu nationaler Integration und regionaler Politik in Kroatien/Dalmatien am Beginn des 20. Jahrhunderts, München 1990.

Johannes-Dieter Steinert, Dr., geb. 1955, Wiss. Assistent, Neueste Geschichte, Universität Osnabrück; Arbeitsgebiete: internationale Wanderungen und Wanderungspolitik, Europäische Integration, Flüchtlingsforschung, Regionalgeschichte; Veröffentlichungen u. a.: –, Vertriebenenverbände in Nordrhein-Westfalen 1945–1954, Düsseldorf 1986; –, Flüchtlinge, Vertriebene und Aussiedler in Niedersachsen: Eine annotierte Bibliographie, Osnabrück 1986; –, Kevelaer. Eine niederrheinische Region zwischen Kaiserreich und Drittem Reich, Kevelaer 1988; –, Vom Sanatorium zur Akademie: 90 Jahre Geschichte auf dem Berge, in: Klaus J. Bade, Horst-Rüdiger Jarck, Anton Schindling (Hg.), Schelenburg – Kirchspiel – Landgemeinde. 900 Jahre Schledehausen, Bissendorf 1990, S. 375–391; –, Organisierte Flüchtlingsinteressen und parlamentarische Demokratie: Westdeutschland 1945–1949, in: Klaus J. Bade (Hg.), Neue Heimat im Westen: Vertriebene, Flüchtlinge, Aussiedler, Münster 1990, S. 61–80; –, Flüchtlingsvereinigungen – Eingliederungsstationen? Zur Rolle organisierter Interessen bei der Flüchtlingsintegration in der frühen Nachkriegszeit, in: Jahrbuch für ostdeutsche Volkskunde, 33. 1990, S. 55–68.

Holm Sundhaussen, Dr., geb. 1942, Professor für Südosteuropäische Geschichte am Osteuropa-Institut der FU Berlin; Arbeitsgebiete: politische Geschichte Südosteuropas im 19. und 20. Jahrhundert, Wirtschaftsgeschichte der Balkanländer, Historische Statistik; Veröffentlichungen u. a.: –, Geschichte Jugoslawiens 1918–1980, Stuttgart 1982; –, Wirtschaftsgeschichte Kroatiens im nationalsozialistischen Großraum 1941–1945. Das Scheitern einer Ausbeutungsstrategie, Stuttgart 1983; –, Historische Statistik Serbiens 1834–1914. Mit europäischen Vergleichsdaten, München 1989; –, Der Wandel in der osteuropäischen Agrarverfassung während der frühen Neuzeit. Ein Beitrag zur Divergenz der Entwicklungswege von Ost- und Westeuropa, in: Südost-Forschungen, 49. 1990, S. 15–56.

Hans-Ulrich Thamer, Dr., geb. 1943, Professor für Neuere und Neueste Geschichte, Westfälische Wilhelms-Universität Münster; Arbeitsgebiete: National-

Diese Karte entnahm
ich dem Buch

Wir unterrichten Sie künftig gern regelmäßig
über unser Verlagsprogramm. Bitte geben Sie uns
umseitig Ihre Adresse bekannt.

Ihr Buchhändler wird Ihnen gern jedes Buch
unseres Verlags liefern.

Verlag C. H. Beck München

POSTKARTE

Verlag C.H.Beck
Vertrieb / Werbung Allg. Verlag

Postfach 40 03 40

D-8000 München 40

|_|_|_|_| |_|_|_|_|
Länderschlüssel   Postleitzahl

|_|_|_|_|_|_|_|_|_|_|_|_|_|_|_|_|_|_|_|_|_|
Name (beginnend mit dem Familiennamen)

|_|_|_|_|_|_|_|_|_|_|_|_|_|_|_|_|_|_|_|_|_|
Name

|_|_|_|_|_|_|_|_|_|_|_|_|_|_|_|_|_|_|_|_|_|
Beruf

|_|_|_|_|_|_|_|_|_|_|_|_|_|_|_|_|_|_|_|_|_|
Straße

|_|_|_|_|_|_|_|_|_|_|_|_|_|_|_|_|_|_|_|_|_|
Ort

_____   _____
Datum   Unterschrift   P 2321

sozialismus und europäischer Faschismus, Ideen- und Sozialgeschichte Frankreichs im 18. und 19. Jahrhundert, Kommunale Wohlfahrtspolitik in der Weimarer Republik; Veröffentlichungen u. a.: –, Revolution und Reaktion in der französischen Sozialkritik des 18. Jahrhunderts. Linguet, Mably, Babeuf, Frankfurt a. M. 1973; – (zus. mit Wolfgang Wippermann), Faschistische und neofaschistische Bewegungen. Probleme empirischer Faschismusforschung, Darmstadt 1977; –, Verführung und Gewalt. Deutschland 1933–1945, Berlin 1986; Aufsätze zur Sozial- und Mentalitätsgeschichte des Handwerks in Alteuropa.

Johannes H. Voigt, Dr., Ph. D., geb. 1929, Professor für Überseegeschichte, Universität Stuttgart; Arbeitsgebiete: allgemeine Geschichte der Neuzeit (bes. Britisches Empire/Commonwealth, Indien, Australien, Neuseeland, südwestpazifischer Raum), Migrationsgeschichte (Auswanderung aus Deutschland und Großbritannien); Veröffentlichungen u. a.: – (Hg.), New Beginnings. Germans in New South Wales and Queensland/Neuanfänge. Deutsche in New South Wales und Queensland (Institut für Auslandsbeziehungen. Materialien zum Internationalen Kulturaustausch, Bd. 20), Stuttgart 1983; –, Indien im Zweiten Weltkrieg, Stuttgart 1978; –, Australia – Germany. Two Hundred Years of Contacts, Relations, Connections, Bonn 1987 (dt. Hamburg 1988); –, Geschichte Australiens, Stuttgart 1988.

Michael Zimmermann, Dr., geb. 1951, Wiss. Mitarbeiter, Alte Synagoge Essen; Arbeitsgebiete: Regionalgeschichte des Ruhrgebiets, Sozialgeschichte des Nationalsozialismus, Geschichte der Juden in Deutschland, NS-Verfolgung der Sinti und Roma; Veröffentlichungen u. a.: –, Schachtanlage und Zechenkolonie. Leben, Arbeit und Politik in einer Arbeitersiedlung 1880–1980, Essen 1987; –, Verfolgt, vertrieben, vernichtet. Die nationalsozialistische Vernichtungspolitik gegen Sinti und Roma, Essen 1989; – (zus. mit Edna Brocke), Stationen jüdischen Lebens. Von der Emanzipation bis zur Gegenwart, Bonn 1990.

8.4. Register

(Länder, Landschaften, Orte, Wanderungsbewegungen, Wanderer- und Siedlergruppen sowie zugewanderte Minderheiten)

Dokumente zur Geschichte der europäischen Expansion
Herausgegeben von Eberhard Schmitt

Band 1: Die mittelalterlichen Ursprünge der europäischen Expansion
Herausgegeben von Charles Verlinden und Eberhard Schmitt
1985. XVII, 450 Seiten, 19 Abbildungen, 15 Karten. Leinen

Band 2: Die großen Entdeckungen
Herausgegeben von Matthias Meyn, Manfred Mimler, Anneli Parten-
heimer-Bein, Eberhard Schmitt
1984. XX, 659 Seiten. Leinen

Band 3: Aufbau der Kolonialreiche
Herausgegeben von Matthias Meyn, Manfred Mimler, Anneli Parten-
heimer-Bein, Susanne Petersen-Gotthardt, Horst Pietschmann, Thomas
Schleich und Eberhard Schmitt
1987. XIX, 632 Seiten, 13 Karten und 32 Abbildungen. Leinen

Band 4: Wirtschaft und Handel der Kolonialreiche
Herausgegeben von Piet C. Emmer, Manfred Mimler, Anneli Parten-
heimer-Bein, Susanne Petersen-Gotthardt, Thomas Schleich, Eberhard
Schmitt und Jürgen Schneider
1988. 750 Seiten, circa 60 Abbildungen und Karten. Leinen

In Vorbereitung

Band 5: Das Leben in den Kolonien
Band 6: Kolonialbesitzungen und internationale Politik
Band 7: Das Ende des alten Kolonialsystems

Verlag C. H. Beck München

Neue Deutsche Geschichte

In zehn Bänden

Herausgegeben von Peter Moraw, Volker Press und Wolfgang Schieder

Bis jetzt erschienen

Jede Epoche, ja jede Generation muß ihre Geschichtswerke neu schreiben, wenn diese Werke Antwort geben sollen auf ihre Fragen. Die Neue Deutsche Geschichte soll eine Antwort auf die Fragen im letzten Viertel dieses Jahrhunderts an die deutsche Vergangenheit versuchen. Sie wird geschrieben von Autoren, die in den dreißiger Jahren geboren sind und deren intellektuelle Ausbildung in den Jahren nach dem Krieg stattfand. Die Neue Deutsche Geschichte soll politische Geschichte und Verfassungsgeschichte, Sozial-, Wirtschafts-, „Kultur"- und „Mentalitäts"-Geschichte ineinandergreifen lassen.

Verlag C. H. Beck München